이더리움
억만장자들

로라 신

로라 신 지음 | 박세연 옮김

이더리움 억만장자들

비탈릭 부테린 그리고 이더리움을 탄생시킨 사람들의 치열한 연대기

The Cryptopians

"고작 8명이 어떻게 시총 500조를 뛰어넘을 수 있었을까?"

암호화폐 투자자들이 반드시 읽어야 하는 문제작!

아이디어 하나로 최연소 억만장자가 된 천재, 비탈릭 부테린! 박종한 저자 강력 추천

위즈덤하우스

목차

일러두기

이 책은 3년이 넘는 동안 썼던 기사와 글의 최종 결과물이다. 이 책은 200건이 넘는 인터뷰에 기반을 두고 있다. 따라서 여기 제시된 정보는 특정한 정보 원천에서 나온 것이 아니다. 이 책에 등장하는 모든 인물을 인터뷰한 것은 아니지만, 그래도 주요 인물과는 대부분 인터뷰할 수 있었다. 여기에는 8명의 이더리움 공동설립자 전원은 물론, 이 책에 소개되지 않은 다양한 인물들이 포함되어 있다.

사건을 생생하게 담아내기 위해 소셜미디어 게시글, 블록 익스플로러, 포럼, 다양한 인터넷 자료, 인터넷 서류와 이메일, 스크린샷, 사진, 녹음, 영상 및 정보원들이 기꺼이 공유해준 다양한 파일을 샅샅이 뒤졌다. 채팅과 대화를 바탕으로 사건을 재구성하기도 했다. 녹음 파일을 입수하는 등 직접적인 대화 내용을 확인하지 못한 경우에는 다양한 정보원의 기억을 최대한 활용했다. 특히 많은 시간과 에너지를 할애해준 기술 전문가들, 그리고 블록체인과 암호 데이터와 분석을 제공해준 체인어낼 리시스Chainalysis, 코인펌Coinfirm, 코인마켓캡CoinMarket Cap, 크립토컴페 어CryptoCompare, 이더스캔Etherscan, 셰이프시프트ShapeShift, 스미스+크라 운Smith+Crown, 토큰데이터TokenData, Y차트YCharts에 감사를 표한다. 이 들은 내가 블록체인 데이터를 설명하고 사람들의 움직임을 추적할 수 있도록 도와주었을 뿐만 아니라 다양한 데이터와 차트 및 분석 자료를 제공해줌으로써 보다 완벽한 그림을 그릴 수 있도록 해줬다. 가격의 경 우, 일반적으로 코인마켓캡을 활용했다. 초기 암호화폐 히스토리에 관 해서는 비트코인차트Bitcoincharts, 그리고 시간대에 따라 마운틴 곡스Mt. Gox나 비트스탬프Bitstamp를 활용했다.

드물지만, 언제 무슨 일이 벌어졌는지 확인할 수 없는 경우, 내 판단력 을 기반으로 추론했다. 내 기억을 교차검토하거나 반증할 수 없는 경우, 보다 강력하고 구체적인 기억을 우선시했으며, 잘 알려져 있는 사실을 기반으로 가장 가능성 높거나 논리적인 방향을 선택했다.

복잡하게 얽혀 있는 등장인물과 그들만의 은어로 구성된 하위 문화에 관한 이야기를 좀 더 쉽게 이해할 수 있도록 돕기 위해 앞부분에 등장인 물 목록을 게재하고, 뒷부분에 연대표와 용어 해설을 실었다. 성급하게 연대표만 훑어본다면 이야기의 많은 부분을 놓치게 될 것이다.

알림: 이 책에 등장하는 기업들 중 일부는 내 팟캐스트, 그리고 영 상의 후원자다. 이러한 기업으로는 디지털커런시그룹Digital Currency Group, 코인데스크CoinDesk, 컨센시스ConsenSys, 코스모스Cosmos, 크라켄 Kraken, 마이크로소프트Microsoft, 셰이프시프트, 테조스Tezos가 있다. 나는 2021년 9월 페이스북Facebook 게시판에 뉴스레터도 쓰기 시작했다.

등장인물

이더리움 공동설립자

'**비탈릭 부테린**Vitalik Buterin', 이더리움Ethereum 개발자

'**미하이 앨리시**Mihai Alisie', 〈비트코인 매거진Bitcoin Magazine〉 설립자

'**앤서니 디 이오리오**Anthony Di Iorio', 이더리움 크라우드세일의 후원을 받은 디센트럴Decentral의 설립자 겸 최고경영자CEO

'**개빈 우드**Gavin Wood', C++ 클라이언트 개발자 겸 최고기술책임자CTO

'**제프리 윌크**Jeffrey Wilcke', 고 클라이언트Geth 개발자

'**찰스 호스킨슨**Charles Hoskinson', CEO

'**조 루빈**Joe Lubin', 최고운영책임자COO, 컨센시스 설립자

'**아미르 체트리트**Amir Chetrit', 비트코인 기반 프로젝트인 컬러드 코인스Colored Coins 공동설립자

008

이더리움 리더십 그룹

'테일러 게링Taylor Gerring', 기술책임자

'스테판 튜얼Stephan Tual', 최고커뮤니케이션책임자CCO

추크 스페이스십 구성원

'록사나 수레누Roxana Sureanu', 비서

'마티아스 그뢴네베크Mathias Grønnebæk', 운영 관리자

'이안 메이클Ian Meikle', 그래픽 디자이너

'리처드 스콧Richard Scott', 그래픽 디자이너

'제러미 우드Jeremy Wood', 찰스 호스킨슨의 비서

'로렌조 파투조Lorenzo Patuzzo', 목수

베를린 ETH 데브

'애런 뷰캐넌Aeron Buchanan', 개빈 우드의 친구이자 비즈니스 파트너

'유타 슈타이너Jutta Steiner', 보안 책임자

'크리스토프 젠츠시Christoph Jentzsch', 선임 테스터

'크리스티안 라이트비스너Christian Reitwießner', C++ 팀/솔리디티

'페터 스질라기Péter Szilágyi', 게스 팀(고 팀)

'레프테리스 카라페차스Lefteris Karapetsas', C++ 팀

'알렉스 반 데 산드Alex van de Sande(아브사)', UX 디자이너

'밥 서머윌Bob Summerwill', 소프트웨어 엔지니어, C++ 팀

'켈리 베커Kelley Becker', COO

'프리스요프 바이너트Frithjof Weinert', 최고재무책임자CFO

'크리스티안 뵈멜Christian Vömel', 사무실 관리자

이더리움 재단

'밍 챈Ming Chan', 상무이사

'라스 클라위터Lars Klawitter', 롤스로이스Rolls- Royce 출신 이사회 멤버

'웨인 헤네시-바렛Wayne Hennessy-Barrett', 케냐 핀테크 스타트업 출신 이사회 멤버

'바딤 레비틴Vadim Levitin', 이사회 멤버, UN 개발 프로그램에 참여했던 물리학자이자 기술 과학자

'패트릭 스토체네거Patrick Storchenegger', 이사회 멤버, 스위스 변호사

'허드슨 제임슨Hudson Jameson', 밍 챈의 비서, 데브콘스DevCons의 지원을 받는 데브옵스DevOps(개발 및 운영)

'제이미 피츠Jamie Pitts', 데브콘스의 지원을 받는 인물

'토야 부둥구드Toya Budunggud', 밍 챈의 비서

더 다오/슬록잇

'크리스토프 젠츠시Christoph Jentzsch', 슬록잇Slock.it 공동설립자 겸 CTO

'사이먼 젠츠시Simon Jentzsch', 슬록잇 공동설립자 겸 CEO

'스테판 튜얼Stephan Tual', 슬록잇 공동설립자 겸 COO

'레프테리스 카라페차스Lefteris Karapetsas', 슬록잇 선임 기술 엔지니어

'그리프 그린Griff Green', 슬록잇 커뮤니티 조직자

로빈후드그룹

'조르디 베일리나Jordi Baylina', 더 다오the DAO 닌자 과정을 들은 바르셀로나의 프로그래머

'그리프 그린Griff Green'

'레프테리스 카라페차스Lefteris Karapetsas'

'알렉스 반 데 산드Alex van de Sande(아브사)'

'파비안 포겔슈텔러Fabian Vogelsteller', 이더리움 재단의 프런트엔드 개발자로서 ERC-20 토큰 기준의 '아버지'로 인정받음

화이트햇그룹(알려진 멤버)

'조르디 베일리나Jordi Baylina'

'그리프 그린Griff Green'

'레프테리스 카라페차스Lefteris Karapetsas'

바이티

'기안 보츠슬러Gian Bochsler', 4명의 공동설립자 중 한 사람

'알렉시스 루셀Alexis Roussel', 4명의 공동설립자 중 한 사람, CEO, 이사회 회장

마이이더월릿

'테일러 판 오든/모나한Taylor Van Orden/Monahan', 공동설립자 겸 CEO

'코살라 헤마찬드라Kosala Hemachandra', 공동설립자 겸 CTO

폴로닉스

'트리스탄 디아고스타Tristan D'Agosta', 설립자 겸 공동 CEO

'줄스 킴 Jules Kim', COO 겸 공동 CEO

'마이크 데모풀로스Mike Demopoulos', 공동 CEO 겸 최고경험책임자CXO

'루비 슈Ruby Hsu', 경영 컨설턴트

'조니 가르시아 Johnny Garcia', 고객서비스 책임자

'타일러 프레더릭Tyler Frederick', 선임 법률준수 전문가

프롤로그

The Cryptopians

◆

전 세계 금융이 끝내 서서히 허물어지고, 또한 비록 당시에는 아무도 알지 못했지만 사회적 신뢰를 구축하기 위해 수 세기 동안 이어져온 방법이 뒤집어지기까지 겨우 7주 정도 시간이 걸렸다. 2008년 9월 15일, 158년 역사를 지닌 투자은행 리먼브러더스Lehman Brothers가 역사상 최대 규모의 파산을 신청했다. 전 세계 TV와 컴퓨터 화면은 상자에 소지품을 담아 든 채 끊임없이 사무실 밖으로 빠져나오는 2만 5000명의 은행 직원 모습을 내보냈다.[1] 같은 주, 세계 최대 증권 회사이자 황소 로고의 월스트리트를 상징하던 메릴린치Merrill Lynch의 6만 명에 이르는 강력한 무리는 촌뜨기라고 무시했던 노스캐롤라이나에 위치한 뱅크오브아메리카Bank of America 사람들에게 보고하게 생겼다는 사실을 갑작스럽게 깨달았다.[2] 10월 중순, S&P500은 대공황 이후 최악의 한 주를 보내고 있었고, 다우존스지수는 대공황 당시의 손실 기록을 새롭게 갈아치우고 있었다.³ 그 영향은 1주일로 끝나지 않았다. 투자자들의 자산은 매년 8조 4000만 달러씩 사라졌다. 그리고 10월 31일, 비록 당시에는 뉴스거리가 아니었지만, 사토시 나카모토Satoshi Nakamoto라는 인물 혹은 그룹이 은행을 우회하고 인터넷을 활용해서 돈을 송금하는 방법을 설명하는 백서를 발표했다.⁴

이후 9년에 걸쳐(그중 7년 동안 금리가 0~0.25퍼센트에 머물렀음에도 역사상 가장 느린 경제 회복을 간신히 이뤄냈다) 특이한 형태로 구성된 지지자 집단이 이 낯선 네트워크에 주목했다.⁵ 컴퓨터 전문가들은 암호 기술과 게임 이론, 그리고 구식 장부의 마술적 혼합에 매력을 느꼈다. 약물 중독자들은 길거리 모퉁이에서 낯선 사람을 만나지 않고도 마우스를 몇 번 클릭하는 것만으로 금지 약물을 우편으로 받아볼 수 있다는 사실에 그 네트워크를 사랑하게 됐다. 자유주의자들은 수천 년 동안 이어져온 정부 주도의 통화 시스템 외부에서 거래할 수 있다는 점에서 그 잠재력을 높이 평가했다. 실리콘밸리 기업가들은 더 빠르고 경제적인 금융 시스템 기반을 형성해줄 것으로 기대했다. 직접 혹은 헤지펀드나 패밀리오피스family office(권력과 부를 가진 이들을 위해 설립된 자산 운용사-옮긴이)를 통해 거액을 투자하는 1퍼센트의 갑부들 또한 혁신적인 자산, 즉 비트코인으로 단지 10퍼센트가 아니라 10만 퍼센트 수익을 올릴 수 있다는 전망에 뜨거운 관심을 보였다.

비트코인에서 그토록 혁명적이었던 부분은 사실 대단히 단순하다. 과거에는 누군가 인터넷으로 뭔가를 보낼 때마다 전송자에게 복사본이 그대로 남았다. 가령, 앨리스가 밥에게 PDF나 사진 혹은 문자 메시지를 보내면 앨리스의 장비에 바로 그 PDF나 사진, 문자 메시지의 복사본이 그대로 남아 있었다. 그러나 비트코인의 경우, 앨리스가 밥에게 뭔가를 보내면 역사상 최초로 전 세계 모두는 앨리스가 더 이상 그 물건(이 경우 비트코인)을 갖고 있지 않으며, 그래서 똑같은 물건을 다른 누군가에게 절대로 보내지 못한다는 사실을 분명히 확신할 수 있게 됐다. 한 걸음 더 나아가 앨리스가 아프가니스탄에, 그리고 밥이 짐바브웨에 있더라도 밥은 10분 안에 돈을 받을 수 있었다. 또한 앨리스는 1주일 이상 걸리는 국제 전신 송금 시스템을 이용하는 대가로 30달러나 50달러 혹은 그보다 많은 터무니없이 높은 수수료를 지불할 필요 없이 1센트도 안 되는 수수료만 지불하면 됐다. 이 모든 일을 가능하게 만들어준 것은 다름 아닌 블록체인blockchain이라고 하는 다양한 기술의 조합이었다.

기술 전문가들은 블록체인의 활용 범위가 비트코인을 훌쩍 넘어설 것이라는 사실을 재빨리 간파해냈다. 신용부도 스와프, 그리고 부실 채권으로 인한 은행의 혼란을 목격한 이후 메릴린치와 리먼브러더스 본사 앞에서 진을 쳤던 의식 있는 월스트리트 점령 시위자들은 블록체인이 얼마나 획기적인지 깨달았다. 그리고 머지않아 JP모건JP Morgan Chase, 나스닥Nasdaq, 비자Visa, HSBC, 스테이트 스트리트State Street, UBS, 산탄데르 은행Banco Santander 같은 세계적인 금융기관들 역시 블록체인 기술을 공부하기 시작했다. 2015년 말에는 "비트코인이 아닌 블록체인"이라는 말이 월스트리트의 주문이 됐다. 2014년 1월에서 2017년 2월에 이르기까지 50곳 이상의 금융 서비스 기업이 블록체인 기술과 관련된 곳에 투자했다.[6] 2016년 기업들은 허가받은, 혹은 사적인(기업 내 인트라넷 개념과 비슷한) 블록체인 기술을 도입한 첫 번째 기업이 되기 위해 치열하게 경쟁을 벌였다. 공개적인, 그리고 허가가 필요하지 않은 인터넷이 언론과 음악 산업에 어떤 영향을 미쳤는지 목격한 기업들은 혁신을 받아들이기 위해 최소한의 노력도 기울이지 않은 이들이 어떻게 됐는지 똑똑히 알고 있었다. 그것은 몰락이었다.

사적인 블록체인이 의미 있는 방식으로 활용되기 전, 새로운 아이디어가 크고 작은 투자자들의 주목을 받았다. 그것은 바로 암호화폐공개 Initial Coin Offering, ICO였다. 비트코인 버전의 기업공개Initial Public Offering, IPO라 할 수 있는 ICO는 투자자에게 새로운 토큰을 제공함으로써 암호화폐 형태로 자금을 끌어모았다. ICO는 어마어마한 성공을 거두면서 경제적 동기를 지닌 수많은 개발자들이 얼마나 빨리 자금을 끌어모아서 금융기관들을 흔들 수 있는지 보여줬다. 2017년 아르헨티나에서 짐바브웨에 이르기까지 수많은 사람들이 매일 56억 달러에 달하는 디지털 코인을 아마존이나 메타(옛 페이스북), 애플 같은 거물을 흔들고자 했던 탈집중화된 프로젝트에 집어넣으면서 그 세상에서 5억 5800만 달러 정도의 벤처캐피털 투자를 별것 아닌 것처럼 느껴지게 했을 뿐만 아니라, 이렇듯 뜨거우면서도 투기적인, 심지어 사기처럼 보이기는 투자를 소수의 대기업이 소유하는 것보다 더욱 민주적인 형태로 만들어줬다.[7] 2017년 180억 달러 가치로 시작했던 자산군asset class은 그해 말 6130억 달러로 몸집을 34배 정도나 불렸다. 시카고상품거래소Chicago Mercantile Exchange, CME(1898년 시카고 버터 앤 에그 보드Chicago Butter and Egg Board로 설립됐으며 2016년에 1000조 달러 가치 이상의 계약을 체결했다)를 포함해 두 대규모 상품거래소는 1주일 만에 서로 비트코인 선물 계약을 거래하기 시작했다.[8]

2017년 1000달러 정도로 출발한 비트코인 가격은 2만 달러를 위협했다. 비탈릭 부테린Vitalik Buterin이 개발한 새로운 블록체인 이더리움Ethereum을 기반으로 하는 또 다른 자산 이더Ether(이더리움의 코인에 붙인 이름, ETH)는 8달러에서 757달러로 비트코인보다 훨씬 더 급격한 성장세를 보이면서 채 1년도 안 되는 기간에 95배의 수익을 기록했다. 이제 백만장자가 된(혹은 1년 전보다 훨씬 더 부자가 된) 얼리어댑터들은 소셜 뉴스 웹사이트 레딧Reddit에 "람보Lambo"라는 밈meme을 마구 쏟아냈다

(혹은 이탈리아 스포츠카 람보르기니를 실제로 구입했다). 비트코인 가격은 전례 없이 상승하며 비트코인에 관한 논의가 급속도로 번진 트위터에서 '#tothemoon'라는 해시태그를 유행시켰다.[9]

한번 생각해보자. 이 모든 일은 불과 9년 전에 "개인간 전자화폐 시스템"을 제안하는 백서 형태로 시작됐다. 암호 기술 지지자들이 메일 발송 목록에 그들의 어드레스를 기입하는 움직임은 이제 모든 케이블과 뉴스 채널, 웹사이트, 잡지, 신문, 팟캐스트 및 영상이 쉴 새 없이 암호화폐를 다루는 사회적 현상으로 바뀌었다.

우리가 어떻게 여기까지 왔는지 이해하기 위해 2013년 11월 중순 거칠고 푸른 태평양이 샌프란시스코 북서부 끝단과 만나는 프레시디오로 돌아가보자. 유칼립투스 향이 풍기고 스페인 제국과 골드러시의 유해가 아직 남아 있는, 숲이 우거진 언덕을 열아홉 살짜리 마른 청년이 오르고 있었다.[10] 몇 년 전 그 청년은 획기적인 기술에 관한 기사를 써서 시간당 4달러를 벌었다. 그리고 지금은 새로운 컴퓨터공학 문제에 주목하고 있었다. 그가 개발해낼 솔루션의 가치는 5년이 안 되는 시간에 1350억 달러 이상으로 성장할 터였다.

1장

외계에서 온 천재

1994년~
2014년 1월 20일

비트코인은 탈중심화를 실현했는가

비탈릭 부테린은 자신이 자라던 땅에서 먼 곳까지 날려 온 홀씨 같았다. 그는 새로운 환경에 뿌리내리기 위해 애쓰는 동시에 크게 성장하는 데 밑바탕이 되어줄 토양을 찾아내고자 노력했다. 온라인 세상 속 낯선 이들은 물론 그의 가까운 동료들이 애정 어린 혹은 그렇지 않은 시선으로 '이방인'이라고 묘사했던 비탈릭은 사실 그리 호감 있는 외모는 아니다. 비탈릭의 아버지는 큰 키에 근육질 몸매, 둥근 얼굴과 부드러운 미소가 돋보이는 사람이다. 그의 어머니는 작은 몸집에 푸른 눈, 빨간 곱슬머리에 통통한 볼이 인상적인 사람이다. 비탈릭의 외모는 부모들과 비교하면 좀 이질적이다. 마치 태어나기 전 유령의 집에 있는 거울을 통과하기라도 한 듯한 모습이다. 큰 키에 몸집은 호리호리하고, 걸음걸이는 종종 흐느적거렸다. 코는 오뚝하고, 귀는 세상의 소리를 잘 들으려는 듯 앞쪽으로 쏠려 있으며, 턱은 미래를 지향하는 듯 돌출되어 있다. 움푹 파인 푸른 눈은 영혼을 들여다보는 창문이라기보다는 세상을 내다보는 영혼 그 자체처럼 보인다. 단단한 이마는 그 안에 잠재된 지성의 존재를 선언이라도 하듯 고집스레 튀어나와 있다.

2013년 가을, 비탈릭은 자신이 "암호화폐 2.0"이라고 부른 아이디어에 골몰하고 있었다. 열일곱 살이던 2011년 2월, 비탈릭은 아버지에게 정부나 은행이 통제하지 않는 새로운 화폐인 비트코인에 관한 이야기를 들었다. 그러나 당시에는 그냥 흘려들었다. 당시 비트코인이 80센트 정도에 거래되고 있었는데도 아무런 내재적 가치가 없는 괴짜들의 디지털 토큰 정도로만 여겼다. 그러나 몇 달 후 비트코인이 4월에 1달러를 돌파하고 곧 2달러까지 치솟았다는 또 다른 자료를 접하자 좀 더 연구해볼 필요가 있다는 생각이 들었다. 이후 비탈릭은 대학을 그만두고 여행을 하면서 전 세계 비트코인 커뮤니티 사람들과 어울렸다. 〈비트코인 매거진Bitcoin Magazine〉을 창간해 블록체인과 비트코인에 관한 다양한 기사를 썼고, 프리랜서 암호화폐 개발자로 일했다. 그러다가 유럽과 이스라엘에서 몇 달을 보내고 로스앤젤레스에서 잠시 머문 뒤, 샌프란시스코에 있는 암호화폐 거래소 크라켄에서 일하면서 공동설립자이자 최고경영자 Chief Executive Officer, CEO인 제스 파웰Jesse Powell의 아파트에 머물렀다. 그때까지만 해도 비트코인 같은 암호화폐를 가능하게 만든 블록체인의 기술적 문제는 그에게 골치 아픈 과제일 뿐이었다.

비트코인은 지불 결제 수단으로 개발됐다. '비트코인 백서'의 소제목은 '개인간 전자화폐 시스템'이다.[1] 개발자들은 비트코인의 기반이 되는 블록체인 기술이 탈중심화된 도메인 시스템 같은 것을 개발하거나 도박 같은 복잡한 계약을 뒷받침하기 위해 사용될 수 있다는 사실을 서서히 깨달아가기 시작했다. 비탈릭이 보기에 문제는 각각의 프로젝트들이 기본적인 연산을 수행하는 계산기처럼 하나의 기능만을 위해 블록체인을 개발하고 있다는 사실이었다. 몇몇 블록체인은 스위스 군용 칼처럼 다양한 기능을 갖추려는 시도가 반영돼 있었다. 그러나 이들 모두는 여전히 블록체인의 새로운 가능성을 놓치고 있었다. 비탈릭은 왜 블록체인이 누구나 사용할 수 있도록 앱스토어 같은 방식으로 업로드할 수 있는, 그리고 개발자가 만들어낸 모든 앱을 지원하는 스마트폰 같은 존재가 될 수 없는지 궁금했다.

오랫동안 산책을 즐겨온 비탈릭은 종종 몇 시간 동안이나 프레시디오를 걸어다니곤 했다. 금문교 주변의 멋진 풍경을 바라다보면서 수풀로 우거져 있는 옛 군사 기지에서 비탈릭은 누구나 모든 기능을 사용할 수 있는 블록체인을 개발하기 위해 골몰하고, 다양한 애플리케이션을 지원하는 탈중심화된 컴퓨터를 구상했다. 그는 백서에다가 그러한 자신의 아이디어를 펼쳐놨다. 비트코인 가치가 처음으로 1000달러를 돌파한 2013년 11월 27일, 비탈릭은 13명의 친구에게 이런 생각을 담은 이메일을 보냈다.

자신의 아이디어가 블록체인 분야가 밟아갈 다음의 논리적 단계라고 생각했음에도 불구하고 비탈릭은 조만간 쓸모없게 되지는 않을 블록체인 같은 대단히 명백한 무언가가 왜 지금까지 주목받지 못하고 있는지 설명할 수 없었다. 어쩌면 설계에 치명적인 결함이 있는 것인지도 모른다고 생각했다. 그는 유명한 암호 전문가들이 대학에서 겨우 두 학기를 보낸 열아홉의 자신이 쓴 백서를 읽으면서 자신을 평가하는 모습을 상상하며 두려움을 느꼈다. 사실 그러한 두려움은 전혀 근거 없는 게 아니었다. 〈비트코인 매거진〉 부스를 선보이기 위해 비트코인 컨퍼런스에 참여했을 때 일부 기술 전문가들이 기술적인 문제에 관심이 있다고 말했음에도 불구하고 그를 단지 진정한 최신 사안에 대한 관심이 없는 잡지 발행인 정도로 치부할지도 모를 일이었다. 그럼에도 불구하고 비탈릭은 보내기 버튼을 클릭했다.

'이방인', '외계인'이라 불린 천재

비탈릭은 1994년 러시아 콜롬나에서 태어났다. 콜롬나는 디즈니 영화에 나올 법한 건물들이 가득한, 모스크바에서 남동쪽으로 110킬로미터 정도 떨어져 있는, 인구 15만 명 정도의 작은 도시다. 그의 부모 드미트리 부테린Dmitry Buterin과 나탈리아 아멜린Natalia Ameline이 모스크바에서 컴퓨터공학을 공부하느라 어린 비탈릭은 조부모 슬하에서 자랐다. 비탈릭이 세 살이 됐을 무렵, 조부모는 이혼을 했다. 이후 비탈릭의 부모는 미국 기업에서 일했다. 드미트리는 다국적 컨설팅 회사 아서앤더슨Arthur Andersen에서 일하다가 나중에 벤처 회사를 설립했다. 나탈리아는 하인즈Heinz에서 일하다가 프로그래밍에서 재무와 회계로 직종을 전환해 다른 다국적기업으로 자리를 옮겼다. 이후 나탈리아는 캐나다로 이주해 에드먼튼대학에서 경영학 학위를 받았다. 그로부터 1년 6개월 후 두 사람은 이혼하고, 드미트리는 여섯 살의 비탈릭과 함께 토론토에 자리를 잡았다.

비탈릭은 어릴 적부터 명석했다. 서너 살 때쯤 외할아버지에게 구구단을 배웠는데, 다섯 살이 되자 병원 대기실을 뛰어다니며 세 자릿수 곱하기 실력을 뽐내 주위 사람들을 놀라게 할 정도였다. 뿐만 아니라 세 살 무렵부터 글을 읽기 시작했다. 이런 명석함은 그의 아버지를 닮은 듯하다. 어릴 적 컴퓨터를 무척 갖고 싶어 했지만 가질 수 없었던 드미트리는 자신의 아들에게는 네 살이 되자 살짝 흥분한 마음으로 컴퓨터를 선물해줬다. 비탈릭은 마이크로소프트 엑셀Excel을 가지고 노는 것을 좋아했고, 일곱 살이 되자 엑셀의 걸작이라 할 수 있는 '토끼 백과사전'을 만들어냈다. 귀가 길고 꼬리가 짧은 생명체의 삶과 문화, 그리고 경제를 서술한 일종의 논문같은 글이 다음과 같은 내용이 담겨 있었다.

토끼 배

배를 먹어치우는 데 얼마나 오래 걸릴까?

토끼는 언제 100톤의 무게를 넘겼을까?

휴일

그들은 언제 죽을까?

그들은 언제 폭탄을 가지고 싸우기 시작했을까?

토끼 돈

그들은 어떻게 토끼 카드를 사용했을까?

그들은 어떻게 돈을 벌까?

토끼는 몇 도의 온도에서 살 수 있을까?

토끼는 어떻게 빛의 속도를 능가할까?

토끼 컴퓨터

토끼 컴퓨터는 몇 번 시스템을 사용할까?

그리고 다음과 같은 설명이 이어졌다.

토끼의 몸무게는 얼마나 될까? 토끼의 몸무게는 2000년 614.3톤에 달했다.

토끼는 무엇을 마실까? 토끼 음료다. 토끼 음료를 만드는 법. 단계 1: 배ship를 믹서에 넣고 간다. 2: 물과 함께 섞는다. 3: 배를 끄집어낸다.

얼마나 많은 수컷 토끼와 암컷 토끼가 있을까? 8마리의 수컷 토끼가 있다. 암컷 토끼는 1마리뿐이다. 그건 고양이다.

토끼는 신용카드를 어떻게 사용할까? 카드를 기계에 넣고 A를 누른다. 카드를 기계에 넣고 B를 누른다.

얼마나 많은 돈을 뽑고 싶을까? 2초를 기다렸다가 카드를 뺀다. 그러면 지불된다.

토끼 주기율표까지 만들었다.

비디오 게임을 좋아하고 개발하기도 하는 등 컴퓨터에 관한 한 천재였음에도 불구하고 비탈릭은 말하기에 관해서만큼은 그렇지 못했다. 비탈릭은 거의 열 살 때까지 말을 제대로 하지 못했다. 비탈릭은 자신의 생각을 명확히 표현할 수 없다는 사실에 좌절했다. 여느 여섯 살짜리 아이들은 길고 복잡한 문장 형태로 말을 하지만 자신의 아들은 짧고 무작위적인 발성으로만 말을 하는 것을 보며 드미트리는 고민했다. 드미트리의 두 번째 아내 마이아는 비탈릭이 현실과 동떨어진 공상에 빠져 있는 게 문제라고 생각했다. 드미트리와 마이아는 비탈릭에게 원하는 게 있으면 잠시 멈추고 천천히 이야기해보라고 조언해주었다. 드미트리는 비탈릭에게 언어장애가 있는 것은 아닌지 걱정했지만, 치료사에게 데려가지는 않았다. 심리학적인 진단이 아들에게는 별로 도움이 되지 않을 것이라고 생각했기 때문이다.

아홉 살이 되자 비탈릭의 문제는 해결됐다. 하지만 의사소통이 원활해졌다고 해서 그가 사교적인 아이가 된 것은 아니었다. 토론토에 정착한 뒤, 그는 늘 외로웠다. 드미트리는 노스요크에 있는 13층짜리 건물의 5층에서 살았는데, 그 주변에는 한국인 가게와 식당들이 많았다. 비탈릭은 자연스럽게 아시아계 학생들과 함께 초등학교와 중학교를 다녔다. 그러나 그의 외로움은 문화적 차이에서 비롯된 것이 아니었다. 중학생 된 비탈릭은 친구들이 방과 후 자기들끼리 어울려 시간을 보낸다는 사실을 알게 됐다. 친구들은 서로의 집에 놀러 가고 파티를 열었다. 하지만 비탈릭은 그 누구의 초대도 받지 못했고, 어떻게 해야 그들의 틈으로 들어갈 수 있는지도 알 수 없었다. 소년의 외로움은 점점 깊어만 갔다. 비탈릭은 여느 아이처럼 평범해지고 싶었다.

그러던 어느 날 전환점이 찾아왔다. 비탈릭은 사립 고등학교인 아벨라드 스쿨Abelard School에 입학했다. 이 학교는 4학년 전체 학생 수가 50명에 불과했다. 1997년 교사들이 모여서 설립한 아벨라드는 학생과 교사의 비율이 5:1 정도고, 학급 규모가 평균 10명인 점을 자랑으로 내세웠다.[2] 교사와 학생 사이에 신뢰 있는 관계가 형성되어 있는 것은 물론 학생들의 자유로움이 보장되고 대학원 수준의 세미나 프로그램과 지적인 엄격함을 갖추고 있었다. 다만 아벨라드의 학생들은 대부분 백인으로, 비탈릭은 그 사실에 불편함을 느꼈다.

비탈릭은 영민한 학생이었다. 9학년 때 벌써 12학년 학생이 배우는 미적분학을 들었고, 이탈리아에서 열린 국제 올림피아드 대회에 참가해 동메달을 따기도 했다. 뉴욕에서 열린 NMUNNational Model United Nations에 참가하기도 했다. 비탈릭은 아벨라드에서 마침내 자신의 동족을 만났다. 라틴어와 고대 그리스어 및 철학 교사인 브라이언 블레어Brian Blair 교감은 똑똑한 학생들을 많이 봤다. 그런데 비탈릭은 달랐다. 그들은 대부분 건방지고 친구들 사이에서 인기가 없었는데, 비탈릭은 호감형이었다. 비탈릭은 선배를 통해 리눅스Linux(맞춤화가 가능해서 프로그래머 사이에서 인기가 높은 오픈소스 운영 시스템)와 해커의 세계를 알게 됐다. 그 세계에서 사람들은 수학 방정식의 3D 인쇄 도표 같은 것들을 만들었다. 이 시기에 비탈릭은 아버지와 함께 토니 로빈슨Tony Robbins의 세미나에도 참석했는데, 거기서 그는 건강과 해산물, 채식주의에 관심을 갖게 됐다. 그리고 사람들을 어떻게 대해야 하는지, 자신의 요구 사항을 남에게 어떻게 전달해야 하는지 이해하게 됐다. 이런 일들을 겪으면서 비탈릭은 고독한 어린 시절을 보냈음에도 불구하고 사회적 관계에 대단히 익숙해진 면모를 보였다. 일례로, 비탈릭은 상급 학년이 되어서 아벨라드 문예집에 실은 짧은 글 '크리스마스 선물과 우정'에서 친구들끼리 몰래 크리스마스 선물을 교환하는 풍습에 대해 자세하게 설명했다. 글 속에서 울리히는 야스민이 선물 받은 상품권에는 만족하는 반면, 자비어가 자신이 갖고 있는 현금이 그것보다 낫다고 생각하는 것을 본다. 자비어는 빚에 허덕이는 웨슬리에게 그 돈을 주는데, 돈을 받은 웨슬리가 분노한다. 그는 이 행동이 '살짝 통통한' 친구에게 체중 감량 패키지를 선물한 것이나 마찬가지라고 생각한다. 이야기는 그렇게 계속 이어진다. 선물에 대한 반응은 그것을 받는 사람에 따라 달라진다는 것을 보여주려는 것이다. 이 이야기는 또한 비탈릭 스스로 언젠가 도달하게 될 특별한 라이프스타일을 설명해준다. 상품권을 받고 기뻐하는 야스민을 경멸했던 울리히는 그녀가 언젠가 은퇴하기 위해 충분한 자금을 저축하겠지만, 그녀는 결코 그가 목표로 하는 것, 즉 경제적 독립은 이룰 수 없을 것이라고 생각한다. 경제적 독립은 '수학적으로' 다른 것이다. 비탈릭은 이렇게 썼다.

은퇴하면 저축한 돈을 써야 한다. 독립은 자신이 가진 돈에 대한 이자로 생활한다는 것을 의미한다. 이는 사회에 대한 자신의 기여가 완료됐으며, 이 세상에 대한 빚을 이미 다 갚았고, 그래서 삶이 다할 때까지 자신이 일해온 결과물에 의지해 평화롭게 살아갈 수 있다는 뜻이다.

그러나 당시 비탈릭은 경제적 독립을 성취하기는커녕 취직도 하지 못한 상태였다. 그는 졸업 후 첫 번째 여름을 보냈을 뿐이었다. 비탈릭은 학교에서 컴퓨터과학 수업을 듣지 않았지만, 기계학습과 인공지능에 관한 'MOOCmassive open online course(온라인 대중 공개 수업)'를 두 번 수강했다. 그 강의를 듣는 동안 비탈릭은 게임을 하나 개발했는데, 그 게임이 〈와이어드Wired〉에 소개됐다. 덕분에 그는 오클라호마주에 기반을 둔 교육 기업 넥스트소트NextThought에서 인턴으로 일할 기회를 잡을 수 있었다.[3] 졸업 후 비탈릭은 미국에서 몇 안 되는 자유주의 영토 중 한 곳인 오클라호마주 노먼으로 이주했다. 그곳에서 그는 채소 버거와 오크라를 판매하는 유명한 인도 식당을 발견했다. 그는 그 지역의 대표적인 햄버거보다 채소 버거를 즐겨 먹었다. 그해 여름 그가 이뤄낸 가장 큰 성취는 인터넷 익스플로러 9에서 사용할 수 있는 넥스트소트 웹NextThought web 앱을 개발한 것이었다.

그가 다음으로 향한 곳은 컴퓨터공학 발전소라 불리는 워털루대학이었다. 비탈릭은 학교를 다니면서 비트코인에 호기심을 갖게 됐다. 2011년 늦은 겨울, 비트코인에 대해 자세히 알아보기로 결심한 그는 비트코인토크BitcoinTalk라는 포럼에서 활동하기 시작했다. 비탈릭은 그곳에서 비트코인 홍보 영상을 봤다. 그는 자신에게 일감을 주고 바로 그 디지털 화폐로 보수를 지급해줄 사람을 찾기 위해 열심히 게시판을 살펴봤다. 그러다가 '키바kiba'라는 ID를 쓰는 사람에게 〈비트코인 위클리Bitcoin Weekly〉에 기사를 쓰면 1편당 5BTC(4달러)을 주겠다는 제안을 받았다.[4] 비탈릭은 기사를 써서 20BTC를 벌었는데, 그중 8.5BTC로 비트코인 티셔츠를 구매했다. 비트코인 거래를 경험하면서 그는 흥분했다. 무엇인가를 조사하고 그에 대해 글을 쓰는 것을 좋아했던 비탈릭은 비록 최저임금에도 못 미치는 보수를 받았고 나중에는 그마저도 2.5BTC로 삭감당했지만, 키바가 보수를 지불하는 동안에는 계속 기사를 썼다.

비탈릭에게는 나름대로 계획이 있었다. 1주일에 기사를 2편 쓰는데, 일단 기사의 첫 단락만 공개하고 나머지 부분은 가려두었다가 사람들이 특정한 양의 비트코인을 보내고 나면 공개를 하는 방식으로 〈비트코인 위클리〉 비즈니스를 계속해 나갈 생각이었다.[5]

미하이 앨리시, 그리고 〈비트코인 매거진〉

2011년 6월 1일, 미국 온라인 매체 〈고커Gawker〉는 '상상할 수 있는 모든 마약을 살 수 있는 지하 세계 웹사이트'라는 제목의 기사를 발표했다.[6] "마약 거래의 아마존"이라고 불리는 실크로드Silk Road를 다룬 기사였다. 전 세계 마약상들은 실크로드를 통해 원하는 이들에게 마약을 공급하고 있었다. 2011년이면 웹이 상용화된 지 10년 이상 흐른 시점이다. 그전에는 실크로드 같은 공간이 없었다. 비트코인이 존재하기 전 마약상들은 정상적인 금융 시스템을 이용해야 했기 때문에 온라인 방식으로는 거래를 할 수 없었다. 오직 현금으로만 거래를 했기 때문에 대면 접촉이 필수적이었다. 하지만 비트코인이 탄생하면서 이들은 몰리, 블로, 애시드 등 다양한 약물을 비가 오나 눈이 오나 상관없이 구매자의 우편함으로 배송하고 그 대가로 디지털 현금 같은 것을 받았다. 비트코인은 신용카드나 직불카드를 이용해야 하는 일반적인 전자거래와 달리 탈중심화되어 있었다. 쉽게 말해, 불법 거래를 하거나 새로운 비정부 통화를 개발했다는 이유로 기업이 문을 닫거나 CEO가 교도소에 수감될 가능성이 없었다.

비트코인 네트워크는 컴퓨터상에서 비트코인 소프트웨어를 가동하는 혹은 특별하게 설계된 컴퓨터와 비슷한 장비로 비트코인 소프트웨어를 가동하는 전 세계 모든 사용자에 의해 유지됐다(소위 비트코인 채굴자들에게는 경제적인 동기가 있었다. 그들은 네트워크에 새로운 컴퓨터를 추가함으로써 대략 10분마다 새로운 비트코인을 벌어들일 수 있었다). 비트코인 거래를 중단시키려면 비트코인 소프트웨어를 가동하는 모든 사용자의 장비를 추적해서 꺼야만 한다. 그리고 이를 위해서는 전 세계 모든 정부의 협조를 얻어야 한다. 설령 네트워크상에 존재하는 모든 컴퓨터를 끄더라도 새로운 비트코인 소프트웨어를 만들어내려는 시도를 원천적으로 차단하는 것은 불가능하다.

의도한 바는 아니었지만, 〈고커〉 기사 덕분에 9달러에 못 미치던 비트코인 가격은 1주일 후 32달러로 치솟았다. 비트코인 관련 기사를 쓰던 비탈릭은 시간당 6달러를 벌게 된 것이다. 비탈릭은 비트코인과 관련해서 구체적인 목표를 갖고 있지 않았지만, 이 과정에서 사회·정치 이론, 수학과 과학, 오픈소스 소프트웨어와 프로그래밍에 관심을 갖게 됐다. 비트코인에 대한 그의 관심은 아버지 덕분에 더욱 커졌다. 그의 아버지는 무정부주의 자본주의자인 더그 케이시Doug Casey의 주장에 동조했다. 오스트리아 경제학에 심취한 케이시는 정부가 발행한 공식 화폐는 언젠가 붕괴될 것이며, 그로 인해 거대한 규모의 경기 침체가 발생할 것이라고 주장했다. 비탈릭은 만약 그런 일이 벌어진다면 우리 모두는 살아남기 위해 안간힘을 써야 할 것이며, 비트코인은 그러한 재앙에 대한 좋은 피난처가 될 것이라고 생각했다. 그가 이런 결론에 이른 것은 바로 화폐 정책 때문이었다. 비트코인은 2100만 BTC로 총공급량이 고정돼 있으며, 새로운 비트코인은 상한선에 도달할 때까지 평균 10분마다 소프트웨어에 의해 생성되면서 그 가치가 조금씩 떨어진다. 이런 면에서 금의 디지털 버전이라고 할 수 있다.

비탈릭은 비트코인에 대한 직접적이고 포괄적인 기사로 이름을 알렸다. 다음은 비탈릭이 종종 오해를 받는 기본적인 사항에 관해 설명한 글이다.

화폐의 가치는 재화로서의 가치에 의존하지 않는다. 그것은 오직 화폐 자체로서의 가치에 의존한다. 바로 이런 점에서 비트코인이 컴퓨터상 비트에 불과하기 때문에 가치가 제로라는 주장은 잘못된 것이다. 비트는 가치를 갖고 있다. 사람들이 그것에 기꺼이 돈을 지불하려고 들기 때문이다. 또한 수요와 공급의 방정식에서 공급 측면 역시 중요하다. 비트코인은 희귀성 때문에 그 가치를 유지한다. 어떠한 개인이나 조직도 비트코인을 마음대로 찍어낼 수 없다.[7]

그는 또 다른 기사에서 이렇게 설명했다.

비트코인의 고유한 특성 중 하나는 사회 조직의 특정한 기능을 암호 형태로 실행한다는 것이다. 인플레이션율은 암호를 통해 정확하게 통제되며, 누군가 다른 인플레이션율이 존재하도록 억지로 만들어내는 것은 불가능하다.[8]

비탈릭은 이처럼 복잡한 주제를 대단히 쉽게 풀어쓰는 재주를 지녔기에 2011년 8월 미하이 앨리시Mihai Alisie는 그에게 이메일을 보내서 새롭게 창간하는 잡지의 첫 번째 기고자가 되어달라고 부탁하기까지 했다. 그 잡지는 바로 〈비트코인 매거진〉이다. 비탈릭은 바로 자리를 옮겼고, 그 후 얼마 지나지 않아 〈비트코인 위클리〉는 문을 닫았다.[9]

미하이는 키가 크고 호리호리하며 창백한 얼굴에 갈색 머리를 한 루마니아 사람이다. 그는 이야기할 때 손을 쓰는 버릇이 있었다. 달변가에 상냥한 성격의 미하이는 이야기를 할 때 종종 대화의 양쪽에 서곤 했다. 그렇게 입장 전환을 할 때면 그의 마른 몸은 한쪽에서 다른 쪽으로 기울었다. 그는 1년 전 대학을 졸업했지만, 취직하지 않고 온라인 포커를 즐기고 있었다.[10] 이를 통해 그는 게임 이론의 단계에 관심을 갖게 됐다. '단계 0'(게임 그 자체)에서 플레이어는 이렇게 묻는다. '내 카드로 만들 수 있는 최고의 조합은 무엇인가?' '단계 0'을 이해하고 나면 다음 같은 질문을 던지게 된다. '상대방은 어떤 패를 갖고 있을까?' 그다음 단계에선 내가 가진 패와 상대의 패를 넘어서서 이렇게 묻는다. '상대는 내가 어떤 패를 가지고 있다고 생각할까?' 그리고 그 단계를 넘어서면 이렇게 묻는다. '상대가 어떤 패를 갖고 있다고 내가 생각한다고 그는 생각할까?'

미하이에게 온라인 포커는 뜻하지 않은 행운이었다. 루마니아의 최저임금은 한 달에 약 200달러인데 그는 한번에 그 2배에 이르는 규모의 도박을 했다. 처음 돈을 땄을 때, 그는 버스를 타고 출근하는 사람들을 보며 달라져버린 자신의 가치관에 크게 놀랐다. 그는 비탈릭처럼 2011년 겨울 비트코인에 대해 처음 듣고 나서 오랫동안 비트코인토크BitcoinTalk.org를 돌아다니며 기사들을 읽었다. 그중 수준 높은 기사들은 대개 비탈릭이 썼으며, 비트코인에 관한 주류 매체는 대체로 실크로드에 주목하고 있다는 사실에 주목했다. 미하이는 보다 비트코인 중심적인 일관적인 정보 원천에 대한 사람들의 수요를 확인했다. 결국 그는 비탈릭에게 손을 내밀었고, 비트코인토크를 기반으로 다른 공동설립자를 끌어모았다.

〈비트코인 매거진〉과 관련해서 미하이의 초창기 아이디어는 PDF 형태로 판매하는 것이었다. 어느 정도 성공을 거두고 나면 광고 후원을 받아 인쇄물 형태로 출판할 생각이었다. 그러나 2011년 12월 어느 날 밤 첫 번째 PDF를 올렸을 때 비즈니스 파트너인 매튜 라이트Matthew N. Wright는 "사업을 크게 하든지 아니면 그냥 집으로 가자"고 주장했다. 그 말은 잡지를 바로 인쇄물로 발행하자는 것이었다. 미하이는 반대했다. 그들에겐 그만한 자금이 없었기 때문이다. 그런데 다음 날 그가 평소와 달리 몇 시간 동안 스카이프Skype를 오프라인 상태로 두었다가 접속했는데 읽지 않은 메시지가 600개나 쌓여 있었다. 매튜가 비트코인토크를 통해 〈비트코인 매거진〉 초판이 인쇄물로 나올 거라고 발표했던 것이다.[11]

〈고커〉의 기사가 발표된 후 그해 여름 가격이 크게 치솟고 나서 비트코인은 12월까지 3~4달러로 위축됐다. 당연히 비트코인 기업들의 상황은 그리 좋지 않았다. 그러나 미하이와 다른 이들이 부지런히 움직인 덕분에 구독 선주문과 광고를 통해 인쇄물을 제작하기 위한 자금을 충분히 확보할 수 있었다. 문제는 잡지를 전 세계 구독자에게 보내는 것이었다. 직원들이 있던 영국에서 우편을 보내는 비용은 대단히 비쌌다. 미국 시민인 매튜는 당시 한국에서 살고 있었는데, 구독자들은 대부분 서구권에 거주하고 있었다. 루마니아에서 배송할 경우, 유럽은 1~2유로, 미국은 3~4유로 정도 비용이 들며 한 달 정도 시간이 소요됐다. 미하이는 결국 직접 나섰다.

얼마 후 〈비트코인 매거진〉 초판 5000부가 미국에서 영국으로 배송됐고, 20톤 분량이 트럭으로 루마니아까지 배송됐다. 그리고 최종적으로 미하이의 부모님 집에 도착했다. 화물이 집 앞마당에 도착하자 미하이는 생각했다. '이제 부모님께 말씀드려야겠군.' 50개의 상자로 거실이 가득 찼다. 미하이는 여자 친구 록사나 수레누Roxana Sureanu(록시)와 함께 잡지를 봉투에 넣고 주소를 일일이 적은 뒤 마을 우체국으로 가져갔다. 그런데 우체국에는 그 많은 봉투에 붙일 만큼 우표가 없었다. 하지만 새롭게 창간된 잡지는 그 마을 우체국에서 계속 보내졌다. 당시 대학 졸업반이던 록시가 계속해서 그 일을 맡았다. 그녀는 학교를 마치고 매일 미하이 부모님의 집으로 갔다. 그리고 거기서 구독 신청을 관리하고, 광고를 접수하고, 잡지를 넣은 봉투에 주소를 썼다. 그러다가 결국 〈비트코인 매거진〉을 위해 라벨 프린터기까지 장만했다. 이 모든 과정을 경험하면서 미하이는 상당한 스트레스를 받았지만, 고생할 만한 가치가 충분하다고 느꼈다. 〈비트코인 매거진〉이 자신을 암호 세상의 일원으로 만들어줄 것이라 믿은 것이다.

2012년 5월호가 나왔을 무렵, 비탈릭은 고등학교 4학년 봄을 맞이하고 있었다. 〈비트코인 매거진〉에서 일하기 시작한 이후, 비탈릭은 쉬지 않고 암호화폐를 주제로 한 기사를 온라인에 게재했다.

'비트코인 네트워크'란 비트코인 거래를 가능하게 하고 공공 블록체인을 뒷받침하는 컴퓨터 네트워크를 말한다(이 용어는 때로 단지 채굴자를 의미하기도 한다). '블록체인'은 성사된 모든 거래의 공공원장으로, 어떤 비트코인이 누구에게 귀속됐는지 모두가 알게 해준다. '채굴자'는 블록을 생성해서 블록체인을 추가하는 사람을 말한다. 이 용어는 또한 그러한 일을 하는 소프트웨어를 지칭하기도 한다. 채굴자는 비트코인 규약에 따라 자신의 노력에 대한 보상을 받는다. 정당한 블록을 만든 채굴자에게 자동적으로 새로운 50BTC를 지급하도록 규약으로 정해져 있다. 세상의 모든 비트코인은 바로 이러한 방식으로 만들어진다.[12]

비탈릭은 또한 비트코인을 둘러싼 오해와 관련해서 기자들을 위해 글을 쓰기도 했다. '비트코인에는 중앙집중적인 조직이나 기관은 없다'는 제하의 기사에서 그는 이렇게 설명했다.

비트코인을 전통적인 기관이 만들어낸 상품이라고 생각하기보다는 금과 마찬가지로 자율적으로 유지되는 디지털 상품으로 생각하는 편이 보다 적절하다. 금은 그것을 기반으로 제품과 서비스를 제공하는 탄탄한 위성 산업을 거느리고 있다. 또한 자체적인 비즈니스와 지지단체가 있다. 하지만 중앙집중적인 형태의 '금 기관'은 존재하지 않는다.[13]

〈비트코인 매거진〉 초판에는 익명의 비트코인 개발자 사토시 나카모토, 암호화폐의 역사, 그리고 2011년 비트코인 거품(크리스마스 시즌 이후 가격 변동은 거의 없었고, 당시 가격은 5달러 정도였다) 같은 주제를 다룬 기사가 12편 실려 있었다. 총 69페이지의 잡지를 훑어보면서 비탈릭은 12편의 기사 중 9편이 자신이 쓴 것임을 발견했다. 아마도 다른 저자를 찾아내기 힘들었을 것이라고 결론을 내리면서, 비탈릭은 자신에게 찾아온 기회를 감사하게 생각했다.

〈비트코인 매거진〉의 드라마는 계속됐다. 매튜는 비트코인토크를 통해 '해적Pirate'이라고 불리는 뭔가가 사기는 아니라고 주장하면서, 그들이 베팅한 것의 2배만큼 3주 안에 지불하는 것은 불가능하다고 믿는 사람들에게 내기를 걸었다. 매튜의 설명에 따르면, 그는 내기로 생긴 빚이 "평생 겨우 갚을 수 있는 지경"에 이르렀을 때 〈비트코인 매거진〉에서 사임했다.[14] 이런 상황에서 또 다른 비즈니스 파트너는 8개월간 워드프레스WordPress 호스팅에 들어간 8000달러, 그리고 디지털 출판 소프트웨어에 들어간 3000달러를 요구했다. 비록 디지털 출판은 이뤄지지 않았지만 그들은 인쇄물에 대한 다운로드 가능한 디지털 권리 관리 버전, 즉 보안 기능이 탑재된 강화된 PDF를 가지고 있었다.

혼란이 지속되는 가운데 비탈릭은 워털루대학에서 첫 학기를 보내고 있었다. 거기서 그는 네다섯 과목의 고급 과정을 수강하고, 학부 연구 조교로 일하면서 〈비트코인 매거진〉에 계속해서 기고했다. 그는 감옥처럼 생긴 단출한 방에서 혼자 살면서 카페테리아에서 끼니를 때우고 때로 슈퍼마켓에 들러 과일을 사곤 했다. 그의 일상은 일어나서 두 시간 일하고, 식사하고, 네 시간 일하고, 다른 장소로 이동하고, 식사하고, 다시 네 시간 일하는 식으로 이어졌다. 삭막하고 외로운 나날이었다.

비탈릭은 비트코인에 관한 기사를 쓰는 데서 한 걸음 더 나아가고 싶었다. 그는 한 프로그래머의 문제를 해결해주고 보수를 비트코인으로 받기도 했다. 그리고 〈비트코인 매거진〉의 다양한 변화 덕분에 급여를 받게 됐다. 이후 두 학기를 보내고 난 뒤, 프리랜서로 일하고 비트코인이 2012년 여름 6.50달러에서 2013년 4월 266달러로 치솟은 덕분에(전반적으로 100달러를 상회하는 수준이었지만) 비탈릭은 1만 달러에 달하는 자산을 보유하게 됐다.

비탈릭, 블록체인의 또 다른 가능성을 시험하다

워털루대학은 기업의 승인을 얻을 경우 학습 기간과 근로 기간을 상호 대체하는 협력 프로그램을 실시하고 있었다. 비탈릭은 샌프란시스코에 기반을 둔 암호화폐 기업 리플Ripple에서 일하고 싶어 했는데, 리플은 오픈소스 형태의 개인간 지불 네트워크 개발을 목표로 삼고 있었다.[15] 리플의 설립자 제드 맥칼렙Jed McCaleb은 즉각 승인했다. 하지만 기업의 존속 기간이 1년이 넘어야 한다는 비자 규정 때문에 당시 9개월밖에 되지 않았던 리플에서 근무하겠다는 계획은 무산되고 말았다.

대신에 비탈릭은 세계 여행을 하면서 비트코인 커뮤니티를 경험해보기로 결심했다. 그는 생태산업 후기 자본주의 식민지 중 한 곳을 포함해 뉴햄프셔와 스페인, 이탈리아를 돌아다녔다. 그러면서 장거리 달리기를 하고, 깊이 생각하고, 흥미로워 보이는 퍼즐에 몰두했다. 특히 한 달 동안의 이탈리아 여행 덕분에 그의 깨달음은 새로운 차원에 도달했다. 비탈릭은 그곳에서 절대 지울 수 없는 비트코인 블록체인 원장을 기반으로 실제 자산을 거래하도록 해준다는 새로운 개념인 컬러드 코인스Colored Coins에 대해 연구하는 사람들과 어울렸다.

이는 1사토시 혹은 0.00000001BTC(가장 작은 단위로 1페니의 작은 일부에 해당한다) 거래에 메타데이터(데이터에 대한 데이터, 다른 데이터를 설명해주는 데이터를 말한다-옮긴이)를 부여하는 방식으로 기능한다. 예를 들어, 한 사람은 메타데이터가 한 회사의 지분이 앨리스에게서 밥에게로 넘어갔다고 말하는 거래를 할 수 있다. 보편적으로 동의된 거래 원장을 조작하는 일은 불가능에 가깝기 때문에 비트코인 블록체인은 적은 양의 비트코인에 부여된 다른 자산이나 거래의 중요한 역사적인 기록으로 기능할 수도 있다. 비탈릭은 또한 '레이어2'의 가능성에 관심이 쏠렸다. 그는 워털루대학에서 데이터 구조와 프로그래밍 언어를 공부했는데, 레이어2를 개발하는 사람들은 각각의 애플리케이션에 대한 특성을 구축하고 있었다. 그는 이런 궁금증이 들었다. '왜 누구나 자신이 원하는 애플리케이션을 만들도록 허용하는 범용 프로그래밍 언어를 만들 수 없는 걸까?'

비탈릭은 또 다른 프로젝트인 마스터코인Mastercoin을 이런 방향으로 추진해야 한다고 생각했다. 마스터코인은 한마디로 다양한 기능을 탑재한 블록체인의 '스위스 군용 칼'이라고 할 수 있다. 그는 처음에 비트코인토크 게시글을 통해 마스터코인과 관련해 '차이를 위한 계약contracts for difference'을 제안했다.[16] 그리고는 스스로 이름 붙인 '얼티미트 스크립팅Ultimate Scripting'에 대해 설명했다. 마스터코인에 250달러의 수수료를 요구하는 내용의 얼티미트 스크립팅은 어떤 규칙을 요구하더라도 두 거래 당사자가 금융 계약을 맺도록 해주기 위해 마스터코인을 업그레이드하는 방법에 관한 제안이었다. 첫 번째 문단에서 그는 비트코인과 비교할 때 마스터코인의 장점은 개선된 거래 유형을 위한 잠재력이라고 설명했다. 마스터코인은 단지 한 사람이 다른 사람에게 지불하는 단계에서 멈출 필요가 없다. 우리는 이를 통해 '바인딩 익스체인지binding exchange'(뭔가를 주문했는데 누군가 그 요구 사항을 충족시킬 경우 지불해야 하는 거래) 혹은 내기와 도박까지 다룰 수 있다. 비탈릭은 이렇게 설명했다.

하지만 지금까지 마스터코인은 이러한 아이디어를 개발하는 과정에서 비교적 체계적이지 못한 프로세스였다. 핵심적으로 각각의 거래 유형을 자체적인 거래 코드 및 규칙과 더불어 따로 떨어진 기능으로 인식했다. 여기서는 열린 결말의 철학을 따르는 마스터코인 계약을 구체적으로 묘사하는 또 다른 방식에 대해 간략하게 설명하겠다. 그리고 기본적인 데이터와 수학적인 구성 요소를 구체적으로 밝히고, 누구라도 임의적으로 복잡한 마스터코인 계약을 만들어서 우리가 예상조차 하지 못한 요구를 포함해 그들 자신의 요구 사항을 충족시킬 수 있도록 하겠다.

11월 13일, 비탈릭은 이 같은 내용의 글을 마스터코인팀에 보내면서 그들이 큰 관심을 보일 것으로 기대했다. 하지만 마스터코인의 J. R. 월렛J. R. Willett은 이메일을 통해 이렇게 자신의 뜻을 밝혔다.

언젠가 개선된 기능으로 자리 잡겠지만, 지금 그렇게 한다면 우리 개발자들은 세부적인 문제를 해결하는 과정에 함몰되고 말 것이며, 결국 우리의 발전 속도는 대단히 느려지고 말 것입니다. 그리고 예상하건대, 예외적인 경우의 수는 기하급수적으로 늘어날 것입니다. 저는 스크립트 작업으로 실험하기에 앞서 마스터코인이 핵심 기능을 잘 수행하고 있다고 생각합니다. [17]

벽에 부딪친 비탈릭은 자신이 직접 해보기로 결심했다. 비트코인 가격이 무섭게 치솟던 무렵, 그는 샌프란시스코에서 여행을 끝냈다. 2013년 10월 100달러 초반이던 비트코인 가격은 11월 초 200달러 초반에 진입했다. 그리고 비탈릭이 샌프란시스코를 돌아다닐 무렵에 400달러를 넘어서더니 마침내 800달러 선까지 돌파했다. 비탈릭은 마스터코인이 비트코인을 기반으로 구축된 것처럼, 자신의 아이디어는 프라임코인Prime-coin이라고 하는 블록체인을 기반으로 구축된 마스터코인 방식의 레이어라고 설명했다. 아울러 자신과 몇 명의 프로그래머가 이 프로젝트를 추진하게 될 것이며, 이 접근 방식이 뭔가를 이끌어내기에 효과적인 방식이 될 것이라고 자신했다.

샌프란시스코 프레시디오에서 오랫동안 산책하며 자신의 생각을 기술적인 차원에서 구현할 방법을 찾아낸 비탈릭은 자신의 백서를 새롭게 썼다. 영감을 얻기 위해 다양한 공상과학 작품들을 섭렵하던 비탈릭은 '이더리움'이라는 단어에 끌렸다. 이는 아주 멋진 표현처럼 보였다. 이더리움은 빛이라는 파장을 이동시키는 매체로 '에테르Ether'라는 우주의 물질을 가정한 19세기 과학 이론을 가리키는 것이기도 하다. 비탈릭은 자신의 네트워크로 많은 것을 구현할 수 있기를 기대했다. 즉, 모든 형태의 거래가 가능하고, 그가 마스터코인에 제안한 것처럼 다양한 기능을 수행하는 플랫폼이 되기를 바랐다. 그러한 의미로 이더리움이라는 이름을 붙인 것이다. 비탈릭은 비트코인이 처음으로 1000달러를 돌파한 11월 27일 이런 내용을 담은 제안서를 친구들에게 보냈다. 며칠 후 비트코인은 1242달러로 또 다시 최고가를 경신했다.

비탈릭의 제안서를 받은 사람 중에는 짙은색 머리에 마른 몸집을 지닌 토론토 출신의 비트코인 사업가 앤서니 디 이오리오Anthony Di Iorio도 있었다. 비탈릭은 〈비트코인 매거진〉 질의응답 코너에서 그의 이름을 두 차례 정도 언급한 적이 있다.[18] 앤서니는 2012년 토론토 비트코인 미트업Toronto Bitcoin Meetup이라는 회사를 설립했으며, 사토시 서클Satoshi Circle이라고 하는 비트코인 도박 사이트를 만들어서 매각한 바 있다. 또한 캐나다 비트코인 연합Bitcoin Alliance of Canada을 설립하기도 했다.[19] 그전에는 슬라이딩 도어를 제작하는 가족 사업체에서 일했으며, 지열 천공 사업체를 운영하기도 했다. 초창기에 비트코인을 구매하는 등 비트코인 투자에 적극적이었던 앤서니는 사토시 서클을 매각하면서 2400BTC를 받았는데, 그중 2000BTC 정도는 그 가격이 150달러 이하일 때 받았다. 이후 가치가 급등한 덕분에 앤서니가 보유한 비트코인의 가치는 200만 달러를 넘어섰다. 비트코인 커뮤니티가 말하는 이른바 '비트코인 백만장자'(초창기에 많은 비트코인을 확보해서 현재 순자산이 수백만 달러에 이르는 사람)가 된 것이다.

그런데 앤서니는 마케팅과 비즈니스 세계 쪽 사람이지 기술 세계 쪽 사람은 아니었다. 그는 비탈릭의 백서를 자신의 친구 찰스 호스킨슨Charles Hoskinson에게 보여줬다. 콜로라도에서 활동하는 수학자이자 박사 과정을 밟은 찰스는 비트코인 에듀케이션 프로젝트Bitcoin Education Project라는 온라인 강좌를 개설했으며, 얼마 전까지 비트셰어스BitShares라는 프로젝트를 추진한 바 있다.[20] 20대임에도 불구하고 풍성한 구레나룻 덕분에 중년 남성 분위기를 풍기는 찰스는 백서에서 몇 가지 신선한 아이디어를 발견했다. 첫째, 클라우드 내 컴퓨터 개념, 즉 각각의 단계에 지불되도록 연산 작업을 측정하는 클라우드 속 컴퓨터라는 개념이었다. 둘째, 프로그래밍 언어를 블록체인에 집어넣는다는 아이디어였다. 앤서니는 찰스의 강력한 추천에 힘입어 비탈릭이 이더리움을 개발하는 데 15만 달러에 달하는 비트코인을 투자하겠다고 제안했다.

2013년 12월 비탈릭과 앤서니는 라스베이거스에서 열린 비트코인 컨퍼런스에 참석했다.[21] 그들은 잔뜩 흥분한 상태였다. 비트코인 가격이 지난 몇 주 동안 5배 정도 상승하면서 더 많은 이들이 비탈릭의 제안서에 관심을 보였다. 앤서니의 투자 덕분에 비탈릭은 이더리움을 프라임 코인 위에다가 구축하는 방식이 아니라 그 자체 블록체인을 갖춘 완전한 형태의 암호화폐로 만들 수 있었다.

비탈릭은 앤서니와 앤서니의 비즈니스 파트너 스티브 다크Steve Dakh 와 함께 MGM 그랜드 호텔의 따뜻한 욕조에 몸을 담근 채 자신이 왜

'사전 채굴pre-mine'에 반대하기로 결정했는지 이야기했다. 새로운 코인의 개발자들은 일반적으로 그들 자신의 보상을 코인으로 받기 위해 본격적으로 공개하기 전에 스스로 채굴하는 경향이 있다. 이들 공동설립자는 어떤 이더의 사전 채굴도 허용하지 않음으로써 모든 이들에게 평등한 기회를 주고자 했다. 이러한 방식은 스타트업을 설립하면서 따로 지분을 갖지 않는 것처럼, 새로운 코인을 출시하는 데 있어 가장 이타적인 방식이었다. 비탈릭은 자신의 탈중심화된 계획을 많은 이들에게 알렸으며, 사람들이 네트워크를 운영하기 위해 다운로드 받을 수 있는 데스크톱 앱 같은 소프트웨어 클라이언트를 개발하도록 개발자들을 독려했다.

아이디어 자체와 관련해서 이더리움의 보다 신선한 측면 중 하나는 2가지 유형의 당사자가 거래를 주고받을 수 있다는 사실이다. 첫째는 쉽게 예상할 수 있듯이 사람이다. 보다 흥미로운 둘째는 '콘트랙트contract'다. 이더리움은 우리가 개인 혹은 챗봇과 메시지를 주고받는 것과 비슷하게 2명의 개인 혹은 1명의 개인과 소프트웨어에 기반을 둔 일종의 금융 자판기인 '스마트 콘트랙트smart contract' 혹은 2개의 스마트 콘트랙트 사이에서 거래가 이뤄진다. 여기서 콘트랙트는 어드레스와 잔고를 가진 일종의 이더리움상 코드로, 개인과 마찬가지로 거래를 주고받을 수 있다. 누군가 콘트랙트에 거래를 전송하면 콘트랙트의 코드가 활성화되어 콘트랙트의 기록을 변경하거나 콘트랙트가 거래를 전송하도록 만든다.

예를 들어, 우리가 탈중심화된 차량 공유 네트워크를 만든다고 해보자. 다시 말해, 우버Uber라는 회사가 없는, 우버와 비슷한 자동차 네트워크를 구축한다고 가정해보자. 먼저 새로운 암호화폐를 만든다. 이를 '캡코인CabCoin'이라고 하자. 그리고 이더리움 네트워크에 캡코인 투자 콘트랙트를 만든다. 여기서 콘트랙트는 이더를 보낸 모두에게 새로운 토큰을 지급하도록 설계된 프로그램이다. 프로그램은 미리 정해놓은 비율에 따라, 가령 이더 하나에 1만 개의 캡코인을 자동적으로 지급한다. 캡코인을 보유한 사람은 이를 가지고 요금을 지불하거나 가격 정책이나 운전자의 임금, 네트워크의 마케팅 예산 등 네트워크에 관련된 변화에 대해 의결권을 행사할 수 있다. 그 과정에 전화를 걸거나 직접 사람을 만날 필요는 없다. 투자를 통해 캡코인을 받으려는 사람은 그 콘트랙트와 직접 거래하면 된다. 아니면 이러한 기능을 하는 콘트랙트를 프로그래밍함으로써 인간이 개입할 여지를 완전히 제거할 수도 있다.

교환 거래와 베팅 사이트, 탈중심화된 도메인 네임 시스템, 주주 조합, 보험, 탈중심화된 시장 등 이더리움에 관한 모든 것은 하나의 콘트랙트가 될 수 있다. 그리고 사용되는 언어는 '튜링 완전Turing complete'(어떤 프로그래밍 언어나 추상 기계가 튜링 기계와 동일한 계산 능력을 가진다는 의미-옮긴이) 언어가 될 것이다. 다시 말해, 개발자가 원하는 모든 개념을 구현할 수 있을 것이다. 비탈릭은 새로운 버전의 백서를 마무리하면서 이렇게 설명했다.

이더리움 프로토콜의 설계 철학은 다른 암호화폐의 그것과는 다양한 측면에서 대척점에 있다. 다른 암호화폐는 복잡성을 추가하고 기능의 수를 늘리는 것을 목표로 삼는다. 반면 이더리움은 그러한 기능을 제거해버렸다. 이더리움 프로토콜은 다중 서명 거래, 다중 입력과 출력, 해시 코드, 록타임 등 비트코인이 제공하는 많은 다른 기능을 지원하지 않는다. 대신에 이더리움의 모든 복잡성은 가장 강력한 튜링 완전 어셈블리 언어에서 비롯되는데, 이 언어는 말 그대로 수학적으로 설명 가능한 모든 기능을 구축하기 위해 사용할 수 있다. 이 언어 자체는 '오웰리언 뉴스피크 Orwellian Newspeak' 원칙을 따른다. 다시 말해, 4개 이상의 명령 조합으로 대체할 수 있는 모든 명령은 제거했다. 그 결과, 우리는 코드베이스가 아주 작지만 다른 암호화폐가 할 수 있는 모든 것을 할 수 있는 암호화폐 프로토콜을 완성했다.

이상한 금융 세상에 온 여러분을 환영한다:)

나흘 후인 12월 19일 오전 11시 53분, 비탈릭은 개빈 우드Gavin Wood 에게 한 통의 이메일을 받았다. 거기에는 이렇게 적혀 있었다. "조니에게 정보를 들었습니다. 저는 C++(가령 github/gavofyork)를 다룰 줄 압니다. 이더리움은 지금 어디까지 왔습니까?"

비탈릭은 더 많은 도움이 필요했다. 그와 2명의 개발자는 프로그래밍 작업에 여념이 없었다. 그는 몇 달 안에 작업을 마칠 수 있을 것이라고 생각했다. 그러고 나면 다시 〈비트코인 매거진〉과 대학으로 돌아갈 생 각이었다. 비탈릭은 i@gavwood.com로 두 번이나 답장을 보냈다. 비탈릭 은 답장에서 개빈을 자신의 팀으로 맞아들이게 되어 기쁘다는 말과 함 께 C++ 클라이언트를 위해 그가 무엇을 구축하기 원하는지 물었다. 그 리고 두 이메일 모두 "넉넉한 보너스"가 주어질 것이라는 말로 마무리지 었다.

또 다른 가능성, 이더리움이 태동하다

강렬하고 직선적인 눈빛을 가진 개빈은 짙은 갈색 눈과 이마를 덮은 회 색 머리가 인상적인 서른세 살 영국인이었다. 컴퓨터공학으로 박사학 위를 받은 개빈은 오픈소스 프로젝트를 해킹한 경력이 있는데, 여기에 는 KDE 프로젝트도 포함되어 있다. 개빈의 박사 프로젝트는 음악을 아 름다운 추상화로 바꿔주는 소프트웨어였다. 고등학교 친구 애런 뷰캐넌 Aeron Buchanan과 그의 박사 프로젝트를 상품화하는 사업을 벌여 런던의 나이트클럽 몇 곳에 자신들이 만든 장비를 팔기도 했다. 그 외에도 다양한 스타트업을 시도해서 돈을 조금 벌기도 했다. 그러다가 전망 있어 보이는 비즈니스 계약 소프트웨어 업체인 옥스리걸OxLegal에 투자했다.

2013년 초, 개빈은 비트코인에 관심을 보였다. 〈가디언The Guardian〉에 실린 실크로드에 관한 기사를 읽고 난 후 호기심이 발동했다.[22] 그 기사에는 비탈릭의 친구 아미르 타키Amir Taaki와 미하이가 언급됐다. 기사에는 비트코인에 반대하는 정치인을 비판한 미하이의 말이 인용돼 있었다. "비트코인을 금지하는 것은 돼지고기를 구우려고 마을 전체를 불태우는 것과 같습니다. 누가 포르노그래피를 올려놨다고 해서 인터넷을 완전히 차단시켜버리는 것과 다를 바 없습니다."

개빈은 기존 시스템을 혐오하는 비트코인 혁명가를 당장 만나보고 싶었다. 그래서 아미르에게 이메일을 보내고 나서 그가 읽어주기만을 기다렸다. 결국 그 무정부주의자는 개빈을 거대한 7층 건물에 초대했다. 사무실 벽은 너덜너덜했고 변기는 망가져 있었으며 변압기도 고장 난 상태였다. 불법 거주 건물에는 가본 적 없는 개빈으로선 깜짝 놀랄 만한 광경이었다. 아미르가 어떤 문을 열자 바닥에 깔린 매트리스를 제외하고는 텅 비어 있는 사무실이 눈에 들어왔다. 미하이와 록시가 이불을 덮고 누워 있다가 손을 흔들어 인사를 했다. 개빈은 그때 '조니 비트코인'이라고 불리던 조너선 제임스 해리슨Jonathan James Harrison을 처음으로 만났다.

그해 12월, 두 사람은 다시 한번 만났다. 그때 조니는 개빈이 이더리움의 프로그래밍을 맡아야 한다고 주장했다. 이는 개빈에게 도전 과제나 다름없었다. 개빈은 백서에 흥미를 느꼈다. 옥스리걸에서 근무하던 마지막 몇 달 동안, 개빈은 다양한 마이크로소프트 오피스 프로그램을 다뤄야 했다. 거기에는 워드도 포함되어 있었는데, 사용하기가 무척 까다로웠고 하위 호환성을 필요로 했다. 반면 이더리움은 모든 것을 처음부터 개발할 수 있었다. 크리스마스 선물처럼 흥미로운 프로젝트였다.

개빈은 휴일을 맞아 친구가 운영하는 랭카스터 인근의 목장으로 놀러 갔다. 바다와 갯벌이 가까운 곳으로, 들판에는 바람이 거세게 불었으며, 크고 작은 오두막들 사이에는 망가진 트랙터와 함께 건초 더미가 쌓여 있었다. 100마리 정도 되는 소들이 들판을 여유롭게 돌아다니고 있었다. 그의 친구는 빅토리아 양식의 집에서 느긋하게 불을 쬐고 있었다. 두 사람은 저녁을 먹고, 게임을 했다. 친구가 난로에 쌓인 재를 치우는 동안에 개빈은 소파에 앉아서 이더리움을 프로그래밍했다. 다음 주에는 옥스퍼드로 돌아가 낮에는 옥스리걸에서 여덟 시간 일하고, 밤에는 이더리움에서 여덟 시간 일했다. 옥스리걸의 공동설립자인 개빈은 따로 월급을 받지 않았는데, 투자가 아직 확정되지 않은 상태였다. 게다가 개빈에게는 지난 2년 동안 일정한 수입이 없었다. 한마디로 그는 파산 상태였다. 비트코인 세상에 일찌감치 뛰어들어 부자가 된 조니는 개빈이 이더리움에 관한 일을 할 수 있도록 12월, 1월 월세를 대신 내줬다. 개빈은 열악한 경제 상황을 타개하기 위해 하루라도 빨리 취직하거나, 아니면 옥스리걸의 투자자를 물색해야만 했다. 그런 상황에서도 그는 이더리움 작업에 큰 흥미를 느꼈다. 그는 2월 1일까지 결정을 내려야 했다.

개빈이 이더리움에 대한 이야기를 들었을 무렵, 네덜란드의 프로그래머 제프리 윌크Jeffrey Wilcke(제프)도 그 소식을 접했다. 제프 역시 크리스마스 무렵 고Go라는 프로그래밍 언어로 이더리움 클라이언트를 프로그래밍하기 시작했다. 작은 키, 벗어진 머리, 계란형 얼굴에 갈라진 턱, 날씬하면서도 유연한 몸매를 지닌 제프는 당시 서른 살 나이로 사람들을 편안하게 만들어주는 성격을 지닌 사람이었다. 컴퓨터공학과를 중퇴한 그는 아이들을 위한 수학 학습 플랫폼을 개발하다가 비트코인 세상에 대해 알게 됐다.

제프는 암호화폐를 연구하고 마스터코인에서 짧게 일하기도 했다. 그러던 어느 날, 마스터코인의 한 동료가 그에게 이더리움 백서를 보여줬다. 제프가 컴퓨터 언어를 좋아한다는 사실을 알고 있었기 때문이다. 제프는 백서가 기술적인 측면에서 대단히 흥미롭다고 생각했다. 프로그래밍 언어를 활용하는 것에 더해 그는 가상 머신, 즉 하드웨어 컴퓨터 안에 있는 소프트웨어 컴퓨터를 만드는 일을 좋아했다. 크리스마스 때 제프는 암스테르담 교외에 있는 부모님 집에 있었다. 제프는 크리스마스 휴일에 틈틈이 노트북으로 일할 생각이었다. 그는 자신에게 익숙하지 않은 고 언어를 선택해 자신의 기술을 좀 더 발전시키고자 했다. 고 언어는 빠르고 단순하며 비교적 변수가 적다는 장점이 있었다. 이는 이더리움 같은 프로젝트를 진행하는 데 잠재적으로 유리한 특성이라고 할 수 있다. 제프와 개빈은 이전에도 연락을 주고받았는데, 크리스마스 당일 개빈은 농장에서, 제프는 부모님 집에서 스카이프로 백서에 관해 이야기를 나눴다.

이 시점에서 이더리움 스카이프 채널이 여럿 생겨나기 시작했다. 개빈과 제프, 비트코인 에듀케이션 프로젝트의 찰스, 캐나다 비트코인 연합의 앤서니, 미하이를 비롯해 컬러드 코인스 시절 비탈릭의 친구인 아미르 체트리트Amir Chetrit까지 스카이프 채널에 합류했다. 비탈릭은 아미르 체트리트를 "자본가 아미르"라고, 아미르 타키를 "무정부주의자 아미르"라고 불렀다. 체트리트는 앤서니와 예전부터 알던 사이였다.

스카이프 채널에 참여한 또 다른 인물로 테일러 게링Taylor Gerring이 있다. 시카고를 중심으로 활동하던 테일러는 작은 체구에 외향적인 성격을 지녔다. 편안하고 소년 같은 미소를 지닌 그는 특히 눈웃음이 인상적이었는데, 팔뚝에 'love'라는 글자와 하트 표시를 문신으로 새겨놓았다. 미하이는 12월 밀라노에서 열린 컨퍼런스에서 테일러를 만나 그에게 이더리움 웹사이트 관리를 맡겼다. 예상치 못하게 관심이 집중되면서 사이트가 종종 마비되어서 전문가의 도움이 필요했기 때문이다. 나중에 식용 대마초 사업가로 변신한 둥근 얼굴에 풍성한 구레나룻과 콧수염을 지닌 앤서니 디오노프리오Anthony D'Onofrio도 합류했다. 그는 온라인상에서 '텍스처Texture'라는 이름을 사용했는데, 나중에는 현실 세상에서도 그렇게 불리게 됐다.

한편, 자신이 설립한 토론토 비트코인 미트업을 열심히 운영하던 앤서니는 비트코인 허브 중심지를 건설하겠다는 아이디어에 들떠 있었다. 이를 위해 그는 넓이가 50제곱미터에 이르는, 벽돌로 지어진 오래된 3층짜리 주택을 사 들였다. 그리고 그 건물에 '비트코인 디센트럴Bitcoin Decentral'이라는 이름을 붙였다.

세계 여행을 마치고 토론토의 집으로 돌아온 비탈릭은 이더리움을 위해 파이선Python 언어를 기반으로 클라이언트를 프로그래밍했다. 반면 개빈과 제프는 각각 C++와 고를 사용해서 작업했다. 비탈릭은 이더리움이 다양한 소프트웨어 클라이언트를 기반으로 해서 하나의 클라이언트에 버그가 발생해도 전체 블록체인이 마비되는 일이 없기를 바랐다. 문제가 발생한 클라이언트를 수정하는 동안에도 네트워크가 정상적으로 작동할 거라고 생각한 것이다.

영하 15도의 추위가 몰아친 2014년 1월 1일, 비탈릭은 디센트럴 개소식에 참석했다. 그날 행사에서 캐나다의 두 번째 비트코인 ATM이 선보였다.[23] 좁은 공간을 사람들이 가득 메웠는데, 대부분 남자들이었다. 그날 앤서니는 토론토 토박이 조지프 루빈Joseph Lubin(조)과 밤새 이야기를 나눴다. 대머리에 부드러운 말씨로 사람들을 편안하게 해주는 조는 종종 팔짱을 끼고 서 있는 습관이 있었다. 쉰에 가까웠던 조는 월스트리트에서 일하다가 퇴직한 터였다. 골드만삭스Goldman Sachs에서 경력을 쌓왔던 그는 퇴직 후 자메이카에서 살고 있었다. 앤서니는 그를 스카이프 그룹에 초대했다.

그렇게 이더리움을 중심으로 하나의 공동체가 형성됐다. 검은 머리를 뒤로 깔끔하게 넘기고 목을 거의 가리다시피 하는 풍성한 턱수염과 콧수염이 인상적인 스테판 튜얼Stephan Tual은 1월 중순에 참여했다. 스테판은 프랑스인으로 런던에서 살고 있었다. 그는 커뮤니케이션 및 커뮤니티 구축을 담당했다. 이는 특히 다가오는 크라우드세일crowdsale(암호화폐로 토큰을 살 수 있는 온라인 행사-옮긴이)과 관련해서 중요한 자리였다.

앤서니는 1월 25~26일 북미 비트코인 컨퍼런스가 열리는 마이애미에서 모두 만날 것을 제안했다. 비탈릭은 그 행사에서 연설할 예정이었다. 새로운 비트코인 백만장자 반열에 들어선 앤서니는 각자 항공료만 부담한다면 마이애미에 오는 모든 이들을 위해 자신이 직접 집을 빌리겠다고 제안했다. 그 자리에서 서로 마음에 든다면 앞으로도 계속 함께 일할 수 있을 것이다.

그 주의 주말이 오기 전, 개빈은 런던에 있던 조니의 집에 머무르고 있었다. 그는 마이애미로 가기 전 이더리움과 관련해 어느 정도 준비를 갖출 수 있기를 바라며 주말 내내 프로그래밍을 했다. 이미 파산한 상태여서 항공료를 마련할 경제적 여유가 없었던 그는 비탈릭과 스카이프로 채팅하면서 컨퍼런스에 참석할 방법을 찾았다.

마지막으로, 찰스는 일요일에 마이애미 공항에서 앤서니를 픽업했다. 앤서니는 이더리움 개발에 투자하고, 집을 빌리겠다고 제안하는 등 자신의 재력을 과시해왔다. 찰스는 그런 앤서니에게 개빈의 항공료를 부담해줄 수 있는지 물었고, 앤서니는 기꺼이 그러겠노라고 답했다. 그때까지 미국에 세 번밖에 가보지 않았던 개빈은 1주일 일정으로 비행기를 탈 수 있게 됐다.

1월 초, 개빈은 조니과 그의 비트코인 백만장자 친구를 만나 함께 저녁을 먹었다. 백만장자 친구는 개빈에게 이렇게 조언했다. "이더리움을 만들고 싶다면 그들이 당신을 괴롭히지 못하게 하세요."

마이애미로 향하는 비행기에 오르며 개빈은 그 조언을 마음속에 깊이 새겼다.

2장

누가 이더리움을
만들었는가

**2014년 1월 20일
~ 2014년 6월 3일**

이더리움의 탄생을 함께하다

영국에서 날아온 개빈 우드는 1월의 마이애미 풍경에 탄성을 질렀다. 기온은 22도로, 완벽한 날씨였다.[1] 앤서니 디 이오리오가 비스케인만 베이하버 아일랜드에 임대한 140제곱미터 넓이의 해안가 저택에 들어서면서 개빈은 바닥에 깔린 차갑고 큼지막한 아이보리색 타일의 감촉을 만끽했다. 수영장 테이블과 고급스러운 갈색 가죽 소파, 그리고 화려한 라운지 바가 눈에 들어왔다. 유리로 된 슬라이딩 도어 밖으로 데크와 라운지체어, 엄청나게 커다란 그릴이 보였다. 그 뒤로는 반짝이는 터키색 해변을 따라 넓은 골프장과 수많은 야자수가 펼쳐져 있었다. 새들이 지저귀는 소리는 여름 내음을 가득 머금은 산들바람의 향취를 더욱 달콤하게 만들었다. 사람들은 바다에 뛰어들어 돌고래와 함께 수영을 즐기고 있었다.

이더리움 팀원들은 컨퍼런스가 열리기 며칠 전 그곳에 도착했다. 몇 몇을 제외하면 모두 처음 보는 사이였다. 비탈릭 부테린과 앤서니, 찰스 호스킨슨, 조지프 루빈, 비탈릭의 컬러드 코인스 동료인 "자본가 아미르" 체트리트, 웹사이트 관리를 맡은 테일러 게링, 식용 대마초 사업을 하고 있던 '텍스처' 앤서니 디오노프리오, 그리고 비디오 예술가이자 비즈니스 파트너인 스티브 다크처럼 앤서니가 데리고 온 몇몇 동료 등 12명 정도가 그 집에 머물렀다. 한편, 미하이 앨리시는 그곳에 올 엄두조차 낼 수 없었다. 루마니아 시민이 미국에 오려면 엄청나게 많은 정보를 신고 해야 하기 때문이다. 미하이의 말에 따르면, 그가 미국에 오려면 〈비트 코인 매거진〉의 고객 명단까지 모두 밝혀야 했다.

첫날밤에는 10명 정도가 그 집에서 잠을 잤는데, 날이 갈수록 사람 수 가 늘어났다. 여성 컨퍼런스 참석자들을 포함해 많은 이들이 그곳을 방 문했다. 몇몇 팀원들은 남자들로 득실대던 그 집의 침실에 여성 방문자 들을 초대하기도 했다. 새롭게 알게 된 사람들은 자유롭게 대화를 나누 다가 그들 중 대다수가 환각제를 경험해본 적 있다는 사실을 알게 됐다. 환각제가 금지 약물임을 감안할 때, 이는 매우 특이한 사항이었다. 어쨌 든 비트코인 가격이 1000달러에 육박하면서 집 안의 분위기는 한껏 고 조됐다. 그들은 비트코인 2.0 발표에 잔뜩 흥분해 있었다. 아니, 적어도 대부분은 그랬다.

그런데 당시 열아홉 살이었던 비탈릭이 몇 시간 동안 보이지 않았다. 그가 마침내 모습을 드러냈을 때 텍스처는 큰 소리로 인사를 건넸다. 뺨 과 이마에 여드름이 나 있고 턱에는 솜털이 보송보송한 비탈릭은 인사 를 하면서 특유의 혀 짧은 발음으로 이렇게 말했다. "전화로 중국어를 연습하고 있었어요." 사실 그는 차를 타고 마이애미를 돌아다니며 종종 언어 앱을 실행하곤 했다. 한번은 앤서니의 비즈니스 파트너인 스티브가 술 마실 나이도 되지 않은 비탈릭에게 마리화나를 피워보라고 설득해서 거의 성공할 뻔했다. 다행스럽게도 누군가 불러서 스티브가 잠시 자리를 비웠다가 돌아오자 마리화나에 대한 비탈릭의 관심은 시들어버린 뒤였다. 모두들 종종 생각에 빠져 멍한 표정을 짓는 어린 천재를 세심하게 보살펴주었다. 그가 레스토랑에서 길을 잃은 듯 보일 때면 사람들은 비탈릭을 향해 이렇게 외쳤다. "이쪽이야!"

개빈은 해커톤hackathon(팀을 이뤄 마라톤 하듯 긴 시간 동안 결과물을 만들어내는 대회-옮긴이)이 있을 거라는 이야기를 들었다. 그러나 디지털 지갑을 구축하는 프로그래머를 제외하고, 고 클라이언트를 담당하는 암스테르담의 프로그래머이자 집 밖을 나서지 않는 것으로 유명한 제프리 윌크가 오지 않아서 개빈이 유일한 개발자였다. 뭐, 문제될 것은 없었다. 스스로를 이더리움의 CEO로 내세운 찰스는 주말에 자신이 라이브 시연을 하기 전에 이더리움을 돌아가게 만들어야 한다는 목표를 개빈에게 전달했고, 덕분에 개빈은 식탁에 고개를 파묻고 일에 집중하고 있었다. 다른 이들은 소파에 둘러앉아 이더리움에 관한 중요한 결정을 내리고 있었다.

한 회의에서 비탈릭은 대단히 이상적인 비전을 내놨다. 조직 구조나 특정한 설립자 집단 혹은 사전 채굴 없이 단지 클라이언트만 발표하고, 열린 커뮤니티 프로젝트 형태를 유지하며, 사토시 나카모토처럼 고귀한 방식으로 만들고, 어느 누구에게도 코인 형태로 지분을 보장하지 않아야 한다고 주장한 것이다.

앤서니는 즉각 반박했다. "아니에요. 비탈릭, 우리는 이와 관련해서 이미 논의했어요. 설립자가 있어야 해요. 책임질 사람이 필요해요."

앤서니는 프로젝트를 추진하기 위해 많은 자금을 투자한 상태였다. 15만 달러의 개발비, 주택 임대료, 개빈의 항공료까지 부담했다. 앤서니는 프로젝트의 출범을 위해 돈과 시간, 에너지를 투자한 이들에게 적절히 보상하기 위해서는 사전 채굴이 반드시 필요하다고 생각했다. 게다가 투자를 유치하는 역할을 맡을 사람도 필요했다. 그리고 조직 구조와 관련해서 앤서니는 비록 사토시는 자신의 모습을 드러내려고 하지 않았지만, 이더리움은 달라야 한다고 말했다. 프로젝트를 책임지는 사람들을 공개하는 것은 개방성과 신뢰성에 관한 문제였다. 그들은 누가 설립자가 되어야 할지를 놓고 이젤 위 백지에다가 그림을 그리기 시작했다.

식탁에 몸을 바짝 붙인 채 정신없이 일하고 있던 개빈은 점점 높아지는 목소리에 호기심이 동했다. 개빈은 그들이 모두 초면이라는 사실을 알지 못했다. 모두들 미국식 억양을 쓰고 인사를 하며 가볍게 포옹하는 등 친한 사이처럼 행동했기 때문이다. 개빈은 당연히 그들이 한동안 함께 일한 사이일 거라고 짐작했다. 이날 저녁에는 반드시 결론을 내려야만 했는데, 이제껏 많은 논의를 해왔을 그들이 결론을 내리지 못하는 데 의아해하며 개빈은 이더리움이 아직 설립되지 않은 상태라면 자신도 설립자에 이름을 올리고 싶다는 생각을 했다. 다만 문제가 있다면 "자본가 아미르"였다. 그는 이더리움과 경쟁 관계에 놓일 컬러드 코인스와 관계된 인물이었다. 아무도 강요하지 않았지만, 그가 있어야 할지 나가야 할지는 여전히 해결되지 않은 문제로 남아 있었다.

한편, 정당한 몫을 받아야 한다는 조니 비트코인의 친구가 했던 조언을 마음속에 품고 있던 개빈은 설립자로 나서기로 결심했다. 스물다섯 살 때까지 학교를 다니고, 이후 반려동물 프로젝트에서 일했던 개빈은 협상 능력이 부족했다. 그러나 그는 사람들 앞에 서서 최선을 다해 자신의 뜻을 밝혔다. 어쨌든 그들이 무엇을 해야 할지를 놓고 이야기하는 동안, 자신은 실제로 그것을 만들었다. CEO를 자처한 찰스와 조는 개빈을 지지했다. 그에게는 스타트업에서 일한 경험이 있는 데다 기술적인 전문성까지 갖추고 있었기 때문이다.

그러나 개빈의 항공비를 포함해 지금까지 대부분의 비용을 부담한 데다 스스로 "자본가 아미르"와 친하다고 생각해온 앤서니는 난색을 표했다. 앤서니는 그가 프로젝트에 너무 늦게 합류했다는 점을 지적했다. 앤서니가 보기에 개빈은 적임자가 아니었다. 앤서니는 이더리움과 관련해서 개빈이 구조적인 차원에서 어떤 일에도 관여하지 않았다고 생각했다. 앤서니는 프로그래밍했다는 이유로 개빈 같은 사람이 설립자가 될 자격은 없다고 생각했다. 앤서니는 나중에 이렇게 말했다. "개빈은 당시에 거기에 있었던 50명의 다른 사람들과 같은 존재에 불과했습니다. 그는 그저 프로그래밍만 했을 뿐이죠. 게다가 비탈릭을 제외하고 설립팀의 누구도 알지 못했습니다." 개발자가 필요하기는 했지만 그들이 의사결정에 관여하도록 허용할 필요는 없었습니다." 개빈은 실망했다. 그는 자신이 실제로 이더리움을 "만들었다"는 사실을 강조했다.

그렇게 5분 정도 열띤 토론이 이어지다가 잠시 분위기가 가라앉자 앤서니의 비즈니스 파트너인 스티브는 앤서니에게 잠시 밖에 나가자고 했다. 두 사람은 뒷문으로 나갔다. 스티브는 말했다. "개빈에게 적어도 그가 설립자라는 말을 했어야만 합니다. 그에게 그냥 설립자라고 말해주세요. 많은 지분을 줄 필요는 없습니다. 하지만 설립자가 아니라는 말을 해서는 안 됩니다. 개빈은 C++ 클라이언트를 만들 수 있는 유일한 프로그래머입니다. 비탈릭은 못 한다고요. 그는 파이선 클라이언트로 작업하니까요."

앤서니는 결국 스티브의 말이 옳다고 인정했다.

그날 설립자와 경영진 구성에 관한 최종 합의가 이뤄졌는지는 분명하지 않다. 하지만 뚜렷한 수직 체계를 기반으로 하는 전통적인 기업과 달리 "탈중심화된" 프로젝트에 어울리는 다양한 타협안이 나왔던 것으로 보인다. 지금도 비탈릭과 앤서니, 찰스, 미하이, 아미르 5명이 원조 공동 설립자라는 사실에 이의를 제기하는 사람은 없다(다만, 개빈은 앤서니가 설립자 그룹을 자신과 비탈릭으로만 제한하려고 했다고 지적했다. 앤서니는 자신의 친구인 찰스와 아미르까지는 공동설립자 그룹에 끼워주려 했지만, 비탈릭의 친구 미하이까지 포함시키는 것은 원치 않았다. 앤서니는 미하이가 오기 전에 5명의 공동설립자가 이미 정해졌다고 말했다. 비탈릭 역시 그렇게 기억했다).

재무적인 책임을 지게 될 신탁 멤버는 4명이었던 것으로 보인다. 공동설립자 그룹에서 아미르만 제외하고 나머지 멤버들은 웹사이트에 이름을 올렸다. 아미르는 이에 대해 자신의 명성을 높이는 것보다는 프라이버시를 지키는 게 더 중요하다고 생각했기 때문이라고 설명했다. 하지만 다른 사람들은 증권거래위원회Securities and Exchange Commission, SEC와 문제가 생겼을 때 책임을 지고 싶지 않아 그렇게 했을 것이라고 짐작했다. 개빈은 자신이 컬러드 코인스에서 일했기 때문에 그 명단에 이름을 올릴 수 없었다고 생각했다.

마지막으로, 개빈은 자신과 제프, 그리고 아미르를 3명의 하위 설립자로 임명한 의사결정에 대해 설명했다. 그 그룹은 설립자 회의에 참석하고, 문제 해결 과정에 조언하고, 신탁 멤버들의 절반에 해당하는 이더를 지급받았다. 개빈은 그것이 최종 결정이라고 생각했지만, 아미르는 아니었다. 나중에 찰스가 자신보다 단 하루 앞서 스카이프 그룹에 참여했다는 사실을 알게 된 개빈은 자신이 하위 설립자가 된 것은 부당하다고 느꼈다.

며칠 뒤, 개빈이 공동설립자 그룹에 합류하지 못하도록 가로막은 장본인인 앤서니가 선물 가방을 들고 개빈 앞에 나타났다. 앤서니와 스티브의 대화를 듣지 못했지만, 개빈은 누군가 앤서니에게 자신과 계속 함께 일해야 하니 친절하게 대하라고 조언한 것 같다는 느낌을 받았다. 개빈은 선물 가방을 들여다봤다. 거기에는 술병이 하나 들어 있었다. 개빈은 아직도 싸구려 스카치 병을 보면 누군가 아무리 강하게 자신을 막으려 해도 그렇게 할 수 없었다는 사실을 떠올리게 된다고 말했다.

1월 26일 일요일 오전 9시 반, 비탈릭은 연설을 했다.[2] 파티가 밤새 이어진 탓에 다들 피곤했고, 행사를 하기 좋은 시간대도 아니었지만 컨퍼런스 참석자들은 비탈릭의 프레젠테이션을 보기 위해 컨퍼런스 룸으로 향했다. 좌석이 가득 차서 비탈릭의 동료 네 사람은 그의 연설을 구석에 서서 들어야만 했다. 주최 측은 그 자리에 600명이 넘는 인원이 참석했다고 추산했다. 비탈릭은 말을 더듬으며 30분이 채 안 되는 시간 동안 연설을 했다. 그러나 자신의 생각은 분명하게 전했다. 이더리움은 여느 암호화폐와는 다른 전략을 구사할 것이며, 특정한 기능이 아니라 프로그래밍 언어를 개발하는 것임을 강조했다. 그는 "이 블록 하나만 있으면, 이 하나의 암호화폐 레고 블록만 있으면 우리는 무슨 일이든 할 수 있습니다"라고 말했다. 뿐만 아니라, 그 애플리케이션은 비트코인처럼 잠재적으로 탈중심화될 수 있다고 덧붙였다. 이 말은 올바르게 구축되기만 한다면, 어느 누구도 혹은 어느 정부도 이 암호화폐를 중단시킬 수 없다는 뜻이다. 많은 비트코인 중단 사태가 있었지만, 적어도 청중 중 한 사람은 비탈릭이 설명하려는 게 단지 비트코인의 변형이 아니라 그 자체로 의미 있는 첫 번째 존재에 관한 것이라는 사실을 알아챘다. 연설은 사람들의 박수갈채로 마무리됐다. 질문 시간이 너무 짧아서 컨퍼런스 룸을 나가는 비탈릭의 뒤를 많은 사람들이 따라갔다.

이더리움의 전망이 뚜렷해지면서 사람들은 서로 자리를 차지하기 위해 다퉜다. CEO가 되기 위해 로비를 벌이던 찰스는 개빈과 체스를 두다가 그에게 최고기술책임자Chief Technical Officer, CTO가 되는 게 어떻겠느냐고 물었다. 수요일에 자신의 노트북으로 첫 번째 이더 거래를 찰스에게 보냈던 개빈은 비탈릭에게 의견을 구했다. 직함을 부여하거나 조직 체계를 만드는 것보다 연구하고 중국어 공부를 하는 데 더 관심이 있었던 비탈릭은 좋다고 대답을 했고, 자신에게는 C3PO라는 직함을 부여했다.

이와 더불어 그 주말은 비트코인의 화려하고 매혹적인 거품이 만끽할 수 있는 시간이었다. 초창기 "고래whale"(엄청난 코인을 보유하고 있어서 가격에 실질적인 영향을 미칠 수 있는 사람) 중 한 사람이 화려한 얼음 조각으로 장식하고 온몸을 황금빛으로 칠한 댄서들을 동원해 옥상 파티를 열었다. 개빈은 제임스 본드 영화의 한 장면을 보는 것만 같았다. 그 파티는 마치 이렇게 외치는 듯했다. '우리가 최고 부자라는 사실을 어떻게 보여줄 수 있을까?' 개빈은 자신의 삶이 어디로 흘러가고 있는지 알 수 없었다. 히스로 공항에 도착하자마자 개빈은 비즈니스 파트너에게 전화를 걸었다. "옥스리걸에는 가지 않을 겁니다. 이더리움이 앞으로 어떻게 될 것인지 지켜볼 생각입니다."

8인의 이더리움 공동설립자

전 세계부터 비트코인을 투자받아 이더리움 팀의 네트워크가 출범한 뒤 투자자들에게 지갑으로 지급하게 될 크라우드세일은 원래 2월 1일로 예정되어 있었다.[3] 그러나 컨퍼런스가 진행되는 가운데 그 일정에 대한 우려의 목소리가 높아지기 시작했다. 조와 찰스, 그리고 아미르("비즈니스맨들")는 그들이 SEC의 규제를 위반하지 않았다는 사실이 분명해질 때까지 크라우드세일 일정을 연기하는 게 좋겠다고 생각했다. 크라우드세일은 법적으로 문제를 야기할 위험이 있었다. 사실 그들은 본질적으로 주식 공개처럼 보이는 행사를 추진하고 있었다. 미국에서는 SEC가 인정한 예외 사례가 아닌 이상, 모든 주식 공개는 등록해야 한다. 그러나 이더리움 팀원들은 자신들의 행사를 주식 공개로 등록하길 원치 않았다. 뿐만 아니라 그들은 제품이나 매출 혹은 주식 공개를 위해 필요한 자금이 없다는 점에서 일반적인 경우는 아니었다. 또한 이더리움은 SEC가 인정한 예외에도 해당되지 않았다. 그들은 본질적으로 많은 이들이 주식 공개라고 부르는 행사를 벌이면서도 그와 관련된 법은 따르지 않았다. 나이도 많고 경험도 많았던 조는 자칫 잘못하다가는 금고형을 받을 수도 있겠다는 생각이 들었다. 그러나 잘하면 관심을 보이는 투자자들과 아미르의 인맥을 통해 2000만 달러를 넘어서는 엄청난 투자금을 끌어모을 수 있을 것이라는 계산이 섰다. 찰스는 여러 가지 이유 중에서 토큰을 판매하는 행위의 규제적 의미에 대해 논쟁을 벌이다가 비트셰어스를 떠나게 됐다고 말했다. 게다가 그들은 기술적인 차원에서 논쟁할 준비가 되어 있지 않았다. 결국 그들은 컨퍼런스 마지막 날인 1월 26일이 지나고 나서야 크라우드세일을 연기하기로 뜻을 모았다.

한편, 개빈은 암스테르담으로 가서 제프를 만났다. 비록 한 사람은 지메일을, 다른 한 사람은 야후!를 사용했지만 두 사람은 이메일을 주고받으며 고와 C++ 클라이언트 사이에서 초기 이더리움 네트워크를 구축했다. 예전에는 1주일에 고작 네다섯명 정도 만나던 개빈은 이 일을 위해 하루 동안 50여 명을 만날 정도로 분주하게 지냈다. 개빈은 장기판처럼 다닥다닥 늘어서 있는 30개나 되는 스카이프 창들을 이리저리 왔다 갔다 하면서 여러 사람들과 대화를 나눴다. 개빈과 제프는 크리스마스부터 2월 중순까지 각각의 이더리움 클라이언트를 위해 7만 개가 넘는 코드 라인을 작성했다.[4] 비탈릭의 파이선 클라이언트는 주로 연구 목적으로 사용됐다.

찰스는 CEO로서 이더리움을 설립하고 크라우드세일 행사를 열기에 적합한 지역을 물색했다. 스위스 추크 호수 북동쪽 구석에 자리 잡은, 푸른 언덕과 낮은 산들로 둘러싸인 추크주는 비즈니스 친화적인 세금 환경을 제공함으로써 낙농과 체리 나무로 알려진 주에서 가장 부유한 주로 탈바꿈한 지역이었다. 미하이는 세금 당국 및 규제 기관과 여러 차례 회의를 해서 그들이 자신들의 아이디어를 보다 친숙하게 받아들이도록 만들었다. 그리고 앞서가는 스위스 컨설팅 및 로펌인 MME는 스위스 당국이 우호적인 태도를 갖게 만들기 위해 최선을 다할 것을 약속했다.

찰스가 스위스에 이더리움 법인을 설립하자고 이야기했을 때 앤서니는 심기가 불편해 보였다. 그렇게 될 경우 프로젝트에 많은 자금을 지원한 앤서니가 영향력을 행사하기 어려워질 수도 있기 때문이라고 찰스는 추측했다(찰스가 스위스로 떠나기 사흘 전 앤서니는 이더리움 캐나다를 설립했는데, 이는 부분적으로 신탁 멤버들이 "설립자들의 경력과 범죄 사실을 확인할 수 있도록" 하기 위함이었다. 앤서니는 나중에 이더리움 캐나다가 등록한 디센트럴이 이더리움의 첫 번째 본사라고 주장했다). 조는 헤지펀드를 운용하고 단기간이지만 골드만삭스에서 일한 경험을 바탕으로 생각했을 때 스위스야말로 완벽한 곳이라며 찰스의 의견에 힘을 실어주었다. 이런 일이 벌어지는 동안, 개발자인 개빈과 제프는 프로그래밍 작업에 매진하면서 그들이 비탈릭과 함께 이더리움을 완성한다면 정식 설립자로서 인정받게 될 것이라고 기대했다.

그 무렵, 찰스는 미하이에게 오직 5명에게만 투표권이 있다는 사실에 불만을 토로했다. 설립자 모임에서 찰스가 앤서니와 논쟁을 벌이는 모습을 지켜본 미하이는 CEO 찰스가 "벤처 자본가" 앤서니와 맞서기 위해 더 많은 힘을 원한다고 생각했다. 그래서 멤버를 추가하자는 의견이 제시됐을 때 찰스는 개발자인 개빈과 제프를 너무도 아끼고 있다며, 이들을 공동설립자로서 받아들이지 않는다면 떠나겠다고 선언했다. 이 대화를 엿들은 미하이는 찰스가 개빈과 제프의 환심을 사서 그들이 앤서니를 떠나 자신의 편에 서도록 만들려는 속셈이라고 생각했다. 5명의 설립자가 새로운 멤버를 추가하는 방안을 논의했을 때 반대한 유일한 사람이 다름 아닌 앤서니였기 때문이다. 이후 찰스는 개빈과 제프에게 전화를 걸어 투자 유치에 지속적으로 노력한 조와 더불어 그들이 이제 공동설립자가 됐으며, 또한 크라우드세일 일정이 연기됐다는 소식을 전했다. 제프는 몇 년 후 찰스가 CEO가 된 방식이 "마치 누군가 들어와서는 '지금부터 나는 애플의 CEO야'라고 주장하는 것과 같았다"고 말하기는 했지만, 당시 제프는 결과에 만족했고 찰스에게 고맙다고 생각했다. 그리고 개빈은 자신과 제프가 중요한 역할을 하고 있음을 다른 이들에게 인정받았다고 느꼈다.[5]

모든 설립자에게는 동등한 이더와 투표권이 주어졌다. 다만 비탈릭에게는 두 번째 투표권과 더불어 2배의 이더가 지급됐다. 이는 8명의 공동설립자들 사이에서 의견이 갈릴 경우 대립이 장기화되지 않도록 하기 위한 장치였다.

찰스 호스킨슨, 분열하는 우주선

이더리움의 법률적·행정적 구성에 관한 업무를 담당한 사람들은 처음에는 마이어스카펠에 있는 에어비앤비에 머물렀다. 마이어스카펠은 호수를 중심으로 추크주 맞은편에 위치한 지자체다. 미하이는 자신들이 일하고 생활하는 그 공간이 탈중심화된 이더리움 네트워크를 완성시켜줄 것이라고 확신했다. 그들은 그 좁은 공간에서 일하고 요리하고 서로 사진을 찍어주었다. 찰스는 기자와 통화하는 일을 맡았다. 스물세 살의 덴마크인이자 금융 위기 때 자신의 할아버지가 수백만 달러를 날리는 모습을 지켜보면서 이더리움에 관심을 갖게 된 마티아스 그뢴네베크Mathias Grønnebæk는 웹사이트 프로그래밍을 맡았다. 요리를 전담하는 또 다른 멤버도 있었다. 마치 키부츠 공동체 같은 풍경이었다. 커뮤니케이션을 담당한 스테판 튜얼은 그 초창기 시절이 이더리움과 관련해서 최고의 기억으로 남아 있다고 말한 바 있다. 에어비앤비 임대가 끝날 무렵, 추크 당국과의 의사소통을 맡았던 스위스인 허버트 스테르치Herbert Sterchi가 루체른에 있는 자신의 아파트에서 지내는 것이 어떻겠느냐고 제안했다. 11명이 넘는 사람들이 매트리스가 널브러져 있는 방 2개짜리 아파트로 모여들었다.

이후 록사나 수레누는 이더리움 프로젝트를 위한 새로운 집을 찾아냈다. 그들이 '스페이스십Spaceship'이라고 이름 붙인 그 집은 현대적인 디자인이 돋보이는 짙은 회색 건물이었다. 추크 뒤편, 바다에서 멀리 떨어진 바르 지역의 목가적인 스위스 고지대에 자리 잡은 스페이스십은 3층 건물에다가 지하실까지 딸려 있었다. 2개의 발코니가 있는 맨 위층에는 모두 함께 작업할 수 있도록 긴 테이블을 놓을 만한 넓은 공간이 있었다.

빛이 잘 들고 세련된 미니멀리즘 스타일에 엘리베이터까지 설치돼 있는 그 집은 그들에게 완벽한 공간이었다. 하지만 이제 막 설립되어 아직 아무런 기록도 없는 기업 이더리움 GmbH(GmbH는 미국의 유한책임회사에 해당하는 스위스 기업 형태다)에 집을 임대해준 집주인은 미심쩍어하는 기색이 역력했다. 미하이는 1년치 임대료인 5만 5000스위스프랑을 마련하기 위해 남아 있던 비트코인을 팔아치웠다. 보증금인 1만 6500스위스프랑은 조가 지불했다. 스위스프랑과 달러 환율은 대략 1:1 정도였다. 그들은 은행 계좌가 없었지만, 비트코인 스위스Bitcoin Suisse를 통해 그들이 보유하고 있던 비트코인을 스위스프랑으로 환전할 수 있었다. 대규모 비트코인 거래가 가능한 비트코인 스위스는 해적을 떠오르게 하는 니클라스 니콜라이센Niklas Nikolajsen이 설립한 기업이다. 덴마크인인 니클라스는 크레디트 스위스Credit Suisse에서 경력을 쌓은 전직 금융인이었다. 긴 회색 말총머리에 덥수룩한 콧수염과 염소수염을 기른 그는 항상 해골 펜던트가 달린 가죽 목걸이와 은 체인을 두르고 다녔다.

일과 삶을 위한 추크의 생태계는 여전히 유지되고 있었다. 그곳에서 미하이는 자신이 강렬함 속에서 살아가고 있음을 발견했다. 아침에 눈을 뜨면 동료와 마주쳤다. 먹는 공간과 일하는 공간이 같아서 식사를 하다가 동료에게 방해받기도 했다. 상황을 개선하기 위해 그들은 자전거를 샀다. 그리고 미하이와 록시의 친구이자 목수인 로렌조 파투조Lorenzo Patuzzo가 2층에 가벽을 설치해 낮에는 거실로 밤에는 침실로 사용했다. 그들은 거기서 〈왕좌의 게임〉을 봤다. 주말이면 바비큐 파티를 하고, 때로는 술을 마시기도 했지만 과음하지는 않았다. 그들은 대부분 파산 상태였고 월급도 받지 않았기 때문에 문에다가 비트코인 QR 코드를 붙여놓고 그것으로 맥주를 마시기 위한 코인을 받았다. 한번은 비트코인 스위스 직원이 맥주 한 박스를 사 들고 오자 너무 기쁜 나머지 그에게 4000이더에 해당하는 약속어음을 발행해주기도 했다.

그러나 머지않아 짜증 수준을 넘어설 정도로 긴장감이 고조되면서 많은 이들이 함께 살고 일하는 공간에서의 편안함은 사라져버렸다. 밝은 파란색 옥스퍼드 티를 입고 주머니에 펜을 꽂은 채 홍보 영상에서 배우 뺨칠 만한 연기력을 보여주었던 찰스는 매력적인 인물이지만 때로 무례하기도 했다. 작은 일에도 폭발하며 거칠게 행동했다. 이밖에도 여러 가지 경고 신호들이 있었다. 마이어스카펠에 있었을 때인데, 찰스는 록시에게 사실은 자신이 바로 사토시라고 말했다. 그러면서 연인과 이별한 아픔을 잊기 위해 비트코인을 만들었다고 너스레를 떨었다. 사토시의 정체는 암호 세상에서 최고의 미스터리다. 그 혹은 그녀, 아니면 그들은 어떤 의도나 목적을 가졌는지 알 수 없지만, 궁극적인 사이퍼펑크 cypherpunk(다국적기업과 정부 권력의 대규모 감시와 검열에 맞서 자유를 지키기 위한 방안으로 강력한 암호 기술과 프라이버시 강화 기술을 활용하는 활동가 집단-옮긴이)로 암호 공동체에서 신처럼 군림하고 있다. 즉, 어느 정부도 통제할 수 없는 탈중심화된 화폐를 창조했으며, 겉으로 보기에는 개인적인 이익을 하나도 챙기지 않았다.

록시가 다른 이들에게 이 이야기를 했을 때, 그가 기술 쪽과는 거리가 먼 디자이너 두 사람에게 비슷한 이야기를 했던 것으로 드러났다. 그중 1명은 찰스의 말을 믿었다. 추크의 에어비앤비 시절, 모두들 함께 모여 TV를 보고 있는데 찰스가 자신의 핸드폰으로 그들에게 사토시와 관련 있어 보이는 이메일 계정을 보여줬다고 했다. 지금 와서 생각해보건대, 아마도 그가 모종의 이메일 어드레스를 등록해놓고 사토시의 이메일들을 수집했던 것으로 보인다. 스페이스십에서 찰스는 2009년 등록한 사토시 나카모토라는 이름의 게시판 계정을 가지고 비슷한 시도를 했다. 이에 대해 한 멤버는 찰스가 사람들에게 보여주기 직전에 2009년 만든 계정상의 이름을 바꿨을 것이라고 추측했다.

찰스는 좀 더 간접적인 방식으로 이런 정보를 흘리기도 했다. 그는 미하이에게 이렇게 말했다. "2008년, 2009년은 참 좋은 시절이었어. 그때 정말 흥미로운 일에 몰두하고 있었지." 미하이가 그게 뭐냐고 묻자 찰스는 그저 이렇게 대답했다. "아무것도 아냐." 그는 2008년 가슴 아픈 이별을 겪었고, 일에 몰두했는데, 우연히도 몇 달 후에 짜잔 하고 비트코인이 등장했다. 〈비트코인 매거진〉의 설립자이자 사토시를 흠모하는 미하이는 결국 비탈릭에게 물었다. "찰스가 사토시일 가능성이 있을까?" 비탈릭은 찰스가 수학과 "암호경제학"을 충분히 이해하는 것으로는 보이지 않는다고 답했다고 말했다. 그 말을 들은 미하이는 안도의 한숨을 내쉬었다.[6] 진짜 사토시라면 자신의 정체를 쉽게 증명할 수 있다. 코인을 비트코인 블록체인의 첫 번째 블록으로 옮기는 것을 보여주기만 하면 된다. 찰스처럼 애매모호한 말로 사람들을 현혹할 필요가 없다. 결국 추크 그룹 사람들은 대부분 찰스는 사토시가 아닌 것으로 결론을 내렸다.

찰스는 때로 다리를 절뚝거리며 스페이스십을 돌아다녔다. 사람들이 괜찮냐며 걱정하면 그는 아프가니스탄에 있을 때 아파치 헬리콥터에서 낙하산 점프를 하다가 다친 후유증이라고 이야기했다. 그는 자신이 "CIA의 자산"이라고 떠들어대기도 했다. 한번은 스테판에게 "농장the farm"에 데려다주겠다고 약속하기도 했다. 스테판은 나중에 그 말을 구글에서 검색해보고 그것이 '캠프 피어리Camp Peary'를 뜻한다는 것을 알게 됐다. 찰스는 자신이 여성 스파이와 사귄 적 있다고 주장하기도 했다. 아파치 헬리콥터에서 하강해서 건물과 건물 사이를 뛰어다니며 여성 스파이와 총격전을 벌인 끝에 결국 사랑에 빠지게 됐다는 것이다. 그러나 사람들은 그의 이야기를 전혀 믿을 수 없었다. 그와 관련해서 공식적으로 알려진 바에 따르면, 그가 군대에 복무했다는 것은 말이 되지 않았다. 찰스는 또한 미하이에게 암호 해독과 관련해서 정부와 일한 적 있다는 암시를 풍기기도 했다. 그리고 마티아스에게는 자신이 대학에 조기 입학했지만 골드바흐 추론을 연구하다가 미쳐버렸다고 말하기도 했다.

찰스가 사람을 대하는 방식은, 악의 없어 보이는 사소한 것부터 심각한 것에 이르기까지 스페이스십에 사는 많은 이들을 괴롭게 했다. 더욱 심각한 것은 다른 사람을 이용하려는 찰스의 태도였다. 사람들은 찰스가 사람들이 원하는 바를 알아내고, 나중에 그 정보를 이용해 갈등을 조장하거나 그들을 통제하려 든다고 느꼈다. 한 멤버는 이렇게 말했다. "뭐랄까, 찰스는 종교 지도자처럼 행동했어요."

훨씬 더 섬뜩한 일도 있다. 에어비앤비에서 머무르던 때, 찰스가 자신의 노트북을 공용 스크린에 띄운 적이 있다. 공용 스크린은 멤버들이 작업 중인 프로그램을 서로에게 보여주기 위해 설치한 것이었다. 찰스는 비트셰어스에서 취업 면접을 봤을 당시 면접관이었던 사람이 그에게 신청한 접근금지 명령 서류를 스크린으로 보여줬다. 찰스는 자신이 너무도 똑똑하고 유능해서 면접관이 자신을 망치려고 수작을 부린 것이라고 설명했다. 그런데 사실 그 면접관은 찰스를 상대로 접근금지 명령을 신청한 적이 없었다. 그런 모습을 보며 사람들은 그가 소시오패스일지도 모른다는 생각이 들었다고 말했다.

당시에는 알지 못했지만, 추크에서 함께 생활하지 않았던 다른 많은 이들 역시 찰스 때문에 불쾌한 경험을 했다. 마이애미 집에서 함께 머물렀던 사람은 개빈과 비탈릭이 열심히 일하는 동안 찰스는 두툼한 시가를 피워대며 이더리움이 언젠가 그들을 요트를 소유한 억만장자로 만들어줄 것이라는 이야기를 늘어놓으면서 시간을 때웠다고 했다. 사람들은 찰스가 스티브 잡스를 흉내 낼 뿐 진실성이 없다고 느꼈다. 그는 가짜였다. 마이애미 시절, 찰스가 텍스처에게 한 여성에게 온 음란한 내용의 문자 메시지를 보여준 적 있다. 텍스처는 당황했다. 찰스는 아프가니스탄 최전선에 있을 때 자신이 무슨 일을 했는지 장황하게 이야기하면서 거기서 한 여성 장교를 만났는데, 자신에게 홀딱 빠진 그녀가 보낸 메시지라고 설명했다.

스페이스십에서 사람들은 크라우드세일과 관련해 웹사이트를 구축하거나 법률 및 행정 관련 업무를 처리하기 위해 분주하게 움직였다. 스페이스십에는 개인적인 공간이 부족했는데, 그런 의미에서 지하실의 침실은 매우 중요한 장소였다. 찰스는 목수를 불러다 그곳에 책상을 만들라고 지시하는 등 지하실을 독차지했다. 그리고 그곳에서 빈둥거리다가 갑자기 위층으로 올라와 람보르기니와 스포츠카에 대한 이야기를 늘어났다. 명목상 CEO였지만, 찰스는 다른 사람들과 함께 일하지 않았다. 찰스는 현장에서 함께 일하며 지시를 내리는 리더가 아니라 그냥 "이런 식으로 하시오!"라고 고압적으로 소리치는 리더였다. 찰스는 자신의 조수인 제러미 우드Jeremy Wood를 "보이"라고 불렀다. "보이, 아침에 좀 깨워줘"라고 말하는 식이었다. 다른 이들은 이런 그의 행동에 질색하면서 잘난 체하는 그의 모습이 그저 웃기다고 생각했다. 그러면서 찰스가 CEO가 된 것은 단지 그가 그 직함을 요구했기 때문이라고 생각했다.

개발자와 비즈니스맨, 이더리움의 정체성을 둘러싼 다툼

미하이를 제외하고 이더리움 공동설립자 모두가 다시 만난 것은 4월 11~13일 토론토에서 열린 비트코인 엑스포Bitcoin Expo에서였다. 앤서니는 자신이 설립한 캐나다 비트코인 연합을 기반으로 비트코인 엑스포를 주최했다. 이더리움을 홍보하기 위한 목적이었다. 앤서니가 내놓은 3만 달러와 더불어 이더리움은 이 행사의 주요 후원자였다. 행사장의 후원자 구역에 들어서는 사람은 전면 한가운데 자리 잡은 이더리움 부스를 볼 수 있었다. 부스에 설치된 평면 TV에서는 이더리움 로고가 회전하는 영상이 계속 흘러나왔다. 이더리움 로고는 2개의 사면체 혹은 피라미드가 하나는 위를, 다른 하나는 아래를 향하는 형태로 겹쳐져 있는 모양이다. 그리고 검은 가죽 안락의자와 2개의 높은 테이블이 있었는데, 그 위에는 이더리움 명함과 단추, 둥근 스티커가 있었고, 두꺼운 카드 더미 위에는 소책자가 놓여 있었다.[7] 그들은 1000장이나 되는 티셔츠를 사람들에게 나눠주며 적극적으로 홍보에 나섰다. 비탈릭의 연설은 엄청난 인기를 끌었다. 300여 명의 관중이 그의 연설에 귀를 기울였다.

공동설립자들은 대부분 앤서니의 디센트럴에 머무르면서 지붕이 기울어진 다락방에 깔아놓은 매트리스에서 잠을 잤다. 비트코인 컨퍼런스와 비트코인 센터에서는 비트코인 티셔츠를 입었던 아미르는 또 다른 암호화폐 프로젝트 티셔츠를 입고 나타나 사람들을 당황하게 만들었다. 열띤 논쟁이 벌어지는 가운데 그들은 컬러드 코인스와의 이해 충돌 관계를 다시 한번 지적했다. 개빈은 아미르가 이더리움에 전념하게 만들고 싶었다. 개빈은 컬러드 코인스를 그들과 경쟁 관계에 있는 프로젝트라고 말했다. 그러나 아미르는 비탈릭과 미하이 역시 〈비트코인 매거진〉에서 일했고, 앤서니도 디센트럴에서 일하고 있다며 반박했다.

공동설립자에 대한 논의를 제외하고, 아미르는 자신이 원하는 대로 행동했다. 아미르는 종종 "난 오로지 돈에만 관심 있어"라고 말했다. 아미르는 그들이 하는 일은 머니 플랫폼을 구축하는 것에 불과하다며, 자신에 관해 돌고 있는 좋지 않은 이야기들은 겉으로는 숭고한 척하지만 자신의 주머니를 불리는 데만 급급한 이들이 자신을 모욕하기 위해 지어낸 말이라고 비난했다.

멤버들 사이의 권력 다툼은 기본적으로 '그들을 위한 수익 vs. 다른 이들을 돕기 위한 도구' 혹은 '탐욕 vs. 이타주의'를 둘러싸고 비즈니스맨과 개발자들 사이에서 벌어졌다. 이러한 다툼은 이더리움을 기존 스타트업처럼 수익 창출을 위한 도구로 구축할 것인지, 아니면 탈중심화된 네트워크로 구축할 것인지를 둘러싼 논쟁으로 이어졌다. 이와 관련해서 사소한 사례를 하나 들면 직함에 관한 것이 있다. 그 그룹의 절반 정도는 전통적인 수직 구조를 선호했던 반면(비즈니스 마인드가 강한 사람들), 다른 절반은 그렇지 않기 때문에(대부분의 기술 전문가) 누구든 자신이 원하는 직함을 요구할 수 있었다. 앤서니와 더불어 실질적인 후원자였던 찰스는 공식적인 투표를 통해 CEO로 선출됐다. 이에 대해 비탈릭은 "찰스는 우리 모두가 그를 정식 CEO로 만들도록 설득했습니다"라고 말했다.

개빈은 CTO가 됐고, 조는 최고운영책임자Chief Operating Officer, COO를 맡았다. 개빈의 기억에 따르면, 제프는 최고소프트웨어책임자가 됐지만, 그가 직함에 아무런 관심이 없었기에 그 사실은 널리 알려지지 않았다.

마이애미에서 시작된 논쟁의 주요한 주제는 이더리움이 탈중심화된 애플리케이션을 위한 플랫폼으로서의 비전을 추구할 것인가에 관한 문제였다. 찰스와 앤서니, 조("비즈니스맨들") 등 일부 공동설립자들은 이더리움이 사용자 데이터를 수집해서 그것으로부터 수익을 창출하고 네트워크를 통한 모든 이익을 보유하는 암호 세상의 수익형 구글Google이 되기를 원했다. 이는 구글과 페이스북, 트위터Twitter 등 인터넷 세상의 거물들이 따르는 모형이다. 반면 자유주의자와 사이퍼펑크 비트코인 지지자, 그리고 암호화폐의 팬들은 그와 다른 것을 원했다. 자본주의와 인센티브의 가치를 신뢰하는 찰스는 심지어 폐쇄적인 형태의 소스로 만들어서 그들의 기업만이 그 코드에 접근할 수 있도록 해야 한다고까지 주장했다. 미하이는 이렇게 생각했다. '안 돼! 안 돼! 우리가 동의해야만 하는 것이 있다면 그것은 오픈소스 형태로 개발해야 한다는 거야!'

오픈소스 코드는 사용자들로부터 이익을 얻는 어떤 조직보다도 사용자 자체를 중요하게 생각한다. 게다가 전 세계 개발자가 모두 참여할 수 있기 때문에 대단히 탄력적이다. 비영리단체에 찬성하는 이들은 코드를 오픈소스 형태로 개발해야 한다고 주장했다. 즉, 비록 표면적으로 책임지는 비영리단체가 사라지더라도 사용자를 이용하는 것이 아니라 비트코인처럼 누구도 소유하거나 막을 수 없고 전 세계 어떤 컴퓨터도 독점적으로 운영할 수 없는 새로운 방식의 탈중심화된 네트워크를 추구했다. 비탈릭은 비영리단체를 기반으로 이더리움을 운영할 수 있기를 간절히 원했지만, 다른 이들이 그런 단체를 설립하는 것은 시간이 대단히 오래 걸리는 데다 자칫 잘못하면 관료적인 형태를 띨 수 있다고 지적하자 마지못해 영리를 추구하는 방식에 동의했다.

이더리움을 위한 최적의 조직 형태를 둘러싼 논의에 대해 곰곰이 생각하던 개빈은 비트코인 엑스포 행사가 끝나고 며칠 후 블로그에 '탈중심화된 앱: 웹 3.0이 나아갈 방향'이라는 제목의 글을 올렸다. 그는 당시 웹상의 지배적인 비즈니스 모형, 즉 구글과 페이스북, 트위터를 비롯한 수많은 기업들이 채택한 모형을 언급하는 것으로 글을 시작했다. 바로 광고를 기반으로 한 무료 서비스를 제공함으로써 사용자에게 개인정보를 넘겨받는 것을 지적한 것이다.[8] 며칠 후 다시 올린, 수정된 보다 덜 전문적인 게시글에서는 이렇게 운을 뗐다.

에드워드 스노든Edward Snowden의 폭로 이전에도 우리는 인터넷상에서 개인 정보를 특정 조직에 넘기는 것은 위험천만한 일이라는 사실을 알고 있었다. 조직에 정보를 넘기는 것은 일반적으로 결함이 있는 모형이다. 이들 조직이 사용자에 대해 최대한 많은 것을 알도록 요구하는 수익 모델을 갖추고 있다는 사실을 감안할 때, 현실주의자는 데이터 오용의 위험성을 간과하기 어렵다는 사실을 깨닫게 될 것이다.[9]

다음으로 개빈은 웹에 대해 새롭게 생각해볼 것을 촉구했다. 즉, 대기업이 콘텐츠를 올리고 메시지를 전송하고 금융 거래를 뒷받침하는 서비스를 제공하는 것이 아니라, 인터넷 그 자체가 하나의 공공재인 것처럼 이러한 서비스가 탈중심화된 소프트웨어를 기반으로 공공재 형태로 이뤄져야 한다고 주장한 것이다. 수익을 추구하는 기업은 이런 방식으로 운영될 수 없다. 개빈의 비전은 많은 이들의 상상력을 자극했다.

사전 채굴 문제와 관련, 앤서니는 비탈릭을 압도했다. 그런데 크라우드세일 이전에 프로젝트에서 일한 설립자와 초기 기여자를 위해 어떻게 10퍼센트를 할당할 것인가? 크라우드세일 이후에 그들이 네트워크를 구축하고 나면, 또 다른 10퍼센트가 장기 기부와 직원 매입 프로그램을 통해 구매가 허락된 직원들에게 돌아갈 터였다. 앤서니는 물론 많은 이들이 초기에 뛰어들어 비트코인 백만장자 반열에 올라섰기 때문에 가격이 아주 낮은 초기에 코인을 확보하면 이더리움 백만장자가 될 수 있다는 사실을 누구나 알고 있었다.

마이애미로 가는 비행기에 오르기 전 부당한 대우를 받아서는 절대안 된다는 조언을 들었던 개빈은 초기 기여자들에게 10퍼센트를 분배할 때 프로젝트에 대한 실질적인 기여도를 고려해야 한다고 생각했다. 단지 몇 번 회의에 참석하거나 사적으로 보조 역할을 한 사람에게 개빈 자신처럼 이더리움 코드를 작성한 사람과 동일한 수준의 이더를 지급할 순 없었다. 개빈이 볼 때, 자문이나 엔젤 투자자의 역할은 매우 중요했다. 게다가 개빈처럼 기술을 구축하는 사람은 설립자의 위치에 보다 가까웠다. 개빈은 할당 비율을 결정하기 위해 시장의 연봉 수준을 기준으로 삼을 것을 주장했지만, 그의 제안은 많은 이들에게 받아들여지지 않았다. 그들 중 대부분은 사실 단지 일찍 뛰어들었을 뿐, 제대로 기여한 바가 없었기 때문이다. 개빈은 결국 사람들을 설득하는 데 실패했다.

대신에 그들은 10퍼센트의 사전 채굴량을 비탈릭이 백서를 작성한 2013년 11월 이후 크라우드세일 때까지 매월 균등하게 할당하기로 결정했다. 매월 할당량은 해당 월에 이더리움에서 일한 모든 사람에게 균등하게 분배하기로 했다. 다만, 전일과 반일 및 1/4일 근무에는 차등을 뒀다. 이에 따라 비탈릭은 자신이 유일한 기여자였던 11월에 할당된 이더를 전부 받았다. 12월에는 제프와 개빈, 미하이, 찰스, 앤서니가 합류해서 그달의 할당량을 비탈릭과 나눠 가졌다. 다음 해 2월에는 로렌조가 스페이스십에 가벽을 설치하기 위해 전일 근무를 해서 개빈과 동일한 양의 이더를 지급 받았다. 그러나 개빈은 이더리움의 주요 프로그래머 중 한 사람인 자신이 목수와 동일한 이더를 지급 받았다는 게 몇 년이 흐른 뒤에도 이해되지 않았다.

다음에 논의할 주제는 월급이었다. 개빈은 사전 채굴과 관련된 논의에서 자신이 한 발 물러섰기 때문에 적어도 급여에서만큼은 자신의 주장을 관철시켜야겠다고 생각했다. 그들은 페이스케일Payscale 같은 사이트에 올라온 표준 연봉을 기준으로 삼아 개빈과 제프에게 매년 19만 달러를 지급하기로 했다. 반면 비탈릭에게는 18만 5000달러를 지불하기로 했다. 비탈릭은 개빈이 설쳐대는 모습이 마음에 들지 않았다. 비탈릭은 그 논의 과정을 "사람들이 자기 자신에게 돈을 주기 위한 결정"이었다고 비난했다. 최종적으로 비탈릭이 1년에 받은 돈은 15만 2000달러였다.

비트코인 엑스포에서 벌어진 논쟁은 비트코인 마이애미 이후 계속 높아진 긴장의 축소판에 불과했다. 미하이와 앤서니는 양극단에 서 있었다. 〈비트코인 매거진〉 설립자인 루마니아인 미하이는 무정부주의자들이 무단점유한 건물에서 살았다. 사교적이고, 즉흥적이고, 창조적인 미하이는 이더리움이 자신의 일과 삶을 포괄하는 프로젝트가 되기를 원했다. 미하이와 반대편에 서 있던 앤서니는 권력을 지향하는 자본가였다. 그는 자기 자신을 프로젝트에 들어가는 비용을 거의 혼자서 충당한 "벤처 자본가"로 여겼다. 그는 투자에 대한 보상을 갈망했고, 로고 디자인처럼 자신이 관여하지 않은 모든 의사결정에 의문을 제기했으며, 수평적인 구조는 무정부적인 것이라고 봤다. 그는 미하이가 살던 곳을 어린 해커들이 몰려사는, 전기도 들어오지 않는 마약 소굴쯤으로 생각했다. 그런데 이상하게도 양 극단에 있었던 이들 두 사람은 자신을 모두 마케팅 전문가로 봤다.

다음으로 개빈이 있다. 주요 클라이언트 중 하나를 구축한 그는 자기 자신을 CTO로 임명하면서 자신이 프로젝트를 뒷받침하는 실질적인 힘이라고 생각했다. 그는 자신이 없으면 이더리움이 앞으로 나아갈 수 없을 거라고 믿었다. 당시 개빈은 이더리움 옐로페이퍼yellow paper를 발표했는데, 이는 비탈릭 백서의 기술적 버전이었다.

아미르도 빼놓을 수 없다. 이스라엘 출신의 비트코인 갑부인 그는 비트코인을 기반으로 하는 컬러드 코인스 프로젝트를 동시에 추진하고 있었다. 사실 사람들은 그가 이더리움에서 정확하게 어떤 역할을 했는지 알지 못했다(나중에 그는 자신이 토큰 판매를 위한 아이디어를 내놨고, 전 세계를 돌아다니며 많은 투자자를 만났으며, 암호화폐의 경제학이라 할 수 있는 토크노믹스tokenomics 이론을 구축하는 데 기여했고, 법률 준수와 관련된 업무를 지원했으며, 브랜딩과 마케팅, 기술 및 전략과 관련해서 기여했다고 주장했다).

그리고 찰스가 있다. 비즈니스 경력이 전무한 콜로라도 출신의 박사과정 연구원 찰스는 처음부터 자기 자신을 CEO로 내세웠다. 그 반대편에는 비탈릭이 있다. 그는 특정한 직함을 원하지 않았을 뿐 아니라 전반적인 직급 체계에도 반대했다. 이들 사이에 형성된 긴장의 주요 원인은 비록 찰스가 CEO이고 비탈릭은 그 직함을 싫어했지만, 비탈릭이 여전히 권력을 가졌다는 데 있었다. 스무 살의 비탈릭은 순수하고 순진한 청년이었다. 다른 이들 역시 그 사실을 잘 알았으며, 일부는 그런 비탈릭을 이용하려고 했다. 게다가 비탈릭은 고집이 센 편이 아니었다. 모든 것에 관한 아이디어를 제시했던 앤서니가 보기에 비탈릭은 바람 속에서 흔들리며 춤추는 공기 인형 같았다. 그리고 무엇보다도 비탈릭은 다툼을 기피하는 경향이 있었다. 모두가 비탈릭의 이런 기질을 알았기에 그의 생각을 바꾸려면 그와 시간을 보내면서 단지 자신의 생각을 이야기하면 된다고 생각했다. 여기에는 비탈릭이 거절하지 못하는 성격이라는 점도 크게 작용했다.

긴장의 또 다른 이유는 사람들이 비탈릭을 조금 다른 유형의 사람으로 취급했다는 사실이다. 많은 이들이 그가 "자폐 스펙트럼"을 갖고 있다고 추측하거나 그와 비슷한 농담을 해댔다. 사실 비탈릭은 재치가 있거나 다정한 편은 아니었다. 레스토랑에서 다른 사람들이 메뉴를 살펴보면서 요리와 와인에 대해 이야기를 주고받을 때, 비탈릭은 메뉴를 훑어보고 주문한 뒤 그냥 자신의 핸드폰만 들여다봤다. 사람들은 그와 도무지 잡담이란 걸 나눌 수 없었다. 여성을 대할 때도 서투르고 어색했다. 비탈릭의 부모님은 어릴 적부터 그가 사교성에 문제가 있다는 사실을 알았다. 어린 비탈릭이 오랫동안 말을 하지 못했던 것은 자폐 스펙트럼의 한 증상일 수 있었다. 하지만 부모님은 그런 아들을 치료하려고 하지 않았다. 다만 그에게 친구가 없고, 자신의 감정을 주체하지 못한다는 실질적인 문제에만 집중했다.

비탈릭은 자신이 자폐 스펙트럼이라고 생각해본 적 없으며, 자폐 스펙트럼의 정의나 유형에 대해 한 번도 알아본 적 없다고 말했다. 실제로 그가 자폐 스펙트럼인지 아닌지를 떠나서 사람들은 그가 사회적 신호나 몸짓을 알아차리지 못하고 숨어 있는 뜻을 잘 이해하지 못한다고 지적했다. 이런 면은 누군가 그를 이용하려고 할 때 불리하게 작용했다. 비탈릭은 그 누구보다 솔직하고 순수했다. 누군가 그에게 무슨 말을 하면, 그게 거짓말일 수도 있다는 생각을 하지 못했다. 그래서 사람들은 그와 이야기할 때 자신의 관심사를 앞세우려고 들었다. 몇몇 사람들은 비탈릭이 정말로 무슨 일이 벌어지고 있는지 알지 못했던 것 같다고 말했다.

개빈은 여전히 개발자로서 자신의 역할이 다른 사람보다 중요하다고 믿었다. 새로운 침실을 만들기 위해 가벽을 설치하는 일은 누구든 할 수 있다. 그러나 이더리움을 구축하는 일은 전 세계 많은 사람들 중 오직 소수의 프로그래머만 할 수 있다. 크라우드세일이 끝나고 나면 초기에 참여했던 사람들 중 많은 이들이 필요 없어질 게 분명했다. 가령 런칭을 위해 법적 승인을 받는 역할을 했던 사람들 같은 이들 말이다. 개빈이 보기에는 자문가들이 공동설립자로 들어오는 게 더 나았다. 개빈이 반드시 필요하고 직함을 받을 자격이 있다고 생각한 설립자는 비탈릭과 제프, 그리고 자신 같은 개발자들이었다. 그가 생각하기에 비즈니스맨들은 얼마든지 대체 가능한 존재였다. 특히 조는 미심쩍은 부분이 많았다. 골드만삭스에서 일했던 그는 헤지펀드 파트너가 규제기관과 문제를 겪고 있어서 자메이카로 갔다는 소문이 떠돌았다. 조의 설명에 따르면, 규제기관과 문제가 있었던 것은 그의 파트너가 아니라 파트너의 전 기업이었다. 그리고 그는 자신이 좋아하는 음악 프로젝트를 친구와 함께하기 위해 자메이카로 간 것이라고 설명했다.

한편, 개빈은 점점 조급한 마음이 들었다. 크라우드세일이 자꾸만 미뤄지고 있었기 때문이다. "2주일 더"는 이제 흔한 농담이 되어버렸다. 개빈은 지난 석 달 동안 왜 계속해서 "2주일 더"라는 말로 상황이 늘어져버렸는지 이해할 수 없었다. 베를린으로 넘어간 개빈은 런던이 금융 집중적인 도시라고 생각했다. 그는 스위스 멤버들의 파티에 관해 떠도는 여러 가지 이야기에 신경이 쓰였다. 깜짝 놀랄 만한 내용이 있는 것은 아니지만 맥주를 마시고 때때로 대마초를 피운다는 이야기가 심심찮게 들려왔다. 추크 멤버들이 엄청난 비트를 쏟아내는 거대한 스피커를 들고 왔다는 것이 이 모든 추측을 가능하게 해주었는지도 모른다. 개빈은 비탈릭과 제프, 그리고 자신은 이더리움을 만들고 있는데 다른 이들은 대체 무엇을 하고 있는 건지 모르겠다는 생각이 들었다.

암스테르담에 있던 제프 역시 비슷한 생각을 했다. 8명의 설립자 중 3명은 프로그래밍을 하고 있었지만 다른 5명은 누가 무엇을 알고 있는지에만 관심을 기울였다. 그들은 소문을 퍼뜨리고 있을 뿐이었다. 그 5명이 정

말로 필요할까? 3명만으로도 충분하지 않을까? 공동설립자들은 주간
회의에서 자신이 했던 일에 대해 이야기했지만, 제프가 보기에 그저 이
런저런 컨퍼런스에 참석해서 많은 사람들에게 이더리움에 대해 설명했
다는 내용이 전부였다. 그런 컨퍼런스에 참석하기 전에 실제로 뭔가를
만들어놨어야 하는 게 아닐까. 제프는 조를 싫어하지 않았지만 개빈과
마찬가지로 그를 신뢰하지도 않았다. 제프는 조가 경계해야 할 대상이
라고 느꼈다. 상황이 틀어지면 모두를 배신할 수도 있다는 생각을 지울
수 없었다. 반면 조는 제프가 개빈에게 조종당하고 있다고 생각했다. 제
프가 생각하기에 가장 끔찍한 설립자는 아미르였다. 그들 중 가장 일하
지 않는 사람은 바로 아미르라고 생각했기 때문이다.

   프로그래머인 개빈과 제프는 그들의 불만이 대부분 찰스와 앤서니,
아미르, 그리고 조 같은 비즈니스맨들에게서 비롯됐다고 지적했다. 특히
그들은 대부분 수익형 비즈니스 모델을 옹호했기 때문에 개빈과 제프에
게 오픈소스 소프트웨어의 가치를 제대로 이해하지 못한다는 인상을 줬
다. 이들 개발자와 더불어 미하이는 모질라Mozilla 방식의 기반을 선호했
다. 즉, 사용자에게 주목하고, 그들의 이윤을 극대화하는 게 아니라 보다
큰 공공의 선을 추구하는 데 집중하기를 원했다. 물론, 비즈니스맨들 역
시 그들 나름대로 입장이 있었다. 개발자인 개빈과 제프, 그리고 비즈니
스맨들 사이의 갈등이 고조된다고 느꼈을 때, 조는 그 이유가 개빈이 권
력을 잡으려고 하기 때문이라고 봤다. 앤서니는 이제 코드가 완성됐으
니 개발자들이 자금 지원, 즉 그의 돈을 덜 요구하게 될 것이라고 생각
했다. 당시 서른일곱이었던 앤서니(개빈보다 네 살, 그리고 제프보다 일곱 살
위였다)는 그들과 스물여섯 살의 미하이를 세상 물정 모르고 법과 규제
에 무지한 풋내기라고 생각했다.

   개빈과 제프는 그들이 대부분의 사안에서 비즈니스맨들과 맞선다고

생각했지만, 프로그래머가 아닌 몇몇 사람들, 그리고 스페이스십의 관리를 맡았던 이들처럼 비즈니스맨이 아닌 이들조차 특정한 쪽을 편들어야 한다는 압박감을 느꼈다. 프로그래머이면서 웹사이트 관리를 맡았던 테일러는 개빈과 제프가 자신을 그들보다 덜 가치 있는 비전문적인 사람들과 똑같이 취급한다는 느낌을 받았다. 그가 보기에 개발자들은 추크에 있는 사람들 중 반드시 필요한 이는 없다고 생각하는 듯했다. 엄밀하게 말해서 그건 사실이 아니었지만, 개빈과 제프가 그들의 역할에 의문을 품었던 것은 맞다. 가령, 제프는 미하이를 좋아했지만 일과 삶 공동체 같은 그의 이상한 프로젝트는 이더리움과 아무런 상관없다고 생각했다. 이런 문제는 어떠한 방식으로든 표면으로 드러날 게 분명했다. 실제로 공동설립자도 아니고 추크에도 있지 않았던 두 사람이 이 문제를 앞으로 계속해서 자극할 게 분명했기 때문이다.

5월 스물네 살이 된 덴마크인 마티아스는 웹사이트에 관련된 일을 했고, 그 이후에는 스위스에서 있을 크라우드세일과 관련해서 법률 및 규제 문제를 담당했다. 그는 스테판이 런던 지부를 설립하는 일을 돕기 위해 런던 남서부 트위크넘에 있는 그의 집을 찾아갔다. 마티아스는 스테판을 처음 만났을 때 그를 별로 좋아하지 않았다. 그가 찰스와 가깝게 어울려 지냈기 때문이다. 하지만 스테판은 이를 인정하지 않았다. 스테판은 그들이 추크에서 만난 첫날부터 가까운 사이가 됐다고 말했다. 어느 쪽이 진실이든 간에 그들은 밤새 와인을 마시고 이야기를 나누며 모든 앙금을 털어냈다. 두 사람은 그곳에서 몇 주 동안 이더리움 조직에서 불거지고 있는 불신과 갈등에 대해 이야기를 나눴다. 그들은 이런 상황이 계속되면 안 된다는 결론에 이르렀다. 프로젝트를 살릴 수만 있다면 기꺼이 물러날 생각도 있었다.

두 사람은 문제의 핵심이 찰스라는 사실에 동의했다. 문제는 단지 찰스의 비열한 책략만이 아니었다. 두 사람은 곰곰이 생각하다가 갈등의 핵심에는 프로젝트의 사명에 대한 서로 다른 입장이 자리하고 있다는 사실을 깨달았다. 2가지 서로 다른 사명을 추구하는 조직은 절벽을 향해 나아가는 배나 마찬가지다. 한 선장은 왼쪽으로, 다른 선장은 오른쪽으로 가고자 하면 그 배는 결국 어딘가에 부딪히고 말 것이다. 쉽게 말해서, 이더리움에 대한 찰스의 비전과 비탈릭의 비전은 서로 양립할 수 없었다.

그들에게는 2가지 비전을 모두 추구할 만한 충분한 자금이 없었다. 마티아스의 계산에 따르면 가장 기본적인 형태로 개발하는 데도 1500만 달러 이상의 돈이 필요했다. 게다가 그들은 얼마나 투자를 받을 수 있을지 알지 못했다. 또한 소프트웨어 프로젝트는 거의 대부분 비용 초과로 이어지기 마련이라는 점도 무시할 수 없었다. 당시 예산 중 개발에 할당된 비중은 60퍼센트에 불과했다. 나머지 40퍼센트는 그들이 보기에 인큐베이터 사업이나 마찬가지인 찰스의 "허영" 프로젝트에 할당됐다. 상황이 급박해지자 스테판과 마티아스는 공동설립자 중 없어서는 안 될 인물은 개발자인 개빈과 제프라는 결론에 도달했다. 자신이 직접 이더리움을 구축하지 않으려 했던 비탈릭보다 그들의 역할이 더 중요하다고 생각한 것이다. 결국 그것은 소프트웨어 프로젝트였고, 이는 개발자 없이는 불가능한 과제였다.

생각을 정리하고 나자 부양할 가족이 없었던 마티아스의 입장에서 계산은 간단했다. 비트코인에 대해 공부하기 시작한 이후, 마티아스는 정부의 감독을 벗어난 탈중심화된 거래 시스템이야말로 할아버지의 전 재산을 날려버린 2008년 금융 위기를 막을 수 있는 해법이라고 확신했다. 그래서 이더리움이 등장했을 때, 마티아스는 그것이 자신의 소망을 실현시켜줄 것이라고 생각했다. 그는 이더리움을 살리기 위해서라면 어떤 위험도 감수할 의지가 있었다. 마티아스가 보기에 스테판의 계산은 자신과 달랐지만, 그럼에도 불구하고 결론은 같았다. 그는 아내와 자녀가 있었고, 반년 가까이 급여를 받지 않고 일하고 있었는데, 이더리움이 실패하면 파산할 수밖에 없는 처지였다. 스테판은 그의 말도 틀린 것은 아니지만, 그래도 자신은 보다 공정하고 탈중심화된 세상을 믿고 있으며 이더리움이야말로 검열 불가능한 범세계적 컴퓨터가 될 유일한 암호 프로젝트라고 확신하기 때문에 이더리움을 어떻게든 살리길 원한다고 설명했다.

앞서 언급했지만, 공동설립자들은 비탈릭을 제외하고 모두 한 표씩 갖고 있었다. 비탈릭에게는 두 표가 있었다. 마티아스와 스테판은 조와 앤서니, 아미르가 찰스를 투표로 몰아내지 않을 것이라고 생각했다. 게다가 찰스가 본인에게 반대표를 행사할 리 없었다. 그래서 두 사람은 개빈, 제프, 미하이가 찰스에게 반대표를 던지도록 설득했다. 이러한 노력이 성공한다면 최종 결정은 비탈릭에게 달려 있게 된다. 일을 성사시키기 위해서 그들은 철저하게 움직였다. 자칫 실수라도 하면 찰스가 반격에 나설 것이 분명했기 때문이다.

두 사람은 먼저 미하이에게 접근했다. 5월 26일 늦은 밤, 미하이와 록시, 테일러, 리처드 스콧Richard Stott이 참여한 스카이프 통화에서 스테판과 마티아스는 찰스 문제를 거론했다. 미하이는 찰스의 행동이 실질적인 문제라는 주장에 즉각 동의했다. 그 스카이프 통화는 스페이스십에 있는 한 사람에게 또 다른 이유로 중요했다. 테일러는 스테판과 마티아스가 술에 취해 말이 많았다고 했다. 비즈니스와 개발자 스카이프 그룹에서 커뮤니케이션을 책임지고 있던 스테판은 중대한 정치적 대결이 시작된 것 같다고 지적했다. 테일러가 보기에 스테판은 크라우드세일을 통해 일단 자금이 들어오면 스위스와 비즈니스 팀은 힘을 잃을 것이며 개발자들이 돈줄을 쥐게 될 것이라고 확신하는 것 같았다. 두 사람은 개빈을 주도적인 개발자로 봤다. 이 말은 개빈이 결국 힘을 쥐게 될 것이라는 뜻이었다.

그 무렵, 사람들은 한 푼의 급여도 받지 못한 채 몇 달 동안 일하고 있었다. 초반에 앤서니와 조가 대규모로 투자한 이후, 테일러 같은 이들은 비트코인을 팔아 생활하고 있었다. 테일러는 스테판이 다른 이들에게 가족을 부양하려면 돈이 필요하기 때문에 개빈과 함께할 것이라고 말했다고 언급했다(스테판은 자신이 그런 말을 했는지 기억하지 못했지만, 자신과 개빈의 관계는 우정과 존중을 바탕으로 하기 때문에 그렇게 생각한 것도 이해하지 못할 만한 것은 아니라고 말했다). 스테판의 말은 사람들이 이제 편을 나누기 시작했다는 테일러의 생각을 확고하게 굳혀버렸다.

이더리움, '크립토 구글'이 될 것인가 '크립토 모질라'가 될 것인가

첫 번째 스카이프 통화가 성공적으로 마무리된 뒤, 마티아스와 스테판은 개빈, 그리고 제프와 통화했다. 그들은 미하이를 비롯한 몇몇 사람들과 함께 논의했던 문제에 대해 대략 설명했다. 다만 1가지 사항을 추가했다. 개빈과 제프가 중요한 선택권을 갖고 있음을 알린 것이다. 그들 두 사람은 찰스가 떠나지 않으면 프로젝트를 그만두겠다고 협박할 수 있었다. 개빈과 제프야말로 이더리움을 구축하기 위해 반드시 필요한 존재였으므로, 이러한 사실을 바탕으로 비탈릭의 동의를 이끌어낼 수 있을 것으로 보였다. 제프는 그 사실을 이미 오래전부터 알고 있었다. 이제 모두가 같은 생각을 하고 있다고 확신한 마티아스와 스테판은 축배를 들었다.

며칠 후 개빈과 비탈릭, 이더리움 연구원인 블라드 잠피르Vlad Zamfir, 그리고 또 다른 동료인 야니슬라프 말라호프Yanislav Malahov가 비트코인 컨퍼런스를 위해 198년 역사와 화려한 장식을 자랑하는 빈 공과대학을 방문했다. 비탈릭은 1월에 있었던 디센트럴 행사 때 입었던 것과 똑같이 보라색과 파란색, 흰색 줄무늬가 들어간 스웨터 차림이었다.[10] 그날 개빈은 술을 마셨고, 야니슬라프와 함께 늦게까지 외출했다. 어린 비탈릭과 블라드는 에어비앤비에서 컴퓨터 작업을 하고 있었다. 그날 개빈과 비탈릭은 다소 무거운 문제에 대해 이야기를 나눴다. 두 사람 모두 오픈소스 개발을 지원하는 비영리단체인 크립토 모질라Crypto Mozilla 같은 조직을 참고해서 이더리움을 만들자는 데 찬성했다. 그들은 마지막으로 영리 모델에 대한 우려에 대해서도 이야기를 나눴다. 비탈릭의 설명에 따르면, 두 사람은 에어비앤비에 장식된 기린 조각상 옆에서 이야기를 나눴는데, 개빈은 영리 조직이 이더리움을 관리하게 되면 떠나겠다는 뜻을 밝혔다. 그리고 비탈릭과 평등하게 혹은 그의 밑에서 일할 생각은 있지만, 찰스 밑에서 일할 생각은 없다고 딱 잘라 말했다(나중에 개빈은 자신이 그런 말을 했는지 기억이 나지 않는다고 했다).

비탈릭이 보기에 개빈은 기술과는 무관한 리더가 무거운 짐으로 압박을 가하고 있으며, 자격 없는 자들이 운 좋게 자리를 차지하고 있다고 생각하는 것 같았다. 그리고 어느 정도는 그 생각에 동의했다. 비탈릭은 개빈처럼 기술적인 측면이 다른 무엇보다 중요하다고까지는 생각하지 않았지만, 기술과 거리가 먼 사람들이 이더리움에 충분히 기여하지 못하고 있다는 데는 동의했다. 가령 컬러드 코인스에서 일했던 아미르는 이더리움을 완전히 신뢰하는 것 같지 않았다. 비탈릭이 친구로서 아끼는 미하이는 마케팅에 썩 어울리는 인물이 아니었다. 스테판은 인간관계에 문제가 있었다. 조는 특별한 문제는 없었지만 대부분 간접적으로, 그리고 엔젤 투자를 통해서 기여했다. 앤서니는 유능했지만 자신의 역할을 과대평가하고, 스스로를 비즈니스맨 범주에 넣어두고 있었다. 찰스는 비즈니스 경험이 전혀 없는 "수학자"이면서도 CEO 역할을 맡고 있었다.

비탈릭은 개빈의 의견에 어느 정도 동의했지만, 갑작스럽게 사람들의 직급을 낮춰버리면 그들이 모두 나가버려서 결국 이더리움이 붕괴되고 말 것이라고 생각했다. 예를 들어, 몇몇 이들은 공동설립자들이 증권법을 위반하지 않도록 하는 이더리움의 법률적 전략을 잘 이해하고 있었다. 이는 비탈릭과 개빈에게는 익숙지 않은 영역이었다. 비탈릭이 보기에 개빈은 그러한 역할은 쉽게 대체할 수 있으며, 인사 문제를 완벽하게 처리하는 것보다 크라우드세일과 프로젝트를 성공적으로 마무리 짓는 게 더 중요하다고 생각하는 듯했다. 비탈릭의 증언에 따르면, 개빈은 다른 이들을 제외하고 개발자(비탈릭, 개빈, 제프)들만 모아서 프로젝트를 추진하자는 아이디어를 제시하기도 했다. 모두가 크라우드세일을 오랫동안 기다려왔다는 사실을 알고 있는 비탈릭은 그 아이디어를 지지하지 않았지만, 그래도 뭔가 극단적인 방안이 필요하다는 것을 분명하게 느꼈다.

그 주 주말에 트위크넘에 있던 스테판과 마티아스는 개빈과 비탈릭에게 스카이프로 연락했다. 그들은 불길한 예감을 전했다. "추크 팀에 심각한 문제가 있습니다. 뭔가 벌어지고 있어요. 이더리움이 분열되고 있습니다. 조만간 중요한 일이 터질 것 같아요." 스테판과 마티아스는 그전에 미하이, 그리고 테일러와 함께 통화했었다. 그 자리에서 미하이와 테일러는 모두가 알아야 할 찰스에 관한 몇 가지 중요한 이야기가 있다고 했다. 마티아스와 스테판은 미하이와 테일러의 주장을 지지하면서 프로젝트를 계속 추진하기에 앞서 그 문제를 먼저 해결해야 한다고 지적했다. 개빈과 비탈릭은 마른침을 삼켰다. 이는 비탈릭이 추크 팀 내부에서 모종의 분란이 벌어지고 있다는 소식을 들은 첫 번째 시점이었다. 비탈릭은 찰스를 우호적으로 생각하고 있었기에 더욱 놀랐다. 그는 찰스와 함께 식사하고 수학에 대해 이야기를 나누기도 했다. 비탈릭과 개빈은 다른 사람들과 이 문제에 대해 이야기를 나눠야 한다는 데 동의했다.

얼마 뒤 비탈릭과 개빈은 스위스에서 개최되는 회의에 참석하기 위해 열차를 타고 추크로 이동했다. 이번 모임에서는 모든 공동설립자가 서류에 서명함으로써 공식적으로 이더리움 GmbH의 이사가 될 예정이었다. 이틀 후인 6월 3일로 계획된 일이었다.

추크 그룹이 찰스에 대해 불안감을 느끼고 있는 동안, 테일러는 5월 26일 늦은 밤에 있었던 스카이프 통화에서 찰스에게 강한 호기심을 갖게 됐다. 통화하던 중 마티아스는 다른 이들에게 찰스에 대해 조사했는지 물었다. 그는 소문을 듣고 조사했는데 찰스와 관련해서 특정 날짜 이전의 정보를 전혀 발견할 수 없었다고 답했다. 추크 그룹은 찰스에 대한 이야기들을 공유하면서 상당한 불안감을 느꼈다. 결국 록시가 직접 가서 행정적인 목적으로 보관하고 있던 찰스의 여권 복사본을 가지고 왔다. 다행스럽게도 거기에는 그의 본명이 적혀 있었다.

테일러는 스카이프 통화를 끊은 뒤 곧장 인터넷을 검색하기 시작했다. 그는 찰스가 정말로 아프가니스탄 전장에서 헬리콥터를 타고 가다가 낙하하는 과정에서 다리에 부상을 입었는지 확인하고 싶었다. 그러나 그가 발견한 것이라고는 찰스가 설립한 몇몇 기업에 관한 내용뿐이었다. 테일러는 그 내용들을 신중하게 살펴봤지만 찰스의 이야기를 입증해줄 만한 어떠한 증거도 발견할 수 없었다. 그는 찰스의 인터넷 게시글을 하나하나 읽고 나서 대학에 조기 입학했다는 그의 주장과 군대에 관한 이야기가 서로 맞지 않다는 사실을 확인했다. 인터넷을 검색하면서 테일러는 찰스가 레딧 같은 사이트에서 몇 가지 가명을 사용했다는 사실을 알게 됐다. 그중 하나는 '레이븐크레스트Ravencrest'였다. 테일러가 구글에서 이 이름으로 교차검색하자 한 게시판에서 콜로라도주 볼더에 사는 동일한 인물의 계정인 것으로 드러났다. 찰스가 그곳에서 사는 동안에 그가 자신을 드러내는 방식과 비슷한 어조로 쓴, 그들을 불편하게 만드는 게시글이 하나 있었다. 테일러는 이 모두를 모아 하나의 서류로 만들었다. 자료를 종합해본 결과, 찰스는 자신의 정체에 대한 거짓말과 함께 허황된 이야기를 늘어놓고 있었다.

며칠 후 앤서니와 아미르, 조는 이더리움을 위한 영리법인인 이더리움 GmbH의 이사 등록 서류에 서명하기 위해 비행기를 타고 스위스로 향했다. 서류는 이미 작성됐고 서명만 남겨둔 상태였다. 스위스 법률에 따르면, 이 과정을 위해 모든 구성원들이 실제로 모여야만 했다. 록시는 스페이스십에 18명의 사람이 묵게 될 상황에 대비해 매트리스를 사려고 며칠 동안 시장을 돌아다녔다. 마티아스와 스테판은 정식으로 초대받지는 않았지만 자비로 비행기를 타고 왔다.

이더리움의 상황이 좋지 않다는 소식은 조직 내 의사소통 플랫폼인 슬랙Slack상의 대화를 통해 뉴욕에 사는 누군가의 귀에까지 흘러 들어갔다. 전직 법률가이자 기술 전문가 스티븐 네레이오프Steven Nerayoff는 조와 미국에서 크라우드세일과 관련된 법률 문제를 함께 연구한 사람이다. 스티븐은 조와 찰스를 공항에 데려다주면서 이렇게 말했다. "뭔가 문제가 있는 것 같군요." 당시 대화를 기억하지 못하지만, 조는 스티븐의 말에 "너무 걱정이 많군요"라고 대답했다고 한다. 찰스는 스티븐에게 뭐가 문제인지 물었다. 스티븐의 대답은 이랬다. "《파리대왕Lord of the Flies》을 읽어봤나요? 당신 중 한 사람은 피기입니다. 그런데 누가 피기인지는 모르겠군요."

사람들이 모여들면서 스페이스십에는 이상한 분위기가 맴돌기 시작했다. 테일러와 미하이, 록시, 그리고 몇몇 사람들은 무슨 이야기가 오갈 것인지 예상할 수 있었다. 모든 사람이 도착하기까지 기다리는 내내 뭔가 억눌려 있는 듯한 분위기가 감돌았다. 모든 관계자가 도착하고 나자 긴장감이 조금씩 분출되기 시작했다. 앤서니와 마티아스가 그 집의 "아래층"(1층에서 돌출되어 나온 2층의 일부)에서 담배를 피우고 있는데, 앤서니가 마티아스를 보고 이렇게 말했다. "당신이 마음에 들지 않아요." 마티아스는 대답했다. "앤서니, 그건 저도 마찬가지예요."

드디어 6월 3일 아침이 밝았다. 푸른 하늘에는 투명하고 옅은 구름이 점점이 박혀 있었다. 공기는 약간 서늘했다. 온종일 집에 틀어박혀 있던 제프는 암스테르담에서 출발해서 가장 늦게 추크에 도착했다. 제프는 또한 가장 먼저 떠난 이들 중 하나였다. 언제나 보라색, 파란색, 흰색 줄무늬 스웨터 차림인 비탈릭은 개빈과 미하이, 테일러와 함께 제프를 맞으러 기차역으로 나갔다. 제프의 도착이 지연되어서 그들은 한동안 추크 호숫가의 알록달록한 회색 자갈밭을 서성였다. 테일러는 자신과 미하이가 추크에 있는 모두에게 반대하는 개빈과 함께 아침나절을 보내고 있다는 게 어색하게 느껴졌다. 하지만 찰스에게 맞서려면 어쨌든 뭉쳐야만 했다. 그건 충분한 명분이 되어주었다.

제프가 도착한 뒤, 그들은 역에서 30분 거리인 스페이스십으로 돌아가는 길에 거울처럼 반짝이는 시티가든호텔 근처에 있는 공원에 잠시 들렀다. 그리고 작은 언덕에 놓인 벤치에 둘러앉았다. 테일러는 사람들에게 자신이 준비해 온 서류를 보여줬다. 테일러는 SEC의 분노를 살 수 있다는 우려 때문에 찰스가 자신의 전 프로젝트인 비트셰어스를 그만둔 게 아닐 수 있다는 사실을 발견했다. 그가 정말로 그만둔 것은 한 지원자의 성추행 주장이 있었기 때문이었다.

개빈은 무엇보다도 찰스와 가까운 사람들조차 그를 신뢰하지 않는다는 점을 우려했다. 테일러는 서류를 만들고, 다른 추크 멤버들과 함께 찰스에게 그것을 보여주기 전에 모두에게 공개하기로 결정했다. 그것만으로도 그들 사이에 맴도는 불신의 분위기에 대해 많은 이야기를 할 수 있을 터였다. 개빈은 대부분의 시간 동안 홀로 작업하는 프로그래머였고 인사 문제에 대한 경험도 없었지만, 적어도 하나는 확신할 수 있었다. 그것은 사람들이 찰스와 함께 일하려고 하지 않는다는 사실이었다. 비탈릭은 어느 쪽을 지지할지 선택을 내려야 했다.

스테판을 포함하여 이들 5명은 찰스와 아미르를 내보내는 방안에 대해 이야기했다. 그중 몇몇은 앤서니와 조도 함께 내보내길 원했다. 즉, 비즈니스맨 전부를 내보내기 원했다. 하지만 몇 차례 논의한 끝에 조는 그들이 여전히 필요하다고 결정 내렸다. 기술 전문가만으로는 프로젝트를 완성할 수 없었기 때문이다.

그들이 스페이스십에 도착했을 때, 조가 자신의 20대 아들 키렌과 함께 그곳에 나타났다. 앤서니를 비롯한 몇몇은 어리둥절한 표정으로 조를 바라봤다. 대체 무슨 생각으로 아들을 이곳까지 데려온 건지 알 수 없었다. 개빈과 제프를 비롯한 몇몇은 조와 앤서니에게 그들은 사실 서류에 서명하러 여기에 온 것이 아니라며, 테일러가 가지고 온 서류에 대해 짧게 설명했다. 개빈은 조가 마치 자신은 논란의 외부에 있는 것처럼 씁쓸하게 미소짓는 모습을 봤다.

스테판과 테일러, (아마도) 미하이, 그리고 조는 꼭대기층 작업 공간에 모였다. 테일러는 조에게 서류를 건넸다. 서류를 읽는 동안 조의 얼굴은 하얗게 질려갔다. 조의 표정은 이렇게 말하려는 듯했다. '이건 절대 그냥 넘어가서는 안 되는 문제야. 그를 당장 내보내야 돼.' 그러고는 그 누구도 테일러와 적이 되기를 원치 않을 거라고 농담조로 말했다.

미하이는 찰스가 테라스에서 누군가와 이야기하는 것을 엿들었다. 찰스는 이렇게 말했다. "그들이 지금 내 뒤통수를 치려고 하고 있어요." 그는 또한 록시에게 그들이 자신을 자르려고 하는 것 같다고 말했다. 그렇게 말하는 찰스의 표정은 싸늘했다. 테일러의 서류에 대해 알고 있던 록시는 최대한 조심스럽게 이야기했다. "너무 비관적으로 생각하지 마세요. 상황을 좀 지켜보자고요." 찰스는 정보를 캐내기 위해 마티아스에게 다가갔다. 마티아스는 마음속으로 죄책감을 느끼면서도 그냥 모른 척했다. 찰스는 또한 스테판에게 이렇게 제안했다. "앤서니를 내보내는데 투표하면 당신에게 앤서니의 지분은 물론 그가 가진 설립자 직함을 주겠소." 스테판의 대답은 말하자면 이런 식이었다. '엿이나 드세요.'

이른 오후에 모두는 꼭대기층에 놓인 긴 테이블 주위에 모였다. 몇몇은 의자에 앉았고, 다른 몇몇은 서 있었다. 테이블 위쪽에 등을 기대고 앉아 있던 비탈릭이 테이블 맞은편에 있는 부엌 쪽을 바라보며 몇 마디 말하더니 모두에게 돌아가면서 각자의 생각을 이야기해보라고 했다. 제프는 자신과 개빈, 그리고 비탈릭이 찰스는 더 이상 조직을 이끌 수 없으며 그렇기 때문에 여기서 떠나야 한다고 의견을 모았다고 생각했다 (그러나 개빈과 비탈릭은 이를 부인했다). 그래서 아무 말도 하지 않는 비탈릭의 모습에 흠칫 놀랐다. 다음으로 개빈 차례가 왔을 때, 그 또한 찰스가 떠나야 한다고 꼬집어서 이야기하지는 않았다(다른 이들의 증언에 따르면, 개빈은 찰스가 계속 남아 있다면 자신은 나가서 새로운 프로젝트를 추진하겠다고 말했다). 그러면서 이런 말을 남겼다. "아미르는 이번 프로젝트에 놀라우리만치 기여하지 못하고 있습니다." (아미르는 자신은 비즈니스 쪽에 있고 개빈은 개발 쪽에 있었기 때문에 그가 자신이 무슨 일을 하는지 제대로 알지 못했을 것이며, 자신의 위치를 보다 굳건히 하기 위해 그런 말을 했을 것이라고 주장했다) 제프는 다시 한번 놀랐다. 제프는 개빈을 쳐다봤고 개빈도 그를 쳐다봤다. 제프는 개빈과 비탈릭에게 배신감을 느꼈다.

결국 솔직한 편인 제프가 이야기를 꺼냈다. 그는 대충 이런 식으로 말했다. "찰스, 당신은 우리를 잘못된 방향으로 이끌고 있습니다. 우리는 구글이 아니라 모질라가 되길 원합니다. 그리고 당신이 떠나주길 바랍니다. 우리는 당신이 CEO가 되길 원치 않습니다." 적어도 거기에 있었던 한 사람이 보기에, 제프는 단단히 화가 난 듯했다. 그는 정말로 찰스를 내보낼 심산인 것 같았다.

찰스는 충격을 받은 듯했다. 하지만 찰스가 항상 속임수를 쓴다고 생각하는 제프는 그가 정말 충격을 받은 것인지 알 수 없었다. 다음으로 제프는 최후의 한 방을 꺼냈다. 그는 찰스가 남는다면 자신은 더 이상 프로젝트에 참여하지 않겠다고 선언했다.[11] 찰스가 제프의 주장에 반박했으나 제프는 다시 한번 이렇게 말했다. "그건 중요하지 않아요. 저는 우리가 구글이 되어야 한다고 생각하지 않습니다. 우리는 수익을 추구하는 기업이 아니라 사람들을 위한 가치를 만들어내는 조직이 되어야 합니다." 제프는 또한 이렇게 덧붙였다. "아미르, 당신을 의심해서 미안합니다. 하지만 당신이 우리 프로젝트에 참여하고 있다는 생각이 들지 않습니다. 당신은 프로젝트에 충분히 기여하지 못하고 있어요."

다음은 미하이 차례였다. 그는 찰스 문제와 관련해서 제프의 의견에 동의한다고 말했다. 그러자 제프가 버럭 소리를 질렀다. "단지 동의한다고만 하지 마세요. 뭐가 문제인지 말씀하세요!" 미하이는 뭐가 진실이고 거짓인지 모르겠다고 했다. 그건 찰스가 거짓말을 일삼는다는 뜻이었다. 다음으로 조는 찰스를 믿는다며 찰스 역시 이더리움이 잘 되기를 바랄 거라고 말했다. 그는 그가 프로젝트에 남기를 바란다고 덧붙였다. 그러면서도 어떤 결정이 내려지든 따르겠다고 했다. 적어도 스테판은 찰스가 떠나야 한다고 분명하게 말했다. 문제의 서류를 공개하면 이더리움이 끝장날 거라고 생각한 스테판은 구체적으로 설명하는 대신 이렇게만 말했다. "찰스는 나가야 합니다. 책임을 져야 해요." 그는 자신의 의견을 밝히면서 "소시오패스" 같은 원색적인 표현까지 사용했다.

테일러는 아미르에게 의견을 말하라고 부추겼다. 그는 명목상으로 자신의 상사이면서도 아무런 행동도 보여주지 않고 있다고 생각했기 때문이다. 테일러는 모든 업무를 맡아서 했지만 의사결정을 내릴 순 없었다. 그는 자신이 직접 그 서류를 만들었는데도 정작 본인은 찰스에 대해 많은 이야기를 하지 않았다.

앞서 발언한 개빈은 동료들이 논의하는 모습을 가만히 지켜보고 있었다. 비탈릭은 사람들이 모여서 서로 손가락질하며 이름을 불러대는 광경을 두 눈이 휘둥그레져서 바라볼 뿐이었다. 조의 아들을 포함해 그날 그곳에 있었던 사람들 모두 그 자리에서 이뤄진 민감한 논의에 대한 비밀을 공유하게 됐다. 사람들이 누가 자신의 적인지 지목하는 광경을 한 시간 동안 지켜보며 앉아 있는 것은 고문과도 같은 일이었다. 개빈은 찰스가 공개적으로 비판 받을 정도로 잘못을 저질렀다고는 생각하지 않았다. 설령 그 비판이 같이 생활하는 사람들에 의해 이뤄진다고 해도 말이다. 개빈은 사람들이 찰스에게 불만이 있다는 사실을 알면서도 회의를 소집한 것은 비탈릭의 실수라고 생각했다(비탈릭 역시 그 회의가 계획적이라기보다 다분히 충동적으로 이뤄진 것이라고 인정했다. 그보다 더 작은 그룹으로 모여 문제를 논의할 수도 있다고 생각하지 못한 것은 자신의 실수라고 말했다).

이 모임의 주동자 중 한 사람인 마티아스는 심경이 복잡했다. 그는 이번 논의가 꼭 필요하다고 생각했지만 논쟁은 언제나 괴로운 법이다. 모두가 찰스에 대한 불만을 표출하는 모습을 바라보면서 그는 끔찍한 기분이 들었다. 마침내 자기 차례가 됐을 때 마티아스는 한 발 물러서서 자신이 찰스에 대해 생각하는 바의 일부만 이야기했다.

록시는 어떻게 말해야 할지 고민이었다. 하지만 자신의 차례가 왔을 때, 그녀는 자신이 알고 있는 진실을 털어놨다. 그녀는 앤서니가 다른 사람보다 우월한 것처럼 행동하기 때문에 그를 믿지 못하겠다고 말했다. 게다가 앤서니는 수익형 모델을 밀어붙이고 있었다. 록시는 사람들의 눈을 똑바로 쳐다보며 이렇게 말했다. "찰스와 앤서니는 믿을 수 없어요. 도무지 신뢰할 수 없습니다." 그녀의 인생에서 가장 불편한 자리 중 한 곳에서 록시는 부정적인 이야기를 대단히 직설적으로 했다. 찰스는 그동안 록시가 자신의 이야기를 믿지 않았다는 사실에 깜짝 놀란 듯 휘둥그레진 눈으로 그녀를 쳐다봤다. 록시는 찰스 앞에서 한 번도 그의 말을 믿지 못하겠다고 말한 적이 없었다. 록시는 자신이 그렇게 생각할 수도 있다는 사실을 그가 깨닫지 못한 것이 더 어처구니없다고 생각했다.

상황을 지켜보던 개빈은 분위기를 반전시키기엔 찰스가 역부족이라는 생각이 들었다. 개빈이 보기에 그때까지 찰스를 공격한 사람들은 모두 "소년"이었다. 그 논쟁은 소년들 사이의 싸움 정도로만 보였다. 그러나 그 집에 항상 존재하는 유일한 "소녀"인 록시가 찰스를 믿지 못하겠다고 한 것은 완전히 차원이 다른 문제였다.

나중에 그 회의가 사람들이 자신을 "학대"했던 한 시간이었다고 회상한 찰스는 그들이 잘 해낼 수 있었을 것이라고, 자신이 상황을 바꿀 수 있었을 것이라고, 그리고 비영리단체를 설립할 수 있었을 것이라고 말했다. 그는 영리 대 비영리 문제가 논쟁의 핵심이라고 생각하는 듯했다. 어쨌든 그 와중에 테일러의 서류 이야기를 꺼낸 사람은 아무도 없었다.

그렇게 그 문제에 대한 논의는 끝났다. 모두들 비탈릭이 최종 판단을 내려야 한다는 데 동의했다. 마티아스와 스테판이 예상했듯 조와 앤서니, 아미르, 찰스 네 사람은 찰스를 그대로 두자는 쪽에 투표했고, 제프와 개빈, 미하이 세 사람은 그를 내보내야 한다는 쪽에 표를 던졌다. 결국 비탈릭이 자신이 가진 두 표를 행사해 최종 결정을 내려야 했다(그들 중 몇몇은 당시 상황을 다르게 기억했다. 두 사람은 투표는 이뤄지지 않았다고 말했다. 그리고 그중 한 사람은 개빈과 제프가 비탈릭에게 그들인지 아니면 찰스와 아미르인지 선택하라는 최후통첩을 보냈다고 말했다). 비탈릭은 찰스와 아미르를 지지했던 사람은 그들 둘뿐이었다고 말했다. 어쨌든 그들 8명은 신탁 그룹, 다시 말해 경영진을 해체하기로 의견을 모았다. 비탈릭은 공동설립자는 남겠지만 이사들은 모두 떠날 거라고 예상한 듯하다. 그는 나중에 돌아와서 자신이 원하는 사람들을 재영입하면 될 것이라고 생각을 정리했다.

비탈릭은 꼭대기 층에 있는 2개의 테라스 중 넓은 쪽으로 나갔다. 바닥에는 체리 색상 목재가 가지런하게 깔려 있었다. 테라스 한구석에는 검은색 바비큐 그릴과 관목을 심어놓은 검은색 화분 4개, 그리고 노란색 바람개비가 있었다. 맞은편에는 스페이스십과 똑같이 생긴, 회색 테라코타로 외부를 장식한 아파트 건물이 서 있었다. 그 위로 나무들이 빼곡한 푸른 언덕이 보였고, 그 너머로 추크 시내가 눈에 들어왔다. 그러나 부슬비가 내리는 바람에 모든 풍경은 뿌옇게 보일 뿐이었다. 비탈릭은 언제나 그렇듯 거기서도 산책하기 시작했다. 다만 평소에 거닐던 공원과 달리 그곳은 협소한 공간이었다. 그래도 한동안 걷기에는 충분했다.

3장

새로운 블록체인의 시작, 이더리움

2014년 6월 3일 ~2015년 7월 30일

떠나가는 아미르와 찰스, 조직 내부를 정비하다

비탈릭 부테린은 고민에 빠진 채 스페이스십 테라스를 계속해서 서성였다. 그는 팀원들이 찰스 호스킨슨을 비난하는 장면을 지금 막 목격한 터였다. 그는 아직도 찰스를 포함한 모든 사람이 꼭 필요하다고 느껴졌다. 실제로 CEO로서 프로젝트의 모든 부분을 하나로 결합하는 책임을 지고 있는 등 찰스는 스페이스십에서 가장 중요한 역할을 맡고 있었다. 비탈릭은 많은 이들이 다양한 의사결정과 관련해서 찰스를 무시하고 자신을 곧바로 찾아온다는 사실을 알고 있었지만, 스무 살의 이 청년은 어쨌든 가능한 한 많은 시간을 연구에 몰두하고 싶을 뿐이었다. 비탈릭은 자신이 떠맡기 싫은 구체적인 행정적, 조직적 문제를 처리하는 책임자를 쫓아내야 한다는 생각이 들 때마다 긴장했다. 동시에 그는 자신이 무엇을 해야만 하는지 알았다. 찰스를 쫓아내는 것이 무엇을 의미하는지 곰곰이 생각하면서도 이번 프로젝트를 살려내기 위해서는 어쩔 수 없다고 스스로를 설득했다. 아미르 체트리트의 경우는 좀 더 쉬웠다. 비탈릭은 처음부터 아미르를 내보내도 큰 문제가 없을 거라고 생각했다. 이번 회의는 더 일찍 해치워야 했던 일을 처리할 기회를 준 거였다.

비탈릭이 자신에게 주어진 선택지를 놓고 고민하는 동안, 찰스를 포함해 다른 공동설립자들은 경치가 그리 좋지 않지만 좀 더 아담한 뒤쪽 테라스로 몰려갔다. 그 테라스는 여러 아파트 건물과 마주하고 있었다. 대부분의 집들은 베니션 블라인드를 달아 외부의 시선을 차단했다. 찰스에 관한 서류를 들여다보던 앤서니 디 이오리오는 계속해서 말했다. "찰스는 설립자입니다. 그런 식으로 쫓아내서는 안 됩니다." 다른 동료인 아미르 역시 같은 생각이었다. 그러나 미하이 앨리시는 단호했다. "찰스는 나가야만 해요." 추크에서 찰스와 함께 일했던 미하이 같은 사람들이 어떻게 느끼는지를 감안할 때, 개빈 우드는 이더리움의 CEO는 이제 그만 떠날 때가 되었다고 생각했다.

제프리 윌크는 사람들이 자신이 합의한 사항들을 지키지 않는다는 사실에 충격을 받았다. 어느 순간, 제프는 개빈과 함께 아래층으로 내려갔다. 그러고는 개빈에게 왜 그들이 합의한 대로 찰스를 내보내야 한다는 말을 하지 않았는지 따져 물었다. 개빈은 질문을 회피했다. 또한 제프는 충분히 강력하게 말하지 않은 것에 대해 마티아스 그륀네베크를 질책했다. 그러자 마티아스는 자신은 경영진의 일원이 아니기 때문에 그런 말을 해야 할 책임이 있는 것은 아니라고 맞받아쳤다. 게다가 자신은 좀 애매한 위치에 놓여 있다고 덧붙였다. 혹시라도 비탈릭이 찰스를 그대로 두는 쪽을 선택한다면 자신의 고용 상태가 위험해질 수도 있었기 때문이다.

두 사람이 다시 위층으로 올라왔을 때, 아미르가 제프에게 다가와 말했다. "당신은 제가 마음에 들지 않는가 보군요."

제프는 대답했다. "그래요. 마음에 들지 않아요."

아미르는 당시 대화 내용을 다르게 기억했는데, 제프의 설명에 따르면 아미르가 자신이 유대인이라서 그런 거냐고 물었다고 했다. 제프는 황당했다. 그가 대체 무슨 말을 하고 싶은 건지 알 수 없었다. 제프는 아미르에게 왜 그런 말을 하는 거냐고 물었다.

아미르는 그 그룹에서 노골적으로 인종차별적인 말을 들은 적은 없지만, 돌이켜 생각해보니 자신의 혈통과 관련해서 이야기를 들은 경험은 있다고 했다. 아미르는 다른 이들이 그가 이스라엘인이기 때문에 이스라엘 정부에 선발될 수 있다고 했던 농담을 기억했다. 그 말에 아미르는 이렇게 대답했다. "당신은 망할 인종차별주의자야." 하지만 아미르는 자신은 절대로 '망할fucking'이라는 표현을 쓰지 않는다며 이런 말을 하지 않았다고 부인했다.

제프는 날카로운 목소리로 이렇게 소리쳤다. "난 당신이 유대인인지도 몰랐어요. 그리고 그게 왜 중요하죠? 난 당신이 아무 일도 하지 않기 때문에, 그리고 내가 인종차별주의자가 아니라 당신이 대단히 무례하기 때문에 싫어하는 겁니다."

그때 누군가 제프의 어깨를 잡아끌었다. 그를 말린 것은 개빈이었다. 제프는 아미르에게 외쳤다. "말도 안 되는 소리 하지 마세요."

마침내 비탈릭이 뒤쪽 테라스로 들어왔다. 그는 마음을 정했다고 했다. 공동설립자들은 모두 모여들었다. 개발자인 개빈과 제프가 나란히 섰고, 제프의 오른쪽에는 방금 전 그를 인종차별주의자라고 몰아세운 아미르가 자리를 잡았다. 비탈릭이 입을 뗐다. "설립자는 모두 설립자로 남을 겁니다. 그 사실에는 변함이 없습니다. 설립자에게 주어진 이더는 그대로 유지될 겁니다."

개빈은 아미르의 얼굴을 쳐다봤다. 그는 이제 됐다고 생각했다. 개빈이 느끼기에, 그동안 바라던 것을 얻게 된 아미르는 자신이 맡은 역할을 계속 수행해 나갈 수 있게 됐다는 사실에 만족한 듯 보였다. 우선 그 역할은 자기 자신에 대한 것이었다. 그의 동료들은 그의 매력적인 솔직함 덕분에 그 역할은 주로 여성과 잠자리를 하는 것에 관한 것이라고 생각했다. 아미르는 설립자의 지분을 그대로 유지하기로 한 것은 이미 그전에 결정된 것이며, 비탈릭은 다만 그 사실을 재확인시켜준 것에 불과했다고 말했다. 그리고 자신의 연애 생활과 관련해서는 이렇게 말했다. "지극히 내성적인 컴퓨터 괴짜들에게는 매너 좋고 언변이 뛰어난 성인 남성의 정상적인 연애 생활이 어쩌면 카사노바처럼 보일 수도 있다고 생각해요. 전 그걸 칭찬으로 받아들입니다."

미하이의 기억에 따르면, 비탈릭은 이렇게 말을 이어 나갔다. "논의 후 우리가 두 편으로 갈라졌다는 사실이 분명해졌습니다. 그게 문제의 핵심입니다. 우리는 모두 같은 편이 되어야 합니다." 그러고는 찰스가 자신이 이끌고자 하는 사람들의 신임을 잃어버렸다고 지적했다. 그런 말을 하면서도 비탈릭은 완전히 확신이 있는 것 같아 보이지는 않았다. 한 공동설립자의 증언에 따르면, 비탈릭은 자신이 만든 것에서 비롯된 스트레스와 슬픔 때문에 눈물을 보이기까지 했다.

비탈릭은 마음을 추스른 뒤 개빈과 제프, 미하이, 앤서니, 그리고 조지프 루빈에게 프로젝트에 다시 돌아오라고 요청했다. 찰스와 아미르는 빠진 채였다. 그들은 다시 안으로 들어와 긴 테이블에 자리를 잡았다. 비탈릭은 새로운 경영진을 발표했다. 그에 앞서 미하이와 조는 테일러 게링을 경영진 멤버에 포함시킬 것을 제안했다. 아미르 밑에서 모든 일을 도맡아 했던 테일러는 설립자 회의에 초대받지는 못했다. 그는 찰스에 관한 서류를 작성한 IT 전문가였다. 또한 조는 커뮤니케이션과 커뮤니티 구축 업무를 담당한, 런던에 있는 프랑스인 스테판 튜얼을 경영진 멤버로 추천했다. 비탈릭은 두 사람 모두 경영진에 포함시켰다. 스테판은 기존에 찰스가 맡고 있었던 커뮤니케이션 및 채용 업무를, 테일러는 아미르가 하던 일을 맡게 됐다.

추크 그룹은 비록 박수를 치거나 축하하지는 않았지만 찰스가 떠난다는 사실에 안도의 한숨을 내쉬었다. 여러 사람이 증언한 바에 따르면, 아미르는 그 자리에서 자신의 사전 채굴 지분에 대해 비탈릭과 협상하면서 자신이 이더를 얼마나 받게 될 것인지 물었다. 아미르는 자신이 더 이상 경영진 멤버가 아니라는 사실에 크게 개의치 않는 것처럼 보였다. 한 추크 멤버는 당시의 기억을 이렇게 떠올렸다. "아미르는 자신이 원하는 모든 것을 얻었습니다. 더 이상 경영진 행세를 할 필요가 없었지요. 그런 점에서 윈윈이었습니다." 아미르는 이에 대해 당시 이더는 별 가치가 없었고, 자신은 프로젝트를 후원하느라 이미 많은 돈을 썼기 때문에 그건 그에게 별 의미가 없었으며, 자신이 받을 몫은 이미 결정이 나 있었다고 설명했다.

한편, 감기를 심하게 앓고 있던 찰스는 그 같은 결정을 받아들이려 하지 않았다. 이야기를 듣자마자 찰스는 마티아스가 햇볕을 쬐며 앉아 있던 테라스로 나가 그와 이야기를 나누려고 했다. 마티아스는 좀 겁이 났다. 찰스를 그다지 신뢰하지 않았지만, 그에게 살짝 미안한 마음이 들기도 했다. 자신이 올바른 일을 했다고 생각하면서도 어쨌든 찰스를 배신했다는 느낌이 들었기 때문이다. 마티아스는 언제나 찰스를 동정했다. 도대체 왜 그가 그처럼 기만적인 행동을 하게 됐는지 궁금했다. 틀림없이 뭔가 끔찍한 일이 그에게 일어났을 것이라고 추측했다. 마티아스는 무엇보다 찰스가 도움을 필요로 하고 있다는 사실을 알았지만, 이더리움을 살리기 위해서는 자신이 해야 할 일을 할 수밖에 없다고 믿었다.

그렇지 않으면 찰스가 이더리움을 망쳐버릴 것이 분명했기 때문이다.

찰스는 조수 제레미와 함께 자신의 방이 있는 지하로 내려갔다. 들리는 말에 의하면, 그는 거기서 설립자로서 자신이 받은 이더 지분을 모두 제레미에게 넘겨줬다고 한다. 비탈릭은 마치 아무 일도 없었다는 듯 테이블에서 컴퓨터를 들여다보고 있었다. 그리고 얼마 후 지하로 내려가 감기로 식은땀을 흘리고 있던 찰스와 단둘이 이야기를 나눴다. 찰스는 실망감과 슬픔을 드러내면서도 결과를 받아들였다.

그날 밤 개빈과 비탈릭, 미하이, 그리고 록사나 수레누는 모두 같은 방에서 잠을 잤다. 개빈과 비탈릭은 하나의 매트리스에서, 그리고 미하이와 록시는 다른 매트리스에서 잠을 청했다. 개빈은 잠들기 전에 아무 말없이 일어나 방문을 잠갔다. 다음 날 새벽 5시, 감기 때문에 잔뜩 열이 오른 채 찰스는 스페이스십을 떠나 콜로라도로 돌아갔다. 거기서 앞으로 무슨 일을 할 것인지 고민하기로 했다.

크라우드세일, 이더리움 부흥의 신호탄이 되다

찰스와 아미르가 떠나자, 추크 그룹은 안도감을 느꼈다. 그러나 그 상태는 오래가지 않았다. 항상 집에 처박혀 있는 제프가 암스테르담으로 돌아간 후, 다른 이들은 앞날의 일을 논의하기 위해 전날 유혈 사태가 벌어졌던 바로 그 장소에 다시 모였다. 그때 비탈릭은 공동설립자들 중 일부가 자신에게 잘못된 정보를 줬다는 사실을 깨달았다. 스위스 재단은 얼마든지 쉽고 신속하게 설립할 수 있었다. 비탈릭은 그들이 더 많은 돈을 벌기 위해 자신을 그릇된 방향으로 이끌었다는 사실에 경악했다. 비탈릭은 생각했다. '나는 지금 세상을 바꿀 블록체인·암호화폐 프로젝트를 추진하고 있어. 그런데 그것으로 몇백만 달러를 더 벌어들이는 일에

신경을 써야 하는 걸까?'

비탈릭은 오픈소스 이더리움 프로젝트에 박차를 가하기 위해 모질라 같은 비영리단체를 설립하는 데 착수했다. 앤서니는 영리 모델을 추구해야 한다고 주장했으나, 결국 비탈릭의 뜻에 따르기로 했다. 이더리움의 주역인 찰스와 아미르가 쫓겨났지만 자신은 프로젝트에 그대로 남았다는 사실에 안도하면서 이런 결정을 내린 것으로 보인다.

다음 날인 6월 5일, 비탈릭은 틸 장학금Thiel Fellowship을 받았다. 틸 장학금은 대학 중퇴자를 대상으로 2년에 걸쳐 10만 달러를 지원한다. 비탈릭은 자신이 장학금을 받게 될 것이라고 어느 정도 예상하고 있었다. 재단에서 직접 연락이 와서 지금까지의 성과를 바탕으로 장학금을 신청해보라고 권했기 때문이었다. "벤처 자본가" 앤서니의 비트코인 자산은 가격 하락과 함께 그 가치가 점점 줄어들고 있었다. 당시 비트코인 가격은 12월의 절반 수준밖에 되지 않는 640달러 정도였다. 결국 조가 자금을 지원해야 했다. 비탈릭은 틸 장학금으로 받은 4000달러로 한 달 동안 살면서 크라우드세일 때까지 프로젝트를 추진하는 데 도움이 되고자 따로 월급을 요구하지 않았다.

당시 추크 그룹은 다른 문제로 고심하느라 다른 데 신경 쓸 겨를이 없었다. 가령 그들은 크라우드세일 자금을 어떻게 할당할 것인가 고민했다. 샌프란시스코에서 열린 틸 장학금 행사에 참석하고 난 뒤, 비탈릭은 친구와 가족에게 보낸 장문의 편지에서 이더리움 내부자들이 '왕좌의 게임의 날' 혹은 '레드 웨딩Red Wedding'이라고 부른 것에 관해 이렇게 썼다.

사람들이 각자 파벌로 나뉘어 서로 으르렁대고 있습니다. 한 구성원과 관련해서 우리와 준 경쟁 관계에 있는 기업의 CEO에게 들은 이야기를 처음에는 그저 악의적인 거짓말이라고 생각했어요. 그런데 모두 사실인 것으로 밝혀졌지요. 저는 그저 모

두가 함께 협력하기를 원할 뿐입니다. 저는 사람들을 끌어모으기 위해, 또한 성공의 희망을 발견하기 위해 매일 많은 시간을 투자하고 있습니다. 하지만 그러고 다섯 시간이 지나면 사람들이 또 싸움을 벌이고 있다는 이야기가 들려옵니다. 저는 모든 사람이 여전히 존중하는 유일한 존재입니다. 예전에는 힘든 조직 업무는 그 방면에 재주가 있는 유능한 팀에게 넘기고 저는 프로그램을 작성하고 어렵지만 재미있는 암호경제학과 관련된 과제를 해결하는 데 집중할 수 있었습니다. 하지만 지금 저는 배가 앞으로 나아가도록 만들어야 할 책임을 지게 됐습니다. 안타까운 마음이 듭니다.

다음 몇 주에 걸쳐 추크 그룹 소속이 아닌 이들이 떠났다. 그리고 추크 그룹이 슈티프퉁 이더리움Stiftung Ethereum(이더리움 재단)을 설립하는 과정에서 다시 논쟁이 불거졌다. 이번 주제는 다양한 활동에 얼마나 많은 자금을 분배할 것인가 하는 것이었다. 일부는 개빈이 돈과 권력을 추구하는 인물이라는 생각을 다시 한번 하게 됐다. 어느 날 오후, 추크 그룹 사람들이 자전거를 타고 스페이스십으로 돌아와서 이미 진행 중이던 화상 회의에 늦게라도 참석하겠다는 의사를 밝혔다. 한 멤버가 설명한 바에 따르면, 개빈은 크라우드세일 이전에 예산 문제를 모두 해결해야 한다고 주장했다. 일단 자금이 들어오면 싸움을 더 격해질 것이기 때문이었다. 결국 누군가 모두가 생각하던 것을 콕 집어서 이야기했다. 아직 돈이 한 푼도 들어오지 않은 상황에서 많은 이들이 돈을 차지하는 데 혈안이 되어 있다는 사실이었다. 크라우드세일 전에 재단을 설립하는 것이 중요한 것은 분명했다. 반드시 자선단체일 필요는 없었다. 다만 수익 창출과 관련 없는 사명을 추구해야 했다. 또한 재단이 끌어모은 자금을 사명과 조화를 이루는 방향으로 사용해야 했다. 이를 스위스 정부 기관이 감독하게 될 것이었다. 이더리움 재단의 사명은 이더리움의 탈중심화된 "전 세계 컴퓨터"를 관리하는 것이었다. 이는 다양한 비영리단체가 인터넷을 관리하는 것과 비슷하다. 재단 설립을 신속하게 마무리 지음으로써 수백만 달러의 자금이 약속과 다른 방향으로 쓰일 위험을 사전에 차단할 수 있을 터였다.

중요한 과제는 SEC의 심기를 불편하게 만들지 않으면서 사전 채굴을 통해 그들 스스로에게 보상을 주는 방법에 관한 것이었다. 그해 초봄, 스위스(이더리움 재단) 변호사들은 그들이 크라우드세일을 통해 발행하게 될 것이 프로젝트의 탈중심적인 특성 때문에 증권으로 분류되지는 않을 것이라고 판단을 내렸다. 중앙기구가 발행하지 않았기 때문에 부가가치세VAT가 발생하는 상품처럼 과세 대상이 되지 않을 거였다. 하지만 유입되는 자금은 세금 관련 목적을 위한 투자로 보일 게 분명했다. 그들이 발행하는 것이 그 자체로 효용 있고, 그 성공이 제3자의 성과가 아니라 그 프로토콜을 사용하는 이들의 수용에 달렸다는 사실 또한 도움이 됐다. 그들은 미국에서는 어떻게 그와 비슷한 법률적 전략을 실행에 옮겼는지에 대해 한동안 조사했다. 뉴욕 이더리움 팀원들은 프라이어 캐시맨Pryor Cashman 로펌에 의뢰해 이더리움의 크라우드세일은 미국에서 등록되지 않은 유가증권 발행에 해당하지 않는다는 소견서를 쓰게 했다. 프라이어 캐시맨의 주 변호사는 이더리움에 열광한 나머지 로펌의 표준 수수료를 10퍼센트 할인해주겠다고 제안했다. 그는 착수금에 관한 서한을 보낼 때 "어느 고객에게 제안했던 것보다 더 높은" 할인율이라고 강조했다.

왕좌의 게임의 날이 도래했을 때, 크라우드세일을 합법적으로 추진하는 방안에 관한 논의는 여전히 마무리되지 않은 상태였다. 같은 날 SEC는 비트코인 기업 에릭 부어히스Erik Voorhees(앤서니를 자기 비트코인 도박 사이트 익명 구매자에게 연결시켜준 바로 그곳이다)를 미등록 증권을 발행한 혐의로 기소했다. 이더리움 사람들이 그들에게 벌어질까 봐 두려워한 바로 그러한 일이 벌어진 것이다.[1] 프라이어 캐시맨의 변호사는 이렇게 썼다. "저의 초기 입장은 부어히스의 기록을 참고할 때, 이더의 사전 판매에서 비트코인 지불이 하위 테스트Howey Test의 첫 번째 단계인 '자금 투자'에 해당될 가능성이 대단히 높다는 것입니다."

이는 결코 좋은 조짐이 아니었다. 법원은 하위 테스트 분석을 기반으로 투자 계약이 증권에 해당하는지 결정한다. 1946년의 판례(Securities and Exchange Commission v. W. J. Howey)에서 비롯된 하위 테스트는 4가지 조항으로 구성되는데, 이를 모두 충족시키는 투자는 증권으로 간주한다. 4가지 조항은 다음과 같다. 첫째 자금이 투자되어야 하며, 둘째 그 자금이 일반적인 기업(투자자의 재산이 투자를 제안한 사람의 재산처럼 다른 누군가의 재산과 얽혀 있는 벤처)에 대한 것이어야 하며, 셋째 투자에 따른 수익을 기대할 수 있어야 하고, 넷째 그 이익이 제3자의 노력을 통해 발생해야 한다.[2] 만약 이더리움 사전 판매가 부어히스의 사례가 보여주듯 첫 번째 조항을 충족시키고, 두 번째 조항처럼 이더리움을 "일반적인 기업"이라고 볼 수 있으며, 세 번째 조항처럼 사람들이 더 많은 사람들이 이더리움을 매입하고 사용하면서 가격이 상승할 것이라는 기대로 크라우드세일에서 이더리움을 사고, 네 번째 조항처럼 이더리움 팀이 이러한 수익에 대해 책임 있는 확인 가능한 당사자라면 이더리움의 사전 판매는 미등록 증권의 발행으로 간주될 수 있었다.

스위스 팀의 법률적 아이디어는 뉴욕으로 전해졌다. 바에서 비탈릭과 이야기를 나누던 스티븐 네래요프는 자동차가 움직이려면 휘발유가 필요한 것처럼 이더는 이더리움의 사용에 필수적이라는 사실을 깨달았다. 사전 판매는 상품, 즉 증권이 아니라 사람들이 실제로 사용하고자 하는 상품을 판매하는 것이다(법원의 판례는 콘도 또한 수익에 대한 기대로 구매할 수 있는 것이라고 판단을 내렸지만, 콘도는 숙박을 위한 것이지 증권이 아니다).

프라이어 캐시맨은 소견서를 통해 비영리재단과 영리유한책임회사

GmbH를 구분해야 한다고 지적했다. 후자라면 일단 네트워크가 형성되고, 사전 판매 참여자들이 그들의 이더를 받으면 사라질 거였다. 이론적인 차원에서 이 말은 판매를 추진한 바로 그 당사자에게 네트워크의 성공에 대한 책임을 물을 수 없다는 사실을 의미했다. 이에 따르면 하위 테스트의 마지막 조항이 충족되기 어려웠다. 소견서는 이더 구매로 얻는 수익이 이더리움 재단에 달려 있다는 주장을 이더리움 재단 혹은 관련된 영리법인 역시 시스템의 변화를 주도할 수 없다는 사실을 지적함으로써 반박하고자 했다. 추가적으로, 소견서는 사전 채굴된 이더는 이더리움을 개발한 영리기업이 아니라 그때까지 이더리움에서 일했던 사람들에게 주어질 것이며(결국 동일 인물들이 관련되어 있다는 점에서 이는 지극히 노골적인 책략이었다), 또한 그 기업은 이더를 투기적인 투자가 아니라 상품으로 홍보할 것이라는 사실을 적시했다(이는 콘도를 증권이 아니라고 규정한 경우와 유사한 "효용" 논증이다).

결국 7월 9일 이더리움 재단이 설립됐다.[3] 그리고 7월 18일 금요일, 이더리움 팀원들은 프라이어 캐시맨의 초안 소견서를 받았다. 7월 21일 월요일에는 여기에 서명을 했다. 중앙유럽 서머타임Central European Summer Time, CEST 기준으로 7월 22일 화요일 자정, 그들은 크라우드세일을 시작했다.

크라우드세일을 진행하면서, 그들은 기술 전문가들만이 알아볼 수 있는 상징을 사용했다. 비탈릭은 자신의 블로그에 다음과 같이 크라우드세일의 시작을 발표하는 게시글을 올렸다.

이더 가격은 초기에 할인된 가격인 BTC당 2000ETH로 책정됐습니다. 앞으로 14일간 그렇게 유지될 것입니다. 그 후 BTC당 1337ETH까지 선형적인 방식으로 떨어질 것입니다. 판매는 42일간 계속될 것이며, 추크 시간을 기준으로 9월 2일 23시 59

분에 종료될 예정입니다.[4]

그들은 최종 가격을 BTC당 1337ETH로 결정했다. '1337'이 용기나 성취를 상징하는 '엘리트elite'에 대한 인터넷 암호leetspeak이기 때문이었다. 인터넷 초창기에 검열의 대상이 되는 주제에 대해 논의할 때 알파벳을 숫자로 치환하는 방식으로 사람들의 눈을 속이곤 했다. '엘리트elite'는 숫자로 곧바로 치환할 수 없었기에 'leet'로 바꾼 다음에 다시 '1337'로 변환했다. '1'은 'L'과 닮았고, '3'은 'E'를 뒤집은 모양이며, '7'은 'T'와 비슷하다. 크라우드세일은 42일 동안 진행됐는데, 그렇게 정한 것은 '42'가 더글러스 애덤스Douglas Adams의 책《은하수를 여행하는 히치하이커를 위한 안내서The Hitchhiker's Guide to the Galaxy》에 따르면 "삶과 우주, 그리고 만물의 궁극적인 질문"에 대한 대답이기 때문이었다. 다소 유치하다고도 할 수 있지만 비탈릭에게는 의미 있는 상징이다.

한편, 비탈릭의 블로그 게시글에서는 변호사의 조언과 비탈릭 자신의 우려를 엿볼 수 있다. 그가 제시한 13개 항목 중 2가지를 살펴보자.

이더는 증권이나 투자 수단이 아니라 상품이다. 이더는 거래 수수료를 지불하거나, 이더리움 플랫폼상에서 탈중심적인 애플리케이션 서비스를 개발하거나 구매하기 위해 사용할 수 있는 토큰이다. 이더는 구매자에게 투표권을 부여하지 않는다. 그리고 우리는 이더의 미래 가치를 보장하지 않는다.

우리는 결국 미국을 막지 않을 것이다. 예이.

비탈릭은 사전 채굴을 위해 그들이 최종적으로 2가지 기부 풀을 마련했으며, 각각의 풀은 그 규모가 판매된 이더 초기 수량의 9.9퍼센트라고 적시했다. 하나는 크라우드세일 이전에 프로젝트에서 일했던 기여자들

에게 할당될 것이며, 다른 하나는 재단의 장기적인 기부에 할당될 것이라고 밝혔다.[5]

거래 약관은 이렇게 시작됐다.

다음 약관은 암호 연료, 즉 이더 판매에 관한 규정이다. 이더는 구매자('Purchsers'는 집단을, 'Purchser'는 개인을 의미한다)에 대해 이더리움 오픈소스 소프트웨어 플랫폼(이더리움 플랫폼)상에서 분산된 애플리케이션을 실행할 것을 요구한다.[6] 이는 상품으로서 판매되는가? 그렇다. 연료 같은 효용이 있는가? 그렇다. 부디 규제기관은 이번 크라우드세일이 증권 발행이 아니라는 점에 동의해주길 바란다.

크라우드세일을 시작하고 이틀 동안에 5742BTC가 들어왔다. 당시 가격인 620달러를 기준으로 360만 달러 정도의 금액이 모인 것이다. BTC당 ETH 환율이 2000ETH에서 1337ETH로 떨어지기 전인 첫 14일까지 1만 2872BTC가 들어왔다. 이는 590달러를 기준으로 760만 달러에 달하는 금액이었다. 크라우드세일이 끝나기 전까지는 28일이 아직 더 남아 있었다.

크라우드세일이 끝나기 전, 이더리움 경영진은 채무를 일부 변제하고자 했다. 이번에도 돈은 또다시 긴장의 불씨가 됐다. 그들은 변호사 수수료와 초창기 기여자들의 밀린 월급, 앤서니와 조, 테일러 및 여러 사람에게 빌린 돈을 지불해야 하는 데다 그들에게 관계 당국을 소개해준 추크의 중개인 허버트 스테르치에게도 6만 스위스프랑을 지급해야만 됐다. 그렇다고 해서 크라우드세일이 끝나기 전에 멀티시그multisig에서 비트코인을 빼내는 것은 바람직한 생각이 아니었다(멀티시그, 즉 다중서명 비트코인 지갑multisignature Bitcoin wallet은 거래 목적으로 돈을 인출하기 위해서 복수의 키를 요구한다. 많은 경우에 3명의 서명자 중 2명 혹은 5명의 서명자 중 3명이 필요하다).

크라우드세일이 끝나기 전에 멀티시그에서 돈을 인출하는 것은 무엇보다 그들이 실제보다 더 많은 돈을 끌어들이고 있다는 인상을 주기 위해, 그리고 구매자들 사이에서 기회를 놓친 것 같다는 긴장감을 유발하기 위해 그들이 받은 비트코인을 다시 크라우드세일에 집어넣고 있다는 의혹을 제기할 수 있었다. 게다가 그들이 그런 행동을 하지 않고 인출과 관련해서 최대한 투명하더라도 초기 지출은 비트코인, 그리고 암호 세상의 용어로 이더리움과 관련해서 'FUD'(fear두려움, uncertainty불확실성, doubt의심)를 퍼뜨리는 비판자들의 입지를 강화할 수 있었다.

예를 들어, 좋지 않은 상황에서 떠나야 했던 찰스가 추진한 또 다른 프로젝트인 비트셰어스는 그 설립자 대니얼 라리머Daniel Larimer가 비탈릭이 비트코인 마이애미에서 연설한 이후에 그에게 질문하고, 그 질문에 대답하지 않는 비탈릭을 비난하면서 이더리움은 지속되기 어렵고 중앙집중적인 것이라고 지적하는 내용의 글을 게시한 바 있다.[7] 한편, 많은 비트코인 지지자들은 이더리움 같은 '알트코인alt-coin'(비트코인 이후에 등장한 암호화폐를 일컫는 말-옮긴이)은 불필요하다고 주장했다. 한 블로거는 '다가오는 알트코인의 죽음, 그리고 그것을 앞당기는 방법'이라는 제목의 글에서 이렇게 주장했다. "사람들이 '그래도 이더리움은 스마트 콘트랙트를 수행할 수 있다!'라고 말하지만, 그건 거짓말이다. 이더리움은 필연적으로 이를 지키지 못할 것이며, 그 결과 다른 것들처럼 금방 잊힐 것이다."[8] 비트코인토크는 크라우드세일이 시작되고 채 이틀이 지나기도 전에 '[ETH]이더리움=사기'라는 제목의 기사를, 스포이트니크 Spoetnik는 '그것은 IPO이며 암호 세상에서 IPO는 모두 사기다'[9]라는 제목의 기사를 게재했다. 타운소TaunSew는 이런 기사를 올렸다. "이더는 세탁된 비트코인이 될 것이다. 혹은 실제 수요가 있는 것처럼 보이기 위해 그들이 매입하고 있는 게 분명하다." 시리어스코인Seriouscoin은 이런 반응을 보였다. "이더리움의 설립자인 앤서니를 만나본 사람이라면 그가 얼마나 음흉한지 금세 눈치챌 것이다." 타운소는 조에 대해 이렇게 언급했다. "당신은 골드만삭스 시절을 잊었는가?"

개빈과 제프, 이더리움은 어떤 조직이 될 것인가

한편, 개빈과 제프, 스테판은 각자 자신의 터전에서 이더리움 조직을 설립하고 있었다. 미하이는 경영진 중에서 여전히 가장 큰 힘을 갖고 있다고 생각되는 개빈이 자금을 모아 스위스 본사의 통제에서 벗어나 베를린에 있는 자신의 수익형 기업에 집어넣으려고 시도하고 있다고 생각했다. 이에 대해 개빈은 이더리움 설립을 확실하게 만들기 위해 노력하고 있었던 것뿐이라고 말했다. 미하이와 테일러, 비탈릭은 이더리움 재단 이사회에 있었다. 스위스 정부는 그들이 내세운 목적을 제대로 수행하고 있는지 감시하기 위해 이사회를 감독하고 있었다. 미하이는 베를린의 회사로 자금을 송금하려는 개빈의 시도가 스위스 당국과의 관계에서 재단 이사인 그 자신은 물론 이더리움 프로젝트 자체를 위험에 빠트릴 수 있다며 우려했다. 개빈은 외부의 간섭이 최소화되기를 원했을 뿐만 아니라, 특히 자신이 생각하기에 점점 장애물이 되어가고 있는 조에게 간섭받지 않기를 원했다. 또한 개빈은 추크의 기술 수준이 너무 낮고 전반적으로 너무 많은 비용이 소요된다는 이유를 들어 베를린에 따로 영리기업을 설립한 자신의 의도를 합리화하려고 했다. 게다가 독일 기업은 독일 시민을 고용해야 하기 때문에 이더리움 재단의 자회사(이더리움 데브 UG Ethereum Dev UG 혹은 ETH 데브)를 설립한 것이라고 설명했다. 제프는 합법적인 네덜란드 거주자만이 네덜란드 기업을 소유할 수 있기 때문에 네덜란드에 기업을 설립했다고 주장했다. 개빈과 제프, 비탈릭은 영국에 기업(ETH 데브 Ltd)을 설립하면서 이사가 됐다.

그러나 그들이 직면한 가장 큰 문제는 이런 것이 아니었다. 가장 염려되는 금융적인 압박은 바로 비트코인 가격이었다. 비트코인 가격은 크라우드세일이 진행된 42일 동안 폭락세를 보였다. 크라우드세일이 시작된 날 620달러였던 것이 끝나는 날에는 477달러까지 떨어졌다. 크라우드세일이 시작되고 이틀간 모금한 비트코인의 가치가 처음에는 360만 달러였다가 마지막 날에는 270만 달러로 떨어진 것이다. 비트코인이 들어오자마자 바로 환전했더라면 크라우드세일을 통해 총 1840만 달러를 끌어모았을 것이다. 하지만 크라우드세일이 종료됐을 때 모금된 3만 1530BTC의 가치는 1500만 달러에 불과했다. 300만 달러가 넘는 돈이 허공으로 사라진 셈이다.

크라우드세일 초반에 여러 이더리움 클라이언트와 계속 접촉하고 있던 비탈릭과 개빈, 그리고 제프는 적어도 모금된 비트코인의 절반 이상을 급히 팔아치우려고 했다. 그해 겨울에 이더리움을 런칭하겠다고 약속했기 때문이었다. 이를 위해서는 사무실을 임대하고 개발자와 관리자 및 직원을 고용해야 했다. 그리고 테스트를 실행하고, 툴을 만들고, 위원회 감사를 받는 등 여러 가지 일을 처리해야 했다. 그래서 당장 은행으로 달려가 달러나 유로로 현금을 확보해야만 했다. 이를 위해 COO였던 조는 헤지펀드에서 일했던 경험을 살려 비트코인 환전 업무를 맡았다. 그런데 조는 즉각적인 매도가 필요하지 않다고 봤다. 개빈은 이에 대해 조의 개인적인 사고방식에서 비롯된 것이라고 봤다. 바로 가격이 떨어질 때 팔아서는 안 된다는 믿음이었다. 가격이 오를 때 팔아야 했다. 그러나 개빈과 다른 개발자들의 생각은 달랐다. '안 돼! 우리에겐 시간이 없어. 조직을 운영할 돈이 필요해! 당장 현금을 확보해야 해!' 이를 둘러싼 논의는 뜨겁고 급박하게 진행됐다. 비트코인 가치는 계속해서 떨어졌다. 크라우드세일이 끝나고 몇 주 후, 비트코인 가격은 400달러 아래로 떨어졌다. 그리고 당시에는 그 누구도 예상하지 못했지만 10월 말에는 340달러 아래로, 다음 해 1월에는 300달러 아래로, 1월 중순에는 172달러 아래로 추락했다.

채팅이나 회의에서 이에 대한 논의가 이뤄질 때마다 조는 환전이 자신의 책임하에 결정되는 일이라면 전부 비트코인으로 가지고 있겠다고 말했다. 이는 소위 'HODL'라고 하는 비트코인 지지자들이 보이는 일반적인 태도다('HODL'는 비트코인토크 게시판에 올라온 것으로, 술 취한 사용자가 사람들에게 '보유HOLD'하라고 말하려다 이런 오타를 냈다고 한다[10]). 하지만 조는 비트코인 매각에 정면으로 반대하지는 않았다. 다만 그는 어떤 화폐로 환전할 것인지 결정하려면 더 많은 조사가 필요하다며 다음 회의 때까지 매각을 연기해야 할 이유를 제시했다.

이런 모습을 보면서 개빈은 모든 일에 항상 동의를 구하는 비탈릭의 성향을 잘 아는 조가 더 많은 선택지를 알아보자고 제안함으로써 매각을 미루려고 한 것이라고 생각했다. 제프는 조의 행동이 다른 사람의 돈을 가지고 도박을 하는 것이나 다를 바 없다고 느꼈다. 그들은 조에게 수차례 비트코인을 팔라고 이야기했다. 그러나 혹시나 다시 올라갈 것을 기대하면서 조는 계속해서 보유하고 있었다. 하지만 결과는 지속적인 하락이었다. 조는 나중에 비탈릭과 개빈, 제프 모두 자신이 환전을 책임지고 있다고 생각했다는 사실을 알지 못했다고 주장했다. 또한 그는 자신이 매각을 원하는 사람들의 의견을 묵살했다고 생각하지 않는다고 했다. 그러면서 그들이 자신에게 화를 내는 것을 이해할 수 없다고 했다. 조는 사람들 모두 집단의 의사결정을 통해 선택할 수 있었다며 반박했다.

조의 입장에서 볼 때, 권력을 쥐고 있던 개빈은 자신이 지난 4월 베를린에 설립한 기업(ETH 데브)으로 자금이 흘러 들어가게 만들고 있었다. 그래서 개빈이 그토록 비트코인을 팔고 싶어 하는 거라고 생각했다. 조는 이더리움 재단에서 돈을 모았기 때문에 이를 독일 기업에 보내는 것은 적절하지 않다고 봤다. 대신에 조는 그들이 이정표상에서 어디까지 왔는지 확인하면서 조금씩 송금하기를 원했다. 조는 개발자들에게 몇 주에 한 번씩 성과 보고서를 써달라고 요청했다. 개빈은 그 보고서를 이더리움 블로그에 공개해야 한다는 조건을 내세우며 조에게 맞섰다. 개빈은 조가 내부 정보를 혼자만 아는 것을 원치 않았다. 그 이유는 무엇이었을까? 조는 브루클린에서 이더리움을 기반으로 탈중심화된 애플리케이션을 개발하는 수익형 기업을 설립했기 때문이었다. 조는 그 기업을 컨센서스 시스템Consensus Systems 혹은 컨센시스라고 불렀다.

독일과 네덜란드, 영국에 기업들이 설립된 상태에서 조는 결국 비트코인 환전을 위한 일종의 크레이그리스트Craigslist라 할 수 있는 로컬비트코인LocalBitcoin, 그리고 비트코인 스위스를 통해 비트코인을 매각하기 시작했다. 그리고 그 돈을 개발자들에게 간격을 두고 넘겨줬다.[11] 개빈과 제프는 각자 조직을 꾸리기 위해 사람들을 채용하기 시작했다.

개빈은 그해 9월 레인메이킹 로프트 베를린Rainmaking Loft Berlin이라는 공용 사무실의 반쪽짜리 테이블에서 사업을 시작했다. 이후 새 직원을 뽑으면서 테이블은 2개로 늘어났다. 그중 한 사람은 크리스토프 젠츠시Christoph Jentzsch로, 눈썹이 풍성한 물리학 박사 과정 학생이었다. 진지한 성격의 그는 모르몬교도에다가 독일의 보수적인 지역 출신이었다. 크리스토프는 이야기할 때 손을 많이 썼고, 웃을 때는 눈가에 부드러운 주름이 졌다. 그는 사전 테스트 차원에서 세 클라이언트(C++로 된 개빈의 클라이언트와 고로 된 제프의 클라이언트, 그리고 파이선으로 된 비탈릭의 클라이언트)를 가동해서 어떤 클라이언트가 문제를 발생시키는지 혹은 한 클라이언트가 메인 체인과 동기화되는 대신에 따로 떨어진 블록체인을 만들어내는지 확인했다. 쉽게 말해, 서류(이 경우, 이더리움 블록체인)를 마이크로소프트 워드와 구글 독스, 애플 페이지 사용자가 읽고 편집할 수 있는지, 그리고 어떻게 수정하더라도 상관없이 모두에게 똑같이 보이는지 확인하기 위한 테스트였다. 크리스토프는 또한 클라이언트들이 정확하게 수행하고 있는지 확인하기 위해 비탈릭의 백서를 개빈이 기술적인 차원에서 상세하게 풀어쓴 옐로페이지를 꼼꼼히 들여다봤다. 그의 작업은 기본적으로 체인을 망가뜨리는 일이었다. 그는 이더리움에서 프리랜서로 일하는 데 동의했다. 이를 위해 박사 과정을 6~8주 동안 중단할 계획이었다. 2명의 다른 직원들은 스마트 콘트랙트를 실행하기 위해 개빈이 생각했던 언어인 솔리디티Solidity에 집중했다. 그중 한 사람인 크리스티안 라이트비스너Christian Reitwießner는 안경을 쓴 과묵하고 신중한 독일인으로, 다목적 최적 설계와 알고리즘, 복잡성 이론을 전공한 박사였다. 다른 한 사람인 레프테리스 카라페차스Lefteris Karapetsas는 소프트웨어 개발자였다. 검은색 곱슬머리를 지닌 그리스인인 그는 종종 자기 비하 농담을 했다. 도쿄대학에서 공부한 레프테리스는 베를린에 있는 오라클Oracle에서 근무한 경험이 있었다.

고 클라이언트를 개발하고 있던 제프 팀은 대부분 원격으로 일했다. 말과 웃음이 많으면서 에너지 넘치는 호리호리한 체격의 펠릭스 랑게Felix Lange는 ETH 데브와 같은 공용 사무실을 사용했다. 그는 이더리움이 제대로 굴러가지 않는 자신의 스타트업보다 더 흥미롭다고 느꼈다. 그는 베를린에 거주했지만 고 프로그래머였기 때문에 제프 팀에 합류하게 됐다. 페터 스질라기Péter Szilágyi는 점잖은 성격에 곱슬머리와 벌어진 잇새가 눈길을 사로잡는 루마니아인으로, 탈중심화된 컴퓨팅을 주제로 한 박사 논문을 막 마무리 지은 참이었다. 페터는 고 언어를 정말로 좋아했다.

개빈은 베를린 사무실에 많은 열정을 쏟았다. 사무실을 임대하고 비품을 마련한 뒤 암스테르담 사무실이라고 이름 붙인 제프와 달리, 개빈은 버려진 공간을 찾아내 자신의 생각에 맞게 개조했다. 그는 디자이너를 고용해 사무실을 꾸몄다. 천장에서 내려온 검은 전선에 에디슨 전구를 달아 레스토랑이나 스칸디나비아 디자인 매장 같은 느낌을 주고, 이베이에서 구매한 중고 물품으로 공간을 채웠다. 베를린 허브에 들어서면 턴테이블과 털이 풍성한 소파 덮개, 한 줄로 늘어놓은 황토색 극장식 좌석, 댄 플라빈Dan Flavin 스타일의 형광등, 갈색과 금색으로 된 1960년대식 젯손스Jetsons 스타일 진열장(그 안에 턴테이블이 놓여 있었다), 다른 집기들에 비해 유난히 세련되어 보이는 아미그린 색상의 사물함, 히틀러 이전의 유럽 및 중부 유럽 지도, 그리고 숫자판은 1과 12밖에 없으며 한 시간에 한 번 벨을 울리는 미니멀리즘 벽시계를 볼 수 있었다.

그들의 스타일 차이는 사무실 인테리어에 국한되지 않았다. 개빈은 이더리움의 '모든' 측면이 멋지게 보여야 한다고 생각했다. 그는 마케팅에 대한 자신의 생각을 직원들에게 그대로 적용했다. 많은 프로그래머들이 예전에 들어본 적 없는 새로운 암호화폐와 관련된 일을 그다지 열정적으로 하려고 들지 않았다. 예를 들어, 펠릭스가 보기에 그들이 새로운 화폐를 개발할 수 있다는 혹은 높은 가치가 있는 대차대조표를 만들어낼 수 있다는 생각은 너무 터무니없어 보였다. 비록 급여를 받기 시작하면서 이더리움의 매력을 느끼기는 했지만, 개빈은 직원들에게 이 프로젝트가 그들의 이력서에서 대표적인 항목이 될 것이라고 강조함으로써 동기를 부여하고자 했다. 베를린 허브 직원들은 개빈이 아직 완성되지 않은 것도 적극적으로 발표하고, "최초"라는 설명구를 붙이거나 제품 이름에 "터보"를 넣는 것처럼 공격적인 마케팅을 시도했다고 이야기했다. 독일인인 펠릭스는 그게 영국적인 접근 방식이라고 생각했다. 반면 제프는 다분히 대륙적인 접근 방식을 추구했다. 그는 직원들이 결국 이더리움이 얼마나 멋진 것인지 알게 될 것이므로 특별히 노력할 필요가 없다고 생각했다. 그러나 일단 사무실이 완성되고 나자 몇몇 독일인은 방문자들이 베를린 사무실에 감탄했다고 느꼈다.

11월 24일 월요일, 이더리움 개발자 컨퍼런스인 '데브콘DevCon 0'이 베를린 허브에서 열렸다. 아직 사무실이 정리되지 않아서 몇십 명의 참석자가 들어왔을 때는 식기세척기가 설치되는 중이었다. 펠릭스처럼 암호화폐에 완전히 생소한 몇몇 베를린 직원은 그 행사가 일종의 마법처럼 느껴졌다. 이더리움을 관심 있게 지켜보고 있었지만 토큰 세일이 사기일 거라고 의심했던 프로그래머인 구스타브 시몬슨Gustav Simonsson도 모임에 참석했다. 개빈과 크리스티안, 그리고 수학으로 박사 학위를 받고 매킨지앤컴퍼니McKinsey&Company에서 수년간 근무한 유타 슈타이너Jutta Steiner 등 많은 이들이 박사 출신이었다. 유타는 보안 및 감사 업무를 맡았다. 비탈릭은 2014년 IT 소프트웨어 세계기술상을 수상한 바 있었다. 마크 저커버그Mark Zuckerberg 등 다른 많은 이들을 물리치고서 말이다. 구스타브는 그동안의 의심을 제쳐두고 유타와 함께 보안 업무를 맡기로 결심했다.

개발자들은 고된 작업의 수렁에 빠져들었다. 제프는 매일 조그마한 암스테르담 웨스트 아파트에서 일어나 강아지 브루스와 산책하고 커피를 마신 뒤 다시 잠들 때까지 일했다. 저녁을 먹을 때 잠시 쉴 뿐이었다. 인구 1만 5000명의 소도시 미트바이다에서 주로 원격으로 일하면서 가끔씩 베를린 사무실로 출근했던 크리스토프는 프로토콜에 위배되는 많은 결함을 발견했다(개빈이 옐로페이퍼를 썼기 때문에, 일반적으로 제프의 고 클라이언트에서 발견했다).[12] 시간이 흐르면서 버그는 점차 사라졌다. 크리스토프는 이더리움의 매력에 점점 빠져들다가 급기야 박사 학위까지 포기해버렸다. 목표는 6주 안에 모든 클라이언트에서 버그를 제거하는 것이었다. 그러고 나면 이더리움을 런칭할 것이었다.

개빈이 이끄는 베를린 사무실과 제프가 이끄는 고 팀은 매일 회의를 하면서 팀원들이 각자 성취한 일과 현재 작업하는 과제에 대해 이야기를 나눴다. 개빈이 비탈릭에게 계속해서 이야기했던 것처럼, "공동설립자", 그리고 앤서니와 조, 미하이 등 추크 멤버들 같은 다른 설립 멤버들은 이더리움 개발 과정에 관여하지 않았다. 제프는 기본적인 테스트를 위해 테일러를 고용했다. 찰스와 아미르가 나가고, 조는 뉴욕에서 컨센시스를 시작하고, 앤서니는 자신의 자금으로 토론토에서 크립토키트Kryptokit를 설립하면서 비즈니스맨들은 대부분 각자의 위치로 떠났다. 모든 일은 개발자들에게 남겨졌다.

제프 팀 구성원들은 상사가 유연하고 상대를 편안하게 해주는 사람이라고 생각했다. 제프는 팀원들에게 그들이 원하는 것은 무슨 일이든 할 수 있다고 말했다. 하지만 자신을 배신하면 그때는 해고할 것이라는 엄중한 경고도 했다. 비록 까다로운 관리자 역할을 맡았지만 어쨌든 제프는 대단히 유쾌한 사람이었다. 그는 종종 직원들을 놀리고 짓궂은 농담을 했다. 모두들 그의 장난을 즐겁게 받아들였다. 제프는 상사가 되길 원하지 않는 상사였다. 그에게는 언제든 연락할 수 있었다. 그는 공식적인 이더리움 대화방인 기터Gitter에 항상 로그인해놓은 상태였다. 트란실바니아에 있는 검은색 곱슬머리의 페터, 볼록한 이마와 헝클어진 머리칼이 전문가다운 풍모를 자아내는, 리우데자네이루에서 일하는 디자이너 알렉스 반 데 산드Alex van de Sande(아브사) 같은 팀원들에게 무척 다행스러운 상황이었다. 팀원들은 모두 자신이 프로젝트의 일원이라고 느꼈다.

반면 개빈의 팀원들은 그와는 다른 경험을 하고 있었다. 팀원들이 한 일이 마음에 들지 않으면 개빈은 단도직입적으로 지적해댔다. 물론 칭찬할 때도 그랬다. 몇몇 팀원은 그의 질책에 기분이 상하기도 했지만, 모두가 그런 것은 아니었다. 한 팀원의 증언에 따르면, 개빈은 채팅을 하다가 문제를 지적하고 5분 후쯤 다시 이렇게 물었다고 한다. "점심 뭐 먹을까요?" 개빈은 노련하고 유능하고 승부욕이 강했다. 팀원과 과제를 나누어 맡으면 먼저 일을 끝내고 나서 그 팀원을 다그치듯 "끝났어요? 아직도 안 끝났어요?"라고 물었다.

시시콜콜 간섭하는 것을 무척 싫어했던 제프와 반대로 개빈은 업무 처리와 관련해서 다분히 엄격한 편이었다. 몇몇 개발자가 새로운 아이디어를 제시해도 그는 종종 곧바로 묵살해버리곤 했다. 끊임없이 틀렸다고 말하는, 그리고 자신의 방식을 강요하는 누군가와 함께 일하는 것은 무척 피곤한 일이다. 개빈은 심지어 비탈릭도 나무랐다. 가령, 스카이프에서 "××를 하겠다고 했잖아요?", "이 일이 더 중요합니다", "이 아이디어가 더 낫습니다"라고 말하는 식이었다. 그래도 팀원들은 개빈이 적어도 열정적인 사람이라고 생각했다. 한 팀원의 표현에 따르면, "개빈은 언제나 모든 팀원이 자신만큼 유능하기를 기대했다". 아브사가 제프와 함께 일하기 위해 리우데자네이루에서 암스테르담으로 넘어왔을 때, 그 소식을 들은 개빈은 그에게 지금 당장 기차를 타고 추크로 와서 자신과 함께 일하자고 권하기도 했다. 아브사가 암스테르담을 두 번째 찾았을 때도 똑같은 일이 벌어졌다. 그때 개빈이 오라고 한 곳은 런던이었다.

그러나 시간이 흐르면서 팀원들은 개빈이 자신은 비전을 제시하고 나머지가 이를 실현하도록 "지시를 내리는 사람"으로 변했다고 생각했다. 그는 자신의 공을 내세우면서도 팀원들을 칭찬하는 데는 인색했다. 팀원들은 개빈이 "똑똑하고 스마트한 사람"이지만 "최고의 상사"는 아니라고 평가했다. 한 팀원은 개빈이 "자신의 업무와 관련해서 대단히 유능한 사람이었기에 자만심이 상당히 강했다"고 말했다. 한 후원자는 개빈을 스티브 잡스와 비교하기까지 했다. "그는 사람들을 짜증 나게 만들까요? 그렇습니다. 하지만 그렇다고 그가 나쁜 사람일까요? 그건 아닙니다." 개빈은 팀원들과 거리를 뒀기 때문에 그의 C++ 팀원들은 스카이프 그룹에서 사적으로 이야기를 나눴다. 이런 점에서 적어도 한 팀원은 C++ 클라이언트의 접근 가능성이 모두에게 개방적인 제프의 고 클라이언트보다 떨어질 수밖에 없었다고 지적했다.

이처럼 까다로운 성격에도 불구하고 개빈은 특유의 카리스마와 언어 능력, 그리고 심미적 감각으로 인정을 받았다. 프레젠테이션을 할 때면 그는 차분하고 매력적인 음성으로 청중의 시선을 사로잡았다. 개빈의 뛰어난 어휘력은 그의 독특한 취향과 결합되어서 기발한 이름 짓기 능력으로도 이어졌다. 예를 들어, 그는 자신이 꿈꿔온 보안 메시징 프로토콜을 '위스퍼Whisper'라고 이름 지었다. 블록의 "파이널라이징finalizing"(블록에서 거래를 거꾸로 되돌릴 수 없게 되는 과정)을 설명하는 과정에서는 "실런트sealent"라는 미학적이고 시각적인 용어를 만들어냈다(원래는 철자를 "sealant"로 표기하려고 했다).

그의 이러한 스타일은 옐로페이퍼(즉, 상세설명서)에서도 잘 드러난다. 개빈은 비탈릭의 추상적인 아이디어를 수학과 코드로 바꿔 2014년 4월 발표한 옐로페이퍼를 통해 개빈은 이더리움이 기술적으로 어떻게 작동하는지 보여주었다.[13] 첫째, 그는 백서의 엄숙한 암호 세상을 노란색으로 만들었다.[14] 둘째, 그것은 독자가 그의 지적인 우월함에 무릎을 꿇도록 만들려는 것처럼 보였다. 이러한 사실은 특이한 글자체와 그리스 상징을 동원한 수학 방정식에서도 잘 드러났다(이는 그것이 얼마나 "이해하기 어려운지", 그리고 "놀랍게도 복잡한지"와 관련해서 레딧상에서 다양한 의견을 자극했다).[15] 실제로 옐로페이퍼는 미학적으로 대단히 인상적이어서 한 이더

리움 연구원이 사소한 오타와 실수를 발견하기까지 몇 년의 세월이 걸릴 정도였다.[16]

제프와 개빈은 적어도 하나의 면에서는 비슷했다. 두 사람 모두 자신만의 방식으로 클라이언트를 개발해서 상대가 자신을 따라오도록 만들려고 했다는 점이다. 베를린에서 활동하는 독일 개발자이면서 2015년 1월고 팀에 합류한 파비안 포겔슈텔러Fabian Vogelsteller는 개빈과 제프가 서로 대화를 많이 나누지 않는다는 사실을 눈치챘다. 그는 C++ 팀 사람들에게 이렇게 말했다. "고 팀과 이야기를 나눠보세요. 그들 역시 연구하고있으니까요." 파비안이 그런 말을 할 때마다 개빈의 표정은 별로 좋지않았다. 그는 자신이 아이디어를 내놓을 수 있는 유일한 사람이라고 생각했다.

3가지 이더리움 클라이언트를 개발하는 목적이 네트워크를 보다 강화하려는 것이었음에도 불구하고 제프가 보기에 개빈은 다중 클라이언트 전략을 하나의 경쟁으로 인식하는 것 같았다. 개빈은 자신의 C++ 클라이언트가 이기길 원했지만, 제프는 경쟁 자체를 거부했다. 최고가 되고자 했던 개빈은 모든 것을 최적화하는 데 집중했다. 반면 제프는 단지제대로 기능하는 클라이언트를 만들어내길 원했다. 개빈은 자신이 만든버전을 "터보 이더리움"이라고 명명했다. 자신의 버전이 가장 빠른 클라이언트가 될 것이라는 생각을 담은 것이다. 그가 생각한 목표 사용자는개발자와 채굴자, 즉 네트워크 "전문가"들이었다. 반면 제프는 최고의 클라이언트를 개발하는 데 관심이 없었으며, 목표 사용자는 기술적 지식이 없는 일반인이었다. 그래서 그만큼 부가 기능이 적었다. 초반에는 개빈의 클라이언트가 더 원활하게 작동했고, 제프의 클라이언트는 그리상황이 좋지 않았다.

제프의 클라이언트가 오류를 드러낼 때마다 개빈은 모두 다 알 수 있도록 이를 공개적으로 지적했다. 반면에 제프는 자신의 팀원들에게 C++ 팀을 폄하하거나 오류를 지적하지 말라고 당부했다. 두 클라이언트 모두 이더리움 재단이라고 하는 같은 조직을 위해 개발되고 있었기 때문이다. 제프와 한 C++ 클라이언트 개발자는 개빈이 실제로 그의 팀원들에게 고 팀과 협력하지 말라고 지시했다고 말했다. 이와 관련, 개빈은 양측 모두 경쟁을 했을 뿐이며, 페터는 특히 고를 지지했다고 말했다. 그러나 제프는 페터를 통제하려고 하지 않았다. 페터는 개빈이 시작한 경쟁 때문에 그를 비난했는데, 제프는 개빈이 페터에 관해 이야기하기 전부터 페터에게 대응하지 말 것을 당부했다.

개빈의 경쟁심은 베를린에서 일하는 제프 팀 사람들에게 큰 부담으로 작용했다. 그들은 개빈이 모든 오류를 공개적으로 질타함으로써 그들의 사기를 꺾고 있다고 불평했다. 두 팀은 함께 일하지 않았지만, 매주 금요일 오후에 시간을 내서 같이 게임을 즐기기로 했다. 첫 번째 시간에는 모두 참여했다. 그러나 두 번째 시간에는 겨우 4명만 참여했다. 그 이후로는 더 이상 게임을 하려는 사람이 없었다. 개빈과의 관계가 악화된 데 실망한 제프는 그 문제에 대해 개빈과 이야기를 나누고자 했다. 하지만 개빈은 제프가 생각하는 것처럼 자신에게 어떤 의도가 있었던 것은 아니라고 부인하면서 제프의 질문을 외면했다. 그러나 비탈릭과 개인적으로 만나서는 기술적인 측면에서 볼 때 자신의 팀이 제프의 팀보다 우월하다는 사실을 계속해서 강조했다. 제프는 결국 개빈과 협력하는 것은 불가능하다고 결론 내렸다.

개빈의 스타일이 마음에 들지 않았던 비탈릭은 친구와 가족들에게 보내는 이메일에 이렇게 썼다.

개빈은 자신의 팀에서 독재자로 군림하면서 뛰어난 소수의 전문가가 의사결정 내

리는 방식을 선호합니다. 반면 저는 모두에게 발언권이 주어지는 개방적인 의사결정 방식을 신뢰하지요. 저는 재단의 투명성을 최대한 높이기를 원하는 반면, 개빈은 어떻게든 감추는 방식을 선호합니다. 그 이유는 사람들이 너무 무지해서 지금 진행되고 있는 일의 미묘한 차이를 구분하지 못한다고 생각하기 때문입니다.

비즈니스맨의 몰락, 앤서니와 인질로 잡힌 CSD

혼란스러운 상황 속에서도 개발자들은 조금씩 결승선을 향해 나아가고 있었다. 그들의 계획은 이더리움을 런칭하고 소프트웨어상에서 계속 개선해 나가는 것이었지만, 최초 버전 또한 가동 중에 문제를 해결할 수 있을 정도로 충분히 안정적이어야 했다. 그리고 문제가 발생해 네트워크를 마비될지도 모른다는 우려를 불식시킬 수 있어야 했다. 블록체인으로 돈을 만들어내야 하는데 그러한 시스템이 안전하지 않다면 이더리움에 대한 신뢰를 잃어버릴 게 분명했다. 마지막으로 유타는 보안 감사 비용으로 75만 달러를 책정했다. 그들은 감사 기업으로 데자뷰 시큐리티Dejavu Security를 선정했다. 더 나아가 그들은 버그를 발견해서 팀에 보고하는 커뮤니티 개발자에게 현상금을 지급하겠다고 발표했다.

런칭 시점에 가까워지면서 재단의 자금은 서서히 말라가기 시작했다. 9월 11일 비트코인을 480달러에 가까운 환율로 매도한 뒤에 2015년 2월 기준으로 비트코인 가격은 227달러로 폭락했다. 그들의 수중에는 900만 달러 정도밖에 남지 않았다. 비트코인이 들어왔을 때 곧바로 현금화했더라면 확보했을 돈의 절반에도 미치지 못하는 금액이었다. 4월 초에는 겨우 486BTC만 남았다. 4월 2일 종가 기준으로 12만 3000달러도 안 되는 금액이었다.

비탈릭은 개빈이 자신과 제프의 급여 수준을 높게 요구한 것에 불만을 느꼈다. 이와 관련해서 그는 친구와 가족에게 보낸 이메일에 이렇게 썼다.

그들은 자기 기술이 지닌 가치와 시장의 기준에 비해 자신의 월급이 적다고 주장합니다. 그러면서 예전에는 그 이상을 받았다고 투덜거리지요. 그러나 제 생각에 그들이 말하는 기준은 비영리단체에는 적합하지 않습니다. 이곳 사람들은 최저임금에 가까운 급여를 받고도 기꺼이 일하고 있거든요.

한편, 세 사람은 모두 그들이 모금한 비트코인 중 적어도 절반을 즉각 매도하지 않은 것 때문에 조에게 화가 나 있었다. 예산 문제는 개빈의 기업(ETH 데브)의 엄청난 지출 속도 때문에 비롯된 것이었다. 비탈릭이 계산한 바에 따르면, 그들은 한 달에 20만 달러 정도는 먹어치웠다. 법률 비용으로 220만 달러, 급여 정산으로 170만 달러를 지출하고 난 뒤 그들에게는 돈이 거의 남아 있지 않았다. 경영진 회의는 종종 거칠어지는 모습을 보였다. 사람들은 이런 말을 주고받았다. "왜 당신의 여자친구가 월급을 받았죠? 그녀는 아무 일도 하지 않잖아요. 당신도 마찬가지고요. 저는 당신이 나가야 한다고 생각해요."

그 원인이 무엇이든 간에 고 클라이언트와 C++ 클라이언트의 감사를 동시에 진행하기에는 예산이 부족했다. 다행히도 비탈릭의 파이선 클라이언트는 연구 목적이었으므로 감사가 필요하지 않았다. 그 무렵, 개빈과 데이트하기 시작한 유타는 개빈과 제프, 비탈릭과 함께 제한된 예산 안에서 어느 클라이언트를 감사를 선택할지 결정 내려야 했다. 개빈의 C++은 기술 중심적이고 제프의 고(즉, 게스Geth)는 일반 사용자 중심적이기 때문에 유타와 개빈, 제프, 비탈릭은 제프의 고 클라이언트에 대한 감사를 먼저 실시하기로 결정했다. 추후 네트워크를 출범시키고 이더를 확보하고 난 뒤에 개빈의 C++ 클라이언트에 대한 감사를 추진할 생각이었다.

5월 초, 그들은 이더리움의 첫 번째 버전 '테스트넷test net'(시험적으로 만든 블록체인 네트워크-옮긴이)을 발표했다. 여기에는 버그를 발견하거나 네트워크에서 중요한 분기점을 만들어내서 경쟁하는 두 블록체인을 제작한 개발자에게 2만 5000ETH의 상금을 지급한다는 내용이 담겨 있었다.[17] 그들은 런칭 이전에 버그를 발견해서 네트워크가 가동된 뒤 뜻하지 않게 두 번째 블록체인을 만들어야 하는 일이 없기를 바랐다. 게스에 대한 감사가 마무리 단계였던 6월 12일, 토론토에 위치한 앤서니의 디센트럴에 있던 한 직원이 비탈릭에게 이메일을 보냈다. 'CSD 접근 불가능'이라는 제목의 이메일에 그는 이렇게 썼다. "앤서니가 CSD를 집으로 가져갔습니다. 당신과 이야기할 때까지 그것을 사용할 수 없게 만들 것이라는 알림을 받았습니다."

그 이메일의 참조인에는 마이클 퍼클린Michael Perklin이 포함돼 있었다. 마이클은 비트코인 보안 컨설턴트로, 이더리움 재단의 크라우드세일 비트코인을 오프라인으로 저장하는 소위 콜드 스토리지 솔루션cold storage solution(콜드 스토리지는 오프라인 저장소로, 온라인에 연결돼 바로 출금 가능한 핫월릿과 달리 오프라인에 존재해 바로 출금이 불가능하다-옮긴이)을 개발하기 위해 지난해 고용된 인물이었다(그 돈은 인터넷으로부터 분리된 것은 물론, 멀티시그로 되어 있었다. 여기서 송금하려면 복수의 서명자가 필요했다). 마이클은 암호화폐 거래와 도박 사이트를 위해 그런 시스템을 구축해본 경력이 있었다. 그는 13쪽짜리 콜드 스토리지 정책과 6쪽짜리 핵심 협력 프로토콜을 작성했다. 여기서 그는 핫월릿hot wallet이나 콜드 스토리지 키가 "충족되지 못하거나" 접근해서는 안 되는 사람의 손에 있을 때 따라야 할 절차에 대해 간략하게 설명했다. 그 이메일에 언급된 CSD는 토론토에 있는 '콜드 스토리지 장비cold storage device'를 뜻한다. 다른 CSD 는 런던과 베를린 사무실에 있었다. 크라우드세일로 모은 비트코인을 옮기기 위해서는 그중 2개가 필요했다. 거래를 실행하기 위해서는 3개의 CSD 중 2개가 필요했을 뿐만 아니라 각각의 CSD에서도 3명의 공식 서명자 중 2명이 필요했다.

앤서니는 '풋볼football'(재단의 비트코인 지갑에 대한 접근권을 가진 '크롬북 Chromebook'의 애칭) 중 하나도 가져갔다. 이는 심각한 보안 위반이었다. 마이클은 긴급 핵심 협력 프로토콜을 언급하면서 자신이 들은 게 사실이라면 앤서니의 행동은 실질적으로 "키를 인질로 잡은 것"이나 다름없다고 주장했다. 한 시간 동안 긴박한 상황이 계속된 뒤, 앤서니는 CSD를 제자리에 가져다뒀다. 그는 디센트럴 사무실의 인테리어 공사를 하면서 문을 합판 조각으로 바꾸자 보안이 허술해져서 키를 가지고 나오고는 다른 이들에게 그 사실을 알리는 것을 깜빡했노라고 해명했다. 비탈릭은 그룹 이메일에서 문제가 "최종적으로 해결됐으며 인질 상황은 발생하지 않았다는 데 모두가 동의했다"고 밝혔다.

단 하나의 사토시(비트코인의 최소 단위로 0.00000001BTC에 해당한다)도 잃어버리지 않았지만, 그 사건은 이더리움 팀이 앤서니를 싫어하게 된 여러 계기 중 하나가 됐다. 다른 공동설립자들, 특히 개발자들은 앤서니가 조직에 거의 기여하지 않고 있다고 생각했다. 한 사람은 그를 "이더리움에 편승해 부자가 되려고 하는 실패한 비즈니스맨"이라고 표현했다. 다른 2명은 그를 실패한 비즈니스맨이라고 생각하지는 않았지만, 앤서니의 주요 동기가 "막대한 개인적 이득"이라는 데는 동의했다. 한 팀원은 앤서니와 함께 일한 모두가 불쾌한 경험을 했다는 사실을 알고 난 뒤 그를 "멍청한 인간"이라고 불렀다. 또한 한 초기 기여자는 앤서니가 모두들 자신처럼 행동한다고 믿기 때문에 자신이 "비열하고 역겨운 인간"이라는 사실을 알지 못하는 거라고 지적했다. 반면 앤서니는 그들 모두 질투가 심한 데다 "위험을 감수하고 돈을 투자하는 일이 어떤 것인지 전혀 이해하지 못한다"고 지적했다. 또한 자신이 이더리움에 편승해 부자가 되길 바랄 뿐이라는 지적에는 자신은 비탈릭이 처음으로 백서를 보여준 사람 중 하나라고 말했다. 이는 비탈릭도 인정한 바였다. 앤서니와 함께 일한 토론토 팀원들은 그가 사람들의 주목을 받는다는 사실을 제외하면 그저 왜소하고 볼품없는 사람일 뿐이라고 말했다.

캐나다 비트코인 연합 멤버들이 캐나다 의회 금융위원회에서 프레젠테이션을 했을 때, 앤서니는 자신이 프레젠테이션 요청을 받지 않은 것에 너무도 화가 나서 몇 달이 지난 후에도 그 이야기를 하곤 했다. 앤서니는 자신이 이사 자격으로 발표자 명단에 당연히 포함됐어야 했다며 분개했다. 예전에 앤서니와 캐나다 비트코인 연합이 온타리오 증권위원회 앞에서 프레젠테이션했을 때, 그는 암호화폐의 안전성에 관한 증권위원회의 질문에 기존 금융 시스템의 취약성을 언급하면서 이렇게 답했다. "글쎄요. 여러분은 지금 위험에 처해 있습니다." 앤서니는 그 질문이 기존 금융 시스템이 취약한 양자 컴퓨팅에 관한 것이었다고 회고했다.

특히 사람들을 짜증 나게 만든 것은 앤서니가 공동설립자 직함을 최대한 소수에게 제한해야 한다고 고집을 부렸다는 사실이다. 그 자신도 이더리움에 투자한 것 말고는 아무런 일도 하지 않았는데도 말이다. 게다가 그는 추크 팀에게 자신이 그들을 감시하고 있다는 느낌을 줬다. 추크 멤버들의 증언에 따르면, 앤서니는 그들이 마약을 하고 있다고 의심해서(일부는 대마초를 했다) 급기야 아무에게도 통보하지 않은 채 추크까지 날아간 적도 있다. 이에 대해 앤서니는 그들에게 미리 방문할 것이라고 알려줬고("그들이 확인하지 않았을 뿐이에요"), 추크 멤버들이 대마초를 한다고 해도 별일 아니라고 생각한다고 말했다. 앤서니가 자신의 비서와 추크에 왔던 날, 추크 멤버들은 캠핑을 떠나서 그는 스페이스십 밖에서 오랫동안 기다려야만 했다. 하루 종일 비가 주룩주룩 내리는 가운데 그는 혼자서 열을 내다가 결국 호텔로 갔다. 추크 멤버들은 그가 오는지 알지 못했다고 말했지만, 앤서니는 이미 이야기했다며 추크 멤버들이 스페이스십을 비우고 전화기까지 모두 꺼놓은 것은 "유치한 짓"이라고 비난했다.

앤서니 밑에서 일한 토론토 멤버들은 그보다 더 나쁜 이야기를 들려줬다. 그들은 대부분 앤서니와 구두상으로 근로 계약을 맺었다. 그들이 합의 내용을 문서로 작성하자고 요구할 때면 앤서니는 언제나 먼저 밖으로 나갔다. 처음 앤서니를 만났을 때, 마이클은 비트코인 컨설팅 비즈니스를 막 시작한 참이었다. 앤서니는 디센트럴을 찾아온 사람들의 질문에 대답해줄 직원이 필요했다. 그들은 악수를 나눴고, 앤서니는 그를 고용하는 대신 마이클에게 무료로 공용 사무실을 사용하게 해주는 조건으로 디센트럴을 찾는 손님을 맞이하는 일을 맡겼다. 마이클이 콜드 스토리지 시스템을 위한 청구서를 보내고 1주일 후, 앤서니는 밖에 나가서 담배를 피우자고 권했다. 그 자리에는 앤서니의 변호사 애디슨 캐머론-허프Addison Cameron-Huff도 있었다. 마이클은 분위기가 좀 이상하다고 느꼈다. 앤서니는 마이클에게 자신이 그를 지지했기 때문에 콜드 스토리지 시스템 계약을 따낼 수 있었던 것이라며 "50퍼센트면 적당하겠지요"라고 말했다. 마이클은 무엇의 50퍼센트를 말하는 거냐고 물었다. 마이클의 설명에 따르면, 앤서니의 말은 마이클이 받은 돈의 50퍼센트를 의미하는 것으로, 앞으로 그가 제시하는 모든 청구서에 대해 계속해서 50퍼센트를 받기 원했다.

앤서니는 마이클이 성공할 수 있었던 유일한 이유는 그가 자신의 사무실에서 함께 일했기 때문이라며, 사실 이더리움 이사회는 다른 보안업체를 선택하려고 했는데 자신이 마이클을 지지한 덕분에 일을 맡을 수 있었던 것이라고 설명했다. 그러면서 마이클의 컨설팅 기업이 따낸 다른 모든 계약도 자신이 영향력을 행사한 결과라고 말했다. 쉽게 말해, 마이클이 앤서니의 사무실인 디센트럴에서 일하고 있기 때문에 얻어낸 성과라고 한 것이다. 그렇기 때문에 그가 발행하는 모든 청구서의 50퍼센트 정도를 받는 게 당연하다고 주장했다(앤서니는 나중에 그 대화를 '소개합의 referral agreement', 즉 리베이트가 아니라 자신의 사무실에서 서비스를 제공하는 기업으로부터 수수료를 받는 디센트럴의 새로운 프로그램에 관한 것이었다고 설명했다. 그러나 디센트럴이 정확하게 몇 퍼센트를 받았는지까지는 기억하지 못했다).

그 말이 부당하다고 느낀 마이클은 지적했다.

"리베이트를 말씀하시는 건가요? 그건 불법이잖아요?"

그 순간, 애디슨이 대화에 끼어들면서 온타리오에서는 리베이트가 왜 반드시 불법이 아닌지에 대해 이야기를 했다. 마이클은 앤서니에게 이사회 회의에서 그가 이더리움을 대신해서 의사결정을 내린 것인지, 아니면 자신이 그에게 수수료를 지불하도록 하는 방식으로 돈을 벌 수 있다는 사실을 알면서 의사결정을 내린 것인지 물었다. 그의 질문에 앤서니는 이렇게 반문했다. "그건 교과서적인 이해충돌 아닌가요?"

마이클의 증언에 따르면, 애디슨은 자신의 고객인 앤서니가 이사회 멤버로서 이해충돌 관계에 있는지는 중요하지 않으며, 중요한 것은 비트코인 컨설턴트의 청구서에 대한 50퍼센트가 중개 수수료로서 디센트럴이 취할 수 있는 정당한 몫이라는 앤서니의 주장이 타당하다는 취지의 말을 했다. 물론 마이클은 이를 받아들일 수 없었다. 이후 두 사람의 관계는 무너졌다. 마이클은 이후 앤서니가 사무실 임대료를 요구하기 시작했다고 말했다. 앤서니는 그건 사실이지만 그 사건과는 무관하다고 반박했다. 결국 마이클은 사무실을 나갔다.

앤서니의 공격적인 계략에 관한 이야기는 여기서 끝나지 않는다. 스티브 다크가 비트코인 도박 사이트 사토시 서클을 개발했던 때로 돌아가보자. 스티브는 앤서니가 변호사를 통해 그가 미국 시민이기 때문에 도박 회사를 소유하는 것은 불법이라고 자문했다고 말했다(앤서니의 기억은 다르다. 그는 스티브가 스스로 그 점을 걱정했다고 말했다). 앤서니는 그 앱을 120일 안에 매각하면 매출의 일부를 스티브에게 주겠다고 약속했지만, 이는 비즈니스 파트너로서가 아니라 직원처럼 스티브에게 수수료를 지급하는 형태였다. 스티브는 앤서니가 빠른 시일 내 그 앱을 매각하지 않겠다고 약속했다고 말했다.

하지만 앤서니는 이틀 후 스티브가 개발한 앱을 팔아치웠다(앤서니는 항상 매각 의사를 갖고 있었다고 말했다). 그 결과, 앤서니는 비트코인 백만장자가 됐고, 이후 그 돈을 이더리움 프로젝트에 투자함으로써 "공동설립자" 직함을 얻게 됐다.

크립토키트 직원의 말에 따르면, 앤서니는 두 마케팅 직원에게 구두상으로 2.5퍼센트의 지분을 주겠다고 약속했다. 하지만 계약을 서류화하는 시점에 앤서니는 두 직원이 어떠한 지분도 받지 않겠다는 서류에 서명하기 전까지는 그들의 급여 지급을 보류하겠다고 했다(앤서니는 이렇게 말했다. "급여 지급을 보류한 적은 없습니다. 물론 지분과 관련해서 합의가 없었다면 서명도 하지 않았을 겁니다.").

토론토 멤버들에게 이런 이야기를 들은 비탈릭은 생각이 많아졌다. 비록 CSD 사건이 결정적인 것은 아니었지만, 이는 앤서니에 대한 의혹을 증폭시키는 데 충분했다. 이더리움 재단은 자신을 이더리움의 주요 벤처 자본가라고 생각하는 이에게서 서서히 거리를 두기 시작했다.

마침내 현실이 된 꿈

7월 말 런칭데이가 밝았다. 몇 달 전부터 제프의 팀이 개발한 게스가 개빈의 C++ 클라이언트보다 적어도 1가지 중요한 측면에서 앞섰다는 사실이 분명하게 드러났다. 그것은 게스를 설치(혹은 개발자 용어로 "소스에 의한 빌드build by source")하는 데 몇 초 혹은 아무리 길어도 몇 분밖에 걸리지 않는다는 점이었다. 반면 C++ 클라이언트는 개발언어가 더 오래됐기 때문인지 설치하는 데 30분 정도 걸렸다. 기능은 C++ 클라이언트가 더 많았지만, 작동은 고 클라이언트가 더 원활했다. 그리고 무엇보다 고 클라이언트는 감사를 받았다. 우월한 사용성과 신뢰성을 확보한 제프의 고 클라이언트는 제프의 팀이 저지른 모든 실수에 즐거워했던, 그리고 자신의 클라이언트를 "터보 이더리움"으로 만들고자 했던 개빈에게 치명적인 타격이었다.

개빈은 C++ 클라이언트보다 게스를 더 강력하게 홍보해야 한다고 생각하지 않았다. 그는 6월 블로그에 다음과 같은 게시글을 올렸다.

> 짚고 넘어가자. 고 클라이언트가 감사 절차를 통과한 것과 관련해서 마술적인 것은 하나도 없다. 나는 다른 클라이언트(C++이나 파이선) 대신에 고 클라이언트를 사용해야 하는 이유를 모르겠다. 어떤 클라이언트도 절대적으로 안전하지 않다. 사실 C++ 클라이언트처럼 인지도가 낮은 클라이언트는 공격을 받을 위험성 차원에서 보면 더욱 안전하다고 할 수 있다.[18]

개빈의 주장에도 일리가 있지만, 이를 다른 팀 멤버들에게 요청할 의지는 없었다. 실제로 런칭데이에 이더리움 사이트Ethereum.org에 등장한 모든 주요 링크는 게스로 이어져 있었다. C++ 클라이언트는 단지 하나의 다른 옵션 정도로만 소개됐다.[19] 개빈은 이더리움의 CTO이기는 했지만 커뮤니케이션팀에게 클라이언트를 소개하는 순서를 무작위로 하라거나, C++ 클라이언트를 고 클라이언트 위에 배치해달라고 지시할 수 없었다. 제프의 작품인 게스는 런칭데이 때 주요 클라이언트로 홍보됐다.

비탈릭은 이더를 누가 얼마나 구매했는지 확인하기 위해 비트코인 블록체인을 스캔할 수 있는 스크립트를 만들었다. 이는 제네시스 블록 genesis block(분산 데이터 저장 블록체인의 첫 번째 블록을 일컫는 용어-옮긴이)으로 프로그래밍됐으며, 프리세일 참가자는 미리 정해진 이더리움 어드레스에서 구매한 이더를 받을 수 있었다. 비탈릭과 개빈, 제프, 애런 뷰캐넌은 테스트 네트워크 블록으로 '1028201'를 선택했다. 그것을 선택한 이유는 회문소수palindromic prime(형태가 좌우대칭인 소수-옮긴이)이기 때문이었다. 그들은 이더리움 소프트웨어를 실행하려는 사람들에게 그 블록의 해시를 그들의 제네시스 파일에 집어넣도록 했다. 일단 그렇게 하면, 자신의 클라이언트를 시작할 수 있으며, 동일한 블록을 구축한 다른 클라이언트를 찾을 수 있다. 그리고 바로 이러한 방식으로 체인이 모습을 드러내게 됐다. 이는 암호 기술 기업에 있는 한 사람이 체인을 런칭하는 방식이 아니라, 말하자면 "보세요. 손댈 필요가 없어요!"라고 말하는 접근 방식이라고 할 수 있다.

7월 28일 비탈릭은 중국에서 베를린으로 날아갔다. 7월 29일, 이더리움 멤버들은 최종 보안 점검을 실시했다. 7월 30일, 그들은 고급 레스토랑에서나 볼 법한 조명과 복고풍 가구들이 놓인 베를린 사무실에서 타이머가 떠 있는 TV 화면을 바라보며 테스트 네트워크가 블록 '1028201'에 도달하기를 기다렸다. 그리고 마침내 협정세계시 기준으로 2015년 7월 30일 오후 3시 26분 13초에 모든 게 완성됐다. 화면에는 한껏 고조된 분위기 속에서 정치인 론 폴Ron Paul이 등장해 손을 흔들며 이렇게 외쳤다. "드디어 이뤄졌습니다." 개빈은 제네시스 블록을 구축했다. 그는 소리쳤다. "해냈어!" 비탈릭이 불과 2년 전에 꿈꾸었던 아이디어가 마침내 현실이 된 것이다.

이더리움 재단은 런칭데이에 이와 관련된 첫 번째 블로그 게시글에 이어 바로 두 번째 게시글을 올렸다. 글의 제목은 '재단의 새로운 이사 및 상무이사 발표'였다.[20] 그 글은 4명의 이사와 더불어 1명의 새로운 상무이사를 임명하는 내용이었는데, 상무이사는 "MIT 동문"으로 "수십 년 간 복잡한 IT 및 경영 컨설팅 프로젝트를 추진하고, 벤처를 설립하고 키워왔으며, 최고의 교육가와 과학자, 투자자와 협력해 야심 찬 연구 혁신을 현실로 일궈낸" 인물이라고 소개했다. 그러면서 북유럽 스타일의 스키복처럼 보이는 옷을 입은 채 뱅 스타일 머리에 상냥한 미소를 짓고 있는 아시아계 여성의 사진과 함께 그녀가 스위스에서 태어났으며 2013년 이후 이더리움을 관심 있게 지켜봐왔다는 설명을 덧붙였다. 이 말은 그녀가 오직 몇몇 사람만이 백서의 존재를 알고 있을 때부터 이더리움을 알고 있었다는 뜻이었다.

그녀의 이름은 밍 챈Ming Chan이었다.

4장

겹치는 위기,
흔들리는 조직

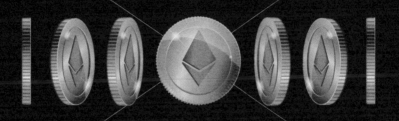

2015년 2월
~2015년 11월 말

첫 번째 불안, 조직 내 신뢰가 와해되다

2월 말과 3월 초 개빈 우드, 제프리 윌크, 조지프 루빈, 앤서니 디 이오리오, 비탈릭 부테린, 미하이 앨리시, 스테판 튜얼, 테일러 게링으로 구성된 이더리움 경영진은 추크에 모여 1주일간 스페이스십에 머물렀다. 여기에는 개빈의 오랜 친구이자 베를린 사무실의 오른팔인 애런 뷰캐넌, 그리고 이더리움 보안 감사 책임자이자 개빈의 연인이기도 한 유타 슈타이너도 참석했다. 이 자리에서 개빈을 비롯해 다른 ETH 데브 관리자들은 이더리움이 경영진을 해체해야 한다고 주장했다. 당시 이더리움 경영진에는 재단 이사회 멤버인 미하이, 테일러, 비탈릭은 물론, 제프와 개빈, 앤서니, 조가 포함되어 있었다. 그들은 또한 재단의 장기적인 전략을 이끌어 나가도록 재단 이사회를 전문화하자고 주장했다. 한편, 베를린의 ETH 데브는 일종의 행정부 역할을 맡아서 비탈릭, 개빈, 제프와 함께 일상적인 의사결정을 내렸다(베를린에 사는 사람은 개빈뿐이었지만). 비탈릭은 이러한 주장에 부담을 느꼈지만(개빈과 제프, 애런은 개인적으로 경영진이 도움보다는 방해가 되고 있다고 지적했다), 계획대로 진행해 나갔다. 당시 조는 이더리움 재단에 대한 관여를 줄이면서 컨센시스에 더욱 많이 신경 쓰고 있었다.

이사회 모임에서 작성한 회의록에 서명하면서 테일러는 자신의 해임에 관한 내용에 서명했다는 사실을 알지 못했다. 이에 대해서는 논의된 바가 없었기 때문이다. 테일러는 그것이 개빈이 권력을 차지하기 위한 또 다른 수작에 불과하다며, 대리인을 통해 재단에 영향력을 행사하는 방식에 다름 아니라고 의심했다. 이에 대해 개빈은 그것이 비탈릭의 결정이었으며, 테일러가 무엇을 의심하든 그것은 그와 비탈릭 사이의 일일 뿐이라고 말했다. 한편 비탈릭은 테일러가 상황을 이해해줄 거라고 생각했다.

베를린의 ETH 데브는 애런을 대체하기 위해 COO를 영입했다. 직설적인 화법을 구사하는 켈리 베커Kelley Becker라는 미국인 국외 거주자로, 웨이브 있는 길고 검은 머리가 인상적이었다. 동시에 프리스요프 바이너트Frithjof Weinert를 최고재무책임자Chief Financial Officer, CFO로 채용했다.

금융과 운영 및 개발 분야의 몇몇 비영리단체에서 경력을 쌓은 켈리는 추크 그룹 사람들에게 초반에 그들이 하는 모든 일이 잘못됐다고 생각하는, 그리고 모든 것을 아는 척하는 사람이라는 인상을 심어줬다. 적어도 한 사람은 켈리에게 개빈의 지시를 따르도록 함으로써 그녀가 더 큰 게임 속 하나의 말에 불과하다는 암시를 전하고자 했다(켈리는 그들에게 부정적인 인상을 준 것은 유감으로 생각하지만, 그들이 비영리재단에서 일한 경력이 없는 것은 사실이라고 말했다. 하지만 개빈은 그녀의 상사였고, 그녀는 그의 지시를 따라야만 했다. 켈리는 또한 이러한 논란은 당시 상황이 얼마나 좋지 않았는지 보여주는 것이라고 지적했다).

　왕좌의 게임의 날로부터 9개월쯤 흐른 2015년 초, 이더리움에 자리
잡은 켈리는 이더리움 멤버들에게 대체 무슨 일이 벌어지고 있는 건지
알아야겠다는 생각이 들었다. 그녀에게는 이들이 그저 낙관적인 생각
으로 여러 국가에 마음대로 기업을 설립한, 그리고 수백만 달러를 낭비
한 풋내기들로 보였다. 그리고 이들이 찰스 호스킨스에게 상처를 받았
고, 조는 이들 사이에서 어른 역할을 할 수 있었는데도 돈벌이에 공격적
으로 나서면서 다른 이들이 거리를 두게 만들어버린 것만 같았다. 몇 년
후 억만장자가 될 조가 자신은 돈에 관심이 없다고 말했지만 말이다.

　그녀는 비탈릭이 자신에게 부여한 과제, 즉 이더리움 재단을 기술을
보호하는 순수한 교육 재단으로 만드는 일에 집중했다. 켈리의 말에 따
르면, 비탈릭은 돈벌이에 전혀 관심이 없었다. 비탈릭은 공개모집을 통해
이사회를 구성하고 싶어 했다. 켈리는 그게 최고의 방법이 아니라며 그
의 인맥들과 함께 이야기를 나눠보라고 권고했지만, 비탈릭은 물러서지
않았다. 결국 이더리움 재단은 4월 10일 이더리움 블로그를 통해 모집
공고를 냈고, 〈이코노미스트Economist〉에도 이에 대한 광고를 게재했다.

　이러한 노력의 결과, 꽤 인상적인 이력서들이 들어왔다. 런칭이 얼마
남지 않은 시점이라 스카이프를 통해 서둘러 채용 면접을 봤다. 그리고
안경 쓴 영국인 라스 클라위터Lars Klawitter를 선택했다. IT 관련 경력을
갖고 있으며 롤스로이스Rolls-Royce 지사장으로 근무하고 있던 라스는 런
던 이더리움 행사에 참석했으며, 자신의 PC로 이더리움 프로그램을 다
뤄보기도 했다. 그는 비탈릭의 블로그 게시글을 보고 지원했다. 다음으
로 채용한 웨인 헤네시-바렛Wayne Hennessy-Barrett과 바딤 레비틴Vadim
Levitin은 〈이코노미스트〉 광고를 보고 지원했다. 웨인은 영국 군대와 경
영 컨설팅 분야에서 광범위한 경력을 쌓았고, 아프리카계 핀테크 기업

에서 일하고 있었다. 바딤은 UN 개발 프로그램에서 수년간 경력을 쌓았고, 글로벌 교육 및 훈련 기업의 CEO로 있었다. 비탈릭은 그들에 이어 네 번째 이사회 멤버가 됐다.

이더리움 재단은 또한 지사들의 운영 상태를 관리할 상무이사를 영입하기 위해 채용 광고를 냈다.[1] 그들은 세련된 미니멀리즘 스타일이 돋보이는 취리히의 B2 부티크 호텔에서 3명의 후보자를 대상으로 대면 면접을 실시했다. 호텔 내부의 와인 도서관은 성당에서나 볼 수 있는 커다란 창문과 높은 책장으로 장식돼 엄숙한 분위기를 자아냈다. 이밖에 취리히 시내와 산이 내려다보이는 인피니티 풀장, 그리고 온천 시설이 갖춰져 있었다. 수십 명의 지원자 중 그들이 최종적으로 선택한 3명은 스위스 은행가, 비탈릭이 보기에 UN에서 일한 경력이 있는 "환상적인" 이력서를 제시한 인물, 그리고 최근 8년간 미시간대학의 교육 웹사이트 차이나 미러 프로젝트China Mirror Project에서 조수로 일한 밍 챈이었다. MIT를 졸업한 밍은 몇 년 동안 아이라이트웬지iWrite Wenzi라고 하는 중국어 강의 모바일 앱을 개발했다. 그녀는 또한 콜로라도에서 10년 가까이 살면서 스키 스타트업에 도전한 경력이 있었다.[2]

개빈과 제프, 비탈릭과 함께 호텔 방에서 면접을 본 밍은 혼란스러웠다. 그들은 그녀에 대해 알기 위해 여러 가지 질문을 던졌다. 그녀는 거침없이 온갖 이야기를 들려줬다. 밍은 계속해서 들뜬 어조로 이야기했다. 그들이 뭔가 물었을 때 질문을 알아듣지 못할 정도로 자신의 이야기에 열중했다. 그녀의 이야기는 끊이지 않았다. 그녀와 인터뷰를 마친 후, 제프와 개빈은 UN 경력 등 보다 자격을 갖춘 것으로 보이는 후보에게 더 높은 점수를 주었다. 그런데 면접이 있기 전, 어느 날 저녁 밍은 비탈릭에게 전화를 걸어 세 시간 동안이나 대화를 나눴다. 두 사람은 그들의 특이한 기질에 대해, 그리고 전통적인 교육 시스템을 어떻게 버텨냈는지에 대해 이야기하면서 모종의 유대감을 느꼈다. 두 사람은 암호화폐에 대해서도 이야기를 나눴다.

개빈과 제프가 UN 출신 후보자를 선호했기 때문에 밍을 원했던 비탈릭은 타협안을 제시했다. UN 출신 후보가 높은 연봉을 요구하면 밍을 선택하자는 것이었다. 실제로 그가 23만 달러의 연봉에다가 이주비까지 요구하자 비탈릭은 편안한 마음으로 15만 달러 정도의 적절한 연봉을 제시한 밍을 선택했다.

밍은 처음부터 에너지와 열정으로 가득 차 있는 것처럼 보였다. 그녀가 이사회에서 처음으로 한 말은 비탈릭과 더불어 자신을 천재라고 생각한다는 것이었다. 밍의 임명에 대한 블로그 게시글이 올라오기 전에 이사회 멤버들은 미시간, 런던, 라스베이거스, 나이로비 등 각자 자신이 머물던 지역에서 한 달 남짓 함께 일했다.

밍이 이더리움에 합류한 뒤 인간관계를 둘러싼 드라마가 시작됐다. 그녀의 임명을 발표하고 사흘이 지난 8월 초, 밍은 바딤이 두 시간 동안의 스카이프 통화에서 자신을 괴롭히고 성희롱했다고 주장했다. 그리고 바딤이 자신과 다른 이사회 멤버들을 통제하고 배제하려고 했다고 말했다.

비록 라스와 웨인은 바딤을 알아가는 과정이었지만, 그러한 행동은 그들이 알고 있는 그의 성품과는 맞지 않아 보였다. 은퇴한 교수인 그는 가장 나이 많은 일원으로, 다양한 비영리단체에서 임원으로 재직한 바 있었다. 비록 암호화폐와 관련된 경력은 전무했지만 다양한 경력을 바탕으로 비영리단체가 어떻게 움직여야 하는지에 관해 자문하고, 특정한 상황에서 이사회가 무슨 역할을 해야 하는지, 그리고 투표 시스템을 어떻게 구축해야 하는지에 대해 설명해주었다. 그가 권력을 차지하려고 했다는 밍의 주장 역시 그들이 지금까지 봐온 바와 맞지 않았다. 웨인과 라스는 바딤이 대체 무슨 목적으로 그런 행동을 했는지 도무지 짐작조차 할 수 없었다.

라스는 밍에게 이메일을 보내 바딤의 행동에 대한 우려를 공유해준 것에 고마움을 표했다. 그리고 이렇게 썼다. "이사회는 이번 사안을 대단히 중대하게 생각하고 있습니다. 공정하고 철저한 해결 과정을 통해 적절한 결과를 이끌어낼 것이니 부디 안심하시기 바랍니다." 그리고 이렇게 덧붙였다. "먼저 우리가 움직일 수 있는 기반을 마련하기 위해 보다 자세한 진술을 부탁드려도 될까요?" 다음 날 라스는 스카이프 알림을 받았다. '범퍼 챈Bumper Chan'이라는 닉네임을 쓰는 밍이었다.

[범퍼 챈, 2015년 8월 4일] 라스가 어제 이 요청과 함께 이메일을 보내왔습니다.

2015년 8월 3일 08:06 lars.klawitter@ethereum.org

밍은 전날 라스가 보낸 이메일을 그대로 붙여넣었다.

[범퍼 챈, 2015년 8월 4일 20:05:15] 웨인은 이사회 멤버를 포함해 우리 모두를 무시하고 있습니다. 그는 자신이 모든 문제를 해결하겠다고 합니다. 웨인이 라스에게 이 이메일을 쓰도록 한 것으로 보입니다. 웨인은 제게 '당신은 어디에도 가지 않습니다'라고 말했습니다. 그리고 다른 누구도 마찬가지라고 했습니다.

[범퍼 챈, 2015년 8월 4일 20:06:07] 그는 바딤보다 더 나쁩니다.

[범퍼 챈, 2015년 8월 4일 20:06:59] 고맙게도 노라는 제가 비탈릭과 더불어, 그리고 제가 문제를 해결하도록 하는 당신의 도움과 더불어 통제력을 완전히 얻을 수 있다고 믿고 있습니다.

[범퍼 챈, 2015년 8월 4일 20:08:37] 그녀는 이후의 시나리오에 대해 설명해주었습니다. 그에 따르면 비탈릭을 회장으로 하고 저는 대표가 될 수 있습니다. 또한 그녀는 제가 켈리를 제외하고 자문위원회를 선택할 수 있다는 사실을 알려줬습니다.

비록 오랜 시간을 보낸 것은 아니지만, 그녀는 지금 상황이 좋지 않으며 이사회의 분위기가 적대적인 것으로 보인다고 말했다.

라스는 자신이 보고 있는 것을 믿을 수 없었다. 그는 그 메시지를 곧바로 에버노트Evernote에다가 복사, 붙여넣기 했다. 밍은 갑작스럽게 자신이 실수를 저질렀음을 깨달았던 것으로 보인다. 라스가 밍과 함께 이야기를 나눈 스카이프 채팅창은 이제 아래와 같이 보였다.

[이 메시지는 삭제됐습니다.]

[이 메시지는 삭제됐습니다.]

[이 메시지는 삭제됐습니다.]

[이 메시지는 삭제됐습니다.]

[이 메시지는 삭제됐습니다.]

[이 메시지는 삭제됐습니다.]

[이 메시지는 삭제됐습니다.]

라스는 깜짝 놀랐다. 밍은 그들이 상황에 대처하기 위해 자세히 설명해달라고 요청한 데 불만을 느낀 것 같았다. "통제력을 얻기" 위한 그녀의 계획은 마키아벨리주의적인 것으로 보였다.

웨인과 라스는 아직 잘 알지 못하는 바딤을 제대로 평가한 것인지 확신할 수 없었기 때문에, 밍이 뭐라고 말했는지 그에게 알려주지 않았을 뿐만 아니라 모든 커뮤니케이션 과정에서 그를 배제하고 우선 무슨 일이 있었는지 확인하고자 했다. 그런데 구체적인 질문을 던지자 밍은 '성희롱'이라는 말을 '언어폭력'이라고 바꿨다. 그리고 이제는 삭제된, 라스에게 보낸 스카이프 메시지를 볼 때 밍은 자신의 주장을 믿어주지 않는 것에 대해 라스에게 불만을 표시했다. 그녀는 바딤에 대해 자신의 주장을 펼친 것처럼 그들의 행동도 지적하기 시작했다. 급기야 웨인이 자신에게 소리를 질렀다고까지 말했다.

더 많은 질문을 하자 바딤에 대한 그녀의 비난은 그 내용이 또다시 달라졌다. 그녀의 이야기를 듣고 나서 ETH 데브 그룹의 일부는 바딤이 단지 위원회 조직과 관련해서 자신의 의견을 밍에게 다소 강압적으로 이야기한 게 아닐까 하는 생각이 들었다. 그중 한 사람은 바딤이 적어도 성적으로는 그녀에게 부당하게 대하지 않았으며, 오히려 그녀의 관점이 왜곡된 것으로 보인다고 생각했다. 하지만 밍이 자신의 상사였기 때문에 드러내놓고 그렇게 말할 수는 없었다. 게다가 웨인에 대한 그녀의 비난은 사람들을 더욱 의아하게 만들었다. 그들은 웨인에게 아무런 문제도 느끼지 못했기 때문이다. 한 사람은 그를 "긍정적이고, 재미있고, 편안한" 사람이라고 평가했고, 다른 이는 그를 "예의 바른 사람이며 언제나 대단히 정중하다"라고 설명했다. 한 이더리움 개발자는 바딤이 무례한 사람은 아니지만 러시아 군대에서 복무한 나이 많은 러시아계 미국인이라서 아마도 다소 가부장적인 모습을 보였을 것이며, 밍이 그런 그의 태도를 공격적으로 받아들인 것으로 보인다고 설명했다.

당시 비탈릭은 한국에서 베이징으로 건너가 있었다. 그는 한 대학에서 이더리움에 대해 강의를 하고 학생들과 함께 식사를 하며 시간을 보냈다. 그러던 중 휴식 시간에 밍에게 전화가 걸려왔다. 통화는 두 시간이나 이어졌다. 그 무렵 비탈릭은 프로토콜을 연구하고 있었다. 비탈릭은 정말로 밍과 이사회 중 누구의 말을 믿어야 할지 알 수 없었다.

라스가 밍이 삭제한 스카이프 메시지를 보여줬을 때, 비탈릭은 이렇게 말했다. "밍이 사람들에게 불편함을 느끼는 것 같군요. 그녀의 입장을 조금 고려해주는 게 어떨까요?" 라스가 그녀의 메시지는 사람들을 내쫓으려는 계획을 보여주는 것이라고 지적하자, 비탈릭은 다시 한번 양쪽 입장을 다 생각해보자고 했다.

비탈릭과 통화하면서 밍은 바딤을 비난했다. 비탈릭의 설명에 따르면, 밍은 가장 중요한 문제는 바딤이 재단을 좌지우지하려는 것이라며, 이사회가 자신의 역할을 단지 거부권 행사에 국한하려는 것을 받아들이지 않겠다고 목소리를 높였다. 밍의 이야기를 들을수록 비탈릭은 그녀가 옳다는 생각이 들었다. 비탈릭은 이사회보다 밍의 말을 더 신뢰하기 시작했다. 밍은 또한 그에게 다른 멤버들을 내보내고 싶다고 말했다. 비탈릭은 권력 다툼에 관심이 없었지만, 그들이 제대로 조사하지 못한 이사회 멤버들에 대한 신뢰 또한 갖고 있지 않았다. 밍은 이더리움과 관련 없는 한 친구에게 이사회 멤버들이 오로지 돈 때문에 그 자리를 차지하고 있는 것처럼 보인다며, 그들을 신뢰할 수 없다고 이야기했다. 이사회 멤버들이 돈을 받지 않고 일하고 있다는 사실을 알지 못했던 친구는 당연히 그녀의 말을 고스란히 신뢰했다.

두 번째 불안, 이더리움 재단에 필요한 사람은 누구인가

다음 주 비탈릭은 또 다른 위기를 맞이했다. 크라우드세일이 끝난 10월 비탈릭과 테일러, 미하이가 포함된 재단 이사회는 초기 기여자들에 대한 지급을 마무리지어야 했다. 그 목록에 포함된 84명을 대상으로 그들은 각각의 구성원이 이더리움에 실질적으로 얼마나 기여했고, 얼마나 많은 일을 했으며, 그리고 전일과 반일 및 파트타임 등 얼마나 근무했는지에 따라 비탈릭이 정한 기준에 의거해 얼마나 많은 이더를 지급할 것인지 확정했다. 이는 개빈이 토론토 비트코인 엑스포 회의에서 강력하게 주장한 보상 방식이기도 했다.

이제 네트워크는 모습을 드러냈고, 그들은 이더리움 어드레스를 삼중으로 확인한 초기 기여자들에게 이더를 배분할 예정이었다. 그런데 이 시점에 최고커뮤니케이션책임자Chief Communication Officer, CCO인 스테판이 실제로 그만한 이더를 받을 자격이 있는지에 대한 자신의 판단을 기준으로 일부 기여자의 몫을 줄이고자 했다. 스테판은 미하이와 록사나 수레누에게 할당된 몫을 알고 나자 화가 났다. 두 사람을 합하면 거의 50만 달러에 달했다. 이는 비탈릭이 오래전에 확정한 기준에 따른 금액이었다. 스테판이 레딧에 따로 언급하지 않았지만 찰스가 받을 몫(29만 6274.826ETH)에 대해서도 분노했다. 그가 이더리움에 적극적으로 피해를 입혔다는 사실을 감안하면 더욱 분노를 금할 수 없었다. 스테판의 한 친구에 따르면, 스테판은 이더리움 공동체가 성장하는 과정에 얼마나 많은 피해를 입혔는지 감안할 때, 아미르 체트리트가 받을 몫(30만 8324.368ETH. 이는 개빈과 제프, 앤서니, 미하이보다 조금 낮은 수준이며, 스테판이 받은 18만 8139.623ETH보다 64퍼센트나 많았다)에 대해서도 분노를 느꼈다.

그러나 비탈릭은 초기 기여자에 대한 할당분을 조정하자는 의견을 받아들이지 않았다. 이미 그 시점에 이사회는 할당량을 삼중으로 확인한 뒤였다. 그는 기준을 더욱 공정하게 바꿀 방법을 생각할 수 없었다. 게다가 비탈릭은 몇몇 사람들에게 그들의 노력이 인정받게 될 것이라고 개인적으로 약속한 터였다. 그는 자신의 말을 어기고 싶지 않았다. 그렇게 하면 재단의 명성에 먹칠하는 것은 물론 적이 만들어질 것이 분명했기 때문이다. 또한 그는 과잉 지급받는 사람들의 수와 관련해서 스테판의 생각에 원칙적으로 동의하지 않았다. 비탈릭은 몇몇 사람과 논의한 끝에 이사회 내에서 의결을 막을 권한이 자신에게 있기 때문에 이 문제를 라스와 웨인, 바딤에게 알릴 필요는 없다고 판단했다.

문제는 적어도 8월 16일까지는 해결된 듯 보였다. 그런데 그날 한 레딧 사용자가 이더리움 재단이 프로젝트의 초기 기여자에게 지급한 것으로 보이는 이더리움 거래 링크를 게시했다.[3] 스테판은 레딧을 통해 공식적으로 불만을 제기하기로 결정했다. 그는 그 게시글에 이렇게 대응했다. 자신이 말한 "약 82명"의 초기 기여자들이 500만 ETH를 받을 테지만, "그중 오직 12명만이 이더리움과 관련 있으며 지금 우리와 함께 있는 사람의 수는 그보다 더 적다. 물론 나는 그 목록에 포함되어 있다"[4]고 밝힌 것이다.

비탈릭은 레딧에서 이렇게 대응했다. 전일 근무에 대해 1, 반일 근무에 대해 0.5, 그리고 최소 근무에 대해 0.25의 기준을 적용했다며, "모든 사람의 노력이 얼마나 가치 있는지를 놓고 논쟁을 벌이길 원치 않기 때문"[5]에 이 같은 기준을 마련했다고 밝혔다. 그는 1주일 전 시작된 논쟁과 자신의 의사결정 과정에 대해 자세하게 설명했으며, 또한 수령자들 중 33명은 아직도 이더리움 생태계에 활발하게 기여하고 있다고 주장했다.

그러나 스테판은 비탈릭이 이사회가 제안한 개정 내용을 반영하지 않았기 때문에 적법한 절차를 따른 것으로 보기 어렵다고 맞섰다.[6] 또한 그는 이제 그 문제는 기록되지 않을 것이며, 오직 자신이 레딧 게시글에 대응했기 때문에 공개됐다는 점을 지적했다. 그는 비탈릭이 경영진에게는 비밀로 했던 "여러 사람들" 하고만 상의했다는 점에 불만을 제기했다. 당시 경영진은 비탈릭과 개빈, 제프, 애런, 스테판으로 구성되어 있었다(몇 년 후 비탈릭은 자신이 누구와 상의했는지 기억나지 않는다고 했다). 다음으로 스테판은 비탈릭에게 초기 기여자 목록을 공개함으로써 "커뮤니티가 실제 보상 수준이 프로젝트와 공동체 혹은 개발에 기여한 노력의 정도와 비례하는지 확인할 수 있도록" 해야 한다고 촉구했다. 또한 그는 할당된 양이 "향후 이더의 가치 평가에 부정적인 영향을 미치게 될 것"이라고 내다봤다. 그 이유는 많은 양이 판매되고 수요가 뒤따르지 않으면 가격이 떨어질 것이기 때문이었다.

비탈릭은 여러 지적에 대응하면서 이렇게 시인했다. "우리가 저지른 최대 실수는 크라우드세일 전에 사람들에 대한 보상을 9.9퍼센트로, 그리고 재단에 대해서는 9.9퍼센트로 엄격하게 제한했다는 사실일 겁니다. 이러한 방식은 우리가 프로젝트를 원래 계획대로 2014년 10월에 런칭했다면 공정했을 겁니다. 하지만 결과는 그렇지 못했습니다. 우리가 2015년 7월에 런칭할 것이라는 사실을 알았다면, 저는 그 분할을 4.9/14.7 선에서 정했을 겁니다. 그랬다면 우리의 논의는 지금과는 크게 달랐겠지요."[7] 사람들이 토큰을 무더기로 내놓을 위험성에 대한 스테판의 주장에 대해서는 다음과 같은 말로 일축했다. "또한 '대량 매도하는 사람들이 넘쳐나는 시장'이 여기서 제기해야 할 문제는 아니라는 사실에 주목할 필요가 있습니다. 이더리움 재단은 암호 토큰 가격을 이용하는 비즈니스를 하지 않습니다."[8]

비탈릭은 레딧 게시글에 깊숙이 관여하면서 이더가 1.5달러인 상태에서 이더리움 재단은 또 한 번 자금을 모을 기회를 남겨두고 있다고 언급했다. 당시 그는 초기 기여자들에 대한 첫 번째 할당이 이뤄지고 몇 시간 후에 이더 가격이 살짝 상승하면서 1.69달러가 됐다는 사실을 알지 못했다. 그러나 이후 5개월 동안 거래는 그 가격 아래에서, 때로는 한참 아래에서 이뤄졌다.

화상회의가 아니라 직접 만나는 첫 번째 이사회 회의는 8월 23일과 24일 추크의 스페이스십에서 열렸다. 한 직원의 말에 따르면, 대기업 이사회 회의를 흉내내려던 밍은 그 모임을 최대한 전문적인 행사로 만들려고 했고, 그 과정에서 엄청난 스트레스를 받았다. 그녀는 자산 보고서와 규제 통지서를 비롯한 다양한 서류를 묶어둘 금속 링이 달린 갈색 바인더 폴더를 찾느라 오랜 시간을 투자했다. 비탈릭은 베이징에서, 제프는 암스테르담에서, 그리고 개빈은 베를린에서 추크에 도착했다. 그리고 COO 켈리와 CFO 프리스요프, 애런은 이더리움 재단이 아니라 개빈이 운영하는 ETH 데브에서 일하고 있었음에도 개빈과 함께 참석했다. 이후 이사회 멤버가 아닌 이들도 속속 도착했다. 앤서니는 토론토에서 날아왔다. 사람들은 앤서니가 자신의 자리를 지키기 위해 안간힘을 쓰고 있다고 느꼈다. 그는 모두를 위해 계란을 요리하고 샌드위치를 준비했다. 그리고 물론 정장 차림의 밍과 이사회 멤버들도 참석했다. 웨인은 가족들에게 급한 일이 생겨 케냐에서 스카이프로 참여했다.

바딤은 마침내 밍이 자신에 대해 어떤 말을 하고 다녔는지 알게 됐다. 그는 어떤 형태로든 그녀를 괴롭힌 적이 없다고 강력히 항변했다. 그러면서 밍을 명예훼손으로 고소하겠다고 으름장을 놨다. 이러한 상황에서 개빈은 밍에게 전화를 걸었다. 밍이 망상에 사로잡혀 있다고 생각하는 개빈은 그녀의 주장을 진지하게 받아들이지 않았다. 그는 밍에게 바딤과 관련해서 이렇게 말했다. "바딤은 지금 법적인 행동을 취하겠다고 위협하고 있어요. 그는 분명히 유명한 변호사들을 알고 있을 겁니다. 분명한 증거를 준비해둬야 할 거예요." 그녀는 그의 조언에 고마워했다.

당시 대부분의 사람들이 밍의 주장에 회의적인 반응을 보였다. 여기서 대부분의 사람이란 비탈릭을 제외한 모두를 의미했다. 비탈릭은 계속 그녀의 입장에서 문제를 바라봐야 한다고 주장했다. 비록 이사회 멤버들에게는 그런 말이 쓸모없어 보이기는 했지만 말이다. 그들이 보기에 비탈릭은 똑똑한 사람이지만 자신을 도와주는 사람과 자신을 이용하려는 사람을 제대로 구분하지 못했다. 밍이 후자에 속한다고 확신했기에 그들은 비탈릭에게 그 사실을 보여줘야겠다고 생각했다.

한 ETH 데브 직원이 밍과 비탈릭이 테라스에 나가서 이야기를 나누는 모습을 목격했다. 그런데 그가 보기에는 밍이 비탈릭을 이용하려는 것만 같았다. 비탈릭은 다소 이치에 맞지 않은 의사결정을 내렸고, 밍은 그가 다른 방식으로 처리하기를 원했다. 그녀는 이런 식으로 말했다. "당신이 정말 걱정돼서 하는 말이에요. 전 당신을 지키기 위해 여기에 있어요. 제가 말한 식으로 일을 처리한다면 우리에게 도움이 될 거예요." 그 문제는 그리 중요한 것이 아니었다. 어쨌든 그 직원이 보기에 밍은 "마치 나쁜 여자 친구처럼" 비탈릭에게 영향력을 행사할 수 있는지 시험해보는 것처럼 느껴졌다.

이사회 모임 둘째 날, 사람들은 긴 테이블에 모였다. 3명의 이사회 멤버는 밍을 제외하고 그들과 비탈릭으로 이뤄진 멤버로 경영진 회의를 하자고 주장했다. 그들은 이를 최대한 아무렇지도 않게 제안하려고 했다. 그래서 가볍게 이야기를 꺼냈다. "좋습니다. 다음 안건으로 넘어가죠. 다들 자리 좀 비워주시겠어요?" 앤서니와 제프, 개빈, 애런, 켈리, 프리스요프를 비롯해 재단에서 공식 직함을 맡고 있지 않은 이들은 열을 지어 자리를 빠져나갔다. 사람들이 모두 나가자 그들은 비탈릭에게 물었다. "밍의 주장이 받아들일 수 있는 행동이 아니라는 데 동의하십니까?" 당시 이사들은 불만에 가득 찬 상태였다. 밍이 마키아벨리식으로 원하는 바를 달성하기 위해 수단과 방법을 가리지 않는다는 사실은 수 주일에 걸쳐 분명하게 드러났다. 그럼에도 불구하고 아무것도 달라지는 게 없었다. 그들은 눈에 보이는 빤한 문제를 자세하게 설명해야 한다는 사실에 짜증이 났다. 비탈릭은 그들의 이야기를 다분히 감정적으로 받아들였다. 뿐만 아니라 그런 지적을 받는 것을 대단히 불편해했다. 이사회 멤버들은 그들이 어떻게 잘못된 의사결정을 내렸는지, 그리고 왜 밍을 내보냄으로써 상황을 바로잡을 수 있다고 생각하는지 이야기했다. 그들은 밍이 계속 상무이사로 있는 것은 재단을 해칠 수 있는 유해하고 위험한 요소라고 지적했다. 결국 비탈릭도 동의했다. 밍이 이사회 멤버들과 갈등을 빚고 있으니 자신이 그녀와 이야기를 나눠보겠다고 했다.

이후에 바딤과 라스, 비탈릭은 로펌 스위스 MME의 변호사들을 만나기로 일정을 잡았다. 스페이스십을 나가면서 비탈릭은 밍에게 이사회에서 그녀의 상무이사 자리를 유지하지 않기로 결정을 내렸다는 소식을 전했다. 비탈릭은 밍이 그가 추크 기차역 인근에 있는 MME 사무실까지 걸어가는 20분 동안 뒤에서 따라오며 내내 눈물을 흘렸다고 말했다. 비탈릭은 사무실로 들어가 이사회 멤버들과 함께 재단의 주 자문인 루카 밀러-슈투더Luka Müller-Studer를 만나 법적, 행정적, 재무적 사안에 대해 이야기를 나눴다. 그런 뒤 새로운 이사회 멤버들은 루카에게 스위스 법률에 따르면 재단 이사의 개인적 책임이 어떻게 되는지 물었다.

이사회 멤버들은 각각 한 표의 의결권을 갖고 있었다. 반면 비탈릭은 세 표를 갖고 있었다. 그는 균형을 무너뜨릴 수 있었다. 이는 비탈릭이 이사회를 완전히 장악하고 있다는 뜻이었다. 이사회는 이미 6월에 그 기이한 구조에 대해 문제를 제기한 바 있었다. 그때 비탈릭은 이렇게 답했다. "그건 여러분이 합류하기 전에 정해진 사안입니다. 다른 사람들에 의해 투표에서 밀리지 않도록 하기 위해 필요한 규정이었죠. 하지만 이제는 바꿀 겁니다. 걱정하지 마세요." 이는 8월 말의 일이었다. 그러나 이후에도 상황은 달라지지 않았다.

비록 확인할 순 없었지만, 그럼에도 불구하고 이사회 멤버들은 밍이 이사회에 대한 불신의 씨앗을 비탈릭의 마음속에 심어놓으려 한다고 의심했다. 가령 이런 식으로 말이다. "조심해야 돼요. 그들은 이사회 권력을 노리고 있어요. 당신에게서 평생의 일을 빼앗으려고 들 겁니다."

한 이사회 멤버의 기억에 따르면, 그들의 책임에 관한 질문에 루카는 그것이 완전히 개인적인 것이라고 대답했다. 의결 방식이 그들에게 실질적으로 아무런 권한을 주지 못한다고 지적하자, 루카는 그런 것은 중요하지 않다고 답했다. 이사회가 하거나 하지 않은 일에 대해 법적인 책임을 져야 한다는 뜻이었다. 이더리움 재단에 대해서 구체적으로 말할 수 없었던 루카는 이렇게 말했다. "재단이 하거나 하지 않은 일에 대해 이사회 멤버들의 완전하고 개인적인 책임은 존재하지 않습니다. 다만 특정한 경우에, 가령 이사회 멤버가 법률과 재단의 방침에 반하여 행동했을 때 재단은 재단에 입힌 피해에 대해 이사회 멤버들에게 책임을 물을 수 있습니다."

그들이 MME 사무실을 나온 뒤 라스와 바딤은 취리히로 가서 비행기를 타고 집으로 돌아갔다. 월급도 없고 이더도 지급하지 않는, 이사회 모임을 위해 취리히를 오가는 교통비 외에는 말 그대로 아무런 보수도 지급받지 못하는 이사회 자리에 부수된 위험-보상에 대한 계산은 앞뒤가 맞지 않았다. 비행기에 오르면서 그들은 이번 여행이 그들이 "보수"를 받는 처음이자 마지막 기회가 될 것이라는 사실을 눈치채지 못했다.

이사회 멤버들은 추크를 떠나고 나서 열흘 가까이 아무런 소식도 듣지 못했다. 그들은 비탈릭에게 이메일을 보내 밍이 그 소식을 어떻게 받아들였으며, 그리고 다음 계획은 무엇인지 물었다. 그들이 비탈릭의 답변을 기다리는 동안, 서류에 서명하기를 요구하는 밍의 이메일이 날아왔다.

그들은 비탈릭에게 다시 한번 이메일을 보내 왜 그들이 이미 해고됐다고 생각하는 그 인물에게 비즈니스 사안에 관한 이야기를 들어야 하는지 물었다. 비탈릭은 9월 2일 보낸 답장에 지금은 너무 바빠서 중요한 결정은 9월 10일까지 미뤄야 할 것 같다고 썼다. 그들은 다시 이메일을 보내 비탈릭에게 많은 질문을 던졌다. 그리고 마침내 9월 26일, 비탈릭은 자신이 받은 "보편적인 조언"은 그가 재단에 대한 전반적인 권한을 그대로 유지해야 한다는 것이라며, 그들에게 실질적인 권한은 주지 않고 개인적인 책임만 지도록 하는 방식은 부당하다는 것을 충분히 이해한다고 썼다. 그리고 이사회 선임 절차를 다시 시작하길 원한다고 덧붙였다.

당시 그 상황을 가까이에서 지켜봤던 한 사람은 그들의 법률적 위험이 분명하게 드러났다고 말했다. 그들은 재단의 행위에 책임을 져야 하면서도 실질적인 발언권은 없었다. 반면 마키아벨리 같은 상무이사는 일상적인 의사결정을 모두 처리하고 있었다. 결국 그들은 이사회 멤버로 남아 있는 것은 더 이상 자신의 삶과 경력, 평판에 대한 위험을 무릅쓸 만한 가치가 없다고 판단을 내렸다.

2015년 9월 28일, 그들은 비탈릭에게는 이메일을 통해, 그리고 스페이스십과 MME에는 서한을 통해 곧바로 사임하겠다는 뜻을 밝혔다. 그들은 이렇게 썼다.

친애하는 부테린 회장님. 이사회 회장으로서 하신 약속과 보장이 전혀 지켜지지 않았습니다. 대신 세 표의 의결권을 그대로 유지하기로 결정하면서 실질적으로 우리를 배제하셨지요. 그 모든 의도와 목적에도 불구하고 우리가 이사로서 할 수 있는 유일한 일은 회장님이 내린 의사결정에 도장을 찍는 것뿐입니다.

그들은 마지막으로 비탈릭의 건승을 기원했다.

비탈릭이 밍을 해고한 뒤 라스, 바딤과 함께 MME 사람들을 만났을 때, 이사회 멤버들은 비탈릭의 마음이 바뀌었다는 사실을 눈치채지 못했다. 개빈의 설명에 따르면, 비탈릭이 이사회 멤버들을 채용한 유일한 이유는 전문성 높은 인물들에게 재단의 관리를 맡기기 위함이었다. 라스와 바딤이 루카에게 그들의 개인적인 책임을 물었을 때, 비탈릭은 그들의 말과 몸짓에서 그들이 정말로 이더리움 재단에 관심이 없다는 것을 눈치챌 수 있었다. 반면 밍의 행동은 그녀가 재단의 일에 정말로 관심이 있다고 느끼게 만들었다. 해고 통보를 받은 뒤에도 밍은 재무 감사 관련 업무를 계속 수행했다. 자신이 이더리움 재단을 위해 계속 일해야 한다고 생각할 이유가 전혀 없었음에도 말이다(당시 비탈릭은 밍에게 이사회의 결정, 즉 그녀의 계약은 잠정적이었다는 사실을 통보했다).

9월 2~7일 비탈릭과 밍, 그리고 밍보다 열다섯 살 어린 미시간 토박이 남자 친구 케이시 디트리오Casey Detrio는 오두막집을 5일 동안 빌려 거기에 함께 머물렀다. 그동안 재단을 어떻게 재구성할 것인지, 무엇을 사명과 가치로 삼아야 할지 논의했다. 예산과 웹사이트 관련 업무도 처리했다. 그 과정에서 케이시는 밍을 도왔다.

그들이 거기 있는 동안, 디센트럴에서 이더리움 행사가 열리기 하루 전 앤서니는 밍에게 스카이프 메시지를 보냈다.

[2015년 9월 7일 09:52:59] 앤서니 디 이오리오 : 안녕하세요, 밍. 회장을 고립시키려는 당신의 계획은 좀 걱정스럽습니다. 균형 있는 접근 방식이나 신중한 행동으로 보이지 않는군요. 그건 특히 그가 지금 이더리움과 더불어 당신의 미래에 관한 의사결정을 내리기 위해 애쓰고 있고, 또한 그러한 측면에서 여전히 망설이고 있기 때문일 겁니다.

[2015년 9월 7일 11:24:04] 범퍼 챈 : 우리는 점점 발전해 나가고 있습니다. 우리 두 사람 모두 당신의 지지와 걱정을 감사하게 생각합니다. 디센트럴 행사가 기대되는군요. 행사 소식을 리트윗할게요.

[2015년 9월 7일 11:38:12] 앤서니 디 이오리오 : 기분 나쁘게 하려는 것은 아니지만 '감사하게 생각한다고요?' 지금 회장을 대신해서 말하는 겁니까? 내가 그의 생각을 알고 싶었다면 직접 물어봤을 겁니다. 오늘 제가 그랬던 것처럼 말이죠. 그래서 당신에게 우려의 메시지를 보낸 겁니다. 제 말을 무시하지 말기 바랍니다. 그리고 제가 우려를 제기할 때 부디 당신 두 사람 모두의 생각을 대변해서 말씀하시기 바랍니다.

이사회 멤버들에 대한 밍의 이야기에 크게 공감했던, 그리고 피해를 입었다고 주장하는 밍을 지지했던 토론토 재무팀의 또 다른 직원은 밍이 이사회를 이긴 것처럼 보이는 상황이 되자 그녀가 자신을 함부로 대하기 시작했다는 사실을 발견했다. 그는 이렇게 기억했다. "정말로 멋지고 공감 능력이 뛰어난 사람이 갑자기 이렇게 말하는 사람으로 바뀌어버렸습니다. '이제 내가 권력을 잡았군. 모두 꺼져버려.' 마치 인격이 달라진 것만 같았습니다. 완전히 다른 사람이 돼버렸죠." 급기야 그는 비탈릭에게 이렇게 경고했다. "밍은 우리가 생각하는 그런 사람이 아닌 것 같습니다."

그러나 비탈릭은 이러한 당부의 말을 받아들이지 않았다. 그는 더 이상 앤서니나 이사회 멤버들을 신뢰하지 않았다. 그리고 재무팀 직원의 말을 믿으면서도 자신과 밍의 생각만 고집했다. 더 많이 고민할수록 비탈릭은 밍을 그대로 두는 것이 보다 합리적인 선택이라는 생각이 강해졌다. 그러나 그는 9월에 그녀의 계약을 마무리했다.

세 번째 불안, 바닥난 재정 상태

이사회와 스테판의 드라마가 한창 진행되고 있을 무렵, 또 다른 위기가 모습을 드러냈다. 바로 이더리움 재단의 자금이 바닥을 드러내기 시작한 것이다. 그해 봄에는 매월 비트코인 가격에 기반을 둘 때 런웨이run-way(현재 보유한 자금을 기준으로 사업을 이끌어갈 수 있는 예상 기간-옮긴이)가 3~6년 정도로 보였는데 갑작스럽게 18개월, 16개월, 14개월로 계속 줄어들었다. 이더리움을 런칭해서 적어도 일부는 적기에 이더에 접근할 수 있는 기반을 마련했다. 그럼에도 불구하고 8월쯤 이더리움 재단의 재정 상태는 더욱 불확실해졌다. 그들이 보유한 비트코인의 가치는 채 50만 달러가 되지 않았고, 현금 보유고는 20만 달러 정도에 불과했다. 75만 ETH 정도(1050만 달러)인 재단의 이더를 생각하면 그들의 런웨이는 겨우 1년 정도로밖에 보이지 않았다.

이 문제는 8월 23~24일 열린 이사회 회의의 주요 안건이었다. 비탈릭과 라스, 웨인, 바딤은 제품 로드맵을 기준으로 재무 상황에 대해 논의했다. 그들은 궁금했다. 과연 재단은 개빈이 제시한 이더리움 브라우저인 미스트Mist나 메시지 프로토콜인 위스퍼Whisper 같은 것을 개발할 여력이 될까? 재단은 이미 고 팀과 C++ 팀에게 급여를 지급하고 있었다.

그들은 예산을 삭감할 수 있는 항목을 추려 스프레드시트로 정리했다. 맨 위에는 한 달에 5500스위스프랑 정도 소요되는 스페이스십 임대료가 있었다. 당시에는 밍과 케이시, 애런만 이곳에 살고, 비탈릭 같은 설립자들은 잠깐씩 무료 숙박소로 이용할 뿐이었다. 그다음 항목은 공동설립자들의 컨퍼런스 출장이었다. 이들이 출장을 떠날 때면 모든 것을 지원해야 했고, 일일 경비에 대한 제한도 없었다. 그들은 고와 C++ 클라이언트를 운영하기 위한 자금이 충분하지 않다는 사실도 분명히 확인했다.

그 무렵, 개빈은 자신의 기업을 설립했다. 여기에 적어도 1명의 이사회 멤버가 합류했다. 그는 개빈이 이더리움 재단을 수익형 조직으로 전환할 수 없을 것임을 깨달았다. 비탈릭이 강력하게 반대했기 때문이다. 그는 벤처 자본가들과 이야기를 나누기까지 했다고 말했다. 개빈은 자신의 기업 이드코어Ethcore를 설립한 이후 이더리움 재단에서 파트타임으로 일했다. 이는 재단의 비용을 절감하는 데 도움이 될 게 분명했다.

그들이 면밀하게 들여다본 또 하나의 항목은 데브콘 1이었다. 원래 계획에 따르면, 런던에서 10월 첫째 주에 행사를 열어야 했다. 그러나 밍과의 사건 때문에, 그리고 재정적인 어려움 때문에 그들은 추후 통지가 있을 때까지 이를 미루기로 했다.

이런 것들이 첫 번째 이사회 회의에서 내려진 재무와 관련된 의사결정이었다. 그리고 앞으로의 계획은 밍을 원래 자리에 되돌려놓은 뒤 추가적인 비용 삭감을 추진하는 것이었다.

이 무렵, 스테판에 관한 문제 또한 결론에 도달했다. 개빈과 제프, 미하이를 비롯한 많은 이들이 몇 달 전부터 스테판의 일탈 행동 때문에 걱정하고 있었다. 그중 일부는 개인적인 것이었다. 스테판은 런던의 공용 사무실 한가운데에서 하루 종일 전자담배를 피워댔다. 그는 커다란 배터리를 2개나 장착한, 탱크처럼 생긴 거대하고 둥근 물체를 손바닥에 올려놓고 자신의 노트북에 연결해 충전시켰다. 연신 뿜어져 나오는 연기에 둘러싸인 스테판은 마치 안개를 만들어내는 기계처럼 보였다.

또 다른 문제는 업무와 관련된 것이었다. 미하이가 자신의 이더리움 앱으로 일하기 위해 재단을 떠난 이후, 스테판은 이더리움 블로그에서 미하이의 모든 게시글과 함께 예전에 올린 이더리움 미트업 유튜브 영상까지 삭제해버렸다. 미하이가 이에 대해 따지자 스테판은 "농담을 이해하지 못하나 보군요!"라며 별일 아니라는 듯 말했다. 이후 블로그 게시글은 복원됐다(나중에 스테판은 미하이의 글 전부가 아니라 일부만 삭제했다고 말했다. 그리고 그 글들은 "진실과 거리가 먼" 것으로, "내가 읽은 것 중 가장 멍청한 글"이라고 비난했다). 스테판은 사무실에 일찍 출근해서 늦게까지 남아 있었다. 그는 얼마나 스트레스를 받는지, 얼마나 오래 사무실에 머무는지를 기준으로 사람들을 평가하는 것 같았다. 한번은 텍스처(앤서니 디오노프리오)가 저녁 8시에 퇴근했다. 출근한 지 열두 시간 지난 뒤였다. 그런데도 스테판은 그에게 왜 그렇게 집에 일찍 들어가냐고 물었다. 스테판의 또 다른 행동은 다분히 악의적이라고 볼 수밖에 없다. 사람들은 그가 모든 이들의 세부 정보를 담은 서류를 가지고 있다는 사실을 알아냈다. 그는 통화 기록까지 관리했다. 그의 집에 머물렀던 사람은 그가 이더리움 재단의 모든 사람들과 관련해서 자신이 알고 있는 모든 문제점에 대해 한참 동안 이야기했다고 말했다(물론 스테판은 그런 사실을 부인했다).

레딧상의 마지막 언쟁이 있고 나서 미하이의 블로그 게시글과 초기 이더리움 미트업 유튜브 영상이 삭제되기까지 비탈릭과 개빈, 애런은 충분히 이야기를 나눴다. 이사회 회의가 있기 전 추크에 있는 스타벅스 매장에서 비탈릭은 개빈과 함께 스카이프로 스테판에게 전화를 걸었으며, 8월 20일 그를 해고했다고 말했다(개빈은 스테판을 해고했다는 사실을 기억하지 못했다. 또한 스테판은 자신이 그런 방식으로 해고당했다고 기억하지 않았다). 그럼에도 불구하고 스테판은 이사회 회의에 모습을 드러냈다. 스페이스십 밖에서 밍과 비탈릭은 그에게 떠나주기를 요구했다. 그러자 스테판은 비탈릭에게 이렇게 물었다.

"당신의 생각을 말해줄래요?"

비탈릭은 말했다. "밍과 같은 의견입니다."

스테판은 "좋아요"라는 말을 남기고 자리를 박차고 나갔다.

스테판은 비평가로서 자신의 권한을 입증이라도 하듯 계약 해지에 따른 엄청난 보상을 요구했다(미하이에 따르면, 그는 100만 ETH를 원했다). 게다가 재단에 이메일을 보내 규제 당국에 채팅 기록을 모두 넘겨버리겠다고 협박했다. 그들은 누구도 불법적인 일을 하지 않았지만, 규제 당국이 그들이 나눈 이야기를 바탕으로 가상의 시나리오를 쓰는 것은 원치 않았다(스테판은 자신이 그런 협박을 했다는 사실을 부인했다. 다만 자신이 해고를 순순히 받아들이지 않았으며, 부당한 대우를 받았다는 느낌이 강하게 들었다는 사실은 인정했다. 스테판은 밍에게 그건 말도 안 되는 일이라고 반박했다고 말했다). 비탈릭의 설명에 따르면, 밍은 소리를 지르면서 그의 위협에 맞섰고, 정말로 그렇게 한다면 재단은 물론 그 자신도 대단히 큰 위험에 처하게 될 것이라고 경고했다. 스테판은 엄격한 비공개 합의에 동의했음을 적시한 법률 문서를 받았다고도 했다.

비탈릭과 밍, 케이시가 오두막에 있었던 9월 3일, 스테판은 이더리움 재단 블로그에 마지막 글을 올렸다. 그는 이더리움이 "아이디어idea이자 이상ideal"이라고 칭송한 후 이렇게 썼다. "개인적인 가치관의 차이로 ETH 데브와 저는 서로 다른 길을 가기로 결정을 내렸습니다."**9**

앤서니가 스카이프 메시지를 보내고 나서 하루 혹은 이틀이 지난 후, 밍과 비탈릭은 비탈릭의 부모님 집에서 일하고 있었다. 그런데 갑자기 밍이 소리를 지르기 시작했다. 그녀의 날카로운 외침이 온 집 안에 떠나가라 울렸다. 밍은 비탈릭이 이더리움 개발자들에 대한 모든 거래와 지급을 기록하지 않았다며 소리쳤다. "당신은 감옥에 갈지도 몰라요!" 그녀의 목소리는 비통함으로 가득 차 있었다. 그러나 비탈릭은 농담으로 받아칠 뿐이었다. "적어도 거기선 연구와 실험에 몰두할 수 있겠네요." 밍은 좀처럼 마음을 추스르지 못했다. 비탈릭의 계모 마이아는 두 사람이 일하는 곳으로 내려와 이렇게 물었다. "무슨 일이니? 도무지 참을 수 없구나." 자신의 아들이 간신히 울음을 참고 있는 모습을 바라보며 드미트리는 충격을 받았다. 쉰에 가까운 밍이 비탈릭에게 힘이 되어줘야 했지만, 오히려 스물한 살 청년이 어른 역할을 하고 있었다.

비탈릭과 밍, 케이시는 조가 데브콘 1의 비용을 대겠다고 했기 때문에 돈을 절약할 목적으로 컨센시스와의 회의를 위해 뉴욕까지 차를 몰고

갔다. 당시 뉴욕에 있는 조의 지인들 중에는 이더리움에 열광한 이들이 많았다. 조가 처음으로 자리 잡은 브루클린 부시위크의 공용 사무실은 더럽고 지저분했다. 벽에는 낙서가 가득했고, 유행을 좇는 이들이 홀을 어슬렁거리며 돌아다녔다. 모두가 커다란 소일렌트Soylent(미국 기업 소일 렌트뉴트리션이 판매하는 대체 식품 제품군-옮긴이) 상자를 끌어안고 있었다. 이더리움을 런칭하기 전에 사람들은 네트워크가 가동되는 순간, 채굴을 시작하기 위해 그래픽처리장치graphics processing unit, GPU(이더 채굴을 위해 사용한다)를 마구 사 들였다. 컨센시스는 이후 거대한 벽화가 그려진 인 근 건물에 정식 사무실을 얻었다.

비탈릭과 케이시, 밍, 그리고 C++ 개발자 한 사람은 그곳에서 조와 그 의 부하 직원 앤드루 키스Andrew Keys를 만났다. 앤드루의 설명에 따르 면, 회의가 시작되기 전 밍은 창밖으로 몸을 내밀고 아버지와 통화했는 데, 아버지가 자신을 대신해 예약한 항공권 때문에 마구 소리를 질러댔 다. 밍은 울음을 터뜨리는 등 통화하는 내내 너무도 감정적인 태도를 보 였다. 어쨌든 회의는 시작됐고, 그들은 11월 둘째 주 런던에서 데브콘 1 을 개최하기 위한 조건에 동의했다. 그런데 재단의 예산이 부족해서 그 랬는지, 아니면 데브콘을 조직하는 책임이 과중해서 그랬는지 밍은 또 다시 울음을 터뜨렸다. 그 회의에 참석한 컨센시스 직원들은 회의를 하 기 전, 그리고 회의를 하는 동안 보게 된 밍의 모습에 충격을 받았다. 몇 달 후 사무실을 찾은 내게 그때의 상황을 들려줄 정도로 그 모습은 깊은 인상을 남겼다. 밍은 울면서 전날과 그날 아무것도 먹지 않았다고 말했 다. 그래서 그들은 레스토랑으로 향했다. 그러나 거기서도 밍은 음식을 별로 먹지 않고 약을 복용하지도 않아서 비탈릭과 케이시는 그녀가 뭐 라도 먹도록 해야만 했다. 그녀가 감정적으로 흥분해 있어서인지 혹은 토론토 오두막집에서 5일 동안 함께 지내는 동안 마음이 통했는지 아니면 완전히 다른 이유 때문인지 비탈릭은 레스토랑에 갔다가 돌아오는 길에 밍의 손을 잡고 걸었다.

이사회 회의가 끝나고 9월 3일, 개빈은 영국에서 새로운 스타트업 이드코어를 설립했다. 그의 계획은 이를 조의 컨센시스처럼 만드는 것이었다. 동시에 소프트웨어 클라이언트 개발에 더욱 집중하고자 했다. 그는 이드코어 때문에 자신이 이더리움에서 멀어지는 일은 없을 거라고 생각했다. 어쨌든 파트타임으로 재단 일을 계속했는데, 그러한 상황에는 변함없을 것이기 때문이었다. 다만 이제 투자를 통해 자금을 조달해야만 했다.

이드코어를 설립하기로 한 개빈의 의사결정에 영향을 미친 또 다른 요소가 있다. 런칭 이후에 게스가 가장 인기 있는 클라이언트로 자리를 잡으면서 네트워크의 99퍼센트를 차지했다는 사실이다. C++ 클라이언트는 더 많은 기능을 탑재하고자 했기 때문에, 그리고 아직 감사를 받지 않았기 때문에 C++ 팀은 이미 많이 뒤처져 있었다. 자금이 바닥을 드러내면서 남아 있는 자원을 C++ 클라이언트보다 게스에 집중해야 한다는 분위기가 재단 내부에 형성됐다. 개빈은 CTO였지만 게스 팀을 대변할 순 없었다. 그래서 외부에 회사를 설립하는 일은 미래를 위한 더욱 분명한 선택으로 보였다.

처음에 개빈은 자신과 비탈릭, 제프는 물론 애런과 유타까지 동등한 협력 관계를 기반으로 이더코어 설립 멤버로 참여하게 될 것이라고 예상했다. 몇 년 후 제프는 개빈이 그와 제프가 구축하고 있는 것에 열정을 갖고서 만약 이더리움이 실패로 돌아가면 함께 기업을 설립하겠다고 형제로서 약속했던 때를 떠올릴 때까지 자신이 설립 멤버가 되기로 동의했다는 사실을 기억해내지 못했다. 개빈이 이더코어와 관련해서 제프에게 접근했을 때, 제프는 개빈이 자신에게 지분을 주겠지만 의사결정

권한은 없을 것이며, 그래도 이더코어는 게스 개발자를 참여시킬 것이라고 말했다고 했다. 이에 대해 제프의 대답은 이랬다. "고맙지만 사양하겠습니다."

그해 봄, 밍은 제프와 개빈, 그리고 그들 밑에서 일하는 몇몇 직원들을 만났다. 자금 상황이 빠듯했기에 밍은 비탈릭의 용인 아래 C++과 고 팀 사이에서 결정을 내려야 했다. 개빈의 직원 중 한 사람이자 솔리디티 Solidity의 주 개발자인 크리스티안 라이트비스너는 주요 의사결정을 팀원들에게 전혀 알리지 않는 개빈의 경영 방식에 불만을 드러냈다. 특히 개빈이 스마트 계약 언어인 솔리디티의 개발자로서 모든 공을 독차지한 것에 불만을 토로했다. 당시 개빈이 비행기를 타고 돌아다니는 동안, 모든 일은 크리스티안이 다 했기 때문이었다.

9월 말 비탈릭은 블로그 게시글을 통해 이더리움 커뮤니티에 단도직입적으로 알렸다. "재단의 재정 상태가 좋지 않습니다. 우리가 이렇게 된 주요한 이유는 비트코인 가격이 220달러로 떨어지기 전에 원래 계획대로 보유분의 상당량을 매도하지 않았기 때문입니다. 이로 인해 약 900만 달러에 달하는 손실을 입었습니다."[10]

비탈릭은 재단과 계열사들이 프로젝트를 완수하기 위한 충분한 자원을 확보할 수 없는 상황에 이르렀다고 말했다. 게다가 8월 중순 이후 이더리움의 가치는 급격하게 떨어지고 있었다. 이로 인해 그들이 초기 기여자에게 프리세일 할당을 분배한 날을 기준으로 전체 가치의 3분의 2가 사라지고 말았다. 재단의 자금은 9개월이면 바닥을 드러낼 것으로 보였다. 비탈릭은 이로 인해 커뮤니티가 주도하는 모델이 반드시 필요해졌다고 언급했으며, 이더리움이 계속 발전하기 위해 여러 조직이 기울여야 할 노력에 대해 구체적으로 언급했다. 가장 중요한 것은 비탈릭이 중국의 블록체인 투자 기업과 맺은 계약이었다. 이 기업은 41만

6666ETH를 50만 달러에 구매하기로 합의했다. 환율은 1ETH당 1.19 달러였다. 이는 이더가 9월에 1.35달러로 시작했지만, 비탈릭이 블로그 게시글을 올린 날 0.58달러로 마감했다는 사실을 감안할 때 좋은 판단 이었다.[11] 10월 21일에는 더 떨어져서 0.42달러가 됐다(블록체인 세상이 가장 많은 관심을 기울인 것은 당시 많은 은행이 블록체인 기술을 도입해서 운영 효 율성을 높이고자 할 것이라는 예상이었다. 이러한 기대는 "비트코인이 아닌 블록체 인"이라는 슬로건에 잘 담겨 있었다. R3라는 이름의 한 은행 컨소시엄은 골드만삭 스, JP모건, 바클레이즈Barclays 등 9곳의 금융사와 더불어 출범할 예정이라는 발표 를 했다. 그리고 비탈릭이 블로그 게시글을 올린 바로 그날, 그들은 추가적으로 13 개 은행이 여기 포함됐다고 발표했다. HSBC와 씨티Citi, 도이치뱅크Deutsche Bank 도 여기 이름을 올렸다.[12] 그해 가을, R3가 앞으로 더 많은 은행을 추가할 것이라는 전망에 관한 뉴스가 겨울과 봄에 또 다른 새로운 은행과 접촉할 것이라는 이야기와 함께 블록체인 세상을 장악했다).

밍은 팀원들과 면담한 뒤 개빈의 팀은 규모를 줄이고 제프의 팀은 규 모를 유지하기로 결정했다. 그녀는 비탈릭에게 자신은 개빈을 신뢰하지 않으며 그가 재단의 자금을 축내고 있다고 생각한다고 말했다. 또한 그 의 급여가 터무니없이 높다고 지적했다. 동시에 밍은 비탈릭에게 그가 이드코어 이사회 멤버로 있는 것은 이해관계 충돌의 여지가 있다고 언 급했다. 비탈릭은 밍이 그렇게 말한 정확한 이유를 기억하지 못했다. 어 쨌든 비탈릭은 밍의 말에 동의했고, 결국 개빈에게 이드코어에 관여하 지 않겠노라고 말했다.

데브콘 1 행사는 11월 9~13일 열렸다. 1860년대 은행 건물로 지어졌 으나 용도대로 활용되지 못한, 리버풀역에서 그리 멀지 않은 신고전주 의풍 깁슨 홀에서 열린 데브콘 1에는 은행가들을 포함해서 400여 명의 사람이 몰렸다. 행사에는 이더리움뿐만 아니라 UBS와 딜로이트Deloitte

인사들이 연설자로 나섰고, 마이크로소프트의 후원을 받았다.[13] 마이크로소프트는 이더리움을 자신의 클라우드 컴퓨팅 서비스에 포함시키겠다고 발표했다. 태국의 지불 서비스 기업 오미세Omise는 장학 프로그램 명목으로 10만 달러를 기부했다. 행사장의 분위기는 한껏 고조됐다. 개발자들은 데모 시연을 했다. C++ 팀 개발자이자 네트워크 분할 시도를 위한 테스트를 개발한, 그리고 이더리움을 위해서 박사 과정까지 중단한 크리스토프 젠츠시는 이더리움을 지불한 사람에게 소유한 것을 대여해줄 수 있는 자물쇠를 관리하는 방법을 보여줬다. 그리고 자신의 노트북 앞에 서서 조금 떨어진 곳에 있는 전기 주전자의 전원을 켜는 장면을 연출했다.[14] 그리고 스테판은 그의 마지막 모습을 보았다고 믿었던 이들의 눈앞에 크리스토프의 스타트업 슬록잇Slock.it 공동설립자로 모습을 드러냈다. 주전자의 물이 끓기 시작하자 스테판은 자신을 위해, 그리고 각설탕을 요청한 한 청중을 위해 차를 만들었다(슬록잇은 스테판이 합류했다는 사실을 발표하면서 그가 "공동체 내부에서 독보적인 입지를 확보하고 있다"고 언급한 바 있다[15]).

그럼에도 불구하고 예산 삭감에 대한 우려는 컨퍼런스의 분위기에 어두운 그림자를 드리웠다. 적어도 한 사람은 몇 명이 눈물을 보였다고 기억했다. 제프와 조는 이더리움 재단이 더 이상 개발자들에게 지급할 돈이 없다면, 두 사람이 나서서 게스 개발을 지속해 나갈 방안을 찾아보자고 합의했다. 조는 제프에게 걱정할 필요 없으며 그의 팀은 괜찮을 것이라고 말했다. 혹시 그렇지 않더라도 조의 컨센시스 혹은 다른 누군가가 지원해줄 것이라고 말했다.

밍이 예산을 삭감할 것이라는 두려움으로 인해 개빈과 제프는 감정적으로 더욱 가까워졌다. 조그마한 커피숍에서 두 사람과 또 다른 개발자는 밍이 통제하지 못할 또 다른 이더리움 조직 "제다이 연합"을 출범시키자고 농담조로 이야기했다.

런던에서 스테판과 함께 일했던 비나이 굽타Vinay Gupta는 파티를 열었다. 파티가 진행되는 동안 비탈릭과 밍은 같은 방에서 두 시간이나 함께 시간을 보냈다(나중에 비탈릭은 아마도 업무를 처리하고 있었을 것이라고 말했다).

데브콘 1 행사가 끝나기 전, 밍은 추크로 날아가 베를린 사무실 책임자가 제대로 정리되어 있지 않은 영수증과 송장, 그리고 계약서와 관련해서 스페이스십의 상황을 파악할 수 있도록 도움을 줬다. 이는 분명히 누군가가 해야 할 일이지만, 많은 사람들 중에 왜 하필 밍이 그 일을 해야 했는지는 분명하지 않다. 그것도 데브콘 행사가 열리고 있는 동안에 말이다.

이런 상황에서도 밍의 존재감은 여전했다. 데브콘 행사가 열리는 동안 개빈은 파티를 열었다. 파티 참석자는 대부분 개빈의 C++ 개발자였다. 개빈은 밤늦은 시간에 이들 팀원에게 예산이 70퍼센트 정도 삭감될 거라 팀의 규모를 줄일 것이며, 남아 있는 팀원들의 급여가 줄어들 것이라는 이야기를 꺼냈다. 몇몇 직원은 완전히 충격을 받았다. 재단의 예산이 몇 달치밖에 남지 않은 상황에서 이러한 행사를 주최한다는 것이 이치에 맞지 않아 보였기 때문이다. 게다가 데브콘 행사가 열리기 전주에 개빈과 유타를 비롯해 커뮤니케이션팀원들은 아시아로 출장을 떠나기도 했다. 유타는 싱가포르로, 그리고 개빈은 도쿄와 서울로 출장을 갔다. 이는 예산이 얼마 남지 않은 조직의 CTO가 할 만한 행동이라고는 생각하기 힘들다. 그들은 몇 달 후 해고될 것이라는 이야기를 들었다. 해고는 그들이 사직하는 것보다 그들에게 더 도움이 되는 방식이었다. 더 오랜 기간 동안 독일의 실업급여 대상자로 남을 수 있기 때문이다.

그날 저녁, 개빈은 개발자들에게 이드코어에 합류할 것을 제안했다.

심지어 제프의 팀에 있었지만 베를린에서 근무한 펠릭스 랑게에게도 그 같은 제안을 했다. 개빈 밑에서 일하는 것을 좋아하지 않았던 한 직원은 개빈이 한 손으로 재단에서 그들을 해고하고, 다른 손으로 그들을 이드코어로 끌어들이려고 시도하는 것이 다분히 이상하게 보였다고 했다. 개빈 밑에서 일하지 않았던 또 다른 개발자는 이에 대해 "어둠의 편에 합류"하라는 제안을 받았다고 표현했다.

개빈은 사람들이 자신의 행동을 어떻게 바라보는지 알지 못한 채, 데 브콘 행사가 끝난 뒤 곧바로 자신의 스타트업을 설립하고자 했다. 이제 이더리움이 구축됐기 때문에 개빈은 그 생태계를 기반으로 또 다른 프 로젝트를 추진할 때가 왔으며, 자금이 부족한 재단에 더 이상 의존해서 는 안 된다고 생각했다. 그 무렵 개빈은 재단(즉, 밍)에 대해서는 말하자 면 "생태계 건축가"로서의 역할을 유지하고 있었지만, 재단에서 월급을 받지는 않았다.

베를린 시각으로 11월 23일 월요일 오후 12시 12분, 개빈의 C++ 개 발자인 마렉 코트비츠 Marek Kotewicz는 새로운 이더리움 클라이언트를 위해 첫 번째 깃허브 커밋GitHub commit, 즉 코드베이스의 스냅샷을 만들 어냈다. 이는 개빈이 이드코어를 위해서 러스트 언어를 기반으로 개발 하고자 했던 것이다. 이드코어는 또한 웹사이트에 경력 및 신입 개발자 를 4명 모집한다는 광고를 냈다.[16]

당시 밍은 비탈릭이 개빈을 내보내도록 하기 위해 설득하고 있었다. 하지만 이더리움을 비롯해 암호화폐를 중심으로 평생을 살아온 비탈릭 의 생각은 달랐다. 비록 개빈이 자신을 배신하고 무시했더라도 초창기 시절부터 자신의 아이디어를 현실로 바꾸는 데 도움을 준 개빈을 버릴 순 없었다. 밍과 대화를 나누는 동안 그녀는 물론 비탈릭도 찰스와 아미 르를 해고했을 때처럼 울었다. 하지만 이더리움 재단에서 월급을 받는 이들이 근무 시간에 이드코어를 위해 일하고 있다는 증거를 확보한 밍은 비탈릭을 설득할 만한 충분한 무기를 갖고 있었다.

ETH 데브의 COO 켈리는 응급 제왕절개 수술을 받았는데, 바로 밍이 켈리를 병원으로 데려다줬다. 밍은 병원에서 켈리에게 서류를 주고 서명하도록 했다. 그중 하나는 개빈의 계약 만료 통지서였다.

5장

탈중심화 자율 조직 DAO의 출현

2015년 12월 ~2016년 6월 17일

위기는 기회, 조직을 재정비하다

개빈 우드는 해고 통보에 깜짝 놀랐다. 특히 그것을 자신이 지지했던 상무이사가 주도했다는 사실에 더욱 놀랐다. 개빈은 암담한 마음에 유타 슈타이너에게 도움을 청했다. 출산 휴가가 끝난 뒤 복귀하고서 개빈의 스타트업을 위해 이더리움 재단을 떠났는데도 불구하고, ETH 데브의 한 경영진 멤버가 개빈이 해고될 때 그녀 역시 해고될 것이라고 말했는데도 불구하고 그녀는 해고되지 않았다. 그 무렵 그녀는 자신과 개빈 사이의 두 아이 중 첫째를 임신하고 있었던 데다, 독일 정부는 임신한 여성 근로자를 대상으로 한 엄격한 보호 프로그램을 제공하고 있었기 때문이다. 이더리움 재단을 스페이스십에서 추크 도심의 작은 아파트로 옮기는 몇 주 동안, 밍 챈은 유타와 이메일을 주고받았다. 개빈과 유타, 비탈릭 부테린, 밍은 개빈이 조직을 떠난다는 사실을 발표할 메모와 관련해서 논의했다. 솔리디티의 주 개발자인 크리스티안 라이트비스너의 주장에도 불구하고, 개빈과 유타는 크리스티안의 역할을 "기획자" 대신에 "주요 개발자"로 바꾸자고 했다. "솔리디티를 구상하고 설계한 것은 개빈이고, 이를 실행한 것이 크리스티안이기 때문이다." 밍은 다음과 같은 말로 자신의 이메일을 마무리했다. "밝아오는 새해에는 모두가 새롭게 힘을 내시기 바랍니다." 밍은 개빈이 최대 50만 달러를 횡령한 것 같다는 말을 비탈릭에게 개인적으로 전했다(개빈은 밍이 ETH 데브의 재무와 관련해서 아무런 역할도 하지 못했다고 주장했다. 당시 모든 일은 애런 뷰캐넌이 처리하고 있었다. 밍이 개빈에게 어떤 증거를 제시했는지 혹은 개빈이 그 증거를 확인했는지와 관련해서 질문하자 비탈릭은 그저 밍의 주장을 믿었을 뿐이라고 답했다).

2016년 1월 11일, 개빈은 이더리움 블로그에 '마지막 블로그 게시글'이라는 제목을 붙인 글을 발표했다. 그는 그 글에 핑크플로이드Pink Floyd의 가사를 인용했다. "시간은 가고 노래는 끝이 났지만 해야 할 말은 남았습니다." 그가 발표하지 않은 초고는 사실 이렇게 시작됐다. "밍이 저를 해고했기에 태국으로 떠날 생각입니다." 하지만 실제 게시글은 이렇게 시작했다. "슬픈 마음을 안고 작별 인사를 고하게 됐습니다. 플로이드의 가사처럼 저는 이더리움에 있는 동안 참으로 다양한 감정을 경험했습니다." 개빈은 몇몇 짧은 문장에서 자신이 만난 10명의 "아주 멋진 많은 인물"을 언급했다. 그중 한 사람인 제프리 윌크에 대해서는 그가 앞으로 C++ 팀의 발전을 위해 최선을 다할 것이라고 말했다. 마지막으로 그는 이렇게 썼다. "앞으로의 길은 분명 순탄치 않을 테지만 우리는 무엇을 해야 할지 알고 있습니다. 제가 보기에 그 미래는 위대할 것입니다. 모두에게 감사와 작별의 말을 전합니다."(이는《은하수를 여행하는 히치하이커를 위한 안내서The Hitchhiker's Guide to the Galaxy》를 인용한 것이다) 그러나 글 어디에서도 비탈릭에 대한 언급은 찾아볼 수 없었다.[1]

개빈이 떠나자 베를린 허브에선 경쟁적인 분위기가 완전히 사라졌다. 개빈 밑에서 일하던 C++ 멤버들은 트란실바니아에 있는 페터 스질라기 같은 게스 개발자들과 우호적인 관계가 됐다. 페터는 C++ 개발자들 역시 평범한 사람들이라는 사실을 깨닫게 됐다.

이더리움 재단은 지출을 통제하기 시작했다. 1월 7일 비탈릭은 이더리움 블로그를 통해 월별 지출 규모를 40만 유로(43만 5000달러)에서 17만 5000유로(19만 달러)로 줄이겠다고 발표했다. 이를 위해 스페이스십을 떠나고, C++ 팀 규모를 75퍼센트 정도 줄이고, 게스 예산을 10퍼센트 정도로 삭감하고, 커뮤니케이션팀 규모를 85퍼센트 정도 줄이고, 관리비를 50퍼센트 정도 줄이겠다고 밝혔다.[2] 당시 이더리움 재단은 225만 ETH(210만 달러)와 500BTC(23만 달러), 그리고 현금 10만 달러를 보유하고 있었다(총 240만 달러). 이 정도 예산이면 1년 정도는 버틸 수 있을 것 같았다(그 글에서 비탈릭은 라스 클라이워터, 웨인 헤네시-바렛, 바딤 레비틴이 떠나면서 자신이 유일한 이사회 멤버로 남았다는 언급은 하지 않았다).

1월 말 이더리움 가격은 초기 기여자에게 할당을 실행한 8월 중순의 1.69달러를 결국 넘어섰다. 그리고 얼마 지나지 않아 다시 2달러로 뛰었다. 지난해 9월 말 0.58달러에 비하면 4배에 가까운 가격이었다. 당시 비탈릭은 그 정도 가격을 기준으로 할 때 재단은 앞으로 9개월이면 문을 닫아야 할지도 모른다고 말했었다. 이더리움 가격이 2달러가 되면서 재단의 재산이 늘어났을 뿐만 아니라, 이더리움은 비트코인이라는 금에 대해 은으로 알려진 라이트코인Litecoin을 넘어서서 그 가치가 세 번째로 높은 블록체인으로 자리 매김했다.

그 무렵 재단에서 해고됐던 몇몇 개발자는 재단으로 복귀하라는 제안을 받았다(개빈은 여기서 제외됐다). 캐나다에 거주하고 있던 영국인인 밥 서머윌Bob Summerwill은 2월 C++ 팀에 합류했다. 그는 지난해 여름 런칭

한 이후 무보수로 일하고 있었다. 그는 고 팀 사람들에게 질문을 던질 때마다 즉각 답변을 받았다. 하지만 C++ 팀에서는 아무도 대답해 주지 않았다. 공식적으로 합류한 이후 그는 "베를린 요새" 시절에 관한 이야기를 들었다. 그때 두 팀은 서로 이야기도 나누지 않았지만, "독단적인" 개빈이 나간 이후 상황은 평화롭게 흘러갔다.

그러나 그건 오직 재단 내부 상황일 뿐이었다. 개빈이 따로 기업을 설립하면서 공식적으로 경쟁은 지속됐다. 2월 2일 이드코어는 새로운 클라이언트인 패리티Parity에 관한 글을 블로그에 게시했다. 그들은 이렇게 설명했다. "최신 벤치마크를 기준으로(parity.io에서 확인할 수 있다) 패리티는 현존하는 클라이언트 중에서 단연코 가장 빠르고 가벼운 이더리움 블록 프로세싱 엔진을 탑재하고 있다."[3] 하지만 제프의 고위 부하 직원 페터는 그 게시글을 보고 이드코어가 게스를 수정함으로써 고 팀이 마련해놓았던 최적화 단계를 건너뛰었다는 사실을 확인했다.[4] 이드코어는 다음으로 새로운 패리티와 비교해 게스의 단점을 지적했다. 그러나 페터가 보기에 이는 "위험한 선택"이었다. 그는 개빈이 더 나은 뭔가를 개발했다면 이를 받아들일 수 있었다. 하지만 수치를 조작하는 것은 절대 용납할 수 없는 일이었다. 개빈의 직원인 마렉 코트비츠조차 패리티가 사실 20퍼센트 정도 더 빠를 뿐이지만 몇 배나 더 빠른 것처럼 보이도록 한 것은 그들의 전술이라는 사실을 인정했다. 그러나 재단에 있는 동안 제프의 고 팀과 경쟁했던 개빈은 나중에 바로 그때부터 게스와 패리티 팀 사이의 본격적인 경쟁이 시작됐다고 말했다. 그러면서 그것은 게스 팀이 패리티를 위협으로 인식했기 때문이라고 덧붙였다.

고 개발자들은 그러한 식으로 상황을 설명하지 않았지만, 그럼에도 불구하고 패리티 클라이언트가 새로운 문제를 야기했다고 지적했다. 비록 패리티는 훌륭한 이더리움 클라이언트이기는 하지만, 동일한 기준을 따르지 않았고, 그래서 개발자들은 그 클라이언트에 다른 방식으로 접근해야 했다. 이는 프로토콜에서 분기를 만들어내기에는 충분치 않았지만, 이를 기반으로 개발하는 이들에게는 난제가 되기에 충분했다. 게다가 패리티는 이러한 문제를 해결할 방안을 논의하는 것을 거부했다. 개빈은 이렇게 말했다 "패리티는 최고의 기술을 개발하고 그를 제공하고자 했다. 표준을 둘러싼 정치 게임을 벌일 생각은 조금도 없었다."

개빈과의 문제는 모두 그대로 남아 있었다. 1년 후 레프테리스 카라페차스가 파리에서 열린 한 컨퍼런스에서 자신의 전 상사를 만났을 때, 그는 누가 솔리디티를 개발했는지를 놓고 개빈과 크리스티안이 언쟁을 벌인 것에 대해 이야기했다. 레프테리스는 크리스티안이 처음부터 솔리디티를 위해 일했다는 것을 알고 있었다. 크리스티안이 전체를 만들었다. 레프테리스는 개빈이 옐로페이퍼는 물론, C++ 클라이언트, 그리고 지금은 패리티 클라이언트에 대한 공을 자신에게 돌릴 수 있게 됐다고 말했다. 그런데 왜 솔리디티에 대한 공까지 넘보는 것일까? 레프테리스의 기억에 따르면, 개빈은 스스로 생각하기에 기획자이며, 누가 자신의 자리에 오든 간에 자신은 기획자로 남아 있을 것이며, 그 나머지는 개발자에 불과하다고 말했다. 레프테리스는 개빈이 자신을 무시한다는 느낌을 받았다. 그는 마음이 상했고 이후로 다시는 개빈과 이야기를 나누지 않았다.

그러나 재단은 보다 긍정적인 상황에 주목할 필요가 있었다. 2월 중순이더 가격은 6달러로 치솟았다. 이로써 이더리움은 비트코인 다음으로, 그리고 은행 송금 코인 리플을 따돌리고 두 번째로 큰 블록체인이 됐다. 재단은 이제 1년 넘게 조직을 운영할 수 있는 충분한 자금을 마련했다. 그리고 3월 1일 이더는 7달러가 됐고, 3월 중순에는 15달러가 됐다. 재단은 갑작스럽게도 몇 년간 문제없이 조직을 운영할 수 있는 기반을 확보했다. 그 무렵 스페이스십에 맥주 상자를 가져다줬던 비트코인 스위스 직원은 그때 받은 4000ETH 약속어음을 현금화해서 1만 달러가 넘는 돈을 받았고, 자신에게 멋진 시계를 선물했다.

마침내 세상은 이더리움에 주목하기 시작했다. 비탈릭은 비로소 안도감을 느꼈다. 적어도 3년 정도는 재단을 이끌어갈 수 있을 거라고 확신했다. 하지만 앞으로의 여정 또한 순탄치 않을 것이라는 사실은 알지 못했다.

탈중심화 자율조직 DAO, 누구의 허락도 필요하지 않다

독일 미트바이다 출신으로 런칭 이전에 네트워크 분기를 목적으로 하는 테스트를 개발한 C++ 개발자인 크리스토프 젠츠시는 새로운 벤처 슬록잇에서 일하게 됐다. 슬록잇은 사물인터넷 기업으로, 블록체인을 기반으로 하는 탈중심화된 공유경제를 뒷받침하는 서비스를 제공했다. 크리스토프가 데브콘 1에서 전기 주전자를 가지고 시연했던 것처럼, 슬록잇은 이더리움 거래와 연동된 장비를 개발했다. 예를 들어, 고객이 요금을 지불하자마자 탈중심화된 에어비앤비의 문이 곧바로 열리도록 만들었다.

공동설립자인 크리스토프와 그의 형 사이먼, 그리고 스테판 튜얼과 2명의 직원(레프테리스와 시애틀 출신의 미국인 그리프 그린Griff Green)은 슬록잇을 위해 자금을 모아야 했다. 그들은 기존 방식대로 자금을 확보할 수 있었다. 가령 이더리움이 그랬던 것처럼 토큰 판매를 통해 돈을 끌어모을 수 있었다. 아니면 좀 더 흥미로운 방식을 택할 수도 있었다. 가령 의결권을 부여하는 토큰을 판매함으로써 말이다. 결국 그들은 그렇게 하면서도 그 자체로는 돈을 끌어모으지 않기로 결정했다. 그들은 토큰 판매를 통해 탈중심화된 자율 조직, 즉 다오decentralized autonomous organization, DAO를 구축하고자 했다. 다오의 의사결정은 토큰 보유자들에 의해 이뤄지며,

슬록잇은 탈중심화된 공유경제를 개발한 것에 대해 돈을 지급받는다. 슬록잇이 독자적으로 더 다오the DAO(더 다오는 다오의 개념을 실체화시킨 프로젝트다-옮긴이)를 구축하기 위해 노력한다면, 더 다오는 실질적으로 슬록잇의 이사회처럼 기능하게 될 터였다. 이와 관련해서 크리스토프는 데브콘 행사에서 이렇게 설명했다. "여러분은 개발을 지원하고 주요 의사결정에 참여할 수 있습니다. 그리고 대단히 중요하게도 자금을 통제할 수 있습니다. 돈이 그냥 우리에게 흘러 들어오지는 않을 겁니다." 동시에 슬록잇은 더 다오에 대한 첫 번째 "서비스 제공자" 혹은 계약자 중 하나가 되기를 희망했다.

기본적으로 사람들은 더 다오에 이더를 보내고 그 대가로 슬록 토큰(나중에 다오 토큰이라고 알려진다)을 받게 된다. 이 토큰은 더 다오의 회원 자격과 의결권을 부여한다. 크리스토프는 이렇게 설명했다. "기업의 지분을 사고 배당을 받는 것과 비슷합니다." 배당은 2가지 방식으로 지급 가능하다. 더 다오 회원이 슬록잇을 서비스 제공자로 선택할 경우, 자신의 아파트를 임대하는 슬록잇 소유자는 더 다오가 정한 기준에 따라 자동적으로 더 다오 소유자에게 모든 거래에 대한 고정 수수료나 정해진 비율을 지급하도록 선택할 수 있다. 이러한 배당은 블록체인상에서 자동적으로 지급된다.

크리스토프는 2014년 말 개빈이 '알레걸리티alegality', 즉 합법도 불법도 아닌 상태를 의미하는 개념을 주제로 했던 웹 3.0 연설에서 영감을 얻었다. 거기서 개빈은 현재 지배적인 SaaSsoftware-as-a-service(서비스로서 소프트웨어) 상품(가령 이벤트브라이트Eventbrite를 사용해서 티켓을 팔거나 기업 이메일을 위해 지메일을 사용하는 기업 같은)이 그가 말하는 DsaaSdecentralized software-as-a-service(탈중심화된 서비스로서 소프트웨어) 상품에 어떻게 자리를 내어줄 것인가에 대해 설명했다. 예를 들어, 페이팔PayPal은 규제기관이 고소할 수 있고, 법정으로 소환할 수 있는 혹은 교도소에 갈 인간을 고용한 기업이다. 반면 그가 지적하기로, 비트코인이라고 불리는 기업은 없으며, DsaaS처럼 그것은 "자연계의 힘"을 넘어선 것이었다.

개빈은 이렇게 설명했다. "새로운 탈중심화된 서비스로서 소프트웨어를 개발할 때, 그것은 실질적으로 완전히 새로운 자연계의 힘을 창조해낸 것이나 다름없습니다. 일반적으로 적절하게 실행한다면 우리는 그것을 절대 무너뜨릴 수 없습니다. 법원이나 정치 세력 혹은 국가도 막을 수 없습니다. 자연계의 힘은 우리에게 관심이 없습니다. 우리의 걱정이나 불안 혹은 지적재산권에 대한 주장에 관심이 없습니다."[5] 이것이 바로 '알레걸리티'다.

새로운 탈중심화된 알레걸리티의 시대에 벤처 자본가를 통해 자금을 마련하는 것은 구시대적이고 집중화된(그리고 합법적인) 방식이다. 자연의 힘을 창조하기 위해, 슬록잇은 더 다오의 스마트 콘트랙트를 위한 프로그램을 무료로 개발하겠다고 발표했다. 일단 프로그램이 완성되면 더 다오에 제안함으로써 투자를 받을 수 있는데, 이는 말 그대로 회원들로부터 투자를 받는 것을 의미했다. 크리스토프가 슬록잇이 더 다오를 위해 연구할 것이라고 말했지만, 결정은 더 다오 토큰 보유자들의 몫이었다. 슬록잇은 그 프로그램의 버전 1.0을 출시한 다음 더 다오에 대한 연구를 멈추고, 그것이 자연의 힘이 되도록 내버려둘 계획이었다.

2015년 11월에 있었던 데브콘 1 행사가 끝나고, 크리스토프와 레프테리스는 본격적으로 더 다오 프로그래밍 작업에 착수했다.[6] 그들은 한달 정도 소요될 것으로 예상했지만, 작업은 다음해 봄까지 이어졌다. 크리스토프는 C++ 팀에서 일했기 때문에 12월에는 이더리움 재단에서 반일 근무로 일했다. 슬록잇이 출범하기 전에 더 다오 개발을 마무리 짓기 위해 크리스토프는 저축해놓은 돈으로 먹고살아야 했다. 슬록잇은 더 다오 토큰 보유자들이 그 기업에 투자하지 않기로 결정 내릴 경우, 이에 대처할 다른 계획을 세워두지 않았다. 반면 레프테리스는 한 달에 500 유로를 받았다. 이는 1주일 10시간 근무에 대한 최저 파트타임 급여로, 슬록잇이 더 다오의 투자를 받게 된 이후에는 정상적인 급여를 제공하는 것은 물론 체불된 임금까지 지급하겠다는 약속에 기반을 둔 것이었다. 스테판은 공동설립자로서 아무것도 받지 않았다. 그리프는 암호화폐를 받길 원했지만 슬록잇은 그런 방식으로 직원들에게 급여를 지급할 수 없었으므로 그 역시 아무런 보수를 받지 못했다.

더 다오('다오'가 모든 탈중심화된 자율 조직을 부르는 특별한 용어라는 점에서 '더 다오'는 진정한 다오라 할 수 있다)를 만들고 가동하기 위해서 인력이 필요했다.[7] 스테판이 4월 9일 블로그 게시글에서 자세하게 설명한 것처럼, 더 다오를 제공하는 그룹은 "계약자contractors"들로 구성되며, 이들은 제품이나 서비스를 개발하기 위해 제안서를 제출한다. 제안서는 스마트 콘트랙트에다가 "일반적인 영어 설명서plain English description"로 이뤄진다. 또 다른 그룹인 "큐레이터curator"는 계약자들의 스마트 콘트랙트가 그 설명서가 말하는 것을 실행하는지 확인하는 역할을 맡는다.[8] 계약서가 심사를 통과할 경우, 큐레이터들은 더 다오로부터 이더를 지급받을 수 있도록 계약자의 이더리움 어드레스를 '승인whitelist'한다. 다오 토큰 보유자들은 계약자의 제안을 승인할 것인지 같은 사안에 투표한다.[9] 최소 정족수는 제안의 화폐적 가치에 비례하는데, 지출이 전혀 없는 제안서의 경우 20퍼센트 정도이고, 더 다오의 모든 자금을 지출하는 경우에는 53.5퍼센트에 이른다. 이 제안서를 승인하기 위해서는 과반수의 찬성이 필요하다.

또 다른 유형의 제안은 '스플릿split'이다. 이는 더 다오와는 다른 아이디어를 뒷받침하기 위한 새로운 벤처 자본을 형성하기 위해 사용된다.

그러나 스플릿을 하는 가장 중요한 이유는 더 다오를 떠나기 위해서, 즉한 사람의 자금을 제거하기 위해서다. 스플릿을 하기 위해서는 7일간의 제안 기간이 필요하다. 이는 새로운 다오를 만들어내는데, 종종 '차일드 다오child DAO' 혹은 '스플릿 DAO'라고 불린다. 그리고 이는 스플릿에 찬성한 이들의 모든 토큰에 의해 지지를 받는 모든 이더로 이동하게된다. 더 다오가 일종의 모선이라면, 스플릿 혹은 차일드 다오는 구명보트나 마찬가지다. 7일간의 제안 기간은 구명보트를 수면 위로 내리는 데걸리는 시간이라고 할 수 있다. 쉽게 생각해볼 수 있듯, 하나의 다오는많은 다오로 스플릿 가능하다.

더 다오에 참여하기 위해서는 더 다오를 구축하는 동안 이더를 더 다오 스마트 콘트랙트로 보내야 한다(특정 기간 동안 지분을 사 들여 새로운 벤처 자본을 마련하기 위해 참여할 수 있다). 다오 토큰은 자신이 확보한 지분에비례해 제안에 대한 의결권을 가지며, 승인된 계약자의 제안이 가져다준 수익에서 더 다오 "보상"을 제공한다. 이는 벤처 자본의 지분을 무엇에 투자할 것인지에 영향력을 행사하고, 자신이 확보한 지분의 규모가의결권뿐만 아니라 수익에 대한 몫을 나타내는 것과 비슷하다.

조직 내 의사소통 플랫폼인 슬랙 채널이 작동하는 방식에 대해 논의하는 과정에서 한 멤버는 슬록잇의 제안이 토큰 판매 이후에 오는 것은"말도 안 되는 일"이라고 지적했다. "그것은 벤처 자본가에게 이렇게 말하는 것과 같습니다. '일단 돈을 투자하면 비즈니스 계획은 나중에 알려드리겠습니다.'"

더 다오의 규칙이 대단히 복잡하기 때문에 자세하게 설명했음에도 불구하고 더 다오가 정확하게 무엇인지는 여전히 애매모호한 상태로 남아있었다. 크리스토프는 이후에 더 다오를 수천 명의 사람들 혹은 그 자체로 일할 수 없고 다른 조직이 일하도록 위임하는 것만 가능한 기업의 설립자들이 소유한 "합동 은행 계좌" 같은 것이라고 설명했다. 그는 슬록 잇의 법률적 관점은 더 다오를 구축하는 것이 증권거래소에 등록할 필요가 없는 기업을 세우기 위해 수천 명의 설립자를 모집하는 것과 같다고 말했다. 슬록잇의 다른 공동설립자들은 조금 다른 개념을 갖고 있었는데, 자칭 "미친 무정부주의자crazy anarchist"인 그리프는 이를 자신이 주목하는 보편적인 공유경제를 위한 비영리 관리기구 같은 것이라고 생각했다. 즉, 그가 배낭을 메고 떠돌아다니는 유목민이 되도록 해주고, 그가 상황에 따라 필요로 하는 모든 것을 빌릴 수 있도록 해주는 관리기구라고 본 것이다. 레프테리스와 스테판은 더 다오를 다른 전통 기업과 비슷하며 다만 토큰 보유자가 그 중심에서 스마트 콘트랙트를 추진하고 이를 통해 수익을 얻는 것만 다를 뿐이라고 설명했다.

어쨌든 커뮤니티 내 많은 이들, 그리고 잠재적 투자자와 참여자들은 더 다오를 "탈중심적인 벤처 자본"이라고 봤다. 여기서 구매자는 미국 정부가 정의한 연간 20만 달러(공동 소득의 경우 30만 달러) 이상 벌어들이는 혹은 100만 달러(개인 혹은 공동)의 순자산을 확보한 사람으로 정의한 "공인 투자자"일 필요가 없다. 이러한 점에서 더 다오는 국가와 상관없이, 부유하거나 가난하거나, 젊거나 나이가 많거나, 경험이 많거나 초보이거나 상관없이 인터넷에 접속할 수 있는 모든 사람에게 열린 최초의 범세계적인 탈중심화된 벤처 자본이라고 할 수 있다.

더 다오에 대한 관심은 갈수록 커졌다. 2월로 돌아가보자. 더 다오 슬랙은 7개 외국어 채널을 열었다(그중 폴란드 채널이 가장 활발했다). 3월 말 더 다오의 슬랙 채널 회원 수는 3000명에 달했다. 활동적인 몇몇 회원들은 자발적으로 게시판을 개설했고, 4월 3일에는 다오허브daohub.org를 열었다.[10] 그 무렵 블록체인 플랫폼인 리스크Lisk, 물리적 자산을 토큰화한 탈중심적인 자율 조직인 디직스다오DigixDAO와 더불어 이뤄진 토큰 판매는 500만 달러라는 상당한 규모의 자금을 끌어모았다.

그러나 슬록잇은 몇 가지 문제를 겪고 있었다. 첫째, 변호사들은 그들이 하는 일(대부분 토큰 판매)이 합법적인 활동이 아니라고 지적했다. 특히 슬록잇이 미국 최대 컨퍼런스인 컨센서스가 열리는 5월 2일 이전에 더 다오를 출범시키려고 했다는 인상(크리스토프는 이더리움 커뮤니티가 컨센서스를 중요한 행사로 여기지 않았다는 점에서 이러한 의혹을 부인했다)을 받은 한 미국 변호사는 그들이 미국 투자자들의 참여를 허가하려면 증권 변호사가 필요할 것이며, 이를 위해서는 6개월 정도 시간이 더 필요할 것이라고 설명했다. 그 무렵, 슬록잇은 그 변호사와 연락하는 것을 중단했다. 크리스토프의 설명에 따르면, 그들은 이미 필요한 모든 정보를 확보하고 있었기 때문이다. 크리스토프는 다오 토큰이 증권이라는 주장은 말도 안 된다고 생각했다. 슬록잇은 토큰을 판매하지 않았기 때문이다. 더 다오는 다른 유형의 조직이었다. 더 다오는 지분을 매각하지 않았다. 크리스토프는 독일·스위스 변호사들과 함께 논의한 끝에 다른 결론에 도달했다. 사람들은 다오 토큰을 아무런 문제 없이 구매할 수 있다. 그런데 그들이 나중에 그것을 팔려고 할 때, 토큰은 실질적으로 증권이 될 수 있다. 이 말은 그들이 규제 전반을 준수해야 한다는 것을 의미했다. 이는 크리스토프가 어떻게든 피하고 싶은 상황이었다.

프리세일의 법적 의미가 불분명한 가운데, 스테판은 블로그를 통해 다음과 같은 주장을 했다. "더 다오 코드를 사용하는 사람들은 스스로 위험을 감수해야 한다는 사실을 명심할 필요가 있다. 우리는 더 다오의 법률적 상태와 관련해서 전 세계적으로 어떻게 판단할지 예측할 수 없다."[11] 그리프는 더 다오의 크라우드세일과 관련해서 이렇게 썼다. "우리는 몇 달 전부터 이를 사전 프리세일이라고 부르지 않고 있다. 그 이유는 더 다오가 블록체인을 기반으로 존재하게 될 것이기 때문이다. 그러므로 누구도 어떤 것도 프리세일하지 못한다. 누군가 그것을 구축하는 동안에 이더를 전송해서 더 다오를 활성화하고자 할 때, 바로 그 순간 새로운 다오 토큰이 창조된다. 이는 세일이라고 할 수 없다. 다만 진정한 다오 창조의 행위다!"

그럼에도 불구하고 사람들은 슬랙에서 프리세일이 언제 있을 것인지 계속해서 물었다. 스위스 뇌샤텔에서 활동하는 더 다오 투자자인 기안 보츠슬러Gian Bochsler와 알렉시스 루셀Alexis Roussel은 슬록잇이 계속해서 난색을 표하고 있다는 사실에 주목했다. 결국 알렉시스는 스테판에게 전화를 걸어 그 이유를 물었다. 스테판은 독일 세무 당국이 슬록잇에 법적 근거가 없는 조직은 투자를 유치할 수 없다고 말했다고 설명했다. 알렉시스는 비트코인과 이더, 그리고 다오 토큰을 사고파는 거래소인 바이티Bity의 공동설립자였다. 또한 그는 법학으로 학위를 받았고, 디지털 권리와 프라이버시를 중심 의제로 삼은 정당인 스위스 해적당Pirate Party Switzerland 대표를 지낸 바 있으며, UN에서 5년 가까이 근무한 경력이 있었다. 그는 독일 세무 당국과의 문제를 슬록잇이 더 다오를 통해 투자를 유지한다면 "VAT 란에 적어 넣을 것이 없다"고 해석했다.

다음 날, 크리스토프의 형제이자 슬록잇 CEO인 사이먼은 해결책을 찾기 위해 뇌샤텔로 왔다. 알렉시스는 스위스 법률하에 따르면 거래하는 조직의 구조는 중요하지 않다는 사실을 확인했다. 두 당사자는 지급 능력만 있다면 상거래를 할 수 있었다. 그들은 다오링크DAO.link라는 스위스 조직을 만들기로 결정했다. 그러면 VAT 숫자를 독일 세무 서류에 적어 넣을 수 있었다. 슬록잇의 더 다오에 대한 제안이 승인될 경우, 더 다오는 다오링크에 지급할 수 있고, 이를 다시 슬록잇에 지급할 수 있게 될 터였다.

4월 21일, 더 다오 웹사이트가 다오허브 사이트에 모습을 드러냈다.[12]

거기에는 "더 다오란THE DAO IS", 그리고 그 뒤에 오렌지색 커서가 있었다. 더 다오가 보이지 않는 손에 의해 움직인다는 개념을 표현하기 위해 이렇게 마무리 지었다.

더 다오는 혁명적이다.

더 다오는 자율적이다.

더 다오는 보상을 준다.

더 다오는 코드다.

그리고 그 아래에는 전반적으로 우상향하는 흐름을 보여주는 그래프가 나와 있었다.

홈페이지는 이렇게 밝혔다.

더 다오의 사명 : 회원들의 발전을 위해 비즈니스 조직에서 새로운 길을 개척하고, 어디에도 없으면서 동시에 어디에나 존재하면서, 그리고 '결코 막을 수 없는 코드'를 확고한 의지로 운영을 하는 것.[13]

홈페이지 맨 아래에는 작은 글씨로 이렇게 씌어 있었다.

이 웹사이트는 더 다오 커뮤니티의 소유이며 다오허브 팀에서 관리하고 있다. 그리고 스위스 기업인 다오링크가 전반적으로 호스팅을 맡고 있다.(해석 : SEC, 이것은 슬록잇의 소유가 아니므로 우리를 추적하지 마라![14])

스테판은 웹사이트 런칭과 관련된 블로그 게시글에서 슬랙 그룹은 이제 4000명에 가까운 회원을 거느리고 있다는 점을 언급했다. 그는 다오에 제안할 수 있는 첫 번째 제안들 중 하나(자율임대 방식의 도심 내 전기 운송수단 구축하기)를 지적하며 독자들이 다오허브 게시판에 자신의 제안을 제출하도록 격려했다. 또한 스테판은 더 다오의 코드가 "세계적으로 권위 있는 증권 기업인 데자뷰"로부터 감사를 받았다는 사실을 지적했다. 그리고 이렇게 언급했다. "비탈릭은 이틀 전 런던 이더리움 미트업 행사에서 프레젠테이션을 했다. 그 내용은 대부분 더 다오에 집중됐으며 허술하게 작성된 스마트 콘트랙트와 부주의한 암호 기업, 그리고 실제로는 다오와 거리가 먼 다오들의 위험성에 대해 경고했다."[15]

발표 당시 여전히 미완성이었던 웹사이트에는 큐레이터 섹션이 있었다. 스테판과 크리스토프는 유명 인사들(대부분 이더리움 재단 개발자들)이 큐레이터 역할을 하도록 초대했다. 큐레이터의 임무는 사람들의 신원을 확인하고, 슬록잇 같은 기업이 지불 요청을 하면 이를 요청한 계좌가 정말로 슬록잇의 계좌인지 확인하는 것이었다. 암호화폐의 언어로 말하자면, 이들은 "오라클oracle", 다시 말해 스마트 콘트랙트에 사용하기 위해 블록체인에 기반을 두지 않은 정보를 검증하는 대리인 역할을 하게 된다.

큐레이터 중 1명인 파비안 포겔슈텔러는 제프와 개빈 팀 모두에서 일한 전문 디자이너다. 큐레이터는 올바른 어드레스만 가지고 목록을 만들기 때문에 그는 자신의 역할이 "DJ가 아니라 문지기"에 불과하다고 느꼈다. 개빈은 주요한 책임이 "수학"과 비슷해야 한다고 생각했다. 즉, 그 안에서 정확한 대답을 입증할 수 있어야 했다.

웹사이트를 발표하고 사흘 후, 슬록잇은 큐레이터들을 임명했다. 스테판은 한 블로그 게시글에서 이들을 "암호의 인명록"이라고 불렀다. 그 웹사이트의 큐레이터 페이지에는 총 11명의 커다란 흑백 인물 사진이 올라와 있었다.[16] 이를 본 개빈은 이런 생각을 했다. '단지 단순한 주장이 올바르다는 사실을 확인하기 위해 내가 여기 있는 거라면, 왜 내 사진을 사용하고 나를 큐레이터라고 부르는가? 큐레이터라면 기본적인 오라클 업무를 하는 것이 아니라 뭔가를 선정하는 일을 해야 한다.'

초대받은 큐레이터 중 한 사람인 제프는 이의를 제기했다. 그는 수용을 고려했지만 책임을 지게 된다면 비난받을 위험이 있다고 느꼈다. 게다가 얼마나 돈을 끌어모을 수 있는지에 대한 제한이 없다는 점에서 더 다오는 그를 긴장하게 만들었다. 그는 스테판에게 이렇게 말했다. "한도를 정하세요. 실패하게 된다면 걷잡을 수 없을 겁니다. 그 부분에 엄청나게 많은 관심이 쏠려 있어요. 그러니 한도를 정하세요." 스테판은 제프에게 그렇게 하는 것이 좋겠다는 확신을 줬다. 스테판은 이더리움 크라우드세일 전에는 한도를 설정해야 한다는 생각을 지지했지만 곧 의견을 바꿨다. 그는 나중에 자신이 틀렸으며, 그래서 더 다오를 위해 맞았다고 생각했다. 그러나 제프의 대답은 이랬다. "잘되지 않는다면 큰돈을 잃게 될 겁니다. 그것은 이더리움을 위해서도 매우 좋지 않게 보일 겁니다."

그러나 슬록잇 팀은 한도를 설정하는 데 반대했다. 그리프는 데이터 확보에 주력했던 메이드세이프MaidSafe나 디직스Digix의 사례를 볼 때, 한도가 정해진 토큰 세일은 재빨리 끝나면서 탈중심화와 거리가 멀어지고 가장 열정적인 암호 지지자가 아닌 이들을 배제하도록 만들 거라고 생각했다. 그리프는 디직스 크라우드세일 때는 웨스트코스트에 있었는데, 일어나기도 전에 끝나 있더라고 말했다. 또한 고래가 투자 한도에 도달해서 더 이상 투자할 수 없게 되면 모선의 자원을 구명보트로 빼내는 것처럼 그 고래가 스플릿 기능을 이용해 투자금을 빼내 더 다오에 아무것도 남지 않을 것이라고 우려했다. 그러고는 이렇게 덧붙였다. "사람들이 더 다오의 크라우드세일이 일반적인 프리세일이나 크라우드세일과는 조건이 아주 다르다는 사실을 잊어버리는 것 같다. 다오 토큰 보유자는 모두 언제나 스플릿에 대한 책임 때문에 그들의 지분을 통제한다."

여기서 그는 차일드 다오를 스플릿하거나 만들어냄으로써 언제든 다오 토큰 보유자들이 떠날 수 있다는 가능성을 언급하려던 것으로 보인다.

최종적으로 11명의 큐레이터 중 이더리움 재단에서 온 사람은 9명이었다. 여기에는 비탈릭과 브라질 디자이너 아브사, 솔리디티를 개발하고 개빈을 해고하는 데 중요한 역할을 한 크리스티안, 스페이스십의 테일러 게링 등이 포함됐다. 이더리움 재단 사람이 아닌 2명은 개빈, 그리고 그의 친구이자 비즈니스 파트너인 이드코어의 애런으로 이들은 모두 이더리움 재단에 있다가 떠난 사람들이었다.

크리스토프와 레프테리스가 프로그래밍하는 동안, 노련한 개발자부터 암호에 완전히 생소한 이들에 이르기까지 다양한 사람들로 구성된 열정적인 커뮤니티가 형성되고 있었다. 슬랙은 대단히 말이 많은 수천 명의 회원을 거느리고 있었을 뿐만 아니라, 그 커뮤니티를 이끄는 그리프는 더 다오에 제안서를 제출하는 방법을 배우기 위한 다오 닌자 테스트를 완수한 이들에게 돈을 지급하는 방식으로 엔지니어들과 함께하고 있었다. 게다가 슬록잇은 거래소를 돌아다니며 크라켄, 게이트코인Gate-coin, 바이티, 셰이프시프트, 비트렉스Bittrex가 미 달러와 유로, 스위스프랑, 홍콩달러 같은 디지털 화폐가 아닌 다양한 정식 화폐로도 다오 토큰을 살 수 있도록 해주는 코드를 사용하도록 설득했다.[17] 이로써 암호 세상에 완전히 생소한 이들을 위한 문을 열어놓았다.

마찬가지로, 사람들이 단순한 버튼으로 이더리움 블록체인과 직접적으로 상호작용할 수 있게 해주면서도 기업에 그들의 코인에 대한 통제권을 넘겨주도록 요구하지 않는 웹사이트인 마이이더월릿MyEtherWallet, MEW은 거래소가 그들의 토큰을 보유하지 않도록 하면서 사람들이 다오에 참여할 수 있도록 하는 옵션을 사이트상에 마련했다.[18] 쉽게 말해, 디지털적인 차원에서 지갑을 가지고 현금으로 지불하고 다오 토큰을 자신의 지갑 속에 집어넣는 것이었다. 이 모든 과정은 웹페이지상에서 이뤄졌다.

큐레이터를 발표한 다음 날인 4월 26일, 슬록잇은 그들이 바이티와 함께 만든 기업인 다오링크의 설립을 공식화했다. 더 다오의 스마트 콘트랙트는 감사를 받았다. 크리스토프가 대단히 높이 평가한 18명(여기에는 비탈릭도 포함됐다)이 그 코드를 살펴봤으며, 크리스토프 자신 역시 최악의 시나리오에 대비해 수차례 테스트했다. 크리스토프는 그들이 할 수 있는 모든 것을 했다고 생각했다. 그럼에도 불구하고 그는 뭔가 잘못 돌아갈 경우 사람들이 나뉠 수 있다는 예감이 들었다. 기능이 제대로 작동하는 한, 사람들은 그들의 돈을 인출할 수 있고, 그러면 전부 없었던 일이 될 수도 있었다.

탈중심화 원칙을 따르기 위해, 그리고 SEC의 심기를 건드릴 수 있는 하위 테스트의 4개 조항을 충족시키기 위해 더 다오를 출범시켜야 할 시간이 왔다. 이 말은 커뮤니티 회원들이 그들이 작성한 다오 스마트 콘트랙트 코드의 사례를 채용하도록 만들고, 커뮤니티가 그중 어느 것을 다오로 명명할 것인지 선택하도록 만든다는 뜻이었다. 더 다오를 창조하기 위해 누군가 첫 번째 거래를 시작해야 했다. 즉, 이더를 보내야 했다. 이는 다오 토큰을 가진 사람에 대한 반환을 촉발하게 될 것이었다. 이러한 방식으로 인해 더 다오의 창조는 특정한 개인이나 그룹으로 귀속시킬 수 없었다. 이는 디지털 차원에서 완벽한 개념이었다.

4월 29일, MEW의 개발자 중 한 사람인 테일러 판 오든Taylor Van Orden은 슬랙에 다음 같은 글을 게시했다. "여러분, 안녕하세요. 더 다오를 활용하고자 한다면 이 스레드thread(회원들이 특정 주제에 대해 게시판에 올린 다양한 의견-옮긴이)를 검토하세요. 우리는 조만간 이 스레드에서 하나를 무작위로 골라서 공식적인 더 다오로 선정할 겁니다. 추적이 불가능한, 히스토리가 없는 코인(셰이프시프트, btc 믹서 등)을 얻어서 사용하세요." 다음으로, 슬록잇과 다른 유명 커뮤니티 회원들이 관리 유형 사안을 논의했던 개인적인 슬랙 채널에서 그들은 다오의 사례를 활용한 8가지를 평가했다. 이 과정에 두 시간 정도 걸렸지만, 그들은 결국 2가지 다오로 선택지를 좁혔다. 둘 다 대단히 익명적으로 활용됐다. 하나는 그 돈을 암호화폐끼리 교환하는 거래소인 셰이프시프트에서 가져왔는데, 이는 계좌 정보를 갖고 있지 않았다. 그리고 다른 하나는 샌프란시스코에 기반을 둔 암호화폐 거래소 크라켄으로부터 가져왔는데, 이는 고객에 대한 신원 정보를 갖고 있지만 법원의 명령이 없는 한 그 정보를 공개하지 않았다.

슬랙상에서 테일러와 그녀의 동료들은 최종 결정을 운에 맡기기로 결정했다. 로스앤젤레스 도심에 위치한 다락방에서 테일러는 그녀의 약혼자인 케빈에게 동전을 던지게 하고 자신의 영상을 찍었다. 그녀는 슬랙에 이렇게 썼다. "앞면=011, 뒷면-BB" 이는 다오의 각 사례에 대한 해시를 언급한 것인데, 각각 '0×011'와 '0×bb'로 시작했다. 케빈이 동전을 공중으로 던졌다. 동전은 카운터에 한 번, 두 번, 세 번 부딪쳤고 몇 바퀴 돌더니 멈췄다. 나온 것은 뒷면이었다.

더 다오의 "BB" 사례는 셰이프시프트가 지원하는 것으로, 한 블로그 게시글은 이를 "열린 심장과 공간 침투자 사이의 조합처럼 보인다"[19]고 묘사했다. 그들은 어디로 가야 할지 알았으므로 시작할 수 있었다. 그 특정한 다오는 베를린 시각으로 4월 30일 새벽 3시 42분 이더리움 블록체인상에서 블록 넘버 '1428757'로 예시됐다.[20]

베를린 시각으로 오후 12시 4분 'ch405'는 슬랙 채널에 "시작됐음IT IS ON!"이라는 문장을 게시한 뒤 다오허브에 링크를 전송했는데, 이는 이제 선택된 다오의 사례를 가리켰다. 중간에 세계지도를 보여줬고, 양 측면에 창조된 다오 토큰, 전체 이더, 미국 달러로 환산한 금액, 100개의 다오 토큰을 기준으로 하나의 이더에 대한 현재의 비율, 다음 가격 조정까지 남은 날짜, 그리니치 표준시로 5월 28일 오전 9시 프리세일이 끝날 때까지 남은 날짜 같은 수치들을 보여줬다. 다음으로 다오 토큰을 받는 방법에 관해 설명했다.

15분 만에 5개의 서로 다른 계좌로부터 7개의 거래가 들어왔다. 그것은 2ETH, 3.1415926ETH, 5ETH, 5ETH, 42ETH, 83ETH, 500ETH를 위한 것이었다. 이후 커뮤니티 슬랙에선 더 큰일이 벌어졌다.

에릭 부어히스 Erik Voorhees 24:37

누군가 9k ETH를 예금했다.

테일러 24:38

방금 내 잔액이 급격하게 치솟는 것을 봤다.

24:38

와우!

아프리카노스23 Africanos23 24:38

어마어마할 것으로 보인다.

실로 엄청났다. 실제로 더 다오는 첫날에만 56만 4858ETH, 즉 420만 달러를 받았다. 둘째 날에는 490만 달러를 받았다. 5월 1일에 200만 달러에 해당하는 이더를 넣은 사람도 있었다. 그는 처음에 1ETH를 보냈다가 5만 ETH, 7만 5000ETH, 13만 5000ETH, 그리고 마지막으로 5.5555ETH를 보냈다. 2주일 후 추가로 5만 4000ETH을 보냈다.[21] 다음 날 더 다오의 트위터 계정은 "저스트 다오 잇JUST DAO IT"이라는 문구와 함께 샤이아 라보프Shia LaBeouf의 공격적인 밈을 게시했다. 하지만 그 같은 격려가 반드시 필요한 것은 아니었다.[22] 5월 6일 스테판이 올린 블로그 게시글에 따르면, 더 다오의 탄생은 이더리움상에서 새로운 계좌 중 최고 규모, 그리고 이더리움 거래에서 최고 규모로 이어졌다.[23]

레프테리스와 함께 프로그래밍 작업을 하고 있었을 무렵, 크리스토프는 더 다오가 500만 달러 정도 모을 거라고 예상했다. 이더리움이 1800만 달러를 끌어모았는데, 그것보다 더 많이 모을 거라고는 생각하지 않았다. 이전 가을에 실시된 크라우드세일은 500만 달러 정도 모였고, 최근에 있었던 다른 크라우드세일들 역시 각각 500만 달러 정도를 기록했다. 크리스토프는 5000만 명이 모두 1000달러씩 내면 500만 달러 정도 모일 수도 있을 거라고 생각했다. 그러나 첫날 모인 금액이 예상치에 육박하자 그는 그 규모가 훨씬 더 커질 수도 있겠다고 생각했다.

그 무렵, 크리스토프는 아주 긴 휴가를 떠났다. 11월 데브콘 1 이후 계속 더 다오와 관련된 업무를 처리해왔기에 휴식이 필요했다. 하지만 다오가 둘째 날 500만 달러를 뚫고 계속 고공행진하자 쉴 수 없었다. 그는 상황이 심상치 않다는 생각이 들었다.

크라우드세일이 7일째에 접어든 5월 6일, 모금액은 이더리움 크라우드세일 때의 기록을 넘어섰다.[24] 비탈릭도 돈을 넣었다. 그다음 날 더 다오 프로젝트 공식 트위터 계정은 이런 트윗을 올렸다. "이제 #다오가 전체 #ETH의 3퍼센트를 확보했다!!"[25] 그리고 다시 그다음 날 다오 게시판을 개설한 커뮤니티 회원들의 계정인 @DAOhubORG는 "27.15M USD에 달하는 총 2.87M ETH"라는 수치가 찍힌 홈페이지 스크린샷을 올리면서 이렇게 언급했다. "역사상 최고의 크라우드펀딩 프로젝트가 될 것이다."[26]

초기에 참여를 독려하기 위해 다오 토큰은 시간에 따라 가격이 조금씩 오르는 방식을 취했다. 이에 따라 100다오 토큰당 0.05ETH이던 것이 세일의 마지막 5일 동안에는 100다오 토큰당 1.5ETH로 뛰었다.

첫 이틀 동안 이더로 400만 달러가 넘는 돈이 들어온 뒤 유입되는 자금의 규모는 살짝 줄어들었다. 수일에 걸쳐 180만 달러에서 340만 달러에 이르는 돈이 들어왔는데, 이후 가격이 상승함에 따라 금액이 증가하면서 14일째 되던 날에는 2680만 달러를 돌파했다. 이는 1ETH로 100다오 토큰을 구할 수 있는 마지막 기회였다.

그러나 가격은 슬록잇이 광고했던 것처럼 14일 이후에 오르지 않았다. 15일이 지나고 나서야 올랐다('가장 싼 가격에 살 수 있는 또 하나의 하루!'). 그들은 이를 통해 24시간 동안 2120만 달러를 더 끌어모았다. 그들은 날짜를 계산하는 과정에서 실수를 했는데, 적어도 한 사람은 이에 대해 음모론을 제기했다. "단지 실수라고 믿어야 할 것인가? 그 자식들은 내 생각보다 훨씬 더 탐욕적이다."[27] 한 레딧 사용자는 이렇게 썼다. "콘트랙트에 버그가 있다는 첫 번째 증거다. 콘트랙트를 면밀히 검토했다고 확신하는가?"[28]

스테판은 5월 6일 '더 다오의 거침없는 성장'이라는 제목으로 블로그에 글을 올렸다. 글은 이렇게 시작됐다.

더 다오는 228만 9016ETH로 지구상에서 두 번째로 많은 이더를 보유하게 됐다. 그 과정에서 이더리움 재단을 따라잡았다.

재미있는 사실: 모든 이더리움 콘트랙트의 이더 전체를 합한 것보다 38퍼센트 많다. 그리고 몇 시간 전, 21.96M USD 규모로 페블Pebble과 프리즌 아키텍처Prison Architect, 심지어 이더리움까지 넘어서서 세계 최대 규모의 크라우드펀딩 목록에서 무려 세 번째 자리에 그 이름을 올렸다.

이더당 100다오 토큰 가격이 유지된 마지막 날인 5월 14일이 저물어 갈 무렵, 더 다오는 총 9880만 달러를 끌어모았다. 이는 또한 이더 가격을 밀어 올렸다. 더 다오를 런칭하는 시점에 7.5달러였던 이더 가격은 더 다오가 끝난 5월 28일 12달러에 육박했다. 60퍼센트나 오른 것이다.

더 다오가 이더 가격을 밀어 올리면서 슬록잇 팀의 분위기는 복잡하고도 미묘해졌다. 크리스토프는 스스로 거리를 뒀다. 그의 심리적인 상태는 말하자면 이랬다. "제발 저를 내버려두세요." 더 다오에 500달러를 넣은 레프테리스(그는 자신에게 급여를 지불하는 데 돈을 넣으면서 이상한 느낌이 들었다)는 더 다오의 성장을 지켜보면서 처음에는 재미있는 일이라고 생각했다. 그리고 동시에 긍정적인 느낌을 받았다. 그 돈의 일부는 바라건대 슬록잇으로 들어갈 것이기 때문이었다. 스테판 역시 슬록잇이 잠재적으로 훨씬 더 많은 돈을 받게 될 것이라는 데 동의했지만, 그는 이미 이더리움과 더불어 이 같은 과정을 경험한 바 있었기 때문에 감흥이 덜했다. 그리프는 자신이 생각한 첫 번째 진정한 다오에 흥분했고, 슬록잇이 이를 죽이고 있다고 생각했다.

더 다오의 급격한 성장을 지켜보며 개빈은 초조해졌다. 5월 13일 그는 '왜 나는 다오의 큐레이터 자리를 사임했던가'라는 제목의 글을 블로그에 게재했다. 여기서 그는 단도직입적으로 더 다오는 탈중심적이고 자율적이라며 '큐레이터'에게 아무런 판단도 요구하지 않기 때문에 큐레이터가 아니라 '식별자 오라클identity oracle'로 직함을 바꿔야 한다고 썼다. 그리고 큐레이터의 역할은 단지 보증으로 간주해서는 안 된다며, 자신은 그 범위가 제한적이기 때문에 그 역할에 동의했다고 말했다. 실제로 그 역할의 목적에 대한 혼란으로 인해 그는 "쓸데없이 야단법석을 떨었다"고 지적했다. 그러고는 이렇게 썼다.

나, 그리고 실제로 모든 사람이 더 다오의 운영과 무관하다는 사실을 최대한 분명하게 하기 위해 나는 큐레이터 자리를 거부했다. 나는 이더를 더 다오에 넣은 모든 이들이 사람들 너머를 바라보면서 콘트랙트 구조를 들여다보고, 자신의 돈이 어느 합의에 묶여 있는지 제대로 이해하도록 촉구했다. 분명히 말하지만, 행동을 취하기 전에는 전문가의 조언을 구해야 한다. 명심하라. 이번 경우에 중요한 것은 코드다. 인간은 하나도 중요하지 않다.[29]

크리스토프는 더 다오가 결코 중단되지 않을 것이라는 점에 주목했다. 비트코인, 그리고 이더리움과 마찬가지로 더 다오는 시작됐고 앞으로 영원히 존재하게 될 것이다. 그는 그 프로젝트가 자신이 살아가는 동안 평생 계속될 것이며, 어쩌면 언젠가 자신이 싫어하는 대상이 될지도 모른다는 생각을 했다. 그때 그는 괴테Johann Wolfgang von Goethe의 〈마법사의 제자The Sorcerer's Apprentice〉를 떠올렸다. 그 시는 작은 것으로 시작했는데 점점 더 커지다가 결국 자신이 통제할 수 없는 상황에 이르게 되는 흐름에 관한 이야기다. 마지막 부분에 이런 문구가 나온다. "내가 불러낸 영혼들, 더 이상 내 말을 듣지 않는다."[30]

크리스토프는 휴가를 보낸 이후 이메일에 답변했다. 잘못 입력해서 그 뒤에 아무것도 없는 어드레스로 돈을 송금하는 바람에 토큰이나 돈을 잃었다고 말하는 이들의 메시지에는 답하지 않았다. 하지만 그는 이러한 메시지를 통해 더 다오 참가자들이 이더 내부자들이 아니라는 사실을 깨닫게 됐다. 친절한 사용자 인터페이스가 마련되어 있지 않은, 대신에 제이슨JavaScript Object Notation, JSON 파일처럼 다루도록 하는, 그리고 이더리움 블록체인상에서 계약을 직접 처리하도록 요구하는 기술에 대해 무엇을 해야 할지 전혀 감을 잡지 못하는 부류의 사람들이 대부분이었다. 그들 중 많은 이들이 다오가 뭔지조차 알지 못했다.

아브사가 다오를 주제로 강연했을 때, 청중은 다오와 이더리움의 차이도 이해하지 못했다. 강연에 참석한 사람들의 반응은 이랬다. "그러니까 당신은 사람들에게 돈을 지급하는 대기업에서 일하고 있는 거군요?" 그는 더 다오에 대해 탈중심화되어 있고, CEO도 직원도 없이 단지 암호화된 일련의 규약에 의해 운영되는 스마트 콘트랙트라고 다시 한번 설명했다. 아브사는 자신의 노트북 화면을 통해 더 다오를 활용해서 어떻게 투표하고 돈을 투명한 방식으로 송금할 수 있는지 사람들에게 보여주는 것을 좋아했다. 그는 코드 속 100개의 라인을 통해 민주주의를, 그것도 모두가 규칙을 볼 수 있다는 점에서 보다 우월한 민주주의를 구현하고 있다고 농담조로 이야기하곤 했다.

투박한 사용자 인터페이스를 감안할 때, 크라우드세일의 성과는 그야말로 놀라운 것이었다. 5월 28일 마감 시점을 기준으로 다오는 총 1170만 ETH 이상을 끌어들였다. 이는 세상에 존재하는 모든 이더의 14.6퍼센트에 달했다.[31] 금액으로 환산하면 1억 3940만 달러에 해당했다. 역사상 최대 규모의 크라우드펀딩 행사였다.[32]

암호화폐 거래소를 통해 어마어마한 돈이 들어왔다. 폴로닉스Poloniex 거래소에서만 1만 269건의 거래를 통해 87만 1000ETH가 유입됐다. 고래들은 자신의 지갑에서 직접 보냈다. 폴로닉스에서 자신의 지갑으로 200만 ETH를 인출했던 한 고래는 31만 5000ETH를 더 다오로 보냈다.[33] 한 사람이 폴로닉스 전체 거래의 36퍼센트 비중을 차지한 것이다.

이전의 어떤 크라우드세일에서 끌어모았던 돈보다 많은 돈이 더 다오로 흘러들다. 이는 부분적으로 당시 암호 세상에서 비트코인 백만장자뿐 아니라 이더 가격이 12달러까지 치솟으면서 많은 이더리움 백만장자가 탄생했기 때문이었다. 그들은 더 많은 수익에 목말라 있었다. 스플릿다오(구명보트) 기능 덕분에 언제든 자신의 돈을 인출할 수 있다는 점 때

문에 한 사용자의 트윗처럼 그들은 이렇게 확신했다. "#다오는 위험 없
는 투자다."³⁴

크라우드세일이 끝나기 며칠 전인 5월 25일, 스테판은 블로그에 '다
오.시큐리티DAO.Security-더 다오의 완전성을 보장하기 위한 제안'³⁵이라
는 제목의 글을 게시했다. 그 무렵 모든 이더는 상당 부분 다오 스마트
콘트랙트에 묶여 있었기 때문에 슬록잇은 다오 시큐리티DAO Security 그
룹을 설립할 것을 제안했다. 이 그룹은 크리스토프를 포함해 두세 명의
"전문 보안 분석 요원"으로 구성된 조직으로, "사회적, 기술적, 경제적 공
격을 포함해 더 다오가 직면할 수 있는 모든 잠재적인 공격 요인을 지속
적으로 감시하고, 선점하고, 피하는 역할을 한다." 전체 비용은 당시 이
더 가격을 기준으로 160만 달러였다.

이에 커뮤니티는 분노했다. 한 레딧 사용자는 이렇게 주장했다. "슬록
잇이 다오를 약탈하고자 한다. 다오에 1000만 달러밖에 없다면 그들은
100만 달러를 제안했을 것이다. 그런데 그들은 파트타임 일자리로 150
만 달러를 원하고 있다!"³⁶

다른 레딧 사용자는 그 구두쇠를 비난하면서, 1년에 4만 5000달러를
버는 사람들이 "결국 그 빅보이들(벤처 투자자들)과 경쟁하려고 나섰고,
당신들은 모두 싸구려만 원하고 있다"고 지적했다. 슬록잇은 결국 계획
을 원점으로 돌리고 다음 날 또 다른 제안을 발표했다. 1명의 전문가가
전일 근무로 더 다오의 보안을 책임지면서 1년 동안 8000ETH(9만 9000
달러)를 받는 조건이었다.

크라우드세일이 끝나기 하루 전인 다음 날, 암호 세상에서 에민 권 시
러Emin Gün Sirer 코넬대학 교수는 이더리움재단 연구원인 블라드 잠피
르, 그리고 컨센시스의 조지프 루빈과 손잡은 기업가인 디노 마크Dino
Mark와 함께 '더 다오상에서 일시적 지불유예를 위한 요청'³⁷이라는 제

목의 글을 블로그에 게시했다. 그들은 7가지 게임 이론 방식에 대해 설명했는데, 여기서 더 다오는 전략적으로 공격당해서 "정직한 다오 투자자들이 자신의 이익과 의도에 반하는 제안을 지지하도록 이용당할 수 있다"고 주장했다. 그들은 핵심적으로 더 다오의 규칙 때문에 사람들이 선호하지 않는 제안을 지지하는 쪽에 표를 던지는 경향이 있다고 지적했다. 그들의 주장은 5월 27일자 〈뉴욕타임스The New York Times〉에도 보도됐다.[38]

슬록잇 팀은 더 다오의 구조가 정보에 기반을 둔 의사결정으로 이어지지 않을 것이라는 우려에 무료로 업그레이드하는 방안을 모색했지만, 이를 통과시키기 위해서는 최소 53.3퍼센트의 정족수가 필요하다는 사실을 깨달았다.[39] 당시 가용 가능한 시스템을 감안할 때, 그리고 다오 토큰 보유자들 중 많은 이들이 암호 세계에 문외한이라는 점을 감안할 때 그것은 거의 불가능한 일이었다. 그들은 생각했다. '우리는 은행 금고를 지었고, 많은 이들이 거기에 돈을 넣었다. 그리고 이제 금고 문은 닫혔다.' 〈코인데스크〉의 한 기사에서 스테판은 이렇게 말했다. "이더리움과 관련해서 나쁜 이야기를 하는 것을 원치 않을 겁니다. 더 다오가 무너진다면 사람들은 이를 최대 규모의 해킹 사건이 있었던 암호화폐 거래소인 마운트 곡스와 비교하게 될 겁니다."[40]

어쨌든 다오 토큰 보유자들은 다양한 제안을 내놓기 시작했다. 돈을 지출하지 않은 이들의 경우, 투표를 위한 한계는 낮았다. 즉, 20퍼센트의 정족수만 필요했다. 하지만 그것조차 힘겨워 보였다. 첫날부터 많은 활동이 있었던 더 다오 그 자체와 달리, 첫 번째 제안은 투표 첫날 필요한 표의 0.01퍼센트를 확보했다. 콘트랙트가 업그레이드될 때까지 더 다오 상에서 지불유예는 최소 20퍼센트의 정족수를 필요로 했지만, 첫 번째 날 확보한 것은 필요한 표의 0.02퍼센트에 불과했다.

게다가 다오의 구조와 관련해서 또 다른 문제가 발생했다. 돈을 인출하는 게 너무 힘들다는 것이었다. 이를 위해 사용자는 스플릿 차일드 다오를 만들어야 했는데, 이는 기술적인 지식이 필요한 데다 여러 가지 마감이 지나갈 때까지 다양한 기간을 기다려야만 했다. 이에 레프테리스는 즉각적인 인출 기능을 추가하자고 제안했다. 이에 따르면 사용자의 다오 토큰이 사라지면 그의 이더는 즉각 반환된다.[41] 하지만 그리프는 그러한 변화가 단지 단기 거래자에게만 도움이 될 것이라며 반박했다. 이에 대해 레프테리스는 즉각 인출을 희망하는 사람은 수수료를 지불하고, 그렇지 않은 사람은 연기된 인출을 선택하면 수수료를 지불하지 않아도 된다고 설명했다. 이에 대해 커뮤니티의 한 멤버는 이렇게 썼다. "투자자가 손해를 보는 방향으로 규칙을 수정하는 방안은 법적 행동을 촉발할 수 있는 아주 좋지 않은 생각이다."[42]

한편, 큐레이터인 블라드(한 큐레이터는 그것이 공식적인 입장이 아니라고 말했지만, 두 큐레이터는 이를 지지했다)는 당분간 제안들의 화이트리스트(실질적으로 지불유예를 실행하는)를 만들지 않기 위해 다수의 큐레이터를 확보했다고 말했다. 그러나 큐레이터들은 이를 공식적으로 발표하길 원치 않았다. 탈중심화된 프로젝트에 중앙집중화된 통제 지점이 있어서는 안 됐기 때문이다. 이런 이유로 결함 있는 다오와 관련, 무엇을 해야 하는지에 대한 논의는 슬랙과 레딧, 깃허브, 다오허브 포럼, 트위터에 걸쳐 다양하게 이뤄졌다.

현실화된 위험, 더 다오를 해킹 당하다

6월 17일 금요일 이른 아침, 그리프는 독일의 작은 마을 미트바이다에 있는, 야생화와 풀이 우거진 목초지에 지어진 크리스토프 부모님의 3층

집 꼭대기 층 침실에서 잠을 자고 있었다. 그리프는 돈을 쫓는 산업에서 일하는 사람이라기엔 좀 범상치 않은 인물이었다. 금융 위기 당시 그는 재앙을 몸소 겪어냈다. 당시 그리프는 바이오제약 기업에서 화학 엔지니어로 일하며 햄스터 세포의 유전자를 가공하는 연구를 했다. 그는 슈퍼소닉스의 열혈 팬이었다. 그는 탈색한 머리를 모히칸 스타일로 밀고 그 뿌리는 슈퍼소닉스의 상징인 녹색으로 물들였다. 손에는 헐크 장갑을 끼고, 녹색과 금색으로 된 플라스틱 보석을 착용하고, 소닉스 옷만 입었다. 소닉스가 경기에 패한 날이면 아침까지 우울해했다. 그런데 금융 위기의 여파로 시애틀 슈퍼소닉스 농구팀이 매각되면서 오클라호마 시티선더로 바뀌어버렸다. 소닉스의 매각이 임박해오자 그는 소닉스가 시애틀에 그대로 남아 있게 만드는 것을 목적으로 한 조직 '세이브 아워 소닉스Save Our Sonics' 설립에 참여했다. 그런데 그 모든 노력이 모두 수포로 돌아갔다. 이런 일들을 겪으며 예전부터 자유주의와 오스트리아 경제학에 많은 관심이 있었던 그리프는 기존 경제에서 벗어나기로 결심했다. 당시 그의 회사는 해고를 진행하고 있었는데, 그는 거기에 자원했다. 당시 그의 나이는 스물넷이었다.

그리프는 한동안 취직하지 않았다. 그는 화학 엔지니어로 일할 때도 금과 은을 거래했다. 그는 자신의 월급을 노스웨스트 테리토리얼 민트 Northwest Territorial Mint로 송금해서 금과 은으로 바꿨고, 이를 시애틀 오스트리아 경제학 독서 그룹의 동료에게 팔아 달러로 바꿨다. 그는 히피 문화에 심취해 있었으며, 싱싱한 채소를 주재료로 하는 식단으로 45킬로그램을 감량했다. 2011년 실업 상태가 끝났을 때 자신의 은행 계좌를 해지하고 소유하고 있던 것들을 모두 팔아 밴을 장만했다. 그리고 버닝 맨Burning Man(미국 네바다주 블랙록 사막에서 개최되는 행사-옮긴이)에 다녀왔다. 이후 밴을 팔아서 돈을 마련해 미국을 떠났다(형제들의 생일과 버닝

맨 행사 때만 미국에 돌아왔다). 그는 남미 지역을 돌아다녔다. 특히 에콰도르에서 오랜 시간을 보냈다. 태국으로 갔을 때 그는 처음으로 비트코인을 샀다.

처음부터 돈에 많은 관심을 갖고 있었던 그리프는 알트코인을 좋아했다. 알트코인은 돈이 다른 의미를 갖도록 그 역사를 새롭게 쓸 수 있다는 그의 생각을 실현시켜줄 것만 같았다. 그리프는 어떻게 네임코인Namecoin이 검열에 저항하는 도메인 등록을 위한 코인이 됐는지, 그리고 프라임코인Primecoin이 소수를 발견하기 위한 시스템이 됐는지에 많은 흥미를 느꼈다. 그는 라이트코인Litecoin, 네임코인, 피어코인Peercoin, 페더코인Feathercoin, 테라코인Terracoin 같은 알트코인을 사 들이기 시작했다. 그리고 금 가격 상승, 화학 엔지니어로서의 수익, 그리고 실업급여로 모은 돈을 가지고 생활했다.

그리프가 로스앤젤레스에서 태국 마사지사로 일하고 있을 무렵, 라이트코인이 2달러에서 40달러로 치솟았다. 덕분에 그는 1만 7000달러를 벌었다. 그건 그의 1년치 생활비였다! "에콰도르의 비트코인 전문가"가 되기 위해 단기간 일을 하면서 그는 니코시아대학에서 디지털 화폐를 전공으로 석사 학위를 밟았고, 탈중심화된 자율 조직을 기반으로 하는 자전거 공유경제를 주제로 논문을 썼다. 그 동기는 무엇이었을까? 배낭여행을 하면서 돌아다니던 그리프는 자신이 소유하지 않은 멋진 구두를 신고서 결혼식에 참석할 수 있는 그런 세상을 만드는 데 기여하고 싶었다.

슬록잇에 관한 이야기를 듣고 난 후, 그리프는 자신의 논문과 자신이 나온 영상, 그리고 돈을 받지 않더라도 함께 일하고 싶다는 제안을 담은 이메일을 몇 차례 보냈다. 결국 그는 슬록잇의 첫 번째 직원이 됐다. 그리프는 9개월 후 역사상 최대 크라우드펀딩을 만들어내는 일에 참여하게 된다. 그 전날, 이더는 최대 거래 규모를 기록했다.[43] 그리고 6월 17일 아침, 그가 자고 있는 사이에 이더가 새로운 고점인 21.52달러에 도달하면서 더 다오의 가치는 2억 4960만 달러가 됐다.

베를린 시각으로 아침 7시 혹은 8시 그리프는 잠에서 깨어 휴대전화를 확인했다. 모Mo라는 이름의 슬랙 커뮤니티 멤버에게 메시지가 와 있었다. 그는 더 다오에서 이상한 일이 벌어지고 있다고 이야기했다. 자금이 점점 빠져나가는 것처럼 보인다는 것이었다. 그리프는 바로 확인했다. 258ETH(5600달러)의 거래가 더 다오를 빠져나가고 있었다. 그리프는 다른 슬록잇 멤버들에게 전화를 걸었다. 모는 크리스토프의 형제인 사이먼에게 연락을 취했고, 그리프는 그에게 그 소식을 크리스토프에게 최대한 빨리 전해달라고 부탁했다. 그러나 그의 대답은 이랬다. "당신들 일에는 관심이 없어요. 차라리 차를 몰고 그의 집으로 달려가지 그래요?"

항상 그렇듯 크리스토프는 늦게 일어났다. 미국에 있는 사람들과 종종 함께 일했기 때문이었다. 사이먼에게서 전화가 걸려와 그의 아내가 그를 깨웠다. 사이먼은 이렇게 말했다. "더 다오에서 뭔가 이상한 일이 벌어지고 있어요. 확인 좀 해봐요." 그는 이더리움 블록체인에서 데이터를 제공하는 웹사이트인 이더스캔으로 이어지는 링크를 보냈다. 크리스토프는 노트북을 들고 아래층으로 내려갔다. 무슨 일이 벌어지고 있는지 정확하게 파악할 순 없었지만 누군가 메인 다오로부터 스플릿을 했고, 뭔가 아주 잘못된 일이 벌어지고 있다는 사실을 알아챘다. 더 다오에 투자한 전 세계 수천 명의 사람이 돈을 잃어버리고 있었다. 그것도 한번에 258ETH를. 직감적으로 이런 생각이 들었다. '게임이 끝났군.' 어떤 면에선 안도감이 들기도 했다. 그는 좁은 사무실에 깔린 카펫에 팔을 베고 누웠다. 사방은 온통 흰색 벽이었다. 그리고 작은 창문으로 빛이 스며들고 있었다.

6장

DAO 해킹, 이더를 도둑맞다

2016년 6월 17일 ~ 2016년 6월 21일

롤백과 하드포크, 탈중심화 조직의 아이러니한 해결책

크리스토프 젠츠시는 신과 아내와 함께하면 어떤 문제든 해결해 나갈 수 있다고 믿었다. 그는 사무실 바닥에서 일어나 이더리움 재단에 그 소식을 알리고, 세상을 향한 메가폰이나 다름없는 스테판 튜얼과 그리프 그린에게 전화를 걸었다. 그와 그의 형 사이먼, 그리고 레프테리스 카라페차스는 공격이 어떻게 이뤄졌는지, 그리고 그들이 무엇을 할 수 있는지 파악하고자 했다.

당시 상하이에 있던 비탈릭 부테린은 이와 관련해서 이더리움 커뮤니티의 한 회원에게 스카이프 메시지를 받았다. 그리프가 잠에서 깨고 한 시간쯤 흐른, 현지 시각으로 오후 3시경이었다. 그 회원은 메시지에서 해킹 당한 거냐고 물었다. 비탈릭은 이렇게 생각했다. '99퍼센트 확률로 아무런 문제도 없을 거야.' 하지만 잔액이 1170만 ETH에서 900만

ETH로 줄어든 것을 분명히 확인했다.

한편, 베를린 시각으로 오전 8시 15분, 그리프는 다오허브 포럼에 글을 올렸다. "@channel 응급 상황! 스플릿이 열려 있다면 슬록잇 멤버에게 최대한 빨리 다이렉트 메시지를 보내세요!!!" 그리고 비슷한 메시지를 슬랙 채널에도 올렸다. 이에 대한 반응들은 별로 조짐이 좋지 않았다.

오!

무슨 일이 벌어지고 있는 겁니까?

오, 젠장!

저런!

스플릿이 열려 있다는 말이 무슨 뜻인가요? 스플릿을 위한 제안?

결국 테일러 판 오든이 설명했다. "쉿. 스플릿을 시작했고 현재 열려 있다면 @griff로 메시지를 보내세요. 스플릿이 뭔지 몰라도 걱정하지 마세요."

한편, 크리스토프와 사이먼, 비탈릭 등은 스카이프에 접속해 레프테리스, 비탈릭, 개빈 우드, 제프리 윌크, 애런 뷰캐넌, 페터 스질라기, 크리스티안 라이트비스너, 아브사, 테일러 게링, 파비안 포겔슈텔러 등 기존 멤버들과 몇 개의 스카이프 그룹을 만들었다. 그들은 맞대응하고 코인을 되찾기 위해 공격 방법을 알아내고자 했다. 그중 몇 명은 거래소 오퍼레이터들과 함께 스카이프 그룹에 뛰어들었다. 거기에 비탈릭은 이렇게 썼다.

가능한 완화 전략은 다음과 같다:

1. 거래소로 들어간, 모든 도난당한 이더를 잡는다.

2. 한 사람이 두 시간 안에 스플릿을 할 것이다.

우리가 그와 접촉할 수 있다면 그 공격을 그대로 따라 해서 상당 부분을 회복할 수 있을 것이다.

비탈릭은 더 다오를 공격한 자가 스플릿 다오를 사용해서 공격을 수행했다는 사실을 언급했다. 더 다오가 배라면 공격자는 물 위에 떠 있는 구명보트에서 공격을 감행했다는 말이었다. 공격자에게 맞서 싸우려는 개발자들이 또 다른 구명보트를 발견할 수 있다면, 비슷한 공격을 감행해 자금을 빼냄으로써 공격자로부터 더 다오를 지킬 수 있을 것이다. 스플릿 다오를 시작하는 것부터 토큰들을 하나의 다오에 집어넣기까지 1주일 정도 시간이 걸리기 때문에 그들은 이미 열려 있는 혹은 열릴 예정인 하나의 다오를 찾고 있었다.

이더리움 커뮤니케이션팀원인 조지 할람George Hallam은 이렇게 썼다. "모든 거래소: 최대한 빨리 이더 거래를 중단하세요."

이는 다소 위험한 방법이었다. 공격자가 훔친 이더를 현금화하지 못하도록 막을 순 있을 테지만, 그 뉴스를 보고 이더 가격이 떨어지기 전에 서둘러 수익을 취하지 못하도록 막음으로써 매도자에게 불이익을 줄 수밖에 없었다. 이더리움 내부자인 디노 마크는 이런 글을 올렸다. "이더리움 재단은 거래소에서의 손실을 상환할 수 있다. 하드포크hard fork(기존 블록체인과 호환되지 않는 새로운 블록체인에서 다른 종류의 암호화폐를 만드는 것-옮긴이)와 롤백Roll back(현재의 데이터가 유효하지 않거나 망가졌을 때 기존 데이터로 되돌리는 행위-옮긴이) 없이는 이번 피해는 영구적일 것이며 이더리움 생태계는 사라지게 될 것이다."

롤백에 대한 언급은 그 자체로 거래소 오퍼레이터들에게 경보를 발동했다. 롤백은 일종의 취소라고 할 수 있다. 이는 '불변성immutability'이라고 하는 블록체인 신성한 원칙을 어기는 행위다. 블록체인은 바로 이 원칙 때문에 기존 데이터베이스와 차별화된다. 대중에게 가장 익숙한 블록체인인 비트코인은 타임스탬프time-stamp가 기록된, 그리고 암호 기술에 의해 그 자체가 이전 버전에 묶여 있는 원장이다. 원장의 과거 버전과 최신 버전을 잇는 수학적 연결 고리를 끊어버리지 않고서는 기존 거래를 변경하는 것이 불가능하다.

그러나 디노는 이렇게 변명했다. "2013년 비트코인에서 그런 일이 벌어졌습니다. 거래소들이 거래를 롤백하는 일이 있었지요."(그가 언급한 것은 2013년 사건이다. 당시 비트코인 소프트웨어의 업그레이드 버전이 기존 버전과 호환되지 않는 바람에 체인이 2개로 갈라졌다. 개발자들은 이 문제를 해결하기 위해 기존 버전을 지원하기로 선택했다. 가장 쉬운 방법을 택했던 것이다. 그들은 이를 해결하기 위해 거래소와 채굴 운영자, 거래상, 그리고 여러 대규모 비트코인 오퍼레이터들과 접촉해야 했다[1])

디오는 또 다른 용어인 "하드포크"에 대해서도 언급했다. 이 용어는 상황에 따라 아무런 문제가 없을 수도 있고 논쟁의 여지가 될 수도 있다. 하드포크는 하위 호환되지 않는 소프트웨어 업그레이드를 말한다. 이 말은 네트워크상에 있는 채굴자와 다른 노드의 상당한 비중이 업그레이드하지 않기로 선택할 경우, 이더리움 체인이 2개로 분할되면서 분할 시점 이전까지의 히스토리를 공유하는 새로운 체인과 두 번째 이더화폐를 만들어낼 수 있다는 뜻이다. 비록 이더리움이 네트워크에 기능을 추가하기 위해 하드포크를 사용했지만, 이는 커뮤니티의 아무런 반대에도 직면하지 않은, 우주선 발사만큼이나 신중하게 계획되고 공표된 시스템 차원에서의 업그레이드였다. 다오 토큰 보유자만 구제하기 위한 하드포크라면 이더리움 커뮤니티 전체의 지지를 구하지 못할 것이 분명했다. 특히 이더를 판매했던, 그리고 그들 자신의 화폐를 가지고 경쟁하는 이더리움 블록체인을 만들 수 있는 거래소들의 지지를 얻기 어려울 것이다. 다오에 대한 공격 때문에 이더리움이 하드포크한다면, 이는 마치 애플이 가장 유명한 앱에 대한 공격 때문에 스스로에게 잠재적으로 해가 될 수 있는 행동을 하는 것이나 마찬가지다. 이 같은 시나리오에 다른 앱과 일부 사용자들은 합류하기를 거부할 게 분명했다. 물론 이더리움의 경우, 그러한 결정을 내릴 CEO가 없다. 커뮤니티가 하나의 집단으로서 그러한 역할을 하기 때문이다.

누군가는 모두에게 이렇게 경고했다.

거시적으로 생각해야 한다. 지금 우리가 직면한 것은 엉터리 스마트 콘트랙트와 부주의한 투자자들이다. 이것은 충분한 주의를 기울이지 않고 투자한 이들이 감수해야 할 위험이다. 하드포크나 롤백 같은 섣부른 수단을 취함으로써 독자적이고 탈중심화된 플랫폼으로서 이더리움의 평판을 위험에 처하게 해서는 안 된다. 그럴 경우, 대단히 위험한 전례를 만들게 될 것이며, 당국이 앞으로 기회가 있을 때마다 개입할 여지를 남기게 될 것이다!

암호화폐 거래소 비트피넥스Bitfinex의 경영자 필립 포터Philip G. Potter(필)는 이렇게 말했다.

이것은 이더가 아니라 다오의 문제다.

디노가 비트코인의 2013년 롤백을 전례로 삼을 수 있다고 주장하자. 필은 이렇게 물었다. "거래소를 압박하면 이더가 살아남을까요?" 디노는 그렇다고 말하며, 거래소들에 거래를 중단하라고 다시 한번 요청했다.

필은 이렇게 썼다. "이 코인, 엿이나 먹어라."

디노는 다오 절도를 그대로 방치하고 해커가 거래소에서 수백만 이더를 팔도록 내버려둔다면 이더리움은 절대 살아나지 못할 것이라고 주장했다. 그는 이렇게 썼다. "이더 가격은 0.50달러가 될 것이다. 논리적으로 생각하자. 이는 절대 돌이킬 수 없는 홍보의 재앙이다."

그러나 폴로닉스의 트리스탄 디아고스타Tristan D'Agosta는 이렇게 지적했다. "블록체인이 신뢰를 잃어버린다면 시장의 공황을 초래하게 될지도 모른다."

필은 이렇게 덧붙였다. "정부 기관이 리더가 없는 다오(혹은 여기서는 이더리움을 뜻한다)가 롤백을 하도록 잠재적으로 압박할 수 있다는 사실을 깨닫게 된다면, 그 결과는 엄청난 파장으로 이어질 것이라고 장담하는 바이다."[2]

그러는 사이에 슬록잇 팀과 스카이프 그룹 개발자들은 공격이 어떻게 이뤄졌는지 신속하게 파악해냈다.

더 다오 해킹, 360만 ETH를 도둑맞다

6월 5일, 개빈이 솔리디티의 기획자라고 인정하지 않았던 개발자인 크리스티안은 스마트 콘트랙트가 일상적인 금융 거래와 다르게 작동하는 방식을 이용한 버그와 관련해서 핵심 개발자들에게 이메일을 보냈다.[3] 우리가 은행원이나 ATM을 통해 돈을 인출할 때, 은행원이나 ATM은 우리가 돈을 받고 난 다음에 계좌 잔액을 업데이트한다. 하지만 스마트 콘트랙트는 먼저 잔액을 업데이트한다. 그렇지 않으면 악의적인 스마트 콘트랙트가 잔액이 업데이트되기 전 인출 시점에 그 과정을 다시 시작하도록 만들 수 있기 때문이다. 이것이 바로 더 다오 공격자가 활용한 수법이었다. 기억상실증에 걸린 은행원에게 가서 잔액이 259달러인 계좌에서 258달러를 인출하고 은행원이 잔액을 1달러로 업데이트하기 전에 그 은행원을 헷갈리게 한 뒤 다시 한번 258달러를 인출한다. 그런 뒤 계속 같은 과정을 반복하는 것이다(이 경우에 더 다오 공격자는 매번 258ETH를 인출했다).

6월 9일, 비트코인 재단 공동설립자인 피터 베스네스Peter Vessenes는 블로그에 올린 글에서 이 사건을 "끔찍하고 끔찍한 공격"이라고 단언했다. 다음 날 크리스티안은 공격 벡터attack vector(해커가 컴퓨터나 네트워크에 접근하기 위해 사용하는 경로나 방법-옮긴이)에 관한 글을 올렸다.[4]

슬록잇은 사람들의 제안을 실행하는 기능에서 더 다오의 취약점을 발견했다. 이 문제와 관련해서 그들은 수정안을 내놨다. 다오 토큰 보유자 중 다수가 이에 대해 투표를 했다. 다오허브 포럼의 한 멤버는 더 다오의 한 영역인 보상 콘트랙트에서 버그를 발견했다. 그 콘트랙트에는 돈이 없었기 때문에 스테판은 6월 12일 블로그를 통해 '어떠한 다오 펀드에도 이더리움 스마트 콘트랙트 재귀 호출recursive call 버그에 따른 위험은 없다'라는 제목으로 글을 올렸다.[5] 그는 이렇게 썼다. "여기서 알 수 있는 중요한 사실은 다음과 같다. 더 다오의 보상 계좌에는 이더가 하나도 없기 때문에, 이것이 모든 다오 펀드를 지금 위험에 처하게 만든 문제는 아니다." 비탈릭 역시 걱정하지 않는 것처럼 보였다. 그 전날 비탈릭은 트위터에 이런 글을 올렸다. "그 보안 뉴스 이후로도 계속해서 다오 토큰을 사 들이고 있다."[6]

보상 콘트랙트는 정체를 알 수 없는 누군가가 작성한 스마트 콘트랙트와 상호작용하는 지점이기 때문에 더 다오에서 잠재적으로 취약한 부분이었다. 기본적으로 더 다오가 수익성 있는 대상에 투자한다면, 그 투자에서 얻는 수익은 보상 콘트랙트로 들어가 투자한 모든 다오 토큰 보유자에게 비중에 따라 배당금처럼 지급될 것이다. 누군가 차일드 다오로 스플릿함으로써 더 다오를 떠나고자 할 때, 크리스토프는 그가 자신의 기여도와 관련된 미래 보상에 대한 권리를 갖게 된다고 판단했다. 그약속을 지키기 위해서 더 다오는 떠나고자 하는 이에게 외부 어드레스혹은 보상을 보낼 콘트랙트를 구체적으로 밝히도록 요구한다(이더리움에서는 인간 혹은 콘트랙트가 계좌를 소유할 수 있다. 그리고 콘트랙트가 소유한 계좌로 거래를 전송하면, 이는 제품을 내뱉는 자판기에서 선택하는 것처럼 콘트랙트의코드 실행을 촉발한다). 더 다오를 떠나는 이들에게 미래 보상과 관련해서배당금을 지급할 필요는 없었기 때문에, 크리스토프는 너그럽게도 이렇게 썼다. "선해지자. 그리고 그의 보상을 받자."(개발자가 콘트랙트의 라인을어떻게 세는지에 따라 취약성은 667 혹은 666라인상에 있었다)

크리스토프는 호의적이었지만, 공격자는 그렇지 않았다. 공격자는 스플릿 다오 기능이 네 단계(모두 한번에 일어나는)로 구성되어 있다는 사실을 알았다. 첫째, 다오를 떠나는 사람은 차일드 다오를 만들고, 그들의다오 토큰을 보내고, 이는 태워진다. 둘째, 메인 다오는 요청자의 이더를새로운 다오로 보낸다. 셋째, 메인 다오는 보상을 제공한다(다오 토큰 보유자가 지정한 계좌로). 넷째, 콘트랙트는 그 사람의 잔액을 업데이트한다.고정 어드레스를 갖고 있던 공격자는 악의적인 콘트랙트를 만들어냈다.공격자는 그 어드레스를 가지고 더 다오에 이런 신호를 보냈다. "이봐,더 다오에서 내 토큰을 가져가고 싶어." 그리고 나서 258ETH를 인출하기 위해 갖고 있던 2만 5805다오 토큰을 보냈다.

두 번째 단계에서 돈을 어디로 보낼지 질문 받았을 때, 공격자는 지목했다. 베를린 시각으로 6월 8일 오전 7시 38분, 누군가 차일드 다오(#59)를 생성하고 이렇게 이름을 붙였다(이는 나중에 중국에 있는 다오 토큰 보유자로 밝혀졌다).

외롭게

너무도 외롭게[7]

6월 14일, 중국의 다오 토큰 보유자는 암호화폐 거래소 크라켄에 30만 5000다오 토큰을 넣었다. 그리고 총 30만 6914개에 달하는 남아 있는 모든 다오 토큰을 또 다른 거래소인 폴로닉스에 집어넣었다.[8] 이렇게 차일드 다오 59는 텅 비어버렸다.

베를린 시각으로 2016년 6월 17일 새벽 5시 34분, 공격자는 재귀 호출을 시작하면서 자신이 인출한 것을 차일드 다오 59로 보냈다.[9] 세 번째 단계에서 더 다오가 "보상을 어디로 보낼까요?"라고 물었을 때, 해커는 악의적인 콘트랙트를 위한 이더리움 계좌를 제시했다. 보상 콘트랙트는 악의적인 콘트랙트에 신호를 보냈고, 그 콘트랙트는 신호를 받을 때마다 두 번째 단계, 즉 돈을 차일드 다오로 보내는 단계를 반복하도록 설계됐다. 그 콘트랙트는 두 번째 단계를 계속 반복하면서 이더를 매번 차일드 다오 59로 보냈다. 이는 다오가 잔액이 업데이트되는 지점인 네 번째 단계로 넘어가는 것을 막으면서 더 많은 이더를 인출하는 것을 불가능하게 만들었다. 해커는 몇 시간 동안 한 번에 258.056565ETH씩 옮기는 일을 되풀이했다. 그날 등락을 반복했던 환율을 감안할 때 이는 3500~5550달러 정도의 규모다. 재귀 호출(재진입 공격re-entrancy attack이라고도 한다)이 너무 빠르게 이뤄져 실제로 공격자는 1초마다 이 같은 금액을 가져갔다. 그날 등락을 반복한 환율을 감안할 때, 분당 21만~33만 달러, 시간당 1260만~1980만 달러에 해당하는 규모였다.

그러나 도둑은 그냥 돈을 들고 도망칠 수 없었다. 더 다오의 규칙이 공격자의 자금을 붙잡아뒀기 때문이다. 더 다오에서 이더를 가져가려면 위한 기능을 실행할 때 공격자는 그 돈을 차일드 다오(구명보트)로 옮겨야만 한다(보상 콘트랙트에는 돈이 하나도 없기 때문에 공격자가 보상을 요청하더라도 실제로 아무것도 전송되지 않는다). 그 토큰은 차일드 다오 59에 28일 동안 혹은 시간이 흐른 만큼을 제하고 27일과 나머지 시간 동안 묶여 있게 된다(새로운 다오를 생성하기 위해, 그리고 시스템에서 돈을 인출하기 위해 다오를 사용했기 때문에 이 스플릿 다오의 목적이 다른 의제를 가진 새로운 다오를 생성하는 것이라면 다오 생성 기간으로 28일이 소요되어야 하며, 그 기간 동안 더 다오의 비전에 동의한 이들은 자금을 보냄으로써 합류할 수 있다). 28일 이후에 공격자는 두 번째 차일드 다오 혹은 그랜드차일드 다오로 스플릿을 하기 위한 또 다른 제안을 할 수 있는데, 이를 위해서는 7일의 투표 기간이 필요하다. 그 후, 그는 차일드 다오의 멤버들이 새로운 큐레이터에 투표하도록 하거나, 아니면 스스로 큐레이터가 됨으로써 거래소로 돈을 옮기기 위해 필요한 권한을 갖게 된다(그리고 거래소가 공격자를 받아들이면 그는 돈을 인출할 수 있다. 공격자가 차일드 다오 59를 직접 생성했다면 추가적인 차일드 다오를 생성하는 과정은 꼭 필요하지 않다). 어쨌든 해커는 35일 동안 차일드 다오에 있는 돈으로 아무 일도 할 수 없다. 이는 그 돈을 되찾으려는 이들을 위한 입구, 즉 7월 22일 닫히게 될 창문을 만들어냈다.

슬록잇과 다른 개발자들이 공격자를 막을 수 있을지 확실하지 않았기 때문에 그들은 자금이 빠져나가는 속도를 늦추기 위해 이더리움 네트워크에 스팸 공격을 가하기로 결정했다. 비유하자면, 차를 타고 도망치는 도둑을 막기 위해 고속도로에 자동차를 마구 밀어 넣었다. 하지만 이 방법은 2가지 측면에서 임시변통에 불과했다. 첫째, 모든 애플리케이션이 이더리움을 사용하는 것을 불가능하게 만들었다. 둘째, 슬록잇과 이더리움 개발자가 그 공격을 재창조할 수 있기 때문에 다른 사람도 그렇게 할 수 있었다. 누구든 더 다오에서 돈을 훔칠 수 있게 된 것이다.

공격은 며칠 동안 계속됐다. 스테판이 블로그를 통해 보상 콘트랙트의 취약성을 설명하면서 그럼에도 불구하고 자금은 안전하다고 설명하는 게시글을 올리고 이틀이 지난 6월 14일 화요일, 베를린 시각으로 오후 1시 42분, 그리고 다시 한번 오후 11시 5분, 공격자는 셰이프시프트를 사용해 비트코인으로 다오 토큰을 교환했다. 처음에 2BTC로 7910다오 토큰(1321달러)을, 그리고 그날 밤 2BTC로 다시 한번 8307다오 토큰을 교환했다. 게다가 또 다른 1.4BTC로 52.02ETH(950달러)를 교환했다. 그는 모든 다오 토큰과 이더를 '0x969'으로 시작하는 어드레스로 보냈다.[10]

베를린 시각으로 6월 15일 수요일 오전 6시 26분, 공격자는 2가지 서로 다른 콘트랙트를 사용해서 차일드 다오 59에 대한 찬성 투표를 했다(이는 중국의 다오 토큰 보유자가 소유한 것으로 당시에는 텅 비어 있었다).[11] 한 시간 남짓 시간이 흐른 뒤, 차일드 다오 59에 대한 7일간의 투표 기간이 마감됐다. 쉽게 말해, 이제 더 이상 다른 누구도 입장할 수 없게 된 것이다. 중국 다오 토큰 보유자는 자신의 제안에 찬성 투표를 한 적이 없으므로 다오 공격자는 더 다오로부터 스플릿할 수 있는 유일한 인물이었다.

6월 16일 목요일 오전 11시 58분, 공격자는 셰이프시프트에서 500달러에 해당하는 비트코인(0.677BTC)의 교환을 시도했지만, 이는 환불됐다. 셰이프시프트에서는 2가지 유형, 빠른 거래 혹은 정확한 거래가 가능하다. 공격자는 정확한 거래를 선택했다. 이 말은 10분 안에 송금하지 않으면 주문이 취소된다는 의미다. 때로 사용자들 역시 공격자와 마찬가지로 일을 시간 안에 처리하지 못하곤 한다. 특히 그들이 그 과정에 익숙하지 않을 때는 더욱 그렇다.

오후 12시 46분, 공격자는 자신의 눈앞에서 벌어진 일을 믿지 못하겠다는 듯 셰이프시프트의 고객 서비스 요청란에 메일리네이터Mailinator 계좌로부터의 환불 어드레스를 작성했다[12](메일리네이터는 수신 전용 이메일 시스템으로, 사용자는 고객 티켓 요구의 요청란을 채워 넣음으로써 익명의 이메일 계정을 생성할 수 있다. 생성한 계정에 대해서는 공용 메일 수신함이 형성되어 이메일 계정만 안다면 누구나 열어볼 수 있으며, 메일은 몇 시간 후 자동으로 삭제된다). 해커는 Dephisicru@mailinator.com이라는 이메일 어드레스를 생성했다. 그리고 거래 ID 넘버를 채운 후, 셰이프시프트 고객 서비스 요청란에 간단한 메모를 작성했다. 이는 지금까지 알려진 공격자에게서 비롯된 유일한 커뮤니케이션이다. "주문을 확인해주세요." 고객 서비스 담당자는 이렇게 답변했다. "당신의 예금 기간이 만료됐고, 그래서 거래를 완성할 수 없습니다. 그러나 우리는 다음에서 확인할 수 있듯이 BTC 자금을 돌려드렸습니다. http://blockr.io/tx/info/afd6fc9cb2910445b126cbfd8a8dd58b4d5359356688f416635c12b15fcab7bf." 공격자는 고객의 신원 정보를 요구하지 않는 암호화폐 거래소에 익숙하지 않은 듯 보였다. 베를린 시각으로 오후 1시 11분, 그는 또 다시 고객 서비스 요청을 올렸다. "주문을 확인해주세요."

'메건 멤풀Megan Mempool'(멤풀은 블록체인 용어에서 가져온 가상의 성姓이다)이 다섯 시간 후 답변을 작성했을 때, 공격자는 1.236BTC를 46.88ETH(966달러)로 전환한 자금을 이미 받았고, 또한 그 돈을 '0x969'로 보냈다.[13]

오후 4시 24분, Dephisicru@mailinator.com은 세 번째 요청을 보냈다. 짧은 문장이지만 영어와 암호 약자에서 유창함을 엿볼 수 있었다. "다오 토큰이 여전히 사라진 상태입니다. 이 거래가 이뤄져야 합니다. 환불 거래 해시나 다오 토큰을 보내주기 바랍니다. 감사합니다."

메건 멤풀은 그 거래가 실패했으며 비트코인을 돌려보냈다고 답했다.

오후 6시 13분, 셰이프시프트의 요령을 터득하고 더 이상 고객 서비스의 도움이 필요 없게 된 공격자는 0.667BTC를 25ETH(519달러)로 환전하고, 또 다시 작은 규모의 비트코인을 환전해서 15ETH(308달러)를 확보했다. 다음으로 231달러에 해당하는 1284다오 토큰을 받아서 이 모두를 '0x969'로 보냈다.[14] 베를린 시각으로 6월 16일 목요일 오후 6시 43분이었다. 10BTC를 쓴 공격자는 '0x969' 어드레스에서 2만 5805.61 다오 토큰(4650달러), 그리고 139ETH(2724달러)를 모았다. 이 모두를 합하면 7377달러에 달했다.

크라우드세일 동안 이더에 대한 다오 토큰의 비율은 100:1이었기 때문에 그 콘트랙트는 현재 2만 5806다오 토큰으로 258.06ETH를 교환할 수 있었다. 잔액을 업데이트하는 프로그램상의 결함 때문에 공격자는 인출할 때마다 더 다오에서 그렇게 많은 금액을 인출할 수 있었다. 차일드 다오 59라는 구명보트는 수중에서 대기 중이었다.

베를린 시각으로 6월 17일 새벽 5시 34분 48초, 공격이 시작됐다.[15]

오후 1시(상하이 시각으로 오후 7시) 1분간 수십 회나 258ETH씩 메인 다오에서 빠져나가고 있을 무렵, 비탈릭은 블로그에 글을 게시했다. 여기서 그는 "재귀 호출 취약성"으로 인해 이더가 더 다오로부터 차일드 다오로 넘어가고 있다고 설명했다.[16] 동시에 이렇게 썼다. "아무런 행동을 취하지 않아도 공격자는 적어도 앞으로 27일간(차일드 다오를 위한 윈도 생성 기간 동안) 어떤 이더도 빼내갈 수 없다. 이더리움 그 자체는 완벽하게 안전하다." 비탈릭은 개발자들이 먼저 소위 "소프트포크soft fork"를 실행할 것이라고 말했다. 소프트포크란 블록체인의 히스토리를 바꾸지 않으면서 앞으로의 규칙을 변경함으로써 공격자가 더 이상 더 다오에서, 그리고 어떤 차일드 다오에서도 그러한 기능을 수행하지 못하도록 막는 방법을 말한다. 이를 통해 공격자(그리고 동시에 더 다오에 투자한 다른 모두)가 27일이 지난 후에도 돈을 인출하지 못하도록 막을 수 있었다.

비탈릭은 블록 넘버 '1760000'에서 시작할 것을 제안했다. 이는 27일 내 일어날 것이며, 여기에 자금이 묶이게 된다. 마지막으로 비탈릭은 스마트 콘트랙트를 작성하는 이들에게 재귀 호출에 취약하지 않은 코드를 작성하고, 1000만 달러 이상의 콘트랙트를 만들어내지 말 것을 당부했다(즉, 더 이상 무제한 토큰 세일은 없었다). 그는 만약의 경우를 대비해 하드포크가 진행 중이라는 언급은 하지 않았다. 그가 그 글을 게시했을 때, 너무 많은 이들이 접속해서 연결되지 않자 사람들은 다른 이들이 읽을 수 있도록 레딧에 그 글을 게시했다.[17]

비탈릭의 블로그 글이 게시되고 나서 베를린 시각으로 오후 1시, 놀랍게도 더 다오에 대한 공격이 멈췄다.[18] 그 시점에 공격자는 364만 1694ETH를 모았다. 이는 그날 고점을 기준으로 7800만 달러, 저점을 기준으로 4900만 달러에 해당하는 규모다.[19] 공격자는 더 다오의 이더 중 31퍼센트를 차지했다. 그가 왜 공격을 중단했는지는 아무도 알지 못했다. 슬록잇 팀과 개발자들은 소프트포크에 대한 비탈릭의 위협이 공격자가 더 다오에서 이더를 빼가려면 소프트포크를 피해야 한다고 생각하도록 만들었기 때문일 것이라고 봤다(몇 년 후 그리프는 공격자의 콘트랙트가 작동을 멈췄기 때문일 거라고 추측했다).

어쨌든 이날은 이더와 다오 토큰 보유자들에게 대혼돈의 날이었다. 이더 거래량이 최고치를 경신한 날(1억 9900만 달러에 달했다), 이더 가격은 공격이 있기 전 21달러에서 14달러까지 떨어졌다.[20] 31퍼센트의 이더가 빠져나가고 가격이 하락하는 사이, 6월 17일 아침 2억 5000만 달러 정도의 가치를 인정받던 다오 토큰은 최저점으로 떨어지면서 그 가치가 1억 900만 달러로 줄었다. 사람들이 다오 토큰을 팔기 위해 애쓰면서 가격은 공격 전날 0.10달러에서 0.06달러로 떨어졌다. 그리고 다음 날에는 더 떨어져서 0.05달러로 주저앉았다. 공포심에 다오 토큰을 내던진 이들은 투자 금액의 3분의 2 정도를 날려버리고 말았다.[21] 24명의 사람들이 그들의 자산을 인출하기 위해 스플릿 다오를 생성했는데, 그

때 그들은 정당하게 소유했던 이더의 69퍼센트를 가지고 스플릿을 하고 있었다.

완전히 공개된 시스템은 공격에도 취약하다

이러한 드라마가 펼쳐지는 가운데, 철학적인 질문이 서서히 모습을 드러내고 있었다. 더 다오 공격은 해킹인가 아니면 단지 절도인가? 이는 어쩌면 명백한 비윤리적인 행위에 대한 추상적인 질문인지도 모른다. 항상 연구원이라고 자처했던 비탈릭은 블로그 게시글을 통해 이 같은 질문을 던졌고, 커뮤니티는 이를 둘러싸고 치열한 논쟁을 벌였다.[22] 코드가 이더를 차일드 다오로 내보내는 것을 허용했기 때문에, 그리고 더 다오의 슬로건이 "코드가 곧 법이다"였기 때문에 재귀 호출은 콘트랙트를 활용하는 적법한 방법으로 볼 수 있었다. 그는 스마트 콘트랙트 절도 혹은 손실이 "근본적으로 실행과 의도 사이의 차이에 관한 것"이라는 점에서 해결책은 그 격차를 낮추기 위해 보안 실행을 강화하는 것이라고 결론을 지었다.

자신이 공격자라고 주장한 한 사람이 비탈릭의 게시글보다 덜 철학적인 분위기로 다음과 같은 서한을 공개했다.

더 다오와 이더리움 커뮤니티에게

저는 더 다오의 코드를 면밀히 살펴봤고, 스플리팅으로 추가적인 이더를 보상받는 기능을 발견한 후에 참여하기로 결정을 내렸습니다. 저는 이 기능을 활용해서 정당하게 364만 1694ETH를 요청했고, 그 보상에 대해 더 다오에 감사를 드리고 싶습니다.

저는 이 의도적인 기능의 활용을 '도둑질'이라고 규정하는 사람들에게 실망했습니다. 저는 명시적으로 암호화된 기능을 스마트 콘트랙트 조건으로서 활용했고, 제 로펌은 제게 제 행동이 미국의 형법과 불법행위법을 완전히 준수한다고 조언해줬습니다. 참고로 더 다오의 조건을 살펴보시기 바랍니다.

더 다오의 생성 조건은 이더리움 블록체인상 '0xbb9bc244d798123fde783fcc1c72d3bb8c189413'에 존재하는 스마트 콘트랙트 코드에 나와 있다. 조건에 대한 설명이나 어떤 다른 문서 및 커뮤니케이션의 어느 것도 다오 코드에서 규정하는 것을 넘어선 추가적인 책임이나 보증을 수정하거나 추가하지 못한다. 모든 설명적인 조건이나 기술은 단지 교육적인 목적으로 제안되며 블록체인상에서 규정하는 다오 코드의 조항을 대체하거나 수정하지 못한다. 여기서 제시한 기술과 '0xbb9bc244d798123fde783fcc1c72d3bb8c189413'에서 다오 코드의 기능성 사이에 어떤 충돌이나 모순이 존재한다고 생각하는 한, 더 다오의 코드는 다오 생성의 모든 조건을 통제하고 규정한다.[23]

그는 또한 이렇게 주장했다.

소프트 혹은 하드포크는 스마트 콘트랙트의 조건을 통해 합법적으로 요청한 저의 정당한 이더에 대한 압류로 이어질 것입니다. (그리고 하드포크는) 이더리움에 대한 신뢰만이 아니라 스마트 콘트랙트와 블록체인 기술 분야에 대한 전반적인 신뢰를 영구적이고 불가역적으로 파괴하게 될 것입니다.

마찬가지로 레딧 사용자들은 공격 사실과 소프트포크 제안을 발표한 비탈릭의 게시글에 대해 이런 글을 남겼다. "ETH가 온라인으로 있던 초반에 나쁜 콘트랙트를 했고 이로 인해 2000ETH를 잃었습니다. 되돌려받을 수 있을까요?"

'IAMnotA_Cylon'이라는 닉네임을 쓰는 사용자는 이렇게 답을 달았다. "농담이라고 생각합니다만, 사실이라면 가슴 아픈 이야기네요. 이더리움은 의도한 대로 정확하게 작동했습니다. 의도한 대로 정확하게 작동하고 있는데 소프트웨어를 업데이트해야 한다고 생각하지 않습니다. 우리는 투자의 위험성을 가정해야 합니다."[24]

또 다른 레딧 사용자는 비난조로 이렇게 썼다. "내 차를 훔친 이는 나보다 배선 장치에 대해 더 많이 알고 있었을 뿐이다. 그러니 그건 범죄가 아니다."[25]

한 사람은 이 딜레마를 다음과 같이 정리했다. "이더리움은 스마트 콘트랙트하에서 정당하게 소유한 돈을 해커에게 지급해야 할지 결정해야 한다. 아니면 스마트 콘트랙트가 의미 없는 것이라고 판단해야 한다."[26]

커뮤니티가 이론적인 문제를 놓고 논의를 벌이는 동안, 또 다른 다오 토큰 보유자는 이 상황에 아주 다른 방식으로 접근했다. 2016년 초, 익명의 랜덤 채팅 서비스 업체인 챗룰렛Chatroulette의 설립자이자 CEO인 앤드리 테르노프스키Andrey Ternovskiy는 세금 문제로, 그리고 인근에 대학이 있다는 이유로 스위스 추크로 이주했다. 수년 전 그는 구글 애드센스Google AdSense를 통해 자신의 사이트에 광고를 실었는데, 구글이 자신의 계좌를 폐쇄했다고 말했다. 그 이유는 그가 열일곱 살이었기 때문이었다. 이후에 구글은 러시아에서 그에게 수표를 보냈다. 수표가 영화 속에나 있는 것이라고 생각하던 그는 수표를 보면서 이렇게 생각했다. '구글은 왜 수표를 사용하는 걸까? 이 미국 은행 수표를 가지고 뭘 해야 할까?' 게다가 구글은 규정 준수를 이유로 그에게 여러 가지 질문을 던지고 이런저런 사항들을 서류에 기입하도록 했다. 온라인 결제를 위해 존재하는 페이팔 역시 끔찍하기는 마찬가지였다. 이후 그는 비트코인에 관한 이야기를 들었다. 비트코인은 자신과 자신의 사용자 사이의 거래를 가능하게 만들어준다고 했다. 그리고 누구도 질문하지 않을 것이라고 했다. 그는 비트코인이 더 우월한 시스템이라는 사실을 즉각 알아차렸다.

추크에 도착한 뒤, 그는 유명한 암호화폐인 이더리움에 관한 이야기를 듣고 6~10달러에 이더를 사 들였다. 그리고 마침 그 무렵에 시작된 다오의 크라우드세일에 참여했다. 그는 스위스에서 사용하기 좋은 암호화폐 기업을 구글로 검색해보았고, 비트코인 스위스를 발견했다. 이들의 도움으로 먼저 이더를 사고, 나중에는 다오 토큰까지 매입했다. 그의 이더 가치는 2배 이상 뛰었다. 그중 일부는 4배 가까이 상승했다. 6월 17일 오전 가격을 기준으로, 그는 1000만 달러에 해당하는 다오 토큰을 보유하고 있었다. 그런데 다른 다오 토큰 보유자들과 마찬가지로, 더 다오에 대한 공격으로 불과 몇 시간 사이에 31퍼센트의 다오 토큰을 잃어버렸다. 게다가 남아 있는 다오 토큰은 공격이 있기 전날 고점인 0.19달러에서 공격이 있었던 다음 날 저점인 0.05달러까지 가격이 떨어졌다. 그 결과 1000만 달러였던 자산은 108만 달러로 줄어들었다.

개발자들은 소프트포크가 단지 시간을 벌어주는 역할만 할 뿐, 영구적인 해결책은 아니라고 생각했다. 그 이유는 공격자뿐만 아니라 더 다오에 돈을 넣은 모든 사람들이 인출하지 못하도록 막을 것이기 때문이었다. 결국 비탈릭과 슬록잇 팀, 그리고 다오 커뮤니티 회원들은 사람들이 더 다오로부터 돈을 인출할 수 있도록 해주는 유일한 최고의 해결책은 하드포크라는 결론을 내렸다(비탈릭은 커뮤니티 회원들과의 그룹 통화에서 그렇게 말했다). 하드포크를 실행하지 않으면 더 다오 콘트랙트는 다른 모방범들의 공격 대상이 될 수 있을 뿐만 아니라, 차일드 다오 역시 그러할 거였다. 이 말은 차일드 다오를 통해 다오로부터 그들의 이더를 인출하려는 모든 사람은 공격자가 그들의 차일드 다오로 진입해서 그들이 돈을 인출하지 못하도록 방해할 위험을 감수해야 한다는 뜻이다.

　그들은 하드포크를 실행하기 위해, 나중에 "불규칙한 상태 변화irregular state change"라고 부르게 된 것을 내놨다. 이 용어는 하드포크를 실행하는 순간, 더 다오와 차일드 다오에 있는 모든 자금을 새로운 콘트랙트로 옮기고, 그 콘트랙트는 다오 토큰을 집어넣은 수에 비례하여, 그리고 이더와 다오의 1:100 비율을 기준으로 이더를 어드레스로 되돌려보내는 것을 의미했다(나중에 그들은 1.05:100, 1.10:100 등의 비율로 지불한 이들을 위한 계획도 따로 마련했다).

　그러나 슬록잇과 비탈릭이 직접 결정을 내릴 순 없었다. 그것은 탈중심화된 방식이 아니기 때문이었다(게다가 그렇게 하는 것은 하위 테스트의 4가지 조항을 어기는 것일 뿐더러, 이더리움 재단이나 슬록잇이 더 다오를 통제하고, 그렇기 때문에 다오 토큰은 증권이라는 사실을 인정하는 셈이었다). 크리스토프는 소프트포크와 하드포크에 대해 대략적으로 설명한 6월 18일 토요일 블로그 글을 이렇게 마무리했다. "이러한 이유로 우리는 하드포크가 앞으로 나아가야 할 방향이라고 생각한다."[27] 그는 동시에 이렇게 썼다. "이는 채굴자/커뮤니티의 다수가 그들이 의도한 대로 돌아가지 않는다고 생각할 때 업그레이드/스플릿을 할 수 있는 이더리움 프로토콜의 일부다. 이는 누구도 채굴자와 커뮤니티 자체를 제외하고 어느 누구의 포크에 대해 결정을 내릴 수 없다는 점에서 탈중심화를 훼손시키지 않는다. 우리는 소프트웨어 개발자로서 코드 목록을 제시함으로써 포크를 제안할 수 있을 따름이다." 의사가 자신이 생각하기에 효과 있을 것 같은 몇몇 치료법을 제시하고 "결정은 환자의 몫입니다"라고 말하는 것과 비슷하지 않은가.

　그리프가 공포에 질린 첫 번째 메시지를 다오허브 포럼과 슬랙에 전송했을 때, 그와 크리스토프, 레프테리스, 그리고 더 다오 스마트 콘트랙트에 익숙한 다른 다오 커뮤니티 회원들은 공격자가 이더를 빼내지 못하도록 다오 안에 있는 나머지 이더를 해킹하는 방법을 모색하고 있었다. 다오의 닌자(다오가 개념이라면 닌자는 그 개념을 실현한 프로젝트나 커뮤니티를 의미한다-옮긴이)를 양성하는 그리프의 강의는 이러한 유형의 공격을 완벽하게 감행할 수 있는 개발자들을 만들어냈다.

그들의 생각은 열린 차일드 다오를 찾아내 이들 다오에 대해 거래를 전송할 수 있게 해주는 개인 키를 얻고, 다음으로 다오에 동일한 재귀 호출 공격을 수행하는 것이었다. 이는 본질적으로 공격자가 했던 것과 마찬가지로 더 다오에 남아 있는 이더의 69퍼센트를 차일드 다오로 빠져나가게 만드는 것이었다. 그리고 토큰 보유자로부터 이더를 가져오는 것이 아니라 공격자가 더 이상 그것을 빼내가지 못하도록 막는 것이었다. 그들은 나중에 그 돈을 다오 토큰 보유자에게 되돌려주는 방법을 알아냈다. 공격을 막기 위한 주요 전술은 다오 토큰을 많이 확보하는 것이었다. 그들이 더 많은 토큰을 확보할수록 재귀 호출을 통해 더 많은 이더를 빼낼 수 있었다. 그렇기 때문에 그들의 전략의 첫 번째 부분은 고래들로부터 다오 토큰을 얻어내는 것이었다.

6월 17일 금요일 밤, 그들은 아브사의 다오 토큰을 활용할 계획을 세웠다. 그런데 아브사가 공격을 시작하자마자 그의 인터넷 접속이 끊겼다. 토요일 저녁, 다오 큐레이터들과 커뮤니티 회원들은 전화 통화상으로 모였다. 그들은 베를린의 레프테리스와 파비안, 영국의 스테판, 리우의 아브사, 그리고 지역을 공개하지 않은 콜름Colm(성은 알려지지 않은)이라는 아일랜드인이었다. 그들은 대응 방안을 알아내기 위해 계약의 몇 가지 규칙을 검토했다. 그들은 차일드 다오로 똑같은 공격을 수행했을 때 다른 악의적인 이들이 따라 들어와서 그들이 구조해낸 이더를 훔쳐 갈 위험성을 우려했다. 가령 4명이 차일드 다오에서 그들과 합류하더라도, 그것은 악의적인 잠재 행위자의 수를 2만 명에서 4명으로 줄인 것에 불과하다고 판단을 내렸다. 게다가 구조 시도는 그들을 또 다른 방식으로 위험에 내몰 수 있었다. 파비안은 이렇게 말했다. "법적 관점에서 볼 때 정말로 힘든 일일 수 있습니다. 우리도 마찬가지로 갑작스럽게 기술적으로 공격을 감행하게 되는 셈이니까요. 그렇죠?"

이에 대해 레프테리스는 윤리적인 해커를 일컫는 용어를 사용해서 이렇게 대답했다. "그렇습니다. 하지만 사건 직후에 이것은 선의의 공격이며, 우리는 이러저러한 이유로 공격했다고 공식적으로 밝히면 됩니다. 공격은 외부로부터 행해졌지요. 이는 알려진 사실입니다. 모두가 그 방법을 이용할 수 있는 것도 사실입니다. 그러니 우리가 그 방법을 사용해서 공격 벡터를 넷으로 줄이는 편이 낫지 않을까요?"

한동안 그들은 고래들로부터 많은 양의 다오 토큰을 얻을 수 있다면, 이들 고래는 그 돈에 작별 키스를 해야 하는 것인지 물었다. 그러나 더 다오 콘트랙트는 잔액의 업데이트 없이 송금하기 때문에 토큰은 아마도 회복 가능할 터였다.

상황은 급박했다. 아브사와 파비안, 레프테리스는 모두 합쳐서 약 10만 개의 토큰을 보유하고 있었다. 이는 남아 있는 다오를 모두 인출해서 1500건의 거래를 통해 다른 공격자로부터 그 돈을 보호하기에 충분한 수량이었다. 만약 그들이 토큰을 기부할 사람을 더 많이 모을 수 있다면 그 수를 훨씬 더 늘릴 수 있었을 것이다. 사실, 그들이 알고 있는 고래가 보유한 토큰을 얻을 수 있었다면, 그들은 단 21건의 거래를 통해 더 다오에 있는 모든 돈을 충분히 빼낼 수 있었을 것이다. 그러나 이를 위해서는 주요 투자자들과 접촉해서 그들에게 그들 자신과 다른 사람의 돈을 보호하기 위해 많은 수의 토큰을 넘겨달라고 요청해야 했다. 그들에게는 그럴 만한 시간이 없었다. 더 다오의 약점이 노출된 상태에서 언제든 더 많은 재귀 호출이 시작될 수 있었기 때문이다. 그렇기 때문에 빨리 결정을 내려야 했다.

그날 밤 전화 속 분위기는 급박했다. 한동안 논의가 이어졌다. 대화가 막바지에 이르렀을 무렵, 그들은 바로 그때 누군가 작은 규모로 재귀 호출을 하고 있다는 사실을 알아챘다. 레프테리스는 한숨을 쉬며 이렇게 말했다. "네, 바로 이런 이유로 제가 더 다오의 자금을 다음 주까지 모두 인출해야 한다고 말했던 겁니다." 그들은 다음 날 구조 작업을 시작할 계획을 세웠다.

6월 19일 일요일, 그들은 다시 모였다. 그룹 내 일부는 법적 이유로 더 다오에 대한 공격에 소극적이었다. 그들은 이더를 메인 다오로부터 구조하는 방법 대신 이더리움이 하드포크를 할 것인지 기다리며 지켜보는 쪽을 선호했다. 아브사는 공격에 나서면 하드포크를 피할 수 있을 거라고 주장했지만, 그의 의견에 반대하는 사람이 훨씬 더 많았다. 대신에 그들은 누군가 절도를 시도할 때 남아 있는 이더를 구조하기 위한 기반을 마련했다. 어떤 차일드 다오(구명보트)를 이용해야 할지 확실치 않았기 때문에 그들은 정상적인 이더리움 계좌, 그리고 재귀 호출을 수행할 수 있는 악의적인 콘트랙트 모두를 가지고 최대한 많은 차일드 다오에 진입하고자 했다. 그리프는 크리에이터를 찾았고 차일드 다오에 진입하기 위한 개인 키를 얻었다. 이로써 '로빈후드그룹Robin Hood Group, RHG'(아브사가 지은 별명이다)은 다오 토큰과 더 다오 안에 들어 있는 이더를 통제할 수 있게 됐다. 그는 운전면허증 등 신분증을 확인한 뒤, 모든 크리에이터들과 통화했다. 그들이 구조한 이더를 크리에이터의 차일드 다오 안에 넣을 때, 그 사람이 그것을 들고 도망가지 않을 것이라는 신뢰가 필요했기 때문이다.

이더리움 테스트넷상에서 RHG 멤버들은 재진입 공격을 수행하기 위한 콘트랙트를 완성했다. 또한 그들은 총 602만 8947다오 토큰을 확보했는데, 그중 94퍼센트는 1명의 고래로부터 얻은 것이었다.[28] 이에 더하여 리우에 거주하는 캐나다 암호화폐 투자자인 리언 주러Ryan Zurrer에게서 50만 토큰을, 그리고 아브사에게서 10만 토큰을, 그리프와 레프테리스, 바르셀로나에서 활동하는 개발자이자 그리프의 다오 닌자 과정을 밟은 조르디 베일리나Jordi Baylina에게서도 토큰을 빌렸다.[29] 이제 RHG는 다른 어떤 공격자보다 더 빨리 그 콘트랙트를 진행할 수 있는 충분한 토큰을 갖게 됐다. 그런데 자금을 구조하기 위한 작업을 즉각 시작해야 할 것인가?

해킹은 종종 불법적인 행위로 간주된다. 대부분의 정의는 해킹 공격을 당한 네트워크를 운영하는 기업이나 단체에 명시적인 허락을 구했을 때만 해킹을 합법적인 행위라고 본다. 그러나 허락하거나 거부할 수 있는 조직이 없는 혹은 보는 관점에 따라 1만 5000명에서 2만 명에 이르는 익명의 소유자를 거느린 더 다오의 경우, 자금을 구하기 위해 콘트랙트를 해킹하는 것이 합법적인 행위로 인정받을 수 있을까? 의도를 제외한다면, 그들은 더 다오 해커와 똑같은 일을 벌이고 있었다. 다시 말해, 소유자들의 명시적인 허락이 없는 상태에서 그들이 집어넣은 이더를 차일드 다오로 옮기는 스마트 콘트랙트를 생성하고 있었다. 레프테리스의 기억에 따르면, 크리스토프는 슬록잇이 법률적으로 용인되는 공식적인 권한을 가지고 아무 일도 하지 않았다고 단호하게 주장했다. 슬록잇은 더 다오를 활용하지 않았고, 그래서 더 다오는 슬록잇의 책임이 아니었다(크리스토프는 슬록잇이 하드포크를 프로그래밍하는 데 집중했기 때문이라고 말했다). 그리프는 "긴급 상황exigent circumstance"(다른 사람에게 가해질 피해를 막기 위한 즉각적인 행동이 정당화되는 경우를 지칭하는 법률 용어)이 벌어져 남아 있는 69퍼센트의 이더를 구해내기 위해 그들이 더 다오에 재진입 공격을 수행하도록 요청받을 때까지 RHG는 기다려야 한다고 주장했다. 신중한 레프테리스 역시 여기에 동의를 표했다. 해킹과 관련해서 법적 문제가 발생할 수 있지만, 동시에 아무 행동도 취하지 않는 것에 대해서도 법적 문제가 발생할 수 있었다. 사용자의 자금이 다시 한번 위험에 처한 것으로 보일 때 콘트랙트를 공격한다면, 그들은 사람들이 더 많은 돈을 잃어버리지 않도록 하기 위해 그렇게 했다고 주장함으로써 해킹 행위를 정당화할 수 있을 터였다.

6월 21일 화요일, 결국 기회가 찾아왔다. 베를린 시각으로 오후 7시, 알려지지 않은 다오 토큰 보유자가 메인 다오 콘트랙트를 공격하기 시작하면서 자금을 차일드 다오로 실어 날랐다. 규모는 한 번에 몇 개의 이더에 불과했지만 누적 규모가 벌써 몇천 달러에 달했다.[30] 이 공격자가 더 큰 공격을 하기 위해 시험하고 있다고 생각한 RHG(베를린의 그리프와 레프테리스, 그리고 리우의 아브사)는 차일드 다오 78을 이용해 다오에 남아 있는 이더를 구조하기 시작했다.[31] 그날 저녁 첫 번째 공격은 더욱 속도를 높였고, 여섯 사람이 합류했다. 그중 일부는 30번의 재귀 호출을 할 수 있었는데, 매번 몇백 이더씩 이동시켰다. 대부분의 토큰을 보유하고 있던 RHG는 이를 통해 각각의 공격으로 대부분의 자금을 이동시킬 수 있었다. 베를린 시각으로 오후 7시 44분, 그들은 콘트랙트상에서 816ETH(9792달러)를 수집하기 시작했고, 총 12번의 공격으로 9800ETH(11만 7000달러)를 모았다. 그들의 콘트랙트가 어떻게 작용했는지 확인한 후, 그들은 이를 살짝 변경했다. 오후 7시 51분, 두 번째 공격에서 816ETH가 조금 넘는 자금을 전송하기 시작했고, 총 31회에 걸쳐 2만 5307ETH(32만 5000달러)를 전송했다.[32] 그들은 계속해서 버그를 수정해 나갔다. 다음으로 오후 8시 세 번째 공격으로 4174ETH(5만 88달러)를 전송했고, 31회에 걸쳐 총 12만 9390ETH(155만 달러)를 전송했다.[33] 이는 단지 시작에 불과했다. 베를린 시각으로 오후 8시 43분, 또 다른 공격이 시작됐다. 1ETH(11달러)에서 430ETH(5519달러)에 이르는 규모로 재귀 호출을 함으로써 더 다오의 자금을 인출했다.[34] 그리고 저녁 9시 2분, 600만 개의 다오 토큰을 갖고 있던 RHG는 4만 1187ETH(49만 4244달러)를 블록당 31번 전송함으로써 블록당 127만 6797ETH를 옮겼다.[35] 그날 가격 12달러를 기준으로 할 때, 콘트랙트에 대한 한 번의 공격으로 전송된 자금은 1530만 달러에 달했다. 저녁 9시 36분 또 다른 다오 공격자가 합류하면서 각각의 재귀 호출로 53ETH(636달러)를 옮겼지만, 금방 그만뒀다.[36] RHG 해커들이 콘트랙트상의 버그를 완전히 수정한 이후, 그들은 버튼을 수동으로 누르는 것을 멈추고 자동으로 진행되도록 만들 수 있었다. 다오 전쟁이 시작된 것이다.

그들은 이후 몇 시간에 걸쳐 재귀 호출 콘트랙트를 운영했다. RHG 멤버들은 각각 그들 자신의 콘트랙트를 작동이 멈출 때까지 운영했다. 그들이 수행한 공격이 그것이 작동하도록 만들어진 방식으로 더 다오를 사용하지 않았기 때문에, 각각의 콘트랙트는 70~80퍼센트에 달하는 이더를 제거한 이후에 제대로 관리받지 않은 자동차가 작동을 멈추는 것처럼 중단될 터였다. 다음으로 콘트랙트를 가진 또 다른 사람이 차례를 이어받아 남아 있는 또 다른 70~80퍼센트를 제거하면, 그사이에 그들은 콘트랙트를 개선할 계획이었다.

다오 커뮤니티 멤버들은 슬랙에서 관전하고 있었다. 한 사람은 이렇게 말했다. "공상과학 작품을 실시간으로 시청하는 것 같다." 또 다른 사람은 이렇게 말했다. "10년 정도 지나면 다오 토큰을 갖는 것은 타이타닉호의 평화를 누리는 것 같을 것이다. 멋지지 않은가." 하지만 다오 전쟁에 모두가 긍정적인 인상을 받았던 것은 아니다. 또 다른 사람은 이렇게 말했다. "이건 절대적으로 심각한 오류다."

다음으로 RHG의 콘트랙트는 문제에 직면했다. 메인 콘트랙트에 들어 있던 1억 달러 중 그들의 콘트랙트는 마지막으로 남은 400만 달러 정도를 빼내지 못했다. 그들은 비밀 병기를 꺼내야 했다.

과묵한 성격에 안경을 쓴 조르디는 잔뜩 헝클어진 희끗희끗한 머리가 인상적인 개발자로, 바르셀로나에 있는 가족 소유의 소기업에서 최고기술책임자로 일하고 있었다. 열두 살 때 프로그래밍을 시작한 조르디는 MBA 학위를 받았고, 2개 기업을 설립한 경력이 있었다. 그리고 당시 6명의 프로그래머 팀을 이끌며 호텔 사이트의 예약 시스템 같은 경영관리 소프트웨어를 개발하고 있었다. 2013년 비트코인 백서를 접한 그는 비트코인 프로그램을 개발하고자 했다. 그런데 비트코인은 디지털 머니를 위한 시스템에 국한되어 있다는 생각이 들었다. 게다가 바르셀로나에서 열린 행사들은 기술 중심적인 것이 아니었다. 행사 참석자들은 돈세탁 같은 것에 관해 이야기하는 데 더 관심이 있어 보였다. 2년이 흐른 뒤 조르디는 이더리움을 알게 됐고, 2분 만에 자신이 스마트 콘트랙트를 만들어낼 수 있다는 사실을 깨달았다. 그는 강한 흥미를 느꼈다. 시간이 날 때마다 스마트 콘트랙트에 대해 공부하고, 탈중심화 개념에 대해 생각했다.

다오가 등장했을 때, 그는 새로운 것을 창조하고자 하는 이들의 세계적인 움직임에 뛰어들었다. 그는 그리프의 다오 닌자 강의를 들었는데, 마지막에 그리프가 5달러에 달하는 이더를 자신에게 보내자 깜짝 놀랐다. 그는 다오상에서 "위임 민주주의"를 구현하려는 생각을 갖고 있었다. 이를 실현하기 위해 그는 사람들이 그들의 다오 토큰을 다른 이에게 위임함으로써 그들을 대신해 투표할 수 있도록 해주는 프로그램을 개발했다. 하지만 시기적으로 너무 늦어서 더 다오를 런칭하기 전에 그것을 포함시킬 순 없었다. 그러나 그러한 경험을 통해 그는 다오와 관련해서 많은 것을 배울 수 있었다.

그의 삶은 암호화폐와의 만남으로 완전히 달라졌다. 이전에 그는 상사의 지시에만 따랐다. 그러나 암호화폐를 알게 되면서 다음 세대가 사용하게 될 뭔가를 위해 일하고 있다고 생각하게 됐다. 그리고 자신이 생각하는 "기존 시스템"에서는 결코 발견할 수 없었을 새로운 차원의 만족감을 얻었다.

그러나 조르디는 여전히 그 세계가 생소했다. 그래서 다오와 관련해서 첫 번째 모임이 있었을 때, 그는 가만히 듣고만 있었다. 그는 RHG의 존재를 알 필요가 없는 고래들이 수백만 달러에 달하는 다오 토큰을 그들에게 넘겨주는 것을 보고 깜짝 놀랐다. 묶여 있는 400만 달러를 확인했을 때, 조르디는 이렇게 말했다. "제게 스마트 콘트랙트가 있습니다. 제가 시도해볼 수 있을 것 같아요." 그러자 다른 RHG 멤버들이 그에게 공격하는 데 필요한 돈을 보냈다. 그는 마지막으로 남은 400만 달러를 가지고 돌아왔다. 그는 놀랐다. 400만 달러는 예전 직장에 있었더라면 평생 꿈꿔볼 수도 없는 금액이었기 때문이다.

그들이 공격을 시작했을 때, 아브사는 이런 트윗을 보냈다. "다오 자금은 안전하게 빠져나가고 있다. 당황하지 말 것DAO IS BEING SECURELY DRAINED. DO NOT PANIC."[37] 이 메시지를 본 누군가는 이렇게 지적했다. "당황하지 말라는 말을 이렇게 대문자로 쓰는 사람은 없을 거야."

세 시간 반이 흐른 뒤 아브사는 다시 이런 트윗을 보냈다. "다오는 이제 거의 비었다. 720만 ETH는 지금까지 안전하다."[38] 그는 레딧에서 이렇게 설명했다. 다른 두 사람이 RHG의 다오에 진입했지만, "위험은 2만 명의 공격자에서 고작 2명의 공격자로 줄어들었다."[39] 그는 그 2명은 물론 차일드 다오를 만든 다른 이들에게 전화를 걸어 다오 안에 있는 더 많은 이더를 구조할 수 있도록 움직여달라고 당부했다. 그러고는 이렇게 말했다. "당신이 해커라면, 내가 할 수 있는 말은 우리가 당신을 위해 가고 있다는 것이다."

720만 ETH를 안전하게 구조한 뒤, RHG 멤버들은 그날 밤 숙면을 취했다.

7장

또 다른 출발, 이더리움과 이더리움클래식

2016년 6월 21일 ~2016년 7월 24일

하드포크 vs. 소프트포크

대부분의 이더를 구조했다는 소식을 알린 아브사의 게시글이 가져다준 안도감에도 불구하고, 많은 레딧 사용자들은 다음과 같은 지적을 했다. "채굴자들이 이 같은 방식으로 또 다른 공격이 일어나지 않도록 막을 수 있는 제한적이고 자발적인, 그리고 일시적인 소프트 업그레이드를 위한 아주 타당한 지점이 있다. 이를 활용함으로써 향후 차일드 다오에 대한 추가공격을 막을 수 있을 것이다."

맨 처음 댓글은 다음과 같은 반응을 보였다. "일시적인 소프트포크를 통해 모든 이더를 전송해 콘트랙트를 환불할 수 있다. 악몽은 이제 끝났다!"[1] 스테판 튜얼은 이런 댓글을 달았다. "내가 보기에 하드포크는 여전히 가장 간단하고, 신속하고, 안전한 방법이다."[2] 다음 댓글은 이랬다. "나는 하드포크를 지지했지만, 이제 커뮤니티를 분열시킬 이유는 없어 보인다. 30퍼센트 삭감은 온전히 용인 가능하다. 하드포크는 극단적인 선택이다."[3]

'하드포크냐 소프트포크냐?'를 둘러싼 논쟁은 공격이 시작된 이후 뜨겁게 달아올랐다. 6월 18일 토요일, 크리스토프 젠츠시가 블로그에 짧은 글을 게시해 그 결정이 자신들의 선택이었음을 밝힌 뒤, 레프테리스 카라페차스는 일요일에 훨씬 더 긴 글을 통해 모든 선택권에 대해 자세하게 설명했다.[4]

첫 번째는 소프트포크와 하드포크를 모두 하지 않고, 많은 토큰 보유자들의 공격을 조율하는 것이다. 제대로 수행된다면, 공격자가 이더를 인출하지 못하게 막을 수 있을 터였다. 단점은 그러한 움직임을 앞으로 계속해서 이어 나가야 하고, 그 누구도 돈을 찾지 못할 것이라는 점이었다.

다음으로 소프트포크는 복잡하면서도 여러 다양한 시한이 있는 5가지 항목으로 이뤄진 절차로, 레프테리스가 첫 번째 항목에서 언급했듯 25일 정도 시간이 걸리며, 그동안 "많은 것들을 바로잡아야" 한다. 그리고 무엇보다 사람들은 또 다른 73일 동안 도난당한 이더를 되찾을 수 없다. 그러고 나서도 다오 공격자는 더 다오를 다른 무작위한 차일드 다오로 내보냄으로써 그러한 일이 일어나지 않게 막을 수 있었다. 비록 그 공격이 그저 소프트포크를 무용지물로 만들기 위한 것으로, 그런 행위로 경제적 이익을 취할 수 없더라도 말이다. 레프테리스는 이렇게 결론을 내렸다. "소프트포크는 너무 많은 실패 가능성이 존재하는 아주 긴 과정이다. 이에 비해 하드포크는 이 문제를 해결할 수 있는 단순하고도 확실한 방법이다."

특히 비트코인의 비슷한 절차와 비교할 때, 하드포크는 실제로 덜 복잡했다. 사토시 나카모토가 비트코인 백서에서 설명한 것처럼, 비트코인은 "개인간 전자현금 시스템"이기 때문에, 비트코인이 생성되는 순간부터 누군가 소유한 하나의 비트코인(혹은 하나의 일부)에 이르기까지 따를 수 있는 보호의 사슬이 존재한다. 택시 기사에게 비트코인으로 팁을 주고, 택시 기사가 꽃가게에서 꽃을 사기 위해 이를 다시 사용하고, 꽃가게 주인이 이를 사용해 버스 요금을 지불하는 전 과정에서 1달러짜리 지폐를 추적하듯 비트코인은 생성 과정부터 모든 사용 과정을 추적할 수 있는 디지털 등가물이다. 택시 기사는 팁을 돌려주기 위해 버스표를 무효화하고 꽃을 되돌려줘야 한다. 더 다오의 사태에선 어떻게 해야 할까.

더 다오에 대한 공격이 있었던 다음 날, 그리프 그린은 크리스토프의 부모님 집에서 응한 화상 인터뷰에서 이렇게 말했다. "이더리움은 아주 다릅니다. 이더리움의 경우, 잔액이 있습니다. 토큰 콘트랙트에서 코인이 전송되면 코인을 추적하는 것이 아무것도 없지요. 이는 엑셀 스프레드시트처럼 단지 데이터베이스에 불과합니다. 당신이 어드레스와 잔액을 보거나 토큰이 전송될 때마다 엑셀 스프레드시트에 있는 숫자는 바뀝니다. 이는 모두에게 영향을 미치지는 않는 변화를 만들어낼 기회를 이더리움이라고 하는 탈중심화된 자율 조직에 가져다줍니다."[5]

그리프는 개빈 우드와 비탈릭 부테린, 크리스토프가 오토크루즈(정속 주행) 기능으로 고속도로를 질주하는 동안에 CD 플레이어를 자동차 블루투스 오디오로 즉각 바꾸는 것 같은 솔루션을 만들어냈다고 설명했다. 영국 사진작가 에드워드 머이브리지Eadweard Muybridge 스타일(일정 시간 동안 다중노출하는 사진 기법으로 움직임을 재현한다. 그렇게 만들어진 이미지들은 사진 속에서 마치 움직이는 것 같은 인상을 준다-옮긴이) 블록체인의 블록들은 단일 시점에 다오에 발생한 재난부터 환불 콘트랙트에 이르기까지 이더리움상의 어떤 것도 방해하지 않고서 갑작스러운 중단을 만들어내는 과정을 통해 이를 가능하게 만들 것이었다. 그리프는 하드포크에 대한 지지 의사를 분명하게 밝히면서 이렇게 말했다. "더 다오 전체를 롤백할 수 있다면 (중략) 이처럼 큰, 그리고 수익성이 훨씬 낮은 다른 스마트 콘트랙트를 공격할 겁니다. 이는 모두의 의욕을 잃어버리게 만들 겁니다."

챗룰렛의 앤드리 테르노프스키는 소프트포크로 충분할 것이라고 생각했다. 이를 통해 자금의 69퍼센트를 되돌려 받을 것이며, 벌어진 사태를 감안할 때 이는 그리 나쁘지 않은 방법이라고 본 것이다. 그러나 다오 슬랙의 글을 읽는 동안, 커뮤니티가 하드포크를 선택할 것이라고 확신하게 됐다. 이는 암호화폐가 대단히 매력적인 또 다른 이유이기도 했다. 모든 것이 오픈소스 방식이기 때문에 그는 읽어내야만 했다. 이는 자신이 내부자가 되어야 하는 주식 같지 않았다. 앤드리는 깃허브 저장소를 살펴보고, 슬랙을 점검하고, 사람들이 무슨 이야기를 하는지 들여다볼 수 있었다. 그는 개발자들이 무슨 생각을 하는지 이해하고, 커뮤니티가 어느 방향으로 가는지 알 수 있었다. 그들은 하드포크를 실행할 거였다. 다오 토큰은 5.4~12센트 사이에서 혹은 0.005~0.009ETH 사이에서 거래되고 있었다. 그는 계산해봤다.

RHG가 730만 ETH를 구조해낸 다음 날인 6월 22일 수요일, 레프테리스는 블로그에 또 장문의 글을 올렸다. 여기서 그는 하드포크 옵션에 대해 설명했다.[6] 사람들에게 돈을 돌려주기 위한 정확한 비율(일부는 100 다오 토큰에 1ETH 이상 지불했다)처럼 해결해야 할 세부적인 문제가 남아 있었지만, 그는 3주 이내 문제를 해결할 수 있을 것이라고 말했다. 그는 이렇게 썼다. "모두들 이더를 100퍼센트 확실한 방법으로 돌려받게 될 것입니다."

다음으로 그는 소프트포크에 대해 이야기했다. 이를 위해서는 적어도 4가지 서로 다른 영역으로 분할된 돈을 추적해야 했다. 첫째, 메인 다오 안에 있는 돈의 경우, 소프트포크는 큐레이터 멀티시그와 RHG

의 인출 콘트랙트에 의해 시작된 것들을 제외하고 채굴자들이 그것으로부터 가치를 넘겨주는 모든 거래를 거부하게 만들 것이다. 채굴자들이 블록체인을 선택적으로 검열할 때, RHG는 다크 다오(#59, 원래 공격자가 통제하는 다오)를 공격하면서 이더를 차일드 다오로 밀어 넣을 것이다. 공격자는 자신의 거래가 중단될 것이기 때문에 따라올 수 없을 것이다. 연관된 차일드 다오 생성과 투표 기간과 관련해서 나머지 단계를 설명하고, "모든 것이 완벽하게 작동한다고 가정"하면 그들은 7일 후에 공격자의 364만 ETH에 접근할 수 있을 것이다. 둘째, 복잡한 다오의 기존 절차를 수행하는 다양한 '화이트햇 다오White Hat DAO'에 들어 있는 구조된 760만 ETH의 경우, 이들을 되찾기 위해 38일이 걸릴 것이다. 셋째, 다음으로 34만 4907ETH의 추가 잔액이 있었다. 100다오 토큰에 1ETH가 아니라 1.05~1.5ETH를 납입한 사람들이 지불한 초과분은 '초과 잔액 Extra Balance'이라고 불렸다. 그 돈은 14일 이후에 접근 가능했다. 넷째, 마지막으로 메인 다오에 재진입하려던 공격자가 생성한 모든 미니 다크 다오의 경우, 그는 이렇게 썼다. "그들이 처벌받지 않도록 내버려둘 필요는 없다." 그들은 다크 다오와 동일한 대우를 받게 될 거였다. 소프트포크를 "복잡한" 방법이라고 말했던 레프테리스는 이를 실행할 경우, "이더리움 커뮤니티에 거대한 혼란"이 일어날 것이라고 전망했다. 그러면서도 "상당량의 이더를 토큰 보유자에게 되돌려줄 수 있을 것"이라고 인정했다.

그가 제시한 마지막 선택권은 사실 선택권이라고 하기 어렵다. 그것은 한마디로 아무것도 하지 않는 것이었다. 그는 이렇게 썼다. "솔직하게 말하자면 그것은 악몽의 시나리오다." 그는 자신이 글을 쓰는 그 순간에도 낯선 누군가가 "악의를 갖고" 이더를 더 다오에 넣고 있을지도 모른다고 말했다. 그는 아무런 행동도 취하지 않으면 다오 전쟁은 영원히 끝나지 않을 거라고 봤다. 모든 블로그 게시글이 결론 내렸듯, 그는 다시 한번 하드포크를 권고하면서 글을 이렇게 마무리지었다. "커뮤니티가 올바른 선택을 할 것으로 믿는다."

그가 지적했듯이, RHG는 그들의 "구조"가 완벽하지 않다고 생각했다. 7개의 다른 실체가 화이트햇 다오에 진입했고, RHG는 둘을 제외하고 모두의 정체를 확인했다. 그 둘은 하나의 계정과 하나의 콘트랙트로 재진입 공격을 감행하기 위해 필요한 기본적인 요소였다. 그리고 그 쌍(계좌와 콘트랙트)은 다른 모든 스플릿에도 마찬가지로 진입했다. 그가 공격(혹은 구조)을 계획하고 있다면 누군가 역시 그렇게 할 수 있었다. 그 순간, 그들은 화이트햇 다오에서 그들과 함께하는 새로운 실체가 공격자라고 생각했다. 그들은 자금을 다시 한번 옮길 수 있었지만, 아마도 다음 스플릿에서 공격자가 합류할 것으로 보였다. 이런 과정이 끝없이 반복될 터였다. 레프테리스는 블로그 게시글에 그가 "의심되는 악의적인 행위자"라고 부른 어드레스를 공개했다. '0xe1e278e5e6bbe00b 2a41d49b60853bf6791ab614'.[7]

다음 날, "의심되는 악의적인 행위자"는 이더리움 재단을 추크에 설립하는 과정에 도움을 준, 해적 같은 인상의 니콜라스 니콜라이센이 운영하는 거래소인 비트코인 스위스를 통해 레딧에 서한을 보냈다. 니콜라스는 '0xe1e278e5e6bbe00b 2a41d49b60853bf6791ab614' 어드레스를 갖고 있는 사람이 비트코인 스위스와 접촉했으며, 전송자가 '0xe1e' 계좌를 통제하고 있다는 암호적 증거로 기능하는 일련의 숫자와 문자를 공개했다. 비트코인 스위스는 이렇게 썼다.

우리는 위에 언급한 어드레스를 보유한 이에게 다음과 같은 메시지를 받았다.

안녕하세요. 제가 나서기로 선택했습니다.

다음 메시지는 여러분 모두에게 드리는 것입니다. 저는 화이트햇 다오 자금이 그 순간에 어딘가로 가도록 허용하는 것이 누구에게도 이익이 되지 않는다고 생각하기에 이를 막을 겁니다. 저는 지금 제 선택권에 대해 생각하고 있습니다. 조만간 알려드리도록 하겠습니다.[8]

파비안 포겔슈텔러는 이렇게 "그의 정체를 확인할 수 있었다"라고 쓰면서 그 메시지가 그 게시글에서 말한 "소위 악의적인 화이트햇 다오 공격자", 즉 '0xe1e' 계좌로부터 온 것임을 입증하는 일련의 해시를 게시했다.[9]

커뮤니티는 이를 어떻게 해석해야 할지 확신할 수 없었다. 누군가는 공격자가 커뮤니티를 분열시켜 포크와 관련된 의사결정을 내리지 못하도록 만들려고 한다고 생각했다. 즉, 시간을 끌려는 것 같았다. 또 다른 레딧 사용자는 이렇게 썼다. "이는 역풍을 일으킬 것이며, 포크에 대한 지지를 강화할 것이다."

앤드리는 이더리움이 하드포크 쪽으로 나아갈 것임을 깨달은 후, 마치 고래가 플랑크톤을 먹어치우듯 다오 토큰을 주워 담기 시작했다. 당시 다오 토큰은 5.4~12센트에 거래됐는데, 이는 공격 이전보다 35~60퍼센트 낮은 수준이었다. 하드포크에 대한 그의 직감이 옳다면, 100다오 토큰은 조만간 다시 한번 1ETH의 원래 가치를 회복할 터였다. 그렇게 된다면 자신이 더 다오에 집어넣은 것보다 훨씬 더 많은 이더를 갖게 될 수 있었다.

그는 다오 스크립트를 가지고 놀고, 기능을 시험하고, 스마트 콘트랙트를 가지고 할 수 있는 일을 살펴보는 것을 좋아했다. 그는 다오 공격자가 재진입 공격을 감행하기 위해 사용한 방법과 비슷한 시도를 했다. RHG가 자금을 구조하는 것을 보고 앤드리는 자신의 콘트랙트를 가지고 그들을 따라서 각각의 차일드 다오로 들어가기로 결정했다. 그런데 아무도 그렇게 하지 않았다. 이 말은 원래 공격자조차 다오 전쟁을 그만 뒀다는 의미다. 레프테리스와 아브사가 '0xe1e278e5e6bbe00b2a41d49 b60853bf6791ab614' 어드레스 소유자에게 모습을 드러낼 것을 요청했을 때, 앤드리는 침묵을 지켰다. 그가 원한 것은 다오 토큰을 계속해서 싼 가격에 매입하는 것이었다.

그는 커뮤니티에 메시지를 보내기로 결심하고 자신의 거래소인 비트코인 스위스에 그 메시지를 레딧에 게시해달라고 요청했다. RHG의 한 멤버가 그것이 공격자의 것이라고 "확증"하는 것을 보자 그는 웃으면서 실제 다오 공격자가 보고 있다면 아마도 "이게 뭐야! 이 사람은 대체 누구야?"라고 말할 거라고 생각했다. 여전히 더 많은 공격이 남아 있다는 그의 위협이 위력을 발휘한 듯, 다오 토큰 가격은 계속 낮게 유지됐다. 앤드리는 크게 할인된 가격으로 토큰을 계속 매입할 수 있었다.

공격 이후로도 다양한 커뮤니티 멤버들이 결과에 영향을 미치거나 하드포크에 반대하는 분위기를 조성하기 위해 갖가지 제안과 청원을 내놨다. 이더리움을 하드포크해야 한다는 체인지change.org(온라인 서명을 통해 사회운동을 지원하는 사회적 기업-옮긴이)의 청원은 1000명 이상의 서명을 받았다. 거기서 가장 긍정적인 평가를 받은 댓글은 스마트 콘트랙트의 신성불가침을 무시하는 다음과 같은 내용이었다. "암호 세상에서 유일하게 신성한 계약은 사회적 계약이다. 그것 없이 우리는 단지 야만의 동물에 불과하다. 이제 이더리움이 지지하는 것과 무정부주의 원리주의자들이 지지하는 것 사이에 선을 그어야 할 때가 됐다."[10]

컨시더잇Consider.it에서 이뤄진 투표 결과는 더 많은 사람들이 하드포크에 찬성한다는 사실을 보여줬다.[11] 하드포크에 찬성하는 한 사람은 이렇게 썼다. "우리는 스스로를 감시하고 지킬 수 있으며, 커뮤니티는 도둑에 맞설 것이라는 사실을 보여줬다. 대다수의 채굴자가 필요하기 때문에 이는 여전히 탈중심화되어 있다." 반면 반대하는 한 사람은 이렇게 썼다. "이 제안은 더 다오를 구해내겠지만 이더리움을 죽이고 말 것이다."

이는 다분히 이성적인 언쟁이었다. 슬록잇의 스테판, 그리고 해킹이 일어나기 전에 서한을 통해 더 다오에 대한 지불유예를 요청했던 소년 같은 외모의 에민 귄 시러 코넬대학 교수는 트위터와 코인데스크, 그리고 레딧에서 논쟁을 벌였다. 스테판은 6월 20일 귄이 했던 연설의 일부를 트위터에 올렸다. 그 연설에서 귄은 해킹이 일어나기 6일 전에 자신이 주고받은 이메일을 스크린샷으로 보여줬다. 그 내용은 다음과 같다.

2016년 6월 11일 토요일 17:42:37 0400 Emin G Sirer ⟨⟩ wrote
안녕하세요. 더 다오를 비우는 방법을 알고 있다고 확신합니다.

2016년 6월 12일 일요일 13:34:09 −0400 Emin Gün Sirer ⟨⟨ wrote
저는 지금도 스플릿 다오에 취약점이 있다고 생각합니다. 요청 이후까지 잔액 항목을 0으로 만들지 않음으로써 출금 패턴을 위반하고 있습니다. 그래서 저는 스플리팅 다오에 수차례 보상 토큰을 이동시키는 것이 가능하다고 생각합니다. 이런 일이 DAO.sol의 640−666(해!) 라인에서 일어나고 있습니다. 제가 틀렸나요?

스테판은 트위터에 이런 메시지를 띄웠다. ".@el33th4xor [Gün]은 악용되고 있다는 사실을 알고 있었지만 그가 5/31에 #theDAO에 합류했다는 사실을 다오 보안 그룹에 알리지 않았다."[12]

귄은 차단되어 있었기 때문에 그 트윗을 직접 보지 못했지만 이렇게 썼다. "슬록잇은 실패를 인정하고 책임지는 것 이외에 모든 일을 할 것이다."[13] 그는 "슬록잇 주변에 사회적 벽을 쌓을 것"을 제안했다.[14]

MEW의 테일러 판 오든은 자신의 레딧 계정(insomniasexx)에 이런 글을 올렸다. "칭얼대는 다섯 살배기 꼬마처럼 행동하는 것은 이제 그만두고 성숙한 모습을 보여주기 바란다. 나는 트롤박스trollbox(암호화폐 지지자들이 만든 소셜 앱-옮긴이)에서 그런 행동을 기대했다. 게다가 당신은 사람들의 존경을 받는 교수 아닌가."[15]

더 다오에 지불유예를 요청하는 글을 발표한 이후에 권은 개인적인 채널을 통해 스테판과 그리프가 버그를 알고 있었으면서도 공개하지 않았다고 주장하면서 자신을 다오 해커라고 비난했다는 사실에 이렇게 반박했다. "그들과 커뮤니티를 돕기 위해 열심히 일했다. 그런데도 그들은 나를 범인으로 몰았다."[16]

그리프, 파비안, 레프테리스 등 많은 이들이 이와 관련해서 권과 스테판에게 짜증을 느꼈다. 일부는 권이 모든 것을 알면서도 다오 보안 스카이프 채널에서 아무런 도움이 되지 않는 사람처럼 행동했다고 생각했다. 권은 자신과 또 다른 연구원이 그것은 문제가 되지 않으며, "다른 사람들을 손가락질함으로써 비난을 피하려는 시도"에 불과하다고 결론을 내렸기 때문에 공유하지 않았을 뿐이라고 반박했다. 반면, 파비안은 다른 사람의 돈을 위험에 처하게 만들었기 때문에 자신의 세상이 끝나가고 있다고 생각한 슬록잇의 CTO 크리스토프는 이더리움 및 다오와 관련해서 가장 앞장서서 노력하고 있는 실질적인 프로그래머라고 생각했다. 그들은 특히 권이 그 그룹에 경고함으로써 그들이 더 다오가 보다 안전해지게 만드는 대신에 모든 범죄자들이 볼 수 있도록 〈뉴욕타임스〉에 취약점을 공개했다는 사실에 분개했다.

암호화폐 커뮤니티의 많은 이들처럼 더 많은 이들이 더 다오의 공식적인 얼굴인 스테판에게 염증을 느꼈다. 해킹이 있던 날, 그는 마치 가운뎃손가락을 쳐들고 있는 팔과 손의 모양처럼 가지를 구부러뜨린 포크에다가 "이봐 도둑! 포크유!HEY THIEF! FORK YOU!"라는 문구를 집어넣은

사진을 게시했다.[17]

이에 대해 누군가는 이렇게 평가했다. "자신의 투자자들이 수백만 달러를 잃어버리게 만들고 나서 밈을 게시하는 것. 오직 암호 세상에서만."[18] 다른 이들은 그에게 다음과 같은 트윗을 보냈다. "걱정하지 마라. 이번에 제대로 되지 않으면 다시 한번 포크하면 된다. 그리고 마지막 포크도 효과가 없으면 또다시 포크하면 된다. 사람들이 그들의 자동 투자 프로그램이 대중에게 얼마나 안전한지 같은 문제를 물을 때 이는 엄청난 좌절감을 안겨줄 것이다."[19] 한 레딧 게시글은 이렇게 물었다. "스테판 튜얼이 사과를 할까?"[20] 여기에는 댓글이 315개나 달렸다.

이런 상황을 본 다른 슬록잇 멤버들은 스테판에게 그만하라고 요청했다. "전화기를 내려놓으세요. 나가세요. 며칠만 쉬세요." 테일러는 그에게 이런 메시지를 보냈다고 말했다. "트위터를 닫으세요. 알림을 끄세요." 그는 이렇게 대답했다. "왜? 재미있는데." 그리프에 따르면, 스테판은 이렇게 말했다. "트윗을 할 때마다 팔로워가 100명씩 늘어납니다. 그건 정말로 의미 있는 일입니다." 그리프는 끔찍하다는 생각이 들었다.

6월 24일, 페터 스질라기는 충분한 채굴자가 사용할 경우, 소프트포크를 구성하게 될 게스와 패리티 클라이언트의 새로운 버전으로 연결되는 링크를 이더리움 블로그에 올렸다.[21] 6월 28일, 소프트포크에 대한 지지는 여전히 '1800000' 블록에서 실행되도록 만들 한계치를 넘어서 있었으며, 이는 이더리움에서 13~14초의 평균 블록 생성 시간을 기준으로 할 때 아마도 6월 30일에 채굴될 거였다.

그러나 그날 계획이 완전히 바뀌었다. 권은 코넬대학 신입생이 될 고등학교 3학년 학생인 자든 헤스Tjaden Hess에게서 이메일을 받았다. 자든은 이더리움 블록체인을 "서비스 거부denial-of-service, DoS" 공격에 노출시킬 수 있다는 점에서 소프트포크는 안전하지 않다고 지적했다. 소프트포크는 큐레이터 멀티시그와 RHG의 콘트랙트로 시작되는 거래를 제외하고 채굴자들이 더 다오의 잔액을 감소시킨 모든 거래를 검열하도록 만들기 때문에 사람들은 엄청나게 많은 복잡한 거래를 이더리움 블록체인에 보낼 수 있고, 가장 마지막 거래를 가지고 더 다오의 내부 가치를 낮출 수 있다. 채굴자들은 모든 에너지를 쏟아부은 뒤 그들이 노력한 대가를 아무것도 얻지 못한 채 거래를 포기하게 될 것이다(일반적으로 채굴자는 더 많이 작업할수록 더 많은 돈을 버는 법이다). 더욱 놀랍게도 공격자는 아무것도 잃지 않을 거였다. 리버키퍼River Keeper라는 닉네임을 쓰는 대학생인 자든과 권은 6월 28일 가능한 공격 벡터, 그리고 공격 이후에 13~14달러를 선회하다가 갑작스럽게 12달러 아래로 떨어진 이더 가격과 관련해서 블로그에 글을 올렸다. 항상 그렇듯, 권은 신경질적인 반응을 보였다. 이에 대해 레프테리스는 슬랙에서 이렇게 언급했다. "우리가 최종 결론에 도달하기 전에 시러 교수가 이와 관련해서 게시글을 작성하는 것을 자제하기 바랐다."(권은 탈중심화된 커뮤니티에 그 치료법에 따른 위험성을 알림으로써 올바른 일을 했다고 말하면서 이렇게 덧붙였다. "슬록잇 팀은 그들에게 유리할 때마다 탈중심화 카드를 꺼내 든다. 반면 그렇지 않을 때는 의사결정과 권력이 그들의 손에 집중되어 있기를 요구한다.")

파비안은 트위터에 이런 글을 남겼다. "소프트포크에 취약점이 있다면 2가지 선택만 남았다. 하드포크를 통해 더 다오에 영향을 미치는 것, 아니면 아무 일도 하지 않는 것."[22]

이에 대해 한 슬랙 멤버는 이렇게 언급했다. "이더/다오의 역사에서 또 한 번의 수치스러운 날."

더 다오의 하드포크, 해결책이 될 것인가

소프트포크냐 하드포크냐를 둘러싼 드라마가 계속되는 가운데 RHG는 어떤 포크도 일어나지 않을 상황에 대비해 다오 전쟁을 통해 미니 다크 다오로부터 다오 토큰을 끌어모아야 했다. 이는 다오에 있는 모든 이더가 분할되는 4가지 주요 영역 중에서 보다 골치 아픈 영역이었다. 그 부분적인 이유는 하나의 영역이 실제로 6개의 서로 다른 영역으로 이뤄져 있으며, 이들 영역 모두 서로 다른 시작과 끝 시간을 갖고 있기 때문이었다. 초기 구조 작업이 끝나고, 아브사가 자신의 레딧 게시글을 통해 다른 차일드 다오 큐레이터들이 앞으로 나서도록 요청했을 때, 그는 그들이 다크 다오라고 불렀던 원래 공격자의 다오에 더해 이제 6개의 미니 다크 다오, 즉 누군가 원래 다오 공격자의 전략을 그대로 베껴서 더 다오로부터 돈을 빼내간 차일드 다오가 있다는 사실을 언급했다. 360만 ETH가 들어 있던 다크 다오 다음으로 두 번째로 큰 다오에는 26만 8000ETH가 있었고, 세 번째로 큰 다오에는 2만 9000ETH가 들어 있었다. 이는 당시 기준으로 30만 달러가 넘는 금액이었다.

RHG는 모방 미니 다크 다오에서 돈을 빼내기 위해 몇 주에 걸쳐 뿔뿔이 흩어져 있던 큐레이터들과 접촉해야 했다. 변호사와 이야기를 나눈 이들을 포함해 여러 큐레이터들이 신속하게 흩어지자 RHG는 여섯 큐레이터 중 3명의 서명을 요구하는 것으로 규칙을 변경했다. 또한 그들은 큐레이터들이 최소 정족수 요건을 20퍼센트에서 10퍼센트로 변경하도록 했다.

7월 초에서 중반에 이르기까지 RHG는 축소된 최소 정족수와 고래들의 토큰을 기반으로 3가지 제안을 통과시킬 수 있었다. 그중 하나는 엑스트라 밸런스extra balance를 메인 다오로 이동시키는 것이었는데, 이는 10.39퍼센트의 정족수, 그리고 140명의 토큰 보유자들의 100퍼센트 찬성으로 겨우 통과시킬 수 있었다.[23] RHG는 이제 그 돈을 사용해서 나머지 자금을 구조해낼 수 있게 됐다.

두 번째 제안의 경우, 이더리움 커뮤니티가 하드포크할 것인지를 놓고 여전히 논쟁을 벌이고 있었다. 또한 무슨 일이 벌어질지 확실하지 않았기 때문에 RHG는 최악의 시나리오, 즉 아무런 포크도 실행하지 않는 상황에 대비해 계획을 세우기로 결정했다. 더 다오가 지금 그대로 남아 있을 경우, 그들은 공격자가 인출하지 못하도록 계속 그를 감시해야 했다. 그들은 1000개의 다크 다오 토큰을 사 들이는 제안을 만들었고, 이를 통해 RHG는 공격자가 스플릿 제안을 할 때마다 "스플릿 공격"을 감행할 수 있게 됐다. RHG는 동일한 스플릿에 접근해 그 안에서 다수를 통제함으로써 인출하지 못하도록 막을 수 있었다[24](물론 이는 RHG가 항상 공격자를 감시하고 각각의 스플릿 속으로 그를 따라갈 때만 작동할 것이기 때문에 영원히 해야만 하는 일이었다).

미니 다크 다오를 공격하기 위한 세 번째 제안은 이더를 모든 미니 다크 다오에 집어넣어서 "51퍼센트 공격"(블록체인 네트워크상 의사결정에 필요한 컴퓨팅 파워의 50퍼센트 이상을 확보한 뒤 거래 내역을 조작하는 해킹 공격-옮긴이)을 감행하는 것이었다. 이로써 그들은 투표권의 다수를 차지할 것이며, 더 다오가 돈을 RHG의 메인 다오인 화이트햇 다오로 송금하도록 만들 수 있을 것이었다.[25]

다오 전쟁이 이어지는 가운데 그리프는 여러 미니 다크 다오 안에서 이더를 감시하기 위해 매일 해야 할 일들을 설명하는 스프레드시트를 계속해서 작성했다. 당시 그들은 약 2540만 다오 토큰을 확보했는데, 이를 통해 다른 다오를 공격해야 하는 모든 시점에 실제로 공격할 수 있게 됐다.[26] 예를 들어, 7월 6일 RHG는 하루 종일 최소 정족수를 10퍼센트로 낮추고, 고래들이 투표하도록 독려하는 한편, 다른 차일드 다오의 소유권을 RHG로 이전하기 위해 시간을 보냈다. RHG는 그들에 앞서 어떤 적대 세력이 그 돈을 훔치거나 빼내지 못하도록 다양한 미니 다크 다오에서 토큰을 구매해야 할 시점, 그리고 특정 다오가 끝나서 그들이 즉각 행동을 취할 수 있는 시점을 초 단위로 정확하게 기록했다. "7월 14일 3:34:48(세계표준시) 다크 다오 59는 이 다오에 대한 공격을 종료함!!!" 7월 18일 월요일, 다크 다오 85가 '13:11:36'에 다크 다오 94가 '14:42:41'에 다크 다오 98이 '15:25:12'에, 화이트 다오 78이 '17:44:21'에, 다크 다오 101이 '18:46:28'에, 그리고 화이트 다오 99가 '22:11:37'에 종료된 이후 하루 종일 다오들을 공격했다(당시에는 알지 못했지만, 아무도 그들에게 도전하지 않았기에 그들의 경계는 사실 무의미했다).

7월 4일, 레프테리스는 이러한 단계를 실행하기 위해 레딧 게시글을 통해 다오 토큰 보유자들(즉, 고래들)에게 여러 다오에 투표함으로써 RHG가 공격할 수 있게 도움을 달라고 요청했다.[27] 이 기술적인 움직임을 위해 그는 영상 안내 자료를 올리면서 그들이 투표한다면 투표가 이뤄지는 동안에는 토큰을 거래할 수 없을 것이라고 설명했다.

대부분의 반응이 긍정적이긴 했지만, 한 레딧 사용자는 레프테리스가 하드포크가 실행되지 않을 경우에 이러한 움직임이 필요하다는 사실을 계속해서 말하고 있다며 트집을 잡았다. 그는 이렇게 썼다. "/u/LefterisJP, 우리가 계속해서 '일어나지 않을 경우에 대비해' 같은 말에 대해 생각하도록 만들면서 정작 당신은 대책을 마련하고 있지 않군요. 우리가 (하드포크) 대신 이러한 제안을 활용하게 될 가능성은 얼마나 됩니까?"[28]

그 레딧 사용자의 질문에 대한 분명한 대답은 RHG가 아무런 답변도 갖고 있지 않다는 것이었다. 그들은 다오 공격자의 정체로 이어질 실마리를 찾고 있는 폴로닉스 사람들과 정기적으로 접촉하고 있었다. 공격자는 거래소에 사진 아이디를 제공하고 자신의 신분을 인증하기 위해 그것을 들고 사진을 찍었을 폴로닉스 계정 보유자와 제휴했거나, 아니면 아마도 공격자가 바로 그 계정 보유자일 것이다. 기본적으로 공격자는 셰이프시프트상에서 비트코인을 이더로 바꿀 때, 뭔가 문제가 발생해서 돈을 돌려받는 경우에 대비해 셰이프시프트에 비트코인으로 반환 어드레스를 제공했어야 한다. 제공된 어드레스는 폴로닉스 계좌 보유자가 몇 단계를 거쳐 소량의 비트코인을 통해 연결될 수 있다. 그리프는 폴로닉스 조사관에게 이렇게 말했다. "어느 쪽이든 공격자는 당신의 인증에 미소 짓고 있는 사람을 알고 있습니다. 이는 공격자 자신일 수도 있고, 그들의 친구, 아니면 적어도 어떤 이유로 그들의 비트코인 어드레스를 그들에게 제공한 사람일 겁니다."

레프테리스가 레딧에 글을 게시하기 며칠 전, 사실 그 폴로닉스 직원은 금융 범죄 단속 네트워크Financial Crimes Enforcement Network와 함께 미심쩍은 움직임에 대한 보고서를 작성하기에 충분한 정보를 확보하고 있었다. 폴로닉스 직원은 확신에 가득 차 있었기에 7월 1일 그리프와 레프테리스, 스테판, 콜름에게 스카이프로 메시지를 보냈다. 여기서 그는 이렇게 적시했다. "여러분, 이제 새로운 증거가 나왔습니다. 가능하다면 하드포크를 보류해주시기 바랍니다. 공격자를 찾아낼 가능성이 대단히 높아졌습니다. 아시다시피 저는 개인적으로 하드포크나 다른 어떤 것에 대한 동기를 갖고 있지 않습니다. 제가 생각하기에 시간만 충분히 주어진다면 실질적으로 범인을 붙잡을 수 있고 자금을 안전하게 지킬 수 있을 겁니다." 그는 7월 2일 다시 이렇게 썼다. "99.9퍼센트 확실하게 범인을 잡을 수 있다. 공범이나 내부자에 관한 단서도 확보했다. 블록체인과 IP, 행동, 물리적 위치, 그리고 정황 증거들 모두 대단히 강력하다. 100퍼센트 확실한 증거라고는 할 수 없지만, 강력하게 의혹이 드는 부분이다. 공격은 스위스에서 시작됐다." 레프테리스가 레딧에 글을 올린 7월 4일, 그는 이렇게 썼다 "이것은 음모다. (중략) 나는 확신한다. 스위스에 블록체인 (기업이) 있고, 바로 여기서 계획과 실행이 이뤄졌다. 관련된 이들 모두 이더 커뮤니티에서 인지도가 있는 사람들이다." 그러고는 자신이 생각하기에 관련 있는 이들에게 몇몇 링크를 보내면서 소환장 없이는 자신이 확보한 증거를 공유할 수 없을 거라고 밝혔다.

RHG는 다오 전쟁을 수행하면서도 공격자를 잡을 실질적인 가능성이 있다는 사실을 염두에 두고 있었다. 그렇게 된다면 하드포크할 필요가 없을 터였다. 하지만 그러한 노력이 효과가 있을지 확신할 수 없었기에 두 번째 전략을 시도하기로 결정을 내렸다. 7월 9일 스테판은 블로그에 순수하게 사변적인 증거를 바탕으로 '왜 다오 도둑은 7월 14일에 이더를 모두 돌려놓을 것인가'라는 제목의 글을 올렸다. 이날은 "불꽃놀이로 유명한" 프랑스혁명 기념일이었다.[29] 한 레딧 사용자는 이렇게 말했다. "이 잘난체하는 녀석이 당신들 모두를 가지고 놀고 있다."[30]

그러나 그가 터무니없어 보이는, 심지어 조롱에 가까워 보이는 글을 게시한 데는 이유가 있었다. RHG는 다오 공격자의 관심을 끌어서 그에게 자금을 그냥 반환하라고 제안하고자 했다. 그리고 이는 7월 14일 이후에만 가능했다. 2016년 7월 11일 월요일, 그들은 다크 다오의 큐레이터 키를 사용해서 다크 다오에서 다오의 큐레이터 멀티시그 어드레스를 인증함으로써 다오 공격자가 더 다오에서 빼내간 31퍼센트의 이더를 큐레이터들에게 보낼 수 있도록 만들었다.[31] 전날 스테판은 이러한 움직임에 대해 이야기를 나눴던 스카이프 채팅에서 이렇게 말했다. "공격자는 그 거래를 (그리고 레딧상에서 그 거래로 인해 불거진 소동을) 볼 것이며, 자신에게 선택권이 있다는 사실을 알 것이다." 하지만 공격자는 그 메시지를 믿지 않거나, 아니면 빠져나간 자금을 그대로 갖고 있기로 선택했다.

다오 공격자가 다크 다오에서 돈을 빼낼 수 있는 시점이 다가오면서, 개발자들은 커뮤니티가 극단적인 선택을 내릴 경우에 대비해 잠재적인 하드포크를 프로그래밍하는 작업에 착수했다. 논쟁거리가 될 수 있다는 사실은 차치하더라도 더 다오가 완전히 엉망이 될 수 있다는 점에서 이는 그리 간단한 해결책이 아니었다.

7월 7일, 크리스토프는 블로그 게시글을 통해 잠재적인 하드포크와 관련해서 3가지 문제를 지적했다. 그중 가장 중요한 것은 엑스트라 밸런스를 어떻게 처리할 것인지였다. 다오 참가자 중 일부가 100다오 토큰에 대해 1ETH 이상을 지불한 상태였기 때문이다. 문제는 촉박한 마감 시한 때문에 얼마나 많이 지불했는지를 기준으로 모든 사람에게 완벽히 정확하게 상환해줄 수 없다는 사실이었다. 크리스토프는 이에 대해 3가지 대안을 설명하고 그중 1가지를 추천했다. 그리고 언제나처럼 다음과 같은 말로 끝맺었다. "결론적으로, 이더리움 커뮤니티를 위해 하드포크를 할 것인지 결정을 내리는 권한은 저와 슬록잇 혹은 다른 누구에게도 주어져 있지 않습니다."[32]

커뮤니티는 크리스토프가 추천한 방안들 중 2가지를 신속하게 조합했고, 엑스트라 밸런스에 관한 문제를 계속해서 논의하면서 커뮤니티가 하드포크에 찬성하는지 아니면 반대하는지 알아내고자 했다. 중국에 있는 이더리움 열광자들은 하드포크에 대한 투표 결과를 집계하기 위해 카본보트carbonvote.com라는 사이트를 만들었다. 그러나 투표 결과는 사람 수가 아니라 코인의 규모에 달려 있었기에 고래들의 영향력이 강할 수밖에 없었다. 투표는 투표자가 0ETH를 찬성 어드레스 혹은 반대 어드레스로 보내는 방식으로 이뤄졌다. 투표가 이뤄진 어드레스에 들어 있는 각각의 이더는 하드포크에 찬성하거나 반대하는 투표용지로 기능했다.[33]

7월 15일, 게스 대표 제프리 윌크는 블로그에 이렇게 썼다. "포크를 하느냐 혹은 하지 않느냐는 재단이나 어떤 다른 단일 조직에서 결정 내릴 수 있는 사안이 아니기 때문에 우리는 가장 적절한 프로토콜 변화를 제공하기 위해서 다시 한번 커뮤니티의 의중을 들여다봐야 한다."[34] 제프는 커뮤니티가 '1920000' 블록에서 하드포크하기로 선택한다면, 더 다오에 들어 있는 모든 이더와 엑스트라 밸런스, 그리고 차일드 다오들은 모두 위드드로 다오Withdraw DAO로 옮겨질 것이라고 설명했다. 다오 토큰 보유자들은 위드드로 콘트랙트에 다오 토큰을 넣을 수 있고, 100 다오에 대해 1ETH를 받게 될 것이었다(8일 전 크리스토프는 블로그를 통해 커뮤니티에 엑스트라 밸런스를 어떻게 처리할 것인지 물었다. 1가지 방법은 그것을 멀티시그에 넣고 다오 큐레이터들이 이를 분배하는 것이었다[35]). 그들이 하드포크를 실행하기 위한 클라이언트를 프로그래밍한 상황에서 중요한 질문은 커뮤니티가 하드포크를 실행하는 것을 원하는가 여부였다. 커뮤니티는 개발자들이 만든 중요한 선택, 즉 새로운 버전의 소프트웨어를 다운로드하고, 새로 시작할 때 기본적으로 포크를 할 것인지 결정하게 될 것이었다.

하드포크에 반대하는 사람들은 2014년 초 마운트 곡스가 해킹을 당하면서 5억 달러에 가까운 비트코인이 도난당했을 때, 비트코인은 하드포크하지 않았다는 사실을 지적했다. 그러나 다른 이들은 비트코인의 경우 누구도 도둑맞은 비트코인이 어디로 갔는지 몰랐기 때문에 지금 상황에서 참고할 만하지 않다고 지적했다. 더 다오의 경우, 모든 이더리움 블록 익스플로러(블록체인에 관한 데이터를 제공하는 웹사이트)상에서 도난당한 약탈품을 볼 수 있었고, 또한 7월 21일까지 거기에 묶여 있을 것이라는 사실을 알았다. 이더리움 재단 내부의 경우, 더 다오에 관여하지 않은 제프는 더 다오가 기술적으로 이더리움 재단의 문제가 아니라 하더라도 레딧상의 글들(그리고 최종적으로 카본보트의 결과)은 전반적인 분위기가 포크를 찬성하는 쪽이라는 사실을 보여줬다. 게다가 아주 많은 사람이 돈을 잃었고 이더리움은 아주 적었기 때문에, 그는 이더리움이 1년이 채 되지 않은 상황에서 하드포크를 감행할 가치가 있다고 생각했다.

제프는 블로그를 통해 카본보트상에서 이뤄진 투표가 블록 넘버 '1894000'에 집계될 것이며, 그 결과에 따라 게스 클라이언트에서 기본적인 선택이 "포크를 하는 것"일지, 아니면 "포크를 하지 않는 것"일지 결정하게 될 것이라고 발표했다. 7월 16일 나온 카본보트의 투표 결과는 분명했다. 87퍼센트가 하드포크에 찬성했다. 모든 이더의 5퍼센트만이 블록 '1920000'에서 나흘간에 걸쳐 투표를 했는데도, 하드포크를 감행하자는 쪽으로 결론이 내려졌다.

이더리움 커뮤니티는 암호화폐 거래소들의 이야기에 귀를 기울이지 않았다. 몇몇 거래소와 그곳의 직원들은 '체인 스플릿chain split'이라는 중대한 위험이 있으며, 이로 인해 모두가 동의하는 유형의 하드포크가 아니라 논쟁을 초래하는 하드포크로 이어질 것이며, 다른 암호화폐의 등장을 부추겨 이들이 이더리움과 경쟁 관계를 형성하는 데 일조할 거라고 목소리를 높였다. 그러나 많은 이더리움 개발자들은 도둑에게 맞서 싸워 그들이 올바른 일이라고 생각하는 것을 해내지 못한다면 심각한 문제에 봉착하게 될 것이라고 우려했다. 이는 프로토콜의 규칙이 선례가 됐듯, 비트코인 관계자들이 취했던 것과는 상반된 접근 방식이었다. 몇몇 암호화폐 거래소가 볼 때, 이더리움 재단의 개발자들은 그들에게 자명한 사실, 즉 하드포크가 체인 스플릿을 초래할 것이라는 사실을 보지 못하는 것만 같았다.

일부 거래소가 보기에 이더리움 재단과 슬록잇은 암호화폐 트레이더를 이해하지 못하는, 이념적으로 편향된 개발자들이었다. 모든 암호화폐 커뮤니티와 교류하는 거래소들은 많은 비트코인 "극우선주의자 maximalist"(비트코인이 유일한 블록체인이 될 것이며, 또한 그렇게 되어야만 한다고 믿는 원칙주의자를 가리킨다. 비탈릭이 만들어낸 용어)들이 비트코인 다음으로 큰 암호화폐 네트워크에 타격을 입히기 위해 어떠한 기회든 잡으려고 할 것이라는 사실을 알았다.[36] 또한 이더리움 개발자들이 원래 이더리움 체인이 살아남을 것이라고 생각하지 않았기 때문에, 그리고 하드포크를 실행할 수 있는 시간이 대단히 짧았기 때문에 그들이 "재생 보호 replay protection"라고 부르는 것을 구축하지 않았다는 사실을 알았다. 이는 하나의 체인이 둘로 분할될 때 나타나는 문제를 언급한 것이다. 특정 순간에 이를 때까지 둘은 똑같은 거래 히스토리를 공유한다. 포크 이후에 원장을 "스플릿"하기 위한 행동(재생 보호)을 취할 때까지, 이더와 이더의 경쟁 버전(이더 오리지널)이 두 체인에서 똑같은 해시가 확인한 어드레스에 도달할 때까지 일련의 코인을 거래하려는 사람은 또한 다른 이와의 거래를 만들어내고자 할 것이다. 가령 이더 오리지널뿐만 아니라 그들이 보유하고자 하는 이더를 팔려고 할 것이다.

다오를 하드포크한 상태에서 이더리움 개발자들은 재생 보호가 필요하다고 생각하지 않았기 때문에 안전하기를 희망하는 거래소들은 이를 스스로 구축해야 했다. 거래소의 입장에서 볼 때, 재단이 그러한 명백한 위험을 고려하지 않은 것은 놀라운 일이었다. 그 이유를 1가지만 들면, 이더리움 재단은 자본을 동일한 방식으로 위험에 빠트리지 않았다. 체인이 2개인 상태에서 재단은 코인 가격이 떨어지면 고통스러워할 것이다. 그러나 재생 보호가 마련되기 전, 그들의 고객이 예금하고 인출하기 시작하면 거래소들은 실제로 토큰을 잃어버리게 될 터였다.

무엇보다 하드포크에 대한 최종 결정은 예정된 날보다 4일 이전에 이뤄졌기 때문에 거래소들은 재생 보호를 실행하기 위한 충분한 시간이 없었다. 제프가 비트피넥스의 필립 포터(다오 공격 직후에 스카이프 그룹 채팅에서 "이 빌어먹을 코인"이라고 말했던 그 사람이다)와 스카이프 채팅으로 이야기를 나눌 때, 필립은 이렇게 썼다. "이 망할 코인을 목록에 넣지 않았기를 바란다."

다오 때문에 규제기관이 그들을 추적할 거라고 생각한 이더리움 개발자들의 두려움은 망상이 아니었다. 비탈릭에 따르면, 하드포크 이전에 재단의 스위스 로펌인 MME의 루카 밀러-슈투더는 밍 챈과 비탈릭 부테린에게 스위스 규제기관인 FINMA가 다오와 관련해서 그들을 만나고 싶어 한다고 말했다. 7월 13일 비탈릭은 비행기를 타고 상하이에서 취리히로 날아갔다. 루카는 밍과 비탈릭에게 대단히 중요한 회의가 있을 거라는 인상을 줬고, 규제기관 사람들은 더 다오가 재단 및 규약과 무관한 애플리케이션이라는 그들의 설명을 받아들였다.

그 무렵, 슬록잇의 크리스토프는 자신의 인생에 재앙이 시작되고 있다는 느낌을 받았다. 그는 2년 가까이 이더리움에서 일했고, 그곳에서 일하는 것을 진심으로 좋아했다. 이더리움을 위해 박사학위까지 포기할 정도였다. 이더리움에서 그가 맡은 첫 번째 과제는 의도하지 않게 체인 스플릿을 일으키는 버그를 발견해내는 것이었다. 그런데 자신이 하나의 원인을 제공한 것 같은 상황이 되어버리자 그는 개인적으로 친구들을 실망시켰다는 생각을 하게 됐다. 또한 그는 다오에 투자한 모든 사람들에게도 책임감을 느꼈다. 그가 추산하기에 1만 5000명에서 2만 명에 이르는 다오 토큰 보유자들 중 이제 막 들어온 사람들이 이더리움을 처음 경험하면서 돈을 잃었다고 생각하면 특히 끔찍했다.

크리스토프는 혼란을 정리하는 데 집중했다. 다른 이들은 게스와 패리티 클라이언트에서 소프트포크를 실행하려고 프로그래밍하고 있었으므로(DoS 공격의 가능성이 드러날 때까지), 그는 오직 하드포크를 프로그래밍하는 일에만 집중했다. 그에게는 5명의 자녀가 있었지만(한 아이는 그때 막 5개월이 됐다) 아이들과 보낼 시간조차 없었다. 그는 소셜미디어 활동도 중단했다. 당시 그는 부모님 집에서 살고 있었는데, 그곳에서 그리프, 그리고 사이먼 젠츠시를 만났다. 그들이 만날 때면 그의 어머니는 감자와 당근으로 만든 소고기 스튜나 매장에서 산 아시아 면 요리를 조용히 가져다줬다. 마사지 테라피스트로 일한 적 있는 그리프는 크리스토프가 스트레스를 많이 받은 것 같으면 종종 다가가 그의 어깨를 주물러 줬다.

크리스토프는 앞으로 벌어질 소송에 관해 생각하지 않으려고 노력했다. 그는 신과 아내, 그리고 가족들의 지지를 떠올리며 자신에게 일어날 최악의 일은 고작 돈을 영원히 잃어버리는 것뿐이라고 생각했다. 그는 매일 한 시간씩 산책했고 예전보다 더 많이 기도하면서 삶의 어느 시점보다 신에게 더 가까이 다가갔다. 가장 힘든 것은 현재 상황을 바로잡으려면 아무런 권한도 갖고 있지 않은 사람들을 이끌어 거대한 변화를 도모해야 한다는 사실이었다. 이를 위해서는 이더리움 프로토콜을 운영하는 클라이언트에서 수정해야 했다. 하지만 그는 더 이상 이더리움 재단에서 일하지 않았다. 실제로 그는 이더리움 초창기 때 하드포크를 실행한 바 있었다.[37] 당시 사람들이 그것을 인식조차 하지 못했을 뿐이다.

이제 그는 블로그에 글을 쓰고, 레딧에 댓글을 달고, 재단의 개발자와 이야기를 나누고, 밍과 비탈릭에게 전화를 해야만 했다. 하지만 재단은 의사결정을 내리려고 하지 않았다. 그들은 커뮤니티가 선택하길 원했다. 그러나 이더리움은 공식적인 통제 기구를 갖고 있지 않기 때문에 사람들은 기본적으로 인터넷상으로 서로 이야기를 나눠야만 했다.

그리고 인터넷은 혼란 그 자체였다. 모두들 그 문제와 관련해서 철학자 행세를 하면서 과연 코드가 반드시 지켜야만 하는 법 같은 존재인지에 대한 의견을 내놓았다. 크리스토프는 논쟁을 지켜보면서 이런 생각이 들었다. '이곳은 자유시장이다. 그들이 더 다오, 그리고 빼낸 자금과 함께 영원히 이 체인에 남기를 원한다면 그렇게 하도록 내버려둬야 한다. 판단은 그들의 몫이다.' 그는 결과가 어떻게 될 것인지 알 수 없었음에도 하드포크 프로그래밍 작업을 계속했다. 솔직하게 말하면, 어떤 방법도 완벽하지 않았다. 하드포크를 선택한다면, 더 다오의 문제는 해결되겠지만 이더리움은 큰 타격을 입을 것이다. 소프트포크는 그것이 실행 불가능해질 때까지 좀 더 가능성이 있어 보였다. 그리고 더 다오에 존재하는 다양한 절차를 위해 필요한 7~14일의 기간으로 인해 선택권을 잃어버리는 것은 그들이 해결책을 발견해야 하는 기간을 단축시키기 때문에 그것을 포기하는 것보다 훨씬 더 치명적이었다.

그러나 하드포크를 위한 코드를 작성하고 카본보트의 결과를 보고 난 후에, 그리고 게시판과 청원이 하드포크에 대한 80~90퍼센트의 지지를 보여준 뒤에, 크리스토프는 150명의 이더리움 개발자, 더 다오 큐레이터, 대형 투자자, 그리고 이더리움에 영향력 있는 인물들을 대상으로 스카이프 채팅 그룹을 만들고, 이들에게 커뮤니티가 하드포크를 선택한 것처럼 보인다고 말했다. 그는 자신의 하드포크 사양을 공유했다. 슬록잇과 이더리움 재단 사람들은 하드포크에 대한 의사결정을 마치 폭탄 돌리기 게임을 하듯 다뤘다. 아무도 규제기관의 지목을 받고는 "당신이 책임자로군"이라는 말을 듣는 것을 원치 않았다. 그리고 이더리움 재단은 공식적으로 더 다오에 관여하고자 하지 않았다. 크리스토프는 이더리움 내부에서 하드포크를 실행해줄 사람을 찾아야 했다. 개빈 우드는 패리티상에서 이를 즉각 실행했지만, 패리티는 네트워크상 노드의 작은 일부를 차지하기 때문에 크리스토프는 그를 필요가 있었다. 당시 제프는 잠시 일을 쉬면서 첫 아이가 태어나기를 기다리고 있었다. 그들에게는 하드포크를 하나의 선택지로서 실행해줄, 제프 팀의 수석 개발자 페터가 있었다.

결국 엑스트라 밸런스와 다른 변칙적인 경우를 다루기 위한 정확한 세부 사항이 마련됐다. 원래 다오 큐레이터인 비탈릭과 블라드 잠피르를 포함한 그룹이 멀티시그를 관리해서 자금을 정당한 소유자에게 분배하는 역할을 맡기로 동의했다.

7월 17일, 비탈릭은 레딧을 통해 커뮤니티에 앞으로 벌어질 일에 대해 설명했다. "블록 '1920000'에서 HF(하드포크)가 일어날 겁니다. 그 결과, 실질적으로 2개의 체인이 존재하게 됩니다. 하나는 게스 1.4.10 코드에서 실행될 간헐적인 상태 변화를 수행하게 되며, 다른 하나는 그렇지 않을 겁니다. 이 시점 이후 하나의 가지는 지배적인 것이 될 것이며, 다른 하나는 중요하지 않은 것으로 사라지거나 혹은 존재를 이어 나가면서 시장 가격을 유지하게 될 것입니다."[38]

나중에 원래 체인이 살아남을 것으로 전적으로 기대한다고 말했던 비탈릭은 지배적인 체인에 남아 있기를 원하는 사람들에게 이렇게 말했다. "블록 '1920000'과 하드포크가 설치되는 시간 사이에 경제적으로 의미 있는 행동을 하는 것을 자제하길 권고합니다. 어떤 가지가 지배적일 것인지는 분명합니다. 일부 거래소는 예금 기능을 한 시간 동안 오프라인 상태로 유지하면서 이미 그 조언을 따르고 있다는 사실에 주목하십시오."

그는 사람들이 오직 하나의 체인상에서만 코인을 전송하기 위해 사용할 수 있는 재생 보호 콘트랙트를 제안했다. 그러나 한 레딧 사용자가 지적했듯, 그것은 대부분의 사용자들이 보유한 기술적 능력을 훨씬 넘어서는 것이었다.[39] 사용 방법을 알지 못하는 이들은 그들이 처분하려는 코인(즉, 이더 오리지널)을 파는 과정에서 보유하기를 원하는 이더를 자칫 잃어버릴 수도 있는 위험을 감수해야 했다.

제프의 부하 직원 페터가 하드포크 코드의 일부를 실행했다. 그것이 프로그래밍된 방식대로 클라이언트는 플래그를 추가할 수 있었다. 즉, 원래 체인에 남아 있거나 아니면 포크상에 있을 수 있었다. 카본보트와 다른 투표 결과는 다수가 새로운 체인을 선택할 것이라는 사실을 보여 줬다. 그럴 경우, 그 작동을 유지하기 위한 더 많은 컴퓨터가 있을 것이기 때문에 이는 더욱 길게 이어질 것이고, 그리고 이는 다시 더 많은 블록 생성으로 이어지게 될 것이었다. 페터는 새로운 체인이 더 길어진다면 노드는 더 길어진 원장과 동기화될 것이므로 원래 체인은 살아남지 못할 것이며, 자신의 플래그가 이를 선호하도록 설정해놓더라도 기존 체인에 접근하는 게 불가능해질 것이라는 사실을 깨달았다. 그래서 페터는 일부 채굴자가 초기 체인을 유지하고자 한다면, 포크가 이뤄진 체인이 더욱 길어지더라도 그렇게 하는 것이 가능한 방향으로 이를 수정했다. 이제 이더리움 재단은 사람들이 어떤 체인을 지지할 것인지 선택하고 있으며, 재단은 의사결정을 절대 강요하지 않았다고 자신 있게 말할 수 있었다.

남아 있는 유일한 과제는 위드드로 콘트랙트를 프로그래밍하는 일이었다. 구글에서 일한 경력이 있는 게스 개발자 닉 존슨Nick Johnson은 자신이 그 일을 하겠다고 나섰다. 다오 토큰을 보낸 사람에게 그에 상응하는 이더를 되돌려줄 콘트랙트를 만들어내는 데는 단 21개의 코드 라인만이 필요했다.[40]

7월 20일 수요일, 뉴욕 이타카의 아침은 그날 오후 최고 온도인 27도를 향해 가면서 여름 날씨치고는 대단히 서늘했다.[41] 그날 코넬대학에서는 암호화폐와 콘트랙트 이니셔티브Initiative for CryptoCurrencies and Contracts, IC3가 '이더리움 암호화폐 부트캠프와 워크숍'을 시작하고 있었다.

하지만 먼저 이더리움은 포크를 할 예정이었다.[42]

　동부 하절기 시간Eastern Daylight Time, EDT으로 오전 9시 15분 직후, 비탈릭과 밍의 남자 친구 케이시 디트리오, 아브사, 그리고 인디애나에서 활동하는 프로그래머 마틴 베체Martin Becze를 비롯한 몇몇 개발자들이 빌앤멜린다 게이츠홀에 있는 야외 카페의 테이블에 모여 있었다. 그들은 노트북에 고개를 파묻고 'fork.ethstats.net'상에서 시도를 추적했다. 아브사는 비탈릭과 함께 노트북을 들여다보고 있었다. 사람들이 새로운 이더를 채굴하면서 블록체인은 서서히 모습을 드러내기 시작했다. 오전 9시 20분 40초, 블록 '1920000'이 나타났다.


```
1920000   0x498515ca   0x94365e3a
```


　비탈릭이 바라보는 화면에 '1919996', '1919997', '1919998', '1919999' 블록들을 연결했던 수직선이 두 갈래로 분할되는 게 보였다. 새로운 선은 '0x94354e3a' 해시로 방향을 틀면서 이제 두 체인이 존재하게 됐다는 것을 보여줬다.

　아브사가 말했다. "좋아!" 아브사는 전화기로 동영상을 촬영하면서 물었다. "포크가 진행되고 있는 건가?" 그는 사진을 찍는 것처럼 카메라를 향해 웃음을 지었다. 그의 뒤로 옆모습만 보이는 비탈릭은 컴퓨터 화면을 들여다보면서 연신 함박웃음을 짓고 있었다. 새로운 이더리움상의 블록 '192005'에서 기존 체인은 '1920001'에 멈췄다. 나중에 권은 IC3 부트캠프에서 샴페인 병을 가지고 왔는데, 뚜껑에는 "성공적인 하드포크를 축하합니다"라는 문구와 함께 포크 그림이 있는 스티커가 붙어 있었다.

　코펜하겐에서 멀지 않고 발트해에 인접한, 독일의 북부 끝단에 위치한 바베의 하늘은 구름 한 점 없이 맑았다. 해변에서 불어오는 산들바람에 키가 큰 풀들이 몸을 뉘였다. 크리스토프는 그곳 백사장에 누워 전화기를 만지작거리고 있었다. 때는 7월 20일 오후 3시 20분이었다. 그는 포크가 진행되는 과정을 지켜보고 있었다. 마침내 포크가 성공한 것을 확인했을 때, 그는 비로소 안도의 한숨을 내쉬었다. 그날 크리스토프는 미디엄Medium에 '놀라운 성취!'[43]라는 제목으로 글을 올렸다.

그는 이렇게 썼다. "다오로 인한 하드포크가 좋은 생각인지 아닌지에 관한 논의를 제쳐두고, 이더리움 커뮤니티(개발자, 채굴자, 거래소, 연구원 등등)가 이러한 상황에서 함께 뭉쳐 개인적인 의견은 묻어두고 성공적으로 하드포크를 추진했다는 사실은 정말로 놀라운 일이다." 그는 다오 펀드 구조와 하드포크에 도움을 준 많은 이들에게 감사를 표한 뒤(마치 'SEC 보시오. 우리는 집중화되어 있지 않기 때문에 이더는 증권이 아니다'라는 메시지를 무의식적으로 전하려는 듯) 이렇게 결론을 지었다. "일부는 '코드가 법이다'라는 은유에 의문을 제기하지만, 나는 아니다. 우리에게는 대법원, 즉 커뮤니티가 있다는 사실을 확인했다!"

커뮤니티는 감동받지 않았다. 레딧상의 대표적인 반응은 이랬다. "이 사람들은 배짱이 두둑하다. 당신의 '성취'는 이더리움 전체를 거의 파괴할 것이다."[44]

포크를 실행하는 시점에 위드드로 콘트랙트 안에는 1200만 ETH(1억 4800만 달러)가 들어 있었다. 여덟 시간 후, 거기에는 640만 ETH(7900만 달러)가 남아 있었다. 그리고 다시 이틀 후에는 460만 ETH(6600만 달러)가 남아 있었다.[45] 불과 한 달 전보다 3분의 1이 사라져버린 더 다오의 3분의 2는 이제 다오 토큰으로 채워졌다. 이더리움 가격은 상승했고, 7월 2일 이후 처음으로 12달러를 넘어서 마감했다. 이제 1억 4000만 달러의 크라우드세일과 독창적인 성과는 마치 디지털 신기루처럼 보였다. 크리스토프는 해변에 드러누우면서 그 기억을 떨쳐버렸다.

CEST 기준으로 3일 후 아침 7시 19분, 공격자의 '0x969' 지갑 속에 들어 있던 다오 토큰은 네 단계를 거쳐 새로운 지갑으로 옮겨진 후, 아마도 다오 공격자로 추정되는 누군가가 그것을 다시 한 단계 건너뛰어 새로운 지갑인 '0x26D'로 이동시켰다.[46] 아침 7시 25분 그는 2만 5805.6141470999999999다오 토큰을 위드드로 다오로 보냈고 258.056141470999999999ETH를 돌려받았다.[47]

다오의 가치가 다시 한번 0.01ETH가 되자(0.005ETH에서 0.009ETH로 상승하면서) 앤드리는 크게 할인된 다오 토큰 한 무더기를 환전했고, 결국 그가 집어넣은 이더는 2배로 증가했다.

이더리움클래식, 스핀오프 프로젝트의 출범

이더리움 커뮤니티가 하드포크에 사로잡혀 있는 동안, 또 다른 움직임이 시작됐다. 포크에 대한 결정이 나기 전인 7월 10일, 누군가 이더리움클래식Ethereum Classic, ETHC을 위한 깃허브 페이지를 만든 것이다. 또한 포크 이전에 'jps_'라는 한 레딧 사용자는 다른 생태계 구성원들이 원래 체인을 유지하고 싶어 할 동기를 보여주면서 이렇게 언급했다. "거래소들은 그들이 이더리움의 아주 작은 일부 혹은 훨씬 덜 유명한 화폐를 거래할 것이라는 사실을 보여줬다." 또한 'jps_'는 채굴자들에게는 체인을 그대로 유지할 경제적 동기가 있다고 주장했다.

블록체인이 원장 상태의 스냅샷을 주기적으로 저장하는 클라우드 속 구글 스프레드시트 같은 것이라면, 하드포크는 복제 사본을 만드는(복제 코인을 가지고) 것과 같다. 거기서 더 다오와 관련 있는 일련의 셀들이 바뀌고 위드드로 다오가 생성됐다. 그러나 블록체인은 구글 같은 중앙집중적인 기업이 없고, 시간이 기록된 구글 스프레드시트 같기 때문에 일부 채굴자 그룹이 그것을 유지하기로 동의한다면 원래 구글 스프레드시트, 다시 말해 블록체인은 여전히 존재할 수 있다. 그리고 원래 코인을 보유하고 거래하는 일도 가능하다. 소규모 채굴자 그룹 혹은 1명의 채굴자가 원래 체인을 채굴한다면, 그들은 새롭게 만들어진 코인과 거래 비용을 얻게 될 것이다. 반면, 보다 유명한 체인상에서는 경쟁이 치열하다 보니 수수료를 벌어들이기조차 어려울 것이다. 채굴자들이 원래 체인을 그대로 유지하는 한 거기에 있는 코인들 또한 그대로 유지될 것이며, 거래소들이 그것을 목록에 올려놓는다면 잠재적으로 거래가 가능할 것이다. 또한 지갑은 사용자들이 기존 코인을 거래하도록 장려할 것이다. 'jps_'는 이렇게 결론을 내렸다. "결국에는 2개의 살아 있는 이더리움 흐름이 존재하게 될 것이다."[48]

포크를 실행하던 날, 비탈릭이 운영하던 〈비트코인 매거진〉은 '스핀오프 프로젝트의 출범: 이더리움클래식'[49]이라는 제목의 기사를 실었다. 저자인 아론 판 비르둠Aaron van Wirdum은 이더리움클래식이 "핵심을 지적하기 위한 일종의 농담 같은 것"이라고 언급했다. 그는 이렇게 썼다.

그 프로젝트는 레딧과 슬랙을 중심으로 작지만 점차 증가하는 사용자를 기반으로, 그리고 그 토큰(클래식 이더)을 거래 옵션으로 제안하는 탈중심화된 거래소인 비트스퀘어Bitsquare를 기반으로 추진력을 얻고 있다. 게다가 해시 파워의 0.5퍼센트는 스플릿 이전에 특별한 이더리움클래식 마이닝풀mining pool에 합류했으며 이더리움클래식 체인상에서 채굴하기로 선택하면서 블록들이 채굴되고 프로젝트가 계속해서 이어지도록 만들고 있다.

아론은 이더리움클래식 기획자와 인터뷰를 나눴다. 아르비코arvicco라는 이름으로 알려진 그 기획자는 러시아의 암호화폐 매체인 〈비트노보스티BitNovosti〉를 설립한 인물이기도 하다. 아르비코는 이렇게 지적했다. "많은 이들이 혁신적인 암호화폐-탈중심주의 입장을 지지하고 있습니다. 결론적으로 말해서, 우리는 블록체인 시스템이 3가지 특성을 고수해야 한다고 생각합니다. 그것은 개방성과 중립성, 그리고 불변성입니다. 이러한 특성이 없으면 블록체인은 그저 허울 좋은 데이터베이스에 지나지 않습니다. 더 다오를 구제한 것은 이더리움 플랫폼의 3가지 핵심적인 장기적 가치 제안 중 2가지를 훼손한 일이었습니다."

포크가 이뤄지고 몇 시간 흐른 뒤, 그 체인은 실질적으로 죽은 것처럼 보였다. 포크가 이뤄진 다음 날인 7월 19일, 네트워크상에서 해시레이트hash rate(컴퓨터 파워를 나타내는 지표)는 초당 4.651테라해시terahash, TH/s[50](혹은 1조 해시[51])였다. 그러나 포크 이후, 기존 체인상에서 해시레이트는 99.3퍼센트 떨어진 0.03TH/s로 추락했다.[52]

하지만 'jps_'가 예측했듯, 많은 사람들이 이더리움클래식에 관심을 보였다. 포크 다음 날, 비트코인토크상에서 세쿠르Seccour라는 닉네임으로 활동하는, 그리고 "비트코이너, 암호화폐-무정부주의자이자 사이퍼펑크"라고 자신을 소개한 사용자가 '이더리움클래식 전망Ethereum Classic Speculation'이라는 제목으로 글을 올렸다. 여기서 그는 이더리움클래식을 위한 새로운 로고를 소개했는데, 이더리움과 비슷하게 2개의 사면체로 이뤄져 있지만 색상은 검은 배경에 녹색이었다. 또한 이더리움클래식 블록 익스플로러와 이더리움클래식 레딧, 이더리움클래식 슬랙, 그리고 이더리움클래식 위키로 이어지는 링크도 실어놓았다. 세쿠르는 이렇게 썼다. "이 주제를 사용해 이더리움클래식 토큰의 가격을 추측할 수 있다."[53]

입찰이 들어오기 시작했다. 비트스퀘어의 이더리움클래식/비트코인 거래를 위한 주문장은 6800ETHC/BTC(ETHC당 0.10달러)에서 1만 ETHC/BTC(ETHC당 0.07달러)로 상위 3가지 주문 제안을 보여줬다.[54]

'Mentor77'은 이더리움 서브레딧Subreddit에 '우리에게 eTHC/ETH 클래식을 팔아라'라는 제목으로 글을 올렸다. 그는 이렇게 썼다. "당신들의 (쓸모없는?) 이더리움클래식을 구매하는 데 관심 있는 사람들이 있다. 이더리움클래식으로 거래할 계획이 없다면, 부디 지분 판매를 고려해주기 바란다." 아래에는 전송이 재생 공격을 일으키지 않도록 막는 방법에 관한 링크가 포함되어 있었다. 이 글은 이더리움 서브레딧에 게시됐다. 많은 이더리움 지지자들이 2가지 버전의 이더리움이 존재하는 것에 대한 부정적인 홍보와 결과를 우려했으므로 이 글에 대한 반응은 우호적이지 않았다. 단지 42퍼센트만 찬성했을 뿐이다. 한 사용자는 이런 댓글을 달았다. "무슨 속셈인지 알겠군요."[55]

크리스토프와 비탈릭 역시 이제 사라진 것으로 보이는 토큰에 대한 수요가 있다는 사실을 눈치챘다. 6월 17일 다오에 대한 공격이 일어나기 몇 시간 전 유명한 비트코인 코어 개발자인 그레고리 맥스웰Gregory Maxwell은 비탈릭에게 '욕심 많은 멍청이가 되지 마세요'라는 제목으로 이메일을 보냈다. 그는 이렇게 썼다.

스마트 콘트랙트의 규정된 실행으로 당신과 다른 이들이 잃어버린 코인을 만회하기 위해 이더리움 합의 규칙을 새로 쓴다면, 그 시스템이 정치적인 변덕, 구체적으로 말해서 당신에 의해서 실질적으로 좌우된다는 인상을 남기게 될 겁니다. 그 시스템에 대한 통제를 드러냄으로써 당신이 감수해야 할 개인적인 위험 이외에도 암호화폐 생태계에 더 많은 불확실성을 안겨다주는 위험도 지게 될 것입니다. 그러면 다른 개발자들 역시 그와 똑같은 일을 정당화하게 될 겁니다. 이는 결코 좋지 않은 방식입니다.

이더리움이 실제로 하드포크를 실행한 그다음 날, 그레고리는 비탈릭에게 다시 한번 이메일을 보냈다. 그 제목은 이랬다. 'ETHC 구매 제안'. 여기서 그는 이렇게 썼다. "안녕하세요. 이더리움클래식 체인은 흥미로운 네트워크처럼 보입니다. 50만 ETHC(0.00027달러/ETHC)에 대해 0.2BTC(133달러)를 지불하겠습니다. 충분치 않다면, 다른 제안을 주시기 바랍니다."

비탈릭은 이메일에 답장하지 않았다.

한편, 7월 21일 바베 해변에 있는 동안에 크리스토프는 크라켄의 중개인에게 이메일을 받았다.

하드포크의 순조로운 진행을 축하드립니다. 더 다오 보유자들이 완전한 보상을 받게 되어서 기쁜 마음입니다. 이렇게 연락을 드린 이유는 최근 비상장over-the-counter, OTC **데스크를 통해 이더리움클래식을 대량 매입하겠다는 주문이 들어왔기 때문입니다. 당신들 혹은 당신이 알고 있는 누구라도 제가 이 주문을 처리할 수 있도록 이더리움클래식을 매도할 의향이 있는지 궁금합니다. 분명히 말하지만, 이더리움클래식은 소멸하는 체인상에 있기 때문에 가치가 그리 높지 않습니다. 많은 금액을 지불할 수는 없지만, 충분히 저렴한 가격으로 매도할 생각이 있으시다면 적극적으로 고려해보겠습니다**(OTC 데스크는 규모가 너무 커서 가격을 수정하고 수익을 줄이지 않고서는 일반적인 거래를 통해 진행할 수 없는 주문을 처리하기 위해 중개자들이 사용하는 방법이다).

이 크라켄 중개인은 0.01달러 가격으로 100만 ETHC를 주문하고, 크리스토퍼를 스카이프에 초대했다. 크리스토퍼는 곧 일본으로 향했기 때문에 자신의 기존 이더에 접근할 수 없었다. 게다가 100만에 달하는 이더(더 나아가 이더리움클래식도)를 보유하고 있지도 않았다. 그는 자신의 이더를 잃어버리게 만들 재생에 대해 걱정하길 원치 않았기 때문에 제안을 거절했다.

하드포크 이전에 셰이프시프트나 폴로닉스 같은 일부 거래소는 이더리움 재단의 권고와 반대로 재생 보호를 설치함으로써 포크 이후에 2개로 나뉠 이더리움 채널에 대비했다(나중에 한 거래소 직원은 이렇게 말했다. "그들은 이런 식이다. '코인의 90퍼센트 이상이 찬성 표를 던졌다.' 그리고 이렇게 말한다. '투표한 5퍼센트의 코인에 대해서 말씀이십니까?' 그건 가장 멍청한 여론조사였다. 5퍼센트 중 90퍼센트가 합의했다는 뜻이었다. 농담하려는 건가?"). 그들은 커뮤니티 전반에서, 특히 비트코인 지지자들이 이더리움의 하드포크가 비트코인의 핵심 특성 중 하나인 불변성을 보여줄 것이라고 생각했다는 사실을 이해했다. 그리고 그들은 많은 비트코인 지지자들이 이더리움클래식의 팬이 될 것이라고 생각했다. 그렇게 생각한 이유는 그들이 늘 두 번째로 큰 암호화폐 네트워크를 싫어했기 때문이었다. 원래 채널을 그대로 유지함으로써 이더리움은 불변성이 결여되어 있다는 사실을 세상에 다시 한번 알릴 수 있었다. 게다가 포크 이후에 그들의 지갑 파트너들 중 많은 이들(가령 셰이프시프트를 고용해 그들의 고객을 위해 백엔드에서 암호화폐끼리 거래하도록 만들었던 기업들)은 그들의 사용자가 이를 거래하길 원한다고 말하면서 셰이프시프트를 찾았다. 이더리움클래식 코인이 그들의 지갑 안에 들어 있다는 사실을 아는 것은 사용자들에게 저항할 수 없는 유혹이었다. 그건 거의 공짜 돈이나 다름없었다.

거래소들 역시 공짜 코인을 갈망하는 고객들에게서 이러한 열기를 느끼고 있었다. 일반적으로 거래소는 시장이 상승하든 하락하든, 그리고 사용자가 공식적인 코인을 거래하든 흔히들 말하는 시트코인shit-coin, 좀 더 고상하게 표현해서 대체 코인을 거래하든 간에 모든 거래를 통해 돈을 번다. 대체 코인 거래소 중 가장 대표적인 것은 과묵하고 영민한(일부는 자폐 스펙트럼이라고 일컫는) 영화·공연·음악회·오페라 작곡자이자 프로그래머인 트리스탄 디아고스타가 설립한 폴로닉스였다. 암호화폐와 관련된 일을 하기 이전에도 디아고스타는 악보 출판사를 설립해 유명세를 떨친 바 있다. 이 회사는 스프링 제본 방식을 적용해 피아노 소나타나 오페라 악보집에서 페이지가 저절로 넘어가거나 페이지 자체가 떨어져 나가는 문제를 해결했다.[56]

이더리움 네트워크가 출범했을 때 폴로닉스는 이더리움을 최초로 거래 목록에 올린 세 거래소 중 하나였다.[57] 폴로닉스는 전반적으로 많은 대체 코인을 취급할 뿐만 아니라, 대단히 신속하게 이를 받아들이는 것으로 유명했다. 각각의 블록체인이 서로 다른 방식으로 작동하고, 매입과 매도 작업은 안전을 요구한다는 점에서 이는 매우 중요한 경쟁력이다. 폴로닉스의 모든 코드를 직접 작성했을 뿐만 아니라, 코드베이스의 모든 특성을 기억하고 있는 트리스탄은 모든 통합 작업을 직접 수행했다. 특히 그는 기존 체제에 도전하는 코인에 흥미를 느꼈다. 부분적으로 폴로닉스는 대체 코인 세상의 중심일 뿐만 아니라, 2015년 봄 대체 코인을 위한 신용거래를 시작했기 때문에 이더리움이 출범한 순간에 이더를 구매하기 위해서는 찾을 수밖에 없는 곳이 됐다.[58] 2016년 겨울·봄 시즌에 이더 가격이 지지부진한 상태에서 벗어나면서 이더리움 재단의 숨통을 터줬을 때, 거래량 기준으로 10위 이하에 머물던 폴로닉스는 최고 자리로 올라섰다. 암호화폐 데이터 사이트인 코인마켓캡에 따르면, 폴로닉스는 전 세계 모든 거래소 중에서 1위를 차지했다.[59]

폴로닉스는 이더를 취급하는 대표적인 거래소인 만큼 많은 트레이더들이 이곳에서 거래하고 있었다. 이들 중에는 이제는 멈춰버린 기존 블록체인에 기반을 둔 이더리움클래식을 보유한 이더 고래들도 있었다.[60] 고래는 거래소에서 가장 중요한 고객이다. 1000만 달러 규모의 이더를 보유한 고래가 이더리움클래식을 추가하도록 폴로닉스를 설득할 수 있다면 이더리움클래식으로 또 다른 100만 달러를 혹은 가격의 향방에 따라 더 많은 돈을 손에 넣을 수도 있을 것이다. 폴로닉스는 그들이 그렇게 하지 않는다면 다른 거래소가 이더리움클래식을 거래 목록에 넣을 것이라는 사실을(그리고 경쟁자가 수수료를 챙길 것이라는 사실을) 알았다. 공짜 돈을 거래하려는 고객의 수요가 너무나 커서 외면할 수 없었다. 게다가 폴로닉스 직원이 이야기한 바에 따르면, 트리스탄은 이더리움클래식에 대단히 열린 마음을 갖고 있었다. 트리스탄은 재생-안전replay-safe 스플릿 스마트 콘트랙트를 프로그래밍했다. 포크 이후 3일하고도 반나절 정도 흐른 7월 24일 일요일 오전 12시 23분(미국 동부 표준시) 폴로닉스는 이런 트윗 메시지를 띄웠다. "ETC/BTC와 ETC/ETH #이더리움클래식 시장이 추가되다."[61] 그리고 오전 12시 25분에 다시 한번 트윗을 올렸다. "포크의 순간에 #이더리움 잔고를 보유한 모든 사용자는 이제 $ETC의 매칭 밸런스matching balance를 보유하고 있다."[62]

이더리움클래식은 그렇게 부활했다.

8장

이더리움클래식,
폴로닉스,
화이트햇그룹

2016년 7월 24일
~2016년 10월 26일

비트코인, 이더, 이더리움클래식

이더리움클래식을 거래하겠다는 폴로닉스의 발표에 시장은 비난과 칭찬, 그리고 탐욕이 혼합된 반응을 보였다. 한 사람은 말했다. "와우, 도덕이 사라졌다. 내 계좌를 닫아버렸다. 범죄 행위(다오 해커)를 도운 대가로 고소당할 준비를 하시길."[1] 또 다른 이는 말했다. "오리지널이자 최고다! 순수한 이더리움을 위한 좋은 소식이다!"[2] 중국에 있는 한 채굴자는 이더리움클래식에 대한 자신의 컴퓨터 해싱 파워(채굴 컴퓨터의 연산능력-옮긴이)를 동원해서 51퍼센트 공격을 감행하겠다는 계획을 발표했다. 이는 브루트포스brute-force 컴퓨터 파워를 활용해서 블록체인을 통제하고 최근 거래를 취소하거나 블록체인의 히스토리를 새로 쓰는 방법이다. 이더리움이 포크를 실행한 이유가 이더리움에 대한 공격 때문이었다는 사실을 감안할 때, 이더리움클래식 지지자들은 이런 움직임을 위선이라고

불렀다.[3]

오리지널 체인인 이더리움클래식을 유지하려고 애써왔던 채굴자들은 갑작스럽게 그들의 노력에 대한 보상을 받게 됐다. 해시레이트는 여전히 0.03~0.04TH/S 수준이지만, 폴로닉스가 이더리움클래식을 거래 목록에 포함시킨 날, 0.19TH/S로 뛰어올랐다. 그리고 다음 날에는 0.24TH/S, 또 다음 날에는 0.48TH/S, 그리고 다시 다음 날에는 0.68TH/S로 계속 상승했다.[4] 채굴자들이 그들이 채굴한 이더리움클래식을 팔 수 있게 되면서 체인이 살아남을 것이라는 사실은 더욱 분명해졌다.

이더리움 멤버들은 허를 찔렸다. 레프테리스 카라페차스는 그와 크리스티안 라이트비스너가 호수로 가득한 베를린 인근의 시골 지역인 브란덴부르크에 있었으며, 이더리움클래식(혹은 레프테리스와 그리프 그린이 "죽은 이더"라고 말한 것)은 실수라고 생각했다고 말했다. 레프테리스는 이더리움클래식이 며칠 안에 사라질 것으로 확신했다(포크를 준비하는 동안 대체 코인 애호가인 그리프 역시 다른 포크에 대한 자신의 경험에 비춰볼 때 그 체인은 죽을 거라고 확신했다). 하드포크 이후 이더 가격은 11달러 선에서 14달러 너머로 반등했다. 레프테리스는 그들이 이더리움클래식을 팔기로 결정했다고 말했다.

그 소식을 들었을 때 크리스토프 젠츠시는 이를 받아들였다. 이제 다오는 죽지 않을 것이다. 눈부시게 등장한 이더리움클래식은 그가 창조한 결과물로 영원히 존재할 것이다. 그들이 하나의 체인상에서는 다오를 정리할 수 있었지만, 그 그림자는 영원히 살아남을 것이며, 그 존재 자체로 모두에게 무슨 일이 벌어졌는지 상기시켜줄 터였다. 크리스토프는 이와 관련해서 자신이 할 수 있는 일은 없으며, 또한 이 때문에 걱정해야 할 부분도 없을 것이라고 생각했다.

이더리움클래식이 다시 살아났다는 소식을 접했을 때, 비탈릭 부테린은 아티카의 노스조지 북부에 있는 한 에어비앤비 숙소에 머무르고 있었다. IC3 부트캠프에서의 마지막 며칠 동안, 그는 모든 드라마가 끝났다는 데 평온함과 안도감을 느꼈다. 그러나 곧 그것이 착각이라는 사실이 드러났다. 폴로닉스가 이더리움클래식을 거래 목록에 올린 날, 이더 가격은 다시 12달러 선으로 떨어졌고, 그날 0.75달러로 시작한 이더리움클래식은 0.93달러로 마감했다.

내부적으로 "이더리움 재단Ethereum foundation"이라고 불리는 한 스카이프 그룹에서 이더리움 재단 개발자들은 이더리움클래식을 거세게 비난했다. 파비안 포겔슈텔러는 자신의 이더리움클래식을 매도하면서 "멋진 공짜 돈"을 얻었다고 자랑을 늘어놨다. 공동설립자인 제프리 윌크는 그가 보유한 결코 적다고 할 수 없는 이더리움클래식을 모두 매도한다면 가격을 0으로 떨어뜨릴 수도 있을 거라는 농담을 했다. 제프는 이렇게 말했다. "전 그걸 0.01달러에 그걸 팔 수도 있었습니다." 그 그룹은 이더리움클래식을 조롱했다. 파비안은 개발자가 사라진, 그리고 "총 12퍼센트를 해커가 갖고 있는" 체인을 유지하는 게 무슨 의미가 있는지 물었다. 다른 이들은 이더리움클래식을 옹호하는 한 레딧 게시글의 주장에 "우리는 더 나은 의사결정을 내릴 것이다. 우리를 믿어달라"는 말로 일축했다(암호화폐 커뮤니티에 오랫동안 남아 있는 철학이 있다. 바로 "무신뢰성trustlessness"이다. 이 말은 블록체인 기술이 일반적으로 사람들이 서로 신뢰하도록 요구하지만, 대신에 신뢰할 필요가 없는 금융 자판기처럼 작동하는 거래에 사용된다는 의미다).

그러다가 그들은 누군가 레딧에 그들이 나눈 대화의 스크린샷을 게시한 것을 발견했다. 파비안은 깜짝 놀랐다. "대체 누구지? 우리가 모르는 사람이 이 채널에 있는 거야? 새로운 멤버인가?" 스페이스십 디자이너

인 이안 메이클Ian Meikle은 투덜거렸다. "젠장, 이게 무슨 일이람." 제프
는 물었다. "비탈릭, 이더리움과 관련 없는 사람을 제한할 수 있나요? 이
채널은 직원과 계약자를 위한 겁니다." 파비안은 이렇게 덧붙였다. "저
또한 여기가 더 이상 내부적인 공간이 아니라는 생각이 듭니다." 그 직
후 밍 챈, 즉 범퍼 챈이 끼어들었다.

> **[발표]** : 이런 일이 계속 반복되고 있습니다. 내부 채널은 재단의 문제만을 위한 곳
> 입니다. 이상!

그 채널이 "우리의 비즈니스나 이더리움 플랫폼의 연구개발 지원, 그
리고 이를 둘러싼 교육과 관련 없는 문제"를 위한 곳이 아니라고 경고한
이후에 그녀는 이렇게 썼다.

> **[알림]** : 우리는 오픈소스 방식의 탈중심화된 소프트웨어 혁신, 특히 이더리움과
> 플랫폼과 기술을 뒷받침하는 비영리재단입니다. 비영리재단으로서 우리
> 는 분명하게도 다음과 같은 비즈니스에 관여하지 않을 뿐더러 지금까지
> 관여한 적도 없습니다.
> **증권**
> **시장 창출**
> **수익형 기업 혹은 그런 기업의 제품이나 서비스를 위한 홍보·마케팅**

밍은 나중에 어떤 채널도 유출로부터 안전하지 않다고 덧붙였다. 그
리고 이렇게 썼다. "자신이 하는 이야기로 인해 아무런 문제도 일어나지
않게 하려면, 자신의 말과 관련된 견해의 문제 중 99퍼센트를 없애버려
야 할 겁니다. 저는 이를 실천하고 있습니다. 이를 위해서는 일종의 성실

함이 필요합니다."⁵

그다음 날, 가장 영향력 있는 비트코인 산업 내 인물이자 전통적인 금융 시장에서 젊은 나이에 큰 성공을 거두고, 모든 유형의 비트코인 기업에 투자하는 디지털커런시그룹을 설립한, 붉은 빛이 감도는 금발에 동안인 배리 실버트Barry Silbert는 이런 트윗 메시지를 올렸다.

처음으로 비트코인이 아닌 디지털 화폐를 샀다. 이더리움클래식ETC.
가격은 0.50달러이며, 위험/수익은 적절하다고 판단된다. 그리고 철학적인 관점에서 나는 함께하고 있다.⁶

비탈릭은 깜짝 놀랐다. 그는 3월에 디지털커런시그룹 사무실에서 배리를 만난 적 있었다. 당시 배리는 그에게 도움을 주고 그의 자문이 되어주겠다고 제안했다. 그러나 이제 비탈릭은 그 같은 우호적인 제안을 했던 배리가 이더를 사는 대신 이더리움클래식을 매입했다는 사실을 알게 됐다.

몇 시간 후 배리는 다시 한번 트윗을 올렸다. "궁금해하는 사람들을 위해 설명하자면, @GenesisTrading은 이더리움클래식의 OTC 블록 거래를 활성화했다. 최소 블록 규모는 2만 5000달러다."⁷ 제네시스는 디지털커런시그룹의 제도적인 트레이딩 기업으로, 대규모 주문만 취급했다. 누군가 그게 무슨 뜻인지 묻자 또 다른 트위터 계정이 이렇게 대답했다. "당신에게 2만 5000달러가 있고 그것을 여기에 집어넣는다면 흥미로운 일이 벌어질 거라는 말입니다."⁸ 그날 이더리움클래식은 0.45달러까지 떨어졌지만 0.60달러로 마감했다. 비탈릭은 이렇게 생각했다. '좋아. 이더만큼 2~3퍼센트 상승할 것이고, 추종자를 끌어모으겠지.'

그러나 다음 날, 이더리움클래식 고래들이 심각한 가격 하락 없이 제네시스를 통해 이더리움클래식을 거래할 수 있다는 사실을 알게 되자 2.55달러로 마감했다. 이는 크라켄에 피해를 주지 않았고, 또 다른 거래소 비트렉스는 이더리움클래식 거래를 제안하기 시작했다.[9] 가격 상승과 거래 규모 증가는 채굴자들을 자극했다. 그날 뉴욕 아침을 기준으로 이더:이더리움클래식의 해싱 파워레이트는 6:94에서 오후 늦게 17.5 : 82.5가 됐다.[10] 배리는 오후 6시 33분 이런 트윗을 남겼다.

대단한 날이로군.[11]

비탈릭은 배리가 이더리움클래식으로 이미 많은 돈을 벌었다는 사실을 알고 있었다. 배리는 조지 소로스George Soros 방식으로 이더리움을 금융적인 차원에서 공격한 것으로 보였다.

아브사는 이런 트윗을 남겼다. "이더리움클래식은 말썽쟁이 십 대 아들 같다. 당신은 그를 사랑하고, 그를 낳고, 그를 키웠지만, 그가 말하는 것이라고는 당신이 잠들었을 때 죽이겠다는 것뿐이다."[12] 이에 대해 누군가는 이렇게 반박했다. "십 대 아들은 자신을 죽이려고 하는 정신 나간 알코올중독자 부모의 보살핌을 거부했을 뿐이다."

배리는 이더리움과 적대적인 관계에 있는 유일한 인물이 아니었다. 2년 전에 쫓겨난 뒤 이더리움 커뮤니티에 여전히 불만을 품고 있던 찰스 호스킨슨은 트윗에 이런 메시지를 남겼다. "내가 이런 트윗을 하리라고는 생각하지 못했다. 나는 이더리움클래식에 기여하기 위해 이더리움에 다시 합류했다. 구체적인 이야기는 나중에."[13]

비탈릭은 생각했다 '좋아. 어쨌든 그는 그런 일을 할 거야.'

비탈릭은 비트코인 코어 개발자인 그레고리 맥스웰로부터 다음과 같은 이메일을 받았다.

당신이 내 메시지를 받고 그 내용을 다른 이들과 공유했다는 사실을 들었습니다. 그런데도 당신에게는 답변을 받지 못했군요. 이더리움클래식이 제 제안보다 훨씬 더 가치가 높다는 사실이 믿어지십니까? 저는 당신에게 역제안을 드렸습니다. 어떤 경우든 제 제안은 그대로 남아 있습니다.

비탈릭은 "1-멕 그렉One-Meg Greg"(이는 비탈릭이 그레고리를 부르는 이름으로, 철학적인 의미와 더불어 기술적인 문제를 놓고 비트코인 내전이 일어나는 동안에 그가 비트코인 "블록 규모"를 1메가바이트로 유지하기 원하는 이들의 편에 섰다는 사실을 표현한 것이다)에게서 온 이메일에 답변하지 않았다.

폴로닉스는 내기에서 큰 성공을 거뒀다. 그들은 재생 보호를 실행했기 때문에 누군가 이더를 인출하더라도 이더리움클래식을 내보내지 않을 것이며, 그 반대도 마찬가지였다. 반면 재생 보호를 실행하지 않은 다른 거래소들은 재생 공격에 취약했다. 실제로 폴로닉스가 이더리움클래식을 등록하고 3일이 흐른 뒤 또 다른 거래소인 BTC-e는 블로그를 통해 이더리움클래식이 "사기"라고 주장했다. 그러나 그것은 사기라기보다는 모든 이더리움클래식을 도둑맞은 것에 대한 불만을 토로하는 것에 가까웠다. BTC-e는 블로그 게시글에서 이렇게 밝혔다. "이더리움클래식 거래가 시작되고 이틀 후 BTC-e는 폴로닉스로부터 공지를 받았다. 그들은 우리가 이더 지갑으로 이더리움클래식을 안전하게 지켜야 한다고 말했다. 그러나 공지를 받은 시점에 그 코인들은 대부분 이미 우리 사용자들에 의해 폴로닉스로 넘어간 상태였다. 그래서 우리 지갑에는 그 코인이 거의 남아 있지 않았다."[14]

당시 상황은 다음과 같았다. 사람들이 이더를 BTC-e에 집어넣었다. 혹은 거기에 이더를 보유하고 있었다. 다음으로 이더를 인출하고 이더리움클래식을 돌려받았다. 이를 폴로닉스에서 판매하고, 아마도 이를 더 많은 이더로 바꿨을 것이다. 그러고는 그 속임수를 계속 써먹기 위해 이를 다시 BTC-e에 집어넣었다. 3일 후 BTC-e는 그들의 이더리움클래식을 원하는 고객들에게 계속 요청받았지만 BTC-e에는 남아 있는 게 없었다. 그 이유는 앞서 24시간 동안 이더리움클래식 지갑에서 적어도 50만 ETC(고점을 기준으로 140만 달러에 달한다)가 폴로닉스로 흘러갔기 때문이었다.

다음 며칠간 이더리움클래식 가격은 2.55달러에서 1~2달러 선으로 떨어졌다. 비탈릭은 밍과 케이시 디트리오, 마틴 베체와 함께 IC3를 떠나 토론토의 집으로 돌아갔다. 비탈릭은 부모님의 집에 머물며 이더리움클래식 가격을 주의 깊게 관찰했다.

배리는 자신의 거래에 다시 한번 흡족해했다.

많은 이들이 내가 이더리움클래식을 산다고 바보라고 했다는 사실을 생각하니, 지금 정말로 기분이 좋다. 비트코인을 10달러 이하에 사 들이기 시작했던 2012년이 떠오른다.[15]

다음 날인 8월 1일 이더리움클래식은 다시 2달러 선으로 올랐다. 반면 이더 가격은 계속해서 추락하고 있었다.

누군가 비탈릭에게 다음과 같은 트윗 메시지를 보냈다.

@VitalikButerin 비탈릭, 당신이 이더를 떠나 지금은 이더리움클래식 팀과 일하고 있다는 것이 사실인가요? 제발 그런 쓸데없는 소문을 완전히 없애주세요![16]

비탈릭은 이렇게 답장을 했다.

저는 100퍼센트 이더에서 일하고 있습니다.[17]

미하이 앨리시와 조지프 루빈, 파비안, 스테판 튜얼을 비롯해 100명이 넘는 이들이 비탈릭에게 리트윗을 보냈다.[18] 이더리움 커뮤니티는 대부분 여전히 그를 지지하고 있다는 사실이 분명해졌다.

그러나 8월 2일 이더가 8.20달러로 떨어진 반면에 이더리움클래식은 3.53달러로 고점을 찍었다. 비탈릭이 예상한 것처럼 이더 시장가치의 2~3퍼센트 규모가 아니었다. 이제 43퍼센트까지 높아졌다.

많은 이더리움 개발자들은 왜 이런 일이 벌어졌는지 이해하지 못했다. 그들은 이더리움클래식이 존재하는 이유를 이해하지 못했다. 그들은 지금쯤 이더리움클래식이 사라졌어야 한다고 생각했다. 비탈릭은 이더리움이 붕괴될 가능성에 대비해야 했다. 그는 배리, 그리고 불변성의 가치를 숭배하는 고래들이 지금의 흐름을 이용해서 이더리움클래식 가격을 이더 위로 밀어붙이면서 이더리움클래식이야말로 진정한 이더리움이라는 인상을 줄 수 있다는 사실을 깨달았다. 만약 그렇게 된다면, 무관심한 이들은 이더리움의 일부가 되기 위해서는 포크가 이뤄진 지금의 이더리움을 뒤로 하고 돌아가야 한다고 생각하게 될 터였다. 아버지와 계모를 만나기 위해 토론토 공항으로 향하는 열차 안에서 비탈릭은 생각했다. '이더리움클래식이 정말로 성공한다면 뭘 해야 할까?' 그런 일이 벌어진다면 그는 이더리움을 그만두고 잠시 칩거하면서 자신이 이더리움을 위해 마음속에 품고 있었던 기술적 업그레이드에 집중하면서 새로운 블록체인을 만들겠다고 결심했다.

누군가 비탈릭에게 이런 트윗을 보냈다. "이더리움클래식 가격이 이더를 따라잡으면 어떻게 할 겁니까?"[19]

비탈릭은 이렇게 답했다. "그래도 이더리움클래식을 지지하지는 않을 겁니다."[20]

한편, 암호 세상의 다른 곳에선 비트피넥스 거래소가 약 12만 BTC를 해킹당하는 일이 발생했다(비트피넥스의 경영자 필립 포터는 다오 공격 이후에 이더를 "이 빌어먹을 코인"이라고 말했다). 당시 기준으로 6600만 달러에 달하는 금액이었다.[21] 암호화폐 역사상 마운트곡스 사건 이후 두 번째로 규모가 큰 거래소 해킹이었다. 이 뉴스가 알려지면서 비트코인은 600달러 위에서 550달러 아래로 떨어졌고, 전체 암호화폐 시장은 122억 달러 규모에서 106억 달러를 살짝 넘는 수준으로 위축됐다. 트레이더들이 겁먹기 시작하면서 이더리움클래식 같은 투기 자산에 돈을 집어넣으려는 사람은 거의 없어 보였다.

다음 1주일 동안 이더리움클래식은 2달러 선에서 머무르다가 이후 그 아래로 떨어졌다. 반면 이더 가격은 10달러로 반등했고, 이후 11달러, 그리고 다시 12달러로 상승했다. 비탈릭은 안도감을 느꼈다. 시간이 흐르면서 걱정할 필요가 없다는 사실이 분명해졌다. 가격이 계속해서 휘청거리기는 했지만 이더와 이더리움클래식의 본질에는 변화가 없었다. 10월 중순 이더리움클래식 가격은 1달러 아래로 곤두박질쳤다.

화이트햇그룹, 해커의 보안 경고

그 무렵 그리프와 레프테리스, 조르디 베일리나(바르셀로나에서 활동하는 다오 커뮤니티 멤버로, 그의 스마트 콘트랙트를 통한 반대 공격으로 마지막 400만 달러를 구해낼 수 있었다)를 비롯한 많은 이들이 모여서 구해낸 69퍼센트의 이더에서 생성된 이더리움클래식을 소유자에게 되돌려주는 작업을 추진하고자 했다. 그들은 화이트햇그룹White Hat Group, WHG이라는 이름의 조직을 구축해 다른 이에게 속한 돈을 그들의 허락 없이 가져와서 뱅킹 라이선스 없이 이를 보유하고, 정당한 소유자를 찾아서 이를 나눠 주는 법률적 위험을 감수하고자 했다.

포크 직후에 WHG는 일종의 "그라운드호그-다오Groundhog-DAO"를 추진했다. 크라우드세일 동안에 크리스토퍼 하본Christopher Harborne이 라는 고래가 3만 8383ETH를 다오에 집어넣었다. 크리스토퍼는 항공기 연료 기업을 소유한, 머리가 희끗희끗한 영국인 경영자로 특정 국가에서 세금을 부과하는 것을 피하기 위해 전 세계를 떠돌며 살아가는 사람이다. 또한 그는 블라드 잠피르를 장기적으로 후원하기도 했다. 크리스토퍼는 블라드가 지분증명proof-of-stake 알고리즘을 연구할 수 있도록 런던에 아파트를 마련해줬다. 이는 이더리움을 운영하고 보안을 강화하기 위한 보다 친환경적인 방식으로 자리 잡았다. 하드포크가 있던 날, 크리스토퍼는 위드드로 콘트랙트에서 자신의 이더를 얻었다. 그가 나중에 그리프와 레프테리스에게 말했던 것처럼, 그는 이더리움 지갑인 미스트를 열고 거래를 했다. 그러자 화면에 팝업창이 나타났다. 그는 'OK'를 클릭했다. 또 다른 팝업창이 나타나 그의 다오 토큰을 이더로 바꾸기를 원하는지 물었다. 그는 2개의 질문 팝업창이 나타나 놀랐지만 다시 한번 'OK'를 클릭했다. 그러나 몇 시간 후 이더스캔을 확인했을 때, 그가 자신의 다오 토큰을 위드드로 콘트랙트에 보내고 이더를 받은 게 아니라 3만 8383ETH가 더 다오로 보내진 것으로 나타났다.[22] 그날의 환율에 따르면 그는 50만 달러를 더 다오에서 빼내 이더리움 그 자체로 유명한 블록체인에 대해 최초의 대규모, 그리고 논란이 된 하드포크를 추진해야 했던 콘트랙트에 집어넣었다. 이는 마치 코모도 섬에 있는 모든 사람들을 헬리콥터 구조 작전으로 탈출시키고 난 뒤 한 사람이 코모도로 순간이동해서 왕도마뱀들과 함께 홀로 남겨진 것과 같았다. 오직 그만이, 자기 자신이 아니라 50만 달러에 달하는 돈과 더불어 그 일을 해냈다.

크리스토퍼는 거대한 자금 규모 덕분에 WHG의 존재를 이미 알고 있었다. 그가 그들에게 무슨 일이 일어났는지 설명했을 때, 그들은 그를 '팻핑거Fat Finger'라는 별명으로 불렀다. 그 이유는 그가 다오 토큰을 위드드로 콘트랙트로 보낸 것이 아니라 실수로 이더를 더 다오로 보냈다고 생각했기 때문이었다. 그들이 실제로 벌어진 일에 대해 알게 됐을 때, 그 별명은 적절하지 않은 것이 됐다. 크라우드세일을 하는 동안, 크리스토퍼는 자신이 생각한 것처럼 3만 8383ETH를 집어넣지 않았다. 어떤 이유에서였는지 그 거래는 마무리되지 않았고, 그랬기 때문에 하드포크가 있던 날 그가 브라우저를 켜고 첫 번째 팝업창에서 'OK'를 클릭하는 순간, 그 거래가 승인됐다. 이 모든 일은 크라우드세일로부터 몇 달 이후에 벌어졌다. 그래서 그는 하드포크 이후에 3만 8383ETH를 더 다오에 넣었고, 이더 가격이 상승하면서 곧 60만 달러가 됐다. 그래서 지금 다시 한번 60만 달러가 이 콘트랙트 안에 들어 있게 됐다. 누구든 재진입 공격으로 이를 빼내갈 수 있었다. WHG는 그 상황을 공개하지 않았지만, 관심 있는 사람이라면 누구라도 분명히 알아챌 수 있었을 것이다. 그 정보가 공개된 이후, 그리프는 나중에 이를 눈치챈 사람들이 자신이 가장 먼저 빼내가는 사람이 될 가능성을 높이기 위해 침묵을 지켰을 것이라고 추측했다.

그들은 돌아온 다오 전쟁을 치르느라 정신이 없었다. 그들은 스플릿 다오 투표를 만들었다. 다행스럽게도 이는 첫 번째 시도였다. 이 말은 7일의 시간이 경과됐을 때 모든 공격자들이 WHG의 스플릿 다오(WHG가 큐레이터인)를 이용할 수 있다는 의미였다. 그 무렵, 그들은 재귀 호출에 사용할 수 있는 3340만 개의 다오 토큰을 보유하고 있었는데, 이는 하드포크 이전에 다오 전쟁을 위해 보유하고 있었던 2500만 개에서 늘어난 것이었다.[23] 그리프의 말에 따르면, 7일의 투표 기간이 끝났을 때 그들은 다양한 전술을 활용하기 시작했다. 첫째, 그들은 원래 공격이 있은 지 사흘 후에 RHG를 구조하기 위해 그렇게 했던 것처럼 재진입 공격 콘트랙트를 가동했다. 그러나 무엇보다도 그들은 특정한 연료비(거래를 처리하기 위해 채굴자에게 지급하는 수수료를 말한다)로 이더리움 네트워크에 스팸을 보냈다. 다음으로 그들은 더 높은 연료비로 그들의 공격 거래를 전송함으로써 채굴자들이 이들 거래를 우선적으로 포함시키도록, 그리고 레딧에서 드라마를 구경하다가 합류한 다른 공격자들의 재진입 거래가 지연되도록 했다. 이는 일반도로에서 교통체증을 유발해 경쟁자들의 속도를 늦춘 뒤, 텅 비어 있는 다인승 전용차로로 그들 자신의 거래를 보내는 것과 같았다.

다음으로 "돕트doped" 토큰이 있었다. 다오 토큰이라고 해서 모두 똑같은 것은 아니다. 그 이유는 각각 서로 다른 보상과 연결되어 있기 때문이다(보상은 투자자가 더 다오를 빠져나갔을 때도 계속해서 받는 수익의 일부다). WHG는 각각의 다오 콘트랙트가 만든 이더를 인출하는 사람에게 전송할 때 만들어지는 작은 수학적인 계산을 이용했다. 그것은 보상에서 그 금액을 공제함으로써 끝나는 방정식을 말한다. 그래서 WHG는 지급을 소수의 다오 토큰에서 수십억 다오 토큰으로 조정했고, 다음으로 이들 돕트 토큰을 높은 보상과 함께 크리스토퍼의 코인을 얻고자 시도하는 공격 콘트랙트로 전송했다. 이를 통해 그들의 적들이 첫 번째 공격 거래로 얻을 수 있는 금액을 크게 줄였다. 이는 마치 경쟁자의 자동차 타이어에 펑크를 낸 것과 같았다. 그들은 마침내 다른 누구도 들어갈 수 없도록 차일드 다오를 잠글 수 있었다.

그러나 3만 8383ETH가 이더스캔상에 드러나 있는 동안에 그 일을 해야 한다는 것은 그리 바람직하지 않았다(이더스캔은 이더리움 "블록 익스플로러" 혹은 특정 블록체인이나 블록체인들에 데이터를 제공하는 사이트다). 실제로 한 비판가는 레딧에서 하드포크와 WHG를 언급했다. 그는 그들의 돕트 토큰 콘트랙트를 발견했고, 그것이 어떻게 작동하고 무엇을 하는지 알아내기 위해 시도했다. 레프테리스는 그에게 이런 메시지를 보냈다.

안녕하세요. 우리가 사용하는 콘트랙트의 기본적인 기능이 무슨 역할을 하는지 설명한 글을 삭제해주실 수 있을까요? 다음 주쯤 모든 것을 설명해드릴 수 있을 겁니다. 더 다오는 공격을 당했고, 사람들의 돈을 구하기 위한 행동을 시작해야 하는 시간이 정말로 다가왔습니다. (우리는) 전략의 일부를 다른 이들에게 알리고 싶지 않습니다.

그리프 역시 그에게 메시지를 보냈다.[24] 이후에 두 메시지는 스크린샷으로 올라왔고, 그들에게 불리하게 사용됐다.

그 모든 어려움에도 불구하고, 7월 28일 그들은 차일드 다오의 투표 기간이 종료된 순간, 작전을 실행에 옮겼다. 이때까지 그들은 진정한 다오 닌자였다. 이더리움에서 가장 작은 단위는 웨이Wei로, 이는 0.000000000000000001(혹은 1이 소수점 열여덟 번째 놓이는 수)ETH의 가치가 있다. 그들은 팻펑거의 돈을 마지막 웨이까지 100퍼센트 찾았다.

이 모든 것이 성공하자 WHG는 소명을 다한 셈이었다. 그들은 한 달 넘게 하루에 14~16시간씩 일했다. 그들에게선 정상적인 삶이 사라졌다. 가정도 포기해야만 했다. 이제 그들은 다시 한번 현실 속으로 들어갈 준비가 됐다. 엑스트라 밸런스와 차일드 다오에 돈을 넣은 사람들에게 돈을 돌려줌으로써 하드포크 계획을 완성했지만[25] 그들은 일을 그만둘 준비가 되어 있었다.

말하자면, 원래 4개의 비디오게임 영역으로 쪼개진 그 돈은 모두 가치를 지니고 있었다. 이는 이더리움클래식이라고 불렸다. 보유한 이더리움클래식의 가치가 수백만 달러에 달하는 고래들이 거래소에서 원래 체인이 부활하는 데 영향을 미쳤던 것처럼, 이제 그들은 WHG가 이더리움 클래식상에서 더 다오에 들어 있는 돈을 구해내도록 조르기 시작했다. 그중에서 특히 한 고래가 큰 목소리를 냈다. 그는 다름 아닌 챗룰렛의 앤드리였다.

그리프가 다오에 들어 있던 자금을 구해내기 위해 필요한 반대 공격을 하고자 고래들과 단체 채팅을 나눴을 무렵, WHG는 앤드리와도 접촉하고 있었다(그리프가 투표를 위해 수천 명이 아니라 단 몇 명의 사람들만 조율하면 됐다는 점에서 고래들과 함께 일하는 것은 대단히 효율적이었다). 슬랙상 이름이 'AZ'인 앤드리는 스스로 고래임을 자랑스럽게 생각하며 연락을 취해왔다. 그리프는 처음에 그의 실제 정체를 알지 못했다. 몇 년 후에야 비로소 그의 사진을 볼 수 있었다. 앤드리를 대단히 적극적인 사람이었다. 그리프가 투표를 통과시키기 위해 앤드리를 스카이프에 초대했을 때, 그는 자신이 맡은 바를 착착 처리했다. 고래들은 대부분 너무 바빠서 좀처럼 이야기를 나누기 어렵다는 점을 생각할 때, 그리프는 신속하게 도움을 주는 앤드리가 무척 마음에 들었다. 게다가 그는 대단히 웃긴 사람이었다. 사람들에 대한 험담과 자극적인 이야기로 그리프를 웃게 만들었다. 그는 말끝마다 웃음을 터뜨렸다. 마치 여전히 챗룰렛으로 거둔 엄청난 성공에 취해 있는 십 대 청년 같았다. 챗룰렛 사용자는 많을 때면 일일 100만 명이 넘었다. 앤드루가 하루 동안 "젠장fuck"이라고 말하는 횟수보다 조금 더 많았다.

하지만 그렇다고 해서 그리프가 앤드리를 신뢰하거나 존경한 것은 아니었다. 그리프는 앤드리의 주요 목표가 크게 한몫 잡는 것이라고 생각했다. 그것도 다른 사람을 속여서라도 말이다. 앤드리는 그리프에게 자신이 어떻게 다오 토큰을 사 들이고 있는지 이야기했다. 그는 약

0.005ETH로, 즉 절반 가격으로 다오 토큰을 매입하고 있었다. 앤드리가 얼마나 게걸스럽게 다오 토큰을 끌어모으고 있는지 알아챘을 때, 그리프는 그가 만약 그렇게 하지 않았더라면 다오 가격이 얼마나 더 떨어졌을지 궁금했다(다오 가격을 관찰하던 이더리움 모임의 한 주변 인물은 비탈릭과 조, 그리고 이더리움 재단과 친분 있는 중국의 투자 회사가 다오 토큰을 사 들이고 있다고 잘못 추측했다). 그럼에도 불구하고 WHG는 앤드리를 100퍼센트 신뢰했고, 그가 엄청난 규모의 토큰을 기반으로 그들이 필요로 한 찬성표를 행사해준 것에 고마운 마음을 갖고 있었다. 대량 매입이 끝나갈 무렵, 앤드리는 5250만 다오 토큰을 보유하고 있었다. 이는 전체 공급량의 4.55퍼센트에 달하는 규모였다.

하드포크 이후 앤드리가 이더리움클래식의 고점에서 자신의 오리지널 코인이 102만 달러가 넘는 가치가 있다는 사실을 깨달았을 때, 그는 WHG가 다오와 다크 다오, 미니 다크 다오 등에 들어 있는 돈을 끌어모으도록 요구했는데, 사실 그건 그들이 하드포크를 실행함으로써 어떻게든 피하고자 했던 상황이었다. 오직 앤드리만이 그들이 이더리움클래식상에서 그렇게 하도록 요청했다.

그리프는 WHG와 앤드리, 그리고 그들을 재촉하기 시작한 다른 고래들에게 이렇게 말했다. "우리가 일하기를 원합니까? 그렇다면 젠장, 돈을 주세요." 그들은 더 이상 공짜로 일하지 않기로 했다.

WHG와 고래들 사이에서 중요한 접촉점으로 역할했던 그리프는 그들이 앤드리와 거래했다고 말했다. 앤드리는 WHG에 1000ETH를 보냈고, WHG는 그들의 시간을 추적하기 시작했다. 상황은 이랬다. 하드포크 전에 다오 공격자는 다크 다오로부터 스플릿하자는 제안을 했다. 하드포크가 실행될 것이라고 확신하기 전, WHG는 엑스트라 밸런스로부터 1000ETH를 가져왔고, 이를 이용해서 공격자가 인출하지 못하도록 막기 위해 만든 모든 스플릿 다오에서 계속해서 다오 토큰을 생성했다. 이 전략을 수행하기 위해 그들은 35일마다 공격자를 따라 모든 스플릿 다오로 들어가야 했다. 하드포크가 성공적으로 이뤄진 것처럼 보이고, 또한 오리지널 체인이 죽었다고 확신했을 때, 그리프는 적어도 WHG의 한 일원이 더 이상 공격자를 추적할 필요가 없다고 생각했고, 실제로 계속해서 추적하지 않았다고 말했다.

그러나 오리지널 체인이 되살아나자 그들이 공격자를 추적했어야 했다는 사실이 분명하게 드러났다. 앤드리는 WHG에 그렇게 하도록 압박을 가했다. 앤드리는 더 다오와 관련된 대부분의 사람들에게 없었던 선견지명이 있었다. 하지만 WHG는 그를 진지하게 받아들이기 어려운 사람이라고 생각했기에 그의 말을 따르지 않았다. 이더리움클래식은 "새로운" 체인이었기 때문에(기술적인 측면에서 이더리움클래식은 사실 오리지널 체인이지만, 커뮤니티 중 다수가 새로운 체인에 동조했기 때문에 오리지널 체인은 이제 새로운 이름을 만들어야 했다), 체인상에서 무슨 일이 일어났는지 보여주는 이더스캔 같은 블록 익스플로러가 없었다. 네트워크의 상태를 쉽게 확인할 수 없는 상황에서, WHG는 이더리움클래식상에서 다크 다오로 표를 전송했다. 그들은 아무런 영향력이 없었기에 투표는 종료됐을 것이다. 공격자는 다크 다오 안에 있는 모든 이더리움클래식을 자신의 새로운 차일드 다오로, 혹은 그랜드차일드 다오로 옮길 수 있었다.[26] 그렇게 공격자는 다오에 있는 이더리움클래식 중 31퍼센트를 가져갔다. 앤드리의 말이 옳았던 것이다.

비록 이더리움클래식의 31퍼센트는 구조하지 못했지만, 그래도 여전히 69퍼센트에 대한 통제권은 갖고 있었다. 이들을 자세히 살펴보면, 그들이 구조한 당시-이더, 지금-이더리움클래식에다가 그들이 통제권을 잡은 6개의 다른 공격 다오 속 이더리움클래식, 그리고 엑스트라 밸런스였다. 감사하게도 블록 익스플로러가 없었기 때문에 다른 보방 비니 다오 공격자들은 대단히 중요했다.

그것은 좋은 소식이었지만 새로운 수수께끼를 남겼다. 삭제됐어야 했지만 이더리움클래식상에서 되살아난, 그들이 구조한 돈을 어떻게 돌려줘야 할 것인가? 이더리움클래식을 다루는 도구들은 극단적으로 제한되어 있어서 현실적으로 사용 불가능했다. 게다가 재생 보호도 없었기 때문에 사람들은 코인을 잃어버리기 쉬웠다. 그렇다면 이더로 되돌려줘야 할 것인가? 일부는 사람들이 원래 이더에 투자했으므로 이더로 되돌려줘야 한다고 주장했다. 무엇을 해야 할지 확신이 없었지만, 그럼에도 불구하고 그들은 아무리 선의라 해도 해킹(화이트햇이든 블랙햇이든 간에)은 불법이라는 사실을 잘 알았고, 그래서 WHG 해커의 일부는 '어떠한' 방식에 대해서도 우려를 표했다.

WHG는 그들 스스로를 보호하기 위해 바이티에 주목했다. 바이티는 슬록잇이 독일 세무 서류를 위해 VAT 데이터를 갖고 있던 다오링크의 실체를 내놓도록 도움을 준 기업이다. 2명 공동설립자 기안 보츠슬러와 알렉시스 루셀은 그들을 뇌샤텔로 초대해 문제를 해결하도록 했다. 8월 5일 그리프와 조르디는 제네바 공항에 도착했는데, 두 사람은 거기서 처음 만났다. 레프테리스는 다음 날 도착했다.

그들은 바이티 본사에서 잠을 잤다. 3300제곱미터 넓이의 그 건물은 과거에 초콜릿 공장으로 사용됐다. 바닥에서 천장까지 이어진 창문과 멋진 나무 마루로 이뤄진 그곳을 바이티는 긴 테이블과 푹신한 사무용 가죽 의자, 그리고 커다란 모니터들로 꾸며놓았다. 요리를 할 수 있도록 꾸며놓은 부엌은 그곳이 마치 가정집처럼 보이게 만들었다.

WHG는 유한책임회사와 비슷한 법적 실체를 보호막으로 활용하기로 결정했다. 이와 더불어, 그들은 이러한 법적 실체가 특정 이더리움 어드레스를 소유하고 있다고 말할 수 있게 됐다. 그리고 그들은 그 실체의 대리인 자격으로 이러한 어드레스를 활용해서 거래할 수 있었다. 그들은 이를 공중 받았다. 이제 그들은 보호 받게 됐다. 하지만 머지않아 그 보호막은 그리 튼튼하지 않은 것처럼 느껴졌다.

레프테리스가 비행기로 도착한 8월 6일 토요일, WHG와 바이티의 기안은 초창기인 추크 시절 이더리움에 도움을 줬던 암호화폐 거래소인 비트코인 스위스와 통화했다. 레프테리스는 그 사실을 알지 못했다. 그가 비트코인 스위스와 관련해서 아는 것이라고는 그들이 WHG를 따라 그들의 모든 미니 다오로 들어갔던 인물에게 받은 레딧 메시지를 게시했다는 사실뿐이었다.

전화 통화는 그 그룹이 기대했던 것과는 상당히 다른 방향으로 흘러갔다. WHG와 기안은 미적 감각이 돋보이는 고풍스러운 건물에 자리 잡은 바이티의 변호사 사무실에 있었다.[27] 그들은 슬레이트로 포장된 정원에서 통화했다. 기온은 20도를 살짝 웃도는 정도로, 8월 저녁치고는 그리 덥지 않았다. 저녁 8시 반이 막 지났을 때였다. 그들은 정원에 놓인 흰색 철제 의자에 빙 둘러앉았다. 올림머리를 한 그리프의 발밑에는 천으로 덧댄, 그리고 한구석이 평화의 표식으로 장식된 가방이 놓여 있었다. 레프테리스는 군복 스타일 재킷에 검정과 밝은 노란색이 어우러진 스니커즈를 신고 있었다. 조르디는 해군 칼라와 소매 밑단이 골 무늬로 장식된 청록색 폴로셔츠 차림이었다. 그리프는 스피커폰으로 전화를 걸었다. 그는 장비를 프리스비 안에 넣어서 소리가 좀 더 울려 퍼지도록 했다. 말총머리에 해적 같은 외모를 한 비트코인 스위스의 니클라스 니콜라이센이 이야기했다.

녹음된 통화에 따르면, 니클라스는 먼저 자신의 고객인 'AT'를 포함해 많은 투자자들을 대신해서 말하는 것이라며, 비트코인 스위스와

WHG가 협력하면 "모두 상당한 이익을 얻을 수 있을 것"이라고 전망했다. 몇 가지 형식적인 설명을 한 뒤 그는 자신과 자신의 투자자들이 세운 계획에 대해 이야기했다. 그는 해킹 이후에 WHG에는 대략 800만 ETC가 남았다고 설명했다. 덴마크 억양의 영어를 쓰는 그는 깊은 저음의 목소리로 이렇게 말했다. "800만 ETC로 무엇을 해야 할 것인지는 우리의 질문이 아니라 당신의 질문입니다. 물론 저는 그 결정을 전적으로 당신의 몫으로 남겨둘 것입니다. 당신이 그것을 당신 주머니에 집어넣는다고 해도 기소되지 않을 겁니다. 물론 당신은 그것을 다오 투자자들에게 되돌려줄 수도 있지요. 아니면 당신이 원하는 대로 할 수도 있습니다. 어떤 판단을 내리기 전에, 어떤 의사결정을 내리든 간에 우리는, 당신과 우리는 역사적인 것까지는 아니라 해도 대단히 중대한 차원에서 시세를 조작할 수 있는 위치에 있습니다."

그리프는 이 대목에서 두 번이나 크게 웃었다. 미국에서 시세조작은 최대 100만 달러의 벌금과 10년의 징역형에 처해지는 중범죄다.

니클라스는 계속해서 이야기했다. 그에 따르면, 비트코인 스위스는 상당히 많은 이더를 보유하고 있고, WHG는 더 많은 이더리움클래식을 통제하고 있으며, 그렇기 때문에 그들은 이더에 대해 엄청난 롱포지션을, 이더리움클래식에 대해 엄청난 숏포지션을 취할 수 있다. 그리고 다음으로 "트레이딩 부트캠프"에서 협력해 모든 이해관계자들이 그들의 컴퓨터를 가지고 계획을 단계별로 실행함으로써 이더리움클래식의 붕괴를 통제하는 방법을 제안했다. 그는 그들이 크라켄에서 이더리움클래식을 위해 달러와 비트코인, 이더, 그리고 유로 시장을, 그리고 폴로닉스에서 이더리움클래식을 위해 이더와 비트코인 시장 같은 주요 시장을 공격해야 한다고 권고했다.

첫째, 모든 시장에서 동시에 상당한 비중을 매각합니다. 다음으로 시장이 반등할 때 다시 한번 매각합니다. 그러면 이더리움클래식 투자자들은 패닉에 빠질 겁니다. 그렇게 패닉에 빠진 시장에서 매수할 것이기 때문에 훨씬 더 낮은 가격에 매각한 이더리움클래식의 가치가 회복될 것입니다. 이 순간이 바로 다오 투자자들에게 되돌려주기 위해 전부를 돌려받기 원할 때입니다.

돌려받기를 원치 않는다면 전략은 조금 달라집니다. 그러면 우선 최대한 많은 달러와 비트코인을 확보하기 위해서 이더리움클래식의 대규모 포지션에 대해 통제된 매각이 이뤄져야 하고, 나머지를 사용해 무너뜨려야 합니다.

다음으로 그는 일부 고객이 엄청나게 많은 이더와 이더리움클래식을 보유하고 있기 때문에 비트코인 스위스가 중요한 역할을 할 수 있다고 설명했다. 그의 이야기다. "롱포지션과 숏포지션을 취할 수 있는 거대한 자본뿐만 아니라, 거래소는 물론 뱅킹 커넥션banking connection상에서 대기업을 위한 소위 기관 트레이딩 계좌institutional trading account에 접근할 수 있습니다. 하지만 당신이 이더리움클래식에서 주도적인 지위를 점유하고 있기 때문에, 그리고 우리는 이더에서 그러한 지위를 차지하고 있기 때문에, 여기서 우리가 협력하는 것은 절대적으로 올바른 일이라고 생각합니다." 그의 그룹은 이러한 전략을 통해 이더리움클래식의 90퍼센트를 잃어버리고, 이더를 15퍼센트 얻고, 비트코인이 5퍼센트 증가하도록 만들 수 있다고 덧붙였다. 그러고는 이렇게 말했다. "그러한 경우, 우리가 700만~800만 달러 가치의 자금을, 혹은 그보다 많은 자금을 활용할 때 당신은 100만 달러의 수익 혹은 수백만 달러 아니면 어쨌든 몇백만 달러의 수익을 계산해볼 수 있을 겁니다."

그는 비트코인 스위스에는 암호화폐 시장 조작에 대한 규제 방안이 거의 없다는 말로 그들을 안심시켰다. 그러고는 이렇게 덧붙였다. "만약 사람들이 발견해낸다면 우선적으로 슬록잇이 비난에 직면하게 될 것입니다. 하지만 규칙이 없기 때문에 법적 절차는 가능하지 않습니다. 그래도 분명히 그 조직에 대한 많은 비난이 발생할 겁니다. 하지만 2000만 달러를 놓고 누가 그런 것에 신경이나 쓸까요? 저라면 안 그럴 겁니다."

그리프가 끼어들었다. "전 모르겠어요. 솔직하게 말해서 비난받기는 싫습니다."

나중에 레프테리스는 니클라스의 말을 바로잡았다(그 시점에 그는 공식적으로 슬록잇을 떠난 상태였다). "슬록잇을 여러 번 언급했는데, 알아둬야 할 것이 하나 있습니다. 그건 RHG가 슬록잇과 아무런 관련이 없다는 사실입니다."

니클라스는 RHG 멤버들 중 일부는 이미 이름이 알려져 있다는 사실을 지적했다. "이것은 특히 레프테리스가 스스로 내려야 할 결정입니다. 백만장자가 되어서 자신은 어쩌면 세상에서 가장 멋진 사람은 아닐 것이라는 소문이 인터넷에 떠돌기를 원하는가? 아니면 수백만 달러를 벌지 못하는 대신에 그러한 문제로부터 자유롭기를 원하는가?"

다음으로 니클라스는 비트코인 스위스의 변호사가 그들이 어떤 이유로도 고소당하지 않을 것이라고 믿고 있다는 사실을 상기시키며 이렇게 말했다. "그건 제 판단이 아닙니다. 저는 관여하고 있지 않지만, 돌려받아야 할 것인지 아닌지 진지하게 고민하고 있습니다. 말하자면 코드가 법이라는 거죠. 그렇죠?" 그러고는 웃었다.

이제 해는 졌다. 땅거미가 내려앉았다. 대화가 이어지는 동안에 앤드리는 마지막 짧은 인사말을 제외하고는 침묵을 지키고 있었다.

대화가 진행되는 동안 그리프는 충격을 받았다. 미국에서 구체적인 규제를 통해 시세조작을 금지하는 주식과 관련해서 이런 이야기를 나눴다면, 니클라스가 설명한 계획을 실행하는 것은 분명히 불법적인 일이 될 터였다. 그리프는 사탄이 전화기 속에서 튀어나와 니클라스의 낮은 목소리로 이야기하는 것 같다는 느낌이 들었다. 그리프와 다른 화이트햇 멤버들은 이렇게 생각했다. '우리는 이 돈 전부를 모두에게 돌려주기 위해 여기까지 왔어. 그런데 당신은 지금 우리가 모두를 골탕 먹이려 하고 있다고 생각하는 거야?' 그들은 니클라스와 앤드리가 그들이 어떻게 여기까지 왔는지 아무것도 모른다고 생각했다.

그러나 이 제안에 대해 최종 결정을 내리기 전에 그들은 먼저 앤드리와 몇 가지 사안에 대해 이야기를 나눠야 했다. 당시 WHG(특히 그리프)는 그들이 앤드리를 잘 알고 있다고 생각했다. 그는 모든 방법을 실행하는 데 유능할 뿐 아니라, 다른 고래들보다 의사소통이 훨씬 더 수월했다.

통화하는 동안에 기안은 니클라스에게 다오 공격자에 관해 물었다. 비트코인 스위스가 공격자에게서 받은 메시지를 레딧에 게시한 적이 있기 때문에 그들이 공격자와 접촉한 것으로 생각했다고 말했다. 여기서 레프테리스는 기안의 말을 바로잡았다. "아닙니다. 그건 다른 사람이에요. 다오 공격자가 아닙니다." 비트코인 스위스가 WHG의 모든 미니 구조 다오에 진입했던 사람에게 받은 메시지를 레딧에 게시한 이후, 비록 파비안은 그 메시지가 그 사람의 계정에서 온 것이라고 확인해줬지만, 그렇다고 해서 그가 원래 공격자라는 것을 입증하지는 않았다. 잠시 후 레프테리스와 그리프는 그들이 서로 다른 두 사람이라고 생각했다. 공격자가 자신이 이미 한 일을 계속해서 할 이유가 없었기 때문에, 그리고 그들이 동일 인물이라는 증거가 없었기 때문이다.

그러나 이제 그들은 확신을 얻었다. 니클라스는 기안에게 이렇게 말했기 때문이었다. "그건 다른 사람입니다. 우리 클라이언트인 AZ는 화이트햇에 합류했습니다." 이는 당시 통화에서 AZ의 실제 정체를 아는 유일한 WHG 멤버인 그리프에게 생소한 이야기였다.

레프테리스는 스카이프를 통해 앤드리와 이야기를 나누면서 그가 챗룰렛 설립자라는 사실을 알게 됐다. 레프테리스가 바이트 사무실 2층을 서성이는 동안, 앤드리는 모든 것을 털어놨다. 그는 상황을 하드포크 방향으로 계속 몰아가기 위해 모든 미니 다오에 합류했고, 그래서 다오 토큰을 싼 가격에 계속해서 살 수 있었으며, 이후 자신의 모든 다오 토큰을 30~60퍼센트 할인한 금액으로 매각하고 많은 이더를 되찾았다고 말했다. 핵심은 "공격 콘트랙트"가 실제로 작동하지 않았다는 사실이다. 이는 단지 더 다오의 자금을 빼낼 수 있는 것처럼 보이도록 만들기 위한 앤드리의 시도였을 뿐이다. 사실 그는 돈을 빼내기 위해 프로그래밍하는 방법을 알지 못했다.

레프테리스는 충격을 받았다. 그는 500달러에 달하는 자신의 다오 토큰을 그 가치의 70퍼센트, 혹은 그 미만에 매각했다. 반면, 앤드리는 레프테리스가 힘든 투자라고 생각했던 것을 엄청난 수익으로 바꿔놨다. 앤드리는 아마도 그 과정에서 이더리움을 하드포크 방향으로 밀어붙였을 것이다. 그러한 사실을 알고 나서 그리프는 분노했다. 앤드리는 언제나 그를 웃게 만들었지만, 이번에는 화나게 만들었다. 그리프와 다른 화이트햇 멤버들이 이번 구조를 위해 온갖 방법을 동원해 애쓰는 동안에 앤드리는 수백만 달러를 벌기 위해 그들을 괴롭히고 있었던 것이다. 그 러시아 사업가는 그들이 완전히 시간 낭비를 하도록 만들었다.

비트코인 스위스가 제안했던 날 오후, 그리프와 레프테리스는 다시 전화를 걸었다. 이번에는 앤드리만 있었다. 그리프는 최대한 공손하게 니클라스의 제안을 거절하기로 결정했다는 말을 전했다. 그 말을 들은 앤드리는 말문이 막혔다. 그는 더듬거리며 사실 자신은 시세조작 계획에 찬성하지 않았노라고 그리프를 설득하기 위해 애썼다. 그가 한창 변명을 하는데 그리프가 끼어들어 이렇게 말했다. "네, 그건 단지 니클라스

의 제안이었을 뿐이지요." 앤드리는 말했다. "좋습니다. 다시 한번 말씀
드리지만 저는 돈을 버는 일에 그리 절박하지 않습니다. 저에게는 제 일
이 있습니다. 당신이 어떻게 결정하든 받아들이겠습니다. 저는 한몫 잡
는 것보다 사람들을 위해 가치를 만들어내고 싶습니다." 전화기 너머로
그의 거친 숨소리가 들리는 듯했다.

전화상에 화이트햇 멤버들밖에 없다는 사실을 알고 난 앤드리는 이렇
게 말했다. "기안에게는 말씀하지 말아주십시오. 그런데…… 좋습니다.
기안을 얼마나 신뢰하나요?" 그리프는 그들이 기안을 크게 신뢰한다고
말했다. 앤드리는 기안의 바이티가 비트코인 스위스의 경쟁자라는 사실
을 이해해주기 바란다고 했다. 그는 말했다. "비트코인 스위스는 기본적
으로 기안이 그들의 사무실로 와서 클라이언트 행세를 하며 비즈니스에
관한 정보를 얻고 난 뒤 그들 자신의 비즈니스를 시작할 거라고 말했습
니다. 여러분의 의견이 어떤 방식으로든 기안에게 영향을 받았다면 신
중하게 생각하시기 바랍니다." 비트코인 스위스를 경쟁자로 생각하지
않았던 기안은 니클라스가 비트코인 스위스에 투자할 생각이 있는지 물
었을 때, 그를 만났을 뿐이라고 설명했다. 당시 기안은 이미 2013년 12
월 법인으로 등록한 바이티에서 일하고 있었다.

그리프와 레프테리스는 기안에게 영향을 받은 것이 아니라 니클라스
의 제안이 "완전히 말도 안 되는" 것이었다고 말했다.

레프테리스는 부드러운 그리스 억양이 가미된 영어로 이렇게 말했다.
"앤드리, 제가 볼 때 그건 극단적으로 공격적인 방법이었어요. 니클라스
는 그때 세상의 미움을 받으면서 2000만 달러를 버는 것에 대해 물었습
니다. 그건…… 말하자면…… '너무 심각한' 것이었습니다."

그 계획을 전부 니클라스에게 뒤집어씌운 것이 마음에 걸렸는지, 앤
드리는 니클라스가 아까 통화하고 난 뒤 WHG가 돈을 돌려줘야 한다

고 생각한다고 말했다고 언급했다. 그리고 그들이 혹시 생각을 바꿀 가능성이 있는지 타진하려는 듯, 앤드리는 그들에게 가격을 후려칠 수 있는 고래들은 많이 있으며, 비트코인 스위스와 그 투자자들이 그런 생각을 한 유일한 사람이 아니라는 사실을 상기시켰다.

그리프는 "커뮤니티의 비난을 받으면서 수백만 달러를 받는" 제안을 여전히 거절했다. 그러고는 곧바로 전화를 끊었다.

여기서 WHG는 적어도 그들 중 일부가 나중에 후회하게 될 것이라고 판단했다. 첫째, 그들은 비트코인 스위스에서 걸려온 전화는 물론 그들이 받고 있는 요청으로 많은 고래들, 그리고 아마도 다오 공격자가 이더리움클래식을 위해 시장을 허물어뜨리려고 시도하거나, 혹은 적어도 더 작은 다오 토큰 보유자들에 앞서 이더리움클래식을 얻으려고 함으로써 더 큰 수익을 올릴 것이라고 말할 수 있었다.

앤드리는 레프테리스에게 매시간 전화를 걸어, 레프테리스의 표현에 따르면 "정말로, 정말로 집요하게" 자신의 자금이 대량 분배에 포함되는 것이 아니라 자신에게 직접 전송되어야 한다고 요청했다. 실제로 그는 대단히 집요하게 요청해서 "어떤 때는 아이처럼 보이기까지 했다." 레프테리스는 좀 걱정됐다. '이 수상한 러시아 녀석이 우리를 망가뜨릴 수도 있겠어!' 결국 그리프는 레프테리스에게 더 이상 앤드리의 전화를 받지 말라고 당부했다. 이를 통해 그들은 그들이 엄청나게 많은 코인이 있을 것으로 가정하면서 사람들에게 이더리움클래식을 되돌려준다면, 다른 시간대에 비해 유리한 특정 시간대가 있기 때문에 언제 인출을 시작할 것인지에 관한 딜레마에 빠질 것이라는 사실을 깨달았다. 또한 이더리움상의 위드드로 콘트랙트처럼 설계된 이더리움클래식상 위드드로 콘트랙트는 작동하지 않을 거였다. 그것은 모든 거래소가 사람들이 다오클래식(DAO-C) 토큰을 인출하도록 허락하지 않을 것이며, 그래서 정당한 권리가 있는 모든 사람이 토큰에 접근할 수 없을 것이기 때문이었다.

다른 한편으로 이더는 보다 사용이 용이했고, 재생 문제에 따른 손실 위험이 낮았으며, 또한 가격이 쉽게 무너지지 않았다. 이러한 사실을 바탕으로 고래들이 소규모 보유자들을 쉽게 이용할 수 없었다. WHG 스스로 이더리움클래식을 이더로 우선 전환한다면, 그들은 다오 토큰 보유자들을 위해 그 가치를 평준화할 수 있었다. 그리고 다오 토큰 보유자들은 이더리움클래식보다 이더를 덜 매도하려고 할 것이므로 가격 하락 가능성은 큰 문제가 되지 않았다.

그래서 WHG는 이더리움클래식을 소유하고 이를 이더로 전환해서 그것을 사용자에게 돌려주기로 결정했다. 이더리움클래식 지지자, 비트코인 극우선주의자, 그리고 불변성을 고집하는 자들은 아마도 위에 언급한 근거를 이더리움클래식에 불이익을 주고 이더의 편을 들어주기 위해 이더리움클래식 공급량의 10퍼센트를 사용하기 위한 얄팍한 핑계로 이해할 것이 분명했다.

이더리움클래식이 아닌 이더를 돌려주기로 한 결정에 적어도 1명의 고래는 비탈릭과 여러 이더리움 개발자, WHG 멤버 및 다오 큐레이터들에게 수차례 법적 위협을 가했다. 그 첫 번째는 8월 8일 변호사 앤드루 힝크스Andrew M. Hinkes를 통해 전달됐다. 다음에는 그의 클라이언트인 앤드리를 대신해 버거 싱거맨Berger Singerman 로펌에서 왔다. 그 위협은 이렇게 시작됐다. "여러분에 대한 잠재적 소송 가능성에 비춰볼 때", 그리고 "이 문제와 관련해서 법정에서 사용하기 위해" 다오 이용에 대한 그들의 대응과 관련된 모든 서류를 챙겨놓고 있어야 할 것이라고 강조했다.

그 같은 서한에도 불구하고 WHG는 마음을 정했다. 바이티는 바이티가 계좌를 갖고 있는 모든 거래소에서 매도할 수 있도록 WHG가 도움을 줄 것이라고 판단했다. WHG는 그들이 돈세탁을 하지 않는다는 사실을 알리기 위해 완전한 여권 스캔 및 다른 신원 확인 정보들을 거래소들에 보냈다. 바이티는 WHG가 시장 주문을 위한 봇을 개발하고, 그 가격을 동시에 모든 거래소에서 똑같은 수준으로 만들어서 트레이더들이 다오 토큰 보유자들이 지닌 자금의 가치를 떨어뜨리게 될 차익거래를 할 수 없도록 만드는 데 도움을 줬다(이러한 방법이 이더리움클래식에 피해를 입히고자 하는 시도였다는 주장에 신빙성을 더하면서, 거래를 위한 봇의 개발자는 농담조로 그 이름을 "takea-dump(똥 누다)"[28]로 지었다고 말했다). 예를 들어, 유동성이 가장 큰 폴로닉스에서 매도하면 가격이 떨어질 것이고, 그러면 봇이나 다른 트레이더들이 폴로닉스에서 매입해 다른 거래소에서 더 높은 가격으로 매도하게 된다. 그들은 자금의 원천이 드러나지 않게 하는 기능을 활용함으로써 사람들이 모든 이더리움클래식의 10퍼센트를 매도할 것이라는 사실을 알아차리지 못하도록 했다.[29] 그리고 8월 9일 화요일, 그들은 폴로닉스와 크라켄, 비트렉스, 윈비Yunbi 사이에서 이더리움클래식을 매도했다.[30] 그들의 예금은 폴로닉스를 제외한 모든 곳으로 나아갔다.

'젠장!' 폴로닉스는 그 돈을 받았지만 그들의 설명을 믿지는 않았다. 그들은 이더리움클래식의 대부분을 차지하길 원했다. 그것은 '가장 깊은 주문서deepest order book'를 갖고 있었기 때문이다. 이 말은 대규모 매도 주문에도 불구하고, 가격 변동은 가장 작을 것이라는 의미였다(그들은 비록 알지 못했지만, 앤드리는 많은 거래소에 법적인 위협을 가했다).

바이티는 폴로닉스에 전화를 걸어 왜 그 돈이 예치되지 않는지 묻는 메시지를 남겼다. 그들은 아무런 답변도 얻지 못했다. 몇 시간 후, 그들은 그 계좌가 더 이상 막혀 있지 않다는 공지를 받았다. 결국 그들은 이더리움클래식을 매도하기 위한 계획을 실행에 옮길 수 있었다. 그들은 봇을 이용해서 모든 거래소에서 동시적으로 매도함으로써 가격을 어디서나 동일하게 유지했다.[31] 그리고 가격은 모든 거래소에서 떨어졌다. 폴로닉스를 제외하고. 다시 한번, '젠장!' 폴로닉스가 그들이 돈을 예치하도록 허용했음에도 불구하고 아무런 공지 없이 그들의 계좌는 막혀버렸다.

WHG는 사람들의 돈을 돌려주기 위해 노력했지만, 대부분 한 거래소에서 묶여버리고 말았다. 폴로닉스에 왜 거래를 막았는지 묻자, 그리프와 조르디의 설명에 따르면 담당자는 폴로닉스가 어떻게 화이트햇 해커와 블랙햇 해커를 구분해야 하느냐고 물었다. 그리프에 따르면, 담당자는 그 돈은 WHG의 것이 아니기 때문에 폴로닉스가 보유하고자 했다고 말했다.[32] 바이티와 WHG는 폴로닉스에 그것은 그들의 돈도 아니라고 말했다(결국 WHG는 크라켄이 바이티 계좌의 거래를 기꺼이 허용했음에도 그 거래소가 인출을 막았다는 사실을 알게 됐다).

그 무렵 WHG에 도움을 주고 있던 바이티 관계자는 그들이 신뢰하는 출처로부터 FBI가 WHG의 활동에 대한 수사를 시작했다는 소문을 들었다고 기억했다. 그룹의 일부 멤버는 그 소식에 잔뜩 겁을 먹었다. 다음 이틀 동안, 그들은 그 돈에 대한 동결이 풀렸는지 확인하기 위해 폴로닉스 계좌를 계속 들여다보면서 시간을 보냈다. 그러느라 거의 잠을 자지 못했다. 아침 8시에 겨우 잠들었다가 그날 밤 돈이 아직 묶여 있다는 사실을 확인했다. 사람들이 출근했을 때 그들은 여전히 사무실 소파에 앉아 있었다. WHG 멤버들이 함께 있지는 않았지만, 사무실 여기저기에 마리화나와 위스키 병들이 흩어져 있었다.

다음 날, 혹은 그다음 날 또 다른 고래인 크리스토퍼, 즉 팻핑거 역시 WHG를 압박하면서 자신의 돈을 이더가 아닌 이더리움클래식으로 돌려달라고 요구했다. 그는 변호사와 상의하겠다며 으름장을 놨다. 바이티 멤버들은 꼭대기 층 부엌 뒤편에서 받은 전화상에서 크리스토퍼가 길거리에서 골드바를 잃어버린다면, 누군가 이것을 발견하더라도 달러로 쉽게 바꿀 수 없을 것이라고 말했다. 그러나 바이티 사무실에서 근무하는, 그리고 영국과 스위스 법에 능통한 누군가는 '잃어버린'이라는 말의 정의와 관련해서 누구도 이더리움클래식을 잃어버리지 않았으며, 그들은 실제로 이더를 내준 것일 뿐이라고 주장했다. 크리스토퍼의 위협에 대응하기 위해 기안은 끼어들어서 그 영국인에게 이렇게 말했다. "아마도 제국주의적 마음가짐으로 배를 타고 많은 곳을 돌아다니셨겠지만, 스위스에 있는 제게는 이르지 못할 겁니다. 저와 연락하고 싶다면 스위스로 오셔야만 합니다." 기안이 생각하기에, 스위스는 그에게 법적으로 훨씬 더 우호적인 환경이었다.

크리스토퍼를 피하고 있을 무렵, 그들은 FBI의 수사가 즉각 종결됐다는 소식을 들었다. 그러나 그들이 직면한 압박이 끝난 것은 아니었다. 다음 날 그들은 다시 한번 앤드리를 대신해 스위스 컨설팅 및 로펌 MME로부터 법률 서한을 받았다. 그들 각자에게 배달된 그 문서는 이더리움 변호사인 루카 뮐러-슈투더와 가브리엘라 하우저-슈필러Gabriela Hauser-Spühler가 작성한 것이었다. 제목 아래에는 이렇게 적혀 있었다. "RHG로부터 이더 클래식 환불에 대한 요구". 그리고 다음과 같이 나와 있었다. "앤드리 테르노프스키는 '더 다오'에서 자신의 완전한 몫은 (중략) 대략 4.55퍼센트(52'533'041다오 토큰)라는 증거를 제시할 수 있다." 다음으로 RHG의 카운터어택 기간에 벌어진 일을 다음과 같이 설명했다.

모든 사람과 거래소, 혹은 RHG 멤버나 관련자가 관리하는 지갑으로부터 전송된 이더리움클래식을 받고, 전송하고, 교환하고, 관리하는 등의 일을 하는 다른 기관은 돈세탁에 대한 책임을 질 수 있다. 결론적으로 우리 클라이언트는 RHG 혹은 그 관계자들이 보유하고 있는 34만 6718.0706ETC(클라이언트는 5253만 3041개의 다오 토큰을 보유하고 있다)의 즉각적인(이메일 통보 이후 48시간 이내) 전송을 주장한다. 이는 이전에 ETC당 3달러 이상의 가치가 있었고, 총 120만 달러에 해당한다(현재 시장가격인 1.72 달러를 기준으로 59만 6355.08달러에 해당한다).

마지막 부분에는 이렇게 적혀 있었다.

우리는 형사와 민사 및 행정 절차, 그리고 다오 투자자들에 대한 환불 이외의 어떤 이더리움클래식 전송에 대해 통지 혹은 정보를 받았다면 공지를 전달하라는 지시를 받았다는 사실을 알려드립니다.

레프테리스와 그리프는 다른 이들에 앞서 이더리움클래식을 직접 넘겨달라는 앤드리의 스카이프 요청에 대응하는 것을 중단했기 때문에, 그의 변호사들이 이런 위협을 보냈던 것이다. WHG가 그 서한의 요구에 따르고 이더리움클래식을 즉각 앤드리에게 전송한다면, 그는 다른 다오 토큰 보유자들이 그들의 몫을 받기 전에 그것을 매도할 수 있는 유리한 위치를 차지하게 될 것이었다. 레프테리스와 콜름은 MME가 그들의 집주소를 알고 있다는 사실에 놀랐다. 그 이후로 콜름은 거의 모습을 드러내지 않았다. 적어도 그 이름으로는 그의 근황을 다시는 들을 수 없었다.

폴로닉스가 그들이 계획을 실행하도록 내버려두지 않을 거라는 사실은 명백했다. WHG는 하드포크를 결정하는 과정에서 거래소의 관점에 대해 잘 알지 못하는 개발자 집단이었다. 그들은 트레이딩 커뮤니티가 어떻게 움직이는지 잘 이해하지 못했다. WHG가 사람들에게 이더리움클래식을 돌려주지 않은 부분적인 이유는 그것을 사용하기가 대단히 까다롭다는 것이었음에도 불구하고 트레이더들은 개발사들이 생각한 방식대로 이더리움클래식을 사용하는 데 별로 관심이 없었다. 그들은 그들을 위해 모든 기술적인 부분을 처리해줄 거래소에서 하나의 자산으로 거래하길 원했다. 이더리움클래식 블록 익스플로러가 있는지 여부는 하나도 중요하지 않았다. 그들은 이더리움클래식을 돈으로 이해했고, 사용자 친화적인 쌍둥이가 아니라 그들의 원래 보유고에서 세포분열된 새로운 자산을 원했다. 거래소들은 그들을 위해 이더리움클래식을 사용자 친화적으로 만들어줄 거였다. 그들이 원한 것은 공짜 돈이었다. 그들은 거래소를 거치며 형성된 가격 차이를 이용하는 능력, 그리고 그들이 수익을 올릴 수 있을 만한 가격을 지불할 의지가 있는 이에게 그것을 떠넘길 기회를 원했다.

그들이 이더리움클래식으로 자금을 돌려줄 때까지 폴로닉스는 예금에 대한 동결을 해제할 생각이 없었기 때문에 그들은 따르기로 결정했다. 뇌샤텔 시각으로 8월 12일 금요일 오전 2시 33분, 조르디는 레딧 게시글을 통해 이 사건을 요약 설명했고, 다음으로 그들이 이더리움클래식의 분배에 관한 또 다른 발표를 할 거라고 공지했다.[33] 그들 중 하나는 이렇게 말했다. "그렇다면 기본적으로 당신들은 이더리움클래식으로 700만 달러를 훔치고 이를 처분해서 이더를 사 들이려고 하는 것이다. 완전히 합법적으로!"[34] 또 다른 레딧 사용자는 WHG를 옹호했다. "알다시피 그들의 노력 없이는 그 돈을 구경조차 못 할 것이다. 그들은 그 돈을 안전하게 지키기 위해 공짜로 일하고 있다. 그런데도 당신들은 그들을 비난하고 있다."[35]

이제 WHG와 바이티는 누가 이더리움클래식을 받을 자격이 있는가 하는 질문에 직면했다. 일부는 5월 28일 더 다오가 런칭했을 당시 누가 다오 토큰을 보유하고 있었는지를 기준으로 삼아야 한다고 주장했다.

다른 일부는 6월 17일 재진입 공격이 발생했을 때 누가 다오 토큰을 가지고 있었는지를 기준으로 삼아야 한다고 생각했다. 또 다른 이들은 이더리움클래식 체인상에서 현재 다오 토큰을 보유하고 있는 이들에게 그 돈을 나눠줘야 한다고 주장했다. 그리고 또 다른 일부는 7월 20일 포크가 일어나기 직전인 블록 '1919999'에서 다오 토큰을 보유했던 사람을 기준으로 삼아야 한다고 말했다. 마지막 방법은 주요 고래들(크리스토퍼, 즉 팻핑거와 네오페츠Neopets 설립자인 애덤 파월Adam Powell, 그리고 앤드리)이 원하는 바였다(물론 앤드리는 런칭이나 해킹 당시보다 하드포크 시점에 훨씬 더 많은 다오 토큰을 보유하고 있었다). 그리고 WHG는 결국 그 방법을 선택했다(이후 앤드리는 법적 위협을 중단했다).

바이트의 알렉시스가 이더리움클래식의 반환 상태와 관련해서 블로그에 글(여기서 그는 왜 WHG가 모든 것을 이더로 바꾸려고 했는지 설명했다)을 남기고 며칠이 흐른 뒤, 웨일판다WhalePanda라는 닉네임의 비트코인 극우선주의자가 블로그에 다음과 같은 제목으로 글을 올렸다. '이더리움: 거짓말쟁이와 도둑들의 체인'. 여기서 그는 WHG가 여러 거래소에서 시도했던 거래에 대해 설명하면서 이렇게 결론을 지었다. "간단하게 요약하자면, 우리는 이더리움클래식을 무너뜨리기 위해 불법적으로 획득한 이더리움클래식을 팔아버렸지만 실패했고, 이제 유감스럽게도 동결된 돈을 돌려받길 원한다."

다음으로 그는 바이티가 다오링크를 통해 슬록에 어떻게 연결되어 있는지 보여줬다(다오링크의 4명의 자문가 중 2명은 슬록, 그리고 다른 2명은 바이티 출신이었다). 그러고는 이렇게 말했다. "그들이 협력해서 법적 문제에서 벗어나기 위해 애쓰고 있다고 생각하는 편이 안전하다." 그는 그들의 블로그 글을 "쓰레기이자 거짓말"이라고 비난하면서 RHG와 WHG 멤버들이 이더리움 재단, 혹은 슬록과 어떤 관계에 있는지 조목조목 검토하기 시작했다. 또한 팻펭거의 자금을 구조하기 이진에 돕트 토큰에 관해 글을 쓴 레딧 사용자가 보낸 것으로 보이는 사적 메시지의 스크린샷을 공개했다.

거기에는 한 댓글의 스크린샷이 있었는데, 거기서 비탈릭은 이더리움 재단과 RHG가 하나라는 사실을 부인했다. 이에 대해 웨일판다는 이렇게 물었다. "RHG 멤버들과 동일한 채팅방에 있었던 자비로운 독재자가 무슨 일이 벌어지는지 몰랐다는 게 믿어집니까?" 그 아래에는 소련 국기를 포토샵으로 작업한 중국 공산당 스타일 포스터가 있고, 맨 아래 왼쪽에는 이더리움 로고 밑에서 행진하는 작은 중국 프롤레타리아트 인형들이, 그리고 그 위에는 어렴풋이 나타난 마오쩌둥의 거대한 상체 이미지가 있었다. 그리고 마오쩌둥의 벗어진 머리에는 비탈릭의 얼굴이 붙어 있었다.[36]

더 다오와 관련 있는 대부분의 사람들은 비난에 직면했지만, 그중에서도 스테판은 최악의 상황을 맞이했다. 결국 크리스토프는 스테판에게 커뮤니티에 사과의 글을 올리라고 조언했다. 스테판은 크리스토프에게 꺼지라고 말하다가 잠시 뒤 입을 다물었다. 예전에 그는 크리스토프의 집에 머무른 적이 있었다. 그동안 스테판은 크리스토프와 그의 자녀의 관계가 자신과 자신의 자녀보다 훨씬 더 낫다는 사실을 깨달았다. 그래서 웨일판다가 장황한 이야기를 늘어놓은 지 이틀 후, 스테판은 '스테판 튜얼에게서 온 개인적인 메모'라는 제목으로 짧은 글을 써서 블로그에 올렸다. 여기서 그는 이렇게 말했다.

나는 내 마음과 영혼을 다오 프로젝트에 바쳤다. 이는 때로 비판자와 상황에 대한 감정적인 대응으로 이어지고 말았다. 상황을 고려할 때 적절하지 않았던 트윗과 게시글에 대해서, 그리고 다오가 촉발한 모든 문제에 대해서 직접적으로, 혹은 간접적

으로 사과를 하고 싶다.[37]

    일부 댓글은 우호적이었다. "제 생각에 당신의 유일한 실수는 해킹 이후에 트위터상에서 지나치게 오만하게 행동했던 것뿐입니다."[38] 그러나 다른 글들은 그렇지 않았다. 한 사람은 그저 "LOL"라고 쓰고는 '어떤 다오 자금도 위험에 처하지 않았다'라는 제목의 블로그 글로 이어지는 링크를 걸어놨다. 또 다른 이는 말했다. "암호화폐 커뮤니티의 90퍼센트는 더 이상 당신을 존경하지 않는다. 당신의 나르시시즘적이고 오만한 태도는 다오에서 포크를 실행하는 데 말 그대로 크게 기여했으나, 이더리움의 명성을 잠재적으로 망쳐놨다." 또 다른 사람은 이런 답글을 달았다. "그게 최고의 무기였군. 튜얼, 엿이나 먹어라. 당신의 사과는 몇 주 전에 나왔더라면 의미가 있었을 테지만, 당신은 억지스러운 밈을 게시하고 아무짝에도 쓸모없는 사람처럼 행동했을 뿐이다."[39]

    거래소들과의 논쟁에 대해, 그리고 이더리움클래식 워드로 콘트랙트를 생성하기 위한 새로운 계획에 대해 설명하는 글을 블로그에 올리고 나서 1주일 후, 바이티의 알렉시스는 레딧에 이더리움클래식 워드로 콘트랙트를 위한 소스 코드를 게시하면서 이에 대한 반응을 요청했다.[40] 한 레딧 사용자는 이런 글을 달았다. "제로가 되기 전에 그 이더리움클래식을 다오 보유자들에게 줘라."[41](이더리움클래식은 1.75달러부터였다) 또 다른 이는 이렇게 썼다.

"공짜 돈!" 제2부
이번에는 훨씬 적은 돈으로.[42]

    더 많은 사람들이 블록 '1919999'에서 다오 토큰을 소유한 이들을 기준으로 WHG가 돈을 돌려줘야 한다고 주장했다. 이는 2가지 이유로 그들에게 고민을 안겨줬다. 바로 사람들의 불만과 그 솔루션을 실행하는 데 따를 까다로움이었다. 그들은 4월 런칭 후 7월 20일 하드포크에 이르기까지 다오 토큰에서 일어난 모든 전송을 계산하고, 그러한 토큰과 함께 어드레스 목록을 작성하고, 이를 분석하기 위해 스크립트를 사용했다. 블록 '1919999'에 대한 각각의 어드레스에서 다오의 수 목록에 기초해 사람들은 다오 밸런스에 대해 대략 0.7ETC를 돌려받을 수 있었다. 적어도 그들은 MEW가 웹사이트를 만들어서 사람들이 엑스트라 밸런스와 위드드로 다오, 그리고 ETC 위드드로 콘트랙트에서 클릭 한 번으로 그들의 돈을 받을 수 있도록 함으로써 모든 일을 더 수월하게 만들었다.

8월 26일 그들은 바이트 블로그상에서 수정된 이더리움클래식 위드드로 콘트랙트를 게시했고, 사람들의 노력에 대해 WHG에 기부할 수 있는 방안을 담았으며, 8월 30일부터 그 콘트랙트를 활용할 것이라고 발표했다.[43]

같은 날 알렉시스는 개인적인 차원에서 폴로닉스 CEO 트리스탄 디 아고스타에게 이메일을 보냈다. 이는 답변받지 못한 일련의 이메일 중 가장 최근의 것이었다. 여기서 그는 바이티는 폴로닉스가 왜 그들의 계좌를 동결시키고도 반응이 없었는지 몰랐으며, 그들은 다오 공격자의 신원 조사와 관련해서 앞서 그들과 접촉한 폴로닉스 직원을 통해 연락을 취하기 위해 애썼다고 설명했다. 다음으로 그는 폴로닉스 수사관이 발견한 또 다른 놀라운 이야기에 대해 말했다.

7월 5일 폴로닉스 직원은 레프테리스와 그리프, 콜름과의 스카이프 채팅에 이렇게 썼다. "(스위스 기업 이름을 가진) 또 다른 인물을 확인시켜주는 비트코인 어드레스를 발견했습니다. 이는 몇 분 안에 다른 사람들의 동일한 IP로 로그인함으로써 확인됐습니다." 그러고는 이렇게 덧붙였다. "그는 바이티와 함께였습니다." 첫 번째 용의자인 그 기업의 대표는 공격자가 사용한 어드레스와 관계 있는 어드레스를 갖고 있지 않았다. 그는 폴로닉스 수사관이 보기에도 의심스러웠다. 공격이 있기 사흘 전인 6월 14일, 그가 폴로닉스로부터 비트코인을 인출한 어드레스는 또한 셰이프시프트를 사용해서 비트코인을 이더로 바꿨다. 이는 공격자와 똑같은 행동이었다. 이는 폴로닉스가 이더와 관련해서는 가장 유동성 있는 시장이라는 점을 감안할 때, 특히 이상해 보였다. 왜 폴로닉스에서 즉각 스와프하지 않았을까?

바이티의 연관성과 관련해서 그 상황을 잘 아는 정보원에 따르면, 공격이 있기 하루 전날 그 스위스 기업 대표는 최근 바이티를 떠난 한 직원의 동일한 IP로 폴로닉스에 로그인했고, 그 직원은 6만 5000달러에 달하는 이더를 매도했다. 동일한 IP를 사용했다는 것은 정확하게 같은 건물은 아니라 해도 지리적으로 대단히 가까운 곳에 있었다는 사실을 의미했다. 그런데 바이티는 뇌샤텔에 기반을 두고 있었고, 그 스위스 기업은 기차나 차로 두 시간 거리에 위치해 있었다. 공격이 시작되고 세 시간 반이 흘러 해킹으로 가격이 폭락하기 전에 이더를 팔아치운 전 바이티 직원은 1054ETH(이더스캔에 따르면 약 1만 6300달러)를 스위스 기업의 CEO가 폴로닉스에서 인출한 어드레스로 전송했다. 어드레스가 기업 소유라는 점을 감안할 때, 폴로닉스 수사관의 눈에 그 CEO는 아마도 전 바이티 직원에게 공격에 대한 정보를 사전에 주고 그 대가를 받은 것처럼 보였다.

그 무렵, 알렉시스는 폴로닉스 직원이 이전에 바이티에서 근무한 누군가가 연루됐다고 말했다는 사실에 깜짝 놀랐다. 그는 바이티가 자체적으로 수사를 진행했으며, 폴로닉스가 원할 경우 기꺼이 협조했다고 했다. 그는 이렇게 썼다. "바이티에 대한 폴로닉스 직원의 단순한 비방이 아니기를 바란다. 이는 이더리움 커뮤니티에서 우리 이미지를 실추시켰다. 이 모든 것은 지금으로선 입증된 사실이 아니다." 그리고 계속해서 이것이 바이티가 예치한 이더리움클래식이 폴로닉스에 동결되어 있었던 이유이며, 그러나 왜 폴로닉스가 침묵을 지키고 있는지 여전히 알 수 없다고 설명했다. 다음으로 그는 2가지 선택지를 제시했다. 하나는 폴로닉스가 바이티가 예치한 이더리움클래식을 그대로 갖고 있는 것. 아니면 이를 바이티가 준비하고 있는 이더리움클래식 위드드로 콘트랙트로 전송하는 것. 그는 폴로닉스에 선택을 촉구했다. 그러나 여전히 아무런 대답이 없었다.

8월 29일 알렉시스는 바이티 블로그에 또 다른 글을 올렸다. 여기서 그는 이더리움클래식 위드드로 콘트랙트가 다음 날 생성될 것이며, 다오-C 토큰으로 연결된 총 1153만 8165ETC 중에서 417만 1615ETC로 채워질 것이라고 말했다.[44] 부분적으로 280만 4ETC가 폴로닉스에, 그리고 49만 9402ETC가 크라켄에 동결되어 있었기 때문에 모든 이더리움클래식이 사용 가능한 것은 아니었다. 알렉시스는 이렇게 썼다. "우리는 이 돈과 관련해서 두 거래소와 접촉을 시도했지만 아무런 대답도 듣지 못했다."

CEST 기준으로 8월 30일 오후 5시, WHG는 이더리움클래식 다오 위드드로 콘트랙트를 설치했지만, 버그가 있다는 사실을 곧 확인했다.[45] 그들은 작동되기 전 몇 차례 재설치해야 했다.

동부 시각으로 8월 31일 오전 1시 31분(스위스 시각으로 오전 7시 31분), 폴로닉스는 마침내 침묵을 깨고 이런 트윗을 올렸다. "이제 위드드로 콘트랙트가 마련됐다. 우리는 화이트햇 이더리움클래식을 풀기 위해 당국의 허락을 기다리고 있다."[46]

"아, 당국!" 이는 크라켄의 CEO 제스 파웰 "이들 거래소는 정말로 최악이다. 그 환불 콘트랙트는 임박한 처리를 기다리고 있는데도 그들은 여전히 그 돈을 깔고 앉아 있는가?"라고 쓴 한 사용자에 대한 대답으로, 8월 29일 레딧에 올린 다소 아리송한 글에 대한 관심을 촉발했다. 제스는 이렇게 대답했다. "당신의 돈에 대한 지독하게 개략적이고 설명 불가능한 활동과 관련된 몇몇 계좌를 동결시켰기 때문에 우리가 정말로 최악인 것일까? 사과한다. 그러나 안타깝게도 우리는 WHG의 이상한 계좌에 대한 추가 조사가 필요하다고 생각한 유일한 사람이 아니다. 지금 우리는 그 돈이 위드드로 콘트랙트로 흘러가게 하기 위해 이해관계가 있는 다른 당사자들로부터 승인을 구하는 중이다."

MEW의 테일러 판 오든은 이 논쟁에 뛰어들어 제스에게 그들은 정말로 최악이었다며 크라켄이 "내부거래"를 했다고 비난했다. 처음에 제스는 MEW 사용자들을 목표로 한 피싱 사이트와 관련해서 그가 그녀에게 사적인 메시지를 보냈기 때문에 그녀가 자신을 비난했다는 사실에 불편한 기색을 보였다. 이후 그는 이렇게 맞받아쳤다. "내부거래에 대한 주장은 전적으로 아무런 근거가 없다. 우리는 이번 재난이 우리를 덮치게 해달라고 요구하지 않았다. 나의 바람은 완전히 그 일부가 되지 않는 것이다. 다음번에 당신의 백기사들이 훔친 코인을 세탁하고 청산하려고 하거든 부디 당국의 눈에 띄지 않고 거래소를 통해 처리하기 바란다."

그는 다른 글에서 이렇게 썼다. "우리가 무슨 일이 벌어지는지 말할 수 없을 때, 당신은 아마도 무슨 일이 벌어지는지 짐작할 수 있을 것이다. 나는 더 많은 이야기를 할 수 있길 바란다. 우리의 목표는 코인을 정당한 소유자에게 되돌려주는 것이다. WHG의 이상한 행동들은 많은 사람들의 관심을 자극했고, 이는 본질적으로 문제를 복잡하게 만들었다."[47]

CEST 기준으로 8월 31일 금요일 저녁 10시 25분, 폴로닉스 직원의 말에 따르면, 그 거래소는 거래를 막은 미 법무부의 승인이 있고 난 후 이런 트윗을 올렸다. "우리는 앞으로 몇 시간 안에 화이트햇 이더리움클 래식을 위드드로 콘트랙트로 풀어주기 위한 준비를 하고 있다."[48] 그리 고 2분 후 크라켄은 이런 트윗을 띄웠다. "크라켄은 몇 시간 뒤 WHG의 위드드로 콘트랙트로 49만 9402.88737ETC를 풀어줄 것이다."[49]

마침내 아무런 보수도 없이 거의 쉬지도 않고 그 모든 일을 하고 있 었던 WHG의 임무는 끝났다(니클라스에게서 "제안"을 받은 이후 WHG는 1000ETH를 앤드리에게 돌려주기로 결정했다). 레프테리스는 다오를 이용하 는 순간부터 온라인으로 다른 사람들과 함께 이른 새벽부터 밤늦게까 지 일했다. 그의 아내가 함께 시간을 보내자고 하자 그는 이렇게 말했 다. "당신은 지금 무슨 일이 벌어지고 있는지 전혀 모르는군." 하지만 그 녀는 그의 컴퓨터 세상에 관심을 갖지 않을 수 없었다. 무엇보다 그는 RHG와 WHG 덕분에 돈을 벌고 있었고, 실제로 저축한 돈에도 손을 대 고 있었다. 게다가 WHG가 기부 받은 돈은 한 달치 생활비에도 미치지 못했다.

그리프는 슬록에서 돈을 받지 않았다. 그는 암호화폐 이외에 다른 어 떤 것도 받기를 원치 않았는데, 슬록은 현금 이외에 어떤 방식으로도 그 에게 지불할 수 없었기 때문이다. 그럼에도 불구하고 그리프는 자신은 이미 자원봉사자 같은 사람이 됐기 때문에 신경 쓰지 않는다고 답했다. 그러나 그는 이후 수년 동안 다량의 다오 토큰을 보유했다. 또 다른 팻 핑거 사건으로 인해 더 다오를 다시 한번 공격할 필요가 없는 경우에 대 비해서 말이다.

9월 6일에 화이트햇 위드드로 콘트랙트로 가게 되어 있던 마지막 이 더리움클래식이 예치됐다. 추가된 나머지 자금은 차일드다오 중 하나, 그리고 WHG가 처음에 크라켄과 비트렉스, 원비에서 이더와 비트코인,

유로로 전환했던 자금에서 비롯된 것이었다. 그들은 다시 전환하는 과정에서 다오 토큰 보유자들을 위해 18만 6516.63ETC(27만 4000달러)를 추가로 벌어들일 수 있었다. 이 마지막 예치로 다오 토큰 보유자들은 그들의 몫인 남아 있는 이더리움클래식을 얻을 수 있었다.

그날 다오 공격자는 탈출하기 시작했다. 하드포크 직후이자 이더리움클래식이 폴로닉스에서 거래되기 전인 7월 23일, 공격자는 다크 다오에 있는 이더리움클래식을 그랜드차일드 다오로 전송했다. 한 번에 36만 4240ETC씩 열 번의 거래를 통해 총 364만 2408ETC를 그랜드차일드 다오로 보냈다.[50] 스위스 시각으로 9월 6일 오전 12시 3분, 그는 그랜드차일드 다오로부터 또 다른 지갑인 '0xc362'로 모든 이더리움클래식(530만 달러)을 인출했고, 다음으로 몇 분 후 CEST 기준으로 오전 12시 6분 33초에 그 돈을 다시 한번 자신의 주 계좌인 '0x5e8f'로 옮겼다.[51]

공격자가 그 돈으로 가장 먼저 한 일은 CEST 기준으로 오전 12시 34분 13초에 1000ETC(1460달러)를 이더리움클래식 개발자들의 기부 어드레스로 보내는 것이었다.[52] 그날 CEST 기준으로 오후 2시 33분 25초에 공격자의 지갑은 0.6931ETC(1달러)를 받았다.[53] 그 돈은 비트코인에서 시작된 현상인 배니티 어드레스로 알려진 것에서 비롯된 것이었다. 대부분의 암호화폐 어드레스가 '0x5e8f'나 '0x969'처럼 일련의 무작위 숫자와 문자로 이뤄지기 때문에 암호화폐 열광자들은 어떻게든 자동차 번호판과 유사한 배니티 어드레스를 만들고자 한다. 예를 들어, 여러 개의 '0'으로 시작하거나 한 사람의 이름으로 이뤄진 어드레스는 무작위하게 보이지 않는다. 다오 공격자의 경우, 0.6931ETC는 11개의 'a'로 시작하는 어드레스인 '0xaaaaaaaaaaaf7376faade1dcd50b104e8b70f3f2'로부터 왔다.

이러한 어드레스는 그러한 공개 키를 끌어내기 위해 평균적으로 8.8

조 회 연산을 가동할 수 있는 사용자 컴퓨터 사양을 요구한다.[54] 이는 그 어드레스의 소유자가 상당한 컴퓨터 파워나 GPU를 갖추고 있었다는 사실을 말해준다. 이 정도 사양은 일반적인 컴퓨터 칩들보다 더욱 강력한 것으로, 당시 이더리움 채굴을 위해 종종 사용됐다. '0xaaaaaaaaaaa' 어드레스에서 비롯된 거래는 아마도 공격자 자신의 소행으로, "하하, 멍청이들!"이라고 말하는 제스처처럼 보였다(공격자는 배니티 어드레스 전문가로 보였다. 이더리움클래식과 이더리움 체인상에서 CEST 기준으로 9월 6일 오전 8시 3분 41초와 8시 3분 42초에 각각 '0xaaaaaaaaaaa' 어드레스는 '0x222222222222fc20'로 시작하는 배니티 어드레스로부터 돈을 받았고, 이 어드레스는 하드포크 이전에 '0xdeadbeefb880'로 시작하는 배니티 어드레스로부터 돈을 받았으며, 이는 다시 '0x0000000008b4c9'로 시작하는 어드레스로부터 돈을 받았고, 이 어드레스는 '0xdeadbeef' 외에 4개의 추가적인 배니티 어드레스인 '0x666666666660bfe3', '0x111111111b41fad', '0x0000000000015b', '0xffffffff3984f569b4'로부터 돈을 받았다.[55])

배니티 어드레스로부터의 거래가 '0x5e8f' 계좌를 장식하고 나서 10월 25일까지는 아무런 일도 일어나지 않았다. 그날 공격자는 그 돈을 1100ETC, 5000ETC, 1만 ETC, 2만 5000ETC 등의 단위로 여러 지갑에 분할하기 시작했다. 일부 지갑은 여러 차례 거래를 받았다.[56] 가령 '0x085acc' 어드레스는 그런 거래를 일곱 차례나 받았다. 이후로 해커는 모두 2310~2340ETC 정도의 더 적은 금액을 전송했다.

그 무렵 호주 시드니에 있던 다오 조력자이자 온라인상에서 보키푸바 BokkyPooBah라는 별명으로 알려진 복 쿠Bok Khoo는 다오 공격자가 인출하지 못하게 막을 수 있는 방법을 찾아냈다. 보키푸바는 보험료와 사람들의 돈을 관리하는 데 이력이 난 보험 회계사였다. 이더리움과 더 다오가 등장했을 때, 그는 컴퓨터 프로그래밍과 관련된 질의응답 사이트인

314

쿼라Quora와 유사한 스택익스체인지Stack Exchange에 올라오는 많은 질문에 답하면서 그 2가지에 관해 배웠다. 공격 이후에 그는 사용자들이 어떻게 돈을 돌려받을 수 있는지는 물론, 인출하는 방법에 관한 구체적인 지침을 작성했다. 그의 네 아이들이 모두 잠든, 시드니 시각으로 저녁 11시 이후에 말이다.

10월 26일, 다오 슬랙에 있는 한 사용자가 공격자의 전리품이 움직이고 있다는 사실을 눈치챘다. 보키푸바는 모든 거래가 약 2333ETC 혹은 그 이하로(거래당 약 2500달러) 진행되고 있다는 사실을 알아챘다. 고객의 신원 확인을 위한 정보를 요구하지 않는 셰이프시프트의 거래 한도와 일치하는 규모였다. 보키푸바는 처음에 공격자가 그 이더리움클래식을 자금의 움직임을 감추는 데 용이하고 인출을 더욱 쉽게 만들어주는 모네로Monero 같은 프라이버시 코인들 중 하나로 전환할 것으로 예상했다. 공격자가 이더리움클래식을 추적 가능한 비트코인으로 전환하려는 것으로 보이자 그는 깜짝 놀랐다.

당시 비트코인 네트워크는 혼돈의 시기를 겪고 있었다. 비트코인 블록체인에서 하나의 블록이 얼마나 많은 메가바이트의 데이터를 가져야 할지를 놓고 내전이 벌어지고 있었다. 그 규모는 날로 증가하면서 거래 수가 기존 한도인 1메가바이트를 넘어서고 있었다. 일부 블록이 가득 차자 많은 거래가 가득 차지 않은 블록에 포함될 때까지 연기됐다.

비트코인의 혼란은 다오 공격자가 인출하고 있을 무렵까지 이어지면서 4개월째 계속되고 있었다. 이런 이유로 다오 공격자의 거래는 반나절 혹은 그 이상 연기되고 있었다. 보키푸바는 셰이프시프트에 접촉하려 했으나 성과가 없었다. 그리프가 시도해봤지만 마찬가지였다. 셰이프시프트가 해야 할 일을 끝냈을 때 비트코인 네트워크의 대기 행렬은 모두 정리됐고, 다오 공격자는 이틀에 걸쳐 50건에 달하는 거래를 처리할 수 있었다. 거래 규모는 하나의 코인의 일부로부터 3.6BTC 이상에 이르렀으며, 총 146BTC(9만 6000달러)에 달했다(그해 가을 세이프시프트는 공격자의 어드레스와 관련된 어드레스로부터 총 1만 4566ETC에 달하는 10건의 거래를 차단했다).

하드포크와 관련해서 최고의 결과를 얻을 순 없었다. 공격자가 획득한 것은 그것이 이더로 남아 있었더라면 가졌을 가치의 1/10 정도에 불과했다. 무엇보다 하드포크가 사악한 쌍둥이 이더리움을 창조하는 동안, 한 사람이 모든 코인의 5퍼센트 이상을 통제하지 못하도록 한 것이 중요했다. 이더리움은 결국 개별 실체가 얼마나 많은 코인을 갖고 있는지가 누가 그 네트워크를 통제할지를 결정하는 새로운 채굴 시스템으로 이동할 계획이었기 때문이다.

이러한 상황에서 이더리움은 그 짧은 생존 기간 중 가장 힘든 도전 과제에 직면했다. 그 모든 혼란으로 인해 이더리움은 시가총액의 41퍼센트 정도인 7억 달러를 잃어버렸지만, 다행스럽게도 이더리움클래식에 대한 커뮤니티 대다수의 지지는 잃어버리지 않았다.

슬록에서 계속 일하고 있던 스테판은 전반적으로 비난을 받았으나, 크리스토프는 적어도 다른 개발자들 사이에서는 우호적인 대접을 받았다. 그가 평생 동안 함께하게 될 것 중 하나는 스마트 콘트랙트 보안에 관한 모든 프레젠테이션에서 다오가 언급될 정도라는 사실이다. 슬록은 비록 그리프와 레프테리스에게 대가를 지불하지 못했지만, 그들은 좋은 분위기에서 헤어졌다. 레프테리스는 앞으로 계속 블록체인 기술과 관련된 일을 해야 할지 확신이 없었다. 모두가 자신을 증오하거나 죽이고 싶어 한다는 생각이 들었기 때문이다.

비탈릭에 대해서 말하자면, 한 이더리움 개발자는 그 경험이 비탈릭을 보다 긍정적으로 바꿔놓았다고 생각했다. 과거의 그는 행운을 잡은 소년으로서 자신의 꿈을 팔았다면, 이제는 보다 현실적인 인물이 됐고, 과장된 약속을 하지 않음으로써 자신의 말에 무게를 실을 수 있다는 사실을 깨달았다.

9장

흔들리는 사람들

2016년 9월 13일 ~ 2016년 가을

이더리움의 발에 총을 쏜 인물들

9월 13일, 그리프 그린은 블로그 글을 통해 이더리움상 엑스트라 밸런스 위드드로 콘트랙트(클래식이 아닌)가 최종적으로 9월 15일 자금을 받게 될 것이라고 말했다.[1] 이를 생성하기 위해서 보키푸바를 비롯한 3명의 개발자는 각자 독자적으로 엑스트라 밸런스 기여자 목록을 작성하고, 이를 상호검토하면서 일치하지 않는 부분을 수정했다. 엑스트라 밸런스를 얻는 방법에 관한 그리프의 설명에는 단계별 지침이 포함되어 있었는데, 여기에는 블록체인이 무엇인지도 모르는, 그리고 그저 돈을 벌기 위해 다오 토큰을 산 사람들을 도와주기 위해 붉은색 원과 박스 및 화살표가 그려진 12장의 스크린샷이 들어 있었다. 이틀 후 보키푸바는 레딧에 글을 올려 사람들이 이더나 이더리움클래식을 가지고 있을 만한 모든 곳의 목록을 작성했다. 여기에는 위드드로 콘트랙트 안의 이더, 엑스트라 밸런스 안의 이더, 그들이 수작업으로 진정한 스플릿 다오를 실행했을 때의 이더, 그리고 다오에 대한 공격이 있었던 이후 구조된 이더리움클래식 중 남아 있던 73.15퍼센트(WHG가 거래한 토큰을 이더로, 그리고 비트코인을 다시 이더리움클래식으로 전환해야 했을 때 그들이 했던 거래로 인해 69퍼센트보다 많아졌다)가 있었다.[2] 게다가 그리프는 리플레이 공격을 피하는 방법에 대한 지침도 집어넣어야 했다. 그는 이 자료를 레딧에 남기며 이렇게 말했다. "여러분 모두 조만간 상하이에서 데브콘 2를 즐기게 될 겁니다."

데브콘 2는 사흘 뒤 열릴 예정이었다. 그 장소는 '아시아의 파리'라고 불리는, 빛나는 지평선이 바라다보이는 강변 지역에 위치한 상하이 하얏트였다.

밍 챈은 허드슨 제임슨Hudson Jameson과 그의 아내 로라 펜로드Laura Penrod, 그리고 밍이 앤 아버Ann Arbor에서 일할 때 동료였던 제이미 피츠 Jamie Pitts의 도움을 받아 행사 준비에 열을 올리고 있었다. 표가 매진되는 등 1000여 명의 사람이 참석할 것으로 예상됐다.

붉은색 머리에 턱수염이 덥수룩한 스물네 살의 청년 허드슨은 2011년 노스텍사스대학에 재학하던 중 비트코인의 존재를 처음 알게 됐다. 대학에서 컴퓨터공학을 전공한 허드슨은 비트코인 채굴 작업에 뛰어들었다. 그는 교수 하나를 그 일에 몰두하게 만들기도 했으며, 이더리움 크라우드세일에도 참여했다. 이후 금융 서비스 그룹인 USAA에 블록체인 설계자로 입사했다. 또한 솔리디티에서 채팅 채널을 도왔고, 2015년 가을에는 데브콘 1 행사에서 자원봉사자로 일하면서 그동안 온라인상에서 관계를 맺고 있던 사람들을 만나기도 했다. 그 경험은 그의 삶을 완전히 바꿔놓았다.

이후 그는 이더리움에 더욱 관심을 갖게 됐다. 그는 밍에게 이메일로 데브콘 행사에 대한 피드백을 전했다. 허드슨의 말에 따르면, 밍은 이더리움 재단이 커뮤니케이션 기술과 개발자 경력을 가진 인재를 찾고 있다며 전화 통화를 통해 그가 USAA를 떠나도록 설득하려고 했다. 이때 밍은 이더리움 재단이 조직에 해를 끼친 몇몇 인물들(가령 개빈 우드)을 막 제거한 상태라고 말했다.

허드슨은 다오 공격이 한창이던 때 이더리움 재단에 고용됐다. 그가 처음 맡은 역할은 소프트웨어 개발 및 IT 운영(서버 설치 및 이메일 시스템 관리)이었다. 자신의 아내 로라와 함께 데브콘 행사를 준비하는 업무도 담당했다. 허드슨은 밍이 재단의 재무를 관리하는 방식을 보면서 자신의 새로운 상사인 그녀를 좋아하고 존경하게 됐다. 밍은 비용 지출 속도를 낮춰 이더리움 재단이 수년 동안 정상적으로 운영되도록 만들었다. 게다가 밍은 비탈릭 부테린과 개발자들에게 많이 신경 쓰는 것처럼 보였다. 그리고 입사 지원자의 면접에 직접 임하고 최종 결정을 했다.

허드슨의 말에 따르면, 밍 역시 그를 마음에 들어 하는 것처럼 보였다. 입사한 지 얼마 지나지 않아 밍은 1주일에 수차례씩 그에게 전화를 걸었고, 통화하면 2~4시간 동안 대화를 나눴다. 밍은 그에게 자신의 개인적인 일이나 이더리움 초창기에 재단에서 겪었던 일을 들려주기도 했다. 밍의 이야기에 따르면, 개빈은 자금을 제대로 운용하지 못하고 자신의 몫을 지나치게 많이 챙겼다. 그리고 몇몇 이들이 이더리움 재단의 돈을 횡령했다고 말했다. 밍은 많은 것을 허드슨과 공유했다. 그로선 그녀가 자신을 크게 신뢰하고 있다고 느낄 수밖에 없었다. 하지만 허드슨의 아내는 그의 상사가 그에게 그런 이야기를 하는 것은 부적절하다며, 적어도 그녀가 그에게 말하는 방식은 경계를 넘어선 것이라고 지적했다. 반면 대학을 갓 졸업한 허드슨에게 그건 그리 비정상적인 일처럼 느껴지지 않았다. 밍은 허드슨에게 주말에는 업무를 하지 말라고 당부했다.

하지만 그의 증언에 따르면, 밍은 토요일 저녁에 스카이프 채팅으로 그에게 왜 자신의 메시지에 대답하지 않느냐고 묻기도 했다. 허드슨의 아내는 그러한 행동이 과하다고 생각했지만, 정작 허드슨은 밍이 주말에 일하고 있으면 자신도 일해야 한다고 느꼈다. 허드슨은 밍의 일과 이더리움 재단에 몰두하느라, 그리고 밍과 오랫동안 전화 통화하느라 자신의 아내보다 그녀와 더 오랜 시간 이야기를 나눴다.

밍의 전화 통화는 가히 전설적이었다. 그녀는 어느 직원에게나 아주 많이 전화를 걸었고, 그리고 오랫동안 이야기를 나눴다. 한 시간, 두 시간 혹은 네 시간. 개발자들 중 일부는 이를 참아냈다. 가령 크리스티안 라이트비스너는 밍과 대화할 때면 최소한 한 시간 이상 잘 버텨냈다. 덕분에 그는 적어도 재단에서 무슨 일이 벌어지고 있는지 잘 알 수 있었지만, 개빈 밑에서 숨죽이고 지내야만 했다.

또 다른 개발자는 밍의 통화가 친근하기는 하지만 그 내용에 맥락이 없다고 느꼈다. 가령 밍은 이렇게 이야기를 시작했다. "그걸 할 시간이 없어요. 사흘 동안 잠을 제대로 자지 못했거든요. 가족과 함께 크리스마스를 보내야 했고, 제 강아지는 죽어가고 있지요. 크리스마스 밤 내내 서류를 작성하면서 보내야만 했어요." 그러고는 중국 역사에 대해, 그녀의 부모님이 중국에 있을 때 무슨 일을 했는지에 대해 주절주절 설명했다. 그 뒤엔 중국에서 문화혁명이 일어나면서 그녀의 가족이 어떻게 결국 스위스까지 오게 됐는지에 대해 장황하게 설명했다. 그 개발자는 그러한 이야기가 흥미롭기는 했지만, 얼마 지나지 않아 어떻게 하면 그녀가 기분 나쁘지 않게 전화를 끊을 수 있을지 고민됐다고 말했다.

참을성 없는 이들도 있었다. 한 개발자는 나중에 당시를 이렇게 떠올렸다. "그녀와 통화하면서 30분 동안 음소거를 해놓으면 당신이 가끔씩 내뱉는 '예, 오, 음' 정도의 말밖에 들리지 않을 겁니다."

그녀의 독백은 업무와 별 관련이 없는 내용이었다. 밍은 때로 한 시간 혹은 그 이상 사람들에 대한 불만을 늘어놓았다. 그녀는 스트레스가 얼마나 심한지, 자신이 얼마나 힘든지, 이더리움의 재무 상황이 얼마나 열악한지에 대해 이야기했다. 또한 규제기관에 대해, 그리고 사람들이 어떻게 일을 엉망으로 만드는지에 대해 열을 올리다가 종종 울음을 터뜨리기도 했다. 밍은 자신의 일이 특별히 힘들다며, 누구도 자신의 가치를 인정해주지 않는다고 했다. 그리고 동료들이 계속 자신을 인정해주지 않으면 이더리움을 그만둘 것이라며, 그러고 나면 사람들이 그녀가 재단을 먹여살리고 있었음을 깨닫게 될 것이라고 이야기했다.

그녀가 자신의 문제를 끊임없이 늘어놓았기 때문에, 직원들은 밍과의 전화 통화에 대해 그녀에게는 약이고 그들에게는 감정노동이라고 느꼈다. 한 직원은 밍의 남자친구인 케이시 디트리오에게 그녀가 다른 사람들에 대해 불평을 너무 많이 늘어놓는다고 이야기했다. 그러자 케이시는 그녀가 미친 소용돌이 속으로 빠져들기 시작하면 그 누구도 거기서 꺼내기가 힘들다며 맞장구를 쳤다. 그 직원은 케이시의 모습에 충격을 받았다.

밍은 공과 사를 제대로 구분하지 못했다. 직원들이 업무적인 사안에 대해 이야기하려 해도 귓등으로 들어넘기고는 자신의 기분이 얼마나 끔찍한지, 혹은 누가 자신에게 얼마나 끔찍한 일을 했는지에만 집중했다. 하지만 밍이 그들의 상사였기에 그녀의 행동이 부적절하다는 말은 입밖에 꺼낼 수도 없었다. 한 C++ 개발자는 밍에 대해 이렇게 설명했다. "지금까지 봤던 사람들 중 가장 프로답지 않은 인물."

개발자 이외에 비즈니스·관리 업무를 담당해서 업무적으로 그녀와 마주해야 하는 직원들 역시 어려움을 겪기는 마찬가지였다. 그녀와 한 시간 혹은 그 이상 통화해도 아무것도 이뤄지지 않았다. 한 관리 직원은 밍과의 통화를 일부러 피한다며, 대신에 모든 것을 글로 써서 주고받는다고 말했다. 재단 사람들은 그녀가 거의 모든 이들과 그렇게 길게 통화한다는 사실을 알았기에 그녀의 업무 생산성에 의문을 품기 시작했다.

추크에서 밍과 함께 지냈던 사람은 그녀가 하루 종일 전화기만 붙잡고 있었다고 말했다. 그리고 겉으로 보기에 일을 하는 것처럼 보일 때조차(즉 통화를 하지 않을 때조차) 그녀는 의사결정을 제대로 내리지 못했다. 예를 들어, "이번에 CES에 참가해야 할까?" 같은 질문에 대해서도 그랬다(CES는 라스베이거스에서 열리는 기술 무역 박람회로, 매년 15만 명 이상이 참가하는 중요한 행사다). 물론 이는 쉽게 결정 내릴 만한 문제는 아니다. 노출도가 높아지는 것은 분명하지만 노출 대상이 적절한지 의문인 데다 무료 입장인데도 부스 가격이 꽤 비싸기 때문이다. 하지만 이 문제가 밍에게 오면 감정이 얽힌 문제가 된다. "오, 그러니까 제가 오랜 시간을 들여 생각해낸 아이디어가 마음에 들지 않는 거군요?" 그녀는 대개 이런 식으로 반응했다.

밍은 별로 중요하지 않아 보이는 문제에 집착하곤 했다. 한번은 이더리움 레딧 사용자가 이더리움 서브레딧을 만들기로 하면서 그 이름을 'ETH 데브'라고 지었다. 그런데 이는 베를린에 있는 개빈의 이더리움 재단 계열사와 이름이 같았다. 그 이름을 선택한 레딧 사용자들이 그 이름과 똑같은 조직이 있다거나 그 이름에 어떤 의미(이 경우, 개빈과 관련된)가 있다는 사실을 알지 못했는데도 밍은 그 서브레딧에 기여한 이들 중 한 사람에게 전화를 걸어 그 이름이 얼마나 큰 피해를 초래할 수 있는지에 대해 한참 동안 이야기했다.

이더리움 생태계의 여러 가지 기본적인 사실들 또한 밍을 자극했다. 예를 들어, 조지프 루빈의 사례가 그랬다. 조의 기업은 이더리움에 집중하는 주요 민간 기업 중 하나로, 컨센시스나 조와 접촉했음에도 불구하고 많은 개발자와 직원들이 그의 이름을 밍 앞에서 언급할 수 없었다. 그랬다가는 잔뜩 흥분해서 케이시의 도움을 받아야만 했다.

밍과 조의 불화가 시작된 시점은 1년 전으로 거슬러 올라간다. 당시 조는 런던에서 열린 데브콘 1의 비용을 부담하겠다고 제안했다. 그의 확답으로 이더리움 재단은 행사를 계획하고, 예산을 마련하고, 집기를 사기 위해 돈을 지불했다. 하지만 조는 그 결정이 탐탁지 않았는지 실제로 돈을 보내야 했을 때 미적거렸다(조는 자신이 인정한 일에 대해서는 기꺼이 돈을 보냈으며, 별 가치가 없는 일에 대해서조차 자신은 관대하게 행동했다고 말했다). 그 결과, 그의 고위 직원들 중 하나인 앤드루 키스가 자신의 개인 신용카드로 3만 5000달러를 먼저 보내야 했다. 당시 이더리움 재단은 몇 달 동안 충분한 자금을 확보하지 못하고 있었기 때문에 조의 미적거리는 모습은 그들을 더욱 어렵게 만들었다. 이로 인해 이더리움 재단은 유동성 위기를 겪어야 했다.

밍은 돈과 관련된 또 다른 문제로 조를 다시 한번 불신하게 됐다. 2015년 3월 이더리움 재단은 암호화폐 경제를 연구하려는 목적으로 암호화폐통화연구그룹Cryptographic Currency Research Group, CCRG을 설립하기 위해 비트코인으로 100만 달러를 출연했다. 조의 아들 키에른 제임스-루빈Kieren James-Lubin이 대표를 맡기로 되어 있었다. 하지만 그 프로젝트는 제대로 추진되지 못했다. 이더리움 재단은 그 돈을 대신 동일한 사명을 추구하는 IC3(에민 귄 시러가 이끄는 코넬대학 연구소로, 비탈릭은 하드포크가 진행 중일 때 그 연구소가 주최한 워크숍에 참석한 바 있다)에 투자하기로 결정했다.[3] 그런데 이더리움 재단이 자금을 전송하려고 하는데, 조가 CCRG에 자금을 전달하지 않은 것으로 드러났다. 비트코인은 여전히 조의 수중에 있었다. 재단은 조에게 100만 달러를 준 셈이었다. 조가 컨센시스의 자금을 독자적으로 대고 있었기 때문에 이는 말도 안 되는 일이었다. 조가 돈을 그대로 가지고 있다는 사실을 알게 된 밍은 그를 수상쩍게 여길 수밖에 없었다(조는 자금을 회수하라는 비탈릭의 첫 번째 요청을 놓쳤고, 두 번째 요청을 받고는 즉시 행동에 옮겼다고 말했다. 조는 밍과의 관계에 대해 이렇게 말했다. "그녀는 건강한 사람이 아닙니다." 밍과 가까운 관계자는 그가 데브콘 1 행사에서 조금 큰 목소리로 밍은 "완전히 미쳤다"고 말하는 것을 들었다고 했다. 이에 대해 조는 이렇게 말했다. "그 사람이 그녀에게 일러바쳤다고 생각합니다. 얼마 뒤 그녀가 나를 '대악마'라고 불렀기 때문이죠.").

또 다른 사람은 밍이 "편협한" 인물이며, 모든 협조 요청을 "거절했다"고 말했다. 2016년 봄 영국에서 캐나다로 귀화한, 그리고 개빈이 해고당하면서 C++ 팀에 합류한 밥 서머윌은 수십 곳의 은행과 스타트업, 그리고 IBM을 비롯한 IT 기업들이 대기업을 대상으로 한 블록체인 소프트웨어 툴을 개발하기 위해 설립한 리눅스 재단인 하이퍼레저Hyperledger의 대표이사 브라이언 벨렌도르프Brian Behlendorf를 만났다.[4] 밥은 그 C++ 클라이언트가 재라이선스를 받아서 기업을 위한 이더리움 버전을 하이퍼레저가 활용할 수 있도록 만들려고 하는 것은 좋은 아이디어라고 생각했다. 브라이언은 또한 하이퍼레저가 이더리움이 다른 블록체인들과 함께 어떻게 작동하는지 확인하도록 도움을 줄 수 있겠다고 생각했다. 당시 밥은 그가 이더리움 재단을 위한 계약자이며, 1주일에 60시간씩 일하지만 40시간에 대해서만 급여를 받는다고 말했다. 그는 무보수로 20시간 일하는 대신 하이퍼레저를 위해 일할 수 있었다. 밥과 밍, 브라이언의 통화에서 밍은 브라이언에게 미심쩍은 태도로 하이퍼레저가 이더리움을 차지하기 위해 시도하고 있는지 물었다. 그녀는 결국 브라이언을 공격하듯 이렇게 말했다. "어떻게 제 사람을 빼내갈 수 있죠? 밥의 50퍼센트를 원한다면, 당신은 밥의 100퍼센트를 가질 수도 있을 거예요."

이와 비슷하면서도 더욱 치명적인 상황은 IBM과의 관계에서 벌어졌다. 2015년 열린 데브콘 1에서 마이크로소프트는 허가받은 이더리움 버전을 제안할 것이라고 발표했다.[5] 컨센시스의 앤드루는 IBM과 비슷한 일을 도모하고자 했다. 그는 그러한 시도가 인터넷 초창기 때 대기업들이 공공 인터넷으로 넘어가기 전 사내 인트라넷과 협력했던 방식과 비슷하다고 생각했다.[6] '〈포춘Fortune〉 50대 기업'들이 관심을 보였지만 그들이 그러한 일을 하도록 해줄 수 있는, 허가받은 버전은 존재하지 않았다.

앤드루는 IBM 블록체인 기술 부대표인 제리 쿠오모Jerry Cuomo, 그리고 IBM의 블록체인 팀의 여러 다른 고위 인사들과 함께 밍을 위해 전화 통화할 기회를 세 차례나 마련했다.[7] 하지만 밍은 세 번의 기회를 모두 날려버렸다(밥이 밍을 위해 IBM과 함께 마련한 통화 기회에 대해서도 똑같은 상황이 벌어졌다). 앤드루는 그때마다 망신 당했다는 느낌을 받았다. 왜 통화에 응하지 않았는지 묻자 밍은 가령 데브콘 2를 준비하는 것처럼 다른 중요한 일로 정신이 없었다고 답했다. 그러나 앤드루가 보기에 IBM 같은 대기업이 이더리움을 개발하도록 만드는 일은 데브콘 2보다 10배나 더 중요한 일이었다. 그는 결국 포기했지만, 이후 이 사건이 왜 IBM의 메인 블록체인 코드베이스가 이더리움이 아니라 다른 경쟁 기술이 되었는지 말해준다고 믿었다. 이는 데브콘 2 무렵, 이더리움에 있던 사람들이 밍에게 받은 인상이다. 하지만 비탈릭이 어떻게 생각하는지 아는 사람은 거의 없었다.

밍은 데브콘 2 이전에 IBM과 관련해서 이더리움의 발에 총을 쏜 유일한 인물이 아니다. 앤드루와 밥은 이더리움 클라이언트가 하이퍼레저로 들어가게 만들 방법을 연구하기 시작했다. 앤드루는 IBM의 제리를 비롯해 또 다른 고위 임원을 만나기도 했다. 그가 밥과 나눈 채팅에서 말했듯, 그들은 이더리움의 프레젠테이션에 박수를 보냈고, 핵심적으로 하이버레저에 '그들이 기부했던 그 코드를 던질' 것이며, 이더리움이 하이퍼레저 조직의 핵심이 되도록 요구하겠다고 말했다. 문제는 모든 이더리움 코드베이스의 라이선스를 받아서 수정하는 모든 주체가 그 오픈소스 프로젝트에 기여하도록 해서 다른 이들이 그것을 마찬가지로 사용할 수 있도록 만드는 것이었다.[8] 그러나 허용하는 라이선스는 기업들이 공유할 필요가 없는 오픈소스 코드의 사적인 버전을 작성하도록 만들었다.[9] 이는 그들의 비밀 소스를 위한 조리법을 공유할 필요가 없는 한, 오픈소스 소프트웨어를 기꺼이 사용하고자 하는 기업들 사이에서 인기가 높았다.

앤드루는 이더리움을 하이퍼레저에 집어넣기 위해서는 허가적으로 라이선스된 코드베이스가 필요하다고 생각했고, 밥은 버림받은 C++ 이더리움을 그 후보로 올렸다. 이는 고성능 클라이언트로 기업에 좋은 선택지였다. 개빈은 실제로 이전에 그 가능성을 모색한 바 있었다. 밥과 앤드루는 C++ 코드베이스에 기여한 99명의 사람들이 이에 대해 허가적으로 라이선스를 받도록 하기 위한 서류에 서명하도록 만드는 과제에 착수했다. 그것은 개발자들을 쫓아다니고, 그들과 함께 산책을 하고, 같이 당구를 즐기거나 스시를 대접하는 노력을 수반한 6개월에 걸친 모험이었다.

5월 밥이 처음으로 그 프로젝트에 착수했을 때, 개빈은 그에게 채팅으로 이렇게 말했다. "그 뒤에 어느 정도 관성이 있다면 재라이선싱을 지원하는 방법을 분명히 고려하겠습니다." 그러나 데브콘 2가 개최되기 한 달 전인 8월, 혼자서 코드베이스의 30퍼센트까지 작성했던 개빈은 라이선싱 서류와 관련된 밥의 최근 메시지에 채팅을 통해 이렇게 대답했다. "이것은 라이선스 변경에 관한 것입니까? 당신은 내가 이것을 고려하기를 바라는군요?" 그런 뒤 "이더리움 재단이 패리티와 우리의 활동을 인정하거나 지원하기를 거부했다는 것을 감안할 때" 밥에게 패리티 직원들이 이더리움 재단 활동에 관여하지 않도록 했는지 물은 뒤 불만과 분명한 무시를 드러냈다(그 무렵, 그는 자신의 기업 이름을 첫 번째 이더리움 클라이언트를 따라 이드코어에서 패리티로 바꿨다).

결국에 밥은 개빈에게 최종 대답을 직접 듣지 못했다. 하이퍼레저의 브라이언은 패리티와 전화 통화를 했다. 개빈의 기업은 이를 추진하지 않기로 결정을 내렸다.[10] 밥은 개빈이 앙심을 품고 행동하고 있다고 느꼈다. 또한 밥은 개빈이 패리티에 대한 잠재적인 경쟁자를 죽이길 원하는지 궁금했다. 개빈은 패리티의 라이선싱 전략을 다뤘던 변호사가 이에 반대하는 결정을 내렸다고 말했다. 패리티는 기업용 이더리움을 구현하는 과정에서 부분적으로 벤처캐피털 자금을 지원받았고, 그래서 C++ 코드베이스가 허가적으로 라이선스된다면 패리티의 미래 제품과 경쟁하게 될 것이었다.

이더리움 개발자들이 보기에, 이는 패리티가 업무에 접근하는 방식을 그대로 보여주는 전형이었다. 즉, 협력적인 방식이 아닌 경쟁적인 방식이었다. 예를 들어, 이더리움 생태계는 하나의 프로토콜에 대해 이야기했지만, 패리티는 단지 패리티 노드를 위해 따로 프로토콜을 만들었다.[11] 페터 스질라기는 이 같은 일들을 겪으며 왜 패리티가 전체 생태계에 협력적인 혜택을 가져다줄 선택이 아니라 이더리움, 그리고 게스에 적대적인 기술적 선택을 내렸는지 이해하게 됐다고 말했다.[12] 페터의 말에 따르면, 당시 패리티의 CTO였던 프레더릭 해리슨Fredrik Harrysson은 이에 대해 클라이언트 전환을 어렵게 함으로써 경쟁력을 높이기 위한 것이었다고 말했다. 페터의 시선으로 볼 때, 이는 다양한 클라이언트들로 구성된 협력적인 생태계 비전을 모든 구성원이 서로를 속이려고 하는 치열한 전쟁터로 바꿔놨다. 프레더릭은 페터가 자신에게 연락을 취한 적이 한 번도 없다고 말했다. 또한 페터가 패리티에 있는 누구에게라도 연락을 취했는지 알지 못했다. 프레더릭의 말에 따르면, 패리티는 더 나은 동기화 전략을 제안했지만 페터는 그것이 악의적인 주체에 취약할 수 있다고 생각했고, 그래서 그것을 받아들이지 않았다. 패리티는 "랩싱크warp sync" 기능을 구현했는데, 그것이 성공을 거두자 프레더릭은 이렇게 말했다. "이는 우리 클라이언트가 평균적인 사용자에게 더 낫다는 사실을 의미했다는 점에서 페터를 화나게 만들었다. 우리는 이 기능을 통해 상당한 시장점유율을 확보할 수 있었다." 프레더릭은 또한 패리티는 게스가 그 동기화 전략을 받아들이기를 바란다고 말했지만, 뜻대로 이뤄지지 않았다. 프레더릭에 따르면, 패리티의 철학은 다음과 같았다. 경쟁은 클라이언트를 더 낫게 만든다. 또한 패리티는 핵심 개발자 전화 회의에 참석함으로써 그들이 언제나 협력을 원한다는 사실을 보여줄 수 있다고 믿었다.

무슨 일이 벌어졌든 간에, 결과는 개빈과 함께 일한 적 없는 이더리움 개발자들조차 자신이나 패리티에 도움이 되기만 한다면 개빈이 커뮤니티에 해로운 일도 기꺼이 할 거라는 인상을 받았다는 것이다. 이 말은 이더리움이 데브콘 2에서 악당을 찾을 때, 그를 제일 먼저 떠올렸다는 뜻이다.

지나친 개입, 앙심 품기, 그리고 감정적인 불안정과 관련된 밍의 문제는 매년 커뮤니티의 다양한 구성원들이 함께 어울리는 단일 행사인 데브콘 2에서도 여실히 드러났다. 그해 여름, 이더리움에 많은 관심을 보인 팟캐스터이자 비디오 아티스트인 아서 폴즈Arthur Falls는 데브콘 2와 관련된 영상을 제작하기 위해 밍에게 연락을 취했다. 그는 밍이 자신의 제안에 대단히 긍정적인 반응을 보였다고 말했다. 그러나 그것은 밍이 아서가 컨센시스와 관련 있다는 사실을 알아채기 전까지였다. 그는 이후 통화에서 밍이 적대감을 노골적으로 드러냈다고 말했다. 아서는 직업적인 맥락에서 누군가 자신에게 보여준 가장 호전적인 태도였다고 평가했다. 게다가 밍은 아서에게 조가 이더리움 재단을 통제하려고 하지 않았으면 좋겠다는 불만 가득한 메시지를 보내기도 했다.

밍은 이더리움 재단에 아무런 비용도 요구하지 않는 사소한 일에도 지나치게 집착했다. 제이미가 중국어와 영어를 구사하는 자신의 아내를 상하이에서 통역으로 추천한 적이 있다. 그녀는 밍에게 자신은 박사 학위가 있다며 "박사"라고 불러달라고 말했다. 이 말을 들은 밍은 엄청나게 화를 냈다. 제이미는 어색한 분위기를 해소하려고 두 사람이 개인적인 이야기를 나누도록 분위기를 만들었지만 밍의 태도는 바뀌지 않았다. 게다가 제이미의 아내는 밍이 시도 때도 없이 자신의 남편에게 전화를 거는 것을 싫어했다. 추크에 있는 밍의 근무 시간은 샌프란시스코에 있는 제이미에게는 악몽이었다.

밍은 또한 컨퍼런스를 조직하기 위해 직원들이 보낸 이메일을 대부분 사전에 승인해야 한다는 규칙을 만들었다. 그녀가 말한 "사전 승인"은 실질적으로 그녀가 모든 이메일을 직접 작성해야 한다는 의미였다. 그것은 누군가 환불을 원할 경우에도 마찬가지였다. 한번은 한 직원이 다른 직원에게 이메일을 보내면서 밍을 참조로 넣었다. 밍은 그 직원에게 전화를 걸어 그 이메일은 완전히 잘못됐다며 소리를 질렀다. 한참 잔소리가 이어진 후, 그 직원은 밍에게 그 이메일을 작성한 사람은 "그녀"라고 말했다.

이더리움 재단 직원들은 전반적으로 밍이 업무를 남에게 위임하지 않는다고 말했다. 데브콘을 준비하는 과정에서 직원들이 관리해야만 하는 사소한 전략적인 일들이 제대로, 혹은 전혀 이뤄지지 못한 것은 이 때문이다. 밍은 모든 일을 직접 관리하려고 들었다. 예를 들어보자. 밍은 오디오/비디오A/V팀 직원들을 직접 심사하고 채용했다. 그런데 컨퍼런스 동안에 그 팀을 운영할 사람은 허드슨이었다. 컨퍼런스에서 A/V팀 직원들을 만났을 때 허드슨은 그들이 영어를 못 한다는 사실을 발견했다. 결국 중국어와 영어를 모두 할 줄 아는 이더리움 커뮤니티 멤버들이 A/V 부스 안에서 허드슨에게 통역을 해줘야만 했다. 심지어 사람들의 명패도 완전히 바뀌어 있었다. 상황이 너무도 심각해서 밍은 첫 번째 토론에서 이에 대해 사과해야만 했다.[13]

밍의 감정적인 불안정 또한 문제였다. 모든 행사에서 진행을 맡았던 그녀는 연설자들이 무대 뒤에 있을 때 그들을 소개해야 했다. 한번은 조가 그녀에게 무슨 말을 했는데, 그 말이 그녀의 감정을 크게 상하게 만들었다. 밍은 자리에 앉아 입을 다물어버렸다. 연설이 끝난 뒤, 다음 연설자를 소개하려고도 하지 않았다. 결국 그녀의 기분이 풀릴 때까지 허드슨이 직접 마이크를 잡고 다음 연설자를 소개해야 했다. 이처럼 밍은 데브콘 2에서 많은 말썽을 일으켰지만, 더 심각한 문제는 따로 있었다.

또 다른 위협, 체인이 공격당하다

컨퍼런스가 시작된 9월 19일 월요일 새벽 5시 15분, 비탈릭은 번드에 있는 그랜드하얏트에서 잠을 자고 있었다. 그는 전화벨 소리에 잠을 깼다. 허드슨이 다급히 말했다. "비탈릭, 심각한 문제가 생겼어요. 바로 내려와주세요."

비탈릭은 노트북을 들고 달려갔다. 하드포크를 위한 위드드로 콘트랙트를 작성했고, 그 역시 허드슨의 전화 때문에 잠이 깬 전 구글 엔지니어 닉 존슨(닉은 뉴질랜드인이다)은 연락해야 할 사람들의 명단을 가지고 호텔 프런트로 갔다. 그는 "정말로, 정말로" 중요한 문제이기 때문에 이들의 대답을 듣기 전까지는 전화를 끊지 말라는 명령을 받았다. 여러 개발자들이 일을 하기 위해 컨퍼런스 룸으로 달려왔지만 너무 이른 시간이라 모두 닫혀 있었다. 그들은 어쩔 수 없이 2층 야외 로비의 의자에 자리를 잡았다.

체인이 DoS 공격을 받고 있었다. DoS 공격이 진행되는 동안, 공격자는 서비스를 사용 불가능하게 만들기 위해 그것을 장악하려고 했다. 권에게 이메일을 보낸 고등학생 자든 헤스는 그 공격이 더 다오의 소프트 포크가 작동하지 못하게 막을 것이라는 사실을 깨달았다.

그룹 멤버들은 몸을 둥글게 말고 노트북을 들여다보거나 상체를 앞으로 수그리고 낮은 커피 테이블에서 작업을 했다. 카펫 패턴은 단조로운 스툴 상징들이 서로 연결되어 늘어서 있는 것처럼 보였다. 그들이 공격 방식을 알아내려고 애쓰는 한 시간 동안 침묵이 계속됐다. 그들은 결국 이더리움 가상 머신이 값을 읽거나 쓸 때마다 그 값을 나중에 신속하게 참조하기 위해 메모리에 저장한다는 사실을 이용했다는 사실을 알아냈다. 그 공격은 하나의 콘트랙트 내부 메모리 용량의 상당 부분을 잡아먹었고, 반복적으로 재귀 호출을 했다. 하나의 작업은 전체 캐시 데이터를 복사했는데, 그 값은 1000이었다. 공격자의 콘트랙트는 1000회 재귀 호출을 했고, 그 1000의 값은 1000회 복사됐다. 이 말은 각 블록이 처리하는 데 일반적으로 12~15초 걸리던 것이 1분 이상으로 늘어났다는 의미였다.[14] 그렇게 공격자는 N 작업을 수행하기 위해 N 가스를 지불했지만, 기본적으로 N^2 메모리를 잡아먹었다. 32GB 램을 확보하지 못한 노드는 모두 네트워크에서 떨어져 나갔다. 거의 90퍼센트, 즉 모든 게스가 허물어졌다.

마침내 누군가 모든 메모리를 유지할 필요가 없다는 사실을 깨달았다. 그들은 30분 정도 들여 패치를 만들고, 다시 한 시간 동안 이를 배치하고 테스트해서 그것이 체인을 적절하게 처리하는지 확인했다. 그리고 마지막으로 오전 9시 30분경 이를 배포하면서 그 이름을 "상하이에서, 사랑을 담아"[15]라고 지었다.

비탈릭은 오전 9시 25분이 되어서야 연단에 올랐다. 출입증에 관한 문제로 등록 절차가 다른 개발자들보다 늦게 이뤄졌기 때문이었다. 아브사는 이런 트윗을 남겼다. "해결됐다. 취약성에 따른 전체 피해는 데브콘 2 프레젠테이션이 30분 늦게 진행된 것에 그쳤다."[16]

조직적인 문제를 제쳐두면 컨퍼런스는 순조롭게 진행됐다. 더 다오와 관련 있는 이들에게도 그랬다. 모두가 자신을 고소하거나 죽이기 원한다고 생각했던 여름을 보낸 뒤, 레프테리스 카라페차스는 많은 사람들로부터 격려를 받았다. 그중 많은 이가 다오의 개념을 좋아한다고 말했다. 암호 세상에 머물기로 결정한 그는 나중에 채용 제안을 받았을 때 이렇게 말했다. "좋습니다. 다오만 없다면 말이죠."

그는 그곳에서 결코 잊지 못할 한 인물을 만났다. 컨퍼런스 중 점심 무렵, 그는 키가 크고 마른, 그리고 강한 호감을 주는 남자를 만났다. 레프테리스는 그와 함께 이야기를 나누면서 계속 궁금했다. '왜 이 사람을 아는 것 같은 느낌이 들지?' 그의 점심 상대는 다오에 대해 이야기하기 시작했다. 이후 레프테리스는 호텔 방으로 달려가 공격자들의 정체를 확인한 폴로닉스 직원이 자신에게 보낸 링크를 확인했다. 행복한 학생이라는 인상을 준, 그가 새롭게 알게 된 그 인물은 용의자 중 한 사람이었다.

다음 날 레프테리스는 루프탑에 있는 루지 바(술에 취한 손님들이 떨어지지 않도록 보호하기 위해 직원들이 나와서 지키고 있었다)에서 용의자를 다시 한번 만났다. 레프테리스는 다오가 어떻게 자신의 인생을 꼬이게 만들었는지 이야기하기 시작했다. 그 행복한 친구는 이렇게 말했다. "그래도 지금은 괜찮잖아요. 다 지나간 일 아닌가요? 아마도 해커 역시 별로 기분이 좋지 않았을 거예요." 레프테리스는 이런 생각이 들었다. '오, 세상에. 해커가 어떻게 이런 이야기를 할 수 있을까?' 그 학생은 계속해서 해커는 아마도 자신이 했던 일을 후회하고 있을 것이라고 말했다. 그리고 해커가 익스플로잇(컴퓨터나 컴퓨터 관련 전자제품의 보안 취약점을 이용한 공격 방법-옮긴이)을 시작한 뒤 멈출 수 없었을 것이라고 덧붙였다. 레프테리스는 궁금했다. '대체 누가 해커의 입장을 설명하려고 할까?' 용의자는 계속해서 이야기했다. 레프테리스의 생각은 마구 치달았다. '그게 가능할까?'

모두는 그들의 이더를, 그리고 그들의 이더리움클래식을 대부분 돌려받았다. 레프테리스는 그가 대단히 상냥하고 멋진 사람이라고 생각했다. 그의 경력과 삶에 영향을 미치는 방식으로 증거 없이 그를 비난하거나 그의 개인정보를 공개하고 싶지는 않았다. 그래서 그에게 맞서지 않았다. 하지만 5년 정도 세월이 흐른 뒤에도 그는 스스로 "내 삶의 최악의 해"라고 부르게 됐던 일을 시작한 인물이 누구인지 정말로 알고 싶었다.

다오의 구덩이에서 빠져나온 크리스토프 젠츠시는 스마트 컨트랙트 보안에 대해 연설을 했다. 그는 이렇게 입을 뗐다. "지금까지 2년 동안 이더리움에서 일했습니다. 제 임무는 실제로 하드포크를 막는 것이었습니다." 그러고는 이런 말로 연설을 마무리했다. "개인적으로 감사드리고 싶습니다. 그 마지막 두 달……." 그 순간, 청중은 박수를 치면서 환호성을 질렀다. 그 소리는 그가 멈추라고 할 때까지 30초가량 이어졌다.[17] 크리스토프는 감정에 북받친 목소리로 이렇게 말했다. "제가 지금 이 자리에서 연설할 수 있는 것은 여기에 앉아 계신 여러분 덕분입니다. 이더리움 커뮤니티 덕분입니다. 모두에게 너무나 감사하다고 말씀드리고 싶습니다." 그는 환호와 박수갈채 속에서 연단을 내려왔다.

컨퍼런스 마지막 날 저녁, 모든 행사가 끝나고 사람들이 서로 이야기를 나누는 분위기가 형성됐을 무렵, 더욱 심각한 DoS 공격이 시작됐다. 다시 한번 이더리움상에서 기능이 오작동을 일으켰다. 이는 게스가 디스크로부터 지불된 것보다 훨씬 더 많은 데이터를 가져오도록 만들었다. 이더리움이 블록당 5만 회 정도 정보를 읽도록 요구했고, 이로 인해 각 블록은 처리하는 데 25~60초 정도 걸렸다.[18] 그들은 즉각 패치를 만들어낼 순 없었지만, 채굴자들이 적어도 그 체인이 돌아가도록 만드는 방식으로 가스(수수료) 비용을 변경하도록 할 수는 있었다. 그리고 채굴자들이 패리티로 전환하도록 촉구했다.[19] 첫 번째 공격이 오직 게스 노드가 기능하지 못하도록 만들었다.

한편, 개빈이 데브콘 2 행사장에 없었기 때문에 이런 의문을 갖는 사람도 있었다. "개빈인가? 패리티인가?"[20] 그들은 패리티의 이미지를 좋게 만들기 위해 개빈이 공격을 지휘한 것이라고 생각했다. 실제로 개빈은 10월 6일자 블로그 게시글에서 이렇게 밝혔다. "패리티만의 네트워크는 (중략) 이더리움 네트워크가 지금 허용하는 것보다 훨씬 더 높은 가스 한도를 다룰 수 있을 것이다."[21]

다음 한 달에 걸쳐 공격자들은 계속 새로운 전술을 들고 나왔다. 그들은 모두 특정 연산을 위해 요구되는 가스가 지나치게 낮은 익스플로잇으로, 이는 블록체인을 막는 것을 값싸게 혹은 무료로 만들었다. 생산 비용보다 더 낮은 비용으로 머핀을 수천 개, 혹은 수백만 개 사 들여서 빵가게가 쓰러질 때까지 가동하는 것 같았다. 결국 개빈의 이론은 유지되지 못했다. 그 공격이 또한 패리티를 목표로 삼기 시작했기 때문이다. 그러나 두더지 잡기 게임 방식으로 개발자들은 각각의 공격을 수정했다. 게스 지갑 업데이트는 "숲속으로", "그밖에 무엇을 다시 써야 할까?", 그리고 "다 덤벼라" 같은 이름이 붙었다.[22]

다음으로 공격자는 클라이언트가 아니라 이더리움 자체에서 취약점을 발견했다. 이는 크롬이나 파이어폭스가 아니라 웹 브라우징을 가능하게 해주는 일련의 표준 http 안에서 결함을 발견하는 것과 같았다. 그 공격은 "자살" 명령을 포함하고 있었다. 즉, 콘트랙트가 스스로를 삭제하는 방식이었다. 자살은 콘트랙트에 안에 있는 모든 이더를 또 다른 지정된 콘트랙트로 전송한다. 이더가 하나도 남아 있을 않을 때라도 이는 여전히 하나의 계좌를 생성하게 한다. 자살 명령에는 비용이 들지 않기 때문에 공격자는 스토리지가 70만 개체에서 2000만 개체로 증가할 때까지 계속해서 반복적으로 자살을 실행했다. 스토리지의 규모 자체는 조만간 개발자들이 공격자에게 대항해 어떠한 반격을 하는 것(이는 기본적으로 이더리움을 죽이게 될 터였다)을 불가능하게 만들 것이었다.

그동안 비탈릭은 물리적으로 상하이와 싱가포르에 머무르고 있었지만, 밤새도록 온라인상에 남아 있었다. 결과적으로 이더리움은 두 번의 응급 하드포크를 실행해야 했다. 가장 먼저 10월 18일 있었던 '탠저린 휘슬Tangerine Whistle'은 그 네트워크가 살아 있도록 만들기 위해 필요한 수정을 거쳤다.[23] 이후 공격자는 또 다른 DoS 공격을 감행했다. 이더리움에 있는 어카운트 트리account tree에 70만 개체만 있으면 문제가 되지 않았을 테지만, 당시에는 2000만 개체가 있었다. 게다가 이더리움은 본질적으로 모든 어카운트의 거대 목록이기 때문에 메인 메모리에서 보다 자주 필요한 일부 어카운트에 접근하도록 설계되어 있었다. 그러나 이번 공격에서 거래는 랜덤 어카운트로 이뤄졌고, 이는 이더리움이 효율성 전략을 사용하는 것을 불가능하게 만들었다.

다음으로 11월 22일 있었던 두 번째 하드포크 '스퓨리어스 드래곤Spurious Dragon'은 빈 어카운트가 존재하는 것을 불가능하게 만들었다. 하나가 생성되면, 이는 삭제됐다.[24] 또한 자살이 하나의 어카운트를 생성하면 거래 수수료가 부과됐다. 스퓨리어스 드래곤은 또 다른 거래에 의해 "접촉된" 빈 어카운트를 제거하는 것을 가능하게 만들었다. 스퓨리어스 드래곤 이후, 비탈릭은 빈 어카운트가 사라지도록 만드는 스크립트를 실행할 계획이었다.

두 번째 하드포크가 진행되는 동안, 게스와 패리티 클라이언트는 모두 버그가 있었고, 팀은 이를 수정했다. 이틀 후 저녁 10시, 비탈릭은 자신의 스크립트를 실행하기 시작했다. 이는 체인이 분할되도록 만드는 또 다른 버그를 만들어냈다. 의도하지 않게 이더리움의 첫 번째 포크가 컨센서스 버그consensus bug에 의해 촉발되도록 만든 것이다. 비탈릭은 다른 사람들과 함께 일하면서 밤을 새웠다.

지루한 포크와 삭제 작업을 위해 비탈릭은 1주일 정도 시간을 쏟아부었고, 이더리움 재단은 이더리움상에서 연산 작업에 필요한 가스비로 40만 달러를 지출해야 했다. 하드포크가 진행되는 동안, 개발자들은 블록체인이 중단되지 않으면서 랜덤 어카운트를 불러낼 수 있도록 데이터를 조직하는 방법을 찾아냈다. 예전에는 많은 어카운트가 존재하지 않았기 때문에 그 문제를 인식하지 못했는데, 이번 수정을 통해 이더리움은 훨씬 더 성장할 수 있었다.

마침내 DoS 공격이 끝났다. 비탈릭은 그동안 많은 스트레스를 받았지만 그 사이버 전쟁과 승리는 매우 흥미롭다고 생각했다. 게다가 이번에는 공격자의 동기가 불분명했다. 이더의 가치를 떨어뜨리기만 했을 뿐, 경제적인 차원에서 뚜렷한 이익이 없었다. 이더 가격은 공격이 있던 두 달 동안에 13달러에서 10달러 아래로 떨어졌다. 사실 공격자는 공격 과정에서 1000ETH(1만 2000달러)와 더불어 공격을 연구하고 실행하기 위해 많은 시간을 투자했다. 많은 이들이 그러한 동기를 가진 유일한 집단은 비트코인 우선주의자들이라고 추측했다. 어쨌든 이더리움은 대규모

거래를 처리하는 과정에서 보다 강력하고 효율적으로 거듭났다. 앞으로 벌어질 일을 생각하면 큰 도움이 되는 성장이었다.

이더리움을 떠난 마지막 공동설립자

하드포크가 이뤄지는 동안, 이더리움에서는 또 다른 개인적인 드라마가 펼쳐지고 있었다. 그러나 비탈릭을 비롯해 이더리움의 많은 주요 구성원들은 그 드라마의 존재조차 눈치채지 못했다. 게스의 대표를 맡고 있던 제프리 윌크는 9월 아이가 태어날 예정이었다. 제프는 언제나 자신의 건강을 지나치게 염려했지만, 다오 공격이 있었던 그해 6월에는 자신이 정말로 죽을지도 모른다고 생각했다. 그는 자신이 세상을 떠나기 전에 하고 싶은 일들의 목록을 작성하기 시작했다. 그중 하나는 9월에 태어날 자신의 아들을 만나는 것이었다. 하지만 그해 여름의 많은 밤을 보내며 그는 그날이 자신의 마지막 날일 수도 있다고 생각하면서, 그리고 심장마비나 암에 걸려서 세상을 떠날지도 모른다고 생각하면서 잠자리에 들었다.

그는 겨우 서른두 살이었고, 가족 중 그 누구도 그런 질병으로 사망하지 않았는데도 걱정을 멈출 수 없었다. 때로는 아무런 이유 없이 화가 났다. 한번은 공원을 걷는데 갑자기 분노가 치솟았다. 과호흡이 일어나면서 현기증을 느끼기도 했다. 문득 뇌종양이 아닌지 걱정됐다. 인터넷에서 뇌종양에 대해 찾아본 그는 뇌종양이 있으면 시각 손상이 나타날 수 있다는 사실을 알게 됐다. 시간이 흐를수록 그는 자신의 두뇌 속에서 암 덩어리가 자라나고 있다고 믿게 됐다. 그리고 어느 순간, 정신을 잃을지 몰라 두려워했다.

그러한 와중에도 더 다오의 하드포크가 있었다. 마침내 제프의 아들이 태어났다. 그리고 DoS 공격도 겪었다. 2017년 초 어느 날 밤, 침대에 누워 있던 그는 심장이 쿵쾅대는 느낌이 들었다. 아주 빨리 뛰는 것은 아니지만 보통 때보다는 더 빨리 뛰었다. 그는 여자 친구에게 말했다. "뭔가 문제가 있는 것 같아. 항상 심장이 신경 쓰여. 심장마비가 오면 어떡하지?" 두려움에 괴로워하는 제프의 모습을 본 여자 친구는 이렇게 말했다. "지금 구급차를 불러야겠어." 그 말에 그는 실제로 심장마비가 온 듯한 느낌이 들었다. 그는 자신이 그날 죽을지도 모른다고 생각했다.

여자 친구의 어머니는 그를 데리고 병원을 찾았다. 의사는 혈압이 정상 수치보다 높다는 것을 확인한 뒤 그의 몸에 전자 센서를 부착하고 몇 차례 혈액 검사를 실시했다. 얼마 후 간호사가 들어와서 혈액 검사를 한 결과, 심장마비 가능성이 있다는 사실을 전했다. 그는 자리에 가만히 누워 자신의 몸에 정말로 문제가 있다는 사실을 받아들였다. 그러나 50분 후 다시 나타난 간호사가 사과를 했다. 나이가 같은 다른 환자와 혼동했다는 것이었다. 그에게는 아무런 문제가 없었다. 그는 그렇게 집으로 돌아갔다.

그러나 2주 후 같은 일이 벌어졌다. 그의 심박 수는 분당 200회에 이르렀다. 병원에 간 그는 혈관을 확장해서 심장의 부담을 덜어주는 스프레이를 받았다. 그것을 혀 아래 분사하자 뭔가 따뜻함이 느껴졌지만 별다른 반응은 없었다. 다시 한번 분사했다. 그 결과, 그는 구급차를 불러야 했다. 아파트 4층에 있던 그는 번쩍이는 불빛과 요란한 사이렌 소리를 들었다. '내게 뭔가 문제가 있는 것 같아.' 그는 덜컥 겁이 났다. 여자 친구는 울면서 밖으로 뛰어나갔다. 제프는 걸어서 나가다가 문을 넘어서자마자 쓰러지고 말았다. 한 의료 요원이 그를 부축해서 안으로 데려가 그의 몸을 살펴보기 시작했다. 그가 내놓은 진단은 이랬다. "심장에는 아무 문제가 없습니다. 공황발작입니다."

제프는 치료를 받아야겠다고 생각했다. 그는 열 살 무렵 부모님과 캠핑 갔을 때를 떠올렸다. 한밤중에 어떤 여자가 야영지에서 발작을 일으켰다. 다행히 그녀는 죽지 않았지만, 어린 제프에게는 끔찍한 기억을 남겼다. 그런 일이 자신에게도 일어날 수 있다는 생각에 그는 두려워졌다. 게다가 그의 형제 하나는 심장 문제로 태어난 지 이틀 만에 죽었다. 무엇보다 업무적인 압박감이 그를 짓눌렀다. 업무적으로 실수를 했다가는 자칫 사람들에게 수십억 달러의 손실을 입힐 수도 있었다. 여기에 좋은 아버지와 남자 친구가 되어야겠다는 다짐까지 합쳐지면서 그가 느끼는 압박감은 더욱 커졌다.

이더리움과 함께한 3년 동안 제프는 이더리움과 함께 일어났고 이더리움과 함께 잠들었다. 주말이나 휴일에도 개빈을 비롯한 다양한 사건이 있었다. 게다가 일할 때면 쉴 틈이 없었다. 2015년 7월 런칭은 단지 첫 번째 버전을 위한 것이었다. 그들은 게스를 끊임없이 개선해 나가야 했다. 착수해야 할 다른 프로젝트들도 있었다. 그런데도 팀의 규모는 여전히 작았고, 안정적인 일자리를 그만두고 한 번도 들어본 적 없는 암호화폐와 관련된 일을 하려는 유능한 인재를 찾아내기는 힘들기만 했다. 특히 가정이 있는 경우에는 더욱 그랬다. 이러한 상황에는 비트코인과 암호화폐가 범죄 자금과 동일시되는 사회적 분위기도 한몫했다. 이더리움 재단의 낮은 연봉 역시 도움이 되지 않았다. 페터 같은 인재를 영입한 것은 순전히 운이었다. 페터가 이더리움에 그토록 열정적이지 않았다면, 그는 돈을 훨씬 더 많이 주는 일자리를 쉽게 잡았을 것이다. 그러나 페터는 자리를 지켰고 제프는 그를 신뢰했기 때문에 그의 팀원들에게 자신의 공황발작에 대해 이야기하고 페터에게 팀장 역할을 맡길 수 있었다. 제프는 급여를 따로 받지 않았고, 그 네덜란드 계열사는 계약자로 기능했기 때문에, 그는 그저 청구서를 보내는 일을 중단하기만 하면 됐다. 비탈릭을 제외하고 제프는 이더리움을 떠난 마지막 공동설립자였다.

밍 챈, 조력자인가 방해자인가

DoS 공격에 대응하기 위한 첫 번째 하드포크를 실행하고 1주일이 지난 2016년 10월 25일, 새로운 이더리움 조직인 이더리움 아시아 퍼시픽 Ethereum Asia Pacific Ltd, EAPL이 싱가포르에서 설립됐다.[25] 이렇게 되기까지는 오랜 시간이 걸렸다. 밍과 비탈릭은 처음부터 밀접한 관계였지만, 밍이 들어오고 나서 1년 정도 시간이 흐른 뒤에는 그들 사이에도 거리가 생겼다. 처음에 밍은 유쾌하고 순진해 보였으며, 인류를 위한 기술에 도전하는 과제를 놓고 비탈릭과 마음이 잘 통하는 것 같았다. 하지만 시간이 흐르면서 비탈릭은 점점 힘들어졌다.

밍이 종종 소리를 지르고 분노를 표출하는 모습을 보면서 비탈릭은 그녀를 도저히 이해할 수 없었다. 비탈릭은 밍이 자신에게 스트레스를 줄 뿐이라는 생각이 들었다. 밍과 대치하느라 자신의 행복감과 업무적 효율성이 떨어지는 것만 같았다. 밍은 1주일에 80~100시간이나 일한다며 불만을 토로했지만, 비탈릭이 보기에 그녀의 업무 성과는 일하는 시간에 미치지 못했다. 자신은 MIT를 A+의 성적으로 졸업할 정도로 완벽을 추구하는 사람이라고 수십 번이나 강조했지만 밍의 실제 모습은 그녀의 말과 크게 달랐다. 더 다오가 역사상 최대 크라우드펀딩으로 자리매김한 2016년 5월 무렵, 비탈릭은 밍과 세 시간에 걸쳐 대화하면서 크게 스트레스를 받았고, 그후 그녀를 다른 사람으로 대체하는 방안을 생각하기 시작했다. 하지만 당시 여러 가지 법적·행정적 절차가 진행 중이어서 실행에 옮기기는 힘들었다. 가령 개빈, 제프, 스테판 튜얼, 비탈릭은 이더리움 크라우드세일 이후에 세운 조직들을 새롭게 구성하고, 또한 CCRG를 위해 조에게 100만 달러를 돌려받기 위한 작업을 진행 중이었다. 이런 상황에서 밍을 내보낸다면 여러 가지 작업이 수개월 이후로 연기될 수도 있었다. 더군다나 밍은 업무를 위임하는 데 무척 서툴

렸기 때문에 그녀가 관계된 업무와 관련해서는 그녀가 일을 제대로 파악하고 있는 유일한 인물이었다. 그리고 무엇보다 비탈릭은 새로운 사람을 어떻게 뽑아야 할지 알 수 없었다. 예전에 그랬듯이 공식적으로 모집한다면 밍은 당연히 그의 뜻을 금방 알아차릴 것이었다.

밍은 비탈릭을 점차 다양한 방식으로 짜증 나게 만들었다. 비탈릭이 더 다오의 하드포크를 위해 머물던 IC3 부트캠프 이후에 밍과 케이시, 비탈릭, 마틴 베체는 집으로 돌아가기 위해 차량을 빌렸다. 밍과 케이시, 마틴은 비탈릭을 먼저 토론토 남부에 내려주기로 했다. 비탈릭은 거기서 버스를 타고 집으로 가고, 나머지 3명은 미시간과 인디애나로 향할 계획이었다. 차를 몰고 가는 동안에 밍은 아무도 자신을 인정해주지 않는다는 이야기를 늘어놓기 시작했다. 그러더니 비탈릭에게 행사에 참석할 때는 정장을 입으라고 잔소리했다. 비탈릭은 그녀의 말에 강하게 반발했다. 목적지에 도착하자 비탈릭은 뒤도 보지 않고 차에서 뛰어내렸다. 화가 난 밍은 비탈릭이 자신의 말에 수긍하는 메시지를 보내기까지 그곳에서 꼼짝도 하지 않겠다고 말했다. 결국 비탈릭이 메시지를 보내고 난 뒤에야 그들은 출발할 수 있었다. 이후 밍은 케이시와 싸우기 시작했고, 국경을 건너 미국으로 돌아갈 때는 국경수비대를 향해 소리를 지르기까지 했다.

비탈릭이 밍에게 환멸을 느낀 것은 이더리움에 있는 대부분의 사람들보다 훨씬 뒤였다. 초창기인 2015년 가을부터 많은 이들이 그 둘의 관계가 좀 이상하다고 생각했다. 밍은 비탈릭을 자신에겐 없는 아들로, 혹은 악의 무리로부터 보호해야 하는 아이로 생각한다고 여러 사람에게 말했다. 그녀는 비탈릭에게 그가 좋아하는 복잡한 무늬 유니콘 티셔츠를 사다주기도 했다. 밍은 비즈니스맨 혹은 CEO처럼 행동하기 위해 애쓰면서도 비탈릭이 들고 다니는 고양이가 그려진 가방을 사기도 하는 등 독특한 방식으로 비탈릭을 따라 했다. 사람들은 밍이 왜 그런 행동을 하는지 알 수 없었다(비탈릭은 밍이 감정적인 사람이며 자신의 행복을 원한다고 생각했지만, 계획적인 사람으로 보이지는 않는다고 말했다). 2015년 말, 비탈릭 곁에 있는 밍을 본 사람들은 그녀가 아첨한다고 생각했다. 그를 이용하고 죄책감이 들게 만들기 위해 지나치게 친절을 베푼다고 생각했다. 하지만 사교적인 문제로 어려움을 겪던 비탈릭은 이를 전혀 간파해내지 못했다. 또 다른 이는 그녀가 수비와 공격을 오가는 방식으로 마치 순교자처럼 행세하고 있다고 생각했다. 예를 들어, 그녀는 이런 식으로 말했다. "나는 너무 슬픕니다. 당신은 어떻게 그냥 그렇게 서서 나를 슬퍼하게 내버려둘 수 있나요? 우리는 가까운 사이라고 생각했습니다. 나는 당신을 지키고, 당신의 지위를 만들어주고, 당신의 말에 귀를 기울여줬습니다. 나는 당신이 당신을 이용하려는 모든 사람에게서 얻지 못하는 지원을 해주었어요." 그 모습을 본 사람은 '어, 우리가 지금 그녀를 이용하고 있었군' 하는 생각이 들었다고 했다.

사람들은 대부분 밍이 비탈릭을 지나치게 감싸고 돈다고 생각했다. 많은 이들이 "마이크로매니저micromanager(사소한 일까지 일일이 챙기는 사람-옮긴이)"라는 용어로 밍과 비탈릭의 관계를 설명했다. 그녀가 그를 "양육"하고 있다고 말하는 사람도 있었다. 밍을 "비탈릭의 머리 꼭대기에 앉아 있는 어미 암탉"이라고 부르는 사람도 있었다. 두 사람이 IC3를 위해 코넬대학에 머물렀을 때, 밍은 비탈릭을 종일 따라다니면서 밥을 챙겨 먹이기도 했다. 밍은 비탈릭의 최측근처럼 보였다. 혹은 밍은 코치이고 비탈릭은 그녀의 선수처럼 보이기도 했다.

사람들은 밍이 비탈릭에게 모든 일을 자신이 맡고 있으며, 오직 그녀만이 재단을 살리는 일을 하고 있다는 인상을 심어주려 한다고 봤다. 그녀는 결국 경영적인 부분도 좌지우지하려고 했는데, 이는 비탈릭이 결코 간과할 수 없는 문제였다. 그녀는 비용을 크게 삭감하고, 비생산적인 프리랜서를 내보내고, 이더리움 재단을 스페이스십에서 다른 곳으로 옮기고, 개빈을 해고했다(물론 이렇게 된 것은 비탈릭과 개빈의 관계가 크게 악화됐기 때문이기도 하다). 또한 규제기관 담당자를 상대하고 비탈릭을 중심으로 힘을 모았다. 지난해 한 이사회 멤버가 반대한 이후, 비탈릭은 재단 이사회에서 그가 세 표를 행사하는 것에 대해 한 번도 이의를 제기받은 적이 없었다. 이더리움 재단의 하위 개발자들은 그녀가 문제를 해결하는 방식에 강한 인상을 받았다. 개빈을 수상쩍게 생각했던 몇몇은 밍에게 긍정적인 감정을 갖기도 했다. 그녀는 착하고, 엄마 같고, 그리고 이메일에 즉각 대답해주었기 때문이다.

그러나 그녀의 장점은 때로 커다란 단점으로 작용했다. 예를 들어, 이더리움 재단이 경제적으로 넉넉해지고 나서도 입사 지원자에게 낮은 급여를 제시했다. 가령 구글 출신 지원자가 연봉 조건에 대해 이야기하면 그녀는 이런 식으로 말했다. "여기선 아무도 그렇게 많이 받지 않습니다." 그녀는 물론 비탈릭도 그렇게 받지 않는다고 했다. 마치 개발자의 연봉이 그녀의 연봉을 기준으로 결정되어야 한다는 듯이 말이다(당시 하위 구글 엔지니어들은 평균적으로 밍보다 높은 연봉을 받았으며, 상당한 지분을 받기도 했다. 고위 엔지니어들의 보수는 지분까지 포함하면 100만 달러에 달했다). 이더리움 재단에 들어온 전직 구글러는 과거 연봉의 절반밖에 받지 못한다고 불평했다. 게다가 그는 계약직이어서 휴가 같은 부수적인 혜택도 없었다. 구글 출신의 또 다른 지원자는 이런 점 때문에 결국 입사를 포기했다.

밍이 인재를 관리하는 방식도 사람들을 놀라게 했다. 밍은 자신의 자매를 법률자문으로 데려오면서 이해관계 상충에 관해 의문의 여지를 남겼다. 또한 하는 일이라고는 컨퍼런스에 참석하는 것밖에 없는데도 고액 연봉을 받는 직원을 해고하기도 했다. 물론 그것은 바람직한 결정이었다. 하지만 밍은 그 과정에 관한 이야기를 다른 직원들에게 떠들어댔다. 그 직원의 이름을 직접 언급하면서 재단 사람들이 그와 함께 일하기 싫어했다는 말을 퍼뜨린 것이다. 또한 밍은 개빈을 내보내고 나서도 제프가 여전히 자신을 신뢰하지 않는다는 사실이 짜증 난다고 말했다. 더 다오는 그녀의 재임 기간 중 모습을 드러냈다. 몇몇 사람들은 밍이 내부 스카이프 채널에서 더 다오와 이더리움 재단은 서로 상관없음을 분명하게 밝혔지만 사람들은 그 둘을 하나로 연결하는 자극적인 글로 인해 FUD(두려움, 불확실성, 의심)에 사로잡혔으며, 더 다오에 관련된 사람들 중 상당수가 현재 혹은 이전에 이더리움 재단과 관계 있었다는 사실을 지적했다.

시간이 흐르면서 그녀의 장점으로는 단점을 상쇄하기 어려워졌다. 첫째, 업무에 대한 기본적인 요건 때문이었다. 게스의 리더 제프는 최고위 인사 중 1명으로, 밍과 자주 만나야 했다. 하지만 그런 그조차도 그녀의 말을 끊기 어려워 제프는 가능한 한 밍과 만나는 자리를 피하려고 했다. 한번은 밍과 통화하면서 그녀가 모든 것을 불만스러워한다는 느낌을 받자 제프는 밍에게 그렇다면 업무를 분담하는 게 어떻겠느냐고 물었다. 그녀는 할 필요가 있겠다고 말하긴 했지만 실제로 그렇게 할 생각이 전혀 없어 보였다. 밍은 상무이사가 되기 위한 심리적 안정감을 갖추지 못했다. 게다가 한 직원의 말을 빌리면, 밍은 모든 일을 자기 뜻대로만 하려는 사람, 즉 "마피아 보스"였다. 가령 그룹 스카이프 채팅에서 누군가 밍이 좋아하지 않는 문제를 화제로 꺼내면, 그녀는 즉각 그 사람에게 개인적인 채팅을 요청하거나 전화를 걸었다. 그러고는 이런 식으로 말했다. "왜 그런 문제를 화제에 올린 거죠? 먼저 나한테 보고했어야죠." 또한 밍은 무언가를 적어놓는 것에 대단히 집착했다. 통화 내용도 마찬가지였다. 모든 업무에 세세하게 참견하려는 그녀의 습성 때문에 개발자들은 그녀를 '통치자 밍' 혹은 '파괴자 밍'이라고 불렀다.

사람들은 밍이 갈등에서 힘을 얻는다고 생각했다. 밍은 자신의 자매이자 이더리움 재단의 총괄자문인 통에게 매일, 때로는 하루에도 몇 번씩이나 전화를 걸었으며, 그들은 종종 전화상에서 언쟁을 벌였다. 케이시, 밍과 함께 추크 아파트에서 살았던 이들은 밍과 케이시가 끊임없이 말다툼하는 소리를 들어야 했다. 그들은 하루에 열 번은 넘게 싸우는 것 같았다. 싸움의 빌미 중에는 케이시가 밍을 위해 사 온 포장 음식에 들어간 양념처럼 사소한 것도 있었다. 밤이 되면 그들의 방에서 들려오는 고함 소리가 더욱 커졌다.

밍의 호전성은 직원을 대하는 태도에서도 여실히 드러났다. 밍은 직원과 오랫동안 통화하다가 성에 차지 않으면 그 직원을 직접 찾아가기도 했다. 몇 년 후 밍의 친구이자 재단 직원이었던 한 사람은 그것을 "일종의 괴롭힘"이라고 이야기하며 이렇게 덧붙였다. "합리적인 관점에서 보면, 사실 당시에는 그런 태도가 어느 정도 필요하기도 했습니다. 그건 암호화폐가 존재하는 방식 때문이기도 했으니까요. 뭔가를 이뤄내기 위해서는 때로 과도하게 열정적으로 에너지를 발산할 필요가 있습니다. 다만 그것은 심리적인 문제가 아니며, 직원들을 괴롭힌 것에 대한 해명이 될 수 있기를 바랍니다." 그러나 그 직원조차 밍의 행동이 점점 더 한계를 넘어섰다는 사실을 인정했다.

그녀의 갑작스러운 폭발과 날카로운 고함, 그리고 착취적인 본성으로 인해 사람들은 그녀에게 심리적인 문제가 있을 것이라고 짐작했다. 그녀에게 양극성 우울증이 있다고 말하는 사람도 있었다. 밍에게 심리적 문제가 있는 게 분명하다고 생각한 또 다른 이의 설명에 따르면, 그녀는 우울한 심리 상태에 대해 종종 이야기했지만, 그녀가 실제로 임상적인 진단을 받았는지는 분명하지 않다. 한 직원은 그녀의 문제를 "대디 이슈 daddy issues"라고 설명했다. 그녀가 괴롭힘을 당했거나 적어도 많은 억압을 받으며 성장했을 것이라고 추측한 사람도 있었다. 밍은 ETH 데브 관계자에게 아버지가 아니라 남자 친구로부터 학대 당한 적이 있다고 말했다. 그러나 퉁에 대해 이야기할 때면 그녀의 자매가 선택받은 아이인 것처럼 말했다(퉁은 하와이주에서 증권 감사관으로 일했다). 심리치료를 전공한 어떤 이는 밍에게 인격 장애가 있는 것 같다면서, 그녀의 문제는 "정보를 받아들이고 사실적인 반응으로 되돌려주지 못하는 전적인 무능함"이라고 설명했다. 근본적인 문제가 무엇이든 간에 사람들은 현실을 바라보는 그녀의 시선이 "망상적이고" "왜곡되어 있으며" "정상적이지 않다"고 생각했다. 한 사람은 이렇게 말했다. "그녀가 조금은 망상적이라고 말하는 사람도 있습니다. 저는 그 정도까지는 아니지만 그녀에게는 객관적이지 못한 뭔가가 있는 게 분명합니다."

밍이 상무이사 자리에 어울리지 않는 사람인데도 어떻게 그 자리를 계속 유지하는지 이해할 수 없었던 사람들은 비탈릭이 중국어를 배우려고 그녀를 고용한 것이라고 짐작했다. 하지만 이는 앞뒤가 맞지 않는 추측이다. 비탈릭은 자신의 중국어 실력이 밍보다 낫다고 말한 바 있기 때문이다. 밍이 상무이사 자리를 지킬 수 있었던 것은 아시아 여성에 대한 비탈릭의 관심 때문이었을 것이라고 추측한 사람도 있었다. 이들은 아시아 여성에게 관심을 보이는 비탈릭에게 밍이 편잔을 줬다고 말했다. 비탈릭이 밍에게 갖고 있던 감정이 100퍼센트 플라토닉한 것은 아니라고 생각하는 이들도 있었다. 한 개발자는 두 사람이 어울리는 모습을 보면서 이런 궁금증을 느꼈다. '잠깐. 두 사람은 친구인가 아니면 연인인가?' 밍은 비탈릭을 아들처럼 대했지만, 그는 이렇게 말했다. "비탈릭이 밍에게 갖는 관심은 엄마-아들이 아니었어요. 케이시가 그녀의 남자친구라는 사실을 알았지만 그녀에게 관심이 있었지요. 비탈릭은 그녀에게 가족적이고 로맨틱한 관계를 원했습니다." 그는 아시아인 여자 친구를 사귀었던 비탈릭의 경험이 이런 감정을 더욱 부추겼을 것이라고 추측했다(비탈릭은 그런 면에서 밍에게 관심이 있었던 것은 아니라고 말한 바 있다).

아시아 여성에 대한 비탈릭의 관심이야말로 밍이 자리를 지킬 수 있었던 유일하게 논리적인 이유라고 생각한 또 다른 이는 "그들의 관계는 직감으로 알 수 있습니다"라면서 스물한 살이 어떤 시기인지 자신도 잘 이해한다고 덧붙였다. 그는 그 나이 때 자신보다 나이가 스무 살 많은 여성 상사와 함께 일했는데, 로맨틱한 관계를 뛰어넘을 만큼 정말로 좋은 관계였다고 떠올렸다. "오랜 시간 함께 보내야만 하는 상사를 직접 고를 수 있다고 상상해보세요. 그건 정말로 안전한 선택입니다. 성적인 관계로 발전할 가능성이 전혀 없기 때문이죠. 대신 모성애적인 관계가 존재하고 이를 통해 감정적인 공허함을 채울 수 있습니다. 그리고 그런 관점에서 깊은 감정적인 유대감을 형성할 수 있습니다. 이는 지극히 정상적인 감정입니다. 당신이 스물한 살 나이에 거대한 재단을 운영하고 있고, 여유 시간은 없고, 함께 시간을 보낼 유일한 사람은 자신과 함께 일하는 사람뿐이며, 그리고 자신에게 모든 통제권이 주어져 있다고 상상해보세요. 그러면 이것이 정상을 넘어서서 거의 필연적인 선택이라는 것을 이해할 수 있을 겁니다." 한 메시지 앱에서 이에 관한 질문에 비탈릭은 이런 답을 남겼다. "wat."

비탈릭과 함께 있을 때는 유쾌하고 농담을 잘하던 밍은 시간이 흐르면서 점차 거칠게 변해갔다. 그녀는 비탈릭에게 종종 한참 동안 고함을 질러댔다. 때로는 일상적인 일에 대해, 때로는 다른 사람에 대해, 그리고 때로는 그 자신에 대해. 비탈릭은 끊임없이 폭발하는 그녀를 보며 트라우마를 갖게 됐다. 그녀가 자신을 아들처럼 대하면서 자신의 자율성을 존중하지 않는다고 생각했다.

비탈릭은 밍의 통제에서 벗어나기 위해 싱가포르에 법인을 설립하기로 했다. 비탈릭의 아버지 드미트리가 데브콘 2에서 그 사실을 언급하면서 아무렇지 않게 이더리움 재단이 스위스에서 싱가포르로 이주하게 될 것 같다고 이야기할 때까지(드미트리는 그 대화를 기억하지 못했다. 게다가 EAPL이 무엇인지조차 몰랐다) 밍은 그 사실을 알지 못했다. 그녀는 충격을 받았다. 밍은 EAPL이 결국 자신의 권한을 빼앗아갈 것이며, 아시아에서 오랜 시간을 보내고 있던 비탈릭은 이미 자신의 손아귀에서 빠져나가버렸다는 사실을 직감했다. EAPL 설립이 마음에 들지 않았던 밍은 일을 질질 끌었지만, 결국 재단 자금의 일부를 EAPL 설립에 할당하는 데 동의했다. 비탈릭은 그 예산을 스스로 집행하기 시작했으며, 자신의 친구이자 캘리포니아 공과대학 박사이자 이더리움 백서의 초안을 보냈던 버질 그리피스Virgil Griffith를 연구원으로 채용했다. EAPL을 통해 비탈릭은 밍의 허락을 받지 않고도 인력을 채용할 수 있게 됐다. 소소한 자유를 얻어낸 것이다. 비탈릭은 이를 통해 밍 없이 이더리움에서 일하는 것이 어떤 것인지 맛볼 수 있었다.

그러나 밍은 곧 자신의 경쟁력을 확보했다. 스위스 등록청에 따르면, 이전 "전문적인" 이사회 멤버들(라스 클라위터, 웨인 헤네시-바렛, 바딤 레비틴)이 사임했음에도 이더리움 재단 이사회에 머물러 있었던 1년에 가까운 시간이 지난 뒤 마침내 새로운 이사회 명단이 발표됐다. 그 명단에는 비탈릭과 추크에서 활동하는 변호사 패트릭 스토체네거Patrick Storcheneg-ger, 그리고 밍이 포함되어 있었다.[26]

10장

ICO 열풍의 허와 실

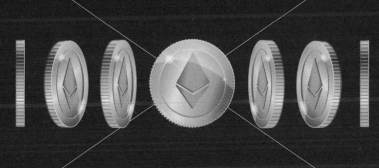

2016년 가을 ~2017년 7월 19일

마이이더월릿, 암호화폐 접근성을 높인 금융 시스템을 구축하다

이더리움 개발자들이 더 다오와 DoS 공격으로 씨름하면서 프로토콜의 약점을 파악해가는 동안, 광범위한 암호 세상은 암호화폐, 특히 이더리움의 잠재력을 이해하게 됐다.

더 다오가 역사적인 크라우드세일을 마무리 지은 2016년 5월, 미국 암호화폐 거래소인 코인베이스Coinbase의 공동설립자 프레드 에르삼Fred Ehrsam은 블로그에 다음과 같은 제목의 글을 게시했다. '이더리움은 디지털 화폐의 첨병이다.'[1] 이 글에서 에르삼은 비트코인을 기반으로 등장한 것이 왜 지갑과 거래소밖에 없는지 질문했다(인터넷을 기반으로 해서는 구글과 아마존, 페이스북, 넷플릭스 등 다양한 애플리케이션이 등장했다). 그는 이렇게 썼다. "나는 비트코인의 스크립트 언어(사람들이 작은 소프트웨어 프로그램을 가동하도록 만들어주는 모든 비트코인 거래의 단위)가 지나치게 제한적이라고 생각한다. 그리고 이더리움이 등장했다. 이너리움은 비드코인에서 프로그래밍 언어의 4가지 기능 연산자를 가지고 이를 완전히 개발된 컴퓨터로 전환했다." 그는 이제 9개월 된 이더리움이 이미 7년이나 된 비트코인보다 더 많은 앱 혹은 디앱Decentralized Application, dapp(탈중심화 분산 애플리케이션-옮긴이) 개발 활동을 보여주고 있다고 지적했다.

8월에 게시한 '블록체인 토큰과 탈중심화된 비즈니스 모델의 여명'이라는 제목의 블로그 글에서 그는 벤처 자본가들이 디지털 화폐에 집중하는 기존 스타트업들을 대상으로 지금까지 10억 달러가 넘는 돈을 투자했지만, 지난 4개월 동안 블록체인 기반의 탈중심화 프로젝트(CEO가 있는 스타트업과는 반대 개념인)가 벤처 자본가에게 한 푼도 받지 않고서 2억 5000만 달러가 넘는 돈을 끌어모았다는 사실을 언급했다.[2] "그렇다면 대체 무슨 일이 벌어지고 있는 것인가?" 그는 물었다. "블록체인 토큰."

더 다오의 경우와 마찬가지로 많은 프로젝트는 특정 네트워크상에서 사용하기 위해 설계된 토큰을 생성함으로써 자금을 끌어모은다. 이러한 토큰이 단지 ICO 발행자들의 주머니를 이더로 채우기 위해 사용되는 것은 아니다. 이 토큰은 실제로 디앱 자체 안에서 사용됐다. 네트워크에 서비스를 제공한 사람은 토큰으로 지급받을 수 있고, 그 토큰은 다시 다른 돈으로 교환할 수 있다. 이러한 프로젝트를 차별화시켜주는 것은 이들이 각각 업데이트를 제공하고 비즈니스 거래를 성사시키는 기업이 있는 기존 앱이 아니라는 사실이다. 이들은 "탈중심화된 소프트웨어 프로토콜"이다. 역사적으로 이러한 프로토콜에는 수익성이 없었다. 예를 들어, 이메일을 위한 간이 우편 전송 프로토콜simple mail transfer protocol, smtp과 관련해서 일하는 사람들은 돈을 벌지 못했다. 대신 아웃룩, 핫메일, 지메일처럼 smtp를 활용하는 애플리케이션과 관련해서 일을 한 사람들이 돈을 벌었다. 그러나 토큰은 이제 프로토콜을 개발한 이들에게 보상을 가져다주고 있었다. 그것은 토큰이 네트워크와 함께 생성될 수 있기 때문이다. 스타트업에서 지분을 보유하는 것처럼, 그들은 일부를 보유하고, 또한 프로토콜상에서의 지속적인 업무를 위해 일부를 할당할 수도 있었다.

또한 토큰은 또 다른 비즈니스 문제를 해결해줬다. 바로 네트워크를 성장시키는 방법을 통해서였다. 그는 이렇게 썼다. "트위터의 시작에 대해 생각해보자. 네트워크상에서 초기 사용자가 되는 것의 가치는 크지 않다. 누구도 그 네트워크를 사용하지 않고, 그래서 콘텐츠가 하나도 없기 때문이다! 이제 수백만 명이 트위터에 있고, 사람들은 그 안에서 많은 가치를 발견할 수 있게 됐다." 토큰은 닭이냐 달걀이냐의 문제를 해결해줬다. 그는 이어 네트워크 규모가 작은 초창기 시절에 사람들이 네트워크에 합류하도록 동기를 부여하는 방법을 이야기했다. 스타트업이 지분을 제공하는 것과 마찬가지로 부분적인 소유권을 나눠줘라. 그러면 더 일찍 가입할수록 받을 수 있는 보상이 더욱 커질 것이다. 그런데 그런 소유권은 어떻게 나타나는가? 토큰을 통해서다.

며칠 후 이더가 이더리움클래식의 싸움에서 물러서기 시작하고 앤드리 테르노프스키가 법률 서한으로 WHG를 위협했을 때, 당시 벤처캐피털 기업인 유니언 스퀘어 벤처스Union Square Ventures의 애널리스트였던 조엘 모네그로Joel Monegro는 '팻 프로토콜스Fat Protocols'라는 제목의 글을 블로그에 게시했다. 여기서 그는 프레드가 간단한 흑백 도표로 설명한 개념들을 잘 보여줬다.[3] 그는 이렇게 썼다. 프로토콜 레이어의 가치가 희박하고 애플리케이션 레이어의 가치가 높은 인터넷과는 반대로, 비트코인의 시가총액은 100억 달러에 달하지만 "이를 기반으로 설립된 대규모 기업들은 기껏해야 몇억 달러 가치에 불과했다. 마찬가지로 이더리움은 이를 기반으로 한 애플리케이션이 실제로 모습을 드러내기 이전에, 그리고 공식적으로 출범한 후 1년밖에 시간이 시나지 않은 시점에 10억 달러에 이르는 시가총액을 확보했다." 암호화폐 커뮤니티는 쉽게 이해되는 시각적인 요소 때문에 이 이론을 "두터운fat 프로토콜 이론"이라고 이름 붙였다.

모든 사람이 갑작스럽게 다음번에 나타날 거대한 프로토콜 토큰을 쫓기 시작했다. 이더리움상에서 새로운 토큰을 생성하는 방법은 대단히 쉬웠다. 지난가을 RHG의 파비안 포겔슈텔러는 비탈릭 부테린이 오랫동안 논의했던 개념에 대한 사람들의 반응을 요청했다. 그것은 새로운 토큰을 생성하기 위한 스마트 콘트랙트를 표준화하는 방법에 관한 것이었다. 파비안은 '이더리움 논의 제안'이라는 프로토콜 개선을 논의하기 위한 게시판에 이를 20번이나 주제로 올렸다. 그리고 여기에 362개의 글이 올라온 뒤에 ERC-20 토큰이라고 하는 표준을 정했다. 이는 표준화된 스마트 콘트랙트 안에 있었기 때문에 거래소나 지갑 등에 의해 쉽게 추가될 수 있는 토큰 유형이 됐다.[4]

새로운 토큰을 생성하는 일이 쉬워졌다는 사실에 더해 수많은 개발자는 더 다오 이야기(투기적 광풍이 아니라 대중에게서 1억 4000만 달러에 가까운 자금을 끌어모은 이야기), 그리고 이더리움이 어떻게 1800만 달러를 끌어모았으며 10억 달러의 가치를 갖게 됐는가 하는 이야기에 큰 흥미를 느꼈다. 더 다오를 위해 일한 몇몇 사람들은 그들 자신의 토큰을 생성하고 그것을 대중에게 팔기로 결정했다. 그 결과 8월에는 130만 달러가 모였지만, 불과 한 달 뒤인 9월에는 ICO를 통해 총 2320만 달러가 모였다. ICO 총합계는 10월 1340만 달러, 11월 2000만 달러로 집계됐다.

ICO 발행자들은 1990년대 말 이후 주식시장이 전반적으로 위축된 상황에서, 그리고 기업들이 오랫동안 IPO에 나서지 않는 상황에서 세일을 시작했다.[5] ICO와 달리 IPO는 일반투자자에게 유리한 점이 별로 많지 않다. 1994년 설립된 야후!는 1996년 IPO를 했다. 2009년 설립된 우버는 2016년 가을 현재 여전히 IPO를 하지 않은 상태다. 이런 이유로 투자자들은 새로운 투자 기회에 목말라 있었다. 그런데 암호화폐에 주목하던 이들은 중대한 장애물에 직면했다. 그것은 바로 접근성이었다. 게이트코인이나 비트렉스 같은 일부 거래소는 그들의 플랫폼상에서 직접 다오 코인을 매입할 수 있지만, 대부분의 거래소는 다른 ICO를 위해 이런 서비스를 제공하지 않았다. ICO에서 토큰을 살 수 있는 유일한 방법은 이더리움 지갑을 이용하는 것인데, 이 경우 사용자는 그들의 개인 키를 직접 관리해야 했다(반면 거래소는 그들을 위해 코인을 안전하게 관리해주겠다고 약속했다).

이를 위한 가장 쉬운 방법 중 하나는 더 다오가 된 콘트랙트를 선택한 동전 던지기를 자신의 약혼자 케빈에게 맡긴 다오 열광자인 테일러 모나한Taylor Monahan(결혼 전 성은 판 오든Van Orden이다)이 공동 설립한 웹사이트 MEW를 이용하는 것이었다(이들은 DoS 공격에 대해 탠저린 휘슬 하드포크를 실행한 직후에 결혼했다. 케빈은 이더리움클래식을 매매해 그들의 결혼식 알코올 패키지를 버드, 버드라이트, 쿠어스, 쿠어스라이트에서 블루문과 샘 애덤스, 와인을 포함하는 패키지로 업그레이드할 수 있었다).

MEW의 기원은 2014년으로 거슬러 올라간다. 당시 공동설립자인 테일러, 그의 절친한 친구이자 오랫동안 함께 일해온 코살라 헤마찬드라Kosala Hemachandra는 비트코인에 대해 알게 됐다. 로스앤젤레스 주민이자 한때 뉴욕대학 영화학교를 다녔던 테일러는 작은 몸집에 짙은 갈색 머리를 가진 백인으로, 진지함과 익살스러움을 겸비한 사람이다. 테일러는 종종 재미있는 이야기를 하다가 조용히 웃으며 이렇게 말했다. "믿어지나요?" 스리랑카에서 자란 코살라는 열일곱 살 때 컴퓨터공학을 공부하기 위해 미국으로 건너왔다. 그는 컴퓨터에 푹 빠진, 내성적인 사람이었다. 두 사람은 코카콜라Coca-Cola, 퓨리나Purina, 타깃Target, 마이크로소프트 등 유명한 다국적기업의 웹사이트와 마케팅 자료를 만들어주는 회사에서 처음 만났다. 그리고 2014년 두 사람은 비트코인 열광자가 됐다. 이더리움 프리세일이 시작됐을 때, 그들은 보유하고 있던 비트코인 중 일부를 집어넣었다. 코살라에게 그 돈은 평생 저축한 돈 중 상당한 부분을 차지하는 규모였다.

이더리움이 런칭된 2015년 7월, 사용자들은 '명령 라인 인터페이스 ommand line interface'(사용자가 명령어를 입력하는 방식으로 작동되는 인터페이스-옮긴이)를 통해서만 토큰을 관리할 수 있었다. 녹색 글씨가 떠 있는 검은 화면을 상상해보라. 그러나 디자이너였던 테일러는 그런 상황을 참을 수 없었다. 그녀는 모든 프리세일 참가자가 자신과 똑같은 문제를 안고 있는지, 혹은 자신이 명령어를 입력하는 인터페이스인 터미널을 사용할 줄 모르는 유일한 바보인지 궁금했다. 그녀는 "어떻게 이더를 옮길 수 있는가"라고 구글에 물어보면 답을 찾을 수 있는지 코살라에게 물었다. 그는 그런 질문을 한 사람이 여태까지 아무도 없을 것이므로 대답을 발견하기 어려울 거라고 말했다. 그녀는 깜짝 놀랐다. 그 모습을 본 코살라는 사람들이 쉽게 이더리움 지갑에 접근할 수 있는 웹사이트를 개발하기로 마음을 먹었다. 그리고 이를 오픈소스 방식으로 개발해서 사람들이 그 코드를 검토해 자신이 그들을 속이거나 그들의 이더를 훔치지 않을 거라는 사실을 확인할 수 있도록 해야겠다고 생각했다.

코살라는 종이 위에 개인 키 목록을 작성해놓은 "서류 지갑"의 디지털 버전을 만들었다. 그가 만든 웹사이트에는 개인 키를 암호화하기 위해 비밀번호를 집어넣는 입력란과 어드레스를 생성하기 위한 버튼이 하나 있었다[6](암호화폐 어드레스 혹은 공개 키는 우편함 투입구 같은 기능을 하는데, 여기에는 돈을 집어넣는 것만이 가능했다. 돈을 전송하기 위해서는 개인 키가 필요하다). 그 사이트는 사용자 개인 키의 암호화된 버전과 암호화되지 않은 버전, 그리고 어드레스와 개인 키를 위한 QR 코드를 생성했다. MEW는 사람들의 코인을 보유하지 않았기 때문에 사용자 비밀번호도 기록하지 않았다. 비밀번호를 안전하게 지키는 것은 오로지 사용자의 몫이었다. 사용자가 비밀번호를 잃어버리면 그들의 돈도 영원히 날아가버리는 것이다. 이러한 제약 사항을 알고 있던 코살라는 사이트를 설계하는 과정에서 테일러에게 도움을 요청했다.

나흘 후, 테일러는 카탈리나섬 근처에 보트를 띄워놓고 생일 파티를 하고 있었고, 코살라는 로스앤젤레스에 있었다. 그동안 두 사람은 고대디GoDaddy에서 도메인을 사고자 했는데, 일부 도메인은 200달러 정도로 상당히 비쌌다. 그러나 MEW는 11.99달러에 불과했다. 두 사람은 MEW를 선택했다.[7]

그들이 런칭했을 무렵, 결과를 예측해서 내기할 수 있는 분산형 예측 시장 플랫폼 어거Augur의 프리세일이 시작됐다. 여기에 돈을 집어넣으려던 테일러는 까다로운 기술적인 요구로 다시 한번 난관에 봉착했다. 그녀는 코살라에게 원클릭 버튼을 만들어달라고 부탁했다. 그는 그렇게 했고, 그 사이트에 "어거 크라우드세일" 탭을 추가했다.[8] 2015년 10월 1일 끝날 예정인 프리세일 후반에 어거는 뉴스레터를 통해 MEW에 그 버튼을 요구했다. 테일러와 코살라는 커뮤니티의 다른 사람들이 그들이 만든 것을 알아봐줬다는 사실에 기뻤다. 다음 날 그들은 만족한 사용자에게 기부를 받기까지 했다.

2016년 2월, 그들은 사람들이 'MyEtherWallet.com'에 접속하지 않고도 이더에 접근할 수 있도록 크롬 익스텐션Chrome Extension(크롬 브라우저에서 작동하는 확장 프로그램-옮긴이)을 만들었다.[9] 그리고 더 다오를 위해 다오 토큰을 쉽게 살 수 있도록 했고, 하드포크 이후 사람들의 돈을 엑스트라 밸런스와 위드드로 다오, 이더리움클래식 위드드로 콘트랙트로부터 얻을 수 있도록 단순한 형태의 버튼을 만들었다.[10] 그동안 테일러는 자신의 가장 오래되고 가장 카르마Karma(레딧에서 카르마는 사용자가 커뮤니티에 얼마나 많이 기여했는지를 나타내는 지표다)가 높은 계정인 'u/insomniasexx'를 통해 질문에 대답했다. 테일러는 이메일을 통해 일대일 문의에도 대답했다. 그녀의 말에 따르면, 더 다오 이전에는 1주일에 2건 정도이던 것이 자금을 모금하는 기간에는 하루에 10~20건 정도 문의가 들어왔다. 게다가 레딧과 스택익스체인지, 다오 슬랙을 통해 받은 질문에도 대답했다. 그녀는 실제로 만난 적이 없는데도 다오·이더리움 커뮤니티에 항상 존재하는 인물이 됐다. 그리고 대단히 드문 여성 사용자들 중 1명으로, "더 다오의 어머니"라는 애칭까지 얻었다.

그러는 와중에도 테일러는 프리랜서 웹디자이너로 1주일에 10~15시간씩 일했다. 그녀의 시간당 수입은 50~60달러였다. 나머지 시간은 모두 MEW에 쏟았지만, 이로 인한 수입은 없었다. 테일러와 케빈은 임대료를 내기 위해 이더를 10달러 이하로 팔아야 했다.

그해 여름, 테일러와 코살라는 MEW를 실질적인 기업으로 만들어야겠다고 생각했다. 커뮤니티 멤버들의 응원과 바이티의 도움으로 두 사람은 스위스에 기업을 설립하는 방안을 모색했다. 스위스 여행을 준비하면서 테일러(더 다오를 통해 알게 되기 전 아주 짧게 만난 그리프 그린을 제외하고 이더리움에 있는 누구와도 실제로 만난 적이 없었다)는 전문가처럼 보이고 싶은 마음에 블라우스와 재킷을 챙겼다. 기분이 좋으면 일도 더 잘하게 된다고 생각하는 그녀의 남편은 여행 중 마리화나를 구할 수 있을지 조바심을 냈다. 테일러는 남편에게 말했다. "우리는 일하러 왔어. 비즈니스로 만나는 사람에게 마리화나 이야기는 절대 꺼내지도 마." 테일러와 코살라, 케빈이 바이티 사무실이 있는 건물 안마당으로 들어섰을 때, 그들은 네 사람이 모여 앉아 마리화나를 피우고 있는 모습을 봤다. 테일러는 말했다. "케빈, 당신을 위한 마리화나가 있군요." 테일러는 마리화나를 하지 않았지만, 그 광경은 암호 세상은 일반적인 기업 세상과 다르다는 그녀의 생각을 확고하게 만들었다. 코카콜라 본사로 출장 갔을 때 그녀는 뭔가 자신과 어울리지 않는다는 생각을 떨쳐버릴 수 없었다. 암호 세상에서는 누구나 밤과 주말에도 일했다. 새벽 4시에도 온라인에 접속해 있었고, 권한을 물었으며, 위험에 대해 더 높은 인내심을 갖고 있었다. 그건 그녀와 잘 맞는 부분이었다.

그해 가을, MEW는 2016년 11월 11일로 예정된 골렘Golem ICO에 참여하기 위한 방법을 모색했다. 골렘은 "컴퓨터를 위한 에어비앤비", 즉 골렘 네트워크 토큰을 가지고 사람들의 잠자는 컴퓨터를 기반으로 예비 컴퓨팅 서클을 임대하기 위한 블록체인이라고 홍보했다.[11] 폴란드에 기반을 둔 이 팀은 더 다오의 내파內破 이후에 비탈릭이 권고한 1000만 달러 한도 아래 머물러 있기 위해 82만 ETH를 끌어모으겠다는 목표를 세웠다. 골렘 ICO는 불과 20분 만에 한도에 도달했다(그날 환율을 기준으로 860만 달러가 모였다).[12] 이는 더 다오가 첫 24시간 동안 끌어모은 이더와 달러 규모를 넘어선 것이다. 이는 MEW의 이더리움 노드가 다운되도록 만들었지만, 사용자들은 이를 분명하게 인식하지 못했다. MEW는 사용자가 MEW가 운영하는 노드를 통해 이더리움 블록체인과 상호작용하도록 하는 인터페이스다. 그 사이트 자체는 사용자에게 아무런 일도 일어나게 하지 않았다. 그러나 골렘 ICO가 진행되는 동안에 사용자들이 참여하기 위한 단계를 밟아 나가다가 전송을 클릭하면 사이트가 그대로 멈춰버렸다. 그 노드들이 이전에 다운된 적이 없었기 때문에 10초 후 이더리움 노드에 아무런 일도 일어나지 않아도 어떠한 설명도 튀어나오지 않았다. 당황한 사용자들은 계속해서 새로 고침을 했고, 이는 더 많은 과

부하를 초래했다. 골렘 ICO의 구매자가 되려고 했던 사람들이 뜻을 이루지 못했는데도 테일러는 그저 이렇게 생각할 뿐이었다. '세일에 참여하는 게 그렇게 절박하다면 당신 자신의 이더리움 노드를 가동해라!' 코살라는 높아진 활동률이 새로운 노드의 시작을 촉발하도록 백엔드를 재구축했다. DoS 공격 이후에 이더리움을 수정한 것처럼 MEW는 이제 만반의 준비가 되어 있었다.

EEA, 이더리움 기업 연합의 탄생

데브콘 2에서 밥 서머윌과 앤드루 키스는 기업들이 이더리움을 사용하도록 만들려는 노력을 포기하지 않았다. 하이퍼레저 루트가 일어나지 않을 것임을 깨달은 후, 조지프 루빈은 이더리움에 많은 관심을 갖고 있는 UBS 이노베이션 랩UBS Innovation Lab, BNY 멜론BNY Mellon, 산탄데르 은행, 도이치뱅크 관계자들과 이야기를 나누기 시작했다. 이들 은행가들은 동의하지 않았던 두 커뮤니티가 깨끗하게 갈라섰기 때문에, 그 커뮤니티가 더 다오의 무용담을 신중하게 다뤘다고 느꼈다. 그들은 기술 자체만으로 그것이 가능했다는 사실에 놀랐다. 그들은 이더리움에 관심을 갖고 있었지만, 그럼에도 불구하고 기업 같은 조직(암호화폐 아나키스트들이 뛰어다니는 곳과는 완전히 다른 운동장)을 만드는 것이 최고의 방법이라고 믿었다. 그들은 이더리움의 기업 버전을 관리하기 위한 비영리 조직을 설립할 계획이었다.

2017년 1월 23일, 앤드루는 밍이 엔터프라이즈 이더리움Enterprise Ethereum과 "함께"하도록 초청하는 이메일을 썼다. 그녀의 대답은 이랬다. "저는 컨센시스 뉴스레터에서 엔터프라이즈 이더리움 활동에 관해 알게 됐습니다. 제가 그 사업의 대부분을 알지 못했을 때 저자가 엔터프라이즈 이더리움이 재단의 축복을 받았다고 말하는 모습을 보는 것은 생각지도 못했던 일입니다."

새로운 조직은 엔터프라이즈 이더리움 재단Enterprise Ethereum Foundation이라고 이름을 붙였는데, 그 소식을 들은 밍은 크게 화를 냈다. 두 정보원에 따르면 밍은 그들이 고의적으로, 그리고 악의적으로 이더리움 재단과 비슷한 이름을 지었다며 비난했다(조는 "그건 악의를 가정한 터무니없는 비난"이라고 일축했다). 이후 그들은 엔터프라이즈 이더리움 연합Enterprise Ethereum Alliance, EEA으로 이름을 변경했다. 1월 25일 이더리움 재단(다시 말해, 밍)은 "엔터프라이즈 이더리움"과 "엔터프라이즈 이더리움 연합"이라는 용어에 대해 상표 출원을 했다.[13] 밍은 EEA가 특정 주제에 관해 그들이 사용할 정확한 표현에 대해 약속하고, 이제는 상표 등록이 된 "이더리움"과 "엔터프라이즈 이더리움"을 사용하려면 돈을 지불할 것을 요구했다.

2월 중순에도 밍은 여전히 화가 나 있었다. 한 스카이프 채팅에서 밍은 이렇게 설명했다. "우리는 단지 컨센시스와의 문제뿐만 아니라 모든 유형의 상표명 위반 사례를 살펴봤습니다. 그런데 최근 컨센시스의 엔터프라이즈 연합에 관한 혼선으로 인해 우리 커뮤니티 사람들에게 많은 질문을 받고 있습니다." 그녀는 이렇게 바로잡았다. "엔터프라이즈 이더리움 연합을 말하는 겁니다." 그러고는 계속해서 말했다. "조는 이더리움 재단에 노골적으로 거짓말하고 모든 약속을 깨버렸습니다. 그는 서면 합의문에 서명할 때까지 사용하지 않겠노라고 약속했던, 오해의 소지가 있는 잘못된 이름을 사용했습니다. 그리고 잘못된 정보가 계속 남아 있도록 했습니다."

밍은 조의 행동을 "부도덕하다"고 비난하면서 사람들이 "조의 새로운 이더리움 조직에 기부할" 가능성을 언급했다. 밍은 컨센시스 때문에 혼란을 겪고 있다고 불평하는 사람들에게 많은 질문을 받고 있다며, 이더리움 재단이나 비탈릭이 조의 조직을 지지하고 있다고 믿어서 그 기업 조직의 일부가 되기로 서명했다는 말을 듣고 깜짝 놀랐다고 했다. 며칠 후 밍은 이더리움 재단 스카이프 채팅에서 이렇게 말했다.

[위반 발표-내부]

조지프 루빈, 앤드루 키스는 엔터프라이즈 연합의 임명된 대표로서 2017년 1월 25일 주요 기업 이사회와 우리 법률팀이 참석하기로 예정된 재단과의 공식 통화에서 '재단과의 라이선스 합의가 이뤄지기 전까지 엔터프라이즈 그룹 프로젝트나 법인을 위한 어떠한 명칭에도 상표 등록된 "이더리움"을 사용하지 않겠다'고 약속했습니다.

여기서 장황하게 설명할 필요도 없습니다.

부디 지금부터 저를 괴롭히지 말기 바랍니다.

문제는 해결 중이며 조만간 타결되기를 희망하고 있습니다.

내부적으로 아브사와 파비안 포겔슈텔러의 이의 제기가 있었지만, 밍의 의견이 지배적인 역할을 했다. 2017년 2월 27일. EEA는 JP모건·마이크로소프트·위프로Wipro·산탄데르 은행·액센추어Accenture·인텔Intel·BNY 멜론·CME 그룹을 설립 멤버로, BP·UBS·크레디트 스위스·ING·톰슨 로이터스Thomson Reuters 등을 비이사회 설립 멤버로 발표했다.[14]

이더리움 재단은 EEA에 첫해 상표 사용료로 2500달러를 부과했다.

밍은 자신이 판단하기에 이더리움 재단에 부담을 주는 요소들을 계속 제거해 나갔다. 스페이스십의 IT 매니저이자 찰스 호스킨스에 관한 서류를 작성했던 테일러 게링은 크라우드세일 이후에 제프리 윌크의 팀에서 일했지만, 그 일이 끝나자 전 세계를 돌면서 비탈릭이 원치 않았던 이더리움에 관한 강연을 하기 시작했다. 테일러는 밍과 통화할 때면 한 시간 반 정도는 그녀의 불만을 들어줘야만 했다. 통화를 하다가 업무와 관련된 사안에 대해 이야기하려고 하면 밍은 대화의 흐름을 자신의 개인적인 문제로 바꿔버렸다. 참다못한 테일러가 "제발 프로답게 일합시다"라고 말하면, 밍은 화를 냈다. 2016년 말, 테일러는 밍에게 이메일을 보내 만기가 지난 자신의 계약에 대해, 그리고 자신이 교육적인 일을 계속해 나갈 수 있는지에 대해 물었다. 그러나 아무런 답변도 받지 못했다.

EEA의 발표가 있던 날, 테일러는 밍의 제부(둥의 남편) J. P. 슈미트J. P. Schmidt에게 지메일 계정으로 이메일을 받았다.

저는 이더리움 재단을 대신해서 당신에게 글을 쓰고 있습니다. 당신이 제공하는 서비스와 관련해서 그 필요성에 대해 신중하게 고민한 끝에 이더리움 재단은 당신의 서비스가 필요하지 않으며, 그래서 현 시점에, 혹은 예측 가능한 미래 시점에 당신의 계약을 갱신하지 않기로 결정 내렸다는 사실을 말씀드리는 바입니다.

테일러는 자신의 고용 상태가 상무이사의 가족(그리고 총괄자문의 남편)이 소유한 지메일 계정에서 날아온 이메일로 결정될 수 있는지 의문이 들었다. 그러나 어쨌든 계약은 만료됐고, 그 역시 계약을 연장할 생각이 없었다. 찰스와 아미르, 개빈, 제프, 조, 앤서니, 스테판, 미하이에 이어 이제 테일러까지 조직을 떠나면서, 이더리움의 초창기 경영진 멤버는 비탈릭을 제외하고 모두 사라지고 말았다.

이더리움, 비트코인을 넘어설 것인가

2017년 봄, 비탈릭은 아시아 지역을 중심으로 여행을 다니고 있었다. 그 동안 이더 가격은 계속 상승했다. 2016년 가을 10~13달러 선이었던 이더 가격은 11월 중순 10달러 아래로 떨어졌다가 연말에는 7달러 선에 머물렀다. 그러나 이듬해 2월이 되자 10달러로 반등했고, 이후 꾸준히 상승하다가 EEA의 발표가 있던 날, 15달러 선을 돌파했다.

사람들은 각각의 코인이 전체 암호화폐 시장에서 차지하는 비중을 보여주는 암호화폐 데이터 사이트인 코인마켓캡의 도표를 지켜봤다. 암호화폐 역사에서 대부분의 기간 동안 비트코인의 점유율은 80퍼센트가 넘었다. 그러나 2017년 3월 떨어지기 시작하더니 처음으로 80퍼센트 선이 무너지고, 이후 두 차례나 그런 일이 벌어졌다. 그리고 3월 중순에는 처음으로 70퍼센트로 떨어졌다. 반면 이더는 며칠 간격으로 8퍼센트에서 17퍼센트로 뛰었다. 주된 이유는 이더 가격이 치솟았기 때문이었다. 이더 가격은 15달러를 넘어선 지 채 한 달도 지나지 않은 3월 24일 처음으로 50달러를 돌파했다. 3월 26일 비트코인의 점유율은 67퍼센트로 떨어졌으며, 시가총액은 157억 달러였다. 반면 이더는 20퍼센트에 살짝 못 미치는 점유율에, 시가총액은 46억 달러였다. 사람들은 "플리프닝 flippening"(이더리움의 시가총액이 비트코인을 넘어서는 순간)에 대해 이야기하기 시작했다.[15]

중국 거래소들이 거래 수수료를 부과한 이후 1월에 정체를 보인 뒤, 암호화폐 거래량은 전 세계적으로 증가세를 보였다. 1월 말 1주일 기준으로 10억 달러 선에서 3월 30억 달러를 넘어섰다. 이더 가격이 상승하면서 거래를 위한 강력한 수요가 형성된 덕분이었다. 이더의 최대 거래소인 폴로닉스는 최고의 수혜를 입었다.

이더리움클래식이 생존하는 데 핵심적인 역할을 한 폴로닉스는 이더리움에 대한 높은 관심과 신용거래로 인해 전 세계 암호화폐 거래량의 절반을 차지할 수 있었다. 전 세계 암호화폐 거래소 차트에서 종종 최고 자리를 차지했음에도 불구하고 벤처캐피털로부터 어떠한 후원도 받지 않았다는 점에서 조금은 다른 모습을 보여온 폴로닉스는 외부 세상의 시선으로 볼 때 상당한 미스터리였다. 거래소 소유주들은 대부분 서로서로 알고 있던 반면, 폴로닉스와 그 소유주에 관해서, 그들이 어디를 기반으로 활동하는지에 대해서는 거의 알려져 있지 않았다. 현 시점을 기준으로, 폴로닉스는 온화한 얼굴의 설립자 트리스탄 다이고스타뿐만 아니라 2명의 새로운 공동설립자인 웨이브 있는 긴 머리에 "건장하고" "몸집이 큰" 아시아 여성인 줄스 킴Jules Kim, 그리고 록밴드 티셔츠를 즐겨 입고 염소수염을 기른 지저분한 스타일의 마이크 데모풀로스Mike Demopoulos 소유다.

전 폴로닉스 직원의 증언에 따르면, 결혼하지 않은 그 커플은 과거에 마케팅 및 사용자 경험 컨설팅 기업인 RDVO를 소유했다. RDVO는 그들이 기반을 둔 보스턴에 있는 주요 기관들을 위해 일했다. 줄스는 원래 독설과 암호화폐 거래 밈으로 가득한 폴로닉스의 거친 채팅방인 트롤박스에서 활동하던 고객이었다. 트리스탄이 폴로닉스를 위한 마케팅에 관심을 드러냈을 때, 줄스는 도와주겠다고 제안했다. 공동 소유주로서 그들의 서명이 발표되지 않았기에, 오랫동안 근무했던 직원들도 그로부터 1년이 지난 2016년 10월에야 그 소식을 알게 됐다.

세 사람은 그야말로 트리오였다. 모두가 천재라고 인정하는 트리스탄은 30대이면서도 포켓몬이나 젤다 등 닌텐도 게임을 즐기며 온라인상에서 자신의 점수를 자랑했다. 그러나 그는 개인적으로 "믿을 수 없을 만큼 전혀 감동을 주지 못하는" 인물이었으며, 사회적으로 대단히 서툴렀다(트리스탄과 비탈릭을 모두 만난 사람은 자폐 스펙트럼 면에서 트리스탄은 비탈릭보다 훨씬 더 멀리 가 있는 것 같다고 말한 바 있다). 화상통화를 할 때면 트리스탄은 자신의 카메라를 끈 채 거의 알아들을 수 없는 목소리로 "네, 저도 그렇게 생각합니다"라고 웅얼거리기 일쑤였다. 폴로닉스 직원들은 트리스탄이 대화할 때 상대방의 눈을 제대로 보시 못했다고 말했다.

줄스와 마이크가 폴로닉스에 들어가기 전, 트리스탄은 고객을 우선시하는 경향이 강했다. 고객이 해킹 당했는데 폴로닉스가 회복시켜줄 수 있다면 설령 서너 시간 정도 소요될지라도 직원들에게 그렇게 하라고 지시했다. 한 초창기 직원에 따르면, 2014년 초 거래소에 돈이 없었을 때 폴로닉스는 두 번이나 해킹을 당해서 227.6BTC(당시 가치로 10만 달러 정도였다)를 잃어버린 적이 있었다. 트리스탄은 모든 사용자에게 돈을 돌려주는 것을 사명으로 삼고, 이를 위해 기업으로서 얻을 수 있는 모든 수익을 포기했다. 이를 이뤄내기까지 1년 정도 걸렸다. 암호화폐 서비스는 매일, 하루 종일 돌아가기 때문에 고객 서비스 역시 쉬는 날 없이 끊임없이 이뤄져야 한다. 트리스탄과 다른 초창기 직원들은 채팅방에서 그들이 매달 얼마나 오랜 시간 로그인해 있는지를 놓고 수다를 떨었다. 직원들은 비록 지분을 받지는 못했지만 일찍 합류한 덕분에 폴로닉스에서 일하다 보면 부자가 될 것이라고 생각했다(2017년 겨울, 초창기 직원들은 결국 옵션을 제안받았고 1월에 서명했다. 그러나 이사회는 4월에 승인하고 1년 뒤에 첫 부분이 실행될 것이라는 이야기를 들었다).

다음으로 마이크는 성격이 느긋하고 착한 웹디자이너로, "모두의 친구" 같은 인물이다. 줄스와 트리스탄은 그를 "함께 어울리고픈 사람"이라고 설명했다.

이 세 사람 중 대장 역할을 맡은 사람은 줄스였다. 그녀와 함께 일해본 경험이 없는 한 사람은 그와 마이크를 "대단히 사랑스러운" 사람들이라고 이야기했다. 그러나 줄스와 함께 일해본 사람들은 그녀가 친근하고 선한 인격과 교활하고 은밀하고 집착적이고 냉철하고 "책략을 꾸미고" "악의적이고" "모든 일을 자기 뜻대로 하려는" 또 다른 인격을 갖고 있다고 말했다(그녀의 트위터 계정은 @cointrolfreak다[16]). 일례로, 그녀는 직원을 해고할 때 다른 직원에게 그 직원의 업무를 떠넘긴다. 그러면서 그 일을 하지 않으면 해고 당할 것이라고 으름장을 놓는다. 그녀는 소리를 질러야 직원들이 더 빨리, 그리고 더 잘 일을 한다고 생각했다. 나중에 직원들은 그녀에게 가학적인 성향이 있다는 사실을 깨달았다. 누군가를 괴롭힐 기회가 있을 때마다 그녀는 그냥 넘어가지 않았다. 일반적으로 고객서비스팀은 고객의 문제를 해결하기 위해 최선을 다한다. 하지만 그녀는 이렇게 말했다. "법적으로 우리가 고객들을 도와줘야 할 의무는 없습니다. 그냥 내버려두세요." 그렇게 말하면서도 정작 줄스는 자신이 원하는 것을 얻지 못하면 난리가 났다.

이런 일도 있었다. 줄스가 자신의 친구 리사를 채용해서 사무실 관리를 맡겼다. 얼마 지나지 않아 직원들은 그녀를 좋아하게 됐다. 리사는 칩과 땅콩, 그래놀라 바와 과일 같은 간식으로 탕비실을 가득 채워놓는 등 자신의 일에 최선을 다했다. 그런데 얼마 후 줄스는 그 사무실에서 일하지 않는 한 초창기 직원과 전화 통화를 하면서 리사를 내보낼 것이라며 이렇게 말했다. "그녀는 사무실을 제대로 관리하지 못하고 있어요. 간식에 관한 이야기를 들었는지 모르겠네요." 그 직원은 리사가 모두를 위해 간식을 산 것에 대해 줄스가 "완전한 히스테리"라고 표현했다고 말했다. 이후 모든 직원은 간식을 직접 사 먹어야 했고, 네 시간 정도 일한 뒤에야 휴식을 취할 수 있었다.

줄스와 마이크가 공동 소유주로 등장한 뒤, 트리스탄은 갑작스럽게 채팅방에서 사라졌다. 그에게 연락하려면 줄스와 마이크를 거쳐야 했다. 나중에 한 직원은 이렇게 말했다. "그들은 트리스탄을 우리에게서 떼어냈습니다."

2016년 거래 규모가 증가하면서 폴로닉스 소유주들은 많은 돈을 벌어들였다. 트리스탄과 줄스, 마이크는 어떻게든 이에 대한 정보를 숨기려고 했지만, 직원들은 충분히 추측할 수 있었다. 거래당 0.2퍼센트, 이윤의 0.25퍼센트, 플랫폼상의 대출로부터 벌어들이는 이자의 15퍼센트를 가져갔기 때문에 직원들은 폴로닉스가 하루 매출의 0.25퍼센트 정도 수익을 내고 있다고 추측했다. 이는 하루 평균 다섯 자리 숫자의 수익을 거둬들였다는 의미다.[17] 그들은 폴로닉스의 장부에 친숙한 두 직원의 말을 기반으로 폴로닉스의 하루 매출이 때로 10만 달러를 넘어섰을 것으로 추측했다.

사람들은 폴로닉스 소유주들의 선택 중 일부가 좀 미심쩍다고 지적했다. 예를 들어, 2016년 하반기 줄스와 마이크는 상당수 고객이 해킹 피해를 입지 않도록 예방할 수 있는 기본적인 보안 기능인 2FAtwo-factor authentication(이중 인증)를 도입하자는 주장에 반대했다. 이 기능은 고객이 로그인할 때마다 문자로 코드를 전송해준다. 마이크는 이에 대해 사용자 경험 문제라고 말했지만, 고객서비스팀은 2FA를 도입하면 해킹 계좌를 처리하기 위해 들이는 시간을 크게 줄일 수 있을 것이라고 했다. 당시 폴로닉스에는 고객 서비스 담당자가 5명밖에 없었고 채용을 늘릴 계획도 없었기 때문에 이를 도입하면 기존 직원들이 더 많은 사용자에게 도움을 줄 수 있을 게 분명했다. 수주일 걸리기는 했지만, 그들은 결국 줄스와 마이크를 설득했다.

그 무렵 폴로닉스는 또 다른 문제에 직면했다. 미국의 제재로 인해 그들은 이란 사람들이 폴로닉스 서비스를 이용하지 못하도록 차단해야 했다. 그러나 그것은 불가능한 일이었다. 당시 폴로닉스는 고객의 신원을 확인하기 위한 강력한 고객신원확인know-your-customer, KYC 프로그램을 마련해놓고 있지 않았기 때문이다(초창기 직원의 설명에 따르면, 2015년에 구축한 프로그램은 "대단히 기본적"이고 "정말로, 정말로 쉽게 우회할 수 있는" 것이었다). 이들은 세 단계로 구성된 KYC 시스템을 사용했는데, 이는 사용자에게 더 높은 수준의 인증 대신에 더 쉬운 거래 접근성을 허용하는 방식이었다. 줄스와 마이크가 사용자들이 가입하고 예금하는 과정에서 발생하는 문제를 최소화하길 원했기 때문에 이 같은 방식을 선택할 수밖에 없었다. 이와 관련된 논의는 2016년 말에서부터 2017년 상반기까지 이어졌고, 결국 줄스와 마이크는 승복했다.

한편 ICO의 열기는 계속되고 있었다. 12월 1170만 달러를 끌어모은 뒤, 그 규모는 1월과 2월 각각 6700만 달러, 7300만 달러로 증가했다. 3월에는 2200만 달러로 떨어졌다가 4월 13건의 ICO가 행해지면서 8600만 달러를 긁어모았다. 11월 분산형 시장 예측 플랫폼 그노시스Gnosis, GNO ICO는 골렘의 기록을 깼다. 베를린에 기반을 둔 그 팀은 스위스 및 싱가포르와 마찬가지로 암호화폐에 우호적인 규제 정책을 시행하는 지브롤터에서 세일을 실시했다. 그들의 목표는 1205만 달러였다. 그들은 여기서 새로운 메커니즘을 시도했다. 선착순 방식의 ICO 대신에 네덜란드식 경매를 선택한 것이다. 이 말은 시작 가격인 30달러가 최고 가격이 되고, 시간이 흐를수록 그 가격이 점차 떨어져 2주일 후에는 5달러가 될 것이라는 의미였다. 이론적으로 사람들은 일찍 사서 더 많은 돈을 지불하는 대신에 그들이 생각하기에 가장 합리적인 선에서 입찰하게 된다.

그들은 세일을 위해 1만 개의 토큰을 준비했다. ICO가 있기 한 달 전에 그들은 세일이 1~3주간 계속될 것으로 예상했다. 하지만 거대한 FOMO('Fear Of Missing Out'의 약자로, 모두가 수익을 내는데 자신만 그 기회를 놓칠까 봐 불안한 마음이 드는 것을 가리킨다-옮긴이)가 형성되면서 4월 24일 단 11분 만에 최고 금액을 끌어모았다. 그들은 준비해놓은 100만 개 토큰 중 4.2퍼센트만 판매했다. 최종 가격은 GNO당 29.85달러였다.[18] 8일 후 GNO가 거래소에 도달했을 때, 이들 암표 장수, 즉 구매자들은 코인 하나당 92달러를 받을 수 있었다. GNO는 두 달 만에 361달러에 이르렀다. 출범하지 않았고, 그리고 새롭게 열린 깃허브와 더불어 대부분 백서 상태였던 그 프로젝트는 95억 달러의 가치를 갖게 된 것이다.

ICO의 구체적인 시각적 분석을 만들어낸 컨센시스의 한 개발자에 따르면, 일부 그노시스 세일 참가자들은 스마트 콘트랙트에 의해 가능해진 기능을 활용했다.[19] 가령 크라우드세일이 시작되는 순간, 현지시각은 새벽 1시인 상하이에 있는 한 구매자는 그에 앞서 소위 프로그램 입찰 그룹programmatic bidding ring에 자신의 주문을 넣어둘 수 있었다. 이 그룹은 사람들의 이더를 모아서 세일이 시작됐을 때(그 구매자는 잠을 자는 동안에) 구매자들을 대신해 이를 제출하고 GNO를 전송해줬다. 구매자는 법적 책임을 지는 CEO가 있는 기업에 대한 신뢰를 필요로 하지 않았다. 그들이 신뢰할 대상은 오직 코드뿐이었다.

아주 많은 사람들이 크라우드 세일에서 도박, 즉 투자를 위해 이더를 구매하면서 가격이 치솟았다. 4월 말 이더는 79달러에 거래됐으나, 며칠 후에는 97달러에 마감했다. ICO 측면에서 볼 때, 5월은 4월을 변덕스러운 기간으로 보이게 만들었다. 5월 22건의 ICO가 행해지면서 2억 2900만 달러를 끌어모았다. 2명의 친구에 의해 시작된 소규모 프로젝트인 MEW의 트래픽 규모는 5개월 만에 10배로 증가했다. 접속 건수는 1월에 10만 회에서 5월 100만 회로 급증했다.

그해 겨울, ICO들이 크게 성장하면서 코살라는 그 커뮤니티와 접촉하고 있던 테일러가 MEW의 자체 개발 목표를 관리하는 동안 계속해서 추가 요청했던 모든 토큰을 따라잡는 것은 불가능하다는 사실을 깨닫게 되었다. 그들은 "맞춤형 토큰 지원"을 만들기로 했는데, 이를 통해 누구나 어떤 ERC-20 토큰이든 MEW에 추가할 수 있도록 했다. 코살라와 테일러는 좀 더 편리하게 일을 처리하기 위해 이런 일을 했는데, 이제 무작위 ICO는 MEW에 그들의 토큰을 지원해달라고 요구할 필요가 없게 됐다. 발행자 스스로 이를 추가할 수 있게 됐기 때문이다. 이는 뉴욕 증권거래소가 기업들이 주식을 거래할 수 있도록 허용하는 것과 비슷하다고 할 수 있다.

5월 17일 "멈출 수 없는 조직"을 구축하는 데 일조하겠다는 목표로 아라곤Aragon은 총 3만 ETH(270만 달러)를 넘어서는 651건의 거래가 가스비, 즉 거래 수수료 부족으로 성사되지 못했음에도 불구하고 불과 25분 만에 2480만 달러를 끌어모았다.[20] 5월 19일 이더는 130달러에 근접한 수준에서 마감했다. 이틀 후에는 158달러에서 몇 센트 빠지는 가격에 마감했다. 최대 규모의 블록체인 컨퍼런스인 컨센서스Consensus가 뉴욕에서 열린 5월 22일, 그 가격은 174달러에 이르렀다.[21] 그리고 컨센서스 행사의 마지막 날인 5월 24일에는 228달러를 돌파했다.

5월 25일에는 오직 토큰에만 주목한 후속 컨퍼런스인 토큰 서밋Token Summit이 열렸다. 거기서 처음으로 암호 세상에 있지 않았던, 채팅 앱 서비스업체 키크Kik가 ICO를 하겠다고 발표했다. 같은 날 행해진 두 건의 ICO는 총 8400만 달러를 끌어모았다. "암호화폐를 기반으로 한 최초 모바일 게임 플랫폼"인 모바일고MobileGo는 5300만 달러를, 드롭박스Dropbox의 분산 버전이라 할 수 있는 스토리지Storj는 3000만 달러를 끌어모았다.[22] 토큰 서밋의 표가 초과 판매되어서 전 세계에서 날아온 수십 명의 사람들이 비가 오는 날씨에 문 앞에서 발걸음을 돌려야 했다. 다음 주 화요일인 5월 30일, 일일 거래량 기준으로 이더가 처음으로 비트코인을 넘어섰다. 그날 12억 달러에 달하는 이더의 주인이 바뀌었다. 그날 상한가는 20퍼센트 가까이 치솟은 234달러에 근접했다. 이를 기준으로 비트코인의 점유율은 50퍼센트 아래로 떨어졌고, 이더리움은 20퍼센트를 넘어섰다. 그리고 시가총액은 1월 1일 160억 달러의 2배가 넘는 356억 달러로 성장했다.

골렘 ICO가 MEW의 이더리움 노드들이 다운되도록 만들었을 때 깜짝 놀랐던 테일러는 토큰에 대한 대중의 수요가 증가하고 있다는 사실에 주목했다. 4월 6일 2건의 ICO가 있었고, MEW는 처음으로 시간당 225만 건의 요청을 받았다. 5월 2일 토큰카드TokenCard ICO의 경우, 한 레딧 사용자는 MEW가 ICO가 시작되는 순간 거래를 제출하거나 마무리 짓지 못했다는 글을 올렸다. 그 사용자는 MEW가 실패한 각각의 시도에 대해 적절한 작업을 한 것으로 보이지만, 다섯 번째 시도한 뒤에야 이더리움 블록체인상에서 거래가 진행됐다고 말했다.[23] 또 다른 사용자는 이는 어쩌면 1초에 15개 거래만 처리할 수 있는 블록체인과 관련된 문제일 수도 있다고 지적했다.[24]

이에 대해 테일러는 이렇게 답변했다. "젠장. 당신 말이 맞을지도 모릅니다. 이와 관련, 우리는 테스트를 진행 중입니다. 우리 쪽에 아무런 오류 기록이 없는 상태에서 대체 뭐가 문제를 일으켰는지 알아내기 위해 노력 중입니다. 우리는 에러 메시지를 받지 못했습니다. 우리는 대기가 없었습니다. 그리고 거래를 중단하지 않았습니다. 우리가 거래를 전송하고 채굴되지 않은 것은 바로 이런 경우에 해당합니다. 젠장. 망할 토큰 세일."[25] ICO에 뛰어들려는 수요는 대단히 강력했지만 이는 MEW의 노드를 압도하지 않았다. 이는 이더리움 그 자체에 과부하를 주고 있었다. MEW의 설명에 따라 그녀는 레딧의 글을 트윗으로 올렸다. "여러분, 그겁니다. 우리는 말 그대로 FOMO의 최대치에 도달했습니다. ICO는 이제 돌아갈 수 있습니다."

그러나 그것은 최대 FOMO와는 거리가 멀었다. ICO가 계속 성장하면서 테일러는 그것들에 그녀가 이름 붙인 "거래 풀 카니지 레벨tx pool carnage level"을 기준으로 등급을 매기기 시작했다. 그리고 토큰카드에 7점을, 아라곤에 6점을, 스토리지에 0점(그녀는 자신의 그래프에다가 이렇게 썼다. "예이! 사람들은 들어가기 위해 10분 이상을 기다려야 했다!!!!")을 줬다. 그리고 5월 말 미스터리움Mysterium ICO에는 9점을 줬다.

5월 31일 베이직 어텐션 토큰Basic Attention Token, BAT ICO가 있었다. 이는 30일 동안, 혹은 15만 6250ETH에 도달할 때까지 계속될 예정이었다. 그런데 BAT는 단 24초 만에 210명의 구매자에게서 3600만 달러를 끌어모았다(참가자당 평균 17만 1000달러가 조금 넘는 금액이다). 그중 한 사람은 407만 달러에 달하는 토큰을 사 들였고, 또 다른 사람은 자신의 구매가 확실하게 처리되도록 만들기 위해 거래 비용으로 6375달러를 지불했다.[26] 시도된 거래 중 1.89퍼센트만이 들어왔다. 참가하고자 했던 이들은 그 세일에 참여하기 위해 시도하는 과정에서 거래 비용으로 6만 7000달러를 지불했다.[27] 그날 이더는 고점을 다시 쓰면서 237달러에 육박했다. 테일러는 MEW 계정으로 다음과 같이 트윗을 올렸다.

블록체인 카니지 레벨: FFS, 왜 지금도 보내고 있는가?!?!?!?! 24초 만에 끝났다! 3블록!!! #batshitcrazy

거래소 직원들을 위한 채팅 그룹에서 셰이프시프트의 누군가는 BAT의 ICO로 인해 발생한 밀린 업무 때문에 다시 한번 블록체인상에 뭔가를 올리기 위해서는 추가로 7~8시간 정도 걸릴 것으로 예상했다. 그 무렵, 테일러는 블록체인과 데이터베이스를 구분하지 못하는, 하지만 빨리 많은 돈을 벌기 원하는 완전한 문외한의 질문에 집중하고 있었다. 그녀는 잠에서 깨자마자 문의 사항에 답변을 달았고, 그녀가 처리할 수 없는 것들은 질문을 스크린샷으로 찍어 코살라에게 보냈다. 그녀는 MEW 사용자들이 가령 비트코인으로 이더를 살 수 있도록 서비스해주는 바이티와 접촉하고 있었다. 그녀는 다양한 슬랙 계정으로 사람들의 질문에 대답했고, MEW 트윗 계정에 들어오는 다이렉트 메시지에 답변을 보냈다. 그러다 보니 토큰 세일이 있을 때면 새벽 3~4시가 되어서야 잠자리에 들었다. 그러고는 정오까지 잤다. 100만 명의 방문객이 찾았던 5월, 테일러는 정신이 하나도 없다고 호소했는데, 6월에 MEW를 찾은 방문객은 무려 270만 명이나 됐다.

마이크로매니징

ICO가 크게 성장하면서 밍은 세부적인 일에 더 많이 신경 쓰게 됐다. 예전에 개발자들은 그들이 근무한 시간에 따라 청구서를 제출하고 지급을 받았는데, 밍은 그들 중 일부에게 업무와 관련해서 15분 단위의 보고서를 제출하라고 요구했다. 개발자들은 모든 정보를 제출했는데도 때로 이런 메모를 받았다. "충분히 구체적이지 않습니다." 밍은 개발자가 아닌데도 팀 과제의 우선순위를 정하려고 했다. 이에 일부 개발자는 그녀를 만족시키기 위한 최소한의 일만 하고 독자적으로 움직였다.

이더리움 위드드로 콘트랙트를 작성하고 이더리움을 기반으로 하는 도메인 네임 시스템Ethereum Name Service(그 웹 어드레스는 '.eth'로 끝난다)에서 일했던 닉 존슨은 그해 4월 런칭 기간 동안에 도움을 줄 자원봉사자를 받았다. 밍은 그 자원봉사자가 자신을 이더리움 재단의 일원이라고 말하고 다니지 않을까 걱정됐다. 그녀는 예전에 특정한 이득을 노리고 재단의 자원봉사자라고 주장하는 사람들을 본 적 있다고 말했다. 밍은 이렇게 썼다.

그의 언어와 행동은 위험합니다. 우리는 이와 관련해서 뭔가를 해야만 합니다. 우리에게 상당한 비용을 안겨줬던 2014년과 2015년 문제들을 정리하는 과정에서 잠

재적 문제를 포착하는 저의 레이더는 어느 때보다 예민해져 있습니다.

5월 이더리움 도메인 네임에 입찰할 때, 밍은 이더리움 재단이 엔터프라이즈 이더리움을 위한 상표권을 갖고 있었기 때문에 엔터프라이즈 이더리움 연합이 원하는 도메임 네임에 입찰하기를 원했다. 닉은 "그렇게 공식적인 영역에서 우리가 엔터프라이즈 이더리움 연합과 마찰을 빚는 것을 정말로 원합니까?"라고 물었다.

아래는 이들의 채팅 내용이다.

범퍼 챈: 그건 마찰이 아닙니다. 상표권은 우리에게 있습니다.

닉 존슨: 알고 있습니다. 하지만 상황을 모르는 사람들의 눈에 어떻게 보일지 걱정이군요.

범퍼 챈: 그들에게는 제한적인 라이선스 계약밖에 없어요. 우리에겐 이미 상표권이 있다고요. 우리의 IP를 지키는 일에 관심을 기울여야 해요. 조는 이미 무시하겠다는 발언을 했어요. 저와 우리 변호사들에게 분명히 말이죠. 컨센시스를 위해 '이더리움'을 사용하겠다는 말까지 했습니다.

닉 존슨: 재단 외부 사람들은 무슨 상황인지 모르잖아요.

범퍼 챈: 조는 신뢰할 수 없을 뿐만 아니라 성격도 좋지 않다는 사실을 분명하게 보여줬어요.

닉 존슨: 그들은 EEA와 관련된 이름을 우리가 사용하지 못하게 막고 있다고 생각하고 있어요.

밍은 나중에 재단 외부 사람들은 현 상황을 알지 못한다는 닉의 지적에 이렇게 대답했다. "아이러니합니다. 저는 단지 세상에 그 사실을 알리고 싶을 뿐입니다. 조, 컨센시스, EEA는 사람들이 상황을 아는 것을 원치 않아요. 우리는 그에 대해 아무런 이야기도 하지 않음으로써 그들을 인정하고 있는 셈입니다."

또한 밍은 앞으로의 경영적 움직임이 어떻게 이뤄질지에 대해 암시했다. EEA와 관련된 도메인 네임에 대해, 그리고 조를 신뢰할 수 없다는 내용에 대해 이야기를 나눈 후 밍은 자신이 합류한 2015년을 언급하면서 이렇게 썼다.

저는 많은 문제를 물려받았습니다. 그래도 약 21개월 동안 20가지 주요 문제들 중 17가지가 해결됐습니다. 그리고 조만간 19가지가 해결될 겁니다. 물론 이번 문제만으로 수개월은 노력해야 할 테지만, 그럼에도 대단한 성과임은 분명합니다. 지금 저는 제3의 나쁜 사람들보다 훨씬 더 중요한 재구축 문제를 처리하고 있습니다.

그리고 20분 후 그녀는 이렇게 썼다.

세상에!!

지금은 자세히 이야기할 수 없지만 조, 컨센시스와 관련된 최악의 뉴스를 갖고 있습니다. 놀랍게도 신뢰라고는 찾아볼 수 없는, 우리 세상에서 가장 값비싸고 문제 많은 두 사람이 뭉쳤습니다! 그리고 그들은 그 분명한 증거를 스스로 보여주고 있습니다.

스위스 대표와 법률팀은 이 문제를 해결하는 데 힘을 모아야 합니다. 또한 작년 가을부터 제가 추진하고 있는 다른 조직적인 개선책도 성과가 기대됩니다. 저는 이 순간을 즐기고 있습니다. 물론 해야 할 일이 남아 있지만, 모든 고통은 감내할 만한 가치가 있습니다. 그 전반적인 영향은 우리 재단과 개발자에게 긍정적으로 작용할 겁니다.

지금까지 말한 모든 것은 진실입니다.

진실이야말로 최고의 방어막입니다.

부디 저를 시험하지 마시길.

저의 과격함을 오해하지 마세요. 저의 시끄러운 목소리와 장황한 문자에도 불구하고 문제를 해결하고 논리적으로 생각하는 제 능력이야말로 제가 성취를 얻고, 제가 착수한 모든 일과 관련해서 평생 성공을 할 수 있었던 이유입니다. 저는 불안이나 결핍을 느끼지 않습니다. 이는 저는 물론 제가 함께 일하는 모두에게 좋은 소식입니다.

일반적으로, 일단 힘든 상황이 지나가고 나면 제 임무는 끝나고 저는 부드럽게 돌아가는 기계를 다른 사람에게 건네줄 수 있게 됩니다. 사람들은 대부분 힘들거나 즐겁지 않은 일을 하려고 들지 않습니다. 왜 그러려고 하겠습니까. 혹은 이를 감당할 수 있는 전반적인 능력을 갖추고 있지 않습니다. 바깥세상에는 저 같은 이들이 많습니다. 그들 또한 일반적으로 많은 스트레스를 받고, 과중한 부담을 떠안고, 그리고 열정적입니다.

여전히 지적인 자극과 도전이 되기 때문에 암호화폐는 다른 일반적인 일보다 제가 오랫동안 집중하게 합니다. 물론 팀의 지원이 없었더라면 불가능했겠지요. 그럼에도 불구하고 제가 해야만 하는, 즐겁지 않은 (구조조정) 업무는 빨리 진척될 것입니다.

그 무렵 밍은 데브콘 3과 관련해서 일하기 시작했고, 새로운 조수인 토야 부둥구드Toya Budunggud가 들어왔다. 토야는 상하이에서 열린 데브콘 2에서 자원봉사자로 활동했고, 중국 이더리움 커뮤니티 이드판즈Ethfans에서 일한 경험이 있었다. 토야는 데브콘 3과 관련해서 일하기로 되어 있었지만, 밍은 무엇보다 자기 개인 조수로서의 업무를 잘 수행하는 것이 중요하다고 말했다. 당시 두 사람은 케이시와 함께 이더리움의 추크 아파트에서 살고 있었는데, 거기에는 거실과 업무실, 그리고 2개의 침실이 있었다. 전자공학 및 컴퓨터공학 학위를 받은 토야는 또한 밍의 식료품 쇼핑과 요리를 거들기도 했다.

첫날 토야는 이더리움 관련 회의를 위해 케이시 디트리오의 항공권과 베를린 호텔을 예약하는 일을 맡았다. 하지만 회의 장소가 최종적으로 결정되지 않은 데다 밍이 인근에 숙소를 예약하기를 원했기 때문에 토야는 그 일을 마무리할 수 없었다. 토야는 원래 정한 장소에서 유일하게 예약 가능한 호텔은 800유로 정도 비용이 든다고 보고했다. 이는 대략 한 자릿수 정도의 이더에 불과했음에도 밍은 너무 비싸다고 생각해서 회의 주최자와 몇 시간 동안이나 언쟁을 벌였다.

또한 토야가 근무한 첫날, 컨센시스는 데브콘 3 입장권을 무려 100장 넘게 구매했다. 이에 밍은 허드슨 제임슨과 제이미 피츠에게 스카이프로 전화를 걸어 마구 소리를 질러대기 시작했다. 단일 조직이 구할 수 있는 입장권 수에는 한계가 있는데, 컨센시스의 이러한 구매는 데브콘 3을 방해하기 위한 시도 내지는 위협이라고 밍은 비난했다. 결국 제이미는 모든 티켓을 취소해야 했다.

공격적인 스타트업으로서 혹독함을 겪는 대신에 프로젝트를 그들의 보호 아래 둔 데다 조가 직원들에게 월급을 주는 중앙집중형 방식 때문에 컨센시스는 그들의 개발자를 대신해서 입장권을 구매했다. 그들은 개발자 할인을 적용받기 위해 이더리움 재단에 입장권을 신청할 수도 있었다. 이에 대해 밍은 토야에게 컨센시스의 구매 신청에 보다 까다롭게 대처하라고 지시했다. 그 "공식적인" 이유는 컨센시스가 데브콘 행사의 다양성을 위축시킬 수 있으며, 이더리움 재단은 컨센시스 외부 인사들이 보다 쉽게 입장권을 구할 수 있기를 원하기 때문이라는 것이었다 (이 말을 들은 조의 반응은 이랬다. "우리는 밍의 말도 안 되는 생각에 따라 일하는 데 익숙합니다.").

그러나 토야의 설명에 따르면, 밍의 반대는 무엇보다 조에 대한 그녀의 불만에서 비롯된 것이었다. 밍은 조가 자신을 이더리움 공동설립자라고 말하는 것조차 싫어했다. 밍은 그를 초기 투자자 정도로만 여겼다.

382

또한 밍은 조가 나르시시스트며 이더리움에 대한 그의 관심은 진중하거나 순수한 것이 아니라 돈과 명예를 위한 욕망에서 비롯된 것이라고 비난했다(한편, 조는 자신은 평생 돈을 위해 뭔가를 해본 적이 없으며, 세상에 자신의 이름이 널리 알려지는 것도 원치 않는다고 말했다). 토야가 느끼기에, 밍은 조를 싫어하기로 결론 내리고는 어떻게든 그를 미워할 만한 더 많은 이유를 찾는 것 같았다.

그 무렵, 조와 함께 일하는 비디오 예술가인 아서 폴즈가 몇몇 사람에게 이메일을 보냈다. 수취인 목록에는 조와 앤드루, 컨센시스의 여러 사람에 더해 이더리움 커뮤니티의 몇몇 사람도 포함되어 있었다. 이메일에서 아서는 비탈릭에게 밍의 해고를 요구하는 공개서한을 보낼 생각이라고 밝혔다. 한번은 이더 가격이 150달러에서 400달러 사이를 왔다 갔다 할 때, 그리고 이더리움 재단의 런웨이가 몇 년으로 길어졌을 때, 아서와 이더리움 커뮤니티의 개발자들 및 이더리움 재단은 아주 많은 프로젝트가 승인 받지 못했으며, 이더리움 재단의 현금 보유고가 넉넉할 때도 재단의 급여가 너무 낮았다는 사실에 크게 실망했다(당시 많은 ICO가 이더로 추진되는 가운데 새롭게 등장한 많은 토큰 팀들이 후한 연봉 패키지를 내세워 개발자들을 빼내가고 있었다). 게다가 밍은 아서가 이더리움 친화적인 자신의 팟캐스트 방송을 위해 그녀와 더불어 이더리움 재단 직원들을 인터뷰하겠다고 요청하는데도 내내 외면하고 있었다. 밍은 그의 의도를 수상하게 여겼다. 아서가 공개서한을 보내겠다고 밝히자 많은 이들이 반대했다. 그들은 그와 비슷한 서한을 작성해서 50명의 커뮤니티 회원들에게 서명을 받을 계획이었기 때문이다.

비탈릭은 그 사실을 전혀 알지 못했다. 비탈릭이 처음으로 밍을 내보내려고 생각한 지 1년 정도 흘렀다. 당시 비탈릭은 싱가포르에 있는 EAPL에서 밍 없이 일하는 자유와 기쁨을 만끽하고 있었기에 두 사람의 관계는 더욱 소원해져 있었다. 밍은 추크에서 토야에게 이런 말을 했다. "우리는 더 이상 함께하지 않습니다." 밍은 비탈릭이 추크나 북미에서 자신과 함께 시간을 보내지 않고 싱가포르와 아시아 지역에서 대부분의 시간을 보내는 것에 대해 화를 내고 원망했다. 하지만 토야는 비탈릭이 그녀의 곁에 없을 뿐만 아니라 그녀의 영향력이 약해져가고 있었기 때문에 밍이 낙담한 것이라는 사실을 눈치챘다. 재단에서 그녀가 갖는 힘의 바탕에는 비탈릭의 지지가 있었다. 비탈릭이 언쟁을 싫어하고 좀처럼 거절하지 못하는 성격이라 그의 곁에 있는 이들이 그의 결정을 흔들기 쉬웠다. 실제로 사람들이 비탈릭에게 불만을 제기할 때마다 밍이 내린 결정은 번복되기 일쑤였다.

무엇보다 2016년 비탈릭은 중국의 이더리움 사업가 판디아 지앙Pandia Jiang과 교제하기 시작했다. 두 사람을 모두 알고 있던 토야에 따르면, 2017년 5월 무렵부터 밍과 판디아는 서로를 싫어했다. 밍은 판디아가 비탈릭에게 관심을 보인 것은 사랑 때문이 아니라 경제적 이득이나 자신의 직업적 성취를 위해서라고 생각했다. 밍은 "비탈릭은 나쁜 사람들에게 둘러싸여 있어"라고 말하곤 했다. 토야는 판디아가 그런 사람 중 하나라고 이해했다. 판디아가 행사 주최자이며, 당시 데브콘은 "이더리움 재단의 유일하게 명백한 상품"이라는 사실 역시 둘의 관계에 도움이 되지 않았다. 밍은 판디아의 컨퍼런스가 데브콘에 대한 관심을 빼앗아갈까 봐 걱정했다.

두 사람의 관계가 처음부터 좋지 않았던 것은 아니다. 두 사람의 관계는 2016년 9월 열린 데브콘 2에서 판디아가 연설자로 나설 정도로 괜찮았다. 그러나 2017년 2월 파리에서 열린 판디아의 첫 번째 행사인 에드콘EdCon 기획 과정 중 어떤 시점부터 밍은 에드콘이 의도적으로 스스로를 "공식 행사"로 내세우고 있다고 느끼기 시작했다. 이에 대해 밍은 이렇게 말했다. "이더리움 재단이 그 명칭과 브랜드를 지키기 위해 적극적인 조치를 취하지 않으면, 스위스에서 이더리움 재단의 법적 지위는 위협받게 될 것이다." 그리고 그럴 경우 법적 행동을 취할 수밖에 없다고 강조했다.

데브콘 3 행사를 기획하는 과정에서 밍과 판디아 사이의 앙금은 업무적으로도 위험 요소였다. 잠재적인 데브콘 3 후원자가 판디아를 찾아가면, 판디아는 그 사람을 토야에게 소개해줬다. 그러나 토야는 그 사람을 판디아에게 소개받았다는 사실을 비밀로 해야 했다. 토야는 이렇게 말했다. "그렇지 않았으면, 밍은 그 사람의 자격과는 무관하게 계약에 서명하는 것을 고려하지도 않았을 겁니다."(판디아는 밍이 자신에게 적대적인 태도를 보이면서부터 그녀를 싫어하기 시작했다고 말했다. 토야의 설명에 따르면, 둘 사이의 감정은 11월에 열린 데브콘 3 행사 때까지 계속해서 심해졌다. 당시 비탈릭과 판디아, 그리고 비탈릭의 친구들이 사전에 예약한 에어비앤비를 찾았을 때, 밍은 다른 숙소에 머물고 있었는데도 계속 그 자리에 있었다. 결국 판디아는 밍이 떠날 때까지 비탈릭의 친구와 함께 거리를 떠돌았다) 이에 대해 비탈릭은 이런저런 변명을 꾸며내기를 원하지 않는다며 언급을 거부했다.

그 무렵 비탈릭은 밍이 그녀를 인정하지 않고 의도적으로 거리를 두고 있으며, 자신을 비난했다고 말했다. 그녀는 그런 상황에 프로답게 대처하지 못했다. 그녀는 울었다. 그리고 비탈릭도 울게 만들었다. 오랜 시간이 지난 뒤에야 비탈릭은 그녀의 주장이 터무니없다고 생각하게 됐다.

토야가 밍을 위해 일하기 전에, 베를린 사무소 ETH 데브의 매니저 크리스티안 뵈멜Christian Vömel은 밍이 베를린 사무실 개발자 몇몇에게 사무실을 폐쇄하거나 이전할 것이라며 그 사실을 자신에게 절대로 말하지 말라고 했다는 이야기를 들었다. 당시 COO 겸 대표인 켈리 베커는 출산 휴가 중이었고, 크리스티안은 대리인 자격으로 켈리와 협의해 공식 서류에 서명하는 권한을 갖고 있었다. 그런데 밍이 크리스티안과 의사소통하는 것을 중단하면서부터 그는 ETH 데브를 운영하기가 어려워졌다.

크리스티안은 2월에 승진했는데, 밍은 3월부터 그와 의사소통하는 횟수를 크게 줄였고, 4월에는 한마디도 나누지 않았다. ETH 데브가 폐쇄되거나 구조조정 대상이 될 것이라는 소식을 전해 들은, 그리고 자신의 이름이 이더리움 재단의 스카이프 채널에서 사라진 것을 확인한 크리스티안은 밍에게 이메일을 보내 자신의 고용 상태에 대해 물었다. 그에게는 아이가 둘이나 있었다. 밍은 그에게 1년 동안 아무런 말도 듣지 못했고, 그가 오직 ETH 데브의 CEO인 프리스요프 바이너트 밑에서만 일하는 것 같다고 설명했다. 또한 자신이 이더리움 재단을 통해 도움을 요청했지만 그가 거절했으며, ETH 데브는 영리회사이므로 이더리움 재단과 명백하게 거리를 둬야 한다고 덧붙였다.

ETH 데브와 이더리움 재단의 계약에 따르면, 이더리움 재단은 급여와 관리비 및 세금을 납부하는 데 필요한 자금을 26일이나 27일 보내기로 정해져 있었다. 그런데 2017년 초부터 이더리움 재단은 ETH 데브에 자금을 점점 더 늦게 보내기 시작했다. 5월에는 지불일 이틀 전까지도 자금이 들어오지 않았다. 이로 인해 사회보장에 관한 책임을 다하지 못하자 캘리가 개인적으로 책임을 져야만 했다. 더 나아가 독일 법률은 기업이 향후 3개월 동안 유동성 문제가 있을 것이라는 사실을 인지하면 파산을 위한 절차를 시작해야 한다고 규정하고 있었다. 그렇게 하지 않을 경우, 대표는 형사책임을 져야만 했다.[28]

밍과 이더리움 재단은 계약을 수정하지 않은 채 이더리움 재단이 ETH 데브에 지불하는 금액을 삭감하기로 일방적으로 결정했다. ETH 데브에는 상당수의 프로그래머와 계약직 직원들이 일을 하고 있었다(이더리움 재단 이사회 멤버인 패트릭 스토체네거는 이후 그러한 결정에 대해, 그리고 지불을 미룬 것에 대해 부인했다). 그 당시에 작성된 2가지 서류는 프리스요프와 켈리가 밍과 패트릭에게 연락을 취해 무슨 일이 벌어진 것인지 물었지만 아무런 대답을 듣지 못했다는 사실을 보여준다. 켈리는 특별한 조치를 취하지 않으면 ETH 데브가 문을 닫을 수밖에 없을 거라고 강조했다.

켈리는 6월 둘째 아이를 출산할 예정이었다. 사회보장과 관련해서 개인적으로 책임을 지고 형사책임에 직면하게 될 위험을 감수하기에는 최악의 상황이었다. 결국 켈리는 출산하기 전에 패트릭 등 재단 변호사들과 3일에 걸쳐 회의를 하기로 일정을 잡았다. 회의의 목적은 그녀가 대표 권한을 패트릭에게 넘기는 것이었다. 회의장에 들어선 켈리는 밍이 거기 있는 것을 보고는 흠칫 놀랐다.

밍과 패트릭은 회의 도중에 켈리가 이더리움 재단에 회계 관련 정보를 넘기지 않았다고 비난했다(패트릭은 그 사실을 부인했다). 계약에 따르면, 이더리움 재단이 정보를 요구할 경우 ETH 데브는 적절한 시기에 이를 넘겨주도록 되어 있었다. 그런데 관련 서류를 보면, 이더리움 재단은 정보를 달라고 요구한 적이 없었다. 켈리는 이더리움 재단이 요청했다면 당연히 정보를 전달했을 거라고 답했다. 결론적으로 그들은 패트릭이 켈리의 권한을 넘겨받기로 합의했다.

밍은 구체적으로 언급하지 않았지만, ETH 데브의 예산을 면밀히 들여다보면서 프리스요프가 최대 10만 달러에 이르는 자금을 횡령했으며, 켈리와 크리스티안이 그 사건에 연루되어 있다고 확신했다. 켈리의 말에 따르면, 고용되는 것을 거부해서 독립 계약자로 남아 있던 프리스요프는(그는 자신이 계약직을 제안 받았다고 말했지만) 네덜란드 조직을 제외하고 모든 이더리움 조직의 재무에 부분적인 책임이 있었다. 그는 적절한 회계와 행정 및 세무 관리 없이 오랜 기간에 걸쳐 상황을 깨끗하게 정리해야 할 책임을 맡고 있었다. 비탈릭은 그에 대한 의혹이 사실인지 직접 알아보지 않았다. 패트릭은 이후에 이와 관련해서 아무런 증거가 없다고 말하면서도, 이더리움 재단은 투명성을 높이기 위해 모든 일을 서류로 정리하는 노력이 필요하다고 지적했다.

프리스요프가 횡령했다고 의심하는지 물었을 때, 패트릭은 아무런 근거 없이 비난할 수는 없다고 답했다. 프리스요프는 이렇게 말했다 "우리는 법적인 일반회계기준Generally Accepted Accounting Principles, GAAP과 세금, 급여, 사회보장 등에 관련된 2건의 외부 감사를 아무런 문제 없이 통과했으며, 감사 담당자들은 완벽하게 깨끗하다는 의견을 주었습니다." 밍은 이 문제와 관련해서 크리스티안과 켈리, 혹은 프리스요프에게 직접적으로 따져 묻지 않았다. 그리고 이 문제와 관련해서 조사를 진행하는 데 도움이 될 만한 정보를 이들에게 요청하지도 않았다. 프리스요프는 이렇게 말했다. "이 같은 문제가 논의되거나 제기된 적도 없습니다." 그럼에도 불구하고 밍은 나중에 자신의 조수와 재단의 다른 개발자들과 오랫동안 전화 통화를 하면서 그들이 재단에서 돈을 훔쳐갔다는 듯 이야기를 했다.

켈리와 밍, 패트릭, 그리고 그들의 변호사들이 회의를 한 뒤 크리스티안과 켈리는 사표를 냈다(크리스티안은 그가 사임했다는 소식을 들은 밍이 그에게 스카이프 메시지를 보내서 머물러줄 것을 요청했다고 말했다). 패트릭과 밍은 이 문제와 관련해서 논의하면서 더 높은 투명성이 필요하고, 프리스요프가 그들과 함께 계속해서 일할 수 있을 것으로 생각되지 않는다고 결론지었다. 프리스요프는 그들과 함께 사임 요청에 동의했다. 크리스티안이 아무런 통지를 하지 않았음에도 불구하고 그는 켈리에게 자신의 사직서를 처리해줄 것을 요청했다. 이는 ETH 데브 대표로서 켈리가 처리한 마지막 업무였다.

밍이 당시 이사회 멤버였던 라스 클라위터에게 우연한 기회에 이야기한 것처럼, 이제 그녀는 "(그녀) 자신의 자문위원회(켈리가 아닌)를 선택할 수 있게 됐다." 그리고 그녀는 "비탈릭과 함께 관리 권한을 얻었다."

ICO 열풍, 무엇을 남겼는가

2017년 폴로닉스는 그 규모가 2016년 12월보다 50~75배 증가했다.[29] 고객 등 회사 규모가 급격히 늘어나고 그 결과 절차가 복잡해지면서 직원들은 업무에 파묻혀버렸다. 20명 정도의 직원이 500만 개에 달하는 계좌를 관리하는 상황인데도 폴로닉스는 조직에 아무런 투자도 하지 않았다. 고객이 제출한 신분증을 그들이 찍은 셀프 사진과 비교하고 그들이 기입한 주소의 진위 여부를 확인하기 위해 많은 기업들이 그렇게 하듯 고객 파악 제도 서비스를 제공하는 서드파티 기업(제3자 기업-옮긴이)을 고용하는 대신 폴로닉스 직원들이 신분증을 하나씩 직접 처리했다. 한 매니저의 증언에 따르면, 5명이 10만 건이 넘는 질문을 처리했다고 한다.

2017년 상반기에 조니 가르시아는 몇몇 트롤박스 중재자들을 새로운 지원 관리자로 "전환"해서 총 8명으로 만들었다. 조니의 이야기에 따르면, 줄스는 직원들이 사무실에 들어서자마자 전화기를 사물함에 집어넣도록 했고, 사무실에서 음악을 듣지 못하게 했다. 또한 보안 때문이기도 하지만, 컴퓨터로 인터넷을 하지 못하도록 막았다. 그래서 직원들이 그들의 컴퓨터로 오직 업무만 할 수 있었다. 직원들은 헤드셋을 쓰고 일했기 때문에 다른 이들과 대화할 수도 없었다. 사무실 공간은 카메라로 녹화됐고, 직원들은 오직 채팅을 통해서만 의사소통을 할 수 있었다(줄스는 나중에 다이렉트 메시지를 포함해 직원들간의 채팅 내용을 모두 들여다보고 있다는 사실을 직원들에게 알렸다).

한편, 폴로닉스 소유주들은 낮은 관리비와 더불어 일일 거래 규모가 10억 달러에 달하는 즐거운 날들을 누렸다. 한 관계자는 폴로닉스의 수익률이 놀랍게도 90퍼센트에 이른다고 말했다. 폴로닉스는 종종 하루에 100만 달러 이상 수익을 올리기도 했다. 가령 6월 12일로 끝나는 주에 거래 규모는 50억 달러, 평균 일일 순수익은 160만 달러에 달했다. 어떤 날은 300만 달러를 끌어모으기도 했다. 직원들은 이러한 회사 상황에 대해 잘 알지 못했지만, 그래도 트랙 경주를 즐기는 마이크가 BMW 자동차를 수집하고 있다는 것은 알고 있었다. 줄스와 마이크는 몇 달 동안이나 금융 규제를 완전히 준수하기 위해 강력한 KYC 절차를 구축해야 한다는 주장에 저항했다. 그러다가 그들은 갑자기 입장을 바꿔서 폴로닉스의 돈세탁 방지 프로그램을 전체적으로 개선하는 것을 기업의 우선순위로 삼았다. 그리고 이를 바탕으로 제재를 받는 국가의 개인이나 테러리스트에게 대응하겠다고 밝혔다. 8월 말 폴로닉스 소유주들은 결국 마음을 바꿔서 서드파티 KYC업체인 주미오Jumio와 협력 관계를 맺었고, 9월 해당 프로그램을 플랫폼으로 통합했다.

그해 봄, 줄스와 마이크는 트리스탄이 그랬던 것처럼 좀처럼 모습을 드러내지 않았다. 대신에 그들은 새로운 직원인 루비 슈Ruby Hsu를 채용했다. 그녀의 채용과 관련해서 아무런 발표도 없었기 때문에, 몇몇 직원은 갑자기 나타나서 모든 것을 요구하는 이 사람이 대체 누구인지 줄스에게 물었다. 줄스는 자신이 변호사, 규제기관에 얽매여 있다며 루비가 자신의 일을 대신해줄 것이라고 설명했다. 그러면서 루비를 트리스탄과 줄스, 마이크를 하나로 묶은 사람인 것처럼 대해 달라고 부탁했다. 그러나 직원들은 루비를 소유주들이 나설 필요 없이 그들을 괴롭히기 위해 특별히 고용된 인물이라고 생각했다.

그러는 동안에도 ICO 규모는 점점 커지고 있었다. 5월 31일 BAT가 ICO를 통해 24초 만에 3600만 달러를 끌어모았고, 13일이 지난 6월 12일, 방코르Bancor ICO가 시작됐다. 텔아비브에 기반을 두고 분산 유동성 프로토콜을 구축하고 있던 방코르 팀은 세일이 시작된 날 아침에 실리콘밸리의 유명 벤처 자본가인 팀 드레퍼Tim Draper의 후원을 받고 있다고 발표했다. 팀의 이전 투자처에는 핫메일Hotmail, 바이두Baidu, 스카이프Skype, 테슬라Tesla 등이 포함되어 있었다. 처음에는 미국 증권법을 위반하지 않기 위해 미국인을 막기로 결정했지만, 결국에는 허용하기로 방침을 바꿨다.[30] SEC와 관련된 방코르의 우려는 너무도 강력해서 그들은 ICO를 "TDE"라고 불렀다. 'TDE'는 '토큰 분배 행사token distribution event'의 약자다. 일부 팀들은 "암호화폐 공개initial coin offering"라는 표현을 사용하는 것은 본질적으로 SEC가 붉은 망토를 휘날리며 돌아다니는 것이나 마찬가지라고 생각했다. 또 다른 유명한 표현으로는 "토큰 생성 행사token generation event"가 있다.

또한 방코르 팀은 이전 토큰 세일에서 빚어진 실수에서 얻은 교훈들을 하나로 통합하고자 했다. ICO가 네트워크에 씨를 뿌리는 일이라고 생각한다면, 단 210명의 고래들(즉, 구매자들)에게만 판매했던 BAT의 한정 세일은 이상적인 형태의 ICO라고 보기 어렵다. 민주적인 접근 방식이라는 암호화폐 정신을 따르고자 했던 방코르는 최소한 한 시간을 요구하기로 결정했다. 이러한 결정 덕분에 원하는 이는 누구나 참여할 수 있을 게 분명했다. 그 시간 이후, 방코르 팀은 드러나지 않은 한도(25만 ETH)를 세웠다. 이는 수집된 이더가 한도의 80퍼센트에 도달할 때만 노출되도록 되어 있었다. 그 한 시간 동안에 한도에 도달하거나 이를 초과할 경우, 방코르는 즉각 문을 닫을 예정이었다.[31]

세일 기간 농안에 이더리움 블록체인의 작업이 밀려 있어서 일부 사용자는 거래 과정이 몇 시간이나 연기되는 상황을 감수해야 했다. 어떤 때는 3000건이 넘는 거래가 보류되기도 했다.[32] 방코르가 한도에 도달할 것이 확실시되자 팀이 25만 ETH 제한을 스마트 콘트랙트에 하드코드hard-code(데이터를 쉽게 변경할 수 없게 기록하는 작업-옮긴이)로 보내자 모든 거래가 멈춰버렸다. 그 결과, 방코르에는 15만 ETH(5100만 달러)가 더 많이 흘러들었다. 이로 인해 원했던 것보다 더 적은 지분을 받게 된 투자자들은 화가 날 수밖에 없었다.[33] 그러나 그들은 '10887' 어드레스에 판매할 수 있었다. 그리고 무엇보다 1억 5300만 달러에 가까운 돈을 끌어모으면서 더 다오를 뛰어넘었다. 그것도 한 달이 아니라 단 세 시간만에 말이다. 이더 가격이 415달러에 근접하면서, 그리고 시가총액이 371억 달러에 이르면서 신기록을 경신했다.

BAT ICO가 진행되는 동안 MEW에 시간당 9000건의 센드로 거래가 밀려들었을 때, 그리고 방코르 ICO 기간에 3만 건이 밀려들었을 때, 테일러는 깜짝 놀랐다. ICO의 움직임은 이더리움 내에서 엄청난 관심을 촉발했다. 이더가 391달러에 근접했던 6월 18일, 플리프닝이 가시권에 들어왔다. 비트코인의 시장점유율이 37.84퍼센트로 떨어진 반면, 이더리움은 31.17퍼센트로 성장한 것이다.[34] 당시 이더리움 시가총액은 344억 달러, 그리고 비트코인은 418억 달러였다.

이틀 후 또 다른 거대한 ICO가 모습을 드러냈다. 그러나 이번에는 세일을 민주화하기 위한 다른 아이디어가 시도될 예정이었다. 호주 퍼스 출신의 인터넷 마케터로 포커봇으로 큰돈을 번 재러드 호프Jarrad Hope와 오랫동안 그의 비즈니스 파트너였던 칼 베네츠Carl Bennetts는 오픈소스 메시지 전송 플랫폼이자 웹 3.0 브라우저인 스테이터스Status를 개발하고 있었다. 벤처캐피털리스트들이 부정적으로 반응하자 재러드와 칼은 크라우드로 시선을 돌렸다. 처음에 그들의 슬랙에는 3000명이 넘는 팬들이 있었는데 스테이터스Status.im가 ICO를 하겠다고 발표하자 회원 수가 1만 5000명 이상으로 늘어났다. 새로 유입된 사람들은 대부분 사기꾼과 피싱범, 그리고 "웬무너when-mooner", 다시 말해 비트코인이 "치솟을 때"만 관심을 보이는 사람들이었다. 상어들이 커뮤니티 주변을 어슬렁거리면서 실수로 떨어트린 개인 키를 낚아채기 위해 호시탐탐 노리고 있었던 것이다.

싱가포르에서 ICO가 시작되기 며칠 전, 재러드와 칼도 마침 그곳에 있었다. 재러드는 사람들에게 개인 키를 넘겨주지 말라고 경고하는 메시지를 읽었다. 그런 요구를 하는 사람은 피싱범일 수도 있었다. 그때 스크린에 창이 뜨더니 "¯_(ツ)_/¯"가 나왔다. 그리고 방화벽 앱에 유입되는 연결에 관한 알림을 마구 내뱉기 시작했다. 재러드는 급히 노트북을 끄고 칼의 호텔 방으로 달려가 문을 두드리면서 컴퓨터에 문제가 생겼다고 소리를 질렀다. 칼은 잠옷 차림으로 뛰쳐나왔다. 이후 두 사람은 두 시간 동안 스테이터스의 모든 계좌와 그들의 비즈니스, 그리고 개인적인 삶을 안전하게 만들기 위해 갖은 애를 썼다.

그들은 한편으로는 사기꾼들의 표적이 됐고, 다른 한편으로 SEC 같은 규제기관들의 질문 세례를 받게 됐다(SEC는 이에 대해 언급하는 것을 거부했다). 그들은 증권법을 위반하지 않기 위해 스테이터스 네트워크 토큰Status Network Token, SNT을 구축하기 위한 하위 테스트를 연구했고, IP 어드레스를 기준으로 미국 참가자들을 차단했다. 재러드는 거대한 바위가 굴러와 탈출구를 막으려는데 인디아나 존스의 손을 잡고 동굴을 빠져나가고 있는 것만 같은 기분이었다. 그는 시간을 아끼려고 '유럽의 소일렌트'라고 불리는 조일렌트만 먹으면서 하루 열네 시간 이상 일했다.

그들이 해결하려고 한 중요한 문제는 고래들이 엄청난 양의 토큰을 먹어치운다는 것이었다. WHG 멤버이자 재러드의 친구인 조르디 베일리나는 다양한 지점으로 올라가 변화하는 한도dynamic ceiling 혹은 숨겨진 하드캡hard cap(한도에 도달하면 자동적으로 종료되는 방식-옮긴이)을 활용하는 아이디어를 갖고 있었다. 예를 들어, 1200만 스위스프랑이 달성되면 첫 번째 하드캡이 시작된다. 이후 숨겨진 한도에 도달하면 출연 기간은 24시간, 혹은 그 이전에 중단된다. 또한 추가적이고 연속적으로 숨겨져 있는, 더 낮은 하드캡이 촉발되면 각각 특정 수의 블록 이후에 시작된다. 백서에 따르면, 그 목적은 "거대 투자자인 고래들이 전체 SNT 할당액을 차지하지 못하도록 막는 것"이었다.[35] 너무 많은 돈을 전송하면 일부는 받아들여지고 나머지는 되돌아갔다.

  싱가포르 시각으로 오전 4시 세일이 시작된 뒤, 재러드는 가슴이 철렁 내려앉았다. 돈이 하나도 들어오지 않았던 것이다. 잠시 뒤, 그는 사람들이 엄청나게 많은 액수를 한꺼번에 전송해서 콘트랙트가 이를 거부하는 바람에 이런 결과가 나타났다는 것을 알게 됐다. 몇 분 후, 그렇게 승인되지 못한 거래는 1만 1000건에 달했다. 금액으로는 45만 481ETH(1억 6710만 달러)였다.[36] 이는 더욱더 많은 거래를 일으켜 네트워크를 막아버렸다. 거래가 거부된 사람들이 계속해서 새로운 거래를 전송한 것이다.[37]

  이더리움상에서 다른 시도를 하는 것은 사실상 불가능해 보였다. 이더리움 도메인 네임을 경매하기 위한 입찰들은 실패로 돌아갔다. 이더리움 자체가 완전히 정체되어 있었기 때문이다. 스테이터스 ICO는 24시간 동안 진행됐고, 모든 시간대에 참여를 허용했다. 결국 스테이터스는 1억 달러가 넘는 돈을 끌어모았다(한 커뮤니티 멤버는 이렇게 말했다. "스테이터스는 챗 스티커와 광고를 위해 그들이 원했던 것만큼 돈을 모았다."[38]). 그러나 그 콘트랙트는 받아들인 것보다 더 많은 돈을 환불해줘야 했다. 숨겨진 한도가 없었더라면 20억 달러 이상 끌어모았을 것이다. 재러드의 말에 따르면, 안타깝게도 그 설계는 고래를 단념시키지 못했다. 고래들은 각각의 한도 내에서 토큰을 구매했고, 나중에 이로 인해 너무 많은 거래 수수료를 물었다며 불만을 토로했다.

테일러에게 스테이터스 ICO는 쓰나미 같았다. MEW 서버는 "시간당 센드로 거래sendRaw transactions per hour"라고 하는 유형의 활동을 기록한다. 한 시간 동안 사람들이 송금 같은 행동을 몇 번이나 수행하는지 헤아리는 것이다. 2주일 앞서 BAT ICO가 진행되는 동안에 MEW의 시간당 센드로 거래는 ICO가 없었을 때 평균 1000 미만이던 것이 9000으로 상승했다. 이를 본 테일러는 충격을 받았다. 방코르 ICO 때는 거의 3만을 기록했다. 스테이터스 ICO 때는 10만 건에 육박했다. 게다가 그것은 그 주에 있었던 유일한 ICO가 아니었다. 스테이터스 ICO가 마무리되고 다음 날, 본인확인identity-verification 프로젝트 시빅Civic은 3300만 달러를 끌어모았다. 이틀 후 분산형 거래에 암호화폐 직불카드가 결합된 텐엑스TenX는 8300만 달러를 끌어모았다. 그리고 다음 날인 금요일, 태국의 결제 서비스 기업 오미세Omise가 지원하는 금융 서비스 플랫폼인 오미세고OmiseGo는 비트코인 스위스를 통해 모든 참가자의 신분을 확인한 ICO로 2630만 달러를 모았다. 나중에 MEW의 웹 방문자 차트를 보면 그 주는 거대한 봉우리처럼 느껴질 정도였다.

골렘 ICO 이후에 코살라가 수정한 덕분에, MEW의 이더리움 노드는 내내 작동했다. 당시 테일러는 경제 전문 디지털 미디어 '쿼츠Quartz'에서 이렇게 밝혔다. "이들 ICO와 더불어 본질적으로 1분도 안 되는 동안에 서비스가 10퍼센트이던 용량을 1000퍼센트로 확장하도록 요구하고 있습니다. 모든 사람이 동시에 전송 버튼을 누르고 있는 것이지요."[39]

그 주 일요일인 6월 25일, 4chan(레딧의 무정부주의적인 익명의 암흑 버전)

에 이런 글이 올라왔다. "비탈릭 부테린이 사망한 것으로 밝혀졌다. 내부자들이 이더를 털어내고 있다. 치명적인 자동차 사고였다. 이제 우리는 대답을 알고 있다. 그는 접착제였다." 이후 이더 가격은 315달러에서 288달러로 8.6퍼센트 떨어졌고, 시가총액은 40억 달러가 빠져나갔다.[40] 이에 대해 비탈릭은 자신이 직접 글자를 쓴 종이를 들고 찍은 사진을 트위터에 올려서 그 가짜 뉴스를 재빨리 불식시키고자 했다.

블록 3930000

=

0xe2f1fc56da

이는 이더리움 블록체인의 최근 블록 숫자, 그리고 그 블록의 해시였다. 비탈릭은 그 사진에 "또 다른 날, 또 다른 블록체인 유스 케이스use case"[41]라는 글씨를 써 넣었다. 비탈릭이 이렇게 자신의 생존을 입증했음에도 불구하고 이더리움의 시장점유율은 26.7퍼센트로 떨어졌고, 비트코인은 40.3퍼센트로 상승했다.[42]

다음 날 더 빠른, 그러나 보다 중심화된 이더리움 경쟁자로 자처한 EOS가 1년에 달하는 ICO를 시작했다. 한 달 전, 2700명의 사람이 참석했던 컨센서스 컨퍼런스 기간에 EOS는 타임스퀘어의 거대한 전광판에 세일을 광고했다. EOS ICO가 US IP 어드레스를 차단했다는 점에서 그 광고는 아이러니한 것이었다. 그 주에 이더는 다시 한번 고점인 330달러 선, 그리고 저점인 200달러 선 사이에서 거래됐다.

이 같은 열기에 당황한 테일러는 MEW 계정으로 트윗에 이런 글을 올렸다. "Cmonnnnnnn 😔 지난주에 아무것도 배우지 못했는가?! 욕심을 버리고(FOMO 투자자들, 당신들 역시 마찬가지다!) 주변을 돌아보라."

(EOS ICO를 언급하며) "앉아라-여러분을 위한 좋은 소식이 있다. 대단한 상품은 토큰 없이도 가능하다. 모든 돈을 가져라." 그리고는 레슬링 선수 존 시나John Cena가 웃통을 벗어 젖힌 채 충격을 받아 입을 다물지 못하고 있는 표정을 확대한 사진을 함께 올렸다.[43]

6월에는 ICO를 통해 6억 2000만 달러에 달하는 돈이 몰려들었다. 7월 1일에는 역사상 가장 요란한 ICO 중 하나로 꼽히는 테조스가 시작됐다. 팀 드레이퍼에게 투자 받은 이 프로젝트는 개선된 2가지 기능을 갖춘 이더리움의 잠재적 경쟁자로 보였다. 그 2가지는 다오 공격 같은 상황을 예방하기 위해 개발자가 의도한 대로 스마트 콘트랙트가 움직이는지 수학적으로 입증하는 방식인 '형식 검증formal verification', 그리고 더 다오 이후에 포크를 할 것인지 같은 질문을 관리하기 위해 블록체인에 설치된 '거버넌스governance'였다. 테조스가 끌어모은 돈은 2억 3200만 달러에 달했다.

그 무렵, 테일러는 재러드와 마찬가지로 다양한 보안 문제에 주목하기 시작했다. 예를 들어, 스테이터스 웹사이트Status.im를 모방한 'statu-sim.info'나 'statustoken.im' 같은 URL들이 등장했다. 이들은 "에어드롭airdrop"을 광고하는 피싱사이트로 연결됐는데, 여기서 무료 SNT가 사람들의 이더리움 지갑에 들어가게 된다. 하지만 그것은 합법적인 에어드롭이 아니라 피싱 사기로, 이들 사이트는 개인 키를 집어넣어야만 에어드롭을 받을 수 있다고 했다(개인 키는 계좌에서 송금할 때 사용되기 때문에 그것을 다른 누군가에게 전달한다는 것은 자신의 금고를 여는 비밀번호를 알려주는 것이나 마찬가지다).

피싱범들은 'myethewallet.net'이나 'myetherwillet.com', 'myelher-wallet.com', 'myeltherwallet.com' 같은 URL로 테일러와 코살라의 MEW도 공략했다. 이는 소위 말하는 코인호더Coinhoarder 사기로, 여기

서 피싱범들은 'myetherwallet.com'에 대한 구글 애드워즈AdWords(구글로 검색할 때 나타나는 텍스트나 이미지 광고-옮긴이)와 관련된 용어들을 사서 철자가 다른 그들의 URL이 검색 결과의 상단에 올라오도록 만들었다. 이러한 사이트는 MEW와 똑같아 보였기 때문에 사용자들은 의심 없이 비밀번호를 입력했고, 그러면 해커들은 희생자의 지갑을 털어갔다.[44]

아이러니하게도 비탈릭조차 사기의 희생양이 되고 말았다. 누군가 제프의 스카이프 계정을 해킹해서 비탈릭에게 이런 메시지를 보냈다. "비탈릭, 청구서에 대해 925ETH가 들어오기를 아직도 기다리고 있습니다." 그리고 특정 어드레스를 보냈다. 비탈릭은 제프에게 그 돈을 이미 전송했다고 메시지를 보냈다. 그러자 제프는 그것은 자신의 이더리움 어드레스가 아니라고 말했다. 결국 비탈릭은 25만 달러를 그 이더리움 어드레스로 보냈다.

5월 테일러는 ICO로 인해 건강에 대단히 좋지 않은 일정으로 생활했다. 신용사기는 그녀의 삶을 더욱 심각하게 만들었다. 가령 테일러는 밤 10시에 일어나 새벽 5~6시까지 일했다. 그리고는 아침 7~8시 잠깐 잠을 자다가 직원들의 질문에 답하고, 해킹이나 다른 보안 문제를 감시하도록 지시했다. 그리고 다시 잠들었다가 정오나 오후 1시쯤 일어났다. 아무 일도 터지지 않았으면 식사를 하고 샤워를 하고 옷을 갈아입었다. 하지만 보안 문제가 발생하면 침대에서 빠져나와 오후 6시까지 그대로 일했다.

7월 17일, 코인대시CoinDash에 의한 또 다른 ICO가 시작됐다. 하지만 세일이 시작되기도 전에 그 웹사이트는 해킹 당했고, 출연 어드레스가 바뀌었다. 해커들은 4만 3500ETH를 가져갔다(당일 고가를 기준으로 850만 달러에 해당한다). 사람들이 트윗으로 암호화폐의 보안 위험성을 제기했음에도 불구하고, 또 다른 100만 달러가 한 시간 안에 전송됐다. 테일러를 한계에 부딪쳤다. 테일러는 MEW 계정으로 다음과 같은 글을 트위터에 남겼다.

1/ 좋아. 쓰레기 같은 토큰 크리에이터들. 잘 들어두길. 이제 인내심이 100퍼센트 바닥났다. 지금은 아침 10시다. 한숨도 못 잤다.

4/ 당신들은 이더리움이 앞으로 나아가도록 도움을 주는 대신에 눈먼 돈의 금광을 쫓고 있다. 많은 것을 약속했지만 결국 돈을 잃어버리게 만들었다.

5/ 당신들이 대비하지 못한 첫날부터 가짜 어드레스, 스캠봇, 피싱, 익스플로잇, 도메인 약탈&통화 탈취가 일어나고 있다.

8/ 투자자에게서 벗어났다고 생각지 마라. 당신들은 역시 비난받아 마땅하다.

9/ 아무 어드레스에나 돈을 던져 넣는 것, 나이지리아 왕자는 없었던 것처럼 클릭하는 것, 투자로부터 더 많은 것을 요구하지 않는 것 역시 문제다.

10/ 게임의 단계를 높여라. 2000개의 고유한 어드레스가 수년 동안 돈을 갈취해 온 똑같은 사기에 두 시간 만에 넘어갔다. 이제는 성장해야 할 시간이다.[45]

다음 날 테일러는 일어나자마자 케빈과 그녀의 운영 관리자가 시끄럽게 이야기하는 소리를 들었다. 그녀는 아래층으로 내려갔다. 케빈은 이더리움 재단을 언급하면서 이렇게 말했다. "그 재단의 멀티시그가 해킹당했어요." 테일러는 비틀거리며 소리쳤다. "아니에요. 그럴 리 없어요." 그러고는 돌아서서 계단을 올라갔다. 만약 그랬다면 그녀의 전화기에 불이 났을 것이다. 하지만 그때 그녀는 자신의 전화기가 꺼져 있다는 사실을 깨달았다.

11장

계속되는 인재 리스크, 비상하는 이더리움의 발목을 잡을까

2017년 7월 19일 ~2017년 11월 4일

멀티시그 해킹, 블록체인은 안전한가

분산형 커머스 플랫폼인 스웜시티Swarm City 대표 번드 랩Bernd Lapp은 스카이프 그룹에 이런 메시지를 보냈다. "충격적인 말씀을 드리기는 싫지만, 우리의 멀티시그가 해킹 당한 것 같습니다. 텅 비었습니다. 44K ETH(100만 달러)가 사라졌습니다." 상황을 파악하기 위해 테일러 팀의 몇몇 사람이 멀티시그의 스마트 콘트랙트의 코드를 들여다봤다.

　//이 멀티시그니처 월릿은 개빈 우드에 의한 월릿 컨택트wallet contact에 기반을 두고 있다.

　…

　//@authors:

　//개빈 우드 ⟨g@ethdev.com⟩

사람들은 개빈의 이름을 보고 이것이 멀티시그라는 사실을 알았을 것이다. 모든 멀티시그 지갑 중 가장 잘 알려진 것은 무엇일까? 이더리움 재단의 것이다. 마치 전화기 게임game of Telephone(사람들이 일렬로 늘어서서 단어나 표현을 전달하는 게임-옮긴이)을 하는 것처럼 케빈과 MEW 운영 관리자는 테일러 판 오든에게 스웜시티의 멀티시그가 해킹 당하고 이더리움 재단의 멀티시그가 해킹 당했다고 차례대로 전했다. 물론 놀라운 소식이지만, 이더리움 재단의 멀티시그가 해킹 당한 것보다는 덜 중요했다. 모든 게 정리되고 나서도 이 사건은 수수께끼를 남겼다. 어떻게 멀티시그가 해킹 당할 수 있단 말인가? 이더리움 재단의 풋볼(다시 한번 설명하지만 '풋볼'은 재단의 지갑에 대한 접근권을 가진 크롬북을 말한다)처럼, 멀티시그 지갑은 여러 서명자가 거래에 참여하도록 요구한다. 그렇기 때문에 이를 해킹하려면 여러 사람이 돈을 훔치기로 작당하거나, 아니면 그들의 장비를 동시에 해킹해야 한다.

그리프 그린이 스웜시티의 킹 플러켈King Flurkel에게서 왓츠앱 메시지로 해킹에 관한 소식을 들었을 때, 그리프와 조르디 베일리나, 그리고 그리프의 새로운 벤처 팀은 바르셀로나의 가우디 성당이 바라다보이는 해커하우스 베란다에서 와인을 마시고 있었다. 그리프는 킹이 뭔가 잘못 안 것이라고 생각했다. 하지만 사실 확인에 나선 결과, 다섯 중 셋이 아니라, 단 하나의 서명만으로 많은 돈을 옮겼다는 사실을 발견했다. 스웜시티의 지갑이 패리티에 의해 코딩됐다는 사실을 알고 있던 그리프와 조르디, 그리고 그곳에 있던 다른 화이트햇 멤버들은 그것이 어떤 패리트 브랜드의 멀티시그 지갑도 해킹을 당할 수 있음을 의미한다는 것을 알아차렸다. 그들은 얼마나 많은 조직이 그것을 사용하고 있는지 짐작조차 할 수 없었다.

그들은 허드슨 제임슨에게 전화를 걸었다. 당시 허드슨은 비탈릭 부테린과 아브사, 밍 챈, 케이시 디트리오, 마틴 베체 등과 함께 코넬대학 IC3 이더리움 부트캠프에 있었다. 어쨌든 뭔가가 다시 한번 사라졌다. 허드슨은 그와 밍, 아브사가 회의하던 방으로 달려가서 소리를 질렀다. "비상! 비상! 이더리움 재단의 멀티시그가 해킹 당했습니다!" 그러고는 문을 쾅 닫고는 아래층 홀로 내려가 비탈릭을 만났다. 하지만 이더리움 재단의 멀티시그를 살펴봤을 때, 아무런 이상이 없었다. 이를 확인한 모두는 가슴을 쓸어내렸다.

그러나 스웜시티와 에드겔레스 카지노Edgeless Casino, 애터니티Aeternity 는 그날 고가를 기준으로 3600만 달러에 달하는 총 15만 3037ETH(한 때 2930만 달러라는 소리가 들리기도 했다)를 도둑맞았다. 공교롭게도 세 프로젝트의 로고에는 모두 무한대 기호가 들어 있다.

한편, 패리티 팀과 친구들은 바위가 많고 도마뱀과 양치류가 우글거리는 이비사섬에 있는, 테라코타 타일과 이국적인 식물들로 장식된 집에서 쉬고 있었다. 그 집은 암호화폐 벤처 자본가로 변신한, 〈마이티덕스Mighty Ducks〉에 출연한 배우 브록 피어스Brock Pierce가 빌린 것이었다. 그날 그들은 1주일간의 휴가를 마무리 짓고 있었는데, 적어도 그들 중 몇몇은 술과 약물로 정신이 몽롱한 상태였다. 그들은 지난 일요일에 암네시아클럽 VIP룸에서 함께 즐거운 시간을 보낸 바 있었다.

휴가의 마지막 날, 모두가 행복한 시간을 즐기고 있던 수요일 밤에 누군가 소리를 질렀다. "패리티 개발자들은 모두 당장 위층으로 올라오세요!" 사람들은 그 집에서 와이파이가 가장 잘 터지는 수영장 부근에 모였다. 해킹 소식을 접한 패리티 팀원들은 수영장과 온수 욕장 주변에 늘어선 긴 의자에 앉아 노트북 화면에 고개를 파묻었다. 스크린 불빛이 반사되어 그들의 얼굴은 파랗게 빛났다. DoS 공격 당시에 그랬던 것처럼 적어도 모두가 같은 장소에 있었다. 하지만 돈은 이미 사라졌고, 사람들의 질문에 대답하고 업데이트 소식을 전하는 것 외에 패리티 팀이 할 수 있는 일은 없었다.

상황을 바로잡는 과제는 WHG에 주어졌다. 그들은 해킹이 어떻게 작동했는지 알아냈지만 곧 난관에 봉착하고 말았다.[1] 그들은 그 약점을 공개적으로 발표할 수 없었다. 그랬다가는 모두가 패리티 멀티시그 지갑을 샅샅이 뒤지고 다닐 것이기 때문이었다. 더 다오의 경우에 그랬던 것처럼, 그들은 모든 돈을 구조해서 그것을 올바른 소유주에게 되돌려줘야 했다. 그들은 IC3 참석자들에게 블록체인을 분석해서(일종의 지문이라 할 수 있는 바이트 코드 패턴을 살펴봄으로써) 어떤 토큰 팀들이 패리티 멀티시그를 사용하고 있는지 알아내도록 했다. 하지만 그때 개빈은 바보짓을 하고 말았다. 이비사 시각으로 저녁 8시 32분, 개빈은 패리티 기터 Parity Gitter에 글을 올렸다.

중요: 보안 경고

심각성: 중대함

설명: 패리티의 "멀티시그" 기능으로 만든 지갑은 치명적인 약점을 안고 있다. 그 안에 들어 있는 돈은 도난 당할 급박한 위험에 처해 있다.

해결 방안: 거기에 들어 있는 모든 돈을 즉시 다른 지갑으로 옮기시오.

이것은 훈련 상황이 아닙니다.[2]

8분 후, 블로그에 이더리움 재단과 슬록잇, 그리고 다오에 관한 글을 오랫동안 올려온 비트코인 지지자 웨일판다는 개빈의 글을 보고 트위터에 스크린샷을 올리면서 이렇게 썼다. "당신이 멀티시그를 사용하고 있다면, $ETH @ParityTech에 대한 중대한 보안 경고다."[3]

누군가 트위터에 이런 질문을 올렸다. "이더리움 베리 클래식Ethereum Very Classic을 준비하고 있는 걸까요?"[4] 그러자 다른 누군가가 이렇게 대답했다. "그렇다면 $32M를 얻기 위한 하드포크? 아니면 그 재단에 연결되어 있지 않은 사람들이 당한 것인가?"[5] (계획과 개발에 수주일 걸리는 하드포크는 이 경우 아무런 쓸모가 없었다. 그 이유는 해커의 움직임에 어떤 지연도 없을 것이기 때문이었다. 실제로 그 도둑은 50ETH에 달하는 1만 1300달러를 바로 그다음 날 현금화했다[6])

이 소식이 널리 퍼지고 나자(이비사 시각으로 저녁 8시 56분, 패리티는 블로그에 글을 발표했고 이와 관련해서 트윗을 올렸다[7]) 사람들은 시간을 다투며 움직이기 시작했다. 공격이 어떻게 이뤄졌는지 이해하는 사람이라면 누구나 어떤 계좌에서도 돈을 인출할 수 있었기 때문이다. 밤 11시 14분, 패리티는 지갑 코드에 대한 업데이트를 실시했고, 블로그 글을 통해 그 시점 이후로 생성된 어떤 멀티시그도 현재 안전하다고 밝혔다.[8]

화이트햇은 패리티 멀티시그에 의해 통제되는 것으로 보이는 어드레스들의 스프레드시트, 그리고 돈을 받기 위해 멀티시그의 통제권을 넘겨주고자 하는 각각의 어드레스로 조르디의 어드레스로부터 거래를 전송할 수 있는 스크립트를 받았다. 스크립트를 실행하고 난 뒤, 조르디(정확하게 그의 어드레스)는 8860만 달러에 해당하는 37만 7106ETH에다가 BAT에 있는 3000만 달러, 이코노미Iconomi에 있는 2700만 달러, 코파운딧Cofoundit에 있는 1790만 달러, EOS에 있는 140만 달러, 그리고 169.69픽토큰169.69FUCKToken[9]을 비롯한 다른 많은 것들에 접근했다. 총 2억 800만 달러에 달하는 암호화폐였다.[10] 자신의 집에서 그처럼 어마어마한 금액에 접근할 수 있다는 사실이 자신과 자신의 가족을 위험하게 만들 수도 있다는 생각에, 그와 다른 화이트햇들은 다른 곳에서 잠을 자길 원했다. 조르디는 그의 아내에게 그리프의 새로운 벤처인 기브스Giveth에서 지내자고 설득했나. 그곳의 위치는 공식적으로 알려져 있지 않았기 때문이다. 하지만 그의 아내는 거부했다. 결국 그리프와 또 다른 화이트햇, 그리고 조르디는 방문을 걸어 잠그고 야구 배트를 곁에다 둔 채 매트리스를 깔고 잠을 청했다.

다음 날 그들은 조르디가 막 빌린, 아는 사람이 거의 없는 아파트에서 일했다. 다오의 실패에서 교훈을 얻은 그들은 최대한 많은 것을 바꾸지 않으면서 그 돈을 안전하고 재빠르게 돌려주기로 결정했다. 조르디는 패리티보다 그노시스 멀티시그에 익숙하고 또한 선호했지만 지갑을 그노시스로 바꾸지 않기로 결정하고, 대신 패치 코드를 가지고 패리티 멀티시그를 만들었다. 다음으로 그들은 새로운 멀티시그에 대해 각각의 원래 계좌 지도를 작성해서 각 팀이 그 돈이 현재 어디에 있는지 알 수 있도록 했다. 나흘 후 그들이 돈을 돌려주고자 했을 때, 커뮤니티는 어떻게 수억 달러에 달하는 토큰을 감사도 거의 받지 않은 새로운 코드에 넣을 수 있는지 물었다.[11] 결국, 그들은 멀티시그 소유주들이 돈을 어디로 받기를 원하는지 의사를 표현하게 해주는 스마트 콘트랙트를 만들었고, WHG는 이들 각각에게 직접 전화한 뒤 전송했다. 그러고 나서도 1000만 달러가 남았다. 그들은 최대한 많은 개발자들과 접촉해서 코드를 점검했다. 1주일 동안 테스트를 진행했지만, 중대한 버그는 발견되지 않았다. 그들은 나머지를 멀티시그로 보냈다.[12]

9월 누군가 온라인 출판 플랫폼 미디엄에 '나쁜 틴더 데이트 이후에 내가 15만 3037ETH를 낚아챈 방법'이라는 제목으로 가상의 이야기를 발표했는데, 이는 가상의 패리티 지갑 해커에 관한 글이었다.[13] 그의 글은 6700개의 클랩clap('좋아요'와 비슷한 기능-옮긴이)을 받았다. 하이라이트는 이 부분이다. "자, 그 방법은 다음과 같습니다. 감사를 받지 않은 250개 코드 라인에 3000만 달러를 갖고 있다면, 이제 당신 차례입니다."

테조스가 2억 3200만 달러를 끌어모으고, EOS가 1년간의 ICO를 시작하고, 기록적인 수의 ICO(40건에 달하는)가 7월에 예정된 상태에서 그 달은 세계적인 암호화폐 파티들 중 최대 규모가 되어가고 있었다. 모두가 볼풀이 아니라 마술적인 인터넷 돈 속에서 뛰어놀게 될 것이었다. 코인이 마치 금색 종이처럼 하늘에서 떨어져내렸다.

많은 변호사와 비트코인 지지자, 그리고 법률이나 비즈니스 배경을 갖고 있는 암호 세상의 다른 이들은 특히 SEC에 주목하고 있었다. SEC가 암호화폐와 관련해서 몇 가지 행정 조치를 취하는 동안, 비트코인 사기와 관련해서 2016년과 2017년 각각 단 1건의 사건이 있었다.[14] SEC는 암시했다. 5월 열린 컨센서스 컨퍼런스에서 SEC의 분산원장기술 연구그룹Distributed Ledger Technology Working Group 책임자 발레리 스체파니크Valerie Szczepanik는 자신의 생각이라고 밝히면서 이렇게 언급했다. "SEC의 규제를 받든 아니든 간에 투자자에 대한 수탁자로서의 의무가 있습니다. 이 산업이 번창하길 바란다면 투자자 보호는 최우선 과제가 되어야 할 것입니다."[15]

그 분야에서 몇 명의 인사가 처음에 규제기관이 혁신을 방해하지 않을 정도의 가벼운 조치를 생각하고 있다고 말했던 반면, 그 무렵 상황은 통제 불능 상태에 접어들고 있었다. 2016년과 2017년 초에는 대부분의 ICO가 적법한 블록체인 기반의 아이디어를 가진 암호화폐 개발자들에 의해 추진되는 경향을 보였으나, 이제는 암호화폐와 관련된 배경이 없는 집단들이 블록체인 기술을 거의 이해하지 못하는 일반인들에게서 돈을 끌어모으고 있었다. 예를 들어, 토큰 서밋이 있었던 다음 날인 5월 26일, 베리타시움Veritaseum ICO가 있었다. 그들은 코드를 오픈소스 방식으로 작성하지 않았고, 백서도 발표하지 않았으며, 잡다한 방식의 마케팅을 기반으로 삼았고, 분산 네트워크가 아니라 지불을 위해 미국 달러를 쉽게 받아들이는 중앙화된 기업으로 보였다. 암호 세상 전반에 걸쳐 해킹이 난무하고 있었는데도 그들은 안전한 웹사이트를 구축하는 기본적인 단계조차 밟지 않았다. 그들은 ICO로 1100만 달러를 끌어모았다. 일찍이 VERI 토큰은 시가총액 기준으로 암호화폐 자산 중 10위를 기록했다. 7월 22일 시가총액은 유통량을 기준으로 4억 5800만 달러였다. 베리타시움이 토큰의 2퍼센트만 내놨다는 사실을 감안할 때, 총공급량을 기준으로 한 시가총액은 229억 달러에 달했다. 한 달밖에 되지 않은 기업의 가치가 나스닥의 2배에 달했던 것이다. 시가총액은 그날 215억 달러로 마감한 이더리움을 넘어섰다. 그런데 누가 VERI의 98퍼센트를 장악하고 있는가? 다름 아닌 설립자였다.

7월 23일, 설립자는 비트코인토크에 글을 올려 해킹 당했노라고 주장했다.[16] 해커는 베리타시움이 직접 관리하는 한 어드레스에서 3만 7000개에 달하는 VERI 토큰을 훔쳐갔다.[17] 레딧 사용자들은 즉각 반응을 보였다. 한 사람은 이렇게 말했다. "당연하게도 (중략) 해킹은 뭔가 냄새가 난다." 다른 이는 이렇게 썼다. "베리는 어쨌든 사기다. 사기 중에서도 사기다." 이 해킹에서 가장 이상한 부분은 "해커"가 1억 개의 VERI 토큰이 들어 있는 계좌에 접근해서 오직 3만 6686.9개(0.037퍼센트)만 가져갔다는 사실이다. 당시 가치로 247억 달러에 달하는 토큰은 지갑에 그대로 남겨둔 채 말이다.

2017년 5월과 6월, 그리고 7월은 누군가에게는 등록되지 않은 주식 공개처럼 보이는 것을 추진한 몇몇 진지한 기업가들, 그리고 블록체인을 기반으로 대박을 쫓는 수많은 아마추어 모방범과 기술에 밝은 사기꾼들이 활개 친 시기였다(7월에는 기괴한 유머 감각을 지닌 누군가가 쓸모없는 이더리움 토큰Useless Ethereum Token, UET을 위한 ICO를 광고했다. 홍보 문구는 이랬다. "세계 최초로 100퍼센트 정직한 이더리움 ICO (중략) 솔직해지자. 모두가 ICO에 지쳤다. 그들은 몇 주간 흥분했다가 며칠 동안 진행하고 이더리움 네트워크를 완전히 막아버린다. 코인베이스는 한동안 내려가고, 그러고 나서 투자자들은 새로운 토큰이 대부분의 가치를 잃어버렸다는 사실을 알게 된다. 이 ICO는 다르다. UET ICO는 투명한 방식으로 투자자들에게 아무런 가치도 제공하지 않는다. 고로 이익에 대한 아무런 기대도 없을 것이다."[18]. 이러한 상황에서 SEC는 마침내 규제기관 대 "블록체인은 합법"이라는 측의 싸움으로 번지게 될 첫 번째 일제사격을 개시했다.

7월 25일, SEC는 다오 토큰에 대한 수사 보고서를 발표하면서 그것은 증권이라고 규정했다. 보고서의 내용은 다음과 같았다. "분산원장이나 블록체인 기술을 기반으로 한 증권을 발행한 이는 정당한 면제 사유에 해당하지 않는 한, 그 증권의 공개 및 판매를 등록해야 한다."(번역 : ICO는 주식공개다. SEC에 따르면, 그렇기 때문에 ICO가 면제 사유에 해당하지 않는 한 "기업은 그 자체와 그들이 공개하는 증권, 그리고 그 공개에 관한 정보를 담은 등록 서류를 작성해야 한다.") 보고서는 계속됐다. "등록되지 않은 공개에 참여한 이들은 증권법 위반에 대한 책임을 질 수 있다."(의미 : 구매자는 증권법 위반에 해당할 수 있다) 그리고 마지막으로 이렇게 언급했다. "추가적으로, 이러한 증권의 거래를 위한 증권거래소의 제공은 면제 사유에 해당하지 않는 한 반드시 등록해야 한다."(이 말은 이러한 토큰을 취급하는 암호화폐 거래소는 면제 사유에 해당하지 않는 한 반드시 SEC에 등록해야 한다는 뜻이다)

특히 더 다오의 경우, SEC는 더 다오가 스스로를 "크라우드펀딩 콘트랙트"라고 주장했지만 '규제 크라우드펀딩Regulation Crowdfunding'이라는 유사한 명칭의 면제 항목에 해당하지 않는다고 봤다. 그럼에도 불구하고 슬록잇과 공동설립자들, 그리고 더 다오 큐레이터들은 한숨을 돌릴 수 있었다. 그 이유는 보고서의 두 번째 문장이 다음과 같았기 때문이다. "위원회는 이번에 알려진 실행과 활동에 기반을 둔 문제와 관련해서 단속 조치를 취하지 않기로 결정 내렸다." 그러나 이후 18페이지에 걸쳐서 더 다오 이야기를 요약했으며, 큐레이터들의 영향력을 강조했다.

백서에 따르면, 다오 조직의 큐레이터들은 "상당한 힘"을 보유하고 있었다. 큐레이터들은 중요한 증권 기능을 수행했고, 어떤 제안이 제출되고 투표에 회부되고 더 다오에 의해 지원을 받을 수 있는지에 대한 최종적인 통제권을 갖고 있었다. 더 다오의 큐레이터들은 다오의 투표를 위한 제안을 제출할 것인지 여부에 대한 최종 권한을 갖고 있었다. 또한 제안의 순서와 빈도를 결정하고, 그 제안을 화이트리스트에 올릴 것인지에 대해 주관적인 기준을 적용할 수 있었다. 그 그룹의 큐레이터는 "화이트리스트에 대한 완전한 통제 권한 (중략) 화이트리스트에 올리는 순서, 제안을 화이트리스트에 올리는 기간, 화이트리스트에서 내리는 시점, 제안의 순서와 빈도를 결정하는 확실한 권한"을 갖고 있다고 공식적으로 지적했다. 그리고 이렇게 언급했다. "큐레이터들은 엄청난 힘을 보유하고 있다." 또 다른 큐레이터는 제안을 화이트리스트에 올릴 것인지 결정하기 위한 자신의 주관적인 기준을 공식적으로 밝혔다. 여기에는 그의 개인적인 도덕성도 포함되어 있었다.

다음으로 보고서는 '다오 토큰은 증권이다'라는 하위 제목 아래 하위 테스트의 4가지 항목을 짚었다. 문제는 네 번째 항목에 있었다. 다오 토큰은 (1) 돈의 투자처로서, (2) 일반적인 기업 안에 있는 (3) 수익에 대한 합리적인 기대를 가진 (4) '다른 이들의 노력에 의존한다.' 이에 대해 SEC는 다음과 같이 구체적으로 지적했다. "특히 슬록잇과 공동설립자들, 그리고 더 다오의 큐레이터들." 이는 슬록잇이 어떻게 더 다오 웹사이트를 만들고, 온라인 게시판을 관리하고, 첫 번째 제안을 제출할 계획을 세웠는지에 대해 설명해주었다. SEC 보고서는 이렇게 밝혔다. "슬록잇과 공동설립자는 실행과 마케팅 자료를 통해 그들이 더 다오를 성공으로 이끌기 위해 요구되는 중요한 관리적 노력을 제공할 것이라고 투자자들이 믿도록 이끌었다." 이는 슬록잇이 큐레이터를 선택하고, 그 큐레이터들이 계약자들을 조사하는 방식이 "투표를 위해 제안을 제출할 것인지, 그리고 언제 제출할 것인지를 결정하고", 또한 제안과 관련된 다른 기능들을 한다는 것과 관련해서 이야기했다. 그러고는 이렇게 마무리했다. "공격자가 코드에 내재된 약점을 이용하고 투자 자본을 제거했을 때, 슬록잇과 공동설립자들은 그 상황을 해결하기 위해 나섰다."[19] (공동설립자인 크리스토프 젠츠시와 사이먼 젠츠시는 그러지 않았지만, 직원인 그리프와 레프테리스 카라페차스는 그렇게 했다)

보고서가 암호화폐 산업을 대상으로 책임을 물었으나 이는 완벽하게 정확하지는 않다(이 문제에 대한 언급을 거부한 SEC는 슬록잇과 인터뷰하지 않았고, 한 미국인 큐레이터와만 연락을 취했다. 2020년 10월 정보공개법Freedom of Information Act, FOIA 요청은 누가 더 다오를 이끌었는지를 둘러싼 논의를 다룬 어떤 문서에도 등장하지 않았다). 슬록잇은 다오-허브 포럼을 만들지 않았다(슬랙을 만들기는 했지만). 그리고 더 다오 스마트 콘트랙트를 추진하지 않았다(알려지지 않은 다오 커뮤니티 멤버들이 그중 8개를 만들고, 당시 테일러의 약혼자였던 케빈이 어떤 다오를 사용할 것인지 선택했던 코인을 넘겨줬다). 그리고 몇몇 슬록잇 직원들이 포함된 RHG와 WHG는 공격을 막아내는 데 기여했다. 그럼에도 불구하고 SEC는 그 서류가 기초적인 자료라며, SEC가 그 세계를 어떻게 바라보는지 보여주고자 할 뿐이라고 밝혔다. 변호사들은 SEC가 더 다오는 더 이상 존재하지 않고 사람들이 돈을 잃어버리지 않았기 때문에 "21a 보고서"(SEC는 이를 통해 다른 이들에게 향후 이와 유사한 행동에 단속 조치를 취할 것이라고 공지했다)를 선택한 것이라고 추측했다.[20] 이제 질문은 그것이 ICO를 실행한(비록 ICO라는 용어가 탄생하기 전이었지만), 그리고 그 토큰을 미국에 판매한 이더리움 자체에 무엇을 의미하는가였다. 이더리움의 프리세일 동안 사람들은 일반적인 기업에 돈을 투자하면서 다른 사람의 노력에 따른 수익을 기대했다. 그렇다면 SEC는 비탈릭과 공동설립자, 그리고 이더리움 재단에 조치를 취할 것인가?

패리티 해킹이 해결됐음에도 암호화폐 커뮤니티는 사기, 해킹, 피싱 공격을 계속 겪고 있었다. 월요일은 코인대시, 수요일은 패리티, 그리고 8일 후에는 "암호화폐 획득initial coin taking"이라는 말로 가장 잘 표현할 수 있는 자이버Ziber가 그 대상이었다. 자이버 팀은 ICO를 시작했지만, 그 콘트랙트는 "자살" 혹은 삭제 당했다. 그 웹사이트상에서 출연 어드레스는 스마트 콘트랙트가 아닌 어드레스, 다시 말해 일반적인 이더리움 어드레스로 바뀌어버렸다. 24시간 동안 구매자들은 새로운 어드레스에 대한 키를 갖고 있는 사람들의 호주머니로 이더를 전송했고, 아무것도 되돌려받지 못했다.[21]

급증하는 피싱 사기는 주요 해킹이 없는 암호화폐를 체로 걸러내는 효과를 만들어냈다. MEW는 트위터상에서 패리티의 해킹 다음 날 있었던 사건처럼 사용자들을 목표로 삼는 피싱 사기의 스크린샷을 계속 게시했다. 그 사건에서 피싱범들은 MEW를 가장해서 이런 이메일을 보냈다. "우리는 해킹 당했다는 발표를 했습니다. 당신 계좌에 보안 문제가 생길 수 있습니다." 그리고 이메일 수신인들에게 "자신의 지갑이 피해를 입었는지 확인하기 위해" 그들의 이더 잔고를 안전한 사이트에서 점검하라고 권유했다. MEW는 그 이메일의 스크린샷을 트위터에 올리며 이렇게 썼다.

우리는 해킹 당하지 않았습니다.
우리는 여러분의 이메일 어드레스를 가지고 있지 않습니다!

우리는 해킹에 필요한 여러분의 개인 키를 가지고 있지 않습니다.[22]

그 공격은 특히 암호화폐 커뮤니티에서 중요한 플랫폼인 슬랙에 부정적인 영향을 미쳤다. 피싱범들은 슬랙봇Slackbot이라는 툴을 탈취했다. 이 툴은 누군가 "프리세일"이라는 단어를 입력할 때마다 더 다오 슬랙이 프로그래밍된 대답을 제시하도록 기능했다. 피싱범들은 슬랙봇을 사용해서 사람들이 공포에 빠지고, 보안 프로토콜을 잊어버리고, 그들의 개인 키를 넘겨주도록 만들었다. 예를 들어, 아라곤 슬랙Aragon Slack의 한 피싱범은 이렇게 썼다.

ICO 보안팀의 긴급 공지

이더리움에 기반을 둔 토큰 스마트 콘트랙트에 일부 문제가 생겼다는 사실을 알려드립니다.

우리는 문제를 해결하기 위한 최고의 방법이 스마트 콘트랙트를 포크하는 것이라고 결정을 내렸습니다. 'https://myetherwallet.co.uk/#view-wallet-info'에 접속해 지갑을 연 뒤 웹사이트의 지시에 따르세요. 그렇게 하지 않을 경우, 토큰 손실이 발생할 수 있습니다.

물론 다른 많은 것들 가운데 URL상에서 의도적인 오류를 포함하고 있는 그 사이트의 지시를 따르면 사용자는 자신의 토큰을 잃어버리게 될 거였다. 다른 피싱범은 이렇게 말했다. "피싱 공격 횟수가 점차 증가하면서 사이트의 보안이 업그레이드되고 있기 때문에 사용자는 강화된 보안 기능을 통해 로그인해야 합니다." 또 다른 이들은 그 팀이 토큰 세일을 일찍 시작하기로 했다는 소식을 알렸다. "**샌티먼트Santiment 팀의 공식 발표** 샌티먼트 토큰 최종 세일이 지금 열렸습니다!" 물론 그 토큰은 "특별 가격"에 공개됐다. 그들은 에어드롭(본질적으로 공짜 토큰)에 관한 거짓 공지를 널리 퍼뜨려 사람들이 피싱 링크를 클릭하도록 유도했다. 암호화폐에 대해 잘 모르는 이들은 더 많은 돈을 벌기 위해서, 혹은 자신의 돈을 안전하게 지키기 위해서 아무런 의심 없이 링크를 클릭했다. 하지만 그들은 그 과정에서 자신의 암호화폐에 대한 키를 넘겨주고 말았다. 슬랙이 사용자들로 하여금 이름을 자유롭게 사용하도록 허용한 것 또한 상황을 악화시켰다. 덕분에 커뮤니티에서 가장 수상쩍은 새로운 멤버조차 코인 개발자의 이름을 선택할 수 있었다.[23]

이더리움 블록체인에서 데이터를 제공하는 웹사이트 이더스캔에서 몇몇 피싱범들의 어드레스는 다음과 같이 그들에 대한 언급을 달아놓았다.

내 14ETH를 (말하는 이의 이더리움 어드레스로) 돌려주세요. 인류애를 보여주세요.

우리는 도둑들(은행가들)로부터 달아나기 위해 여기에 있습니다. 당신은 잘못된 사람들로부터 훔치고 있습니다. 제겐 아무것도 남아 있지 않습니다.

그들은 아주 많은 암호화폐 슬랙 그룹에 스팸메일을 보냈기 때문에 스팸메일을 전송하는 이들의 메일리네이터Mailinator 계정은 다양한 ICO를 위한 슬랙의 등록 이메일로 가득했다. "AI 코인 세상에 오신 것을 환영합니다!" "슬랙상 LA 토큰 : 새로운 계좌 세부 사항", "신디케이터Cindicator_커뮤니티상 당신의 계좌" 등등.[24] 한 암호화폐 보안 기업에 따르면, 9월 중순 1만 7000명에 가까운 사용자들이 그러한 사기로 피해를 입었다. 토큰 톰들은 공격 대상이 됐고, 사기꾼들은 세일이 시작되기 직전에 에니그마Enigma ICO 웹사이트를 해킹해 "특별 프리세일"을 발표했다. 이는 유입된 모든 자금이 해커들의 지갑에 들어가게 만들었다. 그 결과 그들은 이더로 50만 달러 정도를 손쉽게 가져갔다.[25]

해커들은 특히 MEW에 몰려들었다. 거래소에 코인을 보유하고 있던 사용자들은 보다 안전했다. 거래소들은 적어도 사기 방지 수단을 갖추고 있었기 때문이다(그럼에도 불구하고 피싱범들은 거래소 고객들에게서도 코인을 훔쳐갔다). 그러나 MEW의 경우, 패스워드를 입력하면 사용자의 지갑을 직접 열 수 있고, MEW는 고객의 지갑을 들여다보거나 수상한 활동에 대해 고객에게 이메일로 알려줄 방법이 없었기 때문에, 그리고 많은 일반인들이 ICO에 참여하려고 계좌를 개설했기 때문에 해커들은 순진한 암호화폐 사용자들로부터 쉽게 토큰을 빼내갈 수 있었다. 그야말로 도둑질을 위한 시즌이었다. MEW의 월 방문 횟수는 2017년 10만 건으로 시작했지만 8월 350만 건으로 늘어났다.

그해 가을, 해커들은 테일러의 휴대전화 번호를 알아냈다. 이는 2016년 초에서 중순에 이르기까지 암호화폐 사용자를 목표로 삼는 일이기도 했다.[26] 해커들은 가령 T-모바일T-Mobile에 전화를 걸어 희생자(말하자면 테일러) 행세를 한다. 그러고는 자신의 전화번호를 가령 스프린트Sprint에서 T-모바일로 옮기고 싶다고 말한다. 다음으로 해커는 테일러의 모든 전화 통화와 문자 메시지가 T-모바일상 자신의 전화기로 향하게 만든다. 그리고 테일러의 다양한 계좌로 로그인을 시도하고, "비밀번호를 잊어버림"을 클릭하고, 코드를 그녀의 전화번호로 전송하게 한다. 물론 그 전화기는 이미 해커의 장비에 연결되어 있다. 이제 해커는 테일러의 모든 비밀번호를 바꾸고, 그녀가 자신의 모든 계좌에 들어오지 못하도록 차단해버린다(희생자들이 불과 몇 분 만에 수십 개의 계좌로부터 차단 당한 것을 볼 때, 범인은 아마도 해커 팀이었을 것이다). 해커들은 암호 세상의 모든 사람들을 목표로 삼았다. 암호화폐 거래는 되돌릴 수 없기 때문이다. 그렇기 때문에 희생자가 비밀번호를 찾아낸 뒤에도 코인은 발견한 사람의 것으로 남아 있었다. 해커들은 이러한 전화기 납치 수법으로 수백만 달러를 훔쳤다. 때로는 단 1명의 희생자에게 그만한 돈을 훔치기도 했다.

테일러의 경우, 해커들은 그녀의 전화번호를 알아낸 뒤 MEW의 지원 시스템을 제공하는 기업을 해킹하기 시작했고, 이는 MEW를 곤경에 빠트렸다. MEW상에는 오직 1명의 테일러밖에 없었지만, 그녀와 MEW를 공격할 수 있는 수많은 방법이 있었다. 가령 각각의 계좌와 고객, 그리고 테일러와 코살라의 계좌 모두를 통해서 가능했다. 여기에다가 암호화폐로 거래하는 수백만 명의 새로운 사람들을 곱해보자. 사기꾼들에게 디지털 소매치기를 할 수 있는 풍부한 원천이 만들어진 것이다.

의문스러운 비즈니스 판단, 인재 리스크가 조직을 뒤흔든다

이더가 296달러로 마감한 2017년 8월 10일, 비탈릭과 밍, 그리고 초기 이더리움 조직의 추크 중개인이자 추크 멤버들이 정착하고 스페이스십을 찾는 과정에 도움을 줬던 허버트 스테르치는 스위스 변호사에게 서한을 받았다. 그 문서는 이렇게 시작했다. "대표님들, 안녕하세요. 저는 앤서니 디 이오리오의 의뢰를 받았으며, 그의 소유인 52만 5000ETH를 요구하고자 이 글을 씁니다." 서한은 계속됐다. "아시다시피 디 이오리오는 2014년 3월 14일 52만 5000ETH(그날 가격을 기준으로 1억 5500만 달러에 달했다)를 이더리움 스위스 GmbH에서 구매했습니다." 그러고는 그가 이더를 지급받지 못했다고 말했다. 그 변호사는 J. P. 슈미트(테일러 게링의 계약 갱신을 지메일로 거부했던 밍의 제부)와의 서신을 검토했는데, 그에 따르면 앤서니는 상환 받았지만 그가 지불 받은 것은 모두 그가 이더리움 조직에 제공한 부채 및 다른 서비스에 대한 것이었다. 변호사는 이렇게 덧붙였다. "디 이오리오 같은 노련한 투자자가 (중략) 그가 구매한 52만 5000ETH 대신에 그 지불을 받아들였다고 주장하는 것은 신뢰하기 어렵습니다." 또한 앤서니가 논란이 된 52만 5000ETH와 관련된 자신의 파일을 검토했을 때, "그는 이더리움 스위스 GmbH와 이더리움 재단의 대표로서 당신들이 취한 의문스러운 특정 행동들을 떠올리고 이를 발견했습니다. 저는 그가 이의를 제기한 행동을 살펴봤고, 스위스에서 범죄 수사의 대상이 될 만큼 충분히 심각한 수준이라고 결론을 내렸습니다." 아울러 앤서니가 서한에 대한 그들의 반응을 기다리는 동안 "범죄 수사를 자극할 만한 어떠한 행동"도 고려하고 있지 않으며, 그는 "이더리움에 피해를 주고 싶지 않기" 때문에 "많은 갈등"을 하고 있다고 덧붙였다.

변호사는 앤서니가 의문스럽다고 생각한 행동의 목록을 제시했다. 첫 번째는 "그와 다른 원래 설립자들이 거짓 명목으로 스위스 모임에 참석한" 시점에 관한 것이었다. 당시 그들은 GmbH 서류에 서명하기 위한 것이라고 알고 있었지만, 그것은 이더리움 왕좌의 게임의 날이었다. 변호사는 이렇게 썼다. 회의를 하는 동안 특정한 개인이 "소스 코드를 포크하고 프로젝트를 강탈할 것이라고 위협했습니다." 두 번째는 이더리움 크라우드세일을 통해 끌어모은 돈을 "다른 국가(독일과 영국, 네덜란드)에 있는 조직으로 송금하는 것과 관련된 의심스러운 정황에 관한 것으로, 이는 특정 인물에게 이익을 가져다준 것으로 보입니다."(베를린에 위치한 ETH 데브 같은 영리 조직에 돈을 송금하는 과정에서 벌어진 싸움을 가리키는 것이다) 다음으로 그는 이렇게 지적했다. "이 같은 자금 관리는 잘못된 것으로, 스위스 법을 위반합니다." 마지막 2가지 항목은 다음과 같았다. "몇몇 대표가 연루된 회계 부정 중 일부는 사기가 될 수 있고", "스위스에서 일하는 몇몇 이더리움 직원들은 스위스 이민법을 위반했습니다."

그 서한은 앤서니가 그들 각각에 대해, 그리고 이더리움 재단에 대해 민사소송을 제기했으며, 또한 스위스에서 범죄 수사를 시작할 근거를 갖고 있다고 언급하면서 스위스 형법에서 적용 가능한 조항을 제시했다(그중 하나는 최고 10년의 징역형에 해당했다).[27] 다음으로 앤서니가 52만 5000ETH를 얻기 위해 어쩔 수 없이 고소해야만 한다면, "위에 언급한 사항들과 함께 서류, 이메일, 채팅, 음성 및 여러 가지 기록물을 필연적으로 공개하게 될 것"이라고 언급했다. 마지막으로 52만 5000ETH를 송금할 5일의 기한과 함께 이더리움 어드레스를 명기했다.[28]

ICO 열풍이 불던 무렵에 앤서니는 자신의 이름을 널리 알렸는데, 모두 긍정적인 방식이었던 것은 아니다. 그는 토큰을 받는 대가로 ICO에서 그를 자문으로 언급하도록 허용했다. 그러한 ICO로는 시빅Civic, 블록메이슨Blockmason, 이더파티Etherparty, 엔진코인Enjin Coin, 월드와이드 에셋엑스체인지Worldwide AssetEXchange, 스크럼블 네트워크Skrumble Network, 신디케이터Cindicator, 폴리매스Polymath, 에이온AION, 페이파이PayPie, 스톰Storm, 유니큰Unikrn, 왁스WAX, 포엣Po.et, 베리블록Veriblock이 있다.[29] 이 중 시빅과 폴리매스, 왁스, 유니큰은 어느 정도 인지도가 있지만 그밖의 것들은 거의 알려지지 않은 프로젝트였다. 또한 앤서니는 중국의 프로젝트인 베체인Vechain과 큐텀Qtum에도 투자했다. 정보가 부족한 암호화폐 투자자의 입장에서 볼 때, ICO 자문위원회에 이더리움 공동설립자가 끼어 있는 것은 신뢰도를 높여주었지만, 암호화폐 커뮤니티 회원들은 앤서니가 단지 그의 이름을 사용하도록 허용해준 것일뿐이라고 생각했다(몇 년 후 앤서니는 그들에게 전략과 ICO 구조, 코인 경제학에 관한 조언을 제공했지만, 일부 프로젝트는 단지 자신의 이름을 사용할 뿐이라고 느꼈기 때문에 자문을 중단했다고 말했다).

앤서니는 디센트럴을 운영했는데, 회의가 끝난 뒤면 측근들과 함께 술을 마시곤 했다. 하지만 앤서니와 가까운 한 관계자는 그들이 그의 친구는 아니었다고 말했다. 또한 앤서니는 잭스Jaxx도 운영했는데, 여기서 그는 더블 로보틱스Double Robotics의 로봇을 구매해서 영상 컨퍼런스 로

봇들이 세그웨이Segway(전동으로 움직이는 이륜 이동 수단-옮긴이)를 타고 사무실을 돌아다니도록 원격으로 조종했다. 그는 사무실 외부에서 로봇의 전원을 켜고 직원들 뒤에서 돌아다니게 하면서 이를 통해 업무와 관련 없는 지시를 내리기도 하고 그들에게 말을 걸기도 했다. 앤서니는 2016년 토론토 주식거래소의 최고디지털책임자를 맡기도 했지만, 8개월 동안 그 일을 하고 이후에는 디센트럴 운영에 집중했다.

앤서니는 자신이 빌려준 비트코인에 대해 3000ETH를 받게 될 것이라고 적시한 서류에 찰스 호스킨스와 미하이 앨리시가 서명했다고 말하면서도 이를 공유하기를 거부했다. 비탈릭은 이렇게 말했다. "모든 비트코인은 비트코인으로 지급해야 한다는 명백한 결정이 있었습니다." 이더리움 재단은 그들이 앤서니에게 줘야 할 모든 것을 비트코인으로 지급했다는 증거를 확보하고 있었다. 그랬기 때문에 짧은 논쟁 끝에 앤서니는 물러설 수밖에 없었다. 이후 비탈릭과 앤서니는 거의 교류하지 않았다.

앤서니가 의문스러운 비즈니스 판단을 했던 유일한 이더리움 공동설립자는 아니다. 그해 초인 2월 조지프 루빈은 컨센시스 직원들에게 심각한 내용의 보고서를 받았다(조는 그 보고서의 존재를 알지 못했다고 말했다). 그 보고서는 이렇게 시작했다. 컨센시스는 몇몇 소소한 성공을 거뒀지만 "비용이 크게 증가했고, 직원들의 내분이 심화되고 있으며, 벤처 기업들의 출시 시점이 그리 좋지 않다." 그리고 컨센시스를 "실질적인 벤처 캐피털 자본"이라고 부르면서, "벤처 프로덕션 스튜디오Venture Production Studio(컨센시스 자신을 일컫는 말)의 운영 모델을 관찰하고 통제하기 위해서 투자수익률returns on investment, ROI과 핵심 성과 지표key performance indicator, KPI, 그리고 그다음으로 근간이 되는 여러 문서를 기준으로 삼아야 한다"고 권고했다. 또한 "연봉 수준이 너무 높다는 사실"에서 비롯된 어려운 현실을 직시해야 한다고 지적했다.

연봉 수준이 높은 것은 컨센시스 AG가 자금을 투자하기에 매력 없는 수단으로 보이게 만들 수 있었다. 실질적인 재정적 예측과 이익손실profit and loss, P&L 모델링, 혹은 평균 수익률에 대한 아무런 이해가 없는 상태에서 컨센시스 AG 펀드는 2017년 A16Z(유명 벤처자본 기업인 앤드리슨 호로위츠Andreessen Horowitz) 같은 '스마트머니smart money'(전문적인 지식으로 투자한 돈-옮긴이) 투자자를 발견하려면 많은 어려움을 겪을 게 분명했다.

조가 아직 견인력을 구축하지 못한 실질적인 스타트업에 급여를 지급하고 있었기 때문에, "스포크spoke"(이러한 스타트업 조직을 의미하는 용어다)는 그들이 생존 가능한 기간보다 더 오랫동안 살아남을 수 있었다. 이들은 "벤처들을 시장으로 내보냄으로써 그때까지 미뤄왔던 까다로운 의사결정을 내리도록 압박하게 될 '사느냐 죽느냐'의 태도를 만들어낼 것이다(다음은 일종의 사고실험이다. 얼마나 많은 컨센시스의 초기 설립자들이 비용 절감을 위해 라면을 먹으면서 몇 달이나 버텼는가?)". 보고서는 계속됐다. "초기 채용 절차에서 뚜렷한 채용 기준을 제시하지 않았다." 더 나아가 보고서는 이렇게 지적했다.

그 기업의 기존 경영진은 최고책임자로서 그들의 역량을 드러내왔다. 재무에서 전략에 이르기까지 조직 내에서 최고책임자 직함을 가진 이들은 책임과 실행 면에서 낮은 성과를 보여줬다. (중략) 컨센시스에는 비판적이고 직설적인 피드백과 조언을 제시할 수 있는 실질적인 자문위원회와 이사회가 필요하다. 조직 내 너무도 많은 사람들이 자신의 존재를 지나치게 드러냄으로써 뛰어난 직원들의 사기를 꺾고 바람직하지 못한 기술의 조합으로 브랜드 이미지를 흐리고 있다.

현재 직원들은 물론 콘센시스에 몸담았던 과거의 직원들도 거칠게 그들의 목소리를 내기 시작했다. 그들 중 일부는 컨센시스가 처음에 1년 넘게 많은 직원들에게 비트코인으로 지불하면서 세무 양식을 발행하지 않았다고 지적했다. 대부분의 직원은 계약자였고 조가 "적용 가능한 곳에서 일부 직원은 2016년 1099BTC를 받았다"고 말했는데, 그들은 2016회계연도만큼 최근에도 1099BTC를 받았어야 했다(한 초기 이더리움 직원은 조를 요약하는 말로 다음과 같은 표현을 선택했다. "나는 내가 내고 싶은 만큼 세금을 낼 뿐이다." 이에 대해 조는 "나는 그처럼 멍청한 말은 절대 하지 않았다"고 반박했다). 달러로 지급받기로 선택한 이들은 공식적인 급여 명부를 통해 급여를 지급받지 않았다. 조 혹은 지정된 특정 직원이 로컬비트코인 셀러와 합의한 데 따라 셀러가 조의 어드레스에서 비트코인을 받고 실제 은행 지점으로 가서 직원들의 은행 계좌에 현금을 입금했다. 달러로 지급받기로 선택한 한 초기 직원은 그러한 지급액이 3000달러를 절대 넘지 않았다고 말했다. 로컬비트코인 셀러가 3000달러 이상 입금하려면 은행비밀보호법Bank Secrecy Act 요건에 따라 거래 기록을 남겨야 했다. 조는 컨센시스가 3000달러를 초과해서 지급한 건이 많다고 말했다.

또한 조가 여러 명의 여성 직원이 그들을 올바르게 대우하지 않았다고 생각하는 한 임원을 특별히 보호한다고 느꼈다는 지적도 있었다. 한 입사 지원자는 그 임원이 컨센시스에서 일한다는 말을 듣고서는 곧바로 지원을 취소하기도 했다. 그 지원자는 이전 직장에서 일할 때 그 임원의 존재를 알게 되었다고 말했다. 한 직원은 그 임원을 "조의 가장 중대한 실수"라고 불렀다. 전체 회의에서 직원들이 그 임원의 잘못된 행동과 조직의 규모에도 불구하고 그 임원의 부서가 매출이 부진한 것을 지적했음에도 불구하고 조는 그에 답하기를 회피하거나 짜증을 냈다(조는 어느 누구도 특별히 보호하지 않았으며, 기업을 운영하는 데 있어서 민감한 문제는 항상 철저하게 조사하고 적절하게 움직였다고 말했다).

그럼에도 불구하고 직원들은 성과 기준과 목표, 책임이 불분명하다고 한목소리로 이야기했다. 그러한 문제의 일부는 직원들에게 특정한 직함, 과제, 혹은 직무 설명이 주어지지 않았다는 데서 비롯됐다. 직원들은 각자 알아서 자신의 직함을 정했다(얄리아 에스피노자Yalila Espinoza는 여러 직원이 "기업 주술사"라고 불렀는데, 그녀는 발리에 있는 회사의 휴양지를 자주 찾았으며 이더리얼Ethereal 같은 컨센시스 컨퍼런스에서 음파 목욕을 즐기기도 했다. 그녀는 당시 최고전략책임자인 샘 카사트Sam Cassatt의 친구였다. 2018년 그녀는 자신의 소속으로 컨센시스와 더불어 뉴욕에서 열린 개발자 기술 행사에 등록했는데도 샘은 기업 주술사가 있다는 사실을 부인했다. 2019년 6월 얄리아는 암 4기 판정을 받고 2020년 3월 세상을 떠났다). 조와 고위 관리자들은 컨센시스는 수직 체계 대신에 분산된 홀라크러시holacracy(권한과 의사결정권이 조직 전체에 걸쳐 분배되어 있는 조직 구조-옮긴이)를 따른다고 강조했다(컨센시스 내부에서는 이를 "메쇼크러시meshocracy"라고 불렀다). 직원들은 실질적으로 "자율적인 방식으로 조직을 구성했다."[30] 한 직원은 이에 대해 무정부주의에 대한 완곡어법이라고 이야기했다.

또 다른 팀장은 인사부가 팀원들을 어떻게 검토하도록 요청했는지 떠올렸다. 그들 중 일부는 이미 2년 전 컨센시스를 떠난 사람들이었다. 이처럼 느슨한 업무 방식과 눈먼 돈이 합쳐지면서 상당히 많은 직원들이 그저 빈둥빈둥 시간을 때웠다. 뛰어난 성과를 인정받아 입사했던 직원들조차 가령 발리에서 다른 사람들이 일하는 것을 보고는 25퍼센트 정도의 노력만으로도 버틸 수 있겠다고 생각하게 됐다. 한 전직 직원은 이렇게 말했다. "훌륭한 성과에 대한 보상이 없었습니다." 또 다른 이는 이렇게 말했다. "많은 이들이 대마초를 피우며 태평스럽게 시간을 보냈습니다. 사무실에서 흔히 볼 수 있는 풍경이었지요."

무엇이든 허용되고 쉽게 돈을 버는 기업 문화는 사치스러운 컨퍼런스에서도 드러났다. 2017년 내내 이어진 암호화폐 컨퍼런스의 흐름은 전 세계로 확대됐다. 컨센시스에선 이런 행사에 종종 수십 명의 사람들이 참석했는데, 이들은 여기서 일은 하지 않고 저녁 행사를 위해 배정된 1만~1만 5000달러의 예산을 써대며 매일 밤 파티를 즐겼다. 구글과 페이스북, 트위터 같은 기업 문화에 익숙한 직원들조차 이러한 모습은 본 적 없었다(이에 대해 조는 이렇게 말했다. "저녁 행사에 대한 그 같은 이야기는 말도 안 됩니다." 그는 그런 유언비어가 첫 2년 동안 컨센시스에서 일했던 직원들에게서 나온 것이라고 추측했다. 하지만 그 추측은 잘못된 것이었다).

컨센시스의 기이한 문화는 다른 방식으로도 드러났다. 컨센시스는 발리 같은 곳에서 직원 휴가 프로그램을 진행했는데, 휴가를 마친 뒤에 "기업 주술사"는 조와 샘, 최고마케팅 책임자 아만다 구터만Amanda Gutterman 등과 함께 사적인 차원에서 아야와스카ayahuasca(바니스 테리옵시스와 루스바냐라는 식물 줄기에서 추출한 환각성 액체 음료-옮긴이) 의식을 치렀다(조와 샘은 이를 부인했다. 샘은 그녀가 발리 휴양지에서 명상 수업을 이끌었다고 말했고, 조는 발리 전통의 물 의식을 구경한 것뿐이라고 말했다). 그리고 몇몇 남성 직원은 발리 휴양지에서 부적절한 행동을 해서 여성 직원들이 모여서 회의를 할 지경이었다. 그 회의에 참석한 한 직원에 따르면, 여성 직원들은 그곳에서 겪은 성희롱에 대해 성토했다.

많은 직원들이 이더 가격이 특정 지점을 넘어서자 샘이 출근하지 않기 시작했다고 지적했다(샘은 원격업무가 가능했기 때문에 그렇게 했다며, 자신은 "두바이에서 몇 달 동안 비즈니스 개발" 업무를 추진했고, 기업의 "IPO 준비 절차"를 이끌었으며, "전 세계 모든 기업이 블록체인 전략을 필요로 할 때" 비행기를 타고 이동하는 동안에 컨설팅 업무를 보았노라고 말했다). 조가 버닝맨 행사에 참석하느라 연락이 닿지 않던 동안 컨센시스에 입사한 한 직원은 컨센시스가 급여 지불을 위해 이더를 환전해야 했기 때문에 지급이 2주일이나 연기됐다고 말했나(소는 그러한 사실이 기억나지 않으며, 자신은 오랫동안 연락이 두절된 적이 없고, 또한 좋지 않은 상황에서 재무팀을 그냥 방치한 적이 없다고 말했다. 그는 대개 수요일이나 목요일에 버닝맨 행사에 참석했다가 일요일이나 월요일에 뉴욕으로 돌아왔다고 말했다).

한 전직 직원은 이렇게 설명했다. "컨센시스의 전반적인 상황은 솔직하게 말해서 이상했습니다. 임원들은 기업을 성장시키는 것보다 파티를 열거나 자격 없는 그들의 친구를 고용하는 데 더 많은 관심을 기울였습니다. 그들 모두 이더리움과 블록체인의 잠재력을 잘 알고 있었지만, 수익성 높은 기업을 구축하기 위해 무엇이 필요한지는 이해하지 못했습니다."

컨센시스의 다보스 행사에 참석했던 또 다른 기업의 한 임원은 그 전직 직원에게 컨센시스는 분산화에 대해 이야기하지만 그것의 구체적인 기능에 대해서는 전혀 언급하지 않는 "교묘한 속임수를 쓰는 기업"처럼 보인다고 말했다(소는 이러한 주장이 "전반적으로 잘못됐다"고 지적했다. 그리고 누가 그런 말을 했는지 모르지만, 컨센시스에서 성공하지 못했거나 그들의 관점에서는 제대로 이해할 수 없는 직원들에게서 나온 말일 거라고 일축했다).

또 다른 전직 직원은 이렇게 말했다. "컨센시스는 전체적으로 뒤에 뭔가 있는 것처럼 보이게끔 건물 정면만 세워놓은 포템킨 마을(예카테리나 2세의 크림반도 시찰을 앞두고 낙후된 지역 현실을 감추기 위해 여왕 행렬이 지나는 곳마다 가짜 마을을 조성한 그레고리 포템킨 총독에서 유래한 표현-옮긴이)처럼 느껴졌습니다. 그 같은 사실을 입증하기란 대단히 어렵습니다. 뭔가가 정말로 무능하게 진행되고 있었는지, 아니면 의도적으로 그렇게 하고 있었는지 말이죠." 이에 대해 컨센시스의 변호사 맷 코르바Matt Corva는 이렇게 말했다. "우리는 수백만 사용자, 잠재적인 성공 투자와 더불어 세계에서 가장 널리 사용되는 블록체인을 위한 가장 널리 사용되는 툴과 인프라, 지갑을 내놨습니다. 그것은 엄연한 사실입니다."

다른 기업에서, 특히 실리콘밸리에 있는 기업에서 근무한 경험이 있는 직원들은 컨센시스의 기업가 정신은 근간에 천진함과 무지가 존재한다며 당황스러워했다. 컨센시스는 직원들을 분산된 프로젝트(스파크)에서 일하는 이들로 그룹화했다. 그러한 그룹에는 마케팅과 엔터프라이즈, 법률 같은 허브 운영에서 일하는 이들이 있었는데, 이들은 모든 디앱 팀이 활용할 수 있었다. 그리고 다음으로 그 의미가 대단히 애매모호해서 4명의 직원들 모두 서로 다른 정의를 내린 "플로터floater"들이 있었다. 조는 그들이 여러 프로젝트간의 관계를 조율하는 사람들이라고 말했다.

컨센시스에는 플로터들이 합류할 수 있는 자원할당위원회Resource Allocation Committee, RAC가 있었는데, 각각의 프로젝트팀은 다음 사분기를 위해 그들의 요구 사항을 제시할 수 있었다. 벤처캐피털에서 일한 경험이 있는 한 직원은 RAC를 "조직화되지 않은 '샤크탱크Shark Tank'(기업 투자를 소재로 한 미국 TV 프로그램-옮긴이)의 단순한 버전"이라고 불렀다. 프로젝트들은 실행 가능한 목표가 없었고 추진력이 부족했다. 그리고 RAC에 대한 평가를 수행하는 이들 또한 벤처캐피털에서 일한 경험이 없었다. 어쨌든 간에 RAC는 중요하지 않았다. 중요한 것은 프로젝트가 조와 좋은 관계를 형성하고 있는지 여부였다. 만약 그렇다면, 그 프로젝트는 원하는 것을 얻을 수 있었다. 그리고 그렇지 않다면, 얻을 수 없었다(조는 그것이 "100퍼센트 틀린 말"이라고 지적했다).

조와 관계가 좋지 않았던 직원들은 그가 뭔가를 구두로 약속하고 나서 그것을 문서로 작성하는 일은 계속해서 미뤘다고 말했다. 그렇게 버티다가 결국 문서화해야 할 시점에 이르렀을 때, 그 내용은 조에게 유리한 쪽으로 바뀌었다(이에 대해 조는 이렇게 반박했다. "그처럼 말도 안 되는 주장에 대해 언급해야 할 필요성을 느끼지 못하겠군요. 일반적으로 계약은 여러 당사자와 그들 상호간의 합의를 수반합니다. 그렇지 않으면 계약이 성립될 수 없습니다."). 조 때문에 어려움을 겪었던 한 직원은 컨센시스에 대한 거의 모든 이야기는 조가 어떻게 케케묵은, 권력에 굶주린, 그리고 지배하고 뭉개라는 자신의 접근 방식을 그가 오로지 입으로만 떠들어댄 "탈중심화와 분권화에 관한 사랑스럽고 밝은 이야기"로 감췄는지에 관한 것이라고 말했다. 이에 대해 한 전직 직원은 "이러한 비전에 대해 이야기하면서 이러한 유형의 차가움"은 한 번도 경험한 적 없다고 말했다(맷은 이러한 입장은 "극단적인 예외"일 뿐이라며, 컨센시스는 "탈중심화와 분권화, 그리고 존경에 뿌리를 내리고 있다"고 말했다).

컨센시스 스포크에서 일했던 많은 직원들은 그 조직이 언젠가 분사될 것이며, 그렇게 되면 지분과 함께 공동설립자 지위를 갖게 될 것이라고 기대했다. 하지만 조는 그 조직을 내부에 그대로 유지하기로 결정했고, 이들은 결국 직원으로 남았다(이처럼 지분을 둘러싼 불투명함은 직원들의 의지를 꺾는 또 하나의 요인이었다). 이러한 이유로 컨센시스는 고위 인사들만이 새로운 토큰 프로젝트에 열정적으로 참여하고, 앤서니가 그랬던 것처럼 토큰을 얻지만 자신의 이름을 제공하는 것 외에 거의 기여하지 않는 "자문"이 되기 위해 애쓰는 문화를 키워 나갔다(조는 이렇게 말했다. "모든 사람이 우리 법무팀과 잠재적인 갈등 요인을 갖고 있었습니다. 이러한 점에서 우리는 내부적인 의사결정에 어떠한 편향도 없었다고 확신할 수 있습니다.").

여러 직원들의 말에 따르면, 주로 자신이 얼마나 좋아하는가를 기준으로 사람을 판단하는 조의 성향, 여기에다가 수직 체계와 뚜렷한 기준이 없는 컨센시스의 조직 특성은 기업 문화를 인기 콘테스트로 바꿔놨다. 모든 성취와 승진은 조의 비위를 맞추는 능력에 따라 좌우됐다. 이러한 문화는 끝없는 내부 권력 다툼으로 이어졌다. 그럼에도 불구하고 조는 자신을 둘러싼 정치 싸움과 그러한 싸움을 자극하는 자신의 역할에 무지한 듯 보였기 때문에, 조를 지지하는 사람조차 그가 틀림없이 자폐 스펙트럼을 갖고 있을 것이라고 주장했다(조는 누가 자신에 대해 그렇게 말하는 것을 들어본 적 없다고 했다).

편애를 근간으로 한 관리 방식으로 인해 많은 직원들이 스스로에게 정당한 경력을 훌쩍 넘어서는 직함을 부여했다. 그들은 자신이 바라는 직함을 조에게 요구했고, 조는 은총을 내리듯 직함을 하사했다. 이런 상황이었는데도 대학을 졸업한 지 3년밖에 되지 않은 아만다가 스스로에게 최고마케팅책임자라는 직함을 부여하자 사내에서 소란이 일어났다. 하지만 조는 컨센시스에서 직함은 중요하지 않다고 일축하며, 아만다의 직함을 그대로 확정했다(조는 이렇게 말했다. "저는 직원들간의 관계와 저를 둘러싼 관계에 무지하지 않습니다. 그건 지금도 마찬가지입니다.").

또 다른 이는 업무를 처리하기 위해 동료에게 이메일을 보낼 때 조의 이름을 반드시 참조로 넣어야만 했다고 말했다. 이에 대해 조는 "저는 아버지 회사에 다녔는데, 직원들이 제가 원하는 방식대로 움직이도록 만들기 위해 아버지를 그대로 따라 하고 있다는 생각이 들었습니다"라고 밝혔다. 이어 그것이 효과적인 전략은 아닌 것 같다고 말했다. 그 무렵, ETH 데브에서 CFO를 지낸 프리스요프 바이너트(밍이 이더리움 재단에서 자금을 횡령했다고 아무런 근거 없이 사적인 자리에서 비난했던 바로 그 사람이다)는 컨센시스의 CFO로 일하고 있었다. 직원들은 누구든 프리스요프에게 이메일을 보내서 500만 달러를 자신의 계좌로 입금하게 만들 수 있다는 농담을 했다. 만일 그 이메일에 조의 이름을 참조로 넣는다면 프리스요프는 그렇게 할 게 분명했다(프리스요프는 이렇게 말했다. "완전한 준수와 관리를 보장하기 위해서 컨센시스는 책임 분산, 네 눈 원칙four-eye-principle(두 사람의 승인을 받아야만 하는 원칙-옮긴이), 내부 통제, 위기관리 등 다양한 수단을 마련해놓고 있었습니다.").

조에게는 열렬한 팬들이 있었다. 그들은 대부분 조가 선견지명이 있고, 혁명적이고, 이상적이고, 이타적이고, 총명하고, 관대한 인물이라고 표현했다. 그리고 그를 향한 자신의 애정을 자랑스럽게 이야기했다(그러나 그 팬 중 일부는 그가 최고경영자는 물론 비즈니스맨이 안 되는 편이 더 나았을 것이라고 인정했다). 한 사람은 조가 조직화되지 않은 분위기를 좋아했고, 사람들이 행복하고 권한을 부여받고 자율적으로 움직이길 원했다고 말했다. 그는 또한 조가 직원들에게 더 많은 힘을 불어넣어주고, 다양함의 수준을 높이고, 모두가 배움의 기회를 얻기를 원했다고 설명했다. 다른 기업에서 담당자들이 회의를 하기 위해 찾아올 때면 조는 "함께 참석하실 분?"이라고 소리를 치곤 했는데, 이런 면만 봐도 그의 성격을 알 수 있다고 덧붙였다.

조의 느긋한 태도는 때로 우스꽝스러운 상황을 빚어내기도 했다. 직원들이 마음대로 직함을 고를 수 있게 하자 한 직원은 스스로를 "최고무정부주의책임자"라고 불렀다. 그는 직원들에게 구글 독스에 각자의 연봉을 공개하라는 내용의 "요구서한"을 작성하면서 이는 연봉 협상 과정에서 모두에게 도움이 될 것이라고 주장했다.[31] 맷은 그 직원이 "급여의 투명성에 대한 주장에 찬성하거나 반대할 수 있는 여러 가지 링크를 제시했다"고 덧붙였다(이에 대한 배경은 연봉 상한선이 존재하고, 그래서 많은 직원들이 모두 같은 배를 타고 있다고 생각하면서 컨센시스에서 일하기 위해 연봉 삭감을 받아들였다는 것이다. 하지만 그런 일은 일어나지 않았다. 그 직원은 다만 직원들이 더 많은 급여를 받도록 돕겠다는 생각이었다). 그 직원은 그 글을 내리지 않으면 해고 당할 것이라는 메시지를 받았다. 인사팀이 내세운 이유는 직원 프라이버시 문제였다. 특히 유럽의 일반 데이터 보호 규칙General Data Protection Regulation, GDPR에 비춰볼 때, 컨센시스는 이처럼 민감한 직원 정보를 자체 시스템에 올려놓는 것을 원하지 않았다. 그 직원은 그가 받은 "위협"에 대해 사내 전체에 알렸다.

조가 탈중심화에 대해 이상적으로 이야기했음에도 불구하고, 컨센시스는 토큰과 관련해서 대단히 탐욕적인 모습을 보였다. 여러 직원이 토큰과 관련해서 스포크를 위한 표준 분할은 50:50이었으며 사측이 때로 70퍼센트를 가져갔다고 말했다(맷은 토큰과 관련된 표준 분할은 없었다고 말했다).

그 무렵, 컨센시스는 다른 프로젝트를 베끼는 것으로도 유명했다. 2016년, 그리고 2017년 분산형 웨스트코스트 프로젝트 팀원들은 한 토큰 팀이 컨센시스에서 설명회를 가진 이후, 그들이 투자를 거부하고 나중에 비슷한 프로젝트를 발표했다며 수군댔다. 이러한 일은 탈중심화된 예측 시장인 어거(컨센시스는 그노시스를 갖고 있었다)뿐만 아니라, 탈중앙화된 거래 프로토콜 0x(컨센시스는 나중에 에어스왑AirSwap이라는 하는 탈중앙화 거래소를 발표했다)에서도 일어났다(컨센시스의 한 임원은 그들이 제안받은 프로젝트를 베껴서 유사한 프로젝트를 만들어냈다는 주장을 부인했다. 그리고 조는 컨센시스가 0x에 "투자할 기회를 얻지 못했다"고 말했다. 하지만 조가 0x에 직접 연락했고, 에어스왑 설립자를 포함해 컨센시스 사람들과 함께 0x 팀과 두 번에 걸쳐 회의를 했다는 내용의 문서가 존재하는 것도 사실이다. 해당 문서에는 컨센시스가 "이번 프리-크라우드펀드 라운드"에 참여하도록 초대를 받았다는 사실이 적시되어 있다. 에어스왑의 발표 이후, 한 0x 투자자는 다음과 같은 제목으로 그 팀에게 이메일을 보냈다. '컨센시스==이더리움의 로켓 인터넷'. 이와 관련해서 〈뉴욕타임스〉는 그들의 비즈니스 모델은 "이미 성공을 거둔 인터넷 기업 따라 하기"라고 지적했다).

컨센시스의 평판은 더욱 나빠졌다. 당시는 시기적으로 ICO 광풍의 한가운데였다. 이더리움은 결국 성공했고, 컨센시스는 몇몇 좋은 이더리움 인프라 툴을 구축했지만, 암호 세상 사람들이 열광한 탈중심화 앱들 가운데 컨센시스 프로젝트는 하나도 없었다(그노시스는 ICO 이전에 컨센시스에서 분사됐다). ICO의 열기가 한창일 때조차 최고의 토큰 100개 중 컨센시스의 것은 겨우 두세 개에 불과했다. 그 이유에 대해 컨센시스 소속이 아닌 한 이더리움 개발자는 계약이 성사되지 않으면 조는 두 당사자 사이에 수용 가능하지 않은 조건이 있었기 때문이라고 말했지만 사실은 컨센시스가 제시한 조건이 대단히 좋지 않아서 사정에 밝은 개발자들이 그에 동의하지 않았기 때문이라고 설명했다.

컨센시스 직원들은 대부분 조가 기업의 성공에 집중하고 있지 않다고 느꼈다(조는 물론 수익이 나온다면 기쁠 것이라고 말하긴 했다. 어쨌든 이는 스타트업 대표로선 아주 드문 태도다). 직원들은 또한 조가 연례 컨퍼런스인 이더리얼을 통해 돈을 벌 수 없다는 사실을 인지하지 못했다고 생각했다. 비록 암호화폐 컨퍼런스가 높은 수익을 올릴 수도 있었지만 말이다(조는 직원들이 자신의 마음을 정확하게 읽지 못했다고 말했다). 한 직원의 설명에 따르면, '이더리얼 2017'이 끝나고 몇 달 후, 조는 마이크로소프트 로고를 티셔츠에 박아 넣었는데도 그들이 후원하겠다고 나서지 않자 충격을 받았다(조는 이전 이더리얼 행사에서는 수익을 기대하지 않았다며, 그 일은 기억 나지 않는다고 말했다).

직원들은 조가 수익에 관심 없다는 사실에 당황하면서 조가 이더와 비트코인을 빌려주는 방식으로 컨센시스에 자금을 지원했다는 사실에서 이와 관련된 추측을 내놓았다. 대출 때문에 그가 높게 평가된 자신의 이더를 현금으로 바꿔야 하는 일은 일어나지 않았기 때문에, 세금을 발생시키는 어떠한 일도 조에게 생기지 않았다. 게다가 그 무렵, 조는 암호화폐 억만장자로, 정부에 세금을 낼 필요가 없는 재산이 상당한 규모에 이르렀다. 게다가 컨센시스 그 자체는 세금을 적게 내거나 혹은 전혀 내지 않았다. 벌어들인 것보다 훨씬 더 많은 돈을 지출했기 때문이다. 사실 조는 기업 내 개인 해외 투자자로서 세금 우대 적용을 받았다. 컨센시스가 수익을 내지 못하면 조는 더 많은 돈을 벌 수 있었다. 지분이 있는 한 사람은 이렇게 말했다. "처음부터 전략적으로 조에게 유리했습니다." 이에 대해 조는 이렇게 반박했다. "아닙니다. 세금 손실로 제가 어떤 세금을 상쇄할 수 있죠?" 한 초창기 직원은 조가 지분에 대해 서류를 작성하는 작업을 하면서 계속 시간을 끌었다고 말했다. 기업이 설립되고 2년이 흐른 2016년 10월 처음으로 이런 작업이 이뤄졌는데, 컨센시스의 자금을 지원하기 위해 사용한 비트코인과 이더가 대출로 마련된 것이라는 사실을 누설하지 않기 위해서였다. 그가 더 빨리 지분을 줄수록 주주들은 협의에 대해 더 일찍 말할 수 있었다. 그러나 누군가 지분을 받았을 무렵, 조는 2년 동안 암호화폐 대출로 컨센시스에 자금을 지원하고 있었다(조는 자신이 지분을 문서화하는 작업을 질질 끌었다는 주장에 이의를 제기했다).

이더 가격이 오르면서 이는 또한 컨센시스가 조에게 달러로 지불해야 할 금액이 조가 비트코인과 이더를 빌려줬을 때보다 천문학적인 수준으로 높아졌다는 사실을 의미하기도 했다. 컨센시스가 파산할 경우, 이는 큰 문제가 될 수도 있었다(아마도 전적으로 주주들에게 책임이 지워졌을 것이다). 지분을 갖고 있던 전직 직원은 이렇게 말했다. "조는 그 가치가 20달러 정도일 때 이더로 모든 급여를 지급했습니다. 당시 경비 지출 속도가 어느 정도였든 간에 우리는 이제 적어도 매달 10배를 지급해야 합니다. 가령 이더 가격이 200달러이고 경비 지출 속도가 1000만 달러라면, 회사가 지급해야 할 돈은 그달에만 2억 달러에 이르는 것이지요. 겨우 한 달에요."(이 대화를 나누던 시점을 기준으로 이더는 2000달러를 살짝 넘어서는 수준이었다) 이와 관련, 맷은 다음과 같이 말했다. "컨센시스는 한 달에 2억 달러를 지급해야 합니다. 이는 절대적으로 올바르지도 않고, 자금 조달 협정이 돌아가는 방식도 아니지요."

컨센시스의 수익성에 무관심한 것에 더해 조는 직업적인 기준에도 신경 쓰지 않는 것처럼 보였다. 예를 들어, 그는 컨센시스에서 사용자 경험User Experience, UX 디자이너로 일하는, 그보다 수십 살은 어린 연연첸 Yunyun Chen과 사귀기 시작했다[32](그녀는 조와 샘이 부인하는, 발리 휴가 이후에 가진 사적인 아야와스카 의식에 초대받은 몇 안 되는 사람 중 하나다). 조는 다보스에서 개최된 많은 회의에 참석했는데, 그때마다 그녀와 동행했다. 고위급 정부 관료를 만나기 위해 떠났던 인도와 프랑스 출장에서도 마찬가지였다. 직원들은 자신의 회사 직원과 사귀는 게 부적절한 것은 물론 그런 관계는 지극히 개인적인 것이어서 숨기는 게 일반적인데도 조는 그녀를 회의에 데려오는 것이 이상하게 보일 수도 있다는 사실에 전혀 신경 쓰지 않았다고 말했다. 그런 모습은 주위 사람들에게 황당하게 느껴지기도 했다. 한번은 계약업체와 컨센시스 고위급 직원 회의가 있었는데, 그 자리에 연연도 참석했다. 이는 물론 말도 안 되는 일이었다. 회의에 참석한 사람들은 '이번 프로젝트와 직접 관련이 없는데도 왜 UX 디자이너가 이 자리에 있지?' 하며 의아해했을 것이다. 조는 직원들을 개인적으로 만나는 자리에도 연연을 동석시켰다. 이에 대해 컨센시스의 전 직원은 체념하는 태도를 보였다. "저는 어떻게 하면 제 40분을 최대한 활용할 수 있을지만 생각했습니다. 그녀가 그 자리에 있는 것에 대해 저는 아무런 말도 하지 않았습니다. 그의 여자 친구, 그의 기업, 그의 문제였지요. 그런데 그게 프로다운 겁니까? 아닙니다. 그런데 그는 그렇게 할까요? 네, 그렇습니다."(조는 둘의 관계에서 부적절한 점은 없었고, 그는 공과 사를 구분했으며, 다른 중요한 직원들도 저녁 식사에 초대했다고 말했다. 비록 직원들은 연연이 단지 저녁 식사 자리뿐만 아니라 정부 고위 관료들이 참석하는 회의 자리에도 있었다고 이야기했지만 말이다)

컨센시스에 어떠한 이유나 근거가 있는 것처럼 보였다면, 직원들은 그것이 이더 가격을 밀어 올릴 것이라는 이론을 기반으로 모든 것이 정당화될 수 있다는 것이라고 생각했다. 이더리움의 정착과 이더 가격은

2017년 2월 보고서에서 비판의 핵심이었다. 보고서는 조의 목표가 컨센시스의 성공인지 아니면 이더리움의 성공인지 불분명하다고 지적했다. 또한 컨센시스가 이더 가격을 "부풀렸다"고 주장했는데, 이는 특정 암호화폐를 지지하는 위험을 질 수 없는 고객을 컨설팅하는 것과 관련해서 이해충돌 문제를 제기했다(조는 보고서의 존재를 몰랐다고 말했으며, 당연히 보고서에서 제시한 어떤 권고도 따르지 않았다).

컨센시스의 고위 임원들이 조가 컨센시스의 수익성에 집중하지 않았던 이유를 다음과 같이 설명했다. 컨센시스는 이더 가격을 끌어올리기 위한 수단이었다. 가령 조는 500만 ETH를 갖고 있으면 그중 100만 ETH를 사용함으로써 나머지 80퍼센트의 가치를 높이고자 했다. 조가 이더리움 크라우드세일이 시작된 날 비트코인을 샀다면(그가 적어도 몇십 배 더 저렴했을 때 사 들였으며, 비용이 훨씬 더 낮았던 때 채굴했다는 점을 감안하면 이는 지극히 보수적인 예측이다), 현재 그 가치는 그가 이를 사용했던 때보다 1000배는 더 높아졌다. 컨센시스는 이더리움 개발자들이 사용하던 인프라 툴을 제공했는데, 그 툴들이 비록 컨센시스의 스포크 프로젝트는 아니나 적어도 이더의 수요를 만들어내는 애플리케이션에 도움이 된 것은 사실이다. 이러한 점을 감안할 때, 그게 조의 전략이라면 그는 성공을 거둔 셈이다(조는 이더 가격을 부풀리는 것은 결코 자신의 전략이 아니라며, 컨센시스는 공개적으로 이더 가격을 끌어올리는 데 나서지 않는 것은 물론 이더 가격에 대해 이야기하지 않는 것을 원칙으로 삼았다고 말했다).

조의 동기가 컨센시스를 구축하는 것이었으나 수익성에는 관심이 없는 것처럼 보였지만, 대부분의 직원들은 적어도 이더 가치가 상승하는 동안에는 그들의 자리가 안전하다고 느꼈다. 그들은 조가 전 세계에서 가장 많은 이더를 보유한 사람은 아니지만 적어도 대형 보유자 중 하나라고 짐작했다.[33] 그리고 2017년 가을, 이더는 뚜렷한 상승세를 보였다.

그해 초 8달러로 시작한 이후 300~800달러 사이에 가격이 형성되어 있었다.

금융적으로 비중 있는 인사였지만 조는 이더리움과 관련해서 가장 중요한 인물인 비탈릭과는 친분을 쌓지 못했다. 비탈릭은 기본적으로 그와 대화하지 않았다. 조에게 양해를 구해야 할 때는 적어도 1명 이상의 컨센시스 직원에게 서면으로 전달했다. 조는 비탈릭과 사이가 좋지 않았기 때문에 밍과 함께 일할 방법도 없었다.

한편, 그해 가을 폴로닉스의 시장점유율이 떨어지기 시작했다. 6월에는 때로 1주에 50억 달러의 거래 규모를 기록했지만, 그해 가을 초에는 최고 거래량이 40억 달러에 머물렀다. 물론 그런 상황에서도 폴로닉스는 어마어마한 돈을 벌어들이고 있었다. 이렇듯 하락세를 보인 이유는 경쟁사들은 부지런히 업그레이드에 투자했지만 폴로닉스는 최소한의 투자도 하지 않았기 때문이었다. 경쟁사인 크라켄이 여러 가지 새로운 기능을 자랑하는 모습을 지켜보며 폴로닉스 직원들은 이렇게 물었다. "왜 우리는 그렇게 하지 않는가? 왜 우리는 그들이 우리 비즈니스를 빼앗아가도록 내버려두고 있는가?"

예를 하나 들면, 크라켄은 사용자들이 스스로 기능을 차단할 수 있도록 허용하는, 이중 인증을 위한 효율적인 셀프 서비스 기능을 내놓았다. 고객서비스팀이 그와 비슷한 기능을 도입하면 공개적인 질문을 3분의 1 정도 줄일 수 있다고 말했음에도 불구하고 줄스 킴과 마이크 데모풀로스는 트리스탄 디아고스타가 그러한 일을 하도록 허락하지 않았다(트리스탄은 폴로닉스 코드의 거의 모든 측면을 관리했다. 매주 수십억 달러의 암호화폐를 거래하는 거래소에 대한 기대와 달리, 그 복잡성에 대한 이해는 팀원들 사이에 널리 공유되지 않았다). 당시 폴로닉스는 50만 건에 달하는 공개적인 질문을 받는데 조니 가르시아는 고객서비스 담당자를 충원하는 것으로 대처했을 뿐이다. 그해 말 그 수는 12명에 이르렀다. 2017년 가을, 조니는 공개 질문의 수를 10만 건으로 낮췄다는 데 대단히 만족했다. 줄스와 마이크는 프리랜서 몇 명을 고용하도록 허락했고, 고객서비스 책임자인 조니는 그들을 훈련시켜 KYC 인증과 관련해서 남아 있는 업무를 처리하도록 했다. 그들은 일을 잘 해냈고, 조니는 그들 모두를 채용하자고 즉각 제안했다. 조니의 기억에 따르면, 줄스와 마이크는 다음과 같이 말했다. "안 됩니다. 더 이상 고용하는 것은 불가능합니다. 현재의 인적 자원으로 업무를 처리하세요."

그 시점에 폴로닉스는 비록 고객서비스팀은 아니지만 2명을 새롭게 채용했다. 두 사람 모두 전통적인 금융 서비스 분야 출신이었다. 한 사람은 산탄데르 은행 수석부사장이고, 다른 사람은 기존 금융 서비스 기업 중 유일하게 암호화폐에 관심을 갖고 있는 피델리티Fidelity 출신의 타일러 프레더릭Tyler Frederick이라는 젊은 트레이더였다.[34] 2017년 9월 11일, 업무를 시작하는 타일러는 예감이 좋지 않았다. 그는 전화 통화와 이메일로 면접을 봤는데, 그 과정이 다소 이상했다. 타일러가 사무실을 보여달라고 요청하자 줄스와 마이크는 그가 무엇을 우려하고 있는 건지 물었다. 그는 단지 근무 환경을 보고 싶다고 이야기했고, 두 사람은 그에게 다시 연락을 주기로 약속했다. 그들은 결국 보스턴 대도시권에 있는 사무실에서 만났다. 그 공간은 좋았지만 아무것도 없이 텅 비어 있었다. 두 사람은 타일러에게 그가 일을 시작할 때쯤에는 사무실에 폴로닉스가 입주해 있을 거라고 설명했다.

그런데 출근 첫날, 그들은 타일러에게 다른 사무실로 출근하라고 통보했다. 그가 그곳에 들어섰을 때, 한 무리의 임시 근로자들이 접이식 테이블을 놓고 일하고 있었다. 파티션도 없고, 와이파이의 보안은 불확실했으며, 사무실 곳곳에 케이블이 널브러져 있었다(결국 폴로닉스는 나중에 다른 사무실로 이사했다). 타일러는 4개월 동안 다른 일자리를 알아봤다. 그가 보기에 그 거래소에는 투자가 이뤄지고 있지 않았기 때문이다. 규모가 급격하게 치솟는 상황에서 그 거래소는 계속 유지되기 어려울 것으로 보였다.

그는 줄스에게 보고해야 했지만, 출근한 이후에는 그녀와 마이크를 볼 수 없었다. 그들은 아예 출근하지 않았기 때문이다. 그러나 그가 사무실을 보겠다고 요청하자 그들 모두 나왔다. 그는 헷갈렸다. 그들에게 자신이 중요한 것일까? 그렇다면 그 이유는 무엇일까? 타일러가 지분을 요구했을 때, 그들은 그것은 고려 대상이 아니라고 말했다. 타일러는 우량주 금융 서비스 기업인 피델리티에서 근무했음에도 불구하고 경험이 부족해서 그런 일은 스타트업에 일반적인 것이 아니라는 사실을 알지 못했던 것이다.

일부 직원들은 줄스와 트리스탄, 마이크가 폴로닉스를 매각하려는 것은 아닌지 의심하기 시작했다. 그러한 의심은 다음과 같은 사실에서 비롯됐다. 우선 소유주들은 폴로닉스를 개선하기 위해 투자하는 데 아무런 관심도 없었다. 그리고 KYC 프로젝트에 처음에는 저항하다가 갑작스럽게 그것을 우선순위로 삼았다. 다음은 새롭게 들어온 루비 슈라는 중재자였다. 루비는 준법팀 책임자, 그리고 고객서비스팀 책임자 조니 같은 특정 직원들이 협력해야 할 상황에도 서로 만나는 것을 금지했다. 그 이유 중 하나는 두 사람의 숙박비를 한꺼번에 지불할 수 없다는 것이었다. 그런데 브라질에서 살고 있던 조니가 보스턴으로 출장을 가서 준법팀 팀장을 개인적으로 만났을 때 그런 일이 벌어졌다. 그때 그들은 조니의 호텔 예약을 바꿔서 그가 루비의 호텔 방에 있는 소파에서 잠을 자도록 했다. 그가 불만을 제기하자 줄스는 그에게 마음에 들지 않으면 직접 비행기를 예약해서 집으로 돌아가도 좋다고 말했다. 또한 조니가 출장을 와 있는 동안 그 사무실에 머물렀기 때문에 그의 직원 및 프리랜서와 직접 만나 이야기를 나눌 수 있었는데도 루비는 그들이 그렇게 하는 것을 금지했고, 자신이 그들의 대화 내용을 감시할 수 있도록 채팅으로 이야기하라고 지시했다.

직원들 중 일부는 조니에게 소유주들이 폴로닉스를 매각할 것인지 물었다. 그들이 보기에 줄스와 마이크, 트리스탄은 회사에 더 이상 관심이 없어 보였다. 마치 보여주기 위해 일하는 것만 같았다. 루비가 담배를 피우려고 다가오자 그는 눈을 똑바로 쳐다보면서 아주 진지한 표정으로 물었다. "매각하실 건가요?" 그녀는 눈을 깔면서 고개를 돌렸다. 그러나 미처 한 걸음 떼기도 전에 그녀는 고개를 살짝 돌려 조니의 눈을 바라보며 이렇게 말했다. "물론 매각하지 않을 겁니다." 그러나 그녀의 표정을 본 조니는 거짓말을 하고 있다는 강한 느낌을 받았다.

밍은 나가야 합니다

2017년 11월 1일, 멕시코 칸쿤에서 열릴 데브콘 3을 준비하는 과정에서 밍은 점점 더 정신 없고 감정적인 모습으로 변해가고 있었다. 일반적인 스카이프 채팅조차 갑작스럽게 개인적인 방향으로 흘러가곤 했다. 데브콘에 참석하기 위해 이코노미 좌석 대신에 프리미엄 이코노미 좌석을 예약할 수도 있었다고 아쉬워하는 한 직원의 말에 밍은 이렇게 반응했다. "오늘은 부디 저를 자극하지 말아주세요." 그러고는 이렇게 덧붙였다. "너무 힘듭니다. 16년이나 같이 산 강아지가 오늘 세상을 떠났거든요." 밍은 자신의 불안정한 심리 상태를 인정하면서 이런 글을 쓰기도 했다. "이 채널에 처음 온 사람들을 위해 말씀드리자면, 30이나 40 혹은 50시간 정도 잠을 자지 못했을 때는 내부 채널에 글을 쓰지 않을 겁니다. 삭제된 글을 보면 아마도 제가 언제부터 잠을 못 잤는지 알 수 있을 겁니다."

더 많은 사람들이 그녀가 떠나길 원하면서 이더리움 직원들 사이에서는 불안감이 감돌았다. 비탈릭은 그러한 바람을 현실로 만드는 것과 관련해서 점점 더 강한 자신감을 느꼈다. 이더 가격이 급상승하면서 이더리움 재단은 많은 자금을 확보한 상태였지만, 밍 때문에 여러 프로젝트가 제대로 자금을 지원 받지 못하고 있었다. 비탈릭은 이더리움 재단이 모든 가치 있는 조직에 돈을 지원하길 원했다. 밍이 병목에 자리 잡고 있는 한, 이러한 흐름이 계속될 게 분명했다. 이더리움과 경쟁하는 스마트 콘트랙트 블록체인들이 런칭을 준비하고 있었기 때문에 이런 상황을 마냥 두고 볼 수만은 없었다.[35] 비탈릭은 밍이 사라지더라도 이더리움 재단이 무너지지 않을 것임을 깨달았다. 패리티 멀티시그 지갑이 해킹 당했던 여름, 허드슨과 함께하는 자리에서 비탈릭은 밍을 내보내고 싶다는 말을 처음으로 입 밖으로 꺼냈다. 상황을 잘 알지 못했던 허드슨은 밍이 일을 잘하고 있다고 대답했다. 그의 말을 들으면서 비탈릭은 그녀에 대한 옹호가 그리 강하지만은 않다는 느낌을 받았다.

비탈릭은 이더리움 재단의 많은 이들이 밍이 지나치게 통제적이라고 생각한다는 사실을 알지 못했다. 그들은 자신이 원하는 것을 더 이상 말하지 않았고, 밍이 지금이 2015년 가을인 것처럼, 즉 이더가 300달러가 아니라 1달러에 미치지 못하는 상황인 것처럼 행동하고 있다고 생각했다. 밍은 모든 것을 복잡하게 만들었다. 다양한 프로젝트에 자금을 지원하는 일은 물론, 개발자 1명을 채용하는 일에 대해서도 그랬다. 이런 상황에서 직원들은 이더리움 재단이 엉성하다고 느끼고 있었다.

그 무렵, 몇몇 개발자는 밍과 전화 통화를 해야 한다는 생각만으로도 스트레스를 받을 지경이었다. 밍과의 통화가 비즈니스와 비슷할지(물론 그녀의 사적인 이야기에 좌우될 테지만) 혹은 극도로 신랄할지 예측할 수 없었기 때문이다. 일부는 밍을 통하면 문제를 가장 잘 해결할 수 있는 상황에서도 군이 다른 방식으로 처리하려고 했다. 몇몇 직원은 밍과 싸우기 싫어서 이더리움 재단을 떠나기도 했다. 비탈릭이 새롭게 사귄 친구들조차 밍과의 관계에서 긴장감을 느꼈다. 외부에서 볼 때는 이더리움을 통합된 조직이라고 생각했지만, 재단 일에 깊이 관여하면서 그는 조직 내부에 세 그룹이 존재한다는 사실을 알게 됐다. 연구원과 개발팀, 그리고 '그 재단'이었다. 여기서 재단은 곧 밍을 의미했다.

비탈릭에게 소개 받아 이더리움에 들어온 사람들은 탈중심화된 프로젝트에 크게 흥미를 보였는데, 밍은 재단 상무이사에 어울릴 법한 장황한 이야기를 늘어놓았다. 그녀는 더 이상 이더리움과 어울리지 않아 보였다. 밍의 곁에서 일했던 한 사람은 그녀가 겉으로는 블록체인 기술에 관심 있다고 말했지만 실제로는 그렇지 않은 것 같다고 말했다. 직원들은 비탈릭이 싱가포르에 있고, 거기서 이더리움 재단과는 다른 새로운 조직을 세웠다는 사실을 의아해했다. 그들은 조직이 분할될까 봐 걱정했다.

밍을 둘러싼 긴장감은 11월 1일 수요일 칸쿤에서 데브콘 3이 시작되면서 암호화폐에 대한 기대감이 고조된 것과 강한 대조를 이뤘다. 이더는 2017년 초 8달러 선의 가격에 7억 1500만 달러의 시가총액으로 시작했다가 이제 가격은 300달러, 시가총액은 280억 달러에 도달했다. 비트코인 역시 활기를 띠고 있었다. 1월 1000달러에 못 미치는 가격과 160억 달러의 시가총액으로 시작했다가 그 시점에 가격은 6400달러를 넘어섰으며 시가총액은 1130억 달러에 이르렀다. 2017년 180억 달러로 시작했던 전체 암호화폐 시장은 그날 1840억 달러로 마감했다. 비트코인은 이제 CNBC에도 종종 모습을 보였다. 이밖에 이더리움과 컨센시스, 그리고 관련된 토큰 프로젝트들 또한 방송에 언급되면서 그들의 존재감을 알렸다.**36** 암호화폐 마니아들이 성공을 거두고 개인적으로 수억 달러에 이르는 부를 쌓는 상황에서 범죄율이 높은 멕시코에 머물고 있던 비탈릭은 컨퍼런스 행사장에서 멀리 떨어진 호텔에 친구 이름으로 예약했다. 작년 데브콘 행사에 800명 정도가 참여했는데, 이번 행사에는 2000명 가까이 참여할 것으로 예상됐다.

이처럼 규모 있는 행사를 주최하는 조직들은 일반적으로 프로덕션 기업을 고용하게 마련인데, 이더리움 재단에는 A/V 업체, 그리고 그 장소가 제공하는 기본적인 지원 외에도 밍이 있었다. 그녀는 데브콘 2에서 그랬던 것처럼 모든 사항을 일일이 관리했다. 다른 직원들에게 업무를 위임하지 않고 밍이 직접 모든 것을 관리하는 상태에서 행사 규모가 커지자 그녀는 잠도 자지 못하고 쉬지도 못하면서 일해야 했고, 결국 정신적·육체적으로 완전히 녹초가 되고 말았다.

행사 전날 밤, 허드슨과 로라는 제대로 분류되지 않은 배지와 문제 있는 목걸이와 관련해서 도움을 줄 자원봉사자 그룹을 우연히 만났다. 그들은 무엇을 해야 할지 모르겠다고 했다. 그런데 그 자리에서 내내 지시를 내리고 있던 밍이 보이지 않았다. 그녀가 사람들이 자신의 허락을 받지 않은 채 일을 진행하는 것을 극도로 싫어해서 함부로 움직일 수도 없었다. 결국 허드슨은 밍의 방에서 그녀를 발견했다. 밍은 이상할 정도로 태연한 표정으로 프린터에 매달려 있었다. 성미 급한 자원봉사자들은 계속 문자 메시지를 보냈고, 다급해진 허드슨은 밍에게 목줄과 목걸이가 다음 날 아침까지 올바로 분류될 수 있도록 작업할 수 있게 허락해달라고 수차례 요청해야 했다.

이전 행사 때와 마찬가지로 중요하지 않은 세부 사항이 문제가 됐다. 모든 게 업무가 제대로 위임되지 않았기 때문에 생긴 상황이었다. 허드슨은 티셔츠와 라이브 스트림(밤새 장비를 가동해야 했다)과 관련된 급한 불을 꺼야 했다. 아침에는 컨퍼런스 시간의 대부분을 A/V 부스에서 보내야 했다. 게다가 때로는 사회를 보기 위해 무대 위에 올라가야 했다. 며칠 동안 급한 일을 처리하고 다른 급한 일 때문에 정신없이 돌아다니는 것을 반복하다가 마침내 한숨을 돌릴 여유가 생기자 그는 결국 눈물을 쏟고 말았다.

참석자들은 등록 절차가 엉망이라고 생각했다. 대부분 젊은 남성이었던 참석자들은 대기줄에서 등록 절차를 진행하는 책상을 초조해하며 바라봤다. 이들은 왜 물조차 제공하지 않는지 궁금했다. 돌발 상황에 익숙하게 마련인 엔터프라이즈 분야의 경영자들은 그러한 상황에 크게 놀라지 않았지만, 자신들이 목격한 장면에 대해 궁금해했다. 2만 5000달러를 후원한 한 은행은 그 협상을 위해 6주에 가까운 시간을 허비하느라 후원금 자체보다 법률 관련 수수료로 더 많은 돈을 지불해야 했다. 이는 은행은 물론, 당시 수억 달러에 해당하는 이더를 보유하고 있던 이더리움 재단 모두에게 농담 같은 사건이었다. 데브콘 3의 한 잠재적 후원자는 밍을 처음 만났는데, 그녀가 이더리움 재단을 장악하기 위해 컨센시스가 애를 쓰고 있다며 불평불만을 토로하는 모습을 보고 깜짝 놀랐다.

일부 참석자가 모든 게이트에 여러 명의 보안 요원이 배치되어 있다고 말했지만, 정작 비탈릭은 보안이 얼마나 허술한지 발견하고는 실망을 금치 못했다. 그곳에는 새롭게 등장한 많은 이더 백만장자들이 모여 있었다. 이제는 누구나 암호화폐 분야에서 돈이 흘러넘치고 있다는 사실을 알고 있었기에(데브콘 3 첫날에 덴타코인Dentacoin이라고 하는 치과의사를 위한 코인은 한 달 동안의 ICO를 마무리하면서 200만 달러에 가까운 돈을 끌어모았다), 게다가 멕시코는 사회적으로 거센 폭력의 흐름을 겪으면서 2017년 "가장 치명적인 해"라는 소리를 듣는 상황이었기에 무엇보다 보안이 완벽해야 했다.[37] 하지만 "사람들을 피하고" 보안 상태를 시험해보고자 했던 비탈릭과 그의 친구는 입장권 없이도 뒷문으로 몰래 행사장에 들어올 수 있었다.[38] 게다가 밍이 컨센시스가 행사를 후원하지 못하도록 막았는데도 불구하고 컨센시스에서 많은 사람들이 행사장을 찾았다.

비탈릭은 이번 컨퍼런스가 전반적으로 원활하게 진행됐다고 생각하지 않았다. 음식 수준은 형편없었다. 먹을거리라고는 아침에 제공하는 차와 커피가 전부였다. 사람들은 점심을 먹기 위해 뿔뿔이 흩어졌고, 커뮤니티의 느낌은 사라지고 말았다. 게다가 비탈릭은 허드슨 같은 사람들이 얼마나 정신 없는 상태인지 알아차렸다. 밍은 데브콘 행사장에서 대부분의 시간을 보냈다. 직원들은 그녀가 그들을 함부로 대하고, 결과물은 그리 훌륭하지 못하다고 느꼈다. 비탈릭이 보기에도 행사 절차는 비효율적이었다. 게다가 IC3에서 밍의 해고와 관련해 허드슨과 처음으로 채팅을 한 이후 몇 달 동안 비탈릭은 밍이 이더리움 재단 직원들이 자신의 역량을 발휘하는 데 오히려 방해가 되고 있다는 사실을 깨달았다.

전 세계에서 일하고 있는 재단 직원들은 이번 행사 덕분에 한 장소에 모여 서로 개인적인 이야기를 나눌 수 있었다. 서로 대화를 나누면서 그들 모두가 밍과 함께 일하면서 얼마나 불행한지 절감했다. 그들 중 10명 남짓한 직원은 그룹 채팅을 하면서 밍을 내보내는 방법에 대해 이야기를 나눴다. 밍이 그들의 상사라는 점에서 이는 위험천만한 논의였다. 이더리움 재단 직원들은 밍이 조직에 기여했음을 인정하면서도 재단은 이제 밍이 할 수 있는 것과는 다른 무언가를 필요로 한다고 생각했다. 특히 토야는 그 그룹 안에 있는 누구도 밍이 무엇을 하는지 알지 못한다고 지적했다. 밍은 회계 및 법률 관련 문제를 제기하면서 자신이 떠나면 재단 전체가 무너질 거라고 위협했다. 직원들은 그녀의 이러한 주장이 과장된 것이라고 생각했지만 스위스 법률과 회계 방식에 무지했기 때문에 그녀가 나가면 만에 하나 재단 조직이 붕괴될지도 모른다는 두려움을 떨칠 수 없었다.

토야는 밍과 매일 함께 일했기 때문에 거의 "스파이"와 흡사한 그룹에 포함되어 있었다. 토야는 밍이 누구와 이야기를 나누는지, 매일 무슨 일을 하는지 알고 있었다. 그래서 사람들은 토야에게 밍이 정말로 중요한 일을 하고 있는지 물었다. 토야는 밍이 문제 상황을 과장해서 사람들의 공포심을 자극함으로써 그들이 자신을 내보낼 생각을 하지 못하도록 만들고 있다고 생각했다. 사실 토야는 데브콘이 시작되기 며칠 전, 비탈릭과 개인적으로 이 문제에 대해 이야기했다. 원래 토야는 케이시, 그리고 밍과 함께 숙소를 잡을 생각이었지만, 두 사람이 다른 곳에서 묵기로 결정해서 비탈릭과 적어도 두 시간 동안 이야기를 나눌 수 있었다. 그 시간 동안 비탈릭은 토야에게 밍이 재단에 남아 있어야 한다고 생각하는지 물었다.

그 무렵, 이 문제와는 상관없어 보이는 변화가 시작되고 있었다. 그해 가을, 비탈릭의 사회적 삶은 예전과 달리 순탄한 흐름을 이어가고 있었다. 그는 몇몇 친구와 소그룹을 만들어 함께 여행하고 값싼 에어비앤비나 호텔에 묵곤 했다. 그들은 거기서 인터넷 검색을 하고, 게시판에 글을 쓰고, 영상을 시청하고, 트위터에 글을 올리고, 연구를 하고, 코드를 작성했다. 그들의 주요 관심사는 보이차를 마시고 오랫동안 산책을 즐기는 것이었다. 그 그룹의 많은 이들이 이더리움 재단과 별로 관련 없는 연구원이나 개발자였다. 비탈릭은 그들 중 적어도 일부와 밍을 내보내는 방법에 대해 사적으로 이야기를 나눴다(그중 일부는 EAPL에서 월급을 받고 있었지만, 밍과 함께 일할 필요가 없었기 때문에 그녀로 인해 형성된 긴장 상황에 대해 잘 알지 못했다).

데브콘에 참석한 많은 친구들이 비탈릭에게 밍을 내보내라고 말했다.

비탈릭도 어느 정도 알고 있는 이를 새로운 상무이사를 제안하는 이도 있었다. 그가 추천한 이는 일본 크라켄에서 상무이사를 지낸 아야 미야구치Aya Miyaguchi로, 당시 데브콘 행사에도 참석했다. 두 사람은 2013년 크라켄 직원이 사용하던 사무실에서 비탈릭이 백서를 작성할 무렵에 만난 적 있었고, 또한 최근 한국에서 함께 시간을 보내기도 했지만, 서로 진지하게 대화를 나눈 것은 이번 데브콘 행사가 처음이었다. 그때 비탈릭은 밍이 자신에게 "아주 자주, 아주 오랫동안" 고함을 질렀으며, 자신이 그녀를 인정하지 않는다며 거세게 불만을 드러냈다는 사실을 암시적으로 이야기했다. 비탈릭은 다른 많은 이들이 밍과 불편한 관계인 것을 보면서 자신이 지나치게 예민하게 구는 것이 아니라고 확신했다. 또한 비탈릭은 허드슨을 따로 불러서 이런 말을 했다. "밍을 내보내는 과정에 도움을 주셨으면 합니다." 당시 허드슨은 스물여섯, 그리고 비탈릭은 겨우 스물셋이라 그들 중 누구도 구체적으로 어떻게 해야 할지 알지 못했다. 게다가 밍은 순순히 나가지 않을 게 분명했다. 데브콘 행사 둘째 날, 비탈릭은 토야에게 위챗 메시지를 보내 그들이 대안을 모색하는 동안에 그녀가 임시 상무이사 역할을 맡아줄 수 있는지 물었다. 토야는 그렇게 하겠다고 답했다.

이러한 분위기 속에서도 암호화폐의 열기는 아시아에 상륙했고, 특히 한국에서 과열 조짐을 보였다(한국에서 이더 가격은 전 세계 다른 곳보다 30~50퍼센트 높았다. 사람들은 이를 "김치 프리미엄" 현상이라고 했다). 행사 참석자들은 칸쿤 해변에서 새롭게 얻은 부를 마음껏 누리고 있었다.[39] 이전에는 보잘것없었으나 이제는 암호화폐 백만장자로 거듭난 이들은 투자의 다각화에 대해 이야기를 나눴다. 현금화할까? 부동산에 들어갈까? 금은 어떨까? 사람들은 즐거운 고민에 빠졌다. 그러면서 밤새 해변의 방갈로에 모여 어울렸다. 셰이프시프트는 크루즈 파티를 열었다. 배 위에서 원지onesie(상하의 일체형 옷-옮긴이)와 캡틴 아메리카 복장을 한 사람들이 춤을 추는 가운데 네온 색상의 플래시가 요란하게 번쩍였다. 어떤 사람은 셰이프시프트의 여우 로고 마스크를 뒤집어쓰고 있었다. 생긴 지 1년밖에 되지 않았지만 널리 알려진 암호화폐 헤지펀드인 폴리체인 캐피털Polychain Capital(설립자가 〈포브스Forbes〉 표지를 장식하기도 했는데, 아마도 앞은 짧고 옆과 뒤는 긴 멀릿 스타일 머리를 한 사람들 중에는 유일한 인물일 것이다)은 빌라에서 풀 파티를 열었다. 파티장 뒷마당은 해변과 이어질 정도로 널찍했다. 술이 무제한으로 나오는 파티에서 사람들은 테킬라를 마시며 느릿느릿 춤을 췄다. 불춤을 추는 무용수들이 활활 불타는 고리를 빙글빙글 돌리며 주변을 돌아다녔다.

그러나 컨퍼런스의 마지막 날, 사람들의 관심은 가장 다급한 당면 과제로 쏠렸다. 11월 4일 토요일, 컨센시스의 한 직원이 다음과 같이 짤막한 그룹 이메일을 보냈다.

밍은 나가야 합니다.

12장

이더리움은
그렇게
날아올랐다

2017년 11월 4일
~ 2018년 1월 20일

역량보다 조화, 때론 전문성이 독이 된다

컨센시스 직원의 짧은 이메일에 앤드루 키스는 이렇게 답장을 썼다. "그 건 저도 가장 바라는 바이지만 비탈릭이 그렇게 할(밍을 해고할) 거라고 는 생각하지 않습니다. 그녀를 막기 위해서는 더 많은 성숙한 인재들로 이더리움 재단을 충원해야 한다고 생각합니다."

아마도 밍 챈 때문에 가장 곤경에 처한 사람이었을 조지프 루빈은 이 렇게 말했다. "관련된 모두에게 잠재적으로 지독하게 힘든 방법처럼 들 리는군요. 그러한 역할을 수행하기 위해서는 무한대에 가까운 참을성을 지닌 고도로 진화된 계몽 전사들이 필요할 겁니다." 다음으로 그는 새로 운 연구개발 조직을 설립할 수 있다는 주장에 대해, 그리고 싱가포르에 있는 EAPL의 존재를 알지 못하는 듯 보이는 주장에 대해 이렇게 대답 했다. 효과가 있을 수도 있지만 "이더리움 연구와 혁신적이고 협력적인 과제에 집중한다면, 그리고 그것이 이더리움 개발에 박차를 가한다면 이더리움 재단이나 비탈릭과 중복된 것으로 보일 수 있습니다." 다음으로 조-개빈 전쟁이 2017년까지 이어졌다는 사실을 언급하면서 컨센시스는 "패리티가 폴카닷플러스PolkaDot+의 편을 들면서 이더리움을 죽이려고 할" 경우에 대비해 자체적으로 이더리움 클라이언트를 구축했다고 말했다. 2016년 11월 개빈 우드는 폴카닷Polkadot이라고 하는 새로운 네트워크를 위한 백서를 발표했다(실제 그 문서는 흰색 물방울무늬가 들어간 핑크색이었다). 이는 이더리움과 직접적인 경쟁 관계를 형성한 것은 아니지만 위협을 가할 수는 있었다. 10월 27일 폴카닷은 ICO를 마무리 지었고 1억 4500만 달러가 넘는 돈을 끌어들였다.

밍의 권한을 빼앗기 위해 새로운 연구개발 조직으로 자원이 서서히 흘러 들어가게 만들어야 한다는 주장에 조는 이렇게 대답했다. "그런 방법을 써봤자 곧 들통날 것이며, 받아들여지지 않을 겁니다. 그러나 이는 밍 왕국에 대한 직접적인 공격이 될 겁니다." 다른 누군가가 이렇게 맞장구를 쳤다. "그녀를 대체할 강력한 후보가 있다면 비탈릭의 결정을 올바른 방향으로 유도할 수 있을 겁니다." 그러자 누군가 밍의 대안으로 하이퍼레저의 브라이언 벨렌도르프를 추천했다. 조의 대답은 이랬다. "그것도 해결책이 될 수 있겠지만, 그가 직접적으로 뛰어드는 것은 아마도 그리 보기 좋은 모습은 아닐 겁니다. 다소 부드러운 합병 혹은 협력의 움직임으로 추진해야 할 필요가 있습니다."

조의 최고참 직원인 제러미 밀러Jeremy Millar는 밍과 얽힌 악몽 같은 일들을 떠올리며 이렇게 대꾸했다. "그가 동의한다면, 우리는 EEA를 이더리움 재단으로 합병하는 방안을 진지하게 고려해볼 수 있을 겁니다. 하나를 위한 둘. 그는 둘 다 관리할 수 있습니다." 그때 에인절 메타Angel Mehta라고 하는 한 이더리움 고래가 핵심 사안을 다뤄야 한다고 지적했다. "첫째, 비탈릭이 밍이 반대할 (부드럽게 말해서) 변화를 추진하도록 설득하기. 둘째, 재단에서 누가 밍에게 적대적이고 충성적인지 파악하기."

다음으로 아서 폴즈가 밍을 축출하기를 촉구하는 공개서한을 비탈릭 부테린에게 보내는 아이디어를 제안한 뒤, 이더리움과 컨센시스 내부자들은 비탈릭에게 보내려고 계획 중인 서한을 언급하며 이렇게 덧붙였다. "우리가 그 서한을 작성하게 된다면 (중략) 사건 및 사고와 밍이 나가야 할 이유를 열거한 문서로 시작해야 할 겁니다."

조는 그 대화에 밥 서머윌의 이름을 추가했다. 밥은 이렇게 썼다. "여러분께 드릴 말씀이 많지만 가장 중요한 것은 이것입니다. 여러 정황이 비탈릭이 밍에 대한 행동을 취하려고 준비 중이라는 사실을 말해주고 있습니다. 유일한 장애물은 비탈릭에게 많은 후보를 제안하는 일일 겁니다." 그러고 나서 밥은 그 후보가 재단을 위한 대사가 될 필요는 없다고 설명했다. "비탈릭은 조직을 대표하는 인물이며, 여행자이고, 또한 연설가입니다. 기술적인 측면에서 상무이사는 자신의 주위에 적절한 조직을 구축할 수 있는 사람이어야 합니다. 그리고 이를 위해 무엇보다 요구되는 것은 비탈릭이 신뢰하는 인물이어야 한다는 사실입니다." 그러고는 비탈릭이 조를 신뢰하는지 물었다. "밍은 자신이 생각하는 적들에 대해 비탈릭의 마음에 부정적인 영향을 미칠 능력이 있습니다. 저는 밍이 나가기를 원합니다. 그러면 우리는 내년에 우리가 기대하는 것보다 더 많은 것을 성취할 수 있을 것이며, 필연적인 승리에 저항하는 최후의 닻을 내릴 수 있을 겁니다." 그는 자기 자신과 허드슨 제임슨, 제이미 피츠(데브콘 행사에서 기여했던 인물이다), 테일러 게링 같은 잠재적 후보를 추천하면서 마지막으로 이렇게 물었다. "또 누가 있을까요?"

11월 6일 월요일 새벽, 결국 비탈릭의 아버지가 끼어들었다. "여러분, 이제 그만 마무리하고 조만간 있을 중대한 변화를 기다려봅시다. 그리고 비탈릭에게 아낌없는 응원을 부탁합니다."

일요일에 패리티와 웹3 재단Web3 Foundation(패리티가 폴카닷을 개발하는 과정에서 자문을 제공한 단체다), 폴리체인 캐피털, 그리고 여러 폴리체인 포트폴리오 기업들이 데브콘 행사가 끝나고 향했던 멕시코 툴룸에서 개빈을 비롯한 몇몇 사람들은 환각성 있는 산페드로(선인장에서 추출한 일종의 환각 물질)를 가지고 의식을 치를 계획을 세우고 있었다. 사람들은 이 의식에 참가하길 원한다면 적어도 48시간 전에는 술이나 약 혹은 육류를 섭취하지 말라고 권고 받았다(그 시간은 길면 길수록 더 좋았다). 대부분의 사람들이 산페드로를 가지고 좋은 시간을 보냈고 그것을 즐겼다. 그러나 개빈은 그렇지 못했다. 그는 구석에 처박혀 땀을 흘리며 괴로운 시간을 버텨내야 했다. 누군가 개빈의 팔짱을 끼고 그를 위층으로 데려가 침대에 눕혔다. 그의 코에서는 콧물이 줄줄 흘렀다.

개빈의 상황은 더욱 심각해졌다. 중부유럽시간Central European Time, CET 기준으로 11월 6일 월요일 오후 4시 54분, 패리티 사람들은 대부분 전날 있었던 산페드로 파티 때문에 아직 잠들어 있을 때, 자신의 이름을 "고스트ghost"라고 밝힌 한 개발자가 깃허브에 '누구든 자신의 콘트랙트 #6995를 죽일 수 있다'[1]라는 제목으로 글을 올렸다. 그는 이렇게 말했다. "저는 실수를 그것을 죽여버렸습니다." 그러고 나서 고스트는 한 이더스캔 어드레스로 이어지는 링크를 게시했다. CET 기준으로 오후 5시 33분 고스트 즉, 'devops199'는 패리티의 기타에 '#6995' 항목으로 이어지는 링크를 게시하면서 이런 질문을 올렸다. "심각한 사안인가요?"[2] CET 기준으로 다음 날 아침 7시 27분이 되어서야 누군가의 답변이 올라왔다.

안녕하세요.

여러분의 멀티시그가 해킹됐다는 사실을 알고 계신가요? 왜 아무런 대응이 없죠? 수백만 달러가 죽어버린 라이브러리를 가리키는 멀티시그 지갑에 묶여 있습니다. 그래서 멀티시그 콘트랙트가 작동하지 않고 이더를 인출할 수 없는 겁니다.[3]

사람들은 그 말을 즉각 이해하지 못했지만, 587개의 지갑 안에 들어 있던 50만 ETH(1억 5000만 달러)가 묶여버렸다(사실 영원히 잠겨버렸다). 범인인 고스트, 즉 'devops199'는 그게 실수였다고 주장했다. 결함 있는 코드는 사실 패리티 팀이 첫 번째 해킹을 막기 위해서 이비사에서 유흥을 즐기던 주의 마지막 날 밤 급히 작성한 새로운 멀티시크 지갑 코드였다. 그리고 그 코드에는 하나가 아니라 2개의 치명적인 결함이 있었다.

패리티는 그들이 은행을 만들었으며 금고 안에 들어 있는 돈은 안전하다고 사람들에게 말했다. 그래서 사람들은 수백만 달러에 달하는 이더를 거기에 집어넣었다. 그 은행은 소유주가 없다는 사실이 드러나자 'devops199'는 자신을 소유주로 만들었다. 그러고는 은행으로 들어가는 문을 잠가버리고 키도 없애버렸다. 즉, 그 안에 들어 있던 돈을 영원히 밀봉해버린 것이다.

일부는 그것이 악의적인 행동이라고 생각했지만, 다른 이들은 중대한 실수라고 해석했다. "라이브러리를 죽인 그 사람은 도무지 이해할 수 없는 실수를 저질렀다. 나는 나 자신이 그와 비슷한 실수를 저지르는 상황을 쉽게 상상해볼 수 있다. 그러나 내가 만들지 않은 콘트랙트를 죽일 수 있다고는 상상하지 못했다."[4] 이들은 'devops199'가 그 콘트랙트를 "죽였을 때" 그가 은행의 소유권을 갖게 된 것을 취소하려고 노력했을 것이라고 믿었다.

CET 기준으로 오후 2시 29분, 'devops199'는 채팅에 참여해서 처음으로 다음과 같은 기호를 남겼다.

:(⁵

그러고는 잠시 후 이렇게 썼다.

제가 이번 일로 체포될까요?:(⁶

티에누스는 "거래transaction"의 약자를 사용해서 이렇게 대답했다.

당신이 '킬 tx'라고 불리는 사람인가요?

'devops199'는 이렇게 썼다.

맞습니다. 저는 ETH 초보자입니다. 배우는 중이에요

'qx133'은 이렇게 썼다.

이제 유명 인사가 됐군요. 하하.

개빈은 멕시코에서 취리히로 가는 비행기에서 내리고 나서야 그 사실을 알게 됐다. 당시 그는 고열에 시달리고 있었다. 패리티가 한 실수는 다음과 같다. 첫째, 공공 인프라의 일부를 위해 소유주를 지정하는 것을 가능하게 만들었다. 둘째, 무엇보다 그 소유주가 콘트랙트를 죽이거나 자살할 수 있도록 허용했다. 실제로 'devops199'는 많은 패리티 지갑을 대상으로 그렇게 했다. 영향을 받은 587개의 지갑 중에는 크라우드펀딩으로 받은 이더로 가득한 몇몇 ICO 발행자들의 것이 포함되어 있었다.

여기에는 3400만 달러가 묶여버린 이코노미는 물론, 480만 달러가 동결되어버린 보다 작은 규모의 ICO인 뮤직코노미Musiconomi도 들어 있었다.[7]

그러나 묶여버린 자금은 대부분 명백하게도 패리티 자체에 속한 것이었다. 30만 6276ETH(9200만 달러)가 들어 있는 그 지갑은 묶여 있는 모든 이더의 60퍼센트를 차지했다. 다른 586개의 지갑은 나머지 40퍼센트에 해당했다.[8] 마치 패리티가 그들 자신의 돈을 안전하게 보관하기 위해 은행을 만들었지만, 누군가 실수로 그 문을 잠그고는 열쇠를 던져버린 형국이었다.

레딧 사용자들은 패리티의 멀티시그 지갑이 다시 한번 해킹을 당했으며, 또한 버그가 있는 코드가 이전 해킹에서 "수정된" 코드라는 사실을 쉽게 받아들이지 못했다. 한 레딧 사용자는 이렇게 말했다. "패리티는 어떻게 멀티시그 지갑과 관련해서 그렇게 부주의할 수 있었을까? 이런 상황에서 나는 패리티에 대한 완전한 환불에 찬성하지 않을 것이다."[9]

더욱 분통 터지는 일은 패리티가 8월에 이미 그 사안과 관련해서 경고를 받았다는 사실이다. 당시 한 깃허브 기고가는 패리티가 그 지갑을 "초기화"(은행의 소유주를 지명하는 것 같은 행동이다)해야 한다고 권고했다. 사후 조사 과정에서 패리티는 그 권고를 언급하면서도 이렇게 말했다. "당시 편의성을 개선하려고 고려하고 있었고 (중략) 향후 정기적인 업데이트에서 활용할 계획이었다."[10] 그러나 한 레딧 사용자는 그렇게 했더라도 첫 번째 문제만 해결했을 뿐 두 번째 문제는 해결하지 못했을 것이라고 지적했다. "초기화하더라도 누군가는 그 라이브러리를 죽일 수 있었을 것이다. 가령 불만이 있는 직원이 회사를 나가면서 모든 것을 태워버리려고 작정했다면, 우리는 대단히 흡사한 시나리오에 직면했을 것이다."[11] 코드를 들여다본 개발자들은 스스로를 소유주로 지정할 수 있는,

그리고 그 콘트랙트를 죽일 수 있는 기능들이 있다는 사실을 발견하고 는 충격을 받았다.

논의의 방향은 즉각적으로 억류된 이더에 접근하기 위해 무엇을 해 야 하는지로 흘러갔다. 그리고 물론 하드포크가 후보로 거론됐다. 베를 린 시각으로 수요일 아침, 비탈릭은 트위터를 통해 다음과 같이 간접적 으로 언급했다. "저는 지금 이 문제에 대한 언급을 가급적 자제하려고 합니다. 다만 더 단순하고 더 안전한 지갑 콘트랙트를 작성하기 위해서, 혹은 기존 지갑의 보안을 감사하고 공식적으로 인증하기 위해서 열심히 노력하고 있는 이들에 대한 강력한 지지를 표명하고 싶습니다."[12]

하지만 비탈릭은 작년에 이미 이와 관련된 제안을 한 바 있다. 그는 '이더리움 개선 제안Ethereum Improvement Proposal, EIP'을 내놓으면서 여 기에 156번이라고 번호를 매기고 '일반적인 동결 계좌의 경우 이더 회 수하기Reclaiming of ether in common classes of stuck accounts'라는 제목을 달았 다. 여기서 비탈릭은 이렇게 썼다. 이 제안은 "사용자들이 이더나 그밖에 다른 자산을 갖고 있는 일반적인 동결 계좌의 경우, 그들의 자산을 인출 할 수 있도록 허용한다." EIP는 콘트랙트가 아무 코드 없이 우연히 만들 어지는 경우, 이더리움클래식을 수반하는 리플레이 공격에 의해 촉발된 경우, 그리고 결함 있는 이더리움 자바스크립트 라이브러리로 인한 손 실의 경우로 나눠 설명했다. 그리고 비탈릭은 이렇게 강조했다. "주의, 이 모든 경우에 정당한 소유주는 분명하고 수학적으로 입증 가능하며, 어떠한 사용자도 자산을 박탈당하지 않는다." 비탈릭은 이 제안이 "기술 적 개선이라기보다 구조"로 인식될 수 있다는 사실을 알고 있으며, 지지 가 아니라 논의를 위해 이를 제안한다고 밝혔다. 비탈릭이 EIP 156을 발표한 것은 2016년 10월 14일인데, 이에 관한 논의는 2017년 8월 17 일에도 여전히 진행 중이었다.[13]

패리티 해킹에 관한 뉴스가 퍼지면서 11월 7일 이는 다시 한번 주목을 받았다. 그러나 한 사용자는 이 지갑들은 어드레스에 코드를 갖고 있지 않기 때문에 그 제안이 동결된 패리티 지갑을 열어주지는 못할 것이라고 지적했다.[14]

비탈릭은 자신의 의견을 밝히지 않았지만, 개빈으로부터 중립을 취하라는, 그리고 패리티가 자금을 되돌려받도록 적극적으로 나서지는 말라는 압박을 받고 있었다(개빈은 자신은 절대 다른 사람을 압박하지 않는다고 말했다). 비탈릭은 자신의 입장을 표명하지 않았지만 그에 반대했다. 그는 그 커뮤니티가 더 다오 이후에 포크 작업이 누구든 포크를 해도 좋은 허가 기간을 의미하는 것은 아니라는 사실을 보여주기 위해 더 다오에 대한 반대 사례가 필요하다고 느꼈다. 그가 EIP 156을 제안했을 때는 상황이 달랐다. 묶인 자금의 규모가 1억 5000만 달러 근처에도 가지 않았다. 그리고 그들은 이더리움 역사의 초기 단계에서 이를 잃어버렸다. 어쨌든 비탈릭은 패리티에 동정심을 느끼지 않았다. 그것은 그 지갑이 해킹 당한 두 번째 사건이었으며, 묶인 1억 5000만 달러는 대부분 패리티 소유였다. 실제로 몇몇 ICO가 대부분의 자금을 차지하고 있었다. 패리티와 이코노미, 그리고 뮤직코노미가 85퍼센트를 차지했다.[15] 멀티시그 지갑의 나머지 대부분은 몇백에서 하나의 일부에 이르기까지 다양한 양의 이더를 담고 있었다. 게다가 패리티는 게스 팀보다 더욱 전문적인 조직으로 스스로를 포지셔닝하고자 했던 역사를 갖고 있었다. 비탈릭은 자신의 개인적인 입장을 널리 알려야 할 필요성을 느끼지 못했다. 그는 커뮤니티가 구제를 거부할 것이라고 예상했다.

비탈릭의 생각은 옳았다. 그 시점에 커뮤니티는 더 다오 때와는 다르게 생각했다. 당시 더 다오는 곧 이더리움으로 보였다. ICO 붐이 골렘에서 BAT, 방코르, 스테이터스(베리타시움과 덴타코인 같은 덜 합법적인 벤처는 물론), 그리고 더 다오에 대한 공격이 이뤄지고 있던 당시의 614개에 비해 총 1205개에 이르는 코인마켓캡상의 코인에 이르기까지 모든 것을 만들어내고 있는 상황에서 단지 몇몇 기업이 전반적인 코인 생태계 속에서 돈을 잃고 있는 것으로 보였다.[16] 더 나아가 규모가 더 다오 때보다 더욱 커졌으나, 이는 주로 이더 가격에 대한 평가에 따른 것이었다. 동결된 51만 3774개의 코인은 유통되는 이더 공급량의 4.5퍼센트가 아니라 겨우 0.5퍼센트에 불과했다. 그리고 더 다오 공격자가 빼내간 364만 ETH보다 그 절대적인 숫자도 적었다.

　그러나 무엇보다도 더 다오의 드라마가 이어지던 때와는 상황이 크게 달랐다. 당시 이더리움은 이전에 많은 포크를 진행했고, 커뮤니티는 포크 작업이 영향을 미치지 않는다고 생각했다. 당시에는 포크를 하지 않는 것이 위협이었다. 그러나 더 다오 이후, 사람들은 하드포크가 또 다른 이더리움을 만들어낼 수 있다는 사실을 깨달았다. 그리고 그러한 사실은 위협이 됐다. 또 다른 요인으로는 더 다오 때와는 달리 시간에 대한 압박이 없었다. 자금은 동결됐고, 아무런 의사결정도 내리지 않으면 그 자금은 영원히 동결될 것이었다. 반면, 더 다오 때는 구조를 위한 시간이 제한되어 있었고, 이러한 사실이 사람들의 행동을 부추겼다. 이에 더해 많은 새로운 코인이 이더리움을 기반으로 등장한 상황에서 논란이 되는 하드포크는 다른 체인상에 모든 형태의 복제된 자산을 만들어낼 위험이 있었다. 그노시스 베리 클래식, BAT 베리 클래식, 스테이터스 베리 클래식 같은 것들이 바로 그런 예다.

　비록 명시적으로 언급된 바 없지만, 개빈이 이더리움 커뮤니티에서 그렇게 많은 관계를 단절시켰던 것 또한 도움이 되지 않았다. 블로그 게시글들이 조작된 기준을 사용해 게스를 비난한 이후, 옐로페이퍼의 "개념"에 대해 비탈릭에게 감사를 표한 이후, C++ 코드베이스를 위한 라이선스를 얻기 위한 몇 달에 걸친 노력을 방해한 이후, 그리고 오로지 사용자에게만 이익을 주기 위한 패리티의 변화 이후, 개빈은 패리티에서 자신이 직접 고용한 사람들 외에 다른 이들이 자신에게 내기를 걸 수 있도록 하지 않았다. 8월에도 비탈릭은 개빈이 그에게 처음으로 보낸 이메일의 스크린샷을 트위터에 올리며 이더리움에 대한 개빈의 기여에 감사를 표했다. 이에 대한 개빈의 반응은 이랬다.

@VitalikButerin에게 마찬가지로 감사드립니다. 당신이 없었다면 #Ethereum을 구축하지 못했을 겁니다:–)[17]

페터 스질라기는 트위터에 이런 답변을 달았다.

아, 네. @gavofyork에게 혼자서 #Ethereum을 만들어낸 것에 대해 감사한다! 우리들 서른 명이 넘는 프로그래머는 당신이 일하는 모습을 지켜보는 것을 정말로 좋아했다![18]

그리고 적어도 그들 중 일부는 비록 소수라 해도 폴카닷이 타오르는 것을 즐거운 마음으로 바라보고 있었을 것이다.

동결된 패리디 자금에 관한 초기 소동이 잦아들고 난 후, 컨센시스와 밥을 비롯해 사람들은 다시 이메일로 교류하기 시작했다. 이에 대해 어떤 이들은 "최고의 주요 임원 검색 기업이 주도하는 적법한 임원 검색 작업과 후보자들에 대한 적절한 평가 작업"이라고 주장했지만, 다른 이들은 다음과 같이 경고한 사람과 그 뜻을 같이했다. "처음에 했던 실수를 다시는 하지 않기를 바랍니다. 예를 들면 이런 것이지요. '좋아. 밍은 서류상으로 아주 좋아 보이는군. 그거면 됐어.'"

한편, 밍은 데브콘 이후 완전히 기진맥진해 있었다. 이더리움 재단의 몇몇 직원들은 해변을 즐기기 위해 멕시코에서 며칠 더 묵었다. 그들은 밍을 숙소로 초대했지만 밍은 업무를 이유로 자신의 방에 머물렀다. 밍은 스파 서비스를 예약했지만 이용하지는 않았다.

11월 7일, 허드슨은 비탈릭의 지시에 따라 스카이프 그룹을 만들었다. 그 그룹에는 그들 2명에다가 제이미, 토야 부동구드, 아브사, 파비안 포겔슈텔러, 크리스티안 라이트비스너, 페터, 그리고 다른 재단 멤버들이 포함되어 있었다. 그 그룹의 목적은 허드슨의 표현대로 "이더리움 재단의 리더십 변화"에 대해 논의하는 것이었다. 허드슨은 채널을 열면서 자신과 비탈릭이 추크로 날아가 밍에게 결정 사항을 전달할 것이라고 말했다. 그 그룹은 그녀에게 어떻게 그 소식을 전할지 논의했다. 한편, 비탈릭은 싱가포르로 돌아갔다. 그는 데브콘에서 밍에 관해 대화를 나누면서 이더리움 재단이 필요로 하는 인물은 바로 차분한 아야 미야구치라고 느꼈다. 그는 이더리움 재단 팀장들 중 몇몇을 불러 밍을 해고할 것이라는 소식을 전했다.

11월 14일, 비탈릭은 싱가포르에서 미시간에 있는 밍에게 전화를 걸었다(밍은 추크로 출장을 떠나면서 어떤 소식이 자신을 기다리고 있는지 눈치챈 것 같았다). 밍과의 모든 통화가 늘 그랬듯, 이번 통화도 두 시간 넘게 이어졌다. 비탈릭은 밍에게 그녀가 재단을 나가야만 한다는 소식을 전했다. 그는 "성격 문제"를 들었다. 밍은 지나치게 열정적이고 너무 많은 스트레스를 받는다. 아무것도 아닌 일로 문제를 만들고, 직원들의 업무를 방해한다. 비탈릭은 기본적으로 그녀와 함께 일하기가 너무 힘들다고 이야기했다. 또한 그는 데브콘 3이 성공을 거두지 못한 이유에 대해 말했다. 그러나 밍은 이번 컨퍼런스를 자신의 최대 성과라고 생각했기에 스스로에게 "A+" 점수를 주고 싶다고 했다.

밍은 크게 낙담했지만 결국에는 사임을 받아들이기로 했다. 비록 이더리움과 비탈릭을 사랑하지만 그가 나가기를 원하는데 남아 있는 것은 자신에게 아무런 의미가 없다고 했다.

그 무렵 〈포브스〉의 선임 편집자로서 암호화폐 관련 분야를 담당하던 나는 밍이 해고 당했다는 소식을 전해 들었다. 나는 밥에게 다음과 같은 제목으로 이메일을 보냈다. '긴급 사항: 포브스: 밍이 이더리움 재단에서 해고됐나요?' 그는 "딩동"이라는 표현을 덧붙여 그 이메일을 조에게 전달했다. 내가 비탈릭과 대화를 나눈 이후, 밥은 조에게 다시 한번 이메일을 보냈다.

비탈릭이 그건 사실이 아니라고 제게 이메일을 보냈습니다. 그래도 저는 제 시도가 여전히 의미가 있다고 생각합니다. —로라

저는 비탈릭이 로라에게 거짓말을 했고 그 일이 실제로 일어났다고 생각합니다. 닉 존슨은 케이시가 그에게 그렇게 될 것이라고 말했다고 했습니다.

조는 이렇게 썼다.

흥미롭군요. 사실인지 아닌지 모르겠어요.

밥은 또 이렇게 썼다.

그 일이 일어난 듯 보이지만 발표되지는 않았습니다.

저는 그사이에 비탈릭에게 제 조언을 전달할 생각입니다. 저는 그에게 연락해서 어떤 방식으로든 도움을 주겠다고 했고, 그는 제 조언과 정보를 환영한다고 했습니다.

닉 존슨은 중요한 일이 벌어졌으며, 비탈릭은 로라 신에게 거짓말했다는 사실을

제게 (비공개적으로) 확인시켜줬습니다(아마도 내부적인 움직임을 위한 여유를 만들기 위해서였을 겁니다). 비탈릭은 제게 답변을 보내 그 사실을 암묵적으로 확인해줬습니다.

내가 이메일을 보내서 밍이 해고됐는지 물은 그다음 날, 밍은 이더리움 재단의 내부 스카이프 채팅방에 다음과 같은 글을 올렸다.

중요 : 저는 당분간 어디에도 가지 않을 것이니 부디 그 소문을 부인해주시길 바랍니다. 그 소문은 재단과 여기에 계신 모두에게 여러 가지 측면에서 피해를 주고 있습니다. 저는 여전히 현직 상무이사이며 직원을 채용하고, 이사회에 나가고, 컨퍼런스에 참석하고, 대학 프로그램과 협력하고 있으며, 우리가 2018년을 향해 올바른 방향으로 나아가기 위해 비탈릭을 비롯해 모든 팀과 함께 일하고 있습니다. (중략) 9분 안에 출발하지 않으면 비행기를 놓칠 것 같아요(실제로 밍은 종종 비행기를 놓치곤 했다).

비탈릭이 사임하라는 말을 꺼냈을 때 밍은 처음에는 동의했으나 나중에는 1년에 걸쳐 자신의 후임에게 인수인계할 수 있도록 해달라고 비탈릭을 설득하기 시작했다. 밍의 스카이프 메시지는 재단 내부를 떠돌았다. 많은 이들이 밍이 왜 그런 이야기를 했는지 어리둥절해했다. 그 채팅방에 있던 수십 명의 사람들은 대부분 그녀의 메시지 이전에 어떤 소문도 듣지 못한 터였다. 그러나 이제 많은 이들이 바쁘게 돌아다니며 수소문하기 시작했다. 내 질문에 대해 알고 있었던 몇몇 사람들, 그리고 암호화폐 전문 매체인 〈코인데스크〉 출신의 한 사람은 밍이 올린 글을 읽은 뒤 그녀가 일을 더 복잡하게 만들었다고 생각했다.

밍은 상무이사로서 계속 업무를 수행했지만 당시 토야의 말에 따르면, 밍은 데브콘 기간에 나눈 채팅에 대한 소문을 들었거나 아니면 사람들에게 자신이 정말 해고될 것인지 이야기하고 다닐 거라고 추측했다.

그녀는 여러 직원들을 불러서 자신을 내보내려는 어떤 계획에도 연루되지 말 것을 당부했다. 또한 토야를 불러서 이런 말을 전했다. "토야, 당신은 많은 것을 읽었을 겁니다. 그리고 때로는 잘못된 의사소통으로 비극적인 사건이 일어난다는 사실도 잘 알 겁니다." 그러고 나서 이렇게 말했다(토야는 정확히 밍이 말한 그대로라고 밝혔다). "당신이 나에게 반대하는 계획을 짜는 데 적극적으로 관여했다는 이야기를 전해 들었습니다." 이후 두 사람은 세 시간이나 전화 통화를 했다. 토야는 밍이 이런 말을 했다고도 전했다. "저는 어디에도 가지 않을 겁니다. 이 조직에 속하지 않는 사람이 있다는 사실을 압니다. 하지만 저는 그런 사람이 아닙니다." 밍은 마치 자신에게 반대하는 자는 그게 누구든 이더리움 재단에 속하지 않는 사람일 거라고 암묵적으로 말했다.

또한 밍은 허드슨이 자신의 자리를 차지하기 위한 쿠데타를 계획하고 있다고 확신했다. 그녀는 이런 생각을 이더리움 재단 직원들에게 말했고, 그들은 다시 이 말을 허드슨에게 전했다. 허드슨은 나중에 자신이 일종의 스톡홀름 신드롬(인질이 납치범에게 동조하고 감화되어 납치범의 행위에 동조하거나 그를 변호하는 심리 현상-옮긴이)이라고 부른 감정을 경험하면서 밍에게 사과를 했다. 밍은 허드슨에게 커뮤니케이션팀장으로 승진할 기회를 제안했다. 이는 밍이 한동안 직원들에게 실질적으로 권한을 위임하지 못하고 있다는 질타를 받으면서 더 많은 권한을 위임하기 위해 기울인 노력의 일환이었다. 처음에 허드슨은 이에 동의했다. 밍은 그에게 자신의 자리를 지키기 위한 계획이 있다고 말했다. 허드슨은 그 새로운 자리가 밍이 세운 계획의 일부라는 사실을 깨닫고는 동의를 철회했다.

밍이 계속해서 재단에 남아 있을 것인지 여전히 불투명한 상황이었기에 토야는 11월 말 타이베이로 날아가 비탈릭이 나오기로 되어 있었던 모임에 참석해서 밍이 재단에 계속 머무를 것인지 알아보고자 했다. 거기서 토야는 비탈릭이 잠재적으로 공석 상태인 이더리움 재단의 맨 꼭대기를 노리는 사람들에게 둘러싸여 있다는 사실을 확인했다. 비탈릭은 자신이 신뢰하는 사람에게 의존하는 경향을 보였기에, 이들 측근은 자신이 마치 비탈릭의 대리인인 것처럼 행동했다. 비탈릭을 행사에 초대하려면, 직접 그에게 물어보지 못하더라도 판디아 지앙이나 비탈릭과 가까운 사람을 통하면 가능했다고 토야는 말했다. 많은 사람들이 어떻게 상무이사 후보를 제시하는지 보면서 토야는 그들의 성공은 결국 토야의 표현대로 "장악력을 높이는 것"에 달려 있다는 사실을 깨달았다.

그해 12월, 비탈릭이 중국에 있을 때 밍은 비탈릭에게 홍콩에서 만나자고 요청했다. 비탈릭은 그녀를 존중하는 마음으로 승낙했다. 비탈릭은 자신과 밍, 그리고 케이시 디트리오가 네온사인이 번쩍이고 사람들로 붐비는 쇼핑 구역인 몽콕에 위치한 작은 호텔 방에서 만났다고 말했다. 그 방은 2개의 침대와 화장실이 전부일 정도로 좁았다.[19] 밍은 비탈릭이 그녀에게 직접 말하지 않고, 재단 사람들을 만나 그녀를 해고할 계획에 대해 논의했다는 사실에 화를 냈다. 밍은 아주 오랫동안 울고 난 뒤, 자신은 너무 지쳤으며, 그래서 어떻게든 손을 뗄 생각이었다고 말했다. 다만, 시간이 조금 필요하다고 말했다. 데브콘 이야기가 다시 한번 나왔는데, 밍은 자신의 성과가 최고가 아니라는 평가를 받아들이지 않았다. 케이시는 밍이 감정을 추스르도록 도와주었다. 그들은 그날 하루 종일 이야기했지만, 비탈릭은 밍이 자신의 결정을 받아들이도록 강요하지 않았다. 비탈릭이 필요로 했던 것은 이사회 모임이었다.

이 드라마의 배경은 2013년 이후 최대치에 이른 암호화폐 거품이었다. 당시 비트코인 가치는 1년 만에 100배 이상 증가했다. 비트코인 가격은 2017년 1000달러 아래에서 시작해 점차 상승해 5월 말에서 8월 초 2000달러대에 머물렀다. 8월 2일, 시카고옵션거래소Chicago Board Options Exchange, CBOE와 윈클보스Winklevoss 쌍둥이가 설립한 암호화폐 거래소인 제미니Gemini는 일종의 금융 파생상품인 비트코인 선물과 관련해서 협력하겠다고 발표했다.[20] 그리고 며칠 후 비트코인 가격은 3000 달러에서 4000달러대로 훌쩍 올라섰으며, 이 흐름이 10월 중순까지 이어지다가 이후 5000달러대에 진입했다. 10월 31일, 액면가치로 매년 1000조 달러를 다루는 상품거래소 CME는 비트코인 선물 거래를 시작할 것이라고 발표했다.[21] CME의 발표가 있기 이틀 전, 비트코인 가격은 6000달러로 뛰어올랐고, 발표 후 이틀이 흐른 뒤에는 7000달러에 도달했다.

안타깝게도 그 무렵 비트코인 커뮤니티는 내홍을 겪고 있었다. 월스트리트가 처음으로 비트코인에 진지한 관심을 보이기 시작한 상황에서 자유주의자와 실리콘밸리 사업가, 암호화폐 무정부주의자, 벤처 자본가, 사이퍼펑크, 일확천금을 노리는 이들, 소수의 대형 월스트리트 고래들로 이뤄진 기묘한 조합인 비트코인 커뮤니티는 분열에 직면해 있었다. 나는 〈포브스〉 기사에 이렇게 썼다. "비트코인 트위터는 이름을 거론하고, 분노를 조장하고, 괴롭히고, 방해하고, 위협하는 갖가지 말들의 독성 있는 스튜나 다름없다. 몇몇 논쟁은 수백 개의 댓글이 달리면서 몇 달 동안 이어지기도 했다. 너무 오래되어서 그것을 떠올리거나 반대할 수 없는, 트위터나 비트코인토크상의 글은 없었다. 그리고 너무 맥락에서 벗어나거나 혹은 허구적이어서 누군가의 주장을 뒷받침하기 위해 사용하기 어려운 사토시 나카모토에 대한 인용도 없었다."[22] 비트코인의 논쟁 사슬은 마치 분할에 직면한 것처럼 보였다. 다음으로 하드포크를 제안하기 8일 전에 한쪽이 물러섰다.

다행히 재앙을 피하면서 비트코인의 고공행진은 더욱 박차를 가했다. 11월 17일, CBOE는 비트코인 선물 상품의 자세한 내용을 공개했다.[23]

11월 19일, 비트코인 가격은 8000달러를 돌파했다. 11월 28일에는 처음으로 1만 달러를 뛰어넘었고, 다음 날에는 1만 1000달러를 가볍게 넘어섰다. 12월 1일, CME는 12월 18일 비트코인 선물을 런칭할 것이라고 발표했다.[24] 그리고 다음 며칠 동안 비트코인 가격은 1만 1000달러를 넘어섰다. 12월 4일, CBOE는 12월 10일부터 선물 거래를 시작할 것이라고 발표함으로써 CME보다 한 발 더 앞서 나갔다. 12월 6일 비트코인 가격은 1만 4000달러를 훌쩍 뛰어넘었고, 바로 그다음 날 1만 7900달러에 근접했다. 12월 15일에는 1만 8154달러까지 치솟았다. 12월 17일에는 다시 한번 기록을 경신하면서 2만 89달러를 기록했다.

이더와 ICO가 암호화폐 붐을 만들어내는 촉매제로 작용했지만, 이더 가격은 방코르의 ICO로 촉발된 414달러 선을 계속 유지하지 못했다. 그러다가 11월 23일 추수감사절에 이르러 새로운 고점인 426달러를 찍었다. 그날 크립토키티CryptoKitties라는 이름의 이더리움상 게임이 첫 선을 보였는데, 여기에는 특정한 기능을 개발하도록 키울 수 있는, 눈이 튀어나온 일종의 귀여운 디지털 애니메이션 고양이가 등장한다.[25] 처음으로 많은 사람들(서둘러 한몫 챙기려는 사람들도 있기는 했지만, 그러한 이들은 일부에 불과했다)이 이더리움에 관심을 기울이기 시작했다. 6일 후 이더는 500달러를 넘어서 522달러라는 새로운 기록에 도달했다. 그러는 동안 제네시스Genesis라는 이름의 크립토키티가 11만 7712달러에 팔렸다. 크립토키티 거래가 모든 거래의 20퍼센트를 차지하면서 이더리움 네트워크에서 정체 현상이 나타나기 시작했다.[26]

12월 10일 CBOE의 비트코인 선물 거래가 시작되고 나서 이틀이 흐른 뒤, 이더는 657달러를 넘어서면서 기록을 경신했다. 그다음 날에는 748달러에 근접하면서 새로운 기록을 세웠다. 크립토키티가 일반인들 사이에서 인기몰이를 하면서 지금껏 암호화폐에 관심이 없던 비탈릭의 친구와 가족, 친지, 친구의 부모님들까지 그에게 대체 어떤 고양이를 수집해야 하는지 물어보기 시작했다. 블록체인의 정체는 점점 심각해져서 비탈릭은 매일 아침 일어나자마자 거래량을 확인했다. 이더리움에서 탄생한 뭔가가 대중의 관심을 사로잡고 있다는 사실에 용기를 얻었음에도 비탈릭은 지난 24시간 동안에 100만 건이 넘는 거래가 이뤄졌다는 사실을 확인할 때마다 위축됐다(크립토키티 팀은 그와 정반대 이유로 위축됐다. 그들은 이더리움 사용의 까다로움 때문에 게임에 대한 실질적인 관심의 99퍼센트를 잃어버렸다고 분석했다[27]). 그럼에도 불구하고 이 모든 것은 이더의 수요를 자극했다. CME가 선물 거래를 시작한 12월 18일을 시작으로 이더는 며칠 동안 800달러를 넘어서면서 신기록을 세웠다(처음에 9200만 달러였던 동결된 패리티 이더의 가치는 이제 2억 5000만 달러가 됐다).

CNBC는 연일 관련 기사를 보도했다. 그 헤드라인은 이랬다. "윙클보스 쌍둥이가 비트코인의 가치를 수조 달러로 예측하다", "비트코인 성장을 예언한 애널리스트가 이제 그것이 30만~40만 달러에 이를 것으로 내다보고 있다", "비트코인 반등을 요구했던 트레이더는 암호화폐가 2018년 10만 달러 이상 치솟을 것이라고 말했다."[28] 비트코인과 이더리움에 관한 뉴스가 흘러넘쳤다. 가령 비트코인으로 백만장자가 된 십 대, 암호화폐 차입 거래를 기반으로 6개월 만에 8500달러를 750만 달러로 만든 이더 트레이더, 신용카드와 페이팔로부터 차단 당해 비트코인을 사용할 수밖에 없게 되면서 그 사이트가 이제 5만 퍼센트의 수익률을 누릴 수 있게 되어 미국 정부에 감사를 표하는 위키리크스WikiLeaks 설립자 줄리언 어산지Julian Assange에 관한 기사가 그랬다.[29] 이제 비트코인이 "달을 향해" 나아가면서 문람보스Moonlambos라는 기업은 람보르기니를 사고 싶어 하는 사람들이 비트코인이나 이더로 그 꿈을 이룰 수 있도록 도움을 줬다.[30] 또한 이들은 람보공개initial Lambo offering, ILO를 계획하기까지 했다.**31** 12월 13일에는 파인애플펀드PineappleFund라는 이름을 쓰는 익명의 초기 비트코인 사용자가 레딧에 글을 올려 "평생 쓸 수 있는 돈보다 훨씬 더 많은 돈"을 벌었으며, 그래서 5057BTC(8600만 달러)을 자신이 이름 붙인 '더 파인애플 펀드The Pineapple Fund'에 기부하겠다고 발표했다.**32** ("파인"이 그 돈을 분배하는 과정에서 이메일로 도움을 줬던 한 소프트웨어 엔지니어는 이모지를 사용하는 법 등 여러 가지 습관을 볼 때 파인은 여성이며, '해커 뉴스Hacker News' 같은 표현을 사용하는 것을 보면 아마도 실리콘밸리 사정에 밝은 엔지니어 같다고 추측했다).

그해 늦여름부터 초가을까지 방문자 수가 월 350만 명 정도였던 MEW는 11월에 접어들자 그 규모가 460만 명으로 늘어났다. 12월에는 770만 명으로 증가했다. 2명의 친구가 부업으로 시작한 소규모 사이트가 12개월 만에 77배나 성장한 것이다.

그 무렵, 비탈릭은 아시아에 있었다. 대만에서 행사를 마친 뒤 크리스마스 휴가 겸 회사 휴가차 태국 푸켓으로 떠난 비탈릭은 버질 그리피스와 아야, 여러 연구원 및 다양한 친구들과 함께 해변에 인접한 우아한 사미라 빌라에 머물고 있었다. 그 빌라는 그곳에 있던 또 다른 친구가 부분적으로 소유한 건물이었다. 그 친구는 비트코인과 라이트코인, 이더 채굴 풀 오퍼레이터인 F2풀F2pool의 천왕Chun Wang이었다. 웹사이트의 설명에 따르면, 그 "언덕 사유지"는 호화롭고, 햇볕이 잘 들고, 천장이 높고, 백만장자 거리에 위치한 고급 건물 중 하나였다. 거기에는 인피니티풀, 자쿠지, 레인샤워, 화덕, 게임룸 등 다양한 시설과 함께 청록색 바다를 바라볼 수 있는 여러 개의 방이 있었다. 그곳에서 바라보는 바다는 너무도 투명해서 물속 암초까지 들여다보일 정도였다.

아야는 말수가 적고, 온화하고, 예쁜 일본 여성으로, 고등학교 교사로 사회에 첫발을 내디뎠다. 학생들에게 종종 세상을 경험해야 한다고 강조했던 아야는 정작 자신은 그렇지 못하고 있다는 사실에 스스로 위선적이라고 느꼈다. 이에 아야는 샌프란시스코로 건너가서 비즈니스 스쿨에 진학했으며, 2011년 개발도상국 여성을 대상으로 하는 소액 금융 서비스와 관련, 비트코인을 활용하는 방안에 관심을 갖게 됐다. 그로부터 얼마 지나지 않아 아야는 4년 전 이더리움 백서를 작성하는 비탈릭에게 사무실 책상을 내줬던 암호화폐 거래소 크라켄에 입사했다. 이후 아야는 크라켄 재팬 대표 자리까지 올랐다.

2017년 말, 이더리움의 시가총액은 700억 달러에 이르렀고, 비탈릭은 억만장자 반열에 올랐다. 그는 '40세 이하 〈포춘〉 40인' 목록에 이름을 올렸다. 거기에는 에마뉘엘 마크롱Emmanuel Macron, 마리 콘도Marie Kondo, 린-마누엘 미란다Lin-Manuel Miranda, 팀 페리스Tim Ferriss 등이 포함되어 있었다. 게다가 비탈릭은 마크 저커버그 등 많은 이들을 물리치고 세계기술상을 수상하기도 했다.[33] 비탈릭은 오픈소스 기술을 다룰 줄 아는 경험이 풍부한 임원을 영입하려고 애썼다. 2017년 말, 밥은 비탈릭에게 밍의 이동과 관련해서 이더리움 재단은 선출된 커뮤니티 이사회, 완전한 투명성, 구체적인 경영 구조 같은 것들을 갖춰야 한다고 조언했다. 이들은 모두 탈중심화 기술의 개발을 주도하는 조직이 갖춰야 할 전문적인 구조적 특성이었다.

하지만 비탈릭은 앞으로 들어올 상무이사가 비슷한 위치에 있는 다른 재단들이 선호하는 것처럼 경험 있는 리더여야 한다고 생각하지 않았다. 일부 커뮤니티 멤버는 투명하고 전문적인 지배구조를 원했다(비탈릭은 2015년 이더리움 재단이 이를 시도했고, 재앙으로 끝났다고 생각했다). 더 많은 전문적인 비즈니스 리더십을 원했던 이들은 비탈릭의 친구와 비즈니스 관계자들과 관련된 그의 접근 방식을 허술한 판단 능력의 일부로 여겼다(실제로 비탈릭은 일과 개인적인 삶을 구분하지 못했다. 그에게 그것은 하나의 덩어리였다). 이러한 사실은 비탈릭의 사회적 결함 혹은 사람의 마음을 읽지 못하는 무능력에서 비롯됐을 수도 있다. 사람들은 비탈릭이 비즈니스 세상과 투자자, 그리고 경영을 경멸한다고 느꼈다. 비탈릭은 그가 벤처 자본가들을 한 무리의 "뱀"이라고 생각했다는 사실을 인정했다. 한 암호화폐 투자자는 비탈릭에게 이더리움 팀 리더와 직원의 관리 역량에 대해 피드백해줘야 한다고 말했다. 비록 그는 비탈릭이 절대 그런 일을 하지 않을 것이라고 생각했지만 말이다. 전문적인 이사회를 구성하는 노력을 하지 않았던 비탈릭의 명분은 "역량보다 조화가 더 중요하다", "전문성이 가치 조화에 관심을 기울이지 않은 채 유명인을 외부에서 데려오는 것만을 의미할 때" 그 "전문성"은 독이 될 수 있다는 생각이었다. 이는 이더리움 초창기에 벌어진 비즈니스맨 대 개발자 논쟁과 흡사했다. 그리고 다시 한번 개발자가 승리를 거뒀다.

비탈릭이 어떻게 전통적인 비즈니스 규범과 수직 구조를 외면했는지, 그리고 어떻게 경영 방식을 의심했는지와 관련해서 이더리움 커뮤니티 멤버들이 느낀 혼란은 밍의 후계자를 선택하는 방식에서 뚜렷하게 드러났다. 이더리움 재단 웹사이트는 오랫동안 재단의 기본적인 움직임과 관련해서 아무런 정보도 제공하지 않았다. 2015년 밍이 재단에 합류했을 때 함께 들어온 이사회 멤버를 발표한 이후에 이더리움 재단 웹사이트는 그들의 이른 사임에 대해 아무런 발표도 하지 않았다.[34] 그들의 이름은 2016년 초 새로운 이사회 및 자문단이 꾸려지면서 종적을 감췄다.[35]

2017년 말 비탈릭에게 많은 조언을 준 사람으로 얼핏 승려 같은 이미지를 풍기는 토머스 그레코Thomas Greco가 있다. 토머스는 배후에서 이더리움 재단에 막강한 영향을 미쳤다. 2016년 3월에 그는 이더리움의 특별자문으로 임명된 바 있고, 이후에는 ICO 프로젝트 오미세고의 특별자문을 맡았다.[36] 절반 정도는 아시아인처럼 보이는 토머스(사람들은 그가 아시아계 혼혈이라고 믿었다. 한 소식통은 그가 절반은 태국인, 그리고 절반은 이탈리아인이라고 말했다)는 긴 갈색 말총머리에 아시아에서 자란 사람들이 대부분 그렇듯 고개를 숙이는 습관이 있었다[37](앞서 말한 소식통은 그가 태국에서 어린 시절을 대부분 보냈다고 말했다). 토머스는 기술 관련 교육을 받지 않았다. 그는 종종 명상을 했다. 오미세고 직원의 말에 따르면, 그는 언뜻 소심하게 느껴지는 목소리로 나긋하게 "철학적 가르침을 주는 나이 많은 현자 같은 말"을 하곤 했다. 그는 이더리움 재단 "내부"에 있는 사람으로, 비록 공식 직함은 없었지만 그 영향력이 상당했다. 어떤 이는 토머스에 관해 이렇게 말했다. "공식적인 역할을 맡고 있지는 않지만, 아마도 비탈릭에게 가장 강력한 영향력을 미치는 인물일 겁니다." 그러면서 그가 오랫동안 비탈릭의 업무 일정에 많은 영향을 미쳤다고 덧붙였다(비탈릭은 나중에 이를 부인했다). 토머스는 비탈릭을 위해 많은 회의 자리를 마련했고, 그 과정에서 비탈릭이 하는 일과 그가 만나는 사람들을 관찰했다. 비탈릭과 가까운 이들이 외출할 때면, 토머스는 언제 어디를 가야 할지 결정해주고, 대화를 주도했다(토머스는 멕시코에서 판다아가 밍과 같은 곳에 있지 않도록 하기 위해 그녀와 함께 돌아다녔던 비탈릭의 친구이기도 하다).

짙은색 머리칼의 웬델 데이비스Wendell Davis(둘 다 치열한 자유주의자이며 이더리움에 앞서 열정적인 비트코인 지지자이기도 했다) 역시 이더리움 재단에서 비공식적인 인물이지만 강한 영향력을 행사했다. 토머스와 웬델 두 사람은 자문처럼 행동했지만 어느 누구도 그들이 특정한 직함을 갖고 있다고는 생각하지 않았다. 이더리움 재단 사람들은 토머스와 웬델을 재단의 "실세shadow government"라고 불렀다. 그들과 함께 일했던 한 사람은 토머스와 웬델이 자신의 영향력이 뚜렷하게 드러나지 않도록 조심했는데, 이는 나중에 쉽게 발을 빼기 위한 의도였던 것으로 보인다고 말했다.

몇몇 사람들은 두 사람을 두려워했다. 그들이 은밀하게 일하는 방식을 선호한다는 사실을 알고 있었던 이들은 특히 두 사람의 이름을 언급할 때면 긴장한 표정을 보였다. 그리고 두 사람이 어떤 사건에 연루되어 있다거나 그들이 특정한 시간과 장소에서 중요한 뭔가를 말했다는 사실을 언급하는 것을 꺼렸다. 그들의 성격에 대해 이야기하는 것도 주저했다. 한 사람은 이렇게 말했다 "토머스가 (재단 내부에서) 어떤 형태의 영향력을 갖고 있다는 것은 공공연한 사실입니다. 이는 해결해야 할 문제와도 같죠. (토머스와 웬델은) 암호 세상에서 저를 불편하게 만드는 유일한 존재입니다. 누군가 저를 걱정하게 만든다면, 그건 바로 그 듀오일 겁니다." 혹자는 토머스 그레코가 실명인지 의심스럽다고 했다.

공식 직함이 없는 토머스가 어떻게 재단 안에서 강력한 영향력을 행사할 수 있었는지 묻자 한 사람은 이렇게 대답했다. "대단히 당연한 질문처럼 들리지만 이 방 안의 분위기를 보면 그게 그다지 좋은 질문이 아님을 알 수 있을 겁니다. (중략) 도널드 트럼프Donald Trump와 제러드 쿠슈너Jared Kushner를 생각해보세요. 그들의 관계에는 긍정적인 것도 부정적인 것도 없습니다. 그냥 하나의 덩어리이지요. 토머스는 언제나 거기 있었습니다. 토머스는 아마도 당시 비탈릭과 가장 가까운 유일한 사람이었을 겁니다." 그는 그들이 토머스와 오랜 시간을 함께 보냈지만, 그를 "미스터리"라고 불렀다고 말했다. 그리고 이렇게 덧붙였다. "그의 역할과 정체에 대해 완벽하게 알지는 못합니다." 비탈릭에게 토머스에 관해 물었을 때, 그는 기자가 그의 이름을 언급했다는 것 자체에 놀라고 상당히 불편한 듯 보였다. 비탈릭은 토머스가 비공식 자문이며, 그의 조언을 꽤 가치 있게 여긴다고 말했다.

어떤 이들은 그가 실세로 성장할 수 있었던 것은 이더리움 재단이 SEC에 대해 우려했기 때문이라고 추측했다. 이더리움에 실패의 구심점이 없다면, SEC가 아무리 재단을 추적하더라도 성공했을 것이다. 그러나 다른 이들은 이더리움 재단이 그 모든 것과 더불어 중앙화를 구축했다고 느꼈다. 한 사람은 이렇게 말했다. "한동안 그들이 구체적인 계획을 세운다면, 지나치게 생산적이고, 중앙집중적이며, 커뮤니티 내부에서 너무 강력한 의사결정 권한을 갖게 될 것이라고 생각했습니다."

재단의 투명성과 관련된 또 다른 근거는 비록 이더리움 자체를 통제하지 않는다고 해도 비탈릭이 이사회의 다수 의결권을 보유하고 있다는 사실이었다. 라스 클라위터, 웨인 헤네시-바렛, 바딤 레비틴이 있었을 때도 비탈릭은 세 표를 보유한 채 균형을 무너뜨리는 역할을 맡았다. 이들이 나간 후에는 두 표만 남았다. 하나는 밍의 것, 그리고 다른 하나는 패트릭 스토체네거의 것이었다. 커뮤니티 사람들은 당시 그 자체로 불투명한 이더리움이 공개적이고 투명하고 공평한 조직을 구축하려는 것이 위선적이라고 느꼈다. 그리고 비탈릭이 재단 이사회를 통제하고 있다는 게 가장 위선적이라고 지적했다.

이 모든 것에도 불구하고 그 실세는 마침내 재단, 그리고 이더리움 커뮤니티 내부의 많은 이들이 오랫동안 염원해왔던 것을 실행에 옮겼다. 그것은 바로 밍을 축출하는 계획을 마련하는 것이었다. 데브콘 3에서 아야를 비탈릭에게 소개해준 사람은 다름 아닌 토머스였다. 비탈릭은 칸쿤을 떠나고 나서도 아야를 차기 상무이사로 생각했다. 그는 충분한 검토 작업을 수행하지 않았지만 어떻게든 서둘러 밍을 내보내려고 했다. 누가 그녀를 대신할 것인지 두고 논쟁에 휩싸이겠지만, 어찌됐든 그녀를 내보내는 일이 더 중요하다고 생각했다. 게다가 아야는 부족한 부분도 있지만 나쁜 일을 적극적으로 도모할 사람처럼 보이지 않았다. 부족한 부분을 채우는 것은 문제를 그냥두는 것보다 훨씬 쉬운 일일 게 분명했다.

사실 아야의 이력서는 밍의 것보다 더 뛰어났지만, 그럼에도 불구하고 많은 이들이 공식적인 채용 절차를 따랐더라면 아야가 선택되지 않았을 거라고 생각했다. 아야 자신도 나중에 이더리움 재단이 정확하게 무엇을 하는 곳인지 알지 못했노라고 털어놨다.[38] 아야에게 호의적이었던 이들을 비롯해 많은 이들이 그녀가 이력서상에 드러나지 않는 주목할 만한 자질을 갖고 있다고 강조했다. 그것은 바로 그녀가 아시아계 여성이라는 사실이었다. 이에 대해 한 사람은 이렇게 말했다. "젊은 남성은 호르몬에 따라 움직입니다. 그리고 업무적인 관계는 육체적인 관계의 친밀함이 없어도 충분히 긴밀할 수 있습니다."(비탈릭은 메신저 앱을 통해 아야의 좋은 성격 때문에 그녀를 선택했다고 밝혔다. 그는 "차분하면서 명예에 집착하지 않는다" 같은 표현과 함께 이렇게 썼다. "그게 아시아 문화의 특징 아닌가요?")

휴가를 보내는 동안 비탈릭과 밍을 비롯해 여러 개발자들은 불확실한 상황에 직면했다. 밍은 사임에 동의했지만, 비탈릭에게 1년에 걸친 업무 인수인계 기간을 허락해달라고 요구했다. 비탈릭과 친구들은 크리스마스 및 새해 휴가 기간에 맞춰 푸켓으로 향했다. 거기서 그들은 몇몇 고래들의 집에 머물면서 휴가를 즐겼다. 그렇게 쉬는 와중에도 그들은 이더리움이 더 많은 거래를 원활하게 처리할 수 있도록 하기 위한 지원 및 기술적 업그레이드에 대해, 그리고 700달러 선에 머물러 있는 이더를 기반으로 하는 내년도 예산 및 계획에 대해 논의했다. 게다가 그들은 중요한 테스트넷testnet을 런칭했다. 당시 한 참가자의 표현에 따르면, "많은 여자 친구를 원하는" 토머스는 비탈릭의 여자 친구가 두 번째 남자 친구를 가질 수 있을 거라는 농담을 몇 번이나 했다. 그의 친구들은 또한 비탈릭에게는 알리지 않았지만, "방콕 플랜"이라고 부르는 안건도 갖고 있었다.

휴가가 끝나기 이틀 전인 새해 첫날, 방콕의 한 공원을 가로지르는 개울물을 따라 오후 산책을 즐기던 중 그들은 가지가 낮게 드리워진 나무를 발견했다. 그들 중 한 사람이 가지를 기어올라갔고, 다른 이들도 그 뒤를 따랐다. 나무 위에서 비탈릭과 토머스, 아야를 비롯한 몇몇 사람들은 흐르는 물을 바라보았다. 분위기가 평온했기 때문인지, 그 풍경이나 나무에 걸터앉았던 경험이 신선했기 때문인지 그들은 자연스럽게 입을 열었다. 비탈릭의 친구들은 그에게 밍에서 아야로 전환하는 과정을 속도 있게 진행해야 한다고 말했다. 그 문제를 1년 동안 질질 끌어서는 안 된다고 했다. 그들이 나중에 회상했듯, 모두는 비탈릭을 "압박"하면서 영리하게 행동할 것을 당부했다. 그 판단은 단지 비탈릭만 관계된 게 아니었다. 다른 모든 사람들도 거래가 미뤄질 때마다 어려움을 겪고 있었다. 그들은 비탈릭이 밍에게 그달 말까지만 시한을 줘야 한다고 말했다. 비탈릭은 밍이 스스로 자신의 일정을 정하도록 허용한 것은 자신이 저지른 실수 중 하나라는 사실을 깨달았다. 또한 비탈릭은 자신이 단호하게 행동하지 않으면 모두를 실망시키게 될 것이라는 사실도 이해했다.

　나중에 비탈릭은 당시를 그의 친구들이 "개입에 착수한" 순간이라고 이야기했다. 그는 친구들이 몇 달 전부터 그와 이 문제를 논의하려고 마음먹고 있었다는 사실을 알지 못했다. 비탈릭은 친구들이 밍과 함께 일하기를 좋아하지 않는다는 사실을 공개적으로 인정했지만, 다른 사람들의 감정을 다치게 하고 싶어 하지도 않았다. 그래서 토머스가 밍을 해고해야 하며, 그렇게 하는 것이 재단에 좋을 거라고 말했을 때, 그들의 대화를 지켜봤던 한 친구는 비탈릭이 거부하지 않을 것이라고 느꼈다. 그때까지만 해도 비탈릭은 이러한 대화를 나눌 때 그저 고개를 끄덕이다가 자리를 빠져나가는 식으로 밍을 해고해야 한다는 부담을 외면하거나 그녀와 그렇게 힘든 이야기를 하기 싫다고 토머스에게 말하는 더 사소한 부담을 피하려고 했다. 하지만 나뭇가지에 앉아 이야기를 나누는 동안 비탈릭은 밍의 해고를 미루는 것이 친구들의 마음을 상하게 만드는 것이라는 사실을 깨닫고, 마침내 동의하게 됐다.

골드만삭스의 스타트업 '서클', 폴로닉스를 삼키다

12월 말, 한 사람이 폴로닉스의 고객서비스팀 책임자였던 조니 가르시아에게 고래인 자신의 친구가 그에게 폴로닉스가 서클Circle에 서비스를 제공하고 있는지 물었다고 말했다. 그때 조니는 누군가 구체적으로 구매자의 이름을 언급하는 것을 처음으로 들었다.

서클은 보스턴에 기반을 둔 블록체인 결제 기업으로, 골드만삭스의 지원을 받고 있었다. 잇달아 성공을 거둔 골드만삭스의 CEO는 서클의 사용자 앱이 그리 많은 관심을 이끌어내지 못했다는 사실을 발견했다. 암호화폐가 주류 시장에 편입된 2017년에도 서클은 몇몇 경쟁사들이 그랬던 것처럼 사용자들이 마구 밀려드는 상황을 경험하지 못했다. 그래도 그들에게는 대단히 활동적인 클라이언트인 폴로닉스가 있었다. 당시 폴로닉스는 서클의 OTC 데스크(당시로선 업계 최대 규모였다)를 사용해서 암호화폐를 현금으로 전환하고 있었다. 그랬기 때문에 서클은 깜짝 놀랄 만한 폴로닉스의 장부를 들여다볼 수 있었다.

1월 말, 피델리티에서 폴로닉스 법률준수팀으로 넘어온 타일러 프레더릭은 주말을 껴서 긴 휴가를 즐길 계획이었다. 그런데 토요일에 전화 회의가 있을 거라는 소식을 들었다. 폴로닉스는 보안에 각별히 신경 쓰고 있었기에 타일러는 외부에서 자신의 업무 이메일이나 업무용 컴퓨터에 접근할 수 없었다. 게다가 그는 다른 주로 넘어갈 계획이었기 때문에 전화 회의에도 참석할 수 없었다. 그래서 나중에 추측한 바에 따르면, 타일러가 좋지 않은 방식으로 소식을 접하게 하기 싫었던 줄스 킴은 그가 떠나기 전날 밤, 폴로닉스가 서클에 합병될 것이라는 이야기를 전했다. 타일러는 폴로닉스의 현재 상황을 볼 때 기업을 유지하는 게 불가능하다고 판단했기 때문에 그 소식을 듣고서 기뻐했다.

그 무렵, 폴로닉스의 초기 직원 5명 중 한 사람으로, 4년 동안 근무한 법률준수팀 팀장은 대면 회의에 참석하라는 전화를 받았다. 그가 회의실에 도착했을 때, 암호화폐 시장에서 적극적으로 활동하는 로펌에 소속된 변호사들이 그를 맞이했다. 그는 1년 전 자신의 옵션에 서명했는데, 자신의 옵션이 실행될 예정이었던, 그리고 이사회가 그것을 승인한 지 1년 지난 2018년 4월 이전에 서클이 폴로닉스를 합병할 것이라는 소식을 접했다. 그는 2000달러의 단일 지급에 동의한다는 포기 각서에 서명하거나, 아니면 한 푼도 받지 못하게 될 터였다.

그는 충격을 받았다. 그는 트리스탄 디아고스타의 친구였다. 당시 회의에 참석했던 사람의 말에 따르면, 변호사들은 그에게 인수 가격과 주식 가치에 대해 아무런 말도 하지 않았다. 또한 변호사에게 부탁해 서류를 검토할 시간을 줄 수도 없다고 이야기했다. 그는 바로 그 자리에서 서명해야만 했다. 그다음은 없었다. 그는 인수합병에 대해 아무것도 알지 못한 채, 그리고 서명하지 않으면 아무것도 받지 못하게 될 것이라고 생각하면서 2000달러를 받겠다고 서명했다. 합의 내용에는 폴로닉스와 관련된 자신의 모든 문자와 메시지, 그리고 서류를 삭제하거나 폐기하는 것이 포함되어 있었다.

한편, 조니는 폴로닉스에서 보내는 첫 휴가를 즐기기 위해 포르투갈에 와 있었다. 줄스와 루비, 그리고 변호사는 조니에게 영상 통화를 걸어 인수 소식에 대한 이야기를 전했다. 화면 한쪽에는 줄스가, 그리고 다른 한쪽에는 카메라가 꺼진 채 루비가, 그리고 그 중간에는 변호사가 있었다. 변호사는 "웃는 얼굴"로 조니에게 서클에서 일하는 것은 대단한 기회라며, 그의 옵션이 확정됐다고 해도 이제 그 가치가 사라져버렸다고 말했다. 어쨌든 조니는 이제 옵션을 행사할 수 없게 됐다. 조니는 그들의 제안을 거부하면서 이렇게 말했다. "아닙니다. 서클에서 일하지 않을 겁니다. 저는 제 옵션을 원합니다." 줄스는 벌떡 일어섰다. 조니는 줄스가 그에게 어떠한 것도 받을 자격이 없고, 폴로닉스를 위해 일하기를 원치 않는다면 당장 그만둘 수 있다고 말했다고 했다. 그때 조니는 법률 자문이 허락되지 않는다면 녹화를 시작하겠다고 했다. 조니는 폴로닉스의 변호사가 어떤 생산적인 일을 하는 것도 가능해 보이지 않는다며, 자신의 변호사와 일정을 잡겠다고 말했다. 그들은 그렇게 통화를 끝냈다. 조니는 며칠 더 근무했지만, 그의 변호사는 너무 오래 시간을 끌었고, 그는 결국 그만뒀다.

다음 주 화요일, 타일러가 돌아왔을 때, 그는 그 소식과 함께 일부 직원이 그만뒀다는 이야기를 들었다. 폴로닉스는 서클이 골드만삭스의 지원을 받는다는 점에서 암호화폐 신봉자라 내세우던 그들이 스스로 영혼을 팔아먹은 것이나 마찬가지라고 봤다. 타일러는 그들이 아마도 이더로 많은 돈을 벌어서 더 이상 일할 필요가 없어졌기 때문에 그런 결정을 내렸을 거라고 짐작했다. 그때 갑자기 그가 겪은 기이한 인터뷰 과정이 이해됐다. 되돌아보니, 그는 줄스와 마이크가 폴로닉스의 미래에 대해 그린 장밋빛 그림이 실제로는 서클에 대한 설명이었다는 사실을 이해할 수 있었다.

인사가 만사, 이더리움의 새로운 도약이 시작되다

이더가 700달러 선에서 거래되던 2017년 12월 말, 비탈릭은 오랜 친구인 "무정부주의자 아미르"에게서 온 트윗을 확인했다. 아미르는 2013년 그를 밀라노에 있는 마카오 불법 거주 건물에 초대했다. 당시 그는 런던의 불법 거주 건물에서 미하이 앨리시와 함께 살고 있었다. 그는 거기서 개빈을 만났고, 그를 비트코인 세상으로 안내했다. 아미르는 트윗에 이렇게 썼다. "비트코인은 이제 실패한 프로젝트가 되어가고 있다. 커뮤니티의 파편들 사이에 존재하는 파괴의 씨앗은 수치적인 가격 상승, 그리고 임박한 신성한 개간에 가려져 있다. 어느 날 당신은 내 말을 이해하게 될 테지만 그때는 너무 늦은 뒤일 것이다. 배는 이미 항해하고 있을 것이다."[39] 비탈릭은 아미르의 트윗을 인용하면서 이렇게 썼다. "이더리움을 포함해 *모든* 암호화폐 커뮤니티는 이 경고의 말에 주의를 기울여야 한다. 수천억 달러의 디지털 자산을 마구 휘젓고 다니는 것, 그리고 사회를 위해 의미 있는 일을 실질적으로 성취하는 것은 구분해야 할 필요가 있다."[40] 그는 이어서 또 다른 트윗을 통해 블록체인상에서 초당 더 많은 거래를 가능하게 만드는 방안에 대해 언급했다.

우리가 성취한 것이 람보 밈, 그리고 "지림sharting"에 관한 유치한 말장난이 전부라면, 나는 떠날 것이다. 그럼에도 나는 커뮤니티가 올바른 방향으로 나아갈 수 있다는 강한 희망을 여전히 버리지 않고 있다.[41]

2018년 1월 4일, 이더는 처음으로 1000달러를 넘어서서 1045달러로 기록적인 고점에 도달했다. 그리고 이후 며칠 동안 1000달러대에서 거래됐으며, 이후로도 조금씩 상승하다가 1월 7일 1153달러로 다시 신기록을 세웠다. 다음 날에는 1267달러에 근접하면서 또 다시 기록을 경신했다. 그다음 날에는 1321달러에 살짝 못 미쳤고, 그다음 날에는 1417달러를 넘어섰다(그날 '쿼츠'는 '카소추카 쇼조Kasotsuka Shojo', 즉 '암호화폐 소녀들'이라는 이름의 일본 걸그룹 이야기를 실었다. 8명의 멤버는 각각 서로 다른 암호화폐를 상징했다[42]). 1월 13일, 이더는 1432달러로 기록을 갈아치웠다. 그날 〈뉴욕타임스〉는 다음과 같은 제목의 기사를 게재했다. '모두가 떠들썩하게 부자가 되고 있는데 당신은 그렇지 않다.' 기사 사진에는 샌프란시스코 비트코인 미트업 홀리데이 파티Bitcoin Meetup Holiday Party에 참석한 두 사람이 등장했는데, 그중 한 사람은 기하학적인 흰색 눈송이와 2개의 이더리움 사면체 로고와 더불어 검정색 가로 줄무늬로 가득한 푸른색 이더리움 크리스마스 스웨터를 입고 있었다. 다른 사람은 노란색 비트코인 스웨터를 입었는데 거기에는 기울어진 'B' 로고가 그려져 있었다. 기자로서 그 자리에 참석한 나는 암호 세상의 포레스트 검프 같은 인물과 함께 시간을 보냈는데, 핑크색 셔츠와 바지를 입은 그가 이런 말을 했다. "저는 I.C.O.를 합니다. 그게 제 일이죠. 저와 2명의 벤처 자본가, 그리고 많은 허풍쟁이들 말입니다." 그는 자신의 집인 "크립토 캐슬Crypto Castle"과 화려한 실내장식을 구경시켜줬다. 그는 자신이 리얼리티 TV 프로그램에 섭외 받은 것 같다며 이렇게 말했다. "저는 말 그대로 벨라 하디드Bella Hadid와 만나기로 한 것이지 리얼리티 프로그램에 출연하려던 것은 아니었어요."[43]

그 무렵, 비탈릭은 거품을 면밀히 바라보고 급격하게 치솟는 가격에 두려움을 느꼈다. 그는 이더리움이 정말로 그 정도 가치가 있는지 궁금하게 여기면서도 자신의 본능을 따르기로 했다. 비탈릭은 이더리움 재단의 이더 7만 개를 각각 1300달러 정도에 매각했다. 총 9000만 달러가 넘는 돈이었다. 비탈릭은 힘을 얻었다.

비탈릭의 친구들은 밍을 내보낼 시한을 단호하게 제시했다. 그들은 비탈릭이 그녀와 대면하는 것을 대단히 두려워한다는 것을 잘 알았기에 그를 강하게 밀어붙였다. 또한 그들은 비탈릭이 명상처럼 스트레스를 줄일 수 있는 방법을 배우도록 도왔다. 그중 하나는 "함사Hamsa"나 "소함

Soham"처럼 단어나 주문을 계속해서 반복하는 것이었다. 비탈릭은 거기에다가 자신만의 방법을 더했다. 가령 1, 4, 9, 16, 25, 36, 49 등 제곱수를 헤아리는 방식처럼 말이다.

공원에서의 "개입"이 있고 나서 1주일이 흐른 뒤, 비탈릭은 밍에게 이메일을 보내 월말까지 퇴사하라고 말했다. 그 절차에는 공식적으로 밍을 내보내고 아야를 영입하는 서류에 서명하는 것이 포함되어 있었다. 당시 비탈릭과 아야 두 사람 모두 샌프란시스코에 있었으므로 이사회 모임은 1월 20일 그곳에서 열렸다.

그에 앞서 며칠 전, 비탈릭과 토머스, 조지프 푼Joseph Poon이라고 하는 또 다른 오미세고 개발자를 비롯한 여러 사람이 샌프란시스코에 위치한 조지프의 부모님 집에 함께 있는 동안, 밍은 비탈릭에게 전화를 걸었다. 밍은 한 시간 넘도록 울분을 쏟아냈다. 그러나 비탈릭은 밍과 처음으로 전화 통화를 했던, 그리고 괴짜로서 학교에서 살아남는 법에 동질감을 느꼈던 2015년의 그가 아니었다. 뒤돌아보건대, 비탈릭은 친구처럼 행동하지만 정말로 친구는 아닌 사람들에게 둘러싸여 있었다는 사실을 이해했다. 그리고 그는 실제로 그들과 관계를 이어가는 게 쉽지 않다는 사실을 깨달았다. 그들은 그의 삶을 즐겁게 만들기보다 더욱 힘들게 만들었다. 비탈릭은 앤서니 디 이오리오와 찰스 호스킨슨, 개빈에 대해 생각했다. 비탈릭은 누군가 자신에게 친절하게 대한다고 해서 그가 진정으로 자신을 좋아하는 것은 아니라는 사실을 깨달았다. 과거에 자신에게 노골적으로 비열하게 구는 사람을 만나보지 못했기 때문에, 그리고 항상 외로움 때문에 힘들어했기에 비탈릭은 누군가 자신에게 관심을 가져주면 그저 좋아했다. 비탈릭은 상대가 자신에게 왜 관심을 보이는지 그 이유는 생각하지 않았다. 그러나 이제 그는 안다. 자신에게 친절하지만 다른 사람에게 그렇지 않은 사람들은 돈을 쫓아 움직이는 이들이라는 것을.

당시 한 사람의 증언에 따르면, 조는 농담하는 것처럼 비탈릭의 여자 친구가 컴퓨터가 아닐까 궁금해했다. 비슷한 맥락에서 인터넷 밈은 그를 외계인, 로봇, 혹은 "돈 해골money skeleton"이라고 부른다. 하지만 그의 친구들은 그러지 않았다.[44] 태어나서 처음으로 그가 함께 어울리는 사람들이 사다리를 밟고 올라서려고 하거나 사회적 지위에 관심을 기울이지 않았다. 그들은 다만 함께 조화로운 삶을 영위하는 데에만 관심이 있었다. 밍과 이야기를 나누면서, 비탈릭은 예전에 그를 사로잡았던 불안감을 조금은 덜 느낄 수 있었다. 사실 이번이 그들의 마지막 대화일지도 모른다는 생각에 그는 기뻤다.

다음으로 밍은 깜짝 놀랄 만한 소식을 전했다. 그것은 비탈릭에게 더이상 세 표의 이사회 의결권이 남아 있지 않다는 이야기였다. 비탈릭에게는 밍이나 패트릭과 마찬가지로 하나의 의결권만 남아 있었다. 그는 패트릭이 자신에게 알리지 않은 채 변경한 것이라고 추측했다. 몇 년 후에도 비탈릭은 여전히 정확한 이유를 알지 못했다. 다만 자신의 슈퍼 의결권 박탈로 이어진 이더리움 재단의 조항 수정 같은 어떠한 행정적인 변화가 있었을 것이라고 짐작했다.

패트릭은 얼마 전 밍의 임원 지위를 박탈하는 것을 지지하겠다고 말했음에도 불구하고 비탈릭이 걱정됐다. 그건 그의 친구들 역시 마찬가지였다. 밍이 어떤 돌발 행동을 할지 모르는 성격인 데다 비탈릭에게 더이상 트럼프 카드가 남아 있지 않다는 것을 아는 그의 친구들은 이후 며칠 동안 초조한 시간을 보냈다. 한 사람은 나중에 이렇게 기억했다. "대단히 긴장된 시간이었습니다." 또 다른 이는 변화가 이뤄질 것이라고 완전히 자신할 수 없었다고 말했다. "전략적인 차원에서 완전히 엉망진창인 상태였으니까요."

1월 20일, 샌프란시스코에서는 보기 드물게 맑은 아침 하늘이 펼쳐졌다. 10도가 살짝 넘는 쌀쌀한 기온에도 비탈릭과 친구들은 땀이 흐르는 것을 느낄 수 있었다. 마치 CEO가 투자를 받기 위해 출장을 떠난 동안, 직원들이 성과에 대한 소식을 듣고 싶어 안달이 난 듯한 분위기였다.[45] 밍은 와일드카드였고, 그들이 며칠 전까지 생각했던 것보다 훨씬 더 막강한 힘을 가지고 있었기 때문에 하나의 질문이 그들을 사로잡았다. '밍이 과연 서명할까?'

유니언스퀘어에서 한 블록 떨어진 기어리 스트리트 140번가의 한쪽에는 보테가 베네타와 YSL 매장이, 그리고 다른 쪽에는 존 바바토스와 샤넬이 자리 잡고 있었다. 이번 회의는 10층에서 열렸다. 패트릭과 아야, 비탈릭, 그리고 밍의 자매이자 이더리움 재단의 총괄자문인 퉁은 서로 인사를 나눴다. 비탈릭은 차를 마셨다. 아야는 비탈릭이 지금까지 자신에게 세 표가 있다고 생각했지만 이제 한 표밖에 없다는 사실을 최근에야 알게 됐다는 이야기를 들었기에 더욱 긴장됐다. 아야는 그 내막을 자세히 알지 못했지만, 그러한 사실만으로도 꽤 극적인 전개가 이어질 것만 같았다. 패트릭의 조수가 스카이프를 연결했다. 원래는 밍이 샌프란시스코로 올 계획이었지만, 마지막 순간에 건강상의 이유로 올 수 없다는 소식을 전했다. 그래서 결국 스카이프로 참여하게 됐다. 이윽고 밍의 얼굴이 벽면에 달린 거대한 스크린에 등장했다.

회의가 시작됐다. 퉁이 밍의 자매라는 어색함, 그리고 모두가 이번 회의의 목적이 밍을 상무이사 자리에서 내려오게 하는 것임을 알고 있다는 상황에도 회의는 여느 때와 다름없는 분위기로 시작됐다. 그러나 항상 그렇듯 시간이 흐르면서 밍은 점점 더 감정적이 되어갔다. 그녀는 아야에게 방에서 나가달라고 요구했다. 결국 아야는 30분 동안 복도에 나가 서 있어야 했다.

안에서는 밍과의 대화가 계속됐다. 비탈릭은 밍과의 모든 대화에서 그랬던 것처럼 스트레스를 느꼈다. 그 대화는 표면적으로는 이상할 것이 없었다. 고용 계약 해지, 그리고 날짜와 발표 등 세부 변동 사항에 관한 일반적인 이야기였다. 그럼에도 불구하고 사람들이 제기하는 모든 질문과 안건은 비탈릭의 불안감을 자극했다. 그는 혹시 밍이나 패트릭, 퉁을 비롯한 누군가가 권한의 이양을 미루기 위한 일종의 트릭을 행사하지 않을까 하는 두려운 마음을 누그러뜨리려고 애썼다. 비탈릭은 자신이 비록 슈퍼 의결권을 빼앗겼지만 패트릭만 약속을 지킨다면 모든 일이 계획대로 흘러갈 것이라며 마음을 다독였다. 마지막으로 몇 번의 절차적 움직임과 서명이 있은 뒤 비탈릭은 2년 가까이 끌어온 소망을 이뤘다. 밍은 이제 더 이상 이더리움 재단의 상무이사가 아니었다.

비탈릭이 1만 달러의 비트코인과 암호화폐에 관한 전문적인 글을 가지고 대학을 떠난 지 5년의 세월이 흘렀다. 이제 그는 수억 달러 가치의 이더를 보유하고 있었다. 700달러 선에서 이더를 매각하기로 한 현명한 선택은 비탈릭이 끊임없이 여행을 다니는 자신의 라이프스타일을 유지할 수 있도록 도움을 줬다. 무엇보다 그의 생활은 비즈니스 클래스와 편안한 에어비앤비로 업그레이드됐다. 그렇게 경제적인 독립을 일구고 난 뒤, 비탈릭은 다시 한번 돈 걱정을 할 필요가 없게 됐다. 그럼에도 불구하고 그의 생활방식은 바뀌지 않았다. 그는 여전히 작은 배낭을 메고 돌아다닌다. 그 안에는 노트북과 1주일 동안 입을 옷가지, 칫솔, 치약, 각종 케이블, USB 키, 여러 나라의 돈이 들어 있는 주머니, 여러 도시에서 산 지하철 카드, 여행용 전원 어댑터가 들어 있다. 그가 지금껏 짊어지고 다니던 가장 큰 짐은 이제 사라졌다.

그들은 회의를 끝냈다. 아야와 패트릭, 퉁, 비탈릭은 점심을 먹기 위해 치폴레 레스토랑으로 갔다. 이후 비탈릭과 아야는 조지프의 부모님 집으로 향했다. 2013년 비탈릭은 바로 그 동네에서 이더리움 백서를 썼다. 그는 개빈과 제프리 윌크, 미하이, 앤서니, 찰스, 아미르, 조를 공동설립자로 뽑았다. 그리고 이제 비탈릭은 다시 한번 혼자가 됐다. 그러나 완전히 혼자는 아니었다. 몇 년 후 그는 2018년 1월을 돌아보며 자신의 삶에서 대단히 중요한 순간으로 기억할 것이다. 그때 비탈릭이 함께 시간을 보낸 사람들은 그의 진정한 친구들이었다. 8킬로미터도 떨어지지 않은 곳에, 넘실대는 푸른 태평양과 샌프란시스코의 녹색 북서쪽 끝이 만나는 곳에 프레시디오가 자리 잡고 있었다. 그곳은 그들이 어슬렁거리며 산책을 하기 위한 완벽한 장소 중 한 곳이었다.

에필로그

2017년이 암호화폐의 거품이 부풀었던 한 해였다면, 2018년은 그 거품이 서서히 꺼지기 시작한 한 해였다. 1월 내내 이더는 1000달러를 상회하다가 월말에 이르면서 1000달러 아래로 내려오기 시작했다. 2월에는 가격대가 500달러 후반에서 900달러 사이에서 형성됐다. 그리고 3월 말에는 400달러 아래에서 마감됐다. 5월 초 다시 한번 750달러로 반등했지만, 규제기관들이 접근하고 투기 파티가 끝났다는 사실을 분명해지면서 2018년 12월에 이르기까지 100달러에서 300달러 범위로 서서히 미끄러져 내리기 시작했다(특정 시점에는 83달러 아래까지 떨어지기도 했다). 같은 기간 전 세계 암호화폐 시가총액은 87퍼센트나 줄어들었다. 그동안 ICO를 약속했던 디앱들 중 결실을 맺은 것은 거의 없었고, 런칭했던 것들도 크게 인기몰이를 하지 못했다. 이더의 수요도 높지 않았다.

그래도 희망적인 소식이 하나 있었다. 2018년 SEC가 대다수의 ICO

를 등록되지 않은 증권 발행으로 간주하고 있다는 사실이 분명해졌다. 암호화폐와 관련, ICO 투자자들은 토큰 세일의 시작을 기다리면서 SEC 관계자들의 말을 치밀하게 분석했다. 이더리움 재단은 결국 SEC에 연락을 취했고, 6월 1일 아야 미야구치와 비탈릭 부테린, 엔터프라이즈 이더리움 연합의 몇몇 멤버들, 이더리움 재단 변호사들은 SEC 관계자들과 전화 회의를 가졌다. 이 자리에서 SEC 관계자들은 그들에게 이더리움 프로토콜과 관련해서 의사결정이 어떻게 내려지는지, 재단이 이더리움을 소유하고 있는 건지, 그리고 세일은 어떻게 진행되는지 등등 세부 사항에 대해 질문했다(SEC는 회의가 있었는지, 무슨 논의가 있었는지 언급하기를 거부했다). 6월 18일, 그 회의에 참석했다고 전해지는 SEC 고위 관료는 이렇게 말했다. "이더의 현재 상태에 대한 (그의) 이해를 바탕으로 할 때" 그것은 증권이 아니다.[1]

사기가 기승을 부리기 시작한 2017년 중반에 코살라 헤마찬드라는 MEW를 검토하는 것으로 보였다. 그는 깃허브에서 두드러진 활동을 보여주지 않았지만, 나중에 말했듯 보안을 감독하고 코드를 감사하고 인프라를 관리하는 등 백엔드 작업을 했다. MEW 코드베이스에 대한 그의 깃허브 커밋commit(의미 있는 변경 작업을 저장소에 기록하는 행위-옮긴이)은 2017년 6월 마지막 주에 이르기까지 테일러 판 오든의 커밋보다 컸다. 그러나 네트워크 정체를 유발한 스테이터스의 ICO 직후, EOS가 1년간에 걸친 세일을 시작한 이후, 그리고 기록을 경신한 테조스의 크라우드 펀딩이 시작된 이후, 그는 활동을 멈췄다. 그때부터 그해 말에 이르기까지 코살라는 3건의 깃허브 커밋을 했다(그리고 말리부에 집을 샀다). 2017년 코살라의 깃허브 커밋은 총 464건이었고, 테일러는 2184건이었다.[2]

그동안 최고의 친구들은 수차례에 걸쳐 변호사들이 관여하는 법적 다툼을 벌였다. 적어도 한 사람은 다른 이를 매수하고자 했고, 중재 시도는 실패로 돌아갔다. 마침내 호전적인 젊은 종합무술 애호가이자 암호 세상에서 자신의 자리를 만들어내고자 했던 테일러의 네 번째 변호사가 주말 동안에 깜짝 놀랄 만한 움직임으로 그 기업을 해체했다. 더 이상 MEW를 책임질 필요가 없어진 그녀는 자신의 기업 마이크립토MyCrypto의 CEO가 됐고, 코살라는 MEW의 CEO가 됐다(그 뉴스가 나오고 나서 앤드리 테르노프스키는 테일러에게 이메일을 보내 그녀가 MEW를 매입하도록 돕기 위해 1000만 달러를 지원하겠다고 제안했다. 그러나 그녀는 답변하지 않았다).

폴로닉스에 대한 서클의 합병은 2018년 2월 22일 마무리됐다. 〈포춘〉은 거래 규모를 4억 달러로 추산했지만, 당시 상황에 대해 잘 아는 한 소식통에 따르면 실제 규모는 2억~3억 달러 정도로 추측된다.[3] 매각은 거의 완벽한 시점에 이뤄졌다. 당시 폴로닉스의 거래량은 점차 위축됐을 뿐 아니라 암호화폐 거품이 꺼지면서 전 세계적으로 거래량이 12월 중순보다 더 줄어들었다. 폴로닉스는 2017년 봄부터 배리 실버트의 디지털커런시그룹, 블록체인닷컴Blockchain.com과 관련해서 쇼핑을 하고 있었다. 서클은 11월에 협상을 마무리 짓고 싶어 했지만, 줄스 킴과 마이크 데모폴로스, 트리스탄 디아고스타는 엄청난 업무량을 이유로(직원들 및 그들과 함께 일한 또 다른 사람은 직원을 추가로 고용해달라는 요청에 대한 그들의 "탐욕적인" 거부를 원인으로 꼽았다) 계속해서 협상을 지연시켰다. 그러는 동안에도 폴로닉스는 여전히 상당한 매출을 일으키고 있었다. 직원들의 지분이 확정되기 전까지 협상은 마무리되지 않았다. 일부 초기 직원은 그들이 각각 500만~1000만 달러의 지분을 확보했을 것으로 추산했다.

그들은 트리스탄과 대단히 친했기 때문에, 일부 직원은 그가 그들을 속였다고 짐작도 하지 못했다. 그가 너무 착해서 그런 일을 저지를 리 없다고 본 것이다. 연락을 취한 이도 있지만 아무 말도 듣지 못했다. 변호사들이 그 직원에게 그의 옵션이 1월에 확정됐다고 주장할 근거가 있다고 말했음에도 불구하고 그가 서명하고 1년의 세월이 흘러, 그리고 4월에 이사회가 승인한 지 1년이 되지 않아서 줄스가 법정에서 이기기 위해 변호사를 동원하는 과정에서 얼마나 가차 없게 행동하는지 보고 난 이후에 그는 그녀와 분쟁을 벌이면서 몇 년의 세월을 허비하기를 원치 않는다고 결정 내렸다. 고객서비스 책임자인 조니 가르시아는 트리스탄에게 암호화된 이메일을 보내 이렇게 물었다. "정말로 저를 괴롭힐 생각입니까?" 트리스탄이 악의는 없다고 답변을 보냈음에도 불구하고 조니는 그가 공개적으로 말해줄 수는 없는지 궁금했다. 그는 암호 키를 줄스와 공유하고 있어서 그녀 역시 그 메시지를 읽을 수 있었다(줄스는 루비 슈와 암호 키를 공유했다). 그는 줄스와 마이크의 감시에서 벗어나 암호를 통해 그에게 사적인 메시지를 보낼 수 있는 또 다른 기회를 제시했지만, 트리스탄은 대답하지 않았다.

줄스와 마이크는 사라졌다. 그들이 어디 있는지 아는 사람은 비밀을 지키기로 약속했다고 말했다. 한 전직 직원은 줄스에 대해 이렇게 말했다. "줄스가 이름을 바꿨다고 해도 전혀 놀랍지 않을 겁니다." "그들은 은퇴했습니다. 그들은 폴로닉스를 매각했을 뿐만 아니라, 많은 암호화폐를 소유하고 있습니다. 무시무시한 사람들이죠. 정말로요."(줄스와 마이크, 트리스탄은 사실 확인 요구에 대응하지 않았다) 그로부터 2년이 채 지나지 않은 2019년 가을, 서클은 폴로닉스를 매각했다. 폴로닉스는 과거의 시장점유율을 결국 회복하지 못했다.

찰스 호스킨슨은 카르다노Cardano라고 하는 네트워크를 발견했다. 이들은 작년에 ICO를 추진했고 대부분의 지분을 일본 투자자에게 매각했다.[4] 2018년 1월 초, 시장가치는 290억 달러까지 치솟았다. 그해 가을, 트위터에서 학위에 관한 질문을 받았을 때, 찰스 호스킨슨은 오랫동안 그래 왔던 것처럼 박사 과정을 밟다가 중간에 포기했다고 주장했다.[5] 대학원 수학 과정이 없는 덴버 메트로폴리탄 주립대학은 그가 2006년과 2008년 사이에, 그리고 2012년에서 2014년 사이에 수학 전공으로 등록했다고 밝혔다. 볼더에 위치한 콜로라도대학은 찰스가 2009년 봄에서 2011년 가을에 이르는 4학기 동안 학부에서 수학을 전공했다고 확인해 주었다. 그러나 그는 어느 곳에서도 학위를 받지 못했다. 고등연구계획국Defense Advanced Research Projects Agency, DARPA은 그가 그 기관에서 직접 근무한 적이 없다고 밝혔다.

첫 인터뷰 이후에 찰스는 예정된 전화 회의에 나타나지 않았다. 그의 조수도, 기업의 글로벌 홍보 책임자나 언론 이메일을 책임지는 사람도 놓쳐버린 인터뷰에 관해 질문하는 나의 세 번의 이메일과 사실 확인을 위해 보낸 네 번의 이메일에 아무런 답변도 하지 않았다. 거기에는 학위에 대한 그의 주장과 학교들의 진술 간의 차이점에 관한 질문이 포함되어 있었다.

앤서니 디 이오리오의 전 여자 친구 낸시는 "돈은 사람을 바꿔주지 않는다. 다만 그가 정말로 어떤 사람인지 더 분명하게 보여줄 뿐이다"라는 말을 힘든 방식으로 배웠다. 2017년 앤서니는 경호원을 고용하고 실내에서도 선글라스를 착용했다. 게다가 따로 수행원까지 뒀다. 그는 자신이 디센트럴에서 채용했던 여성과 교제하기 시작했는데, 사람들은 그녀를 가리켜 "낸시의 더 젊고 예쁜 버전"이라고 불렀다. 당시 앤서니와 낸시는 법적 다툼을 벌이고 있었다. 두 소식통에 따르면, 앤서니가 그들이 함께 만든 것들 중 거의 대부분을 공유하려 하지 않았기 때문이었다. 앤서니는 "함께 만든"이라는 표현에 코웃음을 쳤다. 그는 이렇게 말했다. "그녀는 단지 관리자에 불과했습니다. 함께 만들어낸 것은 없습니다. 모두 제가 만든 겁니다."(낸시는 이에 대해 언급하는 것을 거절했다)

그러나 예전에 앤서니 곁에서 일했던 한 관계자는 이렇게 말했다. "낸시는 대단히 중요한 차원에서 관여했습니다. 그녀가 없었더라면 앤서니는 그 어떤 것도 이루지 못했을 겁니다. 그녀는 운영, 재무, 안내, 관리 등 모든 일을 맡아서 했고 직원들을 행복하게 만들어줬습니다." 그는 낸시에 대한 앤서니의 태도는 그가 다른 사람을 대했던 방식과 똑같은 패턴을 뚜렷하게 보여준다고 말했다. "그녀는 올바른 계약을 하지 않았다가 결국 밀려나고 만 직원과 똑같은 사례입니다. 그녀는 충분히 인정받지 못했습니다. 모두가 그 사실을 알았지요. 그녀는 우리가 이 회사에 들어와 본 첫 번째 얼굴이자 마지막 얼굴이었습니다. 누군가 앤서니와 갈등이 있을 때, 그녀는 그것을 누그러뜨렸고 상황을 진정시켰습니다."

내가 이런 이야기를 꺼내자 앤서니는 곧바로 끼어들어 이렇게 말했다. "어처구니없군요. 말도 안 되는 소리입니다. 낸시가 한 일은 하나도 없어요. 하급 관리자가 무슨 일을 할 수 있었겠습니까? 전략과 채용, 법적 의사결정, 회계와 관련된 그 모든 일들에서 말이죠. 그녀는 고등학교 졸업장도 없다고요."

2018년 초, 앤서니는 한 이더리움 내부자의 표현대로 "많은 기술적 경험이나 필수적인 재능 없이도 믿을 수 없을 정도로 부자"가 됐다. "그는 말하자면 화려함과 경호원 속에 둘러싸여 있었다."(비록 지금은 개발자를 고용해서 개발 업무를 추진하고 있지만, 앤서니는 자신이 여덟 살 때부터 컴퓨터와 기술을 파고들었으며 소프트웨어를 만들었다고 말했다) 〈뉴욕포스트〉는 '컨센서스 2018'에서 그가 2800제곱미터 넓이의 코너코피아 마제스티Cornucopia Majesty를 타고 여섯 시간 동안 크루즈 여행을 했다는 사실을 보도했다. 그 자리에는 그가 좋아하는, 그리고 런던에서 데려온 DJ 치케인Chicane도 있었다. 그는 두 대의 애스턴 마틴 자동차를 선물했는데, 적어도 한 대에는 이더리움 로고 장식이 있었다.[6] 이후에 앤서니는 2800만 캐나다달러(2100만 달러)를 들여 트럼프 인터내셔널 호텔이나 토론토 타위 건물 안에 있는 1500제곱미터 넓이의 3층 펜트하우스를 사 들였다. 그리고 자신의 새 여자 친구와 함께 그곳에 입주했다. 그 소식을 전한 〈블룸버그Bloomberg〉 기사는 선글라스를 끼고 있는 그의 사진을 함께 실었는데, 그 모습은 다소 처참해 보였다.[7]

내가 앤서니와 관련된 사실관계를 확인하는 과정을 끝내고 한 달 남짓 시간이 흘렀을 때, 한 〈블룸버그〉 기사는 그가 "암호화폐를 그만뒀다"고 보도하면서, 안전에 대한 우려 때문이라고 이유를 밝혔다.[8]

제프리 윌크는 이더리움을 떠난 후 아빠로서의 역할에 집중했다. 그 과정에서 그는 자신의 건강에 문제가 생길 수도 있다는 생각을 하게 됐고, 그래서 변화의 시간을 갖기로 결정했다. 제프와 그의 형제는 항상 게임 기업을 설립하고 싶어 했다. 2018년 3월 두 사람은 대규모 다중 사용자 온라인 롤플레잉 게임Massively Multiplayer Online Role Playing Game, MMORPG 개발을 시작했고, 덕분에 그의 정신 상태는 많이 호전됐다. 그는 이제 이더리움과 관련해서 앞으로 벌어질 일을 추적하려는 시도를 그만뒀다.

컨센시스는 그해 겨울 다보스 세계경제포럼에서 처음으로 공식적인 모습을 보였고, 그해와 그다음 해 100만 달러를 지출했다. 그러나 각각의 행사에서 단 1명의 클라이언트도 데려오지 못했다. 2018년 2월에는 포르투갈에 기업 휴양소를 마련했다. 전형적인 무정부주의적인 방식으로 일부 직원은 컨센시스가 어떤 정당한 근거로 시작됐는지, 그러나 어떻게 이제는 기업과 정부를 위해 일을 하게 되었는지에 관해 잡지를 출간하고 유통을 했으며, 특히 사상 최고가를 기록하고 있는 이더와 더불어 그 기업의 영혼은 무엇인지, 그리고 그 사명은 무엇인지 물었다. 〈스테이틀리스Stateless〉라는 이름의 그 잡지는 '다크 타임스Darq Times'라는 기사로 포문을 열었다. 그 기사는 이렇게 시작됐다.

망가진 시스템에 대한 야밤의 비난. 타버린 스왈로 커피의 향기. 서 있기 위한 의자와 앉기 위한 소파, 잠자기 위한 바닥. 테이블 테트리스와 작은 인간. 신간과 카탄. 마이크로소프트, 레드햇, 우분투, 그리고 투모로, 딜로이트. 2달러로 사무실에서, 10달러로 서프 앤 터프(바닷가재나 새우 등 해산물과 육류가 함께 나오는 요리—옮긴이). EEA 뉴스에 따르면 그 망할 소스를 사야 한다. 피자, 다자간, 그리고 환각적인 짧은 이야기들. 스푹섹시spooksexy, 프리크노티freakynaughty, 좋은 메시 러브. CC : 모든 사람과 인보이스 웬디코인. 중력의 우물 위에서 바라본, 하얗고 노란, 연한 자줏빛 물방울무늬의 하늘과 보가트의 석양.

위에 언급한 것들 중 몇 가지는 할당된 좌석이 없고 대신에 공유 테이블만 있는 사무실 환경, 컨센시스의 블록체인 음악 프로젝트가 뮤지션이머전 히프Imogen Heap와 함께 그녀의 노래인 〈타이니 휴먼Tiny Human〉을 위해 협업했던 것, 그리고 어떻게 얼마 후 미국에서 "웬디"로 불리는 중국 출신 직원이 조지프 루빈으로부터 로컬비트코인LocalBitcoins 지불을 통해 급여 관리를 넘겨받았는지를 보여준다(보가트는 컨센시스 사무실이 위치한 거리 이름이다).

기사는 계속됐다. "컨센시스의 첫 두 해는 원시적인 수프였다. 전 세계에 흩어져 있는 암호화폐 무정부주의자와 컴퓨터공학자, 금융시장 분석가, 파마컬처리스트perma-culturist, 구시대 사이퍼펑크, 혁명가와 대중선동가로 이뤄진 활력 넘치는 하위 집단의 진핵생물 혼합물이었다." 그리고 다음으로 컨센시스 엔터프라이즈가 어떻게 기업 내에서 "문화적 긴장"을 조성하면서 사람들이 "치프Chief"와 "헤드Head" 같은 전통적인 직함을 갖도록 만들었는지에 대해 설명했다. 그러고는 발리 휴가에서 "스포크 사이의 내적 경쟁부터 여성에 대한 부적절한 행동에 이르기까지" 갈등이 어떻게 표면화됐는지를 언급했다. 또한 기업에서 일어난 변화 및 조직적인 사안을 시간 순으로 나열하면서 어떻게 2017년 10월 프레젠테이션으로 "2017년 하반기에 75퍼센트의 직원이 합류하면서" 400명의 직원을 확보하게 됐는지를 설명하고, 그동안 이더 가격이 어떻게 달라졌는지, 그리고 어떻게 그들이 "크립토-리치crypteau-riche"라고 부르는 급성장하는 계층을 만들어냈는지에 대해 이야기했다.

그 기사는 이렇게 결론을 내렸다. "우리가 만들어낸 이 작은 혼란을 정리하기 위한 시간은 아직도 남아 있다." 컨센시스에서 일하는 이유에 관해 반성문을 쓴 이들을 위해 남겨둔 제한된 수의 잡지가 있었음에도 불구하고 조는 그중 하나를 복사하도록 했으며, 한 잡지 제작자가 "불법으로 만든" 버전이라고 불렀던 인쇄물을 배포했다. 조의 반응은 이랬다. "우리는 일반적으로 공개적인 논의를 장려하고 있습니다."

이더 가격이 700~900달러 범위에 머물던 같은 달, 조는 한 직원에게 컨센시스 직원 수를 그해 말까지 1500명으로 늘리고 싶다고 말했다(나중에 조는 자신이 그런 말을 했는지 기억나지 않는다고 했다). 직원이 물었지만 특별한 이유는 없어 보였다. 다만 그 숫자가 그의 마음에 들었던 것으로 보인다. 그해 〈포브스〉는 컨센시스의 연간 경비 지출액이 1억 달러가 넘을 것으로 추산했다. 그리고 2018년 컨센시스는 2100만 달러밖에 끌어들이지 못했다.[9] 컨센시스는 소행성 탐사 기업 플래너터리 리소시스Planetary Resources를 인수했다. 조는 이렇게 발표했다. "컨센시스의 생태계에 심오한 우주 기술을 도입하려는 시도는 자동화된 신뢰와 보장된 실행을 통해 인류가 새로운 사회적 규칙 시스템을 만들도록 도움을 주는 이더리움의 가능성에 대한 우리의 믿음을 그대로 반영한다."[10]

〈더 버지The Verge〉의 보도에 따르면, 이후 컨센시스의 직원 수는 1500명에 도달하지 못했지만, 12월까지 1200명 규모로 성장했다. 그달 초, 컨센시스는 13퍼센트에 달하는 직원을 해고하겠다고 발표했다.[11] 그리고 몇 주 후에는 대부분의 스타트업이 분사했다.[12] 결국 〈디 인포메이션 The Information〉이 보도한 것처럼, 2019년 3월에는 900명의 직원만 남았고, 컨센시스는 외부 투자를 통해 2억 달러를 유치하려고 모색하고 있었다.[13] 그러나 2020년 4월, 직원 수가 550명 정도로 줄어들었는데도 여전히 의지 있는 투자자를 찾아내지 못했고, 결국 14퍼센트에 달하는 직원을 해고하겠다고 또 한 번 발표했다. 5월에는 소행성 탐사 기업의 지적 재산권을 공개하고 물리적 자산을 경매에 올렸다.[14] 2020년 8월, 컨센시스는 JP모건의 엔터프라이즈 블록체인 플랫폼을 인수했다. 〈더 블록 The Block〉은 그들이 은행으로부터 2000억 달러의 전략적인 투자를 받게 될 것이라고 보도했다. 하지만 최종 협상 조건은 아직 타결되지 않았으며 변동 가능성이 남아 있다고 덧붙였다.[15] 마지막으로, 2021년 4월에 JP모건과 마스터카드, UBS, 그리고 최대 규모의 ICO를 기록한 기업 중 하나인 프로토콜 랩스 Protocol Labs로부터 6500만 달러를 투자 받았다고 발표했다.[16]

포르투갈 휴양지에서 잡지를 나눠주는 데 동참했던 한 직원은 이렇게 말했다. "이더리움에 관해 발견한 분산화, 그리고 다른 방식으로 돌아가는 새로운 사회를 구축하는 데 열정적인 초창기 사람들, 이들은 모두 (컨센시스를) 떠난 이들이다. 남아 있는 사람들은 말하자면 이런 식이다. 'JP모건, 그들이 하는 일을 더 잘하도록 만들자고.'"

일부 초기 직원들은 결국 그들의 지분을 문서화했다. 지분을 받은 이들은 조를 좋아하고, 그에게 많은 비트코인과 이더를 빚진 컨센시스에 무관심한 태도를 보였다. 결국 2019년 12월 열린 '2018 주주 회의'에서 조는 총 2억 6600만 스위스프랑에 달하는 이더 대출을 탕감했다(맷 코르바는 이는 실제 수치보다 25퍼센트 정도 과장된 것이라고 말했다). 컨센시스는 이제 2개 조직으로 갈라졌다. 투자를 위한 원래 조직, 그리고 소프트웨어를 위한 다른 하나의 조직.[17] 컨센시스 주주들을 위한 텔레그램 그룹에 따르면, 그 협상은 그들의 주식을 희석시켜서 그 가치가 이전의 1/10로 줄어들었다. 2021년 6월 기준으로 아직 새로운 주식이 발행되지 않았는데도 이미 그것들을 33퍼센트 희석한 것이다(이전 가격의 1/10로 주식을 희석한 것과 관련해서 맺은 기업이 그 같은 사실을 언급하기는 어렵다며, 주주 회의에서 아직 지분을 받지 않은 직원에게 지분을 수여하기 위해 15퍼센트의 일반 주를 추가로 승인했다고 말했다). JP모건의 협상이 마무리되기 전인 2020년 8월, 한 채팅 그룹 멤버는 JP모건은 원래 소유주인 스위스 컨센시스 AG와 반대로 깨끗한 미국 조직을 원한다고 말했다. "그래서 그렇게 진행된 겁니다. AG 주주들은 망한 반면 AG를 청산하고 모든 것을 미국 조직으로 이동시켰죠." 그 그룹의 한 멤버는 "AG는 어떤 투자자를 위해서도 기업 실사 관점에서 재앙"이라며 새로운 소프트웨어 조직은 기업 실사를 수행하기가 더욱 쉬울 깨끗한 조직으로 자산을 옮기기 위한 시도에 불과하다고 말했다. 그리고 컨센시스에 대한 최근 소송에 관한 기사를 링크했는데, 이는 컨센시스가 투자하고 있는 기업의 코드를 베껴서 경쟁적인 제안을 만들었다고 주장하는 소송이었다.

남아 있는 임원들의 또 다른 하위 집단에서는 많은 이들이 서로 비슷한 경험을 공유하고 있었다. 조는 그들이 자신 앞에서 서로 치고받는 모습을 지켜보는 것을 좋아했다. 한 관계자는 이렇게 말했다. "그래서 그는 양측이 견제하도록 만들었습니다." 또 다른 관계자는 그의 관리 스타일을 "분할해서 통치하라"라고 불렀다. 임원들이 떠나면 관계자는 그들의 팀이 그들의 비위를 들춰내고 그들에 대해 좋지 않은 말을 하도록 만들었다. 한 사람은 이렇게 말했다. "거기에 남아 있는 사람들이 다음은 자기 차례인 것을 모른다는 것을 이해할 수 없었습니다."(조는 이에 대해 부인했다. 그들은 결코 전 직원들의 흠집을 들춰내지 않았다고 말했다. 그는 이렇게 말했다. "우리는 언제나 가장 순탄한 길로 갔습니다.")

밍 챈을 내보낸 것은 적어도 조와 비탈릭 사이의 얼음을 녹이는 데 도움이 됐다. 2018년 5월 토론토에서 열린 이더리움 컨퍼런스에서 비탈릭을 위해 기술계의 거물들과 몇 차례 회의를 주선했던 컨센시스 임원인 카비타 굽타Kavita Gupta는 비탈릭과 조(그리고 연연)의 만남을 추진했다. 카비타의 기억에 따르면, 당시 비탈릭은 "그것에 만족해하지 않았고 조의 질문에 기계처럼 대답만 했다." 이후 카비타는 전 구글 CEO인 에릭 슈미트Eric Schmidt와 두 사람을 위한 자리를 마련했다. 조와 비탈릭은 그 자리가 진행되는 방식에 대단히 만족했다. 그들은 30~45분 동안 잡담을 나누고 포옹을 했다. 비탈릭이 떠나자 조는 비탈릭과 함께 다시 한번 좋은 대화의 시간을 나눌 수 있었던 것에 감동했다고 말했다고 카비타는 설명했다.

이더리움 재단과 컨센시스는 마침내 좋은 관계를 만들어가게 됐다. 이더리움 재단의 새로운 상무이사인 아야 미야구치와 당시 컨센시스의 최고전략책임자였던 샘 카사트Sam Cassatt(직원들의 증언에 따르면, 몇 년간 사무실에 거의 나타나지 않다가 결국 푸에르토리코로 넘어간 인물이다)는 친구 사이였다.

개빈 우드의 경우, 패리티 팀과 웹3 재단은 2018년 겨울 동안 이더리움의 지배구조가 어떻게 돌아가는지 들여다보면서 폴카닷 ICO 자금의 동결을 풀기 위해 어떻게 해야 그들이 이더리움을 개선하겠다는 제안을 통과시킬 수 있을지 모색했다. 결론은 이더리움 내부자들이 수개월 동안 불만을 토로해왔던 것에서 찾을 수 있었다. 즉, 명백한 의사결정 절차가 없었다. 2019년 이더가 정점으로 치달았을 때, 패리티의 동결 자금은 4억 3400만 달러의 가치가 있었다. 한 패리티 개발자는 패리티 지갑에 들어 있는 자금을 풀려나게 만들기 위한 EIP(999)를 제안했다. 뜨거

에필로그 499

운 논쟁이 계속됐다. 일부는 패리티 클라이언트가 그 자체적으로 코드를 가동해서 하드포크를 만들어내지 않을까 우려했다. 2018년 4월 코인 투표가 상정됐다. 639표가 행사됐는데, 160만에 가까운 이더가 찬성하고 220만 정도의 이더가 반대했다. 이에 따라 결론적으로 아무런 행동도 취하지 않기로 했다.[18]

이더리움의 많은 사람들이 개빈에게 복잡한 감정을 가지고 있었는데도(그는 "비열하고", "옹졸하고", "오만하고", "이기적이고", 무엇보다 "재수 없는" 인간인지도 모른다) 그들은 개빈이 이더리움에 결론적으로 긍정적인 영향을 미쳤다고 생각했고, 그의 비전과 야심, 헌신에 존경을 표했다(개빈은 화를 낼 것인지 아니면 그가 수많은 시간을 쏟아부은 프로젝트가 "쓰레기와 혼란, 그리고 결국 모두의 손해로 이어지는 최종적인 실패로 사라지는 것을 볼 것인지" 사이의 선택에 직면하자 이렇게 말했다. "나는 화를 내는 위험을 감수할 것이다.")

개빈은 조와 관련해서 오래 묵은 극심한 불신의 감정을 떨쳐버리지 못했다. 그는 자신에게 일어난 많은 나쁜 일들(이더리움 재단에서 해고당한 일, 멀티시그 동결)의 원인을 조 혹은 조 밑에서 일한 사람들에게로 돌렸다. 패리티와 웹3의 직원들은 그것을 "깊숙이 자리 잡은 망상", "건강하지 못한 것"이라고 일축했다. 개빈은 이렇게 대답했다. "그게 정말로 당신을 쫓아다닌다면 그건 망상이 아닙니다." 그러고는 1998년 영화 〈에너미 오브 스테이트Enemy of the State〉 포스터에 링크를 걸었다. 그 문구는 바로 거기 등장한다. 또한 개빈은 패리티가 "대규모 이더 보유자, 그들의 관심사가 아니라고 판단하면서도 직원이 1000명 이상 있는 조직에 자금을 공급하기에 충분히 넉넉한 주머니를 가진 누군가" 때문에 그 자금의 동결을 해제하기 위한 코인 투표에서 진 것이라고 암시했다.

자금이 동결됐다는 사실은 망상을 어느 정도 정당화해줬다. 'devops 199'는 자신이 "실수로" 멀티시그를 죽여버린 이더 초심자라고 주장했지만, 그의 움직임은 마치 계획된 것처럼 자신의 흔적을 사전에 흐릿하게 만들었다. 패리티 멀티시그 지갑을 동결시킨 그 거래는 11월 1일 협정 세계시Universal Time Coordinated, UTC 기준으로 18시 28분에 0.0102BTC에서 전환한 셰이프시프트 거래로부터 0.225ETH를 받은 한 계좌에서 시작됐다.[19] 그러나 그 비트코인 자체는 UTC 18시 23분에 0.245ETH를 0.0104BTC로 전환한 셰이프시프트 거래로부터 온 것이었다.[20] 'devops199'는 왜 완벽하게 좋은 이더를 비트코인으로 바꿨으며, 그러고 나서 5분 후 패리티 멀티시그를 동결시킨 거래를 수행하기 전에 그것을 곧바로 이더로 바꾸었던 것일까?

더욱 흥미롭게도 원래 이더(멀티시그를 동결시키기 위해 사용된 이더로, 다시 되돌리기 전에 비트코인으로 전환됐던)는 이전 6일 동안 1215건의 거래를 수행했던 한 계좌로부터 왔다.[21] 한 분석가는 그 거래의 특성이 이용 가능한 취약점을 파악하는 "침투 시험penetration testing" 기술과 일치한다고 말했다. 또 다른 연구원은 그것이 또한 테스트넷상에서 이런 전략을 시험하는 것처럼 보이지만(무작위한 콘트랙트로 610건의 "킬kill" 메시지를 발송했다), 그가 보기에는 침투 시험보다는 이더를 거둬들이기 위한 시도처럼 보인다고 말했다(기본적으로 그들이 'devops199'에게 돈을 줄 것인지 확인하기 위해 콘트랙트에 "킬"을 전송했다). 그러나 그는 이 증거가 또한 "아주 좋은 가림막"이 될 수 있다고도 말했다. 또한 'devops199'는 플렉스코인PlexCoin이라고 하는 ICO 프로젝트에 참여한 것으로 보이는데, SEC는 2017년 12월 이에 대해 "잠재적인, 그리고 실질적인 투자자들에게 거짓되고 오해를 불러일으킬 수 있는 진술"을 했다는 이유로 고소장을 제출했으며, 설립자들은 캐나다에서 2개월의 금고형을 선고받은 바 있다.[22] 그들이 접근한 플렉스코인의 수(4000만 혹은 전체의 0.4퍼센트)로 볼 때, 'devops199'는 아마도 컨설턴트나 자문으로 보인다고 그 분야의 한 분석가가 말했다. 그렇다면 초심자일 리 없다.

UTC 기준으로 2018년 1월 16일 5시 43분, 'devops199'로 추정되는 인물이 멀티시그를 동결시킨 계좌에 남아 있던 0.09ETH를 가지고 셰이프시프트를 통해 0.256프라이버시 코인 모네로Monero, XMR로 바꿨다.[23] 그리고 입증할 수는 없지만 UTC 7시 41분에 'devops199'가 또한 0.23XMR을 0.073ETH로 전환했다고 추측하는 것이 합리적이다.[24] 자신의 흔적을 희미하게 만들려는 게 아니라면, 왜 굳이 완벽하게 좋은 이더를 XMR로 전환했다가 다시 이더로 바꾼 것일까?

조에 대한 개빈의 망상은 2018년 9월 〈버즈피드BuzzFeed〉의 한 기사와 관련해서 정당화될 수 있다. 그 기사는 이더리움에 관련되기 전에 그가 어떻게 AIDS로 죽어가는 한 사춘기 이전 소녀와 성관계를 한 것에 대해 블로그 게시글을 썼는지에 관한 것이었다[25] (개빈은 그것이 허구라고 일축했다. 〈버즈피드〉는 이런 사실을 언급한 시점에 해당 지역에서 죽어가고 있는 동명의 아동을 발견하지 못했다). 그 블로그 글은 조의 대학 동료들 중 한 사람의 지인이 내게 이전에 알려준 것이었다(조는 이와 관련해서 아는 바가 전혀 없다고 말했다).

2018년 1월 31일, 밍은 다섯 번째이자 마지막 글을 이더리움 블로그에 올리면서 이날이 자신의 마지막 날이라고 발표했다.[26] 그 직후에 "이더리움 팀"은 밍의 해고와 아야의 임명과 관련해서 또 다른 블로그 글을 게시했다.[27] 해고 혹은 사임되고 난 후 밍은 적어도 한 친구에게 의사가 자신에게 충분한 휴식이 필요하다고 권유해서 그만뒀다고 말했다. 그러면서 지난 몇 년 동안 너무 많이 일하고 너무 적게 잤다고 설명했다. 밍의 링크드인 제목은 '이더리움 재단의 전 상무이사'로 바뀌었다. 그녀는 프로필의 학력란에 자신이 1984년에서 1988년까지 MIT에 다니면서 컴퓨터공학 및 건축을 전공했으며, 또한 같은 기간에 웰즐리대학에서 동아시아 철학을 공부했다고 밝혔다. 그녀가 여러 곳에서 자신이 MIT 동문이라고 주장하고, 개인적인 우월함을 드러내려 할 때 종종 MIT를 거론했지만, 사실 밍은 MIT 과정을 밟기 위해 교차 등록을 지원한 웰슬리 대학 학생이었다. 이러한 사실이 밍을 MIT 학생으로 만들어줄 리 없었다. 그녀는 링크드인에서도 자신이 1988년에서 1991년까지 MIT를 다니면서 미디어아트와 과학(예전에 건축 및 계획 학부 소속이었다)을 공부했다고 밝혔다. 하지만 MIT 등록사무소는 1989년 2월 밍이 건축과 대학원생으로 등록했고, 그해 5월 중퇴했으며, 학위는 받지 않았다고 밝혔다.

이 책을 쓰는 동안에 나는 인터뷰를 위해 밍에게 열한 번 이메일을 보냈다. 그녀는 개인적인 이유로 좋은 시기가 아니라는 답변을 한 번 보내왔을 뿐이다(나는 또한 케이시 디트리오에게도 네 번 이메일을 보내서 밍이 나와 이야기하도록 설득해줄 수 있는지 혹은 그가 직접 인터뷰에 응해줄 수 있는지 물었다). 이후 5개월 동안 밍에게 더 많은 이메일을 보내고 난 뒤에 그녀에게 또 다른 요청을 했는데, 이에 대해 다음과 같은 답변이 날아왔다.

제목: 전송 실패
다음 수령자에 대한 전송이 실패됐습니다:
[밍의 이메일 어드레스]@gmail.com

자세히 살펴보니 이는 시스템 관리자로부터 발송된 전송 실패 메일이 아니었다. 이메일 제목이 "전송 실패"라고 되어 있지만, 이메일의 실제 제목 칸은 바뀌지 않았다. 그 이메일은 어떤 어드레스든 전송과 수신에 실질적인 영향을 미치지 않고서 '+' 기호에 의해 덧붙여진 접미사를 추가할 수 있는 지메일의 특정한 기능을 활용했다. 그것은 (밍의 이메일)+canned.response@gmail.com로부터 온 것이었다.

밍과 케이시는 내 팩트 체커가 보낸 네 번의 추가적인 이메일에도 답변하지 않았다. 지금도 나는 누군가 그녀의 정체를 밝혀냈다고 생각하지 않는다.

마지막으로, 나는 비탈릭이 밍을 내보내는 시점에 의결권이 하나밖에 없었다는 사실에 관한 이야기를 듣기 전에 패트릭 스토체네거와 인터뷰했다. 패트릭은 나의 여덟 번의 이메일과 두 번의 전화, 그리고 사실 여부를 확인하기 위한 두 번의 이메일에 답변하지 않았다. 내가 그에게 "당신이 이사회에 있었던 동안에 비탈릭은 이사회에서 얼마나 많은 의결권을 갖고 있었습니까?"라고 물었을 때, 패트릭의 대답은 이랬다. "그는 다른 누구보다 더 많은 표를 갖고 있습니다. 3개요." 이 말은 밍을 내보내는 시점에 비탈릭이 하나의 표밖에 갖고 있지 않았다는 밍의 주장이 사실이 아닐 수 있다는 가능성을 열어뒀다.

아야가 들어오면서 이더리움 재단의 실세와 관련된 문제는 계속됐다. 직원들이 비공식적인 차원에서 재단에서 영향력을 행사하는 인사들과 관련해서 아야에게 불만을 토로했는데도(그들은 공식적인 책임이 없는 이들이 아야보다 더 많은 영향력을 행사한다고 느꼈다), 아야는 권력 구조를 보다 분명하게 만들기 위한 일을 하지 않았고, 또한 할 수도 없었다.

데브콘 4를 조직하던 팀은 행사를 코펜하겐에서 열기 위해 모든 것을 준비했다. 그들이 행사를 열 장소를 발표하기 전날 밤(그때 주최 측은 이미 행사 공간에 대한 계약에 서명했고 블로그 게시글을 통해 모든 준비가 완료됐다고 밝힌 상태였다), 코펜하겐은 개최 도시에서 제외됐다(기획팀의 한 관계자가 말했듯, 그 이유는 아마도 "글로벌 커뮤니티에 너무 세련되고 값비쌌기 때문일 것이다." 이더리움 재단은 누구나 그 행사에 참석할 수 있기를 원했고, 결국 장소는 프라하로 결정됐다).

입사한 지 채 1주일도 안 된 한 행사 기획자는 최종적으로 코펜하겐을 무산시킨 인물이 토머스 그레코라는 말을 들었다. 그 기획자는 사람들이 "오, 토머스였군요"라며 수군대는 것을 들었고, 이 일을 계기로 토머스에게서 미스터리한 기운을 감지했다. 그는 기획팀 소속이 아닌데도 그처럼 중요한 결정을 뒤집을 수 있는 충분한 영향력을 갖고 있었다. 그 직원은 토머스가 이더리움 재단의 "보이지 않는 꼭두각시 조종사"라는 인상을 받았다. 2018년 입사해서 실세 그룹에서 일했던 또 다른 직원은 막후에서 조종하는 인물이 앨버트 니Albert Ni라고 생각했다. 역시 공식적인 재단 직함을 갖고 있지 않은 앨버트는 태국 휴양지에서 그 그룹을 방문한 바 있었다. 다른 이들은 아야가 상무이사고 앨버트는 아무런 직함이 없었는데도 아야가 앨버트 때문에 독자적으로 의사결정을 내릴 수 없다고 생각했다.

아야는 "리더가 직원에게 업무를 위임하는 것은 어느 조직에서나 일반적인 모습"이라고 말했다. 그녀는 또한 이더리움 재단이 의도적인 차원에서 전통적인 수직 구조로 이뤄져 있지 않다는 점을 지적했다. "똑똑한 사람의 말에 귀를 기울이는 이유가 단지 그 사람이 직함이 있기 때문입니까?"

앨버트는 아야가 조종당하고 있다는 이야기를 성별에 따른 고정관념 탓으로 돌렸다. 그리고 그녀의 모국어는 영어가 아니기 때문에 MIT에서 수학과 컴퓨터공학을 공부한, 그리고 전직 엔지니어이자 드롭박스에서 기술 채용 책임자로 일했던 자신이 직원들에게 기술적인 의사결정에 대해 이야기하면 사람들은 아마도 그러한 지시가 그에게서 온 것이라고 믿겠지만, 그 결정은 사실 아야와 비탈릭에게서 온 것이었다고 설명했다(나와 함께 실세 그룹에 대해 이야기했던 정보원들 중 두 사람은 기술 분야에 있었고, 세 사람은 아니었다). 앨버트는 또한 아무런 직급 없이 너무 많은 권력을 휘두른다고 자신을 비난하는 사람들에 대해 이렇게 말했다. "부분적으로 어떤 사람이 어떤 직급을 갖고 있기 때문이 아니라, 일을 처리해야만 할 때 처리하길 원하기 때문에 우리가 블록체인에 관심을 갖고 있는 것이 아닙니까? 그것이 문제가 될 줄 알았더라면 저는 직급을 선택했을 겁니다."

아야는 또한 실세 그룹이 존재한다는 생각에 반박하면서 그 문제를 트위터에서 잡음을 일으키는 한 사람(텍스처) 탓으로 돌렸다(텍스처는 실세 그룹에 관한 우려를 드러낸 내 정보원 중 한 사람이 아니다). 아야는 이렇게 말했다. "솔직하게 말해서, 실세 그룹 같은 것은 없습니다. 우리는 아무것도 숨길 게 없습니다. 사실이 어떻든 간에 직원들은 계속 그런 이야기를 할 겁니다." 데브콘 4의 경우, 그녀와 이더리움 재단 대변인은 그들이 행사 장소로 정한 도시가 몇 차례 바뀌었다고 말했다. 토머스가 코펜하겐에 반대하는 의사결정을 내리는 데 영향을 미쳤는지 여부와 관련해서 그녀는 이렇게 말했다. "그는 의사결정자가 아닙니다. 그저 커뮤니티 구성원일 뿐입니다."

2019년 봄, 풍자적인 암호화폐 사이트인 코인 자지라Coin Jazeera는 '비탈릭이 섹스를 발견하면서 이더리움 개발이 멈췄다'라는 제목의 기사를 발표했다. 그 기사는 이더리움을 개발하는 과정에서 무슨 일이 일어났는지 물으며, "특파원"인 페페 그레누이Pepe Grenouille가 그에 대해 알아내기 위해 방콕으로 출장을 떠났다고 밝혔다. 거기서 페페는 비탈릭이 그 기사에 "쌓아 올린 것을 허물어뜨리려고 하는, 전적으로 사기는 아닌 10억 달러짜리 프로젝트인 오미세고에서 특별자문으로 활동한 음침하고 수수께끼 같은 인물"이라고 묘사한 토머스와 함께 시간을 보내고 있었기 때문에 깃허브 커밋이 정체됐다는 사실을 확인했다. "우리는 또한 토머스가 대단히 영적인 사람이며, 남동 아시아는 영성을 수련하기 위한 최적의 장소라는 사실을 알게 됐습니다." 그 기사는 누군가의 말을 인용해서 이렇게 지적했다. "토머스는 비탈릭에게 삶의 다른 측면을 보여줬다. 코드의 라인 혹은 측정 가능한 분산된 컴퓨팅 플랫폼으로 환원할 수 없는 세상의 일부를 말이다. 말하자면, 그는 비탈릭에게 여성의 힘을 보여줬다." 그 기사에는 비탈릭과 토머스, 그리고 신원이 확인되지 않은 한 아시아 여성의 사진이 함께 실렸다.

토머스와 그 사진에 대한 언급한 기사는 하루 만에 모두 삭제됐다. 비탈릭의 깃허브 커밋이 왜 느려졌는지에 대해 내놓은 이유는 다음과 같았다. "우리는 그에게 무슨 일이 일어났는지 알지 못한다. 그는 그 이후 유령이었다." 그리고 비탈릭이 삶의 다른 측면을 볼 수 있게 된 것은 토머스가 아니라 태국 때문이라고 언급했다.[28]

초창기 시절에 업무적으로 동료를 선택하는 과정에서 일부 공동설립자가 내린 잘못된 판단은 이더리움에 지속적으로 영향을 미쳤다. 2019년 9월 변호사였다가 기술자로 변신했고 미국 로펌과 활발한 관계를 형성했던, 그리고 이더는 증권이 아니라고 규정하는 소견서를 전달하고 프리세일에서 조와 긴밀하게 협력했던 스티븐 네레이오프는 2017년 가을 ICO를 추진했던 기업에 대한 갈취 혐의로 체포됐다.[29] 그는 지금 무죄라고 항변하면서 재판 결과를 기다리는 중이다.

2019년 10월 1일, 챗룰렛의 앤드리 테르노프스키로부터 한 통의 이메일이 비탈릭의 메일함으로 날아들었다.

비탈릭에게

이 이메일은 제가 2016년 보낸, 하드포크 이후 화이트햇 다오 엑스트라 밸런스 법률 요구에 관한 것입니다.

저는 이제 여러분 모두가 그 일을 했을 때 최고의 선의로 그렇게 했다는 사실을 알게 됐습니다. 당시 법적 위협을 가한 것은 정말로 잘못된 행동이었습니다. 대단히 죄송합니다. 저는 너무나 혼란스러웠고 슬펐습니다. 거기에 제 자금이 묶여 있지만, 제게 어떠한 도덕적 권리도 없다는 것은 지극히 명백한 사실입니다.

앤드리는 20만 달러 혹은 그 이상의 돈을 비탈릭이 선택한 자선단체에 익명으로 기부하고 싶다는 뜻을 밝혔다. 그리고 이렇게 덧붙였다. "이더리움 재단이 제 돈을 필요로 한다고는 생각하지 않습니다."

2019년 10월 30일, 앤드리는 그리프 그린에게 전화를 걸어 그들 사이에 아무런 문제가 없다는 사실을 분명히 했다. 그리프는 그에게 그렇다는 확신을 줬다. 앤드리는 과거를 돌아보며 이더리움클래식 가격을 허물어뜨리려고 했던 것은 재미있을 것 같다는, 그의 표현에 따르면 "영화 〈월스트리트의 늑대 영화The Wolf of Wall Street〉를 실제 현실에서 연기하는 것 같은 일"이라는 이유에서였다고 말했다. 그는 또한 이더리움클래식은 나쁜 것이기 때문에 그 가격을 허물어뜨리는 것은 "커뮤니티를 위해 봉사하는 것이다. 이더리움클래식은 농담 같다. 말하자면, 이것은 무엇인가? 1억 달러 혹은 그 어떤 가치가 있는 체인의 복제가 어떻게 존재할 수 있단 말인가? 도기코인처럼"이라고 말했다. 마치 학문적인 훈련처럼 추진한 법적 위협에 관해 물었을 때, 앤드리는 이러한 사안은 법적으로 전례가 없다며 당시에 자신은 "경솔했다"고 말하면서 이렇게 덧붙였다. "레딧의 일면을 장식하는 것을 좋아했던 저는 악당 같았습니다." 5년의 세월이 흐르는 동안 성장한 앤드리는 그 법률 서한에 대해 이렇게 말했다. "멍청한 실수이자 엉터리 같은 짓이었지만, 당시에는 그에 대해 많은 고민을 하지 않았습니다. 저는 그것을 놀이처럼 생각했습니다. 서류처럼 말이죠. 그전에 저는 이랬습니다. '변호사들, 멋지군.' 영화처럼 말이죠. '다소 미스터리한 서한.'" 니클라스 니콜라이센은 비트코인 스위스는 고객 관계에 대해서 말할 수 없다며 앤드리가 고객인지 확인해줄 수조차 없다고 말했다. 그러나 니클라스는 앤드리가 말한 어떤 내용에도 반박하지 않았다. 그는 또한 고객이 비트코인 스위스에 있는 자신의 자산을 가지고 뭔가 하기를 원한다면, 그 일이 불법적이지 않은 한 이를 수행해야 할 책임이 있다고 덧붙였다.

2019년 11월, 런던의 〈더타임스The Times〉는 2019년 브렉시트 당에 300만 파운드를 줬던 크리스토퍼 하본에게는 태국의 "도플갱어"가 있다고 보도했다.[30] 그는 다름 아닌 차크리트 사쿤크리트Chakrit Sakunkrit라고 하는 인물이다. 태국 기업 시미코 증권Seamico Securities의 2014년 연례 보고서에 실린 그의 얼굴 사진은 크리스토퍼와 똑같다. 또한 그는 그 영국인과 똑같은 성취를 이뤄냈다. 게다가 두 사람이 태어난 시기는 모두 1962년 12월로 똑같다. 2021년 4월에 〈프로토스Protos〉는 크리스토퍼가 브렉시트 당의 전신인 리폼 UKReform UK에 기부한 금액이 총 1370만 파운드(1900만 달러)에 이른다고 보도했다. 그리고 리폼 UK가 모금한 자금은 총 1800만 파운드(2500만 달러)에 달했다고 지적하면서 이렇게 설명했다. "이는 크리스토퍼의 기부가 그 정당의 브렉시트 자금에서 '중대한 부분을 차지한다'는 사실을 의미한다."[31]

한편, 더 다오 공격에 대한 폴로닉스의 수사는 결론에 이르지 못했다. 더 다오 공격자의 셰이프시프트상 리턴 어드레스, 그리고 스위스 비즈니스맨 사이의 연결을 볼 때 그들은 셰이프시프트에서 동시에 거래를 한 것으로 드러났다. 스위스 비즈니스맨은 그 거래가 자신의 은행 자금이 도착한 시점(이는 그다음 날로, 그때 가격은 13.57달러로 떨어졌다)의 이더 가격으로 실행될 것이라는 사실을 알고서 공격이 이뤄지기 전날 밤 바이티에서 1000개가 넘는 이더를 사 들였다(폴로닉스 수사관이 전 바이티 직원의 것으로 지목한 이더리움 어드레스는 실제로 고객 거래를 위한 바이티의 "핫월릿"이었다). 그러나 그 비즈니스맨은 공격을 피하지 못했다. 기술 분야의

동료 2명(데브콘 2에서 레프테리스 카라페차스의 행복한 친구를 포함해)은 그들
이 그렇게 했다는 사실을 부인했다.

이제 그 길은 끝난 것으로 보였다. 내가 이 책을 마무리하고 있었을
무렵, 아브사는 브라질 당국이 더 다오, 그리고 자신에 대한 공식적인 수
사를 개시했다고 연락해 왔다. 나는 아브사와 함께 그 보고서 및 다른
데이터를 살펴 다오 공격과 관련된 다양한 어드레스의 활동을 분석하기
시작했다. 배니티 어드레스에서 조금만 따라 들어가면 '0xf0e42'로 시작
하는 어드레스를 발견할 수 있는데, 이는 더 다오의 크라우드세일 동안
에 이더리움에 DoS 공격을 시도했다.[32]

크라우드세일이 끝나고 2주일쯤 시간이 흐른 뒤, '0xf0e42'는
0ETH를 무작위 어드레스로 보내면서 블록체인이 더 부풀게 만들
었고,[33] 한 번에 하나의 웨이Wei(0.000000000000000001ETH)로, 게다가
0.000111111111111ETH를 위한 하나의 거래로 더 다오에 1001번 진
입했다.[34] 마지막으로 5월 2일 '0xf0e42'는 1웨이 거래를 전송했고, 블록
체인에 영구적인 어려움(일시적인 정체와 달리)을 가중시켰다.[35] 그 공격은
총 1만 5000건이 넘는 거래를 수행했다.

포크 이후에 그들은 다크 다오 ETC를 그랜드차일드 다오로 옮겼다.[36]
9월 5일, 그들은 그 전부를 '0xc362ef'(아브사는 이를 해커원HackerOne이라
고 불렀다)로[37] 전송했고, 다음으로 '0x5e8f'(해커투HackerTwo)[38]로 전송했
으며, 그들은 이를 이더리움클래식 개발자 펀드에 기부했다[39](이후 11-A
의 배니티 어드레스는 해커투에게 0.693ETC를 보냈다).

10월 말, 공격자로 여겨지는 인물이 셰이프시프트와 디지털 추격 게
임을 벌이기 시작했다. 여기서 셰이프시프트는 그들이 현금화하고자 했
던 이더리움클래식을 동결시켰다. 처음에 공격자는 셰이프시프트를 통
해 이더리움클래식을 비트코인으로 전환했고, '1M2aaN'로 시작하는

비트코인 어드레스로 인출했다.[40] 그들의 주 지갑은 해커투였다. 그들은 아브사가 해커스리HackerThree라고 부른 또 다른 지갑으로 인출하면서 해커투로부터 1만 5000~3만 ETC를 정기적으로 채워 넣었다. 10월 25일 화요일, 그들은 오전 4시 50분에서 오전 10시 41분까지 32번 전환했다. 또 다른 17번의 거래는 UTC 기준으로[41] 수요일 오후 11시 56분에서 오전 3시 15분까지 이뤄졌다(결국 셰이프시프트는 '1M2aaN'를 차단했다).[42]

이틀 후 러시아 기반의 이더리움클래식 개발자인 덱사란Dexaran과 관련 있는 지갑이 해커스리에게 1.05ETC를 보냈다.[43] 따로 떨어져 있도록 만들어진 지갑들 사이에서 유연하게 거래했던 덱사란이 공격자일 가능성이 있을까? 덱사란은 인터뷰 요청에 동의했지만 내가 보낸 마지막 네 번의 이메일에는 답변하지 않았다. 내가 왜 공격자로 여겨지는 인물의 지갑으로 돈을 보냈는지 물었을 때도 그는 대답하지 않았다. 한 이더리움클래식 지지자와의 인터뷰에서 그는 절대로 자신은 공격자가 아니라고 부인했다. "제가 더 다오 해커라면, 왜 저 자신의 팀에게 자금을 지원하기 위해 ICO를 필요로 하겠습니까?"[44]

11월 14일은 인출에 성공한 날이었다. 하지만 이후 또 다른 이틀의 경우와 마찬가지로[45] 막혀버린 거래로 끝났다.[46] 공격자는 3일 동안 5326ETC을 잃어버리면서 전술을 바꿨다. 그것은 새로운 이더리움클래식 계좌로 이동해서 셰이프시프트에 전송하고 새로운 비트코인 어드레스로 인출하는 것이었다. 이더리움클래식을 옮기는 데는 6~9분 정도 걸렸지만, 각각의 셰이프시프트 거래는 그들이 셰이프시프트의 허를 찌르고 거래가 차단 당하는 것을 막으려고 하는 것처럼 1분이 지나기도 전에 이뤄졌다. 이는 12월 2, 5, 6, 7일에 행해졌다.[47] 그러나 12월 9일과 11일 있었던 여섯 번의 시도는 차단 당했다.[48]

그 후 다오 공격자로 여겨지는 인물은 움직임을 멈췄고, 336만 ETC(1억 8100만 달러)를[49] 해커투에, 4만 7262ETC(260만 달러)를 '0x1b63b'로 시작하는 어드레스에[50], 그리고 더 적은 금액을 다른 곳에 남겨뒀다. 그들은 23만 5114ETC(21만 4000달러)를 282BTC(1500만 달러)로 바꿨다.

더 다오 공격자의 인출은 대개 UTC 기준으로 0시에서 15시 사이에 이뤄졌다. 22시와 23시에도 몇 차례 시도가 있었지만, 15~24시에는 거의 없었다. 그 비즈니스맨과 그의 지인들, 그리고 텍사란의 소셜 미디어 활동은 모두 UTC 기준으로 5시에서 22시 혹은 23시 사이에 이뤄졌다. 이는 아마도 공격자가 잠을 자는 시간과 겹칠 게 분명했다. 그들 모두는 유럽 혹은 러시아에 있었지만, 인출은 가령 도쿄의 오전 9시에서 자정같이 아시아 지역의 아침-저녁 일정에 따라 이뤄졌다.

셰이프시프트에 대한 공격자의 메시지는 비록 약자로 작성되기는 했으나 유창한 영어 사용자의 것으로 보인다. 또 다른 작성자인 매튜 레이싱Matthew Leising은 모방 공격자에게 온 지시를 따랐는데, 그 공격자는 RHG에 메시지를 보냈다, 그 안에는 다음과 같은 문장이 들어 있었다. "생산적인 미래를 보기 위해서 그렇게 하지 않겠습니까?" 이 문장은 매튜를 일본인 개발자에게로 이끌었다. 나는 그것이 모방 공격자에게서 온 것이라서, 그리고 유창한 영어로 되어 있지 않아서 다른 사람처럼 보였기에 무시해버렸다. 게다가 인출 시기는 내가 착각한 게 아닌가 의심하도록 만들었다.

코인펌 데이터를 근거로, 두 정보원은 공격자로 추정되는 인물이 소위 코인조인CoinJoin을 통해 여러 가지를 수차례에 걸쳐 혼합하는 방식으로[51] 거래를 익명화하기 위해 개인적인 데스크톱 비트코인 지갑인 와사비Wasabi 지갑으로 50BTC를 보냈다는 사실을 확인했다. 그러나 체이널리시스는 여기서 처음으로 선보인 기술을 가지고 와사비 거래를 분리해냈고, 그 결과를 바탕으로 네 곳의 거래소를 추적했다. 그리고 거래소의 개인보호 정책이 일반적으로 고객 정보의 공개를 금하고 있음에도 불구하고 중요한 마지막 단계에서 거래소의 한 직원이 내 정보원에게 그 돈이 프라이버시 코인인 그린Grin으로 바뀌었으며 'grin.toby.ai'라는 그린 노드로 인출됐다는 사실을 확인해줬다.

그 노드의 IP 어드레스는 비트코인 라이트닝Bitcoin Lightning 노드들(ln.toby.ai, lnd.ln.toby.ai 등)도 1년간 계속해서 호스팅하고 있었다. 가상사설망Virtual Private Network, VPN이 아니었던 것이다. 그 IP 어드레스는 아마존 싱가포르에서 호스팅하고 있었다. 라이트닝 익스플로러인 1ML은 그 IP에 '텐엑스TenX'라는 노드가 있다는 사실을 보여줬다.[52]

2017년 6월 암호화폐 시장에 활동했던 이들에게 텐엑스는 낯선 이름이 아니다. 6월에 ICO 열풍이 초기 정점을 찍으면서 텐엑스의 ICO는 8000만 달러를 기록했다. 텐엑스의 CEO이자 공동설립자는 토비 호니시Toby Hoenisch라는 인물이다. 토비는 앤젤리스트AngelList, 베타리스트BetaList, 깃허브, 키베이스Keybase, 링크드인, 미디엄Medium, 핀터레스트, 레딧, 스택 오버플로Stack Overflow, 트위터에서 어떤 아이디를 사용했을까? 바로 '@tobyai'였다.[53] 그의 근거지는 어디였을까? 싱가포르였다. 토비는 독일에서 태어나 오스트리아에서 자랐지만, 영어를 유창하게 구사했다. 현금 인출 거래는 싱가포르 시간으로 오전 8시에서 오후 11시 사이에 주로 이뤄졌다. 그 거래소 계정에서 사용된 이메일 어드레스는 '[거래소 이름]@toby.ai'였다.

2016년 5월에 더 다오가 역사적인 투자 유치를 마쳤을 때, 토비는 그 벤처 기업에 강한 흥미를 느꼈다. 5월 12일 토비는 텐엑스 공동설립자인 줄리안 호스프Julian Hosp에게 '수익성 높은 암호화폐 거래가 다가오고 있습니다'라는 제목의 이메일을 보내 다오 크라우드펀딩 기간이 끝나는 대로 이더를 매도하라고 했다. 토비는 5월 17일과 18일에 걸쳐서 더 다오 슬랙 채널을 통해 오랫동안 이야기를 나눴다. 여기서 그는 더 다오의 취약성에 관해 적어도 51번 넘게(어떻게 세느냐에 따라 다르겠지만) 언급했다. 그리고 코드의 여러 가지 측면에 관해 설명하면서 그 코드의 설계 방식을 바탕으로 정확하게 무슨 일을 할 수 있는지 조목조목 지적했다.

토비는 하나의 사안과 관련해서 크리스토프 젠츠시와 레프테리스, 그리프에게 이메일을 보냈다. 여기서 그는 DAO.PAY라고 하는 암호화폐 카드 상품과 관련해서 더 다오의 지원을 받기 위해 제안서를 쓰고 있다고 이야기하면서 이렇게 덧붙였다. "신중한 접근을 위해 더 다오의 코드를 살펴봤는데 몇 가지 걱정스러운 부분을 발견했습니다." 이 이메일에서 그는 가능한 공격 벡터 3가지에 관해 설명했고, 나중에 보낸 이메일에서는 네 번째 벡터를 추가로 언급했다. 이러한 지적에 크리스토프는 하나씩 답변했다. 그는 토비의 몇몇 주장은 인정하지만 다른 것들은 "틀렸거나 의미가 없다"고 말했다. 그들의 이러저러한 대화는 "뭔가 다른 게 나오면 바로 알려주겠습니다"라는 토비의 말로 끝났다.

그러나 5월 28일 토비는 이메일을 교환하는 대신 '더 다오-위험 없는 투표'[54]라는 제목의 글을 시작으로 4개의 글을 미디엄에 올렸다. 그중 두 번째 글인 '더 다오-협박 철회'에서 그는 더 다오의 주요 문제점과 이더리움이 결국 하드포크를 선택해야만 하는 이유를 설명했다. 그는 하드포크를 선택하지 않을 경우, 공격자가 불법으로 얻은 이득을 현금으로 인출하도록 내버려두거나, 아니면 다른 토큰 보유자 그룹이 공격자가 인출을 시도하면서 만든 새로운 스플릿 다오로 들어가도록 허용할 수밖에 없다고 지적했다. 그는 이렇게 썼다. "TLDR('Too long; didn't read'의 줄임말로 글이 너무 길어서 읽지 않을 때 사용하는 표현-옮긴이): 다수의 투표

514

권 없이 다오 콘트랙트로 끝낸다면, 공격자는 무기한으로 모든 인출을 막을 수 있을 것이다."[55] 그리고 세 번째 이메일에서는 공격자가 어떻게 손쉽게 그렇게 할 수 있는지에 관해 설명했다.[56]

그가 가장 많은 이야기를 늘어놨던 마지막 게시글은 '더 다오-탈중앙화된 조직 운영으로부터 얻은 1억 5000만 달러짜리 교훈'이라는 제목의 글로, 여기서 그는 DAO.PAY가 "주요 보안 문제"를 발견하고 나서도 제안서를 작성하는 데 반대했고, "슬록잇이 공격 벡터의 심각성을 가볍게 여겼다"고 적시했다. 그리고 이렇게 덧붙였다. "더 다오는 살아 있다. 그리고 우리는 지금도 슬록잇이 '인출을 위한 안전한 방법은 없다!'라는 경고를 내놓길 기다리고 있다."[57]

그는 6월 3일에 작성한 마지막 미디엄 게시글인 '블록옵스BlockOps 발표: 블록체인 해킹 과제'에서 이렇게 말했다. "블록옵스는 암호를 무력화하고, 비트코인을 훔치고, 스마트 콘트랙트를 어기고, 그저 자신의 보안 기술이나 검증하는 당신의 놀이터다."[58] 그리고는 "비트코인과 이더리움, 보안과 관련해서 2주일마다 새로운 과제를 올리겠다"고 약속했지만, 나는 그가 그렇게 했다는 기록을 찾을 수 없었다.

2주일 후, 더 다오에 대한 공격이 시작됐다. 싱가포르 시간으로 아침 7시 18분, 공격이 시작된 날 오전에 토비는 공격이 있기 전에 비탈릭이 올린 글을 리트윗해서 그를 자극하려고 했지만, 그건 해커가 공략한 취약점이 더 다오의 코드 안에 명백히 존재한다는 사실이 알려지고 난 뒤였다. 그로부터 2주일이 흐른 뒤 비탈릭은 트윗으로 보안 뉴스가 터지고 나서도 자신은 다오 토큰을 사 들였다고 밝혔다.[59] 토비는 이후 몇 주에 걸쳐 하드포크에 반대하는 글을 트윗에 올렸다. 그중에 한 글의 제목은 이랬다. '너무 커서 실패할 수 없다는 말은 실패가 확정적이라는 뜻이다.'

그런데 공격이 있고 2주일이 지난 7월 5일, 토비와 레프테리스는 의아하게도 레딧을 통해 '다크 다오가 공격에 직면했다'라는 제목의 쪽지를 주고받았다. 그러나 토비가 레딧에 쓴 글을 모두 삭제해버려서 그 메시지의 내용은 알 수 없다(줄리안의 기억에 따르면, 토비는 더 다오와 관련해서 레딧으로 한 "멍청이"와 논쟁을 벌이고 나서 자신의 레딧 계정을 없애버렸다고 했다).

토비는 레프테리스에게 이렇게 썼다. "먼저 연락하지 못해서 미안합니다. 그 소식을 듣고는 너무 흥분해서 커뮤니티에 맞서 싸울 방법이 있다고 말했습니다. 어떤 경우든 공격자가 그것을 사용할 수 있다고는 생각하지 않습니다."

레프테리스가 더 다오에 남아 있는 자금을 보호하기 위한 RHG의 계획을 언급하자 토비는 이런 답변을 보냈다. "그 글을 내렸습니다." 레프테리스는 다시 이렇게 보냈다. "우리가 하는 일에 대해 앞으로 계속 알려주겠습니다." 두 사람의 대화에서 토비가 마지막으로 보낸 메시지는 이랬다. "제가 계획을 망쳤다면 사과드립니다."

이더리움클래식 체인이 다시 살아나서 폴로닉스에서 거래되기 시작한 다음 날인 7월 24일, 토비는 트윗에 이런 글을 올렸다. "이더리움의 드라마가 #다우전쟁daowars에서 #체인전쟁chainwars으로 확장되고 있다. 이더리움클래식은 이제 폴로닉스에서 $ETC로 거래되고 있고 채굴자들은 공격을 계획하고 있다." 7월 26일 토비는 배리 실버트의 발표를 리트윗하면서 이렇게 썼다. "처음으로 비트코인이 아닌 디지털 화폐를 샀다. 이더리움클래식."**60**

토비가 더 다오의 공격자일 수도 있다는 사실을 말해주는 증거가 존재한다는 것을 알지 못한 상태에서 그의 이름을 들었을 때, 레프테리스는 즉각 이렇게 말했다. "그는 느낌이 좋지 않아요. 계속해서 많은 문제를 발견했다고 주장했죠." 그가 언급한 문제를 심각하다기보다는 짜증

나는 것이라고 받아들인 레프테리스는 토비를 만나지 않았다. 그가 가진 토비에 대한 인상은 사진에서 비롯됐다. 레프테리스는 이렇게 말했다. "좀 건방져 보이더군요." 그의 이름을 듣고 나서는 감정적인 반응을 보였다. "정말로 그 녀석이 싫어요."

다크 다오 ETC가 토비라는 이름의 그린 노드로 인출됐다는 소식을 듣고 나서 레프테리스는 토비가 그 상황을 바로잡았더라면 이더리움 커뮤니티는 그에게 문제를 발견한 공로로 "커다란 명예"와 함께 이더를 돌려줬을 것이라고 말했다. 자금이 동결돼 있는 것을 지켜보며 상황을 바로잡으려고 하지 않았다는 사실에 놀란 레프테리스는 공격자에 대해 이렇게 말했다. "좋은 사람이 아닙니다. 그에게는 상황을 실질적으로 바로잡을 기회가 있었습니다. 충분한 시간이 있었어요."

마찬가지로 그리프도 그 해커가 "영웅이 될" 기회를 놓쳤다고 생각했다. 그는 이렇게 말했다. "쓸데없는 짓을 한 거죠. 이 바닥에서 명성은 돈보다 훨씬 더 값진 것이니까요."

내가 토비에게 그가 더 다오의 해커일 수 있다는 증거를 담은 문서를 보내며 답변해달라고 요청하자 그는 이렇게 대답했다. "당신의 설명과 주장은 사실과 부합하지 않습니다." 그는 이메일로 자세히 설명할 수 있다고 말했다. 하지만 자세한 이야기를 들려달라는 네 차례에 걸친 내 요청에도, 이후 〈포브스〉에 실린 기사와 관련해서 사실을 확인하기 위한 추가적인 질문에도 그는 아무런 답변도 하지 않았다. 게다가 그는 내가 그동안 수집한 자세한 정보를 담은 첫 번째 문서를 받고 나서 자신이 트위터에 올린 글을 대부분 삭제해버렸다(다행히 나는 중요한 트윗들을 저장해뒀다).

2015년 5월 토비는 그의 암호화폐 직불카드 벤처(원비트OneBit라고 알려졌다)의 공동설립자들과 함께 싱가포르 마스터카드의 마스터스 오프 코드Masters of Code 해커톤에서 성과를 보여줬다. 그해 그들은 초대를 받은 사람들만 사용할 수 있는 카드를 개발하기 시작했다. 토비는 레딧에서 이렇게 설명했다. "우리는 KYC 법을 위반해서 곤경에 처할 위험이 있는 허술한 비트코인 지갑을 출시하지는 않을 겁니다. 우리가 그런 상품을 출시하지 않는 주요한 이유는 다름 아닌 법률 때문입니다." 당시 〈비트코인 매거진〉은 기사를 통해 토비가 인공지능과 IT 보안 및 암호화폐 분야의 경력을 갖고 있다고 설명했다.[61]

2017년 초 다오 공격자로 의심되는 인물이 이더리움클래식을 인출하려는 시도를 중단하고 몇 달이 흐른 뒤, 토비의 팀(당시 텐엑스로 활동했던)은 이더리움 설립자인 비탈릭이 무한책임사원으로 있던 펜부시 캐피털Fenbushi Capital을 비롯한 여러 곳에서 초기 자금으로 100만 달러를 투자받았다고 발표했다. 이후 8000만 달러의 ICO가 이뤄졌다. 그러나 2018년 초 카드 발행사인 웨이버크레스트Wavecrest가 비자 네트워크에서 쫓겨나면서 상황은 텐엑스에 불리하게 돌아가기 시작했다. 비자 네트워크에서 쫓겨났다는 말은 텐엑스 사용자들이 이제 더 이상 직불카드를 사용할 수 없게 됐다는 뜻이었다.[62]

2020년 10월 1일, 텐엑스는 새로운 카드 발행사인 와이어카드 싱가포르Wirecard SG가 싱가포르 금융감독청으로부터 영업을 중단하라는 통보를 받았기 때문에 서비스를 점진적으로 중단하겠다고 발표했다.[63] 2021년 4월 9일, 텐엑스는 블로그를 통해 '텐엑스, 미모Mimo를 만나다'[64]라는 제목의 글을 올렸다. 그들은 여기서 미국 달러나 유로 혹은 일본 엔화 같은 명목화폐에 가치가 고정된 스테이블 코인stable coin(가격 변동성을 최소화하도록 설계된 암호화폐-옮긴이)을 발행하는 새로운 사업을 소개했다. 5억 3500만 달러까지 치솟았던 텐엑스 토큰의 시가총액은 2023년 3월 190만 달러로 주저앉았다. 텐엑스는 미모 캐피털Mimo

Capital이라는 새로운 브랜드로 모습을 드러냈고, 1년간 텐엑스 토큰을 보유한 이들을 대상으로 텐엑스 하나당 0.37개 비율로 가치가 거의 없는 MIMO 토큰을 대신 지급하겠다고 제안했다.[65]

2019년 1월, 공식적인 대표 역할을 했던 줄리안은 토비와 또 다른 공동설립자에 의해 자리에서 물러났다.[66] 몇몇 암호화폐 잡지들이 줄리안이 오스트리아의 다단계 마케팅 조직에서 일했다는 사실을 보도하고 몇 달이 흐른 뒤였다.[67] 토비가 더 다오의 공격자라는 사실을 말해주는 증거를 알기 전에 줄리안은 토비가 거품이 한창이던 2017년 말 자신이 비트코인을 팔아 2000만 달러를 벌어들인 것을 시샘해서 자신을 쫓아낸 것 같다고 말했다. 한편, 토비는 거품(그리고 그의 개인 순자산)이 꺼질 때까지 암호화폐를 전부 보유하고 있었다.

줄리안은 이렇게 말했다. "그는 몹시 가난한 가정에서 자랐습니다. 투자 경험도 전혀 없고요. 2010년 암호화폐 시장에 뛰어들기는 했지만, 그때는 말 그대로 한 푼도 없었어요. 빈털터리였죠. 2016년 여름 라스베이거스에서 함께하던 시절, 그는 가진 게 하나도 없었고 저는 투자로 꽤 재미를 보고 있었죠. 그는 언제나 더 열심히 일해서 월급을 더 많이 받으려고 했어요." 또한 줄리안은 토비가 자신과 형제자매를 혼자서 키워낸, 고향에 있는 어머니에게 돈을 보내야 했다는 이야기도 들려줬다.

토비가 더 다오의 공격자일 가능성이 있다는 말을 들었을 때, 줄리안은 "소름이 돋았다"고 했다. 그러고는 새로운 모습을 드러낸 예전 파트너와의 관계에 대한 구체적인 이야기를 하나씩 떠올리기 시작했다. 예를 들어, 토비가 그린(그 해커가 인출한 프라이버시 코인이다)에 투자했느냐고 묻자 줄리안은 이렇게 대답했다. "맞습니다! 했어요. 그는 거기에 관심이 많았죠. 저는 그 망할 코인 때문에 돈을 날렸어요! 토비 때문에, 그가 너무 열정적으로 관심을 보이는 바람에 따라서 투자했거든요." 줄리안은 토비가 비트코인, 모네로 아토믹 스왑atomic swap(암호화폐 시장에서 서로 다른 코인을 교환하는 행위-옮긴이)을 하는 데도 몰두했다는 이야기를 들려줬다. 토비는 이런 방식으로 스마트 콘트랙트를 통해 비트코인과 프라이버시 코인인 모네로를 교환했다. 줄리안은 당시 그런 상품을 위한 시장은 없다고 생각했기에 혼란스러웠다고 했다. 나중에 줄리안은 2016년 8월 토비와 나눴던 대화에 관한 이야기를 들려줬다. 그때 토비는 이더리움 포크 이후에 자신이 보유했던 코인인 이더리움클래식 가격 때문에 대단히 흥분해 있었다고 했다.

줄리안은 토비가 레딧 계정을 폐쇄하도록 만들었다고 생각하는 사건을 떠올리면서 자신의 컴퓨터를 뒤적였다. 그러고는 이렇게 중얼거렸다. "그는 항상 'tobyai'를 사용했지." 그는 토비가 주로 쓰는 이메일 어드레스 중 하나가 '@toby.ai'로 끝난다는 사실을 확인해줬다.

줄리안은 여전히 충격에서 헤어 나오지 못한 상태에서 이렇게 떠올렸다. "그는 이상하게도 무슨 일이 일어나고 있는지 너무 잘 알고 있었어요. 제가 그에게 무슨 일이 벌어지고 있는지 물었을 때, 그는 제가 인터넷을 비롯해 다양한 원천에서 찾아낼 수 있었던 정보보다 더 다오에 관해 훨씬 더 많은 내용을 알고 있었지요."

토비의 성격에 대해 묻자 줄리안의 대답은 이랬다. "지나치게 고집 센 사람이죠. 언제나 자신이 옳다고 믿었어요. 언제나요."

토비가 착각했던 부분이 하나 있다. 그는 더 다오에 관한 자신의 마지막 블로그 글에 이렇게 썼다. "나는 진정한 화이트햇 해커다." 그러나 더 다오와 관련해서 그는 틀림없는 블랙햇이었다.

한편, 밍이 그동안 확고하게 차지하고 있던 자리에서 물러난 후, 이더리움 재단은 최대 위기를 맞았다. 2019년 추수감사절에 비탈릭의 친구이자 이더리움 재단에서 강력한 위치를 차지하는 5명(실세 그룹 인사들까지 포함해서) 중 한 사람인, 그리고 사람들이 종종 "혼란스러운 중립적" 성격이라고 묘사했던 버질 그리피스가 제재를 회피하는 과정에서 북한을 도왔다는 이유로 로스앤젤레스 국제공항에서 체포 당했다.[68] 버질은 재판을 기다리고 있으며, 유죄가 확정될 경우 최대 20년형을 받을 수 있다. 버질이 무슨 계획을 하고 있었는지 알고 있었던 비탈릭은 버질의 선택에 대해 중립적인 입장을 취했다. "그는 이더리움 사람일 뿐만이 아니라 한 인간이다. 그가 뭔가를 원한다면 마땅히 그렇게 할 수 있다." 이 같은 이유로 앞서 버질이 북한에서 "휴가"를 보내겠다는 자신의 계획을 트위터에 올렸을 때, 비탈릭의 대답은 이랬다. "즐거운 시간 되시길!"[69]

암호 세계에서 2020년의 분위기는 2016년과 비슷했다. 새로운 사용자들이 유입되어 추종자로 변모하는 새로운 흐름이 시작되면서 정말로 거대하고 빠른 움직임이 이어졌다. 억만장자 헤지펀드 매니저들 역시 비트코인을 사 들이고 있다고 인정했다.[70] 세계에서 가장 가치가 높은 기업 중 하나인 테슬라Tesla와 냉철한 보험 거물인 매스뮤추얼Mass Mutual 역시 암호화폐에 많은 돈을 투자했다. 페이팔은 비트코인과 이더를 비롯해 여러 다양한 암호화폐를 서비스에 포함시켰다.[71] 은행들조차 이제 암호화폐 자산을 받아들이도록 허용하고 있다.[72] 더 다오의 미니 버전처럼 잦은 공격을 받았던 디파이DeFi라고 하는 이더리움상 새로운 흐름이 각광을 받고 있다.[73] 또한 그 네트워크는 '이더리움 2.0'이라고 하는 새로운 버전을 향한 중대한 변화를 시작하고 있다.[74]

2021년 여명이 밝아올 무렵, 비트코인은 2017년 정점보다 3배나 뛰어오르면서 6만 달러를 돌파했다. 그리고 이더는 ICO 거품 시절의 기록을 넘어서면서 2000달러, 3000달러, 4000달러를 뛰어넘었다. 8월 말, 찰스 호스킨슨의 블록체인인, 그리고 330억 코인에 달하는 유통 공급량을 갖고 있다는 사실로 주목을 받았던(이더의 경우 1억 1700만, 비트코인의 경우 1880만인 것과는 대조적인) 카르다노는 900억 달러에 달하는 시가 총액을 기록하면서 순식간에 세 번째로 큰 암호화폐가 됐다. NBA 탑샷 NBA Top Shot이라고 하는 크립토키티 같은 새로운 게임은 농구 하이라이트 클립이라고 하는 디지털 소장품(대체불가능한 토큰Non Fungible Token, NFT)을 판매함으로써 8월 말까지 7억 달러가 넘는 매출을 기록했다.[75] 킹오브리언Kings of Leon나 그라임스Grimes 같은 유명 아티스트들은 이더리움 기반의 NFT를 판매함으로써 수백만 달러를 벌어들였다.[76] 유명 경매소인 크리스티는 NFT를 6900만 달러에 판매함으로써 과거의 온라인 경매 기록을 깼다. 그리고 이더로 지불 받은 첫 번째 사례가 됐다. 이더록EtherRock이라고 하는 클립아트 암석 NTF를 290만 달러에 사 들인 사람도 있다.[77] 8월에는 NTF 구매를 위한 최대 플랫폼인 오픈시OpenSea가 30억 달러 이상의 매출로 그달을 마감했다.[78] 이는 16년 된 엣시Etsy가 이전 사분기에 달성한 것과 동일한 기록이다.[79] 만화 같은 "크립토펑크CryptoPunk"와 보어드 에이프 요트 클럽Bored Ape Yacht Club, BAYC의 지루한 원숭이 이미지 파일이 크립토 트위터Crypto Twitter의 프로필 사진으로 흘러넘치고 있는데, 여기서 사람들은 NTF가 2021년의 ICO인지를 놓고 논쟁을 벌이고 있다.[80] 두 번째로 큰 암호화폐 광풍이 시작되고 있는 것이다.

출간 후기

2022년 2월 22일 《이더리움 억만장자들》이 출간됐을 때, 암호 세상은 롤러코스터 궤도의 맨 꼭대기에 막 도달했다는 사실을 인지하지 못했다. 숨 막히는 멋진 풍광이 내려다보이는 영광스러운 순간에 잠시 멈췄던 그 열차는 이제 관성을 받아 아래로 곤두박질칠 준비를 하고 있었다.

작년 11월 비트코인과 이더리움은 각각 6만 7500달러와 4810달러로 역사적인 최고치를 기록했다. 그리고 2월 초 암호화폐 커뮤니티는 2016년 8월 비트피넥스에서 해킹한 코인을 세탁한 혐의(이 사건으로 당시 상승세에 있던 이더리움클래식 가격이 꺾였다)를 받고 있던 부부가 체포됐다는 소식을 환영했다. 이들 부부 중 아내는 래즐칸Razzlekhan이라는 이름으로 활동하던 아마추어 래퍼였다. 그녀의 대표곡 〈베르사체 베두인Versace Bedouin〉에는 이런 노랫말이 나온다.

나는 많은 일을 하지.

래퍼이자 경제학자, 기자

작가이자 CEO.

그리고 더럽고, 더럽고, 더럽고, 더럽지. 호!

암호화폐를 둘러싼 위험천만한 행동은 거기서 끝나지 않았다. 몇 주일 후, 나는 이 책을 쓰기 위해 조사한 자료를 바탕으로 텐엑스 전 CEO인 토비 호니시가 더 다오 공격자일 것이라고 주장했다. 3월에는 이더리움을 기반으로 하는 탈중앙화된 금융 프로토콜 디파이가 해킹 당했다. 무려 6억 2500만 달러에 해당하는 이더와 USDC라고 하는 스테이블 코인이 교환됐다.[1] 그로부터 1개월 후, 미국 정부는 그 소행에 대해 북한의 해킹 집단인 라자루스Lazarus를 지목했다. 그 무렵, 버질 그리피스는 북한이 미국의 제재를 피할 수 있도록 암호화폐 사용법을 가르쳐준 혐의로 5년 넘는 연방 교도소 징역형을 받았다.[2] 그 밖에도 많은 일이 있었다. 그런데 이러한 모든 사건에도 불구하고 암호화폐 시장은 11월 최고치에서 살짝 내려온 수준이었다. 사실 이들 사건 모두 암호화폐 세상에서는 얼마든지 일어날 수 있는 일상적인 일이었다.

그러나 5월로 들어서면서 모든 게 바뀌었다. 5월 7일 테라USDTerraUSD, UST로 알려진 "알고리즘 스테이블 코인" 가격이 요동치다가 0.9913달러로 떨어졌다[3](스테이블 코인은 이 경우에 미국 달러 같은 또 다른 자산의 가치에 고정되어 있다. 알고리즘 스테이블 코인은 시장의 수요를 유도하거나 가치가 자유롭게 흘러가는 자매 코인과의 수학적인 관계를 통해 공급에 영향을 미치는 방식으로 가치를 유지한다). 5월 8일에는 그 가치가 99센트 범위에서 계속 벗어났다. 그리고 다음 날에는 68센트로 떨어졌다. 13일에는 10센트 넘게 하락했다. 그 가치가 테라의 수요에 따라 등락했던, 그리고 한 달 전만 해도 118달러 선에서 거래되던 자매 코인인 루나Luna의 가치는 0에 근접했다. 테라와 루나가 얼마 전 도달했던 고점을 감안하면 두 코인의 폭락 사태로 인해 무려 600억 달러가 시장에서 증발해버렸다.

문제의 파장은 널리 퍼졌다. 암호화폐 담보대출 플랫폼인 셀시우스Celsius와 보이저Voyager, 암호화폐 헤지펀드 스리 애로스 캐피털Three Arrows Capital 모두 파산 신청을 하거나 2개월 내 청산 절차에 들어갔다. 2008년 금융 위기가 어느 은행이 불량 부동산 담보채권을 보유하고 있는지 명확하지 않은 것으로 인해 불거졌다면, 2022년 암호화폐 시장의 참사 역시 비슷한 이유로 발생했다. 즉, 어느 암호화폐 대출 기관이 부실 채권을 떠안고 있는지 명확하지 않았다. 어떤 업체가 대출 기관에 상환할 돈이 없을 때, 대출 기관은 대차대조표상에서 구멍을 발견하고 이를 메우기 위해 또 다른 곳으로 시선을 돌린다. 악순환은 그렇게 시작됐다. 그러나 2008년 무너진 은행들과 달리 이들 대출 기관은 "너무 커서 실패할 수 없는" 수준의 규모는 아니었다. 그래서 구제금융도 없었다. 적어도 정부로부터는 없었다. 실제로 2022년 6월, 셀시우스가 고객 인출을 중단했던(이행 능력이 없음을 보여주는 신호) 나흘 동안에 미국 노동통계청은 1981년 이후 최고 인플레이션 수치를 발표했고, 연방준비제도는 28년 만에 최고 수준으로 금리를 인상했다. 이러한 상황에서 투자자들은 마법 같은 인터넷 돈을 거래하는 대신 현금으로 인출하기 시작했다. 그렇게 암호화폐 시장은 1조 2000억 달러 규모에서 9000억 달러 규모로 내려앉았다.[4]

그래도 비탈릭은 당황하지 않았다. 그는 스리 애로스 캐피털 설립자들이 어떻게 "슈퍼 요트를 사 들여 사람들에게 강한 인상을 남기기 위해 5000만 달러를 불태워버렸는지" 조롱했고, 한 컨퍼런스에서는 '머지Merge'라는 이름으로 알려진, 다음번 이더리움의 주요 기술 업그레이드에 관한 논의하는 가운데 앞으로 있을 업그레이드에 '급등Surge', '직전 Verge', '숙청Purge', '사치Splurge'라는 이름을 붙이겠다며 여러 가지 밈과 농담을 만들어냈다.[5]

　머지는 한동안 이더리움에서 가장 중요한 기술적 업그레이드였다. 이더리움 커뮤니티와 재단은 수년에 걸쳐 네트워크 운영에 사용하는 에너지 양을 줄이기 위한 방안을 모색했다(원래 방식은 비트코인의 경우와 마찬가지로 '작업증명 합의 알고리즘proof of work consensus algorithm'이라고 불렸으며, 이는 많은 전력을 필요로 했다. 반면 새로운 방식인 지분증명proof of stake은 에너지를 99퍼센트 넘게 절약할 수 있었다). 방식을 바꾸는 작업은 비행 중 비행기 엔진을 교체하는 것과 비슷하다. 개발자들은 2020년 말 엔진을 개발하고 가동하면서 이를 '비콘 체인beacon chain'이라고 불렀다. 마지막으로 2022년 9월 개발자들은 이더리움 기반의 경제 활동에 뛰어들 준비를 마쳤다. 여기에는 단순한 이더 지불에서 사람들이 열광하는 NFT 판매에 이르기까지 모든 것이 포함됐다. 비콘 체인은 새로운 엔진으로 기능할 수 있게 됐다. 그 변화의 과정을 '머지'라고 불렀다.

　머지는 그 과정이 대단히 까다롭기 때문에 1년에 걸친 과학 실험처럼 천천히, 그리고 조심스럽게 이뤄졌다. 그러나 2022년 8월 8일, 미국 정부는 이더리움의 이러한 계획을 가로막았다. 미국 재무부가 내놓은 언론 발표 자료에는 '악명 높은 가상통화 믹서인 토네이도 캐시Tornado Cash에 대한 재무부의 제재'[6]라는 제목의 글이 실려 있었다. 토네이도 캐시는 더 다오 공격자가 사용한 와사비 믹서와 유사한 형태로, 사용자가 자신의 코인으로 프라이버시를 얻도록 해주는 이더리움 기반 믹서였다. 제재를 받는다는 말은 토네이도 캐시가 연방정부의 '특별 지정국 및 차단 인물 목록Specially Designated Nationals and Blocked Persons List'에 오른다는 뜻이었다. 이 목록은 그때까지만 해도 "지정국이 소유 및 통제하거나 지정국을 위해 활동하는 개인이나 기업들"로 이뤄져 있었다. 또한 "국가가 특정되지 않은" 개인이나 집단 및 기관을 포함시킬 수 있었다.[7] 미국 정부가 개인이나 법인이 아닌 일련의 스마트 콘트랙트를 제재 대상에 포함시킨 것은 이번이 처음이었다. 두 그룹은 즉각 미국 정부를 고소하면서 소프트웨어에 대한 제재는 위헌이라고 주장했다.[8] 미국 정부가 이례적인 행보를 보인 것은 북한의 라자루스 집단이 토네이도 캐시를 통해 (4월에 디파이 해킹으로부터) 훔친 암호화폐로 4억 5500만 달러를 세탁했다는 사안의 심각성 때문이었다.[9] 미국 재무부 산하 해외재산관리국은 2019년 이후 총 70억 달러에 달하는 훔친 자금이 토네이도 캐시를 통해 세탁됐다고 주장했다.

제재 조치를 어기는 것은 "엄격한 책임" 위반이었다. 그리고 제재 대상에 포함된 조직이나 차단된 재산으로 거래한 사람 역시 비록 고의가 아니더라도 모두 제재를 받게 된다. 그런데 본질적으로 전 세계에 걸쳐 익명의 사람들이 보유한 코인을 혼합하는 프라이버시 믹서의 경우 이 법을 실질적으로 어떻게 적용할 것인가? 어쨌든 이런 상황은 적법한 프라이버시를 이유로 토네이도 캐시를 사용하는 이더리움 기반의 모든 사람뿐 아니라 이더리움 그 자체의 위기를 의미했다. 그 이유는 거래를 승인하고 블록체인에 블록을 추가하는 과정에 참여한 모든 미국 기업이 제재 규정을 위반한 것으로 보일 가능성이 높기 때문이었다. 기업이 토네이도 캐시로 거래할 때, 혹은 토네이도 캐시로 거래하는 중간 기업과 거래할 때, 이는 잠재적으로 해당 법률을 위반한 것이 될 수 있었다(악의적인 한 인터넷 사용자는 제재 대상인 토네이도 캐시 어드레스가 보유한 소량의 이더리움을 가지고 몇몇 유명인의 이더리움 어드레스를 "더스팅dusting"(소액의 코인이나 토큰을 네트워크상에 있는 수많은 사용자의 어드레스로 보내는 새로운 유형의 악의적 활동-옮긴이)하는 방식으로 이러한 위험성을 시험해봤다[10]). 또한 지분 증명 과정에 참여할 계획이 있는 조직이 대부분 미국 기업이라는 사실은 이더리움 전반의 검열 저항성censorship-resistant(블록체인의 핵심 특성 중 하나)이 실질적으로 사라졌다는 뜻이었다. 이더리움 커뮤니티는 거래의 상당 부분에 대한 검열이 시작될 것이라는 사실에 놀라움을 금치 못했다.

포크를 앞두고 계속해서 제기된 또 하나의 의문은 "머지가 가격에 반영될 것인가?" 하는 것이었다. 사람들은 하드포크가 성공적으로 이뤄지면 이더 가격이 오를 것인지, 아니면 머지를 예상하고 이더를 사 들인 트레이더들이 작업이 마무리되고 나면 팔아치워 수익을 챙길 생각을 이미 하고 있는지 궁금해했다. 한편, 헤지펀드 트레이더인 갈로이스 캐피털Galois Capital의 케빈 주Kevin Zhou는 하드포크가 논란거리는 아니더라도 많은 이들이 조만간 빠져나오게 될 작업증명으로 공짜로 돈을 벌고 이를 되살려내려고 할 것이라며, 이더리움 커뮤니티에 경고의 메시지를 전했다(그는 비슷한 경험을 한 적 있었다. 사실 그는 더 다오의 하드포크 이후에 자신의 이더리움클래식을 위해 크리스토프에게 요청했던 크라켄의 트레이더였던 것으로 밝혀졌다).[11] 그는 이 공식적인 경고로 많은 이들의 지탄을 받았다.

9월 15일 이더리움 블록체인은 마침내 작업증명 합의 알고리즘에서 지분증명으로 넘어갔다. 그러나 소규모 내부 집단이 일상적으로 모인 자리에서 그날 주요 활동을 앞두고 목격했던 2016년 다오 하드포크 때와는 달리, 전염병 국면의 후반에 이뤄진 머지는 세계적인 사건으로 줌을 통해 생중계됐다. 수만 명이 자신의 경제 활동이 비콘 체인과 합쳐지는 블록을 기다렸다. 이전이 완벽하게 마무리되는 과정이 생중계되는 순간, 모든 컴퓨터 단말기 화면에는 달러 기호와 "LFG"('Let's Fucking Go'의 약자로 가격 상승을 향해 미친 듯이 달려가자는 의미-옮긴이) 문자로 교묘하게 만든 판다의 얼굴과 함께 "POS가 활성화됐다"는 문구가 커다랗게 떴다.[12](판다는 머지의 마스코트다)[13]. 줌 화면의 생중계 갤러리에는 여전히 암호화폐에 몰두해 있는 레프테리스 카라페차스의 모습이 보였다.

이더리움클래식의 경우와 마찬가지로 폐기된 체인에는 거래 가능한 토큰이 그대로 남아 있었지만, 가격이 곧바로 폭락해서 회복하지 못했다.[14] 이더는 처음에 가격이 떨어졌다. 머지가 가격에 반영됐던 것이다.

머지 이후에 검열 대상이 된 블록의 비중이 크게 높아지면서(한 달 후 51퍼센트로 증가했다) 정부의 개입에 대한 암호화폐 커뮤니티의 반발은 거세졌다. 지분증명 코인은 하위 테스트를 통과할 것이며, 그래서 증권으로 분류될 것이라고 했던 SEC 위원장 개리 겐슬러Gary Gensler의 언급은 머지를 실행한 당일에 전혀 도움이 되지 않았다[15](그는 SEC 국장이 이더리움에 대한 자신의 이해를 기반으로 그것은 증권이 아니라고 말한 뒤 거의 3년이 흐른 뒤에 위원장으로 취임했다. 겐슬러는 모든 암호화폐는 자산이라고 생각하지만, 비트코인은 증권이라는 입장을 오랫동안 고수했다)[16].

이후 위협은 분명하게 모습을 드러냈다. 암호화폐 사업가들이 오랜 세월에 걸쳐 미국에서 그들의 활동이 합법적인 것으로 인정 받게 해달라고 요구한 이후, 암호화폐를 규제하는 법안은 마침내 결승점을 향해 달려가는 것으로 보였다. 이러한 변화의 흐름을 주도한 것은 2019~2022년 암호화폐 세상에서 유력 인사로 활동한 샘 뱅크먼-프리드Sam Bankman-Fried였다. 헝클어진 머리에 좀 소심해 보이는 샘, 즉 SBF는 암호화폐 세상을 거친 서부 시대에서 좀 더 격조 높은 시대로 높여준 이들의 계보를 잇는 인물로 인정 받았다. 그의 부모는 스탠퍼드대학 로스쿨 교수고 자신은 MIT에서 물리학으로 학위를 받은 그는 권위 있는 트레이딩 기업인 제인 스트리트Jane Street에서 사회 경험을 시작했다.[17] 그리고 잘 알려지지 않았지만, 미국과 일본 사이에서 비트코인 차익거래에 주력했던 전설적인 이야기로 유명한 대규모 암호화폐 거래소인 알라메다 리서치Alameda Research와 암호화폐 거래소인 FTX를 설립했다.

SBF는 기존 비트코인 자유주의자들과는 달리 2020년 조 바이든Joe Biden 대선 캠프의 최대 후원자였다. 그는 6개월 사이에 의회에서 세 차례나 증언했고, 미국 상품거래위원회Commodity Futures Trading Commission, CFTC 규제 담당자들과 14개월 동안 열 번은 만났다.[18] 그리고 그 두 자리에서 암호화폐 규제의 장점에 대해 역설했다. 무엇보다 그는 "실질적인 이타주의자"로서 자신의 재산을 대부분 기부하겠노라고 선언했다.[19] 알려진 바에 따르면, 그는 기부를 많이 하기 위해 돈을 벌려고 애쓰는 그런 사람이다.[20] 실제로 그는 자신의 계획을 빠르게 실천해 나가고 있다. 2021년 스물아홉 나이에 그의 순자산 가치는 225억 달러에 달했다. 〈포브스〉가 선정한 미국에서 가장 부유한 400인 명단에 가장 젊은 나이에 이름을 올리기도 했다.[21]

SBF는 암호화폐를 주류 청중에게 널리 알렸다. 사람들은 FTX라는 이름을 프로 농구 팀인 마이애미 히트Miami Heat의 홈 경기장에서 볼 수 있었다. 톰 브래디Tom Brady와 지젤 번천Gisele Bündchen, 그리고 슈퍼볼 광고에 나왔던 래리 데이비드Larry David를 광고에 등장시키기도 했다. SBF는 4월에 초청한 사람들만 참가할 수 있는 크립토 바하마스Crypto Bahamas 컨퍼런스 행사를 FTX의 글로벌 본사가 위치한 섬나라 바하마에 있는 우아한 바하마 리조트에서 주최했다. 토니 블레어Tony Blair, 빌 클린턴Bill Clinton, 캐시 우드Catherine Wood, 그리고 암호화폐 거물들과 어울리면서 큰 성공을 거둔 앤드루 양Andrew Yang이 행사 연설자로 나섰다. SBF는 미국의 금융 저널리스트 마이클 루이스Michael Lewis와 무대 위에서 인터뷰를 했다.

그의 주변에서 수십억 달러가 사라진 그해 여름, SBF는 암호화폐 세상의 백기사를 자처하며 어려움을 겪고 있던 대출 기관들에 구제금융을 제안했다. 사람들은 고객의 입장에서 올바른 일을 한다는 주문을 되뇌던 그를 "암호화폐 세상의 JP모건"이라고 불렀다. 그는 그 별명에 수긍하면서도 100여 년 전 미국 정부를 구제했던 그 금융 회사의 "축소 버전"[22]일 뿐이라고 겸손함을 보였다.

하지만 그가 지지한 입법과 관련된 세부적인 내용이 새어 나오자 암호화폐 커뮤니티는 분노했다. 그 법안의 한 조항은 금융시장 전체를 본질적으로 "비트코인화"할 수 있는, 멈출 수 없는 소프트웨어의 전체 금융 시스템인 디파이의 목을 선제적으로 조를 것처럼 보였다. SBF는 초기 암호화폐 사업가이자 종교적인 신념에 차 영성 어린 어조로 암호화폐에 관한 이야기를 설파하는 에릭 부어히스와 '뱅클리스Bankless'라는 팟캐스트에서 논쟁을 벌였다. 이 논쟁에서 SBF는 밀렸을 뿐만 아니라 비전을 제시하는 리더라기보다는 속 좁고 허둥대는 괴짜 같은 예민한 기술 전문가라는 인상을 남겼다.[23]

5일 후인 2022년 11월 2일, 암호화폐 잡지인 〈코인데스크〉가 알라메다의 대차대조표로 보이는 문서를 공개했다.[24] 수익은 146억 달러로 상당히 높은 편이었지만, 의아하게도 수익의 약 40퍼센트가 FTX의 토큰이자 미국 달러보다 맥도날드 보상 포인트와 더 공통점이 많은 코인인 FTT에서 비롯된 것으로 밝혀졌다. 이 같은 폭로는 알라메다와 FTX에 대한 사람들의 신뢰를 허물어뜨리기 시작했다. 게다가 세계 최대 암호화폐 거래소인 바이낸스Binance의 CEO 창평 자오Changpeng Zhao(줄여서 CZ)가 알라메다가 FTT 보유고를 정리하고 있다는 소식을 트윗으로 전하자 상황은 더욱 악화됐다(CZ는 일찍이 FTX에 투자했다. 경쟁관계인 두 거래소가 성장하면서 FTX는 2012년 21억 달러에 달하는 FTT와 스테이블 코인을 지불하고 더 큰 기업 지분을 사 들였다. 2022년 말 바이낸스가 보유한 FTT의 가치는 6억 달러에 달했다). CZ는 트윗에 이렇게 올렸다. "FTT를 정리하는 것은 루나 사태에서 얻은 교훈에 따른 사후 위험관리일 뿐이다. 우리는 예전에는 FTX를 지원했지만, 이혼하고 나서도 사랑하는 척하고 싶은 생각은 없다."[25]

알라메다의 CEO 캐롤린 엘리슨Caroline Ellison은 바이낸스의 FTT를 22달러에 매입하겠다고 제안했지만, 이는 공매자들이 가격을 더 떨어뜨리도록 만들었을 뿐이다.[26] 한편, FTX의 고객들은 자산을 인출하기 시작했다. 거래소로 쏟아진 인출 요구는 11월 6일 일요일 하루에만 40억 달러에 달했다. 그러나 그중 처리된 것은 일부에 불과했다.[27] 11월 7일 월요일, 고객들이 계속 자금 인출을 시도하자 SBF는 이런 트윗을 올렸다. "FTX는 고객이 보유한 모든 자산을 처리할 수 있을 만큼 충분한 자금을 확보하고 있습니다. 우리는 고객의 자산으로 (증권은 물론) 투자하지 않습니다. 우리는 모든 인출을 처리하고 있으며, 앞으로도 그럴 겁니다." 그러나 다음 날 그의 주장은 거짓으로 드러났다. FTX는 고객의 인출 요구를 모두 처리하지 못했다. 그는 트윗을 삭제했다.[28]

FTX가 SBF의 트레이딩 기업인 알라메다에 이더리움을 빌려줬거나 80억 달러에 달하는 고객 자산을 직접 줬다는 의혹이 일었다. 그렇다면 FTX는 자체 서비스 규정을 어긴 셈이었다. FTX는 실사를 앞두고 매각하기로 바이낸스와 협약을 맺었지만, 그 거래소의 거물은 장부를 보고 나서 발을 뺐다.[29] 결국 금요일에 FTX와 알라메다, 그리고 130개에 달하는 계열사들은 파산 신청을 했다.

두 번째 도미노 물결이 시작되면서 평판이 좋은 편이었던 암호화폐 대출 기업 FTX와 신용거래를 해온 또 다른 대출 기업, 그리고 암호화폐에 가장 친화적인 은행이 무너졌다. 위기가 계속되는 가운데 암호화폐 커뮤니티는 무너진 기업들이 모두 중앙집중적인 조직들이며, 암호화폐의 문제는 거대한 금융 위기의 미니 버전을 재창조한 것에 불과하다고 주장했다(테라와 루나는 오랫동안 디파이라고 주장해왔음에도 그 설립자는 탈중앙화를 주장하기보다 실패에 대한 책임을 졌다).[30] 나아가 암호화폐를 신뢰하는 이들은 이 같은 물결이 확산되는 가운데 탈중앙화된 많은 금융 프로토콜이 질서정연하게 정리됐으며, 파산한 기업들도 부채를 상환했다고 주장했다.[31] 그들은 일련의 파산과 실패를 암호화폐의 병폐라고 보기보다는 모든 사건의 원인은 중앙집중적인 시스템이라고 생각했다. 그들은 원래의 사이퍼펑크 비전을 강조하면서 사용자들이 제3자에게 위탁하는 방식이 아니라 스스로 개인 키를 관리하게 해주는 기술에 주목했다.

SBF가 지지하는, 그리고 디파이를 위협하는 법안이 조만간 통과되지는 않을 것이라고 암호화폐 커뮤니티가 안심하고 있는 동안, FTX의 사기 혐의(역시 규제자, 입법자들과 가장 밀접한 관계를 맺고 있던 인물이 저질렀다)가 불거지면서 정부는 암호화폐 기업들을 대상으로 대대적인 단속에 돌입했다. FTX가 80억 달러에 달하는 고객 자산을 가로채거나 잃어버린 것으로 의심되는 사건과 비교해서 지극히 사소한 위반도 단속 대상이 됐다. 검찰은 SBF에게 인터넷 뱅킹을 통한 금융 사기와 돈세탁 혐의를 적용했다. 2023년 3월 말 기준으로, 그는 13가지 범죄 혐의로 기소되어 재판을 기다리고 있다. 그의 사기 행각을 이미 알고 있었던 3명의 동료는 유죄를 인정하고 수사에 협조했다.[32]

3월 9일에는 뉴욕주 법무장관 레티티아 제임스Letitia James가 한 암호화폐 거래소에 대한 소송과 관련해서 이더리움은 증권이라고 주장했다. 그리고 이더리움의 성공은 비탈릭과 이더리움 재단의 노력에 달려 있다고 지적했다. 규제기관이 법정에서 그러한 견해를 밝힌 것은 최초다. 그럼에도 불구하고 실리콘밸리 은행들이 파산하면서 중요한 스테이블 코인인 USDC가 미국 달러에 대한 가치를 유지하지 못하게 된 상황에 넋이 나간 암호화폐 세상은 그 소식을 제대로 인지하지 못했다.

당시는 이더리움 공동설립자 8명이 투자법률자문회사 프라이어 캐시 맨으로부터 이더리움은 증권이 아니라는 확답을 받은 뒤 9년에 가까운 시간이 흐른 시점이었다. 그러나 문제는 여전히 해결되지 않은 채 남아 있었다(2월에는 SEC 위원장 개리 젠슬러가 비트코인을 제외한 모든 암호화폐 자산을 증권으로 보고 있다고 재차 강조했다).[33] 암호화폐 기업들을 대상으로 서비스를 제공하던 주요 은행들이 파산하면서 새로운 신봉자와 그들의 자금을 끌어들이려는 암호화폐 산업의 노력은 더욱 힘겨워졌다. 그 결과, 암호화폐 산업은 생존이 불확실한 상황에 놓였다. 한편, 언론들은 FTX의 멍든 눈을 여전히 헤드라인으로 다루고 있었다. 과연 그들은 암호화폐와 무관한 일반인들, 즉 암호화폐 시장의 성장에 필요한 바로 그 사람들의 눈에 암호화폐가 스며들게 할 수 있을까?

수십억 달러의 증발과 이국적인 지명들, 그리고 쉽게 이해하기 힘든 악당들. FTX의 몰락은 할리우드 영화로 만들 만한, 그리고 내가 다음 책의 주제로 삼을 만한 가치가 있는 이야기다. 말 많고 아첨 잘하는 SBF가 내향적이고 겸손한 비탈릭을 돋보이게 하고, FTX는 이더리움의 유니콘 티셔츠를 입은 사이퍼펑크의 화려하고 탈중앙화된 사촌이기는 하지만, 이상주의와 탐욕, 그리고 거짓말이라고 하는 주제는 지금까지 별로 다를 게 없어 보인다.

The Cryptopians

2011

늦겨울	비탈릭 부테린이 비트코인에 대해 공부하기 시작하다. 〈비트코인 위클리〉에 글을 게재하다.
6월 1일	비탈릭이 〈고커〉에 '상상할 수 있는 모든 약물을 살 수 있는 지하 세계 웹사이트'라는 제목의 글을 발표하다.
	비트코인 가격이 1주일 사이에 9달러 미만에서 32달러 가까이 상승하다.
8월	비탈릭 부테린이 〈비트코인 매거진〉 기고가가 되다.

2012

5월	〈비트코인 매거진〉 창간호가 발행되다.
	비탈릭 부테린이 고등학교를 졸업하다.
9월	비탈릭 부테린이 워털루대학에 입학하다.

2013

5월	비탈릭 부테린이 휴학을 결정하다.
8월	비탈릭 부테린이 휴학 기간을 연장하기로 결정하다.
9월	비탈릭 부테린이 밀라노의 불법 점유 건물에서 아미르 타키와 함께 1주일을 보내다.
9월	비탈릭 부테린이 이스라엘에서 4~6주를 보내다.
	비트코인의 '레이어2' 기능에 관해 폭로하다.
10월 초	비트코인 가격이 100달러대 초반을 기록하다.
11월 초	비트코인 가격이 200달러대 초반을 기록하다.
11월 4~8일	비탈릭이 로스앤젤레스에 머물다.
11월 8일~12월	비탈릭 부테린이 샌프란시스코에 머물다.
11월 중순	400달러였던 비트코인 가격이 800달러를 돌파하다.
	비탈릭 부테린이 프레시디오에서 산책하며 이더리움 구조에 관한 기술적인 혁신을 구상하다.
11월 27일	비탈릭 부테린이 친구들에게 이더리움 백서를 보내다.
	비트코인 가격이 처음으로 1000달러를 돌파하다.
12월 10~11일	비탈릭 부테린과 앤서니 디 이오리오가 비트코인 컨퍼런스에

참석하다.

12월 19일	개빈 우드가 비탈릭 부테린에게 편지를 쓰다.
12월 25일	제프리 윌크와 개빈 우드가 이더리움 백서의 실행에 관한 글을 쓰기 시작하다.

2014

1월 1일	앤서니 디 이오리오의 디센트럴이 토론토에서 문을 열다.
1월 20~21일	이더리움 그룹이 마이애미에 도착하다.
1월 25~26일	비트코인 마이애미 컨퍼런스가 개최되다.
2월 중순~말	제프리 윌크, 개빈 우드, 조지프 루빈이 공동설립자로 참여하다(3월 5일 블로그에 발표).
3월 1일	추크 그룹이 스페이스십으로 이주하다.
3월 5일	이더리움 GmbH를 스위스에 설립하다.
4월 초	개빈 우드가 이더리움 옐로페이퍼를 발표하다.
4월 11~13일	비트코인 엑스포가 토론토에서 열리다.
5월 26일	트위크넘에 있는 스테판 튜얼과 마티아스 그륀네베크, 추크에 있는 미하이 앨리시와 테일러 게링, 록사나 수레누, 리처드 스콧 간의 스카이프 통화가 이뤄지다.
5월 31~6월 1일	비탈릭 부테린과 개빈 우드가 빈에 머물다. 스테판 튜얼과 마티아스 그륀네베크의 전화를 받다.
6월 3일	이더리움 왕좌의 게임의 날.
7월 9일	슈티프퉁 이더리움(이더리움 재단)이 설립되다.
7월 22일	크라우드세일이 시작되다.

9월 2일	크라우드세일이 종료되다.
11월 24~28일	베를린에서 ETH 데브의 데브콘 0이 열리다.

2015

2월 말~ 3월 초	재단 회의. 현재 이사회를 해산하고 '전문적인 이사회'를 구성하기로 결정하다.
2~3월	켈리 베커가 ETH 데브 UG의 COO로 취임하다.
6월 12일	앤서니 디 이오리오가 풋볼 '인질' 중 하나를 가져가서 고발당하다.
6월 중순	웨인 헤네시-바렛, 라스 클라위터, 바딤 레비틴을 이사회에 영입하다.
	밍 챈이 상무이사로 취임하다.
7월 30일	이더리움을 런칭하다.
8월 1~2일	밍 챈이 바딤 레비틴을 고발하다.
8월 9일 한 주	스테판 튜얼이 비탈릭 부테린의 초기 기여자 할당을 변경하도록 노력하다.
8월 10일	마이이더월릿의 첫 번째 버전이 탄생하다.
8월 15일	이더리움 재단이 초기 기여자에게 돈을 지급하다.
8월 16일	스테판 튜얼과 비탈릭 부테린이 레딧에서 초기 기여자 분배와 관련해 논쟁을 벌이다.
8월 18일	마이이더월릿의 도메인 이름을 등록하다.
8월 중반~말	스테판 튜얼을 해고하다.
8월 22~23일	첫 번째 이더리움 재단 이사회 회의를 개최하다.

9월 2~7일	비탈릭 부테린과 밍 챈, 케이시 디트리오가 토론토에 있는 오두막집에 머물다.
9월 11일	비탈릭 부테린, 케이시 디트리오, 조지프 루빈, 앤드루 키스를 비롯한 다른 이들이 데브콘 1과 관련해 컨센시스에서 만나다.
9월 28일	이더리움이 어떻게 자금을 거의 다 써버리게 됐는지와 관련해서 비탈릭 부테린이 블로그에 글을 게시하다.
	이사회 멤버들이 공식 사임 서한을 보내다.
11월 9~13일	런던에서 데브콘 1을 개최하다.
	크리스토프 젠츠시가 슬록을 시연하다. 더 다오를 발표하다.
11월 말~12월 초	개빈 우드를 해고하다.

2016

1월 24일	이더가 2달러를 넘어서 마감하다.
2월 2일	이드코어에서 패리티가 어째서 가장 빠른 이더리움 클라이언트인지에 관한 글을 블로그에 발표하다.
2월 11일	이더가 처음으로 6달러를 넘어서 마감하다.
3월 2일	더 다오가 깃허브에 추가되다.
3월 13일	이더가 15.26달러로 새로운 고점을 경신하다. 비탈릭 부테린은 이더리움 재단의 런웨이가 수년으로 늘어난 것에 안도하다.
4월 중순	밍 챈이 하이퍼레저의 브라이언 빌렌도르프에게 통화상으로 질책하다.
4월 25일	비탈릭 부테린, 개빈 우드, 그리고 이더리움 재단의 다른 이들이 다오 큐레이터로 발표되다.

4월 26일	다오링크의 설립에 관해 발표하다.
4월 29일	슬록잇이 다오에 대해 첫 제안을 하다.
	테일러 판 오든의 약혼자인 케빈이 동전 던지기로 더 다오 콘트랙트를 선택하다.
4월 30일	더 다오 세일이 시작되다.
5월 13일	개빈 우드가 큐레이터를 사임하다.
5월 14일	다오 토큰 가격이 상승할 때를 잘못 계산하다.
5월 24일	코인베이스 공동설립자의 블로그 게시글 '이더리움은 디지털 화폐의 첨병이다'가 게재되다.
5월 25일	슬록잇이 최초의 다오 보안 제안을 하다.
5월 27일	에민 귄 시러와 공저자들이 더 다오에 지불유예를 요청하다.
5월 28일	다오 세일이 종료되다. 다오가 창조되다.
6월 5일	크리스티안 라이트비스너가 재진입 버그 결함을 발견하고 다른 개발자들에게 이를 경고하다.
6월 9일	피터 베스네스가 재진입 공격 벡터에 관한 글을 블로그에 게재하다.
6월 10일	크리스티안 라이트비스너 또한 이에 관한 블로그 글을 게재하다.
6월 11일	비탈릭 부테린이 보안 뉴스 이후에 다오 토큰을 사 들이고 있다고 트윗을 하다.
6월 12일	스테판 튜얼이 '자금은 안전하다'라는 제목의 글을 블로그에 게재하다.
6월 14일, 02:52 UTC	다크 다오가 된 차일드 다오 59가 텅 비어버리다.
11:42 UTC	다오 공격자가 셰이프시프트를 통해 다양한 거래에서 비트코인을 다오 토큰 및 이더로 전환하기 시작하다(6월 16일까지).
6월 15일, 04:26 UTC	다오 공격자가 제안 59에 찬성표를 던지다.

6월 17일	다오 가치가 2억 5000만 달러에 도달하다.
03:34 UTC	다오 공격자가 더 다오상에서 재진입 공격을 개시하다.
12:27 UTC	공격자가 자금이 빠져나가게 하는 것을 중단하다.
	그레고리 맥스웰이 비탈릭 부테린에게 이메일을 보내다. "탐욕적인 바보가 되지 말 것." 그날 저녁, 나중에 로빈후드그룹이라고 불리게 된 개발자들이 더 다오를 공격하는 방안을 고려하다. 알렉스 반 데 산드(아브사)의 인터넷이 다운되다.
	이더 거래량이 최고치를 기록하다.
6월 18일, 10:21 UTC	다오 공격자라고 주장하는 사람이 어떻게 "364만 1694 ETH를 정당하게 요구했는지"에 관한 공개서한을 발표하다.
	로빈후드그룹이 전화 통화로 구조를 시도하는 것에 대해 논의하다.
6월 19일	레프테리스 카라페차스가 선택권에 대해 설명하는 글을 블로그에 게재하다.
6월 21일	모방 공격을 시작하다. 로빈후드그룹이 720만 ETH를 구조하다.
6월 22일	레프테리스 카라페차스가 하드포크와 소프트포크가 어떻게 작동하는지 설명하는 또 다른 블로그 글을 게재하다.
	로빈후드그룹이 화이트햇 다오 안에 "의심되는 악의적 행위자"가 있다는 사실을 알게 되다.
6월 23일	비트코인 스위스가 의심되는 악의적 행위자로부터 온 서한을 레딧에 게시하다.
6월 24일	페터 스질라기가 게스와 패러티 클라이언트의 소프트포크 버전에 관한 글을 게재하다.
	소프트포크에 대한 DoS 공격이 발견되다.
	소프트포크를 취소하다.

7월 초~중반	로빈후드그룹이 다오 공격자와 모방범들이 인출하지 못하도록 막기 위해 다양한 미니 다크 다오들상에서 "다오 전쟁"(재진입 공격/구조)을 수행하다.
	다오 공격자의 신원을 조사한 폴로닉스 직원은 자신이 범인에 관한 중요한 단서를 가지고 있다고 생각하다.
7월 7일	크리스토프 젠츠시가 엑스트라 밸런스를 다루는 방법을 포함해 하드포크와 관련된 사안에 대해 설명하는 글을 블로그에 게재하다.
7월 9일	스테판 튜얼이 '왜 더 다오 도둑은 7월 14일 혹은 그 이후에 이더를 반환할 수 있는가'라는 제목의 글을 블로그에 게재하다.
7월 10일	이더리움클래식을 위한 깃허브 페이지를 개설하다.
7월 11일	로빈후드그룹이 큐레이터 멀티시그에 있는 다크 다오 어드레스를 화이트리스트에 올리면서 더 다오 공격자가 빼내간 자금을 거기로 보낼 것으로 기대하다.
7월 16일	카본보트가 투표 결과, 87퍼센트가 하드포크에 찬성한다는 사실을 보여주다.
7월 17일	비탈릭 부테린이 하드포크가 어떻게 진행될 것인지 설명하는 글을 블로그에 게재하다.
7월 20일	이더리움의 하드포크가 실행되다.
	크리스토퍼 하본(팻핑거)이 실수로 3만 8383ETH를 하드포크 이후에 더 다오로 보내다.
7월 21일	비트코인토크에서 사람들이 이더리움클래식을 사기 위한 입찰을 게시하다.
	크라켄 트레이더가 크리스토프 젠츠시에게 이메일을 보내 이더리움클래식을 구매하겠다고 요청하다.

그레고리 맥스웰이 비탈릭 부테린에게 이메일을 보내 비트코인으로 이더리움클래식을 제안하다.

7월 23일 다오 공격자가 이더리움클래식을 다크 다오로부터 그랜드차일드 다오로 보내다.

이더리움 재단 개발자들이 내부 스카이프 채팅에서 이더리움클래식을 맹비난하기 시작하다.

7월 24일 폴로닉스가 이더리움클래식을 목록에 올리다.

이더리움 재단 개발자들이 내부 스카이프 채팅에서 이더리움클래식을 계속해서 비난한다. 대화 스크린샷이 레딧에 게재되다.

7월 25일 배리 실버트가 이더리움클래식을 샀다고 트위터에 올리다.

제네시스가 이더리움클래식의 비상장 거래를 제안하다.

7월 26일 비트렉스와 크라켄이 이더리움클래식을 목록에 올리다.

EDT 기준으로 이더리움클래식 대 이더 해싱 파워 비율이 오전에 6:94에서 오후 늦게 17.5:82.5로 변동하다.

7월 27일 BTC-e가 이더리움클래식이 대부분 사용자들에 의해 폴로닉스로 전송됐다고 밝히는 글을 블로그에 게재하다.

그레고리 맥스웰이 비탈릭 부테린에게 이더리움클래식 구매와 관련해 다시 한번 이메일을 보내다.

7월 28일 화이트햇그룹이 팻핑거의 마지막 남은 모든 돈을 구조하다.

8월 1일 이더리움클래식은 가격이 상승하고 이더는 떨어지다.

비탈릭 부테린이 "나는 이더에 100퍼센트 집중하고 있다"는 트윗을 올리다.

8월 2일 이더가 8.20달러로 떨어진 반면, 이더리움클래식은 3.53달러라는 새로운 고점으로 상승하면서 이더가 시가총액의 43퍼센트를 차지하다.

비트파이넥스가 해킹 당하다. 암호화폐 시장이 14퍼센트 위축되다.

8월 5일　화이트햇그룹이 이더리움클래식을 돌려주는 작업을 하기 위해 스위스 치샤틸로 날아가다.

8월 6일　비트코인 스위스와 통화하다.

8월 7~8일　화이트햇그룹이 이더리움클래식이 아닌 이더로 돈을 돌려주기로 결정하다.

8월 8일　화이트햇그룹이 버거 싱거맨에게 첫 번째 법적 위협을 받다. "팻 프로토콜" 이론이 블로그에 게재되다.

8월 9일　화이트햇그룹, 바이티가 이더리움클래식을 거래소에 예치하다. 예금은 폴로닉스에서 막혔다가 허용된 후 결국 폴로닉스 상에서 거래가 막히다.

8월 10일　전화상으로 두 번째 고래가 이더가 아닌 이더리움클래식을 요구하다.

8월 11일　화이트햇그룹이 MME로부터 이더리움클래식의 즉각적인 환불을 요구하는 두 번째 법적 위협을 받다.

8월 12일　화이트햇그룹이 이더리움클래식으로 자금을 분배하겠다는 결정을 발표하다.

8월 16일　웨일판다가 '이더리움: 거짓말쟁이와 도둑들의 체인'이라는 제목의 글을 블로그에 게재하다.

8월 18일　스테판 튜얼이 사과문을 발표하다.

8월 26일　바이티가 수정된 이더리움클래식 위드드로 콘트랙트를 게시하고 그것을 활용할 것임을 발표하다.

8월 30일　바이티, 화이트햇그룹이 이더리움클래식 위드드로 콘트랙트를 활용하다.

8월 31일   폴로닉스와 크라켄이 화이트햇그룹의 이더리움클래식을 위드드로 콘트랙트에 예치하다.

9월 6일   화이트햇 위드드로 콘트랙트를 위한 마지막 이더리움클래식이 활용되다.

다오 공격자로 추측되는 인물이 돈을 이더리움클래식상에서 그랜드차일드 다크 다오로부터 자신의 주 계좌인 '0x5e8f'로 옮기다.

9월 15일   이더리움상에서 엑스트라 밸런스 위드드로 콘트랙트가 지원받다.

9월 19일   데브콘 2가 상하이에서 개막하다.

이더리움에 대한 DoS 공격이 시작되다.

10월   폴로닉스 직원들이 새로운 소유주가 추가됐음을 인식하다.

줄스 킴이 때로 조니 가르시아에게 마지못해 비트코인 보너스를 지급하다.

2016년 중반에서 말까지 때로 줄스 킴과 마이크 데모풀로스가 지급하다.

마이크 데모풀로스는 처음에 반대했다가 결국 폴로닉스에 이중 인증을 추구하는 방안에 동의했다고 알려지다.

10월 18일   탠저린 휘슬의 하드포크가 실행되다.

10월 25일   이더리움 아시아 퍼시픽이 싱가포르에 설립되다.

다오 공격자가 이더리움클래식을 셰이프시프트로 옮기기 시작하다.

11월 10일   골렘 ICO.

11월 22일   스퓨리어스 드래곤의 하드포크가 실행되다.

12월	줄스 킴과 마이크 데모풀로스가 이란에 대한 미국 제재를 준수할 수 있도록 KYC 프로그램을 추가하는 데 반대했다고 알려지다(결국 2017년 상반기에 동의하다).

2017

1월	초기 폴로닉스 직원들이 4월까지 이사회의 승인을 받지 못했지만 기업의 지분에 대한 옵션 계약에 서명하다.
1월 25일	'엔터프라이즈 이더리움'과 '엔터프라이즈 이더리움 연합'의 상표권에 대한 이더리움 재단의 소송이 벌어지다.
1월 31일	1월에 있었던 9건의 ICO가 6700만 달러에 달하는 자금을 끌어모으다.
	마이이더월릿의 1월 방문자 수가 10만 명에 달하다.
	전 세계 주간 암호화폐 거래량이 10억 달러에 이르다.
1월/2월	제프리 윌크가 쓰러지다.
2월 27일	엔터프라이즈 이더리움 연합이 발표되다.
	이더 가격이 더 다오 공격 이후 처음으로 15달러를 돌파하다.
	이더리움 재단이 테일러 게링의 계약을 갱신하지 않다.
2월 28일	2월 동안 8건의 ICO로 7300만 달러 이상을 끌어모으다.
	마이이더월릿의 2월 방문자 수가 15만 건에 이르다.
봄	폴로닉스 소유주들이 구매자를 물색하기 시작하다.
3월 11일	이더가 처음으로 20달러를 넘어서 마감하다.
3월 24일	이더가 처음으로 50달러를 넘어서 마감하다.
3월 31일	3월 동안 6건의 ICO로 2200만 달러를 끌어모으다.

마이이더월릿의 3월 방문자 수가 30만 건에 이르다.

전 세계 주간 암호화폐 거래량이 30억 달러를 넘어서다.

4월 24일	그노시스 ICO 종료.
4월 27일	밍 챈이 '자원봉사' 프로젝트 매니저와 관련해서 화를 내다.
4월 30일	4월 동안 13건의 ICO로 855만 달러를 끌어모으다.

마이이더월릿의 4월 방문자 수가 38만 6000건에 이르다.

5월 4일   이더가 97달러에 살짝 못 미치는 가격으로 마감하다.

스카이프 채팅에서 밍 챈이 이더리움 도메인 네임 시스템상에 엔터프라이즈 이더리움 연합과 관련된 도메인 네임을 사 들이고 싶다는 의견을 피력하다.

5월 22일   이더가 174달러를 넘어서 마감하다.

5월 23일   증권거래위원회의 "암호화폐 차르" 발레리 스체파니크가 ICO와 관련해서 처음으로 발언하다.

5월 25일   토큰 서밋.

5월 26~27일   이더리움 재단이 이더리움 데브 UG에 대한 지불을 미루다.

5월 30일   이더의 24시간 거래량이 처음으로 비트코인을 넘어서다.

이더가 232달러에 살짝 못 미치는 가격으로 마감하다.

5월 31일   베이직 어텐션 토큰이 ICO로 24초 만에 210명의 구매자로부터 3600만 달러에 가까운 돈을 끌어모으다.

5월 22건의 ICO로 2억 2900만 달러를 끌어모으다.

마이이더월릿의 5월 방문자 수가 100만 건에 이르다.

6월   보안 문제(사기, 피싱 시도, 해킹)가 대두되다.

폴로닉스의 1주일 거래량이 때로 50억 달러에 이르다.

6월 10일   이더가 338달러에 살짝 못 미쳐 마감하다.

6월 12일   방코르가 ICO로 1억 5300만 달러를 끌어모으다.

이더가 401달러를 넘어서 마감하다.

6월 14일	켈리 베커, 밍 챈, 패트릭 스토체네거가 만나다.
	켈리 베커가 사임하다.
6월 중순~7월 중순	다른 THE 데브 사람들(CFO인 프리스요프 바이너트와 사무실 관리자인 크리스티안 뵈멜) 또한 떠나다.
6월 20일	스테이터스 ICO.
6월 25일	4chan에 비탈릭 부테린이 사망했다는 글이 올라오다.
	이더가 급락하며 303달러를 살짝 넘어서 마감하다.
6월 26일	EOS가 1년 동안의 ICO 런칭을 시작하다.
6월 30일	6월에 31건의 ICO로 6억 1900만 달러에 가까운 돈을 끌어모으다.
	마이이더월릿의 6월 방문자 수가 270만 건에 이르다.
7월 1~13일	테조스가 ICO로 2억 3200만 달러를 끌어모으다.
7월 11일	이더가 198달러 아래로 떨어져서 마감하다.
7월 13~19일	비탈릭 부테린이 허드슨 제임슨에게 밍 챈을 내보낼 것이라는 의견을 전하다.
7월 16일	이더가 157달러를 넘어서 마감하다.
7월 18일	코인대시가 해킹 당하다.
7월 19일	패리티의 멀티시그가 최초로 해킹당하다.
7월 25일	SEC가 다오 보고서를 발표하다.
	7월에 35건의 ICO로 5억 5500만 달러 이상의 돈을 끌어모으다.
	마이이더월릿의 7월 방문자 수가 260만 건에 이르다.
8월 초	이더 거래량이 비트코인을 지속적으로 넘어서기 시작하다.
8월 10일	앤서니 디 이오리오가 비탈릭 부테린과 밍 챈, 허버트 스테르치에게 법률 서한을 보내다.

개빈 우드가 트위터를 통해 비탈릭 부테린에게 그가 없었다면 이더리움을 만들지 못했을 것이라고 말하다.

8월 31일	8월 동안 41건의 ICO로 4억 3800만 달러에 가까운 돈을 끌어모으다.
	마이이더월릿의 8월 방문자 수가 310만 건에 이르다.
9월	폴로닉스의 주간 거래 규모 최고치가 50억 달러에서 40억 달러로 떨어지다.
9월 11일	폴로닉스가 피델리티 출신 트레이더와 산탄데르 은행 출신 수석 부사장을 영입하다.
9월 30일	9월 동안 62건의 ICO로 5억 3300만 달러에 가까운 돈을 끌어모으다.
	마이이더월릿의 9월 방문자 수가 350만 건에 이르다.
10월 27일	폴카닷이 ICO를 통해 1억 4000만 달러 이상을 끌어모으다.
10월 27일~11월 1일	devops199가 통제하는 것으로 추정되는 계좌가 콘트랙트의 취약점을 발견하려는 것처럼 침투 시험을 실행하다.
10월 31일	10월 동안 80건의 ICO로 30억 달러 이상을 끌어모으다.
	마이이더월릿의 10월 방문자 수가 350만 건을 기록하다.
11월 1~4일	멕시코 칸쿤에서 데브콘 3을 개최하다.
11월 4일	컨센세스 직원이 "밍은 나가야 합니다"라는 그룹 이메일을 보내다.
11월 5일	폴리체인 포트폴리오 기업들이 산페드로 의식을 치르다.
11월 6일	패리티의 멀티시그가 두 번째 공격을 받다. devops199에 의해 자금이 동결되다.
11월 8일	비트코인의 하드포크가 취소되다.
11월 14일	비탈릭 부테린이 전화로 밍 챈에게 해고를 통보하다.

11월 15일	내가 이메일로 밍 챈이 해고됐는지 묻다.
11월 16일	밍 챈이 스카이프 채널에 "소문을 부인하라"라고 말하다.
11월 23일	크립토키티 소프트가 런칭되다.
11월 30일	11월 동안 84건의 ICO로 10억 달러에 가까운 돈을 끌어모으다. 마이이더월릿 11월 방문자 수가 460만 건에 이르다.
12월 초	밍 챈, 비탈릭 부테린, 케이시 디트리오가 홍콩에서 만나다.
12월 17일	비트코인이 2만 달러로 새로운 기록을 세우다.
12월 말~1월 초	비탈릭 부테린과 아야 미야구치, 비탈릭 부테린의 친구들이 태국으로 휴가를 떠나다.
12월 31일	12월 동안 90건의 ICO로 13억 달러를 끌어모으다. 마이이더월릿의 12월 방문자 수가 770만 건을 기록하다.

2018

1월 1일	친구들이 비탈릭 부테린에게 밍 챈의 해고에 속도를 높이라고 조언하다.
1월 4일	이더가 1000달러를 돌파하고 1045달러를 살짝 넘다.
1월 7일	이더가 1153달러에 거래되다.
1월 8일	이더가 1267달러에 육박하다.
1월 9일	이더가 1321달러에 육박하다. 이 무렵 비탈릭 부테린이 이더리움 재단의 이더 중 7만 ETH를 매각하다.
1월 10일	이더가 1417달러에 이르다.
1월 13일	이더가 1432달러로 기록을 경신하다.

〈뉴욕타임스〉가 '모두가 떠들썩하게 부자가 되고 있는데 당신은 그렇지 않다'라는 제목의 기사를 발표하다.

1월 20일 비탈릭 부테린과 이사회가 샌프란시스코에서 만나 밍 챈의 자리를 아야 미야구치에게 넘기기로 최종 확정하다.

1월 말 폴로닉스 직원들이 서클의 폴로닉스 인수 계획을 듣다.

1월 31일 1월 동안 79건의 ICO로 12억 8000만 달러를 끌어모으다.

마이이더월릿의 1월 방문자 수가 1000만 건에 도달하다.

밍 챈이 이더리움 블로그에 작별 인사를 고하다.

아야 미야구치가 상무이사로 취임한다고 발표하다.

'2FA' '이중 인증' 참조.

'51% 공격' 하나의 개체나 여러 개체의 협력 조직이 채굴 파워의 절반 이상을 획득함으로써 네트워크를 장악하려는 블록체인상의 공격 유형.

'BTC' 비트코인의 종목 기호.

'CME' 선물과 옵션을 거래하는 거래소.

'EEA' 엔터프라이즈 이더리움 연합. 기업에서 이더리움 사용을 강화하는 산업 조직.

'EIP' 이더리움 개선 제안. 프로토콜이나 클라이언트, 혹은 특정한 유형의 콘트랙트를 위한 표준 같은 이더리움 네트워크와 관련된 사항을 개선하기 위한 기술적 제안.

'ERC-20 토큰' 이더리움상에서 새로운 토큰을 위한 표준을 사용하기 위해 만든 토큰. '이더리움 리퀘스트 포 코멘츠Ethereum Request for Comments'라는 게시판에 게시된 스무 번째 사안이었기 때문에 이런 이름이 붙었다 .

'ETC' 이더리움클래식 가격을 위한 티커.

'ETH 데브' 개빈 우드가 베를린에 설립한 독일 기업. 프로토콜과 C++ 클라이언트 개발을 위해 상당수의 개발자를 고용했다.

'ETH' 이더 가격을 위한 티커.

'FUD' 'fear두려움', 'uncertainty불확실성', 'doubt의심'의 머리글자. 종종 암호화폐에 대한 비판을 근거 없는 것으로 일축할 때 사용하는 전문 용어. 때로는 경쟁 코인 지지자들이 제기하는 거짓 비판을 설명할 때 사용되기도 한다.

'GmbH' 독일 유한책임회사.

'GPU' 그래픽처리장치. 일반적인 컴퓨터 중앙처리장치CPU보다 강력하며, 주로 게이밍 컴퓨터에서 사용하는 컴퓨터 칩. 암호화폐를 채굴하는 작업을 보다 효율적이고 수익성 높게 만들어준다(가장 효율적이고 수익성 높은 방법은 아니지만).

'ICO' 암호화폐 공개. 새로운 블록체인을 개발하거나 대중을 대상으로 토큰을 유통하기 위해 일반적으로 암호화폐 거래소에서 새로운 토큰을 크라우드세일하는 것. 더 많은 사람이 네트워크에 참가하도록 만들 동기를 부여받은 사용자를 네트워크상에 포진시킴으로써 토큰의 가치를 높일 수 있다.

'KYC(know-your-customer) 절차' 금융 규제를 준수하기 위한 신원 확인 절차.

'tx' '거래transaction'의 약자.

'UG' 자본 요건이 낮은 독일 유한책임회사.

'가스' 이더리움의 탈중심화된 컴퓨터상에서 거래를 처리하거나 연산 작업을 수행하기 위해 지불하는 수수료.

'개인 키' 암호화폐를 특정 공개 어드레스로 보내기 위해 필요한 암호화된 일련의 숫자와 문자(암호를 통해 연결된 상대편은 "공개/개인 키 쌍").

'거래 수수료' 거래를 처리하기 위해 암호화폐 채굴자에게 지급되는 수수료. 수수료가 높을수록 채굴되는 거래의 가능성이 높아지며 채굴 속도도 빨라진다.

'거래소' 고객들이 가령 비트코인과 이더를 거래하는 것처럼 하나의 자산을 다른 자산과 거래할 수 있도록 서비스를 제공하는 기업.

'게스' '고 이더리움 소프트웨어 클라이언트The Go Ethereum software client'의 약자.

'계좌(어드레스)' 이더를 받고, 보유하고, 보낼 수 있는 개체. 개인 키를 가진 개인이나 스마트 콘트랙트가 소유할 수 있다.

'고래' 특정 암호화폐를 시장에 영향을 미칠 수 있을 만큼 많이 보유한 사람.

'공개 키/어드레스' 매칭되는 개인 키를 가지고 있을 때 돈을 받을 수 있는 어드레스로 기능하는 일련의 암호화된 숫자와 문자(암호를 통해 연결된 상대편은 "공개/개인 키 쌍").

'극우선주의자' 1가지 암호화폐만 믿는 사람. 일반적으로 극단적인 비트코인 지지자(즉, "비트코인 극우선주의자")를 가리킬 때 사용하지만, 때로는 다른 암호화폐를 극단적으로 지지하는 사람(가령 "이더리움 극우선주의자")을 가리킬 때도 사용한다.

'깃허브' 소프트웨어 개발을 위한 웹사이트.

'난이도' 비트코인상에서 10분 혹은 이더리움상에서 12~15초처럼 채굴자들이 목표로 삼아 평균 인터벌에서 블록을 발견하도록 암호화폐 채굴 알고리즘을 경쟁적으로 유지하는 방식.

'노드' 암호화폐나 자산을 위한 소프트웨어를 가동하게 해주며, 일반적으로 블록체인의 복사본을 보유하는 컴퓨터.

'다오' 탈중심화된 자율적인 조직. 블록체인에서 투표를 통해 관리되는 조직.

'다크 다오' '미니 다크 다오' 참조. 차일드 다오 59. 더 다오 공격자가 364만 ETH를 빼내서 가져갔던 차일드 다오.

'더 다오' 토큰 보유자들이 자금을 어느 프로젝트에 할당할 것인지 결정하도록 하기 위해 슬록잇이 만든 탈중심화된 벤처 자금.

'데브콘' 이더리움 개발자 연례 컨퍼런스.

'DoS(Denial-of-Service) 공격' 서비스 지연 공격. 스팸을 보내거나 처리 가능한 수준보다 더 높은 요청을 전송함으로써 기업이나 블록체인이 제대로 기능하지 못하도록 만드는 공격방식.

'동아시아 퍼시픽 Ltd' 비탈릭 부테린이 밍 챈으로부터 자유롭기 위해 스위스에 설립한 비즈니스 조직. 그의 팀 연구원들에게 급여를 지불하기 위해 사용됐다.

'디센트럴' 앤서니 디 이오리오가 토론토에 설립한 블록체인 겸 탈중심화된 애플리케이션 커뮤니티 센터이자 공동작업 공간.

'디앱' 탈중심화된 애플리케이션. 모든 서비스를 제공하기 위한 모든 역할을 위해 채용하는 기업 같은 중개자 없이 블록체인에 구축된 애플리케이션. 대신에 개인이나 조직이 네트워크에서 이러한 서비스를 제공하도록 일반적으로 고유한 코인을 수반하는 내재된 인센티브를 갖고 있다.

'로빈후드그룹(RHG)' 처음에 364만 ETH가 빠져나간 이후 더 다오에 남아 있는 이더를 구조한 화이트햇 해커들의 그룹.

'마이이더월릿(MEW)' 코인에 대한 통제권을 회사에 넘기지 않고 간단한 버튼 조작만으로 이더리움 블록체인과 직접적으로 상호작용할 수 있도록 해주는 웹사이트.

'멀티시그' 보안을 강화해 거래를 수행하기 위해 2/3이나 3/5 등 다중서명의 특정한 분수를 요구하는 암호화폐 지갑.

'메일리네이터' 일시적이고, 공식적이고, 처분 가능한 익명의 이메일 어드레스를 제공하는 서비스.

'명목화폐' 정부가 법령에 따라 금 같은 것을 기준으로 삼지 않고서 발행하는 화폐.

'미니 다크 다오' 원래 다오 공격자의 모방범이 그들의 자금을 빼낸 차일드 다오.

'바이티' 스위스 뇌샤텔에 기반을 둔 암호화폐 거래소. 슬록잇이 스위스 법인을 만들어 더 다오로부터 지불 받을 수 있도록 도움을 줬으며, 화이트햇그룹이 이더리움클래식을 더 다오로부터 다오 토큰 보유자에게 되돌려주는 과정에 도움을 줬다.

'보상 콘트랙트/보상' 더 다오를 떠나는 사람에게 그들이 했던 모든 투자로부터 발생할 미래의 수익을 지불하는 더 다오의 콘트랙트.

'불변성' 블록체인은 되돌리거나 수정할 수 없다는 원칙.

'블록 익스플로러' 블록체인에서 거래상 데이터를 부여하는 웹사이트.

'블록체인' 시간이 기록되는 분산되고 탈중심화된 암호화폐 네트워크상 모든 거래에 대한 역사적인 원장. 전 세계 컴퓨터 네트워크가 이 원장의 복사본을 갖고 있다. 이는 시간이 기록된 거래의 금 복사본으로서 기능하는데, 일반적으로 거래를 수행하는 기능을 하는 중개자를 대체한다.

'비트코인Bitcoin' 첫 번째 블록체인. 첫 번째 암호화폐인 비트코인bitcoin을 중개자 없이 거래 가능하도록 만들어주는 소프트웨어를 가동하는 P2P 전자 현금 네트워크.

'비트코인bitcoin' 최초의 암호화페이자 비트코인Bitcoin 네트워크의 고유한 디지털 자산. 2100만 개의 공급량이 디지털 금으로서 특성을 부여한다.

'사이퍼펑크' 종종 정부의 추적이나 검열을 피하거나 사회·정치적 변화를 지지하기 위해 강력한 암호화나 프라이버시를 보호하는 기술을 옹호하는 사람이나 그러한 접근 방식.

'사전채굴' 대중에게 유통하기 이전에 새로운 코인을 채굴하는 작업. 이를 통해 일부 코인을 개발자나 투자자에게 보상으로 할당한다.

'사토시 나카모토' 익명의 비트코인 개발자.

'서비스 제공자(더 다오)' 더 다오가 투자를 다오 토큰 보유자에게 되돌려줄 목적으로 제품과 서비스를 만들고 판매하기 위해 고용한 계약자.

'셰이프시프트' 고객의 코인을 보유하지 않고, 고객이 계좌를 개설하거나 신분을 증명하도록 요구하지 않는 암호화폐–암호화폐 거래소. 거래 과정에서 셰이프시프트는 항상 상대방이 되어 고객이 거래하고 싶어하는 자산을 사 들이고, 고객이 원하는 자산을 판매한다.

'소프트포크' 암호화폐 프로토콜에서 옛 기술이 호환되는 변화. 가능한 것을 축소시킴으로써 기존 소프트웨어를 가동하는 노드가 새로운 블록을 여전히 유효한 것으로 받아들이게 된다.

'솔리디티' 스마트 콘트랙트를 작성하기 위한 프로그래밍 언어.

'슈티프틍' 자금이 사명과 조화를 이루도록 관리하는 목적을 가진 재단. 스위스 정부 기관의 감독을 받는다.

'스마트 콘트랙트' 거래하는 두 당사자가 합의한 조건을 실행하는 소프트웨어 프로그램. 기업이나 다른 중개자가 아니다.

'스페이스십' 추크 인근 도시인 바르에 위치한 원래 이더리움 사무 및 주거 공간.

'스포크(컨센시스)' 컨센시스 산하의 스타트업. 직원들은 컨센시스에서 급여를 받는다.

'슬록잇' 크리스토프와 사이먼 젠츠시, 그리고 스테판 튜얼이 설립한 스타트업. 먼저 탈중심화된 벤처 펀드를 설립해 자금을 제공하는 방식으로 자체적으로 자금을 마련하고자 했다.

'신탁 멤버' 재정적 책임을 진 이더리움 공동설립자 그룹.

'실크로드' 최초의 온라인 마약 시장. 비트코인 덕분에 마약 거래상들은 기존 은행 시스템을 이용하지 않고서 온라인으로 지불 받을 수 있게 됐다.

'알트코인' 몇 가지 변수를 수정한 비트코인 같은 암호화폐. 비트코인 극우선주의자들이 종종 비트코인이 아닌 다른 코인을 경멸적으로 일컫는 용어. '시트코인shitcoin'이라고도 한다.

'암호화폐' 체인이 개인적인 특성을 내포하고 있지 않은 한, 대체 가능하고, 분할 가능하고, 거래 가능한, 그리고 그 움직임이 추적 가능한 블록체인이 만들어낸 디지털 자산.

'암호화폐 경제학(토큰 경제학)' 암호화폐 네트워크에 있는 서로 다른 행위자에게 직원을 채용하고 그들에게 특정한 책임을 부여하는 기업의 존재 없이 탈중심화된 네트워크가 돌아가게 만드는 서비스를 제공하는 인센티브를 부여하는 게임 이론.

'어드레스' '계좌' 참조.

'엑스트라 밸런스' 크라우드세일 전반기에 그 가격이 '1ETH:100다오'에서 하반기에 '1.05~1.5ETH:1000다오'로 상승한 이후에 다오 토큰을 위해 더 다오에 지불한 추가적인 사람들.

'옐로페이퍼' 개빈 우드가 작성한 이더리움 문서로, 이더리움의 작동 방식을 기술적 차원에서 설명한 자료.

'왕좌의 게임의 날' 이더리움 경영진이 찰스 호스킨슨과 아미르 체트리트를 내보내기로 결정한 날.

'이더리움 GmbH' 이더리움을 위해 처음으로 설립된 스위스 비즈니스 조직. 설립자들이 비영리 구조로 나아가기로 결정한 이후에도 그 조직은 크라우드세일을 추진했고 네트워크 런칭 이후에 청산됐다.

'이더리움 재단(슈티프퉁 이더리움)' 이더리움 프로토콜의 개발을 뒷받침하는 역할을 맡고 있는 스위스 기반의 비영리 조직.

'이더스캔' 이더리움 블록체인을 위해 데이터를 제공하는 유명한 '블록 익스플로러' 혹은 웹사이트.

'이드코어' '패리티' ' 참조. 개빈 우드가 이더리움 재단을 떠나면서 설립한 스타트업. 지금은 '패리티'라고 불린다.

'이중 인증' 문자 메시지를 통해 전송되는 비밀번호와 코드처럼 2가지 관련 없는 인증 수단을 요구함으로써 웹사이트에서 온라인 계좌를 보호하는 방식.

'자산' 경제적 가치를 만들어낼 수 있는 모든 것.

'재귀 호출(재진입 공격)' 이전 인출을 반영하기 위해 잔액이 업데이트되기 전에 공격자가 계속해서 인출할 수 있는, 그리고 거래 실행 과정에서 결함 있는 일련의 기능을 이용하는 더 다오의 공격 유형.

'재생 공격' 재생 보호 없이 논쟁적인 하드포크 이후에 가능한 유형의 공격. 누군가 전송할 의사가 없는 코인을 전송하도록 하는 거래를 실수로 만든다.

'재생 보호' 하드포크 시점까지 히스토리를 공유하는 두 체인을 분할하기 위해 취하는 단계. 하나의 체인으로 송금하려고 할 때 체인에 코인을 보내지 못하도록 막는 기능을 한다. 그러한 일은 다른 자산이 동일한 식별자를 가진 어드레스에 있을 때 발생한다.

'재진입 공격' '재귀 호출' 참조.

'주조' 암호화폐 자산이나 통화의 새로운 단위를 만들어내는 행위.

'증권거래위원회(SEC)' 증권법을 실행하고 거래소를 규제하는 연방 기관.

'지갑' 사용자의 개인 키를 안전하게 보관하고, 블록체인과 상호작용하고, 사용자가 잔액을 확인하고 돈을 보내고 받을 수 있도록 해주는 장비나 소프트웨어 프로그램.

'차일드 다오' 페어런트 다오에서 보낸 코인으로 생성된 더 다오의 새로운 실체.

'채굴' 원장에 새로운 거래를 추가하는 것으로 이어지는 과정을 통해 블록체인에서 주조된 새로운 암호화폐를 얻기 위한 시도.

'채굴자' 일반적으로 참여의 부산물로서 소프트웨어가 주조하는 새로운 코인을 얻기 위해 전문적인 장비를 동원해 암호화폐 소프트웨어를 운영하는 사람.

'체인 스플릿' '하드포크' 참조.

'초기 기여자' 크라우드세일 이전에 이더리움에서 일했던 사람들.

'카본보트' 투표자가 코인을 보내는 것 대신에 표를 보내 지갑 안에 있는 코인의 수를 기록하는 블록체인 투표 유형. 최종적으로 찬성 어드레스로 보낸 지갑 속 코인 수와 반대 어드레스로 보낸 지갑 속 코인 수의 합계를 비교한다.

'컨센서스consensus' 모든 노드가 원장의 상태, 그리고 어떤 거래가 어떤 순서로 포함되어야 하는지에 대해 동의하는 블록체인의 바람직한 상태.

'컨센서스Consesus' 암호화폐에 주력하는 출판사인 '코인데스크'가 뉴욕시에서 매년 개최하는 최대 규모의 블록체인 컨퍼런스.

'컨센시스' 조지프 루빈이 설립한 브루클린 기반의 이더리움 벤처 프로덕션 스튜디오. 이더리움 인프라 툴을 개발하고 이더리움의 탈중심화된 애플리케이션을 지원하는 일을 했다.

'코인' 암호화폐나 토큰을 부르는 또 다른 용어.

'코인마켓캡' 시가총액을 기준으로 코인의 순위를 매기는 유명 암호화폐 데이터 사이트.

'콜드 스토리지' 개인 키를 오프라인으로 보유함으로써 암호화폐를 저장하는 가장 안전한 방식.

'큐레이터, 다오' 더 다오에 대한 영어로 된 제안이 제출된 코드와 어울리는지를 판단하고, 제안이 승인된 경우에 그 콘트랙트에 속한 자금을 받기 위해 이더리움 어드레스를 확인하는 역할을 한다.

'클라이언트, 소프트웨어' 사용자 컴퓨터를 서비스로 연결하는 데스크톱 앱 같은 소프트웨어. 이더리움의 경우, 개별 사용자가 이더리움 네트워크를 가동하거나 거기에 연결되도록 도움을 주는 소프트웨어.

'키' '개인 키' 참조.

'토큰' 특히 ICO에서 발행한 코인으로, 일반적으로 ERC-20 토큰을 말한다. 암호화폐라는 용어와 교차 사용 가능하다.

'토큰 경제학' '암호화폐 경제학' 참조.

'패리티' 러스트 언어 이더리움 소프트웨어 클라이언트. 개빈 우드가 이더리움 재단을 떠난 뒤 설립한 기업(원래 이름은 이드코어). 멀티시그 지갑 같은 이더리움 기반 소프트웨어와 상품을 개발하는 일을 했으며, 나중에 그 자신의 블록체인인 폴카닷을 개발했다.

'폴로닉스' 오랫동안 이더의 대표적인 거래소 역할을 한 유명한 알트코인 암호화폐 거래소.

'폴카닷' 개빈 우드, 패리티가 제안한 탈중심화된 네트워크. ICO를 통해 1억 4500만 달러를 끌어모았지만, 그 직후에 8500만 달러가 동결됐다.

'프로토콜' 특정한 유형의 네트워크를 가동하는 컴퓨터들을 위해 마련된 일련의 규약. 비트코인의 경우, 비트코인 거래를 처리하는 규약. 이더리움의 경우, 탈중심화된 애플리케이션을 구동하기 위한 규약.

'피시' 피해자가 해커에게 비밀번호를 넘기도록 만드는 유형의 해킹.

'하드포크' 옛 기술이 호환되지 않는 형태의 암호화폐 네트워크에 대한 업그레이드. 일반적으로 '논쟁적인' 하드포크를 말하는데, 암호화폐 네트워크상 노드들의 특정 부분만 업그레이드하고 다른 부분은 하지 않는다. 이로 인해 업그레이드된 노드들은 원래의 소프트웨어를 가동하는 노드와는 따로 떨어진 블록체인을 생성하게 되는데, 이는 포크 시점 이전까지 히스토리를 공유하는 2개의 암호화폐로 이어지게 된다(전체 네트워크를 동시에 업그레이드할 때, 즉 비논쟁적인 하드포크의 경우에 모든 노드는 동일한 블록체인에 머물며, 하드포크는 두 번째 체인과 암호화폐를 생성하지 않는다).

'하위 테스트' 투자 콘트랙트가 증권 발행인지 판단하기 위해 미 증권거래위원회가 사용하는 기준.

'하이퍼레저' 리눅스 재단이 운영하는 엔터프라이즈 블록체인을 위한 오픈소스 커뮤니티.

'핫월릿' 개인 키가 온라인에 있는 지갑. 해킹과 피싱, 절도에 더욱 취약하다.

'해시' 데이터에서 암호화 기능을 수행함으로써 생성되는 정해진 길이의 숫자 및 문자로, 데이터에서 구두점 하나만 바꿔도 완전히 다른 해시를 생성하게 된다. 블록체인 거래나 어드레스 같은 것을 고유한 방식으로 정의하기 위해 사용된다.

'해시레이트' 블록체인에서 컴퓨팅 파워와 보안 수준은 물론, 채굴자나 채굴 장비의 효율성을 측정하는 기준. 기술적인 차원에서 블록체인 채굴자가 초당 새로운 해시를 생성하거나 소프트웨어가 만들어내는 암호화폐를 얻기 위해 필요한 연산 작업을 수행하는 속도.

'홀론' 일하면서 동시에 거주하는 공간.

'화이트리스트' 특정 사람이나 사물을 신뢰하기로 결정한 목록 안에 넣어두는 행위.

'화이트햇 다오' 로빈후드그룹과 화이트햇그룹이 다오 토큰 보유자들에게 되돌려주기 위해 이더를 넣어둔 차일드 다오.

'화이트햇그룹(WHG)' 하드포크 이후에 이더와 이더리움클래식을 다오 토큰 보유자에게 되돌려준 화이트햇 해커들의 집단.

감사의 글

이 책을 쓰는 일은 내 경력에서 가장 힘들고 재미있는 과제였다. 글을 쓰면서 삶의 많은 교훈을 배웠다. 그래서 아마도 일반적인 모습으로 보이지 않겠지만, 내 삶에 아주 많은 기쁨을 가져다준 것에 대해, 그리고 내게 뛰어난 스승이 되어준 것에 대해 이 책 자체에 감사하는 마음이다.

다음으로 정보원 역할을 해준 이들에게 감사를 드려야 마땅할 듯하다. 이들은 기술적인 세부 사항을 설명하기 위해 오랜 시간 기꺼이 나와 함께 해줬고, 또한 내게 수많은 자료와 채팅 내용, 이메일, 녹음, 영상, 사진 및 다양한 팁과 정보를 제공했다. 내 질문에 참을성 있게 대답해준, 그리고 섬세하고 구체적으로 이야기를 풀어갈 수 있도록 도움을 준 수많은 이들과 기업이 없었더라면, 이 책은 지금의 모습으로 세상에 나오지 못했을 것이다. 그들에게 아무리 고마움을 전해도 충분치 않다. 여기서 이름을 거론하지 못하는 수많은 정보원들에게 감사하고, 감사하며,

562

또 감사하다는 말을 전한다.

암호화폐에서 가장 큰 미스터리 중 하나를 해결하는 데 도움을 준 4명의 정보원에게 특별한 감사를 드린다. 그들은 아마도 자신이 그 사람이라는 것을 알 것이다. 특히 가장 마지막에 있는 중요한 두 사람에게 더욱 특별한 감사를 드린다. 지금부터 이 세상을 떠나는 마지막 순간까지 이 우주가 더 많은 요정의 마법으로 당신들을 축복하길.

내 훌륭한 에이전트 커비 킴에게 고마움과 애정을 전한다. 커비는 나를 위해 멋지고 차분하게 참으로 많은 일을 해줬다. 커비, 당신은 작가가 꿈꿀 수 있는 최고의 테라피스트이자 협상가, 그리고 지지자다. 나는 처음부터 내 경력이 믿을 만한 이의 손에 맡겨져 있다는 느낌을 받았다. 상황이 불확실할 때, 그리고 기회가 찾아왔을 때 나를 믿어준 것에 감사드린다.

불경기로 시장의 상황이 좋지 않은데도 나와 암호화폐에 관한 책을 믿어준 것에 대해 편집자 벤 애덤스에게 감사드린다. 처음 이야기를 나눈 순간부터 나는 우리가 잘 맞을 것이라는 직감을 받았다. 현명하고 확고한 관점으로 책을 이끌어준 것에 감사드린다. 원고를 받아들여준 것에, 그리고 내 두서없는 말들을 매력적인 이야기로 다듬어준 것에 고마움을 표한다.

여태껏 진행해온 것 중 가장 힘들었던 과제를 맡아준 것에 대해 팩트체커 벨 칼린에게 최고의 고마움과 경외심을 느낀다. 내게 한 달 만에 블록체인 기술을 가르쳐준 것에 대해, 모든 마지막 동사와 특성을 가지고 단어를 만들어내도록 도움을 준 것에 대해, 그리고 밤늦은 시간까지 세부 사항을 검토해준 것에 대해 나는 큰 빚을 졌다. 가장 스트레스가 심했던 지난 몇 달 동안에 나는 당신이 든든한 지원군이며 내게 충분한 평온과 편안함을 선사하고 있다고 느꼈다.

나의 제작 편집자 미셸 웰시-호스트에게 기차가 계속 달리도록 만들어준 것에 대해, 그리고 내가 능장을 부릴 때도 이해해준 것에 대해 감사드린다. 지난 마감 기간 동안에 당신이 보여준 차분하고 합리적인 태도에 고마움을 전한다.

교열 담당자인 제니퍼 켈런드는 엄청나게 세부적인 것까지 파고들면서 자신이 맡은 바를 훌륭하게 해냈다. 후반 원고가 여전히 엉망이었을 때조차 나는 출판 시점에는 모든 것이 완벽해질 것이라는 사실을 조금도 의심하지 않았다. 오디오북 프로듀서인 캐트린 캐롤은 내가 나 자신의 이야기를 하도록 허락해줬다. 내가 알기로, 모든 저자가 그러한 영광을 누리는 것은 아니다. 오디오북 디렉터인 피터 로한은 나와 함께 즐겁게 일해줬고, 내 실수를 참아줬으며, 내가 원할 때마다 다시 녹음해줬다.

퍼블릭어페어 마케팅팀과 홍보팀에게 감사를 드린다. 미켈 세르반테스 3세는 수많은 마케팅 기술과 함께 모든 그림을 끝까지 완성하는 인내심을 보여줬다. 우아한 표지에 대해 피터 가르소에게 감사를 드린다. 요한나 딕슨에게는 이 책에 쓰인 용어를 신속하고 꼼꼼하게 뽑아내서 멋지게 조합해준 것에 대해, 그리고 밀려드는 수많은 언론사의 질문에 대처해준 것에 대해 고마움을 전한다. 또한 디자이너 트리시 윌킨슨, 교정을 맡아준 로리 루이스, 그리고 색인을 작성해준 장 드바비에리에게 박수를 보낸다.

내 원고를 읽어준 친구들 미셸과 루벤, 셜리, 마티아스, 토신에게 고마운 마음을 전한다. 그들은 다듬어지지 않은 글을 읽고 나서 내게 유용한 피드백을 전해줌으로써 암호 세상 외부의 더 많은 사람들이 이 책에 보다 쉽게 접근할 수 있도록 도와줬다. 나는 이들 모두를 영원히 사랑한다. 그리고 개인적으로 조금이라도 더 빨리 만나고 싶다.

나의 〈포브스〉 편집자인 재닛 노박과 맷 시프린에게 감사를 드린다.

두 사람은 오랫동안 내게 지원 이상의 것을 베풀어줬다. 나는 그들에게 보고서와 기사를 쓰는 다양한 방법과 기술을 배웠다. 이 책에 가치가 있다면, 많은 부분은 두 사람이 내게 그들의 전문적인 지식을 아낌없이 나눠줬기 때문일 것이다.

내 많은 작문 스승에게 감사를 드린다. 그들 중 일부는 나를 알고, 일부는 모른다. 그러한 스승으로는 데이비드 호흐맨, 로라 힐런브랜드, 엘리자베스 길버트, 조너선 웨이너, 니컬러스 르만, 에반 코르노그가 있다. 그리고 내 인생의 스승인 드가니트와 소냐, 마리, 캐서린. 그들의 가르침과 영감에 감사드린다.

전 세계에 흩어져 있는 내 부족인 고트족(특히 힘들게 보낸 지난 몇 달 동안 내 책임 파트너가 되어준 메기), 빛나는 파라오족(나의 빛나는 파트너인 새러에게 황금의 태양을, 그리고 지난 몇 주 동안 내게 많은 도움을 준 제니와 타히라, 베키, 크리스탈에게 반짝이는 우주의 사랑을), 여러 바인더족(특히 커비를 소개해준 부레), 드로미족(특히 낸시에게 감사를) 사람들에게 그 자리에 있어줬다는 사실에 깊은 감사를 드린다. 당신들을 믿을 수 있다는 사실이 기쁘다.

나의 팟캐스트·비디오와 더불어 나를 도와준 모두에게 크고 따뜻한 고마움을 전한다. 크리스 쿠란, 앤서니 윤, 대니얼 누스, 마크 머독, 엘레인 젤비, 조시 더햄, 샤섕크 벤카트, 보시 베이커, 라엘린 굴라팔리, 신시아 헬렌, 스테파니 브레이어, 그리고 내 변호사 존 메이슨이 그들이다. 당신들과 한 팀이 될 수 있어서 행운이었다.

마찬가지로 수년에 걸쳐 나의 기사를 읽고, 내 팟캐스트를 듣고, 내 영상을 시청한 모든 이들에게 많은 감사를 드린다. 2015년 비트코인에 사로잡혔을 때, 그 열정이 나를 어디로 이끌고 갈 것인지 알지 못했다.

내 프로그램을 오랫동안 후원해준 많은 이들에게 깊은 감사를 표한다. 그들이 내게, 내 팟캐스트와 영상에, 그리고 '언체인드' 청중에게 보내준 지지에 진심 어린 감사를 드린다.

내가 이 책을 쓰는 과정에 중요한 역할을 한 포커스 메이트에게 큰 감사를 전한다.

이 책을 쓰느라 오랫동안 사회적으로 거리를 뒀던(전염병 이전부터) 나를 기꺼이 참아준 가까운 친구들에게도 감사의 마음을 전한다. 내 독자는 물론 스테이시와 톰, 베키, 핸드, 마리아나, 그라시엘라, 기젬, 바네사, 제시카, 알덴, 피오나, 대니얼, 콜린…… 이들 모두 내 마음속에서 자리를 차지하고 있다.

대단히 멋지고, 창조적이고, 용감한 나의 선조들에게. 비록 지구상에서 함께 숨쉬며 살지는 않았지만, 그들의 이야기는 수십 년에 걸쳐 내게 영감을 줬다. 부디 이 책을 통해 그들의 유산을 전할 수 있기를 바란다.

내 누이 멜리사와 그녀의 남편 스펜서, 그리고 조카들에게 내게 많은 도움과 즐거움을 준 것에 대해, 그리고 이 책을 쓰는 오랜 기간 동안 내 말에 귀를 기울여준 것에 대해 고마움을 전한다.

무엇보다 편안하고, 비판하지 않고, 겸손하고, 우아한 우리 부모님에게 감사를 드린다. 우리 부모님 밑에서 태어나고 성장한 것은 내게 최고의 행운이었다. 부디 부모님이 내가 한 모든 일을 자랑스럽게 생각하시길 바란다. 나는 그들을 너무나도 사랑한다.

미주

QR코드를 따라 가시면

미주 원문을 상세히 보실 수 있습니다.

이더리움 억만장자들

초판 1쇄 인쇄 2024년 5월 24일
초판 1쇄 발행 2024년 6월 5일

지은이 로라 신
옮긴이 박세연
펴낸이 최순영

출판1 본부장 한수미
와이즈 팀장 장보라
편집 임경은
디자인 신나은

펴낸곳 ㈜위즈덤하우스 **출판등록** 2000년 5월 23일 제13-1071호
주소 서울특별시 마포구 양화로 19 합정오피스빌딩 17층
전화 02) 2179-5600 **홈페이지** www.wisdomhouse.co.kr

ISBN 979-11-7171-202-1 03320